輝煌與邪惡

——閃電戰期間的邱吉爾家族與抗戰傳奇

艾瑞克·拉森——著
Sun——譯

——Erik Larson——

The Splendid and the Vile——

A Saga of Churchill, Family, and Defiance during the Blitz

「人類並未被賦予大幅度預見
或預測事態發展的能力，
眾生也該因此而慶幸。
若非如此，人生想必難以承受。」

—— 溫斯頓．邱吉爾

悼內維爾．張伯倫
一九四〇年十一月十二日

目次

Contents

挪 威
N
瑟索
斯卡帕灣
蘇格蘭
0 英里
100
200
0 公里
200
格拉斯哥
（鄧加維爾大院）
北 海
英 國
愛爾蘭
利物浦
英格蘭
伯明罕
考文垂
布雷克爾斯
（布雷克勒斯莊園）
荷 蘭
奇平諾頓（迪奇利）
艾爾斯伯里村
（契喀爾）
鹿特丹
倫敦
韋斯特勒姆
（查特韋爾莊園）
南安普敦
敦克爾克
多佛海峽
白鼻角
比利時
普利茅斯
英吉利海峽
大西洋
巴黎
法 國
圖爾
Designed by pikisuperstar / Freepik

致讀者

一直到幾年前搬到曼哈頓時，我才突然清楚領悟到，二〇〇一年九月十一日的經歷對紐約人來說，和我們這些隔岸觀火的人有多麼地不同——受攻擊的是他們的家鄉。我幾乎立即想起了一九四〇至四一年的倫敦與德國空襲，納悶著世上怎麼有人能忍受它：連續五十七晚的轟炸，緊隨而來的，還有接下來六個月中一系列有增無減的夜間空襲。

我尤其想起了邱吉爾（Winston Churchill）。他和他的家人、朋友是如何堅持住的？當自己的城市被連夜轟炸，在深知無論這些空襲多麼可怕，都可能只是戰況惡化的前奏下，面對德軍來自海空的兩面進犯、降落在他後花園的傘兵、錚錚駛過特拉法加廣場（Trafalgar Square）的德國坦克（*Panzer* tanks）、在他曾為大海寫生的沙灘上飄蕩的毒氣，他又作何感想？

我決定找出答案，並很快意識到，把「堅持」說出口是一回事，身體力行又是另一回事。我關注邱吉爾擔任首相的第一年，也就是一九四〇年五月十日到一九四一年五月十日，恰好是德軍空襲從零星、看似隨機的游擊，轉變為對倫敦市全面進攻的一年。這一年以一個充滿馮內果式暴力[1]的週末收場，平平無奇與不可思議於此匯流，標誌著這場戰役首次偉大的勝利。

1｜編按：「馮內果式暴力」（Vonnegutian Violence）是本書作者艾瑞克．拉森自造的新詞。寇特．馮內果（Kurt Vonnegut Jr.），美國著名作家，其最廣爲人知、被譽爲反戰經典的後設小說《第五號屠宰場》，以二戰期間德國城市德勒斯登（Dresden）遭到英美盟軍的大規模空襲爲背景，寫作中糅合了科幻與現實，反思戰爭的非理性、荒謬、瘋狂與殘酷。拉森此處似乎是想藉由自造新詞，暗示二戰時德國空軍對倫敦及英國其他城市進行的恐怖大轟炸，所帶來的毀滅性後果。

本書接下來的內容絕不足以作為定義邱吉爾生平的注腳。這一點其他作者已經做到了，尤其是生前孜孜不倦、終已離世的傳記作者馬丁．吉爾伯特（Martin Gilbert），他長達八卷的研究應該足以滿足任何對枝微末節的渴求。我的作品是更為私密的陳述，深入鑽研邱吉爾和他的親友圈，當時是如何活過每一天的：那些黑暗與光明的時刻、情愛的糾葛和潰離、悲傷和歡笑，以及在希特勒鐵騎的狂風暴雨之下，那些揭示生活真實情況的吉光片羽。正是在那一年，邱吉爾成為了邱吉爾，那隻我們自以為熟知、抽著雪茄的鬥牛犬；正是在那一年，他發表了他最偉大的演說，並向世界展示了何謂勇氣與領導能力。

這是一部非虛構作品，儘管有時看起來可能不太像。任何呈現在引號之間的內容，都來自某種形式的歷史文獻，它可能是日記、信件、回憶錄或其他文物；任何對肢體動作、一顰一笑或其他面部表情的敘述，都來自目擊者的陳述。倘若接下來的某些文字挑戰了你對邱吉爾和那個時代的既成看法，我只能說歷史是一座充滿生氣的寓所，充滿驚奇。

艾瑞克．拉森

二〇二〇年於曼哈頓

希望渺茫

轟炸機將到來，這件事沒人懷疑過。防禦計畫早在戰前就開始了，儘管主事者並無法預測確切的威脅會以何種形式到來。歐陸歸歐陸，若早前的經驗能發揮任何借鑑作用，也只說明戰爭可能在任何地點、任何時間爆發。英國的軍事領導人們只能以大英帝國經歷上一次戰爭（第一次世界大戰）的經驗來檢視時局。上一次，德軍齊柏林飛船（Zeppelins）在英格蘭與蘇格蘭上空投下的炸彈，造成軍民不分的大規模屠殺與人類史上首次系統性的空襲。一九一五年一月十九日夜間發生第一波攻擊後，緊隨而來的是五十多次的襲擊，在此期間，靜靜飄過英格蘭土地的巨大飛船共投下一百六十二噸炸彈，造成五百五十七人死亡。

但那之後，炸彈早已變得更大、更致命，也更狡詐，在延時設計和特殊改造下，炸彈還能在墜落過程中驚聲尖叫。其中一枚以撒旦為名的巨大德國炸彈，長十三英尺、重四千磅，足以摧毀整個街區。挾著這些炸彈的戰機也變得更大、更快、飛得更高，因而得以更有效地避開英方的本土防禦。一九三二年十一月十日，時任副首相的史丹利．鮑德溫（Stanley Baldwin）針對即將到來的事，向下議院提供了預測。「我認為，街上每一個行人都該意識到，地表上沒有任何辦法可以保護他免受轟炸。無論別人是怎麼跟他說的，德軍的轟炸機所向披靡。」他表示，進攻是唯一有效的防禦，「這表示，你如果還想自救，就得比敵人更快地殺死更多婦孺。」

忌憚一擊斃命式攻擊（knock-out blow）的英國民防專家預測，對倫敦的第一波空襲即使沒摧毀整座城市，也將毀滅其絕大部分，並殺死二十萬名市民。一位初階官員寫道：「民眾普遍認定，倫敦將在宣戰後幾分鐘內化為斷垣殘壁。」此次進犯亦將在倖存者之間，種下使數百萬人瘋狂的恐懼。富勒（J.F.C Fuller），一名軍事理論家，於一九二三年寫道：「倫敦會在幾天之內化作巨大暴動的杜鵑窩，醫院爆滿、交通癱瘓、無家可歸的難民尖叫呼救，這座城市會亂成一團。」

英國內政部（The Home Office）當時預估，若依循標準埋葬程序，棺材製造商將需要兩千萬平方英尺的「棺材木料」，是不可能達成的供給量。他們將必須使用厚實的硬紙板和混凝紙漿打造棺木，否則只能屍布一裹就把人埋了。「至於集體掩埋，」蘇格蘭衛生部（Scottish Department of Health）提出，「最可行的墳型，是挖深足以容納五層屍體的溝墳。」主事者呼籲在倫敦和其他城市郊區動工挖掘大坑，且這些壕洞必須盡可能分散。殯儀師也接受了特殊訓練，以便消毒死於毒氣的死者屍體和衣物。

一九三九年九月三日，當英國以對德宣戰來回應希特勒對波蘭的入侵時，英國政府早已為山雨欲來的轟炸和入侵做了認真的準備。代號「克倫威爾」（Cromwell）[2]表示德軍的進犯迫在眉睫或已經發動。英國資訊部（Ministry of Information）向數百萬家庭發布了一份名為「擊敗入侵者」的特別傳單，而這可不是為了讓民眾放心。「敵軍登陸之處，」傳單警告道：「……將發生極為激烈的戰鬥。」它還指示讀者隨時留意政

2｜譯注：Cromwell，取自廢除英格蘭君主制、征服蘇格蘭與愛爾蘭的英國政治人物奧利佛・克倫威爾（Oliver Cromwell）。

府的撤離建議。「等到攻擊開始再逃就太遲了……**挺住**。」全英國的教堂鐘樓都不再敲鐘。它們的鐘聲如今已是只為「克倫威爾」與步步進逼的入侵者敲響的指定警報。當你聽到鐘聲，表示附近目擊到傘兵部隊。對此，傳單小冊指示：「毀棄並隱藏您的自行車，銷毀所有地圖。」如果你有車：「卸下分電盤頭和引線，清空油箱或卸下化油器。如果您不知如何進行，即刻到離您最近的車行詢問。」

村鎮紛紛拆除路標，地圖限出售給警方頒發的許可證持有者。舊汽車和卡車被農民留在田裡，用作對滿載士兵的滑翔機的障礙。政府發放了三千五百萬個防毒面具，讓民眾戴著去上班、上教堂，甚至枕在床畔。倫敦的信箱刷上一層黃色的特殊塗料，遇到有毒氣體時會變色。嚴格燈火管制下的城市街道極其昏暗，天黑後的火車站裡，乘客面目難辨。沒有月光的夜裡，行人總會走到汽車和公共汽車前方、撞上燈柱、摔下人行道，或被沙袋絆倒。

霎時間，人人都關注起了月相。轟炸機當然可能在白天發動攻擊，但人們認為天黑後它們靠月光才能找到目標。人們稱滿月和凸月為「轟炸機之月」。值得欣慰的是，轟炸機和護航戰鬥機得一路從它們在德國的基地飛來，距離之遠，重重限制了它們的攻擊範圍與殺傷力。但這還得要法國勇武的陸軍、馬其諾防線（Maginot Line）以及強大的海軍能挺住並遏制德國空軍（Luftwaffe），防堵德軍可能進犯的所有路徑才行。法國的屹立是英國防禦戰略的基石，無人膽敢想像法國潰敗這個萬一。

「此刻的氛圍遠不止是焦慮而已，」一九四〇年五月七日，即將接任資訊部國會大臣的哈羅德·尼克森（Harold Nicolson）在日記中寫道：「這是真正的恐懼。」他和作家妻子薇塔·薩克維爾－韋斯特（Vita Sackville-West）協議，寧可自殺，也不願被入侵的德軍俘虜。「肯定有什麼是既快又無痛，還方便攜帶的，」五月二十八日，她寫信給他：「哦，親愛的，我最親愛的，我們竟要落到如此田地！」

天時地利終究將轟炸機帶到了倫敦。一九四〇年五月十日，在美好春季的一個怡人夜晚，夕陽西沉前的一樁奇異事件揭開了序幕。

1940

第一部

危機四起

The Rising Threat

五月 – 六月

第1章

驗屍官掛冠

The Coroner Departs

車輛疾疾馳過林蔭大道(The Mall)，這條寬闊的大道連接英國政府機關所在的白廳(White Hall)與喬治六世(King George VI)和伊麗莎白女王(Queen Elizabeth)居以為家、坐擁七百七十五個房間的白金漢宮(Buckingham Palace)，這座寢宮蒙著闇影的石磚牆面座落在大道的盡頭，現在清晰可見。當時是五月十日星期五的傍晚。藍風鈴和報春花處處盛開。新嫩的春葉霧一般籠罩樹梢。聖詹姆斯公園(St. James Park)裡的鵜鶘徜徉在遊客的熱情和憐愛中，而牠們漠然、意興闌珊的天鵝表親，如常凜然而滿不在乎地從旁游過。如此良辰美景與那日拂曉以來發生的一切形成了懾人的對比，德軍以裝甲車、俯衝轟炸機(dive-bombers)和傘兵部隊席捲荷蘭、比利時和盧森堡，勢不可擋。

在第一輛車的後座坐著英國海軍最高官，第一海軍大臣(First Lord of the Admiralty)溫斯頓·S·邱吉爾，現年六十五歲。上一次大戰期間他擔任過同樣的職位，此次戰爭宣布時再一次受到首相內維爾·張伯倫(Neville Chamberlain)的任命。第二輛車裡坐著邱吉爾的警察監護，蘇格蘭場[3]政治部(Scotland Yard's Special Branch)的督察探長(Detective Inspector)沃特·亨利·湯普森(Walter Henry Thompson)，他的職責是保護邱吉爾。又高又瘦、鼻子棱角分明的湯普森無處不在，

3 | 譯注：蘇格蘭場 (Scotland Yard)，即倫敦警務處總部，其地點位於倫敦市內的蘇格蘭場，因而被廣泛代稱爲蘇格蘭場，負責大倫敦地區的治安與交通。

每每現蹤於新聞照片裡，卻絕少被提及——用當時的話來說，他就是個「雜役」，一如推動政府運作的其他萬千人：白廳就像一座步兵團，由無數的私人祕書和議會祕書、助理、打字員組成。然而，與大多數人不同的是，湯普森總是在大衣的口袋裡揣著一把手槍。

邱吉爾是受國王召見而來的。理由似乎顯而易見，至少在湯普森看來是如此。「我帶著難以言喻的自豪駛在那個老頭子後面。」他寫道。

邱吉爾步入宮殿。喬治國王（King George）這時已經四十四歲，早邁入他在位的第四年。膝蓋外翻、魚唇、招風耳，又為嚴重口吃所累的國王看來脆弱非常，相形之下，來訪者雖然矮了他三英寸，卻寬了他許多。對於邱吉爾，國王抱持著懷疑的態度。一九三六年邱吉爾支持國王的哥哥愛德華八世（Edward VIII）退位、與美國失婚婦女華麗絲．辛普森（W. Simpson）結婚一事，一直是邱吉爾和王室間的芥蒂。同時，首相張伯倫一九三八年簽署的慕尼黑協議（Munich agreement）讓希特勒吞併了捷克斯洛伐克（Czechoslovakia）的部分領土，邱吉爾早前對此事的批判也冒犯了國王。對於邱吉爾的獨行和他飄忽不定的政治忠誠度，國王大抵上都不信任。

他請邱吉爾坐下，然後以一種邱吉爾事後形容為銳利、疑惑的態度，持續地注視了他許久。

國王說：「我想你大概不知道我為什麼派人找你來？」

「閣下，我真的想不透為什麼。」

下議院(House of Commons)發生的齟齬令張伯倫政府搖搖欲墜。一切皆源自於一場關於英國沒能將一個月前進犯挪威的德軍驅逐出境的辯論。作為第一海軍大臣,這項任務的海軍部分由邱吉爾負責。如今,英國人需要驅逐攻勢意外猛烈的德軍。挪威的潰敗引發了內閣改組的呼聲。在反對派眼裡,七十一歲、被多方調侃為「驗屍官」、「舊雨傘」的張伯倫,沒有能力應付一場極速擴張的戰事。五月七日的一場演講中,國會議員里奧・艾默里(L. Amery)借奧利弗・克倫威爾(Oliver Cromwell)於一六五三年說過的話,對張伯倫進行了激烈的譴責:「你在位太久,已經耗盡你的所有功勳!離開,我告訴你,放過我們!看在上帝的分上,下台吧!」

國會發動了信任投票(vote of confidence),進行的方式是由議員在表決大廳排成信任、不信任兩排,再由計票員計票「表決」(division)。乍看之下,這場對決對張伯倫來說似乎是一場勝仗——兩百八十一票贊成、兩百票反對——然而事實上,相較於之前的選舉,這突顯了他在政治上已經丟失了多少版圖。

之後,他會見了邱吉爾並告知他卸任的打算。意圖展現忠誠的邱吉爾說服他轉念。此舉為國王打了一劑強心針,卻刺激了擔心張伯倫可能留任的反對派,他們將他比作「椅腳上的髒舊口香糖」。

星期四,也就是五月九日,反對張伯倫的勢力更加堅定決心了。隨著時間的推移,他的離任似乎已是大勢所趨,至於他的繼任者,也很快浮現了兩個人選:他的外交大臣(foreign secretary)哈利法克斯勳爵(Lord Halifax),以及眾望所歸的第一海軍大臣邱吉爾。

然而在隨後的五月十日星期五，希特勒對低地諸國[4]發動了閃電戰（blitzkrieg）。這個消息使白廳籠罩在陰霾之下，但對張伯倫而言，卻重燃了一線留任的希望。國會想必會認同，在發生如此重大的事件之際，仍進行內閣改組是很愚蠢的。但反對派卻明確表示他們不會為張伯倫所用，力倡任命邱吉爾為首相。

張伯倫意識到除了掛冠辭職，他別無選擇。他最後一次努力說服哈利法克斯勳爵接下這份職務。哈利法克斯看來較為穩定，比較不會讓英國陷入新的災難。而白廳之內，雖然邱吉爾是一位公認的出色演說家，卻也多被認為缺乏良好的判斷力。哈利法克斯本人稱邱吉爾為一頭「混世魔象」。但哈利法克斯懷疑自己無力在戰時擔任領導者，並不想接下這份任務。當被派去勸他改變心意的特使吃了他謊稱去看牙醫的閉門羹時，他就清楚地表明了這一點。

一切只能留待國王定奪了。他先是召喚了張伯倫。「我接受了他的辭職，」國王在日記中寫道，「並告訴他，我認為他受到了多麼不公平的對待，對於所有的爭議，我感到非常遺憾。」

兩人也談及了繼任的人選。「我自然推薦了哈利法克斯。」國王寫道。他視哈利法克斯為「理所當然的人選」。

然而當時張伯倫卻令他大吃一驚：他舉薦了邱吉爾。

國王寫道：「我派人去找溫斯頓，請他組建政府。他接下了這份任務，並告訴我

4｜譯注：低地諸國（Low Countries），狹義指荷比盧三國，廣義則又含北法、西德。

他沒想到這是我找他來的原因。」但據國王所說，邱吉爾其實早已想好幾位適任自己內閣的人選。

載著邱吉爾和湯普森探長的車輛返回倫敦海軍司令部（Admiralty House）所在地，同時也是邱吉爾這段期間暫時的官邸。兩人下了車。湯普森一隻手如常插在大衣口袋裡，以便快速掏槍。手持刺刀步槍的哨兵在一旁站崗，其他配有路易士機槍（Lewis light machine guns）、用沙袋掩身的士兵也在崗位。在鄰近的聖詹姆斯公園綠地上，高射砲長長的砲管如石筍般向上聳立。

邱吉爾轉向湯普森。「你知道我為什麼去白金漢宮。」他說。

湯普森確實知道，卻在恭喜對方時補充道，他多希望這項任命能早一點、在更輕鬆的時刻到來，因為眼前的任務實在艱鉅。

「唯有上帝明白這是多麼地艱鉅。」邱吉爾表示。

兩人握了手，嚴肅如葬禮上的哀悼者。「我只希望現在為時未晚，」邱吉爾說，「我非常害怕現在已經太遲了。但我們只能盡力亡羊補牢，孤注一擲，不管我們還剩下什麼能投入其中。」

這些話雖然清醒自持，但內心深處，邱吉爾其實鬥志高昂。終其一生，他都等待著這一刻。它在如此黑暗的時刻找上門來也無所謂。就算有所影響，也只是讓這項任命更加精彩罷了。

在漸暗的日照下，湯普森探長看見淚水自邱吉爾的臉頰上滑落。湯普森發覺自己也近乎潰堤。

那天深夜，邱吉爾躺在床上，為激昂的挑戰和機遇躁動不已。「在我漫長的政治生涯中，」他寫道，「我執掌過這個國家大部分的權柄職務，但我也不諱言，此刻落入我手中的職位是我最喜歡的一個。」為了權力垂涎權位是一種「原始而卑下」的追求，他寫道，並補充：「但當一個人在國家有難時，相信自己知道該下達怎樣的指令，那權力就是種恩典。」

他大大鬆了一口氣。「我終於有權對整體戰事發號施令。我覺得自己彷彿與命運同行，而我過去的人生不過是在為這一刻和這次試煉做準備……即使等不及明天早晨的到來，我仍然睡得很香，並不需要振奮的美夢。現實比夢境甜美多了。」

儘管邱吉爾曾向湯普森探長表達了疑慮，即使任何客觀的評價都會認為他毫無勝算，邱吉爾仍將一股「在我的領導下，英國將贏得戰爭」的盲目自信，帶到了唐寧街十號（No. 10 Downing Street）[5]。邱吉爾知道，此刻他的挑戰是讓其他人也相信這一點——他的國民、他的指揮官、他的內閣部長，以及最重要的，美國總統富蘭克林·D·羅斯福（Franklin D. Roosevelt）。打從一開始，邱吉爾就明白這場戰爭的基本事實：若沒有美國最終的參與，他便無從獲勝。如果美國放任英國受宰割，他相信英國還是可以承受並抵擋德軍攻擊，但唯有美國的工業實力和人力，才能確保希特勒和國

5｜譯注：唐寧街十號，英國首相官邸的地址。

家社會主義（National Socialism）的終極消亡。

更令人膽怯的是，邱吉爾必須在希特勒將全部注意力集中於英格蘭並派出他的空軍之前，迅速達成這個目標。英國情報部門認為，德國空軍比英國皇家空軍強大得多。

除此之外，邱吉爾還得應對各種其他的挑戰。一筆他無力償還的巨額個人債務，就要在月底到期了。他的獨子蘭道夫（Randolph）同樣負債累累，死性不改地展現揮霍與賭博輸錢的敗金天賦，如此無能堪稱傳奇；這個兒子還酗酒成性，只要喝醉就會鬧出難堪的風波，他母親克萊門汀（Clementine，發音為克萊門『丁』）視這般癖性為未爆彈，終將會給家門帶來無力回天的屈辱。邱吉爾還必須應付燈火管制、嚴格的物資配給，以及官員們為護他免遭暗殺、頻率有增無減的打擾。更別提為了抵禦空襲，被派來加強唐寧街十號和白廳其他單位外圍防護的工班所造成的無盡打擾。比起其他任何一種刺激，他們無休止的敲打，最能將他推向暴怒的臨界點。

若真要說，也許口哨聲更令他煩躁。

他曾說過，討厭口哨聲是他與希特勒唯一的共同點。這遠不僅是一種執念而已。「口哨會造成他一股巨大、直接、非理性的，幾乎是精神上的紊亂。」湯普森探長寫道。有次在一同走向唐寧街十號的路上，湯普森和剛上任的首相遇到一個年約十三歲的報童朝他們的方向走來，「雙手插在口袋裡，胳膊下夾著報紙，歡快地大聲吹著口哨」，湯普森回憶道。

道。

男孩走近時，邱吉爾的怒火急速飆升。他聳肩朝男孩走去。「別再吹了。」他咆哮

男孩極其泰然自若地回答：「我憑什麼要聽你的？」

「因為我不喜歡，而且它是一種糟糕的噪音。」

男孩繼續往前走，然後轉身喊道：「那你可以關上你的耳朵，不是嗎？」

男孩繼續前行。

邱吉爾一時愣住了。憤怒讓他的臉唰地漲紅。

但邱吉爾的一大強項，就是懂得審時度勢，這使他擁有將特定的事按捺在心中的能力，讓一點也不幽默的壞事轉瞬間變成歡笑。邱吉爾和湯普森繼續往前走之際，湯普森看見邱吉爾微笑了起來。邱吉爾低聲複誦了男孩的反駁：「你可以關上你的耳朵，不是嗎？」

然後便放聲大笑了起來。

邱吉爾的臨危受命，雖然振奮了很多人，卻也證實了其他人最深的擔憂。

第2章 夜訪薩伏依大飯店

A Night at the Savoy

十七歲的瑪麗．邱吉爾（Mary Churchill）在五月十日早晨醒來時，聽見的是來自歐陸的嚴峻消息。這則消息的細節本身便足夠可怕了，但將瑪麗前一夜的生活與海峽對岸發生的事湊在一起看，才更令人震驚。

瑪麗是邱吉爾四個孩子中最小的。一九二一年八月，他第五個孩子，名叫瑪莉金（Marigold）的女兒、全家心愛的「小鴨鴨」，在兩歲零九個月大時便死於敗血症了。她去世時雙親都在場，據邱吉爾後來向瑪麗轉述的，那一刻克萊門汀發出了「一連串狂亂的哀嚎，宛若一頭承受致命痛苦的野獸」。

瑪麗的大姐，三十歲的戴安娜（Diana），嫁給了鄧肯．桑偲（Duncan Sandys，發音為「思」），他擔任邱吉爾與英國內政部民防局防空署（Air Raid Precautions，ARP）之間的「特別聯絡人」。他們育有三子。姐妹中的老二，二十五歲的莎拉（Sarah），從小就固執到被戲稱為「騾子」，是一名女演員，卻嫁給了大她十六歲、曾有過兩段婚姻的奧地利藝人維克．奧利弗（Vic Oliver），令邱吉爾十分不悅。他們膝下無子。邱吉爾的第四個孩子是蘭道夫，年近二十九歲，一年前才娶了二十歲的帕梅拉．迪格比（Pamela Digby），她現在懷上了第一個孩子。

瑪麗漂亮、歡快又活潑，觀察者形容她「活力四射」。她以初生羔羊般不加掩飾的熱情接觸世界，那股憨直讓她的年輕美國貴客凱瑟・哈里曼（Kathy Harriman）覺得太超過了。「她是個非常聰明的女孩，」哈里曼寫道，「但天真到讓人心疼。她說話總是很坦率，人們會嘲笑她、揶揄她，而過分敏感的她會讓這一切都往心裡去。」出生時，瑪麗的母親克萊門汀就給她取了「小鼠瑪麗」的綽號。

希特勒在低地諸國造成無數人的死亡和創傷的同時，瑪麗正和朋友們恣意享樂。那一晚以替她閨蜜兼表親茱蒂（Judy）——茱蒂絲・維內西雅・蒙塔古（Judith Venetia Montagu）所舉辦的晚宴揭開序幕。同樣十七歲的茱蒂是已故前印度事務大臣（Secretary of State for India）艾德溫・山繆・蒙塔古（Edwin Samuel Montagu）與妻子維內西雅・斯坦利（Venetia Stanley）的女兒。他們的婚姻充滿了戲劇化轉折和臆測：維內西雅是在和大她三十五歲的前首相阿斯奎斯（H. H. Asquith）發展了三年的婚外情後，才與蒙塔古結婚的。維內西雅和阿斯奎斯是否有過肉體關係，除了他們之外，對外人而言仍是一場羅生門，但是如果字數可以作為衡量愛情濃度的方法，那麼阿斯奎斯可說是深墜情網。在他們外遇的三年裡，他至少寫了五百六十封信給維內西雅，其中一些還是在內閣會議中寫的，邱吉爾稱之為「英格蘭最大的國安危機」。她與蒙塔古的閃電訂婚擊垮了阿斯奎斯。「地獄都沒這麼糟。」他寫道。其他一些年輕男女也參加了茱蒂・蒙塔古的晚宴，他們都是倫敦的名門望族、英國士紳之後代，總在市內的人氣舞廳宴飲、舞蹈。戰爭雖未讓他們的狂歡畫上休止符，卻注入了一個憂鬱的音符。他們之中，許多男子都加入了某個軍方部門，其中英國皇家空軍（Royal Air

Force、RAF）可能是最具浪漫色彩的；或被安排進桑赫斯特（Sandhurst）[6]和波布萊特（Pirbright）[7]等軍校。有些人曾在挪威作戰，有些人現在隨英國遠征軍（British Expeditionary Force）出征海外。瑪麗朋友圈中的許多女孩都加入了婦女志工服務組織（Women's Voluntary Service），該組織負責協助安置撤離人員、營運休息中心並緊急提供糧食，也從事將狗毛紡成製衣紗線等各種任務。也有些年輕女性正在接受護士培訓；有些人在外交部（Foreign Office）擔綱瑪麗稱為「不可言說」活動的隱蔽職位。但人生得意須盡歡，儘管陰霾漸至，拿著邱吉爾每月一號付給她的五英鎊（二十美元）零用錢，瑪麗和朋友們總是馬照跑、舞照跳。「倫敦的社交生活多采多姿，」瑪麗在回憶錄中寫道：「就算有燈火管制，劇院仍然座無虛席，餐廳關門後還有很多舞廳可以跳晚場舞，很多人照樣舉辦晚宴，通常是為了放假歸來的兒子而辦的。」

瑪麗和她的朋友們最喜歡的地方是柯芬園（Covent Garden）附近的優孟劇院（the Players' Theatre），他們總坐在桌邊觀賞包括彼得・烏斯蒂諾夫（Peter Ustinov）在內的一群演員演唱古老的音樂廳曲目。他們會一直待到凌晨兩點劇院關門，再穿過漆黑的街道回家。她喜歡月圓之夜營造的美麗和神祕：「我們從陰影深覆、幽谷般的街道，步入月光漫溢、空間遼闊的特拉法加廣場，鏤刻以聖馬田教堂（St. Martin-in-the-Fields）的古典對稱作遠景，納爾遜紀念圓柱（Nelson's Column）在它黝黑而威猛的守護獅簇擁下，振翅飛向夜空——如此景緻，我此生難忘。」

茱蒂・蒙塔古晚宴上的男性與會者之中，有一位名叫馬克・霍華（M. Howard）的

6｜譯注：位於倫敦西南部、世界知名的皇家軍事學院。
7｜譯注：英國其中一個陸軍訓練中心。

年輕陸軍少校，瑪麗認為他英俊又溫文爾雅，「頗為喜歡」他。作為英國正規軍中最古老的戰隊、時下仍存在的冷溪衛隊（Coldstream Guards）少校，霍華注定將在四年後戰死。冷溪衛隊雖然是一支活躍於戰場上的戰隊，但職責也包括協助守衛白金漢宮。

晚飯後，瑪麗、馬克和朋友們去著名的薩伏伊大飯店跳舞，接著前往深受倫敦富裕青年男女青睞、被稱為「上流社會的夜間指揮總部」的舞廳，四百夜總會（400 Club）。這間夜總會位於萊斯特廣場（Leicester Square）的一處地窖裡，一直營業到天明，賓客們隨著十八人管弦樂團的演奏跳著華爾滋與狐步。「我幾乎只和馬克跳舞，」瑪麗在她的日記中寫道，「很爽！凌晨四點才回家睡覺。」

五月十日星期五那天早上，她得知了希特勒在歐陸發動的閃電襲擊。日記中，她寫道：「今天凌晨，當我和馬克渾然不覺地歡快跳舞時，德國在灰冷的黎明中，又突襲了荷蘭和比利時這兩個無辜的國家。」

她去了位於哈利街（Harley Street）的學校，皇后學院（Queen's College）。作為一位非全職學生的「日間部女孩」，她在那裡學習法語、英國文學和歷史。「不確定感和疑慮整天都籠罩著我們。」她提到，「不知道政府會怎麼做？」

她很快就得到了解答。那天下午，照她週五的慣例，她前往邱吉爾家族位於倫敦東南方約二十五英里處的查特韋爾莊園（Chartwell）。她在這裡長大，養了一圈禽畜，試圖透過一家她命名為「快樂動物園」（The Happy Zoo）的企業售賣其中幾隻。整個莊園除邱吉爾的書房外，都因戰爭而關閉，但外圍的一間小屋仍然開放，如今住著瑪麗心愛的前保姆，瑪麗葉特．懷特（Maryott Whyte）。瑪麗葉特是克萊門汀最年長的表親，在家族中被稱為瑪珮（Moppet）或姆姆（Nana）。

那是一個溫暖的夏日傍晚。在瑪麗稱為「薄暮」的藍色黃昏中，她坐在小屋的台階上聽著室內正在播放的收音機。九點左右，就在BBC（British Broadcasting Corporation，英國廣播公司）的常規新聞廣播之前，張伯倫上線發表了簡短的演說，表明他已經辭職，現在的首相是邱吉爾。

瑪麗激動極了。其他許多人則不然。

這項任命，讓當晚出現在薩伏依大飯店和四百夜總會的瑪麗一行人中的某個人十分不安，無論是就它對國家和戰爭的影響而言，或是因為它對他個人生活產生的影響。一直到五月十一日星期六早上，約翰．「喬克」．科維爾（John "Jock" Colville）都還擔任內維爾．張伯倫的私人助理祕書，而今他卻發現自己被派給了邱吉爾。礙於這份工作的要求，他面臨未來與唐寧街十號的男主人朝夕相處的生活。瑪麗對喬克的看法是矛盾而近乎戒備的。「我不信任他，他不僅是一個『張伯倫派』，還是個『慕尼黑仔』，這兩者都讓我很自然地不信任他！」另一邊廂，他對她也不是太感冒：「我認為那個姓邱吉爾的女孩還滿傲慢的。」

私人祕書是一份聲望極高的工作。科維爾與另外四名新任命的人一起組成了位同邱吉爾副手的「私人小隊」，其餘一干祕書、打字員則負責書記和日常文書工作。

科維爾的出身幾乎注定了他在唐寧街十號的入職。他的父親喬治・查爾斯・科維爾（George Charles Colville）是一名訴訟律師，母親辛西婭・克魯-麥奈絲夫人（Lady Cynthia Crewe-Milnes）則是一位侍臣（courtier），是瑪麗太后的女官（woman of the bedchamber）。她同時也是一名為東倫敦的窮人服務的社工，時不時會帶著科維爾一起去，讓他見識英國社會的另一面。十二歲時，科維爾成為國王喬治五世（King George V）的侍童（Page of Honor），這是一個需要他每年三次穿戴及膝馬褲、蕾絲袖、皇室藍色斗篷和紅羽角帽，出現在白金漢宮的儀式型職位。

儘管年僅二十五，被迫穿上的葬儀式衣著、深濃的眉毛和漠然的臉，卻讓科維爾看起來更老。這樣的組合將他襯得陰沉又苛薄挑剔，儘管他實為一個細緻入微的人類行為觀察家，擅長以高雅品味和對所處世界之美的深刻欣賞進行書寫，這點從他在唐寧街十號的祕密日記中可見一斑。他有兩個哥哥，大哥大衛（David）在海軍服役，另一個哥哥菲利普（Phlip）則是陸軍少校，在法國的英國遠征軍服役，喬克為他感到非常焦慮。

科維爾求學過的地方都是恰當的，這在視母校血統為黨派旗幟的英國上流階級中十分重要。他在哈羅（Harrow）就讀當時英國制度下的高中，並擔任擊劍隊隊長，而後前往劍橋（Cambridge）的三一學院（Trinity College）[8]。哈羅對當時英國上流社會青年的影響尤其深遠，關於這一點，「老哈羅人」名人榜上的七位首相可作佐證。這七位首相中的邱吉爾，甚至曾被一位師長說是個表現「驚人地邋遢」的平庸學生。（後世的哈

8｜譯注：三一學院是劍橋大學眾學院中，擁有最悠久的歷史、最大規模的學院。

羅人還包括因《公主新娘》而揚名立萬的演員班尼迪克・康伯拜區〔B. Cumberbatch〕與凱瑞・艾文斯〔Cary Elwes〕，以及一位名叫詹姆斯・龐德〔James Bond〕的鳥類學家。）科維爾在兩次滯留德國期間學了德語並自我磨練，第一次是在一九三三年，也就是希特勒當上德國總理後不久，第二次則是在希特勒全面掌權的一九三七年。科維爾起初深受德國民眾的熱情感動，隨著時間的推移卻漸感不安。他在巴登巴登（Baden-Baden）目睹了一場焚書行動，後來還去聽了希特勒的一次演講。他寫道：「那種規模、那樣廣泛的集體歇斯底里，是我前所未見、後亦未聞的。」同年，他加入了外交部為唐寧街十號供應私人祕書的外交服務部門（Diplomatic Service division）。兩年後，他開始為張伯倫工作，深陷慕尼黑協議失敗所引發的衝突之中。作為張伯倫最主要批評者之一的邱吉爾，稱這個協議為「一場徹頭徹尾的失敗」。

科維爾對張伯倫是敬愛的，也擔心邱吉爾掌權之後會發生的事。在他看來，未來只有一片混亂。一如白廳其他許多人，他認為邱吉爾恣意妄為、好事，同時又容易在各方面衝動行事。偏偏民眾喜歡他。日記中，科維爾將如此飆升的人氣歸咎於希特勒。「把溫斯頓變成頭號公敵是希特勒最機靈的一步，正是這個事實讓溫斯頓在國內和美國都成為全民英雄。」

在科維爾看來，邱吉爾就任的潛在後果逐漸浮顯，似乎讓白廳籠罩在一股沮喪的瘴癘氣息之下。「他當然可能像這個國家相信的那樣，是一個充滿行動力和能量的人，也許能夠推動我們老舊的軍隊和工業機械。」科維爾寫道：「但這是個極大的風險，隱含著輕率、權力濫用的強烈危險，我不禁擔心，這個國家可能被帶領到前所未有的危險境地。」

科維爾暗自希望邱吉爾的任期會很短。「大家似乎傾向於相信老張，」也就是內維爾・張伯倫，「他很快就會回來。」他在日記中吐露。

不論如何，只有一件事情毋庸置疑：科維爾為邱吉爾所用這件事，為他在戰爭剛開打的八個月前就已經開始撰寫的日記，提供了豐富的素材。直到後來他才意識到，繼續撰寫這本日記很可能嚴重違反了國家安全相關法律。正如另一位私人祕書在科維爾出版他的日記後所說的：「我對喬克在安全問題上所冒的險感到十分驚訝，他要是被抓到，應該會被當場解僱。」

整個白廳都和科維爾一樣存疑。國王喬治六世在他自己的日記中寫道：「我還是無法把溫斯頓看作首相。」國王在白金漢宮的地界內遇到了哈利法克斯勳爵，住在尤斯頓廣場的哈利法克斯獲王室特許，從他家通勤到外交部的路上可以穿越王宮。「我在花園裡遇到了哈利法克斯，」國王寫道，「我告訴他我很遺憾沒能使他擔任首相。」雖被重任為外交大臣，哈利法克斯對邱吉爾以及他可能將給唐寧街十號帶來的驚人活力仍舊持疑。五月十一日星期六，也就是邱吉爾的任命隔天，哈利法克斯寫信給兒子：「我希望溫斯頓不會帶著我們輕舉妄動。」哈利法克斯私下稱邱吉爾為「憨熊」，靈感來自艾倫・亞歷山大・米恩（A. A. Milne）創造的角色小熊維尼（Winnie-the-Pooh）。哈利法克斯總是碎唸邱吉爾的新內閣成員胸無點墨，還把他們都比作「丐幫」，而在他心中，丐幫幫主正是邱吉爾。「我很少遇到學識如此低落，或頭腦這樣遲鈍的人。」那個星期六，哈利法克斯在他的日記中寫道：「事情還有可能正常運作嗎？這下真得看情況了。」

邱吉爾的上任激怒了一位國會議員的妻子，她將他比作赫曼．戈林（Hermann Göring），肥胖、殘忍的德國空軍司令，同時也是第三帝國（Third Reich）第二有權勢的人。「邱吉爾真是英格蘭版的戈林，」她寫道，「充滿了對殺戮、『閃電戰』的渴望，因自傲和暴食而膨脹不已，他的血管中同樣流淌著背信棄義、脈動著英雄主義和天花亂墜的誑語。」

然而，一位名叫奈拉．賴絲特（N. Last）的平民日記作者卻持不同看法，她是這樣對「世論調查」（Mass-Observation）描述的。「世論調查」是英國於戰前兩年成立的組織，招募了數百名志工撰寫日記，以幫助社會學家了解英國平民生活。這個組織鼓勵日記作者們在他們自己和朋友的壁爐台邊描寫生活中的一切，來磨練他們的觀察技巧。整個戰爭期間，包含奈拉．賴絲特在內的許多志工都持續撰寫著日記。「若要我和一個男人共度一生，」她寫道，「我會選擇張伯倫，但若是遭逢風暴船難，我想我寧可選擇邱吉爾先生。」

社會大眾和邱吉爾的盟友們以掌聲迎接他的上任。賀信和賀電如潮水般湧入海軍部大樓。其中兩封肯定勾起了邱吉爾的興趣，它們都來自與他長期來往、可能在不同的時間點對邱吉爾心懷戀慕的紅粉知己。克萊門汀當然有過懷疑，據說也對這兩個女人十分警惕。

「我的願望實現了，」一九二八年去世的前首相阿斯奎斯的女兒，薇洛·邦漢·卡特（Violet Bonham Carter）寫道：「我現在可以抱著信念和自信面對即將到來的一切。」她很了解邱吉爾，堅信他的能量和好鬥將讓政府煥然一新。「你我都深知，我們都必然要自食惡果，」她寫道，「但你，比起被迫隨風飄蕩，你會御風而飛。感謝老天有你在，還能為我們的命運掌舵。願這個國家的鬥志因你而重燃。」

第二封信來自曾與阿斯奎斯以書信經營婚外情的女人，維內西雅·斯坦利。「親愛的，」維內西雅如今在給邱吉爾的信中寫道，「你成為首相的時候，我多想為響徹整個文明世界的歡樂頌助唱。感謝上帝，終於啊。」她告訴他，對於「你獲得了拯救我們所有人的機會」，她很是欣慰。

她還加上附注：「還有，唐寧街十號能再次住上一個我所愛的人，真是太好了。」

第3章

倫敦與華盛頓

London and Washington

在邱吉爾對戰爭及其最終結果的考量中，美國至關重要。希特勒似乎已準備好席捲歐陸了。德國空軍公認地比英國皇家空軍要強大得多，他們的潛艦和海面軍艦也已嚴重阻斷英國這個島國命脈般的糧食、軍武和原物料供給。前次的戰爭已經昭示了，受激奮起的美國可以是多麼強而有力的軍事助力；而今，只有美國足以讓戰爭雙方旗鼓相當。

在邱吉爾被任命後不久的某天早晨，他的兒子蘭道夫意識到了美國在邱吉爾戰略思維中，是何等重要。當時他走進他父親在海軍部大樓的臥室，發現父親站在洗臉盆和鏡子前，正在刮鬍子。彼時蘭道夫正從女王輕騎兵團第四營（4th Queen's Own Hussars）休假回家，他在這個邱吉爾曾經任職的兵團擔任軍官。

「坐下，親愛的孩子，在我刮鬍子的時候看看報紙。」邱吉爾對他說。

過了一會兒，邱吉爾半轉過身子，面向他的兒子。「我想我找到自己的辦法了。」他說。

他轉回去面對鏡子。

蘭道夫知道他父親說的是戰爭。他回憶道，這段話讓他大吃一驚，因為他自己認為英國獲勝的可能性很小。「你是說，我們可以免於戰敗？」蘭道夫問，「打敗那群混帳嗎？」

聞言，邱吉爾把剃刀扔進盆裡，旋過身，面朝兒子。「我當然是說我們可以打敗他們。」他厲聲道。

「好喔，我全力奉陪。」蘭道夫說，「但我看不出你要怎麼辦到。」

邱吉爾擦乾臉。「我要把美國拉進來。」

美國民眾對於被捲進麻煩事，可是一點興趣也沒有，更不用說是捲入歐洲的戰爭。這與戰爭初期有所不同，當時蓋洛普[9]（Gallup）民調發現，百分之四十二的美國人認為，如果法國和英國在未來數月內瀕臨戰敗，美國應該向德國宣戰並派兵支援；百分之四十八的人則不同意。但希特勒對低地諸國的入侵徹底改變了大眾的態度。一九四〇年五月進行的一項民調中，蓋洛普發現百分之九十三的人反對宣戰，這樣的立場被稱為孤立主義。美國國會此前就曾透過一九三五年開始的一系列《中立法案》（Neutrality Acts），將這樣的反對情緒編入法律，這項法案嚴格規範武器和彈藥的出口，禁止美籍船隻將武器與彈藥運往任何處於戰爭狀態的國家。美國人是同情英格蘭的，但大英帝國在希特勒入侵荷蘭、比利時、盧森堡當天就推翻了內閣，因而掀起了一波質疑英國穩定與否的聲浪。

五月十一日星期六早上，羅斯福總統在白宮召開內閣會議，英國新任首相成了討論的話題。討論的核心在於他能否在這場又一次擴大的戰爭中獲勝。羅斯福過去在邱

9｜譯注：蓋洛普是一個由美國科學民調的開創人喬治．蓋洛普（George Gallup）成立的統計調查組織，每年在世界各地進行多項民意調查。

吉爾擔任第一海軍大臣期間，曾多次與他交換公報，卻因為害怕激起美國輿論而持續保密。內閣會議整體傾向於對邱吉爾存疑。

在場的人之一，美國內政部部長（secretary of the interior）哈羅德．勒克萊．伊克斯（H. L. Ickes），是一位對羅斯福極有影響力的幕僚，羅斯福新政（the New Deal）中的社會工作、金融改革計畫，都歸功於他的推動。「顯然，」伊克斯說，「邱吉爾深受酒精影響，非常不可靠。」伊克斯還因為邱吉爾「太老了」而不信任他。據當時的美國勞工部部長（secretary of labor）法蘭西絲．珀金斯（F. Perkins）所說，羅斯福在那場會議中也對邱吉爾顯得「心存懷疑」。

對於新首相，尤其對他的酒精攝取量的疑竇，早在會議之前就已經種下。一九四〇年二月，美國國務院（U.S. State Department）副院長薩姆納．威爾斯（S. Welles）曾以「威爾斯使團」（Welles Mission）的名義展開國際巡訪，與柏林、倫敦、羅馬和巴黎的領導人會面以衡量歐洲政局。他拜訪的人中，就有當時還是第一海軍大臣的邱吉爾。關於那次會面，威爾斯在事後的報告中寫道：「我被帶進他的辦公室時，邱吉爾先生正坐在爐前，抽著二十四英寸的雪茄，喝著威士忌和蘇打水。他很顯然在我到之前，就已經喝了不少威士忌。」

然而，對邱吉爾懷疑的源頭，主要還是來自不喜歡新任首相、多次對英國的未來與邱吉爾的人品發來悲觀匯報的美國駐英大使，喬瑟夫．甘迺迪（Joseph Kennedy）。某次，甘迺迪甚至向羅斯福重述了張伯倫對邱吉爾評價的概要：「邱吉爾已經到了人形酒鬼的地步了，他下的判斷從沒正確過。」

相對地，甘迺迪在倫敦也不受青睞。這位大使對英國生存前景的悲觀態度，以及他對英國皇家空軍不久就會被擊垮的預測，都讓邱吉爾的外交大臣哈利法克斯勳爵的夫人對他深惡痛絕。

她寫道：「可以的話，我很樂意殺了他。」

第4章

發電

Galvanized

在上任的頭二十四個小時中，邱吉爾便展露出他作為首相的與眾不同。若說人稱「舊雨傘、驗屍官」的張伯倫是沉著而深思熟慮的，新任首相便是名副其實地浮誇、雷厲風行，而且完全無法預測。邱吉爾上任後最初的行動之一，便是任命自己為國防部長（minister of defense），使得一位因此離任的官員在日記中寫道：「上天保佑。」國防部長是一個新創的職位，方便邱吉爾藉此監督陸、海、空軍的首長。他因此對戰事有了完全的掌控，也承擔了全副責任。

他迅速採取行動建立自己的政府，在第二天中午之前便做出了七項重要任命。他留用哈利法克斯勳爵為外交大臣，為展現大度與忠誠，還延攬了張伯倫做工作量極小、卻是政府與國王間的橋樑的樞密院議長。邱吉爾並沒有立即將張伯倫趕出位於唐寧街十號的首相官邸，反而留在他當時住的海軍部大樓，繼續住了一段時間，給張伯倫時間有尊嚴地離去。他還提供張伯倫一間位於首相官邸隔壁，也就是唐寧十一號的聯排別墅，是張伯倫在一九三〇年代擔任財政大臣期間住過的。

白廳頓時注入了一股嶄新的能量，萎靡的樓道復甦般煥然一新。戰事內閣（the War Cabinet）祕書愛德華．布里奇斯（Edward Bridges）寫道：「彷彿一台機器在一夜之間裝上了一兩個新零件，能夠達到遠高於前所預想的速度。」從最初階的祕書到最資深的部長，如此陌生而令人不安的新能量在各級部門間奔流。如此氛圍在唐寧街十號內部更是宛如接上了電池一般。據約翰．科維爾所說，在張伯倫的領導下，即便是戰爭的到來也沒能改變工作的節奏；而邱吉爾卻是一部發電機。令科維爾驚訝的是，「你甚至能在官邸廊道間，看到位高權重的公務員四處奔走」。科維爾和邱吉爾私人祕書處其他成員的工作量，增加到了前所未有的程度。

邱吉爾透過口授，讓打字員謄打出號稱「紀要」的短箋來發布指示和命令。從他醒來的那一刻到他上床就寢為止，總會有一名打字員隨時待命。他會對紀要中的拼寫錯誤、意義不明的詞句大發雷霆，認為是打字員注意不專造成的，然而實際上是他輕微發音障礙所導致的混濁S音，讓這項聽打任務難上加難。一九四一年來到唐寧街十號的打字員伊麗莎白．蕾頓(E. Layton)，曾在聽打長達二十七頁演講稿的過程中，因僅僅一個失誤，惹得邱吉爾勃然大怒——她誤將「空軍司令部」(Air *Ministry*)打成「空軍司令」(Air *Minister*)，因而為「空軍司令從頭到腳都亂成一團」(the Air Minister was in a state of chaos from top to bottom)[10]這個句子增添了說者無心、卻十分鮮明的視覺形象。據蕾頓所言，要聽清楚邱吉爾說的話其實不容易，尤其是早上他在床上口授時。影響口齒清晰程度的因素還不僅止於此。「他總叼著那根雪茄，」她寫道，「他通常會在房裡來回踱步，所以有時他會走到你的椅子後面，有時又在房間遙遠的另一頭。」

他不會放過任何細節，包括部長們在撰寫報告時的用字遣詞和語法。他們不能使

10｜譯注：這裡搞混「空軍司令」與「空軍司令部」，可能導致旁人誤以為邱吉爾批評的是司令個人的混亂，而非司令部作為一個機關的混亂。這兩者之間的差異在於，前者可能被解讀為針對司令的人身攻擊，但後者「司令部整體運作需要改革」可能才是邱吉爾的原意，兩者意義、效果大不同，可能是他生氣的原因。

用「aerodrome」[11]這個詞，得用「airfield」來指涉飛行場；「aeroplane」[12]不行，得用「aircraft」來指「飛機」才可以。邱吉爾特別堅持部長們撰寫備忘錄務必簡潔，限制長度只能在一頁以下。「不簡潔表達想法就是懶散。」他總是這麼說。

如此精準、嚴格的溝通模式，在各級部門間樹立了嶄新的責任感，消解了例行官僚工作的陳腐繁瑣。邱吉爾的公報每天都源源不絕、成打成堆地來，總是簡短而用語精確。面對複雜的問題，他經常要求部屬在一天之內答覆。「任何不是迫切重要或有隱憂的事，對他來說都毫無價值。」人稱「小布」（Brookie）的艾倫．布魯克將軍（General Alan Brooke）寫給唐寧街十號的祕書人員，「他想搞定某件事時，其他一切事情都必須擱置。」

布魯克觀察到，這樣的效果「就像探照燈的光束不斷擺動、穿透到政府的每個偏遠角落一般，每個人，不論他的位階或職務多麼微小，都警覺自己和手上的工作可能會有被光束照到的那天。」

張伯倫離開唐寧街十號前，邱吉爾在海軍部大樓一樓設立了一個辦公室，他計劃在那裡進行夜間工作。大樓飯廳則為一位打字員和一位私人祕書所據，每天來回於一條擺滿了飾有海豚紋樣[13]家具的走道上，椅子的靠背和扶手上滿布海帶與扭曲的海洋生物圖樣。邱吉爾挪用了一個內室作為辦公室。他的辦公桌上放著各式各樣的藥丸、藥粉和牙籤，以及保護袖子免受墨染的可拆卸式袖口，和被他用來當作紙鎮的各式勳

11 | 譯注：Aerodrome 與 airfield，兩者均指「停機坪」、「飛行場」，但前者是較古老、過時的英式說法。

12 | 譯注：Aeroplane 即美式英語中的 airplane，不過是較過時的英式說法。

13 | 譯注：英國皇家海軍的紋章圖樣是皇冠與海豚。

章。旁邊的桌子上還放著幾瓶威士忌。白天他則使用唐寧街十號的一間辦公室。

然而邱吉爾對於所謂「辦公室」的概念是很廣泛的。將領、部長和工作人員常在邱吉爾泡澡時與他會面，這是他最喜歡的工作場所之一。他還喜歡在床上工作，每天早上都要花幾個小時在床上檢閱電訊和報告，旁邊坐著一個打字員。他時刻不離身的黑盒子是一個收發匣，裡面裝著其他官員送來待閱的報告、信件和會議紀錄，由他的私人祕書每日添補。

幾乎每天早上都會到邱吉爾房間的，是新任命的軍事參謀長黑斯廷斯·伊斯梅少將(Major General Hastings Ismay)，因長相與某個狗種高度相似而被人們暱稱為「巴戈」。伊斯梅的工作是擔任邱吉爾和三軍首領之間的中間人，幫助首領們了解他，也協助他了解他們。伊斯梅做得得心應手，帶著一種外交官般的長袖善舞。他很快成為邱吉爾所謂「親信圈」的核心成員之一。伊斯梅會事先到邱吉爾的臥室討論稍後將在參謀會議上提出的問題。其餘時候，他會作為一個溫暖而平靜的存在隨侍在側，以防萬一邱吉爾需要他。巴戈非常受一眾打字員和私人祕書的歡迎。「他的眼睛、皺巴巴的鼻子、嘴巴和臉型，像極了犬科動物，讓人心情很好。」約翰·科維爾寫道，「他一笑，臉就像被點亮般，給人一種他正搖著尾巴的感覺。」

大眾需要這位新首相的程度讓伊斯梅十分震驚。與他一起從唐寧街十號走回海軍部大樓時，伊斯梅驚嘆於路過的男男女女對他的熱情問候。群眾等在唐寧街十號的私人入口處表達祝賀與鼓勵，高喊：「祝一切順利，維尼。上帝祝福你。」

邱吉爾深受感動，伊斯梅看在眼裡。一進入大樓，從不吝於表達情感的邱吉爾便流下了眼淚。

「可憐的人民、可憐的人民哪，」他說，「他們信任我，但在未來很長一段時間裡，我卻只能報以災難。」

他最想給予他們的，其實是改變，正如他從一開始就表明的那樣——從辦公室到戰場，全方位的改變。他尤其希望英國可以在戰爭中採取攻勢，至少做點什麼，做點直接與他喜歡稱為「那個壞蛋」的阿道夫．希特勒正面交鋒的什麼。誠如他經常說的那樣，他要德國人「血償、燃燒」。

他上任後兩天內，英國皇家空軍的三十七架轟炸機便襲擊了位於德國工業重鎮魯爾區（Ruhr）的德國城市慕尼黑－格拉德巴赫（München-Gladbach）。這次突襲造成四人死亡，不巧的是，其中一位是英國婦女。但邱吉爾要的不只是造成混亂而已。這次任務和隨後的其他襲擊，意在向英國大眾、希特勒，尤其向美國釋放英國打算反擊的訊號，這與五月十三日星期一，邱吉爾在下議院發表的首次演講中所傳達的訊息一致。他充滿信心、誓言取勝，但同時也務實地明白英國此刻所處的劣勢。那場演講中，有一句尤為明晰的話脫穎而出：「除了鮮血、辛勞、淚水與汗水外，我再無旁物可以奉獻。」

儘管後來這些話在後世的演說名人堂中，作為「有史以來最好的演講之一」佔據了一席之地，多年後甚至得到了希特勒的首席宣傳員約瑟夫．戈培爾（Joseph Goebbels）

的讚揚，但當時，這場面向一位因事後對逝者感到內疚而產生懷疑態度的聽眾的演講，不過是另一場普通的演講而已。換了上司但仍忠於張伯倫的約翰．科維爾認為它不過是「一次精彩的小演說」。科維爾在這個場合，選穿的是「一件五十先令裁縫店出品的亮藍色新西裝」，來自一家專售廉價男裝的大型連鎖店，「便宜又俗艷，我覺得很適合新內閣」。

＊＊＊

此時，德軍正以殘忍的威壓鞏固他們對時稱低地諸國的掌控。五月十四日，德國空軍的轟炸機在兩千英尺的高空集體對鹿特丹進行無差別轟炸，造成超過八百名平民死亡，如此慘況，預示著相似的命運可能在未來等待著英格蘭。然而最讓邱吉爾和他手下的指揮官們感到擔心的是，德國裝甲部隊的駭人實力，輔以戰機作為空中砲兵團，在比利時和法國痛宰了盟軍一頓，削弱了法國的抵抗，也讓駐在歐陸的英國遠征軍暴露在危險中。五月十四日星期二，法國總理保羅．雷諾（Paul Reynaud）致電邱吉爾，請求他派遣十支英國皇家空軍戰鬥機中隊，來支援之前承諾派出的四個中隊。「如果可能的話，今天就派來。」

德國已經宣告獲勝。那個星期二，美國記者威廉．夏勒（W. Shirer）在柏林聽到德國新聞播報員一遍又一遍地宣告勝利，打斷常規節目的播送，只為了聒噪戰事的最新進展。打頭陣的是固定開場的銅管播音，接著是最新勝仗的捷報，之後，據夏勒在他的日記中所記錄的，是由合唱團演唱「當前的熱門歌曲〈我們在英格蘭行軍〉」。

翌日，五月十五日星期三的早上七點三十分，雷諾再次致電邱吉爾，電話接通時邱吉爾人還在床上。他拿起床頭櫃上的電話。通過粗糙模糊的連線，他聽到雷諾用英語說：「我們被打敗了。」

邱吉爾什麼也沒說。

「我們被打敗了，」雷諾說，「我們輸掉了這場戰事。」

「不可能這麼快吧？」邱吉爾道。

雷諾告訴他，德軍在法國與比利時交界的亞爾丁省（Ardennes）一個名叫色當（Sedan）的市鎮[14]突破了法國的防線，坦克和裝甲車正從破口中泉湧而入。邱吉爾試圖讓這位法國領導人冷靜下來，告訴對方，他的軍事經驗顯示，進攻者總會隨著時間的推進失去衝力。

「我們被打敗了。」雷諾堅持道。

這聽起來令人難以置信。法國的陸軍規模龐大、技術嫻熟，固若磐石的馬其諾防線號稱堅不可摧。英國的戰略規畫仰賴著夥伴法國，沒有他們，英國遠征軍就沒有獲勝的機會。

這讓邱吉爾意識到，直接請求美國援助的時候到了。在當天發給羅斯福總統的密報中，他告訴總統，他完全肯定英格蘭將會、而且很快就會受到攻擊，而他正在為這場猛攻未雨綢繆。「若真的到了那一步，我們將獨自繼續打仗，我們並不怯戰，」他寫道，「但我相信你知曉，總統先生，美國若是保留意見和實力太久，可能就沒人當一回

14｜譯注：市鎮（commune），法國最基層的行政區劃，相當於台灣的村、鎮或區。

事了。你可能正以驚人的速度打造出一個被完全征服、納粹化的歐洲，那樣的重業可能遠遠超出我們所能承受的。」

他需要物資援助，特別要求羅斯福考慮派遣多達五十艘舊驅逐艦（destroyers），在自家海軍建造計畫可以開始交出新艦艇前，讓英國皇家海軍使用。他還要求「數百種最新型號」的戰機，以及防空武器和彈藥：「我們如果能活到明年，就能自己造出很多了。」

課題接著進展到了與美國打交道的過程中，一個尤為敏感的問題，畢竟這顯然總得經過艱難的討價還價，或至少必須走這個過場。他寫道：「我們會盡可能支付相關費用，但我希望可以相信，當我們付不出錢來的時候，你還是會維持同樣的供給。」

羅斯福兩天後才回覆，表示他不能在沒有國會特別批准的情況下派遣驅逐艦，並補充道：「我不確定在這個時間點向國會這樣提案是否明智。」他仍對邱吉爾保持戒慎，且更警惕美國民眾的反應。當時他正在考慮是否參選第三個總統任期，但尚未表態。

在對邱吉爾的各種要求左閃右躲後，總統補充道：「真心祝你好運。」

一直坐立難安的邱吉爾，決定要親自會見法國的領導者們，以加強他對戰事時況的了解，並嘗試為他們提振士氣。儘管德軍戰鬥機持續在法國上空巡弋，邱吉爾仍於五月十六日星期四下午三點，搭乘德哈維蘭（de Havilland）[15]的軍用客機「火鶴」

15｜譯注：德哈維蘭，英國的飛機製造商。

(Flamingo)[16]從唐寧街十號以北約七英里處，位於漢登(Hendon)的英國皇家空軍基地起飛。這是邱吉爾最喜歡的飛機：一架全金屬的雙引擎客機，配有大型軟墊扶手椅。火鶴迅速與派來護送它前往法國的噴火戰鬥機(Spitfires)編隊會合。巴戈．伊斯梅和一組軍官也跟著去了。

降落後，伊斯梅一行人立刻意識到情況比他們預想的要糟糕得多。被指派與他們會面的軍官告訴伊斯梅，他們預計德軍將在幾天內抵達巴黎。伊斯梅寫道：「我們沒人敢相信。」

雷諾和他的將軍們再次懇求更多的戰機。經過一番苦惱，出於對歷史定位一如既往的謹慎，邱吉爾允諾提供十支中隊。當晚，他發電報給戰事內閣：「要是因為拒絕了他們的要求而導致他們的毀滅，在歷史上可能不是太好看。」

他與隨行們隔天早上便返回了倫敦。

私人祕書科維爾為英國向法國派遣這麼多戰機的後果感到擔憂。他在日記中寫道：「這等同剝除這個國家四分之一的一線戰機防禦力。」

害怕希特勒現在會將全副心神轉向英國的情緒，隨著法國局勢的每況愈下而逐漸升溫。德軍的進犯似乎必然發生。一直潛藏於白廳和英國社會中的綏靖心態開始重現，與希特勒簽署和平協議的呼聲重起，如地下水湧出草坪般，往日避免衝突的本能再次浮現。

16｜譯注：火鶴，又稱 DH-95 型飛機，是德哈維蘭於一九三〇年代末期生產的一款民航機，二戰期間被英國空軍用以執行一般交通、聯繫用途，是邱吉爾飛往法國等中短程目的地時最喜歡搭乘的機型。

在邱吉爾家，這種失敗主義的言論只會激起憤怒。一天下午，邱吉爾邀請他的國會首席黨鞭（chief whip in Parliament）大衛．馬格森（D. Margesson），和他與克萊門汀、瑪麗共進午餐。馬格森是所謂的「慕尼黑仔」之一，過去曾支持綏靖主義以及張伯倫於一九三八年簽署的慕尼黑協議。

隨著午餐的進行，克萊門汀越來越不安。

自邱吉爾被任命為首相以來，她就成了常伴他身側的盟友，主持午餐會和晚宴，回覆無數封民眾來信。她經常戴著一條頭巾，裹成全包式造型，上面印著呼籲「借款衛國」（Lend to Defend）[17]、「幹起來」（Go to It）[18]等縮小版的戰爭海報和標語。她現年五十五歲，與邱吉爾結褵三十二年。他們訂婚時，邱吉爾的紅粉知己薇洛．邦漢．卡特對克萊門汀是否值得這段婚姻表示嚴重懷疑，預言她「對他的價值，如我經常說的，永遠不會超越一個裝飾餐櫥，而且她也苟且地不在乎自己在他心中的分量沒能更重」。

然而事實證明，克萊門汀絕不僅僅是個「餐櫥」。她確如邦漢．卡特所說的高而纖瘦，展現出一種「精緻、無瑕的美」，但她同時堅強而獨立，已經到了經常獨自度假出遊、長期離家的地步。一九三五年，她甚至獨自前往遠東，進行了長達四個多月的遠行。她和邱吉爾分房睡。兩人只在她明確邀請時才會發生性行為。克萊門汀在結婚後不久，便向邦漢．卡特透露了邱吉爾對內衣的獨特喜好：必須是淡粉色、絲製的。無論對象地位多高，克萊門汀都不怕與之衝突，據說她是唯一挺身反抗邱吉爾而能生效

17｜譯注：海報原文為「Lend to defend his right to be free: buy National Savings Certificate」，是呼籲國民購買國家儲蓄券，借款給國家以應付戰爭的標語。

18｜編按：標語「幹起來」（Go to It）與邱吉爾在二戰時期的形象有所關聯，初源於當時英國漫畫家悉尼．斯特魯布（Sidney Strube）在《每日快報》（*Daily Express*）繪製的政治漫畫，畫中邱吉爾以象徵英勇好鬥的鬥牛犬形象出現，跨立在英國不列顛諸島上，頭上戴著的鋼製頭盔上刻著鏗鏘有力的標語「Go to It」。

的人。

如今，她的怒火在午飯間不斷上升。馬格森擁護的非戰主義令她厭惡。最後，她終於忍無可忍，點明了他過去作為綏靖支持者的角色，含蓄地指責他讓英國陷入了目前的可怕處境。據女兒瑪麗所述，她「先是用唇槍舌劍將他批得皮開肉綻，再將他完全擊潰」。如此情況並不少見，這一家人經常談起「媽媽的暴走」。描述某次受害者被克萊門汀特別激烈譴責的事件時，邱吉爾打趣地說：「克萊米[19]像隻從樹上躍下的美洲虎似地撲向他。」

這一次，她可不是單槍匹馬地與人針鋒相對。她還拖了瑪麗下水。他們在離家不遠，以金色和白色耀眼內部裝潢聞名的卡爾頓大飯店（Carlton Hotel）裡的燒烤餐廳共進午餐。

瑪麗對她母親的行為感到羞愧。「我感到非常丟臉又驚嚇，」她在日記中寫道，「媽咪和我偏偏跑去卡爾頓吃這頓午飯。好好的食物都被那烏煙瘴氣給毀了。」

克萊門汀在某次造訪教堂時，遇到了另一個表達憤慨的機會。五月十九日星期日，她參加了位於特拉法加廣場的著名聖公會（Anglican）教堂，聖馬田教堂的一場禮拜，在那裡聽到一位牧師講道時，批評她是不合時宜的失敗主義者。她站起身來，衝出教堂。一回到唐寧街十號，她就告訴了丈夫這個故事。

邱吉爾說：「你應該大喊『丟臉』的，竟敢用謊言玷污上帝的殿堂！」

邱吉爾隨後前往倫敦外圍的家庭住所查特韋爾莊園，好準備他作為首相的第一次

19｜譯注：Clemmie，克萊門汀的小名。

無線電廣播，還在池塘邊餵食他的金魚和一隻黑天鵝，度過了一些寧靜的時光。

原本還有其他的天鵝，不過都被狐群殺死了。

＊＊＊

一通來自法國的電話把邱吉爾引回了倫敦。情況急劇惡化，法軍士氣萎靡不振。即使傳來如此嚴重的消息，邱吉爾仍顯得不為所動，這讓科維爾對新主子的不滿進一步冰釋。科維爾在那個週日的日記中寫道：「無論溫斯頓有什麼缺點，他似乎都是英國此刻的一時之選。他的意志百折不屈，就算法國和英國都輸了，我覺得他也會領著一票民兵，自己繼續東征。」

他補充道：「也許我一直以來對他的判斷都太嚴厲了，但情況在幾週前還很不一樣。」

四點三十分的戰事內閣會議中，邱吉爾獲知英國駐法國軍隊的總司令正在考慮往海峽沿岸撤離，還特別指明從港口城市敦克爾克(Dunkirk)離開。邱吉爾反對這個想法。他擔心這支部隊會受困，進而被摧毀。

邱吉爾下定決心，不向法國派遣任何戰鬥機。法國如今命如風中殘燭，即使履行承諾也沒什麼意義，而英格蘭需要每一位戰士來抵禦即將到來的入侵。

當晚六點到九點，直到在BBC的麥克風前坐定的最後一刻，邱吉爾都在準備他的廣播講稿。

「在我們國家命脈極為重要的此刻，我第一次作為首相與您談話。」邱吉爾開頭道。

他解釋了德國人如何藉由戰機與坦克「天衣無縫」的配合，突破法國的防線。然而，他說，法軍過去的經驗證明了他們擅長發動反攻，這樣的才能再與英軍的實力和技術相輔，必可扭轉局勢。

這次演說，定下了他後來在整個戰爭期間的演說模式，針對事實提供清醒的評估，並以理性進行樂觀的調和。

「去掩飾此刻事態有多嚴重的話，就太愚蠢了。」他說，「但失去信念和勇氣，又更愚蠢。」

他完全沒有提及，就在幾個小時前他在戰事內閣會議上討論過的，英國遠征軍撤出法國的可能。

接著他提出他發表這次演說的主要目的，針對前路向他的同胞們示警。「在法國的這場仗削弱了它的力量之後，挑戰英國與英國的核心價值、屬於不列顛群島的戰役就要來臨，」他說，「在這樣極端緊急的情況下，我們將不會遲疑地採取任何措施，即使是最激烈的那種，喚起我們的人民最後一分一毫的努力。」

據情報部下國家情報局（Home Intelligence）表示，這次演講嚇壞了部分聽眾，但邱吉爾的表面坦率（至少在德軍入侵威脅方面，不包括法軍實際狀況的話）則激勵了其他聽眾。國家情報局不遺餘力地監測輿論和士氣，每週發布來自郵政和電話審查、電影院經理、W. H. 史密斯（W. H. Smith）書報攤[20]店員等一百多個情報來源的報告。

20 | 譯注：W. H. Smith 是英國一家老牌零售商，以售賣書報、零食飲料爲主，同時也是世界首間連鎖店。常見於鬧區、交通樞紐、醫院、公路服務區，普及程度與性質相當於台灣的便利商店龍頭。

邱吉爾的廣播發布後，國家情報局對聽眾進行了快閃調查。「在倫敦地區的一百五十筆逐戶採訪中，」報告顯示，「大約一半的人說那次演說讓他們感到害怕和擔心；其餘的人則感到『振奮』、『下定了決心』、『更加堅定』。」

現在邱吉爾再次回頭面對痛苦的決定，為法國數十萬英國士兵的去向做抉擇。他傾向於堅持讓他們發動攻勢、殺出血路，但適合發生這種壯烈英雄事蹟的時機似乎已經過去了。在德國裝甲師的追擊下，英國遠征軍正向海岸全面撤退，這讓希特勒在長驅直穿歐陸的過程中獲得優勢。英國遠征軍非常可能遭到殲滅。

週日才讓科維爾覺得處變不驚的邱吉爾，如今似乎搖身一變，取而代之的是一位深為自己掌管的帝國命運擔憂的首相。五月二十一日星期二，科維爾寫道：「我從未見過溫斯頓如此沮喪。」

邱吉爾不顧參謀長和其他下屬的建議，決定飛往巴黎進行第二次會議，這次是在惡劣的天氣下。

這次拜訪除了讓克萊門汀和瑪麗擔心外，沒有取得任何成果。「那樣可怕的天氣不適合飛行，」瑪麗在她的日記中寫道，「我非常焦慮。父親執意飛行是個令人難以置信的壞消息，我只能祈禱一切安好。」

當前的情況是如此緊張，壓力是如此沉重，以至於邱吉爾的內閣成員決定替他聘請一位私人醫生，儘管病人本人並不贊同。這項任務落到了倫敦聖瑪麗醫院（St Mary's Hospital）的醫學院院長查爾斯．威爾遜爵士（Sir Charles Wilson）身上。作為前次大戰中的醫務官，他因為索姆河戰役（Battle of the Somme）中的英勇表現，在一九一六年獲頒軍功十字勳章（Military Cross）。

五月二十四日星期五凌晨，威爾遜被帶到海軍部大樓樓上邱吉爾的臥室。（在英國，對於有威爾遜這等威望地位的醫生，通常不稱呼醫師，而稱先生。）「我成了他的醫生，」威爾遜在他的日記中寫道，「不是因為他想要，而是因為某些內閣成員意識到他變得多麼重要，於是決定該有人關注他的健康。」

當時已經是中午了，但威爾遜走進房裡時，卻發現邱吉爾還在床上，靠著床頭板坐得直挺挺的，正在閱讀。邱吉爾沒有抬頭看他。

威爾遜走到他床邊。邱吉爾仍然未對他的存在做任何表示。他繼續閱讀。片刻之後（對威爾遜來說「似乎是一段很長的時間」），邱吉爾才放下文件，不耐煩地說：「我不懂他們為什麼要這麼大驚小怪。我又沒有任何毛病。」

他回頭繼續閱讀，威爾遜還在身邊。

又過了很久，邱吉爾才猛地掀開被褥、脫下外衣，怒吼道：「我為消化不良（dyspepsia）所苦！」消化不良，人稱火燒心。邱吉爾說：「至於治療，有這個就夠了。」

邱吉爾開始進行呼吸運動（breathing exercise）。威爾遜就這樣看著。「他白白的大肚腩正上下起伏到一半，就有人敲門，希爾夫人（Mrs. Hill）走進房間時，首相急忙抓起床單。」三十九歲的凱瑟琳．希爾（Kathleen Hill）是他親近的私人祕書。無論邱吉爾衣服是否蔽體，她和她的打字機都隨侍在側。

「不久之後，」威爾遜寫道，「我就離開了。我不喜歡這份工作，我也不認為這個安排能夠長久。」

在約翰．科維爾看來，邱吉爾不需要醫生的關切。他看起來很健康，並且在擺脫了幾天前的低潮後，再次精神煥發。那個星期五稍晚，科維爾到達海軍部大樓時，發現邱吉爾「穿著極為華麗的睡袍，抽著一根長長的雪茄，從上層的戰情室下樓，走進他的臥室」。

邱吉爾當時正要進行其中一次日常沐浴，他的近侍管家弗蘭克．索耶斯（F. Sawyers）總會精心替他準備水溫華氏九十八度、三分之二滿的浴缸，全天候備用（據科維爾所寫，索耶斯「陰魂不散、認真過頭」）。邱吉爾每天沐浴兩次，這是他長期以來的習慣，無論他身在何方、世上其他地方的事態進展多麼緊迫，無論他是在巴黎大使館會見法國的眾領導人，還是在首相專用火車上，他的盥洗室裡總會有一個浴缸。

這個星期五的沐浴期間，來了一些需要他關注的重要電話。科維爾在一旁待命，邱吉爾赤身裸體地從浴缸裡爬出來，用毛巾裹住自己，接聽每一通電話。

科維爾覺得這是邱吉爾惹人喜歡的特質之一，「他一點架子都沒有」。科維爾在海軍部大樓和唐寧街十號見證的景況，與他為張伯倫工作的時候截然不同。邱吉爾會戴著頭盔、穿著紅色睡袍和毛球拖鞋在大廳裡走來走去。職員們還準備了一件天藍色的「警報裝」給他，是他自己設計的一件式服裝，可以在緊急時刻隨時套上。他的下屬們稱它為他的「連身褲」。據他的護衛人員湯普森探長經常說的，這套衣服讓邱吉爾看來「像一艘充飽氣的蒸汽船，隨時會從地板上浮起來，繞著他自己的領地啟航」。

科維爾開始喜歡上這個人了。

那個星期五從海峽另一端傳來的消息，讓邱吉爾的淡定顯得更加卓絕。強大的法軍出乎所有人長久以來的意料之外，此刻似乎正處於最終落敗的邊緣。外交大臣哈利法克斯在日記中寫道：「法軍是過去的兩年裡，每個人都樂於仰仗的那塊堅固磐石，但德國人就像打敗波蘭人那樣，輕鬆地踏過了他們。」

也是在那天，邱吉爾收到了一份文件，振聾發聵、敢於考量迄今為止無人敢想的結果，這結果之超乎想像，使得撰寫這份報告的參謀長們在標題中都諱言閃避，只稱他們的文件為「某種可能情勢下的英國戰略」。

第5章

月光恐懼

Moon-dread

「本文宗旨，」這份報告開頭寫道，「在於研究法軍的抵禦若全面潰敗、英國遠征軍大比例陣亡，且法國政府與德軍談和達成協議，我方繼續單槍匹馬戰鬥的方案。」

這份文件標示為「最高機密」，讀起來很嚇人。它的基本假設之一，是美國將提供「全面的經濟和金融支持」。要是缺了這個，報告用斜體字指出：「我們不認為我們繼續打仗會有任何勝算。」報告還預測只有部分英國遠征軍能夠從法國撤離。

最核心的恐懼是，法國人要是真的投降了，希特勒就會把他的陸軍和空軍轉向英國。報告指出：「德軍有足以入侵和佔領我國的實力。只要敵方的一支部隊和戰車成功登陸，在岸上站穩腳跟，那麼目前裝備極度短缺的英國陸軍就無足夠的攻擊力將其驅離。」

萬事有賴「我方的戰鬥機防禦，能否將敵方的攻擊規模降到合理範圍內」。英國的精力將集中在戰鬥機的生產、人員的培訓和飛機工廠的防禦上。「整個問題的癥結在於我國的空中防禦。」

報告指出，法國如果淪陷，任務將無比艱鉅。過去的國土防禦計畫是基於這樣的假設，或者說認定：德國空軍將從德國境內的基地起飛，深入英格蘭的能力因而有限。但現在，英國的戰略家被迫面對德軍戰鬥機、轟炸機從距英國海岸僅數幾分鐘航程的法國沿岸機坪起飛，或是從比利時、荷蘭、丹麥和挪威的基地起飛的可能。報告指出，這些基地將使德國能「將極重的遠程和短程轟炸機攻擊，都集中在我國大片土地上」。

德國空軍肯定會投注全副武力，而核心的問題是，英國民眾能否承受住如此猛烈的攻擊。報告警示，英國的士氣「將承受前所未有的重壓」。然而，報告的作者們找到了相信人民能保持團結的理由：「只要他們能意識到這個帝國正處於危急存亡之秋，而這樣的意識也確實正在抬頭。」報告指出，現在是時候「告知民眾我們所面臨的真正危機」了。

倫敦幾乎確定會是希特勒的主要目標。在一九三四年一場對下議院的演講中，邱吉爾本人稱這座城市為「世界上最明顯的目標，一頭巨大、肥碩、價值連城的母牛，被綁在原地吸引猛獸」。某次內閣會議後，邱吉爾領著部長們走上街頭，苦笑著對他們說：「到處看看吧。我預計兩到三週內，這些建築全都會看起來非常不一樣。」

參謀長的報告儘管已經十分悲觀，卻仍未預見到海峽對岸迅速而徹底的潰敗。面對德軍在法國幾近確定的勝利，英國情報部現在預測德軍可能不等法國正式投降，便會立即入侵英國。英方預測，這場入侵將以德國空軍的劇烈猛攻揭開序幕，很可能是場「一擊斃命式」的進攻，或如邱吉爾所說，將會是一場由多達一萬四千架戰機遮蔽天空的空中「盛宴」。

英國戰略家認為，德國空軍的戰機數量是英國皇家空軍的四倍。容克斯八十八號

（Junkers 88）、道尼爾十七號（Dornier 17）和亨克爾 He III 型號（Heinkel He III）是德國主要的三款轟炸機，攜帶了從兩千至八千磅的大量炸彈，數量比上一次大戰時用的還要多。還有一款戰機特別可怕——斯圖卡（Stuka），它是德語中俯衝轟炸機（Sturzkampfflugzeug）的縮寫。這款戰機看起來像隻巨大的曲翼昆蟲，配有會在俯衝時發出可怕嗚叫的「耶利哥號角」（Jericho trumpet）[21]裝置。它可以比一般戰機更精準地一次施放多達五個炸彈，在德國的閃電戰中嚇壞了盟軍。

在英國主事者看來，德國擁有將英國轟炸到除了投降外，可能別無選擇的能力，這是預見了「戰略轟炸」或「恐懼轟炸」作為制服敵人手段的空戰理論人員，很久以前就設想過的結果。德國對鹿特丹的轟炸似乎證實了這種想法。出於其他城市同樣會被摧毀的擔憂，德國空軍來襲後隔天，荷蘭人就投降了。英格蘭抵禦這種軍事行動的能力，完全仰賴國內航空產業製造颶風（Hurricane）和噴火等戰鬥機的生產力，速度需要快到不僅可以彌補高速的折損，還可以增加能上戰場的機體總數的程度。光靠戰鬥機是贏不了戰爭的，但邱吉爾相信只要有足夠的戰機，英格蘭就能拖住希特勒、阻止入侵，爭取時間等美國參戰。

但戰鬥機的生產卻十分遲緩。英格蘭的飛機廠沒有考慮到敵軍就在海峽彼岸的最新情況，仍舊按照戰前的時程運轉。戰機產量雖然持續增加，但仍受制於和平時期的官僚體制，直到現在才意識到真有可能全面開戰。零件和材料的短缺中斷了生產。損壞的戰機在等待維修期間不斷累積。許多機體幾近完工，卻獨缺引擎和內部儀器。各

21 ｜譯注：耶利哥號角是二戰時德軍發明以恫嚇敵人的特殊炸彈裝置，其命名源於聖經中，因約書亞吹響的羊角聲而倒塌的耶利哥城牆。

種重要的零件四散、存放在遠方，被封建官員小心翼翼守護著，以備他們自己來日之需。

考慮到這一切，邱吉爾在就任首相第一天，便創建了一個專門負責戰鬥機和轟炸機生產的全新部門，戰機生產部（Ministry of Aircraft Production）。在邱吉爾眼中，這個新的部門是唯一得以拯救英國免於戰敗的存在，他相信自己知道最適合負責管理它的人：他亦敵亦友、最親密的老朋友，一個如尖塔引來閃電般容易引起爭議的人物——比弗布魯克勳爵，麥克斯・艾特肯（Max Aitken，Lord Beaverbrook）。

邱吉爾第一晚就向他提出這份差事，但比弗布魯克拒絕了。他在報業上發了大財，但對經營生產戰鬥機和轟炸機這種複雜的產品的工廠一無所知。何況他健康情況不太好。他深受眼疾和氣喘所苦，以致在他的倫敦豪宅史托諾威大院（Stornoway House）裡專設了一個房間，裡面放滿了水壺以製造蒸汽，治療氣喘。六十一歲生日兩週後，他便退出了他報紙帝國的直接管理階層，打算花更多時間在他位於法國東南海岸卡普戴爾（Cap-d'Ail）的別墅裡，無奈希特勒暫時扼殺了這個計畫。五月十二日晚上，比弗布魯克的祕書們才將婉拒信草稿擬到一半，他就接受了這個職位，顯然是一時衝動。兩天後，他成了戰機生產部部長。

邱吉爾了解比弗布魯克，並且直覺上知道他就是能夠震醒仍然昏睡的航空產業的那個人。他也明白比弗布魯克可能很難搞——肯定會很難搞，也預料他會引發衝突。但無所謂。正如一位美國訪客所說：「首相對比弗布魯克極有好感，就像寵溺孩子的父母面對在聚會上出言不遜的小男孩，卻不忍出言指責一樣。」

邱吉爾的選擇其實更具深意。邱吉爾需要作為朋友的比弗布魯克，就戰機生產以外的議題提供參考意見。儘管後世多所讚譽，當時的邱吉爾無法、實則也無力應對獨自指揮作戰的巨大壓力。他高度依賴旁人，即使有時這些人只是作為他用以測試構想和計畫的聽眾。比弗布魯克不論何時都直言不諱，提供建言時從不因政治因素或個人情感而遲疑。若說巴戈．伊斯梅是平穩而鎮靜的冷卻劑，比弗布魯克便是燃油。他同時也非常幽默，具有邱吉爾喜愛並需要的人格特質。伊斯梅總是靜靜坐著，能夠隨時提供建言與諮詢；比弗布魯克卻總能讓他踏進的每個房間都充滿活力。他有時甚至自稱是邱吉爾的宮廷小丑。

出生於加拿大的比弗布魯克是在上次大戰前移居英國的。一九一六年，他買下了奄奄一息的《每日快報》(*Daily Express*)，讓它的發行量漲了七倍，達到兩百五十萬份，自此以天才獨行俠的聲望為人熟知。「比弗布魯克享受挑釁現狀。」為比弗布魯克的《旗幟晚報》(*Evening Standard*)工作、著名的戰時英格蘭生活觀察家維吉妮亞．考爾斯(Virginia Cowles)寫道。考爾斯表示，安於現狀與故步自封之於他，就像「一顆氣球之於一個拿著針的小男孩」一樣，目標明顯而誘人。比弗布魯克和邱吉爾已經做了三十年的朋友，儘管他們之間的關係時好時壞。

對於許多不喜歡比弗布魯克的人來說，他的外貌似乎是他個性的翻版。他身高約五英尺九英寸，比邱吉爾還高三英寸，窄臀和瘦長的腿上方是寬闊的上身，但他又大又過分歡快的笑容、過大的耳鼻以及滿臉的痣，都讓人們在提到他時總將他描述得比實際還矯小，像童話故事中某些壞心的妖精。以觀察員身分常駐倫敦的美國將軍雷蒙．李（Gen. Raymond Lee）稱他為「一個暴力、熱情、壞心腸又危險的小地精」。哈利法克斯勳爵則給他取了個綽號叫「蟾蜍」[22]。也有些人在背後稱他為「海狸」[23]。克萊門汀尤其對比弗布魯克勳爵抱持深深的不信任。「親愛的，」她寫信給邱吉爾，「試著擺脫這個有些人擔憂已經深入你骨血的病原體。你得驅逐這個瓶中小魔鬼，看看空氣會不會更乾淨更清新。」

然而作為一位領導者的比弗布魯克，在女性之間卻很有吸引力。他的妻子格菈蒂絲（Gladys）一九二七年便去世了，在他們結婚期間與她身後，他都有不少婚外情。他熱愛八卦，多虧了他的紅粉知己和他的記者情報網，他知道倫敦最上流階層的許多祕辛。「麥克斯似乎從不為人們生活中的破事、他們的不忠和他們的激情感到厭倦，」他的醫生、如今也是邱吉爾的醫生，查爾斯．威爾遜寫道。和比弗布魯克鬥得最激烈的敵人之一，英國勞工部部長厄內斯特．貝文（E. Bevin）以尖銳的比喻描述邱吉爾和比弗布魯克之間的關係：「他就像個娶了妓女的男人：即使知道她是個妓女，他還是照樣愛她。」

邱吉爾看待這段關係的方式很簡單。「有人喜歡吸毒，」他說，「而我喜歡麥克斯。」

他知道將戰機生產的責任從空軍部轉移給比弗布魯克，會給國內權力的角力衝突埋下地雷，但他沒有預料到比弗布魯克會立刻引發多少公開的爭端，這又會成為多少

22｜編按：在英語中，「toad」一詞除了蟾蜍的意思，也可引申爲「令人討厭的傢伙」。
23｜編按：取自比弗布魯克（Beaverbrook）名字中與「海狸」（beaver）相同的字、音。

憤懣的根源。作家伊夫林・沃（Evelyn Waugh）的滑稽小說《獨家新聞》（*Scoop*）就被認為啟發自比弗布魯克（儘管沃否認了這一點），他曾說過發現自己被迫「相信世上有魔鬼，儘管只是為了解釋比弗布魯克勳爵的存在」。

但這確實是場豪賭。比弗布魯克的一位祕書大衛・法雷爾（David Farrer）寫道：「這是英國所面臨過最黑暗的情景。」

＊＊＊

比弗布魯克饒富興味地擁抱了他的新任務。他熱愛身處權力的中樞，更熱愛擾亂守舊官僚的生活日常。他在自己的別墅裡成立了新的戰機生產部，並在它的行政部門安插了從自家報社調來的員工。在這個時代他還很不同尋常地聘了他的一位報社編輯來擔任他的個人宣傳和公關人員。為了迅速翻轉航空產業，他招募了一批頂級企業的主管來做高階副手，其中還包括福特汽車公司（Ford Motor Co.）的工廠總經理。他不太注重他們是否有飛機方面的專業知識。「他們都是工業領袖，工業就是門玄學，」比弗布魯克勳爵說，「你只要了解一種信仰的基本，就能掌握另一種信仰的真諦。要我說，我會毫不猶豫地任命長老教會（Presbyterian Church）總會的會議主持人，來接替羅馬教皇的職務。」

比弗布魯克勳爵總會在他家樓下的圖書室召開重要會議，在天氣晴朗日子裡，也會在一樓宴會廳外的陽台上舉辦（美式算法是二樓）[24]。只要空間允許，他的打字員和祕書就在樓上工作。浴室裡備有打字機。床鋪被當作整理文件的桌面用。沒人會為了

24｜譯注：歐洲的樓層計算方式與台灣、美國習慣的不同，會將地面層算作底樓（ground floor），離地一層樓高、在台灣算作二樓的，在英國計作一樓（first floor），以此類推。

吃午飯離開這些空間，只要一叫，比弗布魯克的廚師準備的食物就會用托盤送來。他自己的固定午餐是雞肉、麵包和一顆梨子。

所有員工都被要求配合他的工作時程，也就是每週七天、每天十二小時。他有時要求高得不切實際。他手下一個最資深的員工，就抱怨比弗布魯克在淩晨兩點剛交辦了一個任務給他，隔天早上八點就打來問他完成了多少。比弗布魯克勳爵在私人祕書喬治·馬肯·湯姆森（G. M. Thomson）某個臨時休假的早晨後，留給他一張字條：「告訴湯姆森，如果他不警覺一點，希特勒就要來了。」面對比弗布魯克「看在上帝的分上，動作快點」的高聲指令，他的近侍亞柏特·尼寇斯（Albert Nockels）曾經反駁道：「主子，我又不是噴火戰鬥機。」

再怎麼重要，戰鬥機仍不過是防禦性武器。邱吉爾還希望大幅增加轟炸機的產量。他認為這是目前手邊唯一能直接反攻希特勒的辦法。邱吉爾暫時只能依賴英國皇家空軍的中型轟炸機隊，雖然有兩款四引擎的重型轟炸機即將問世，斯特林（Stirling）[25]和哈利法克斯（Halifax，以約克郡的一個城鎮為名，而非哈利法克斯勳爵），每架轟炸機可以攜帶多達一萬四千磅的炸彈進入德國。邱吉爾承認，此時的希特勒可以自由地將他的軍力投往他想要的任何方向，可以向東，也可以深入亞洲和非洲。「但唯有一件事能讓他調過頭來，並把他擊倒，」邱吉爾在給比弗布魯克的紀要中寫道，「那就是來自我國的超重型轟炸機，完全地毀壞、殲滅納粹家園的襲擊。我們必須有能力藉此壓倒他們，除此之外，我看不出有什麼出路了。」

25｜譯注：斯特林，同時也是英國的一個城鎮，位於蘇格蘭中部。

邱吉爾親自補充道：「我們必須在空中絕對制霸。這樣的目標什麼時候能達到？」

邱吉爾的戰機生產部部長以一股戲團經紀人的架勢持續運作，甚至為他的汽車散熱器設計了一面以藍底紅字寫著「戰機生產部」（M. A. P.）的特製旗幟。英國戰機廠開始以任何人都無法預見的速度——尤其是德國情報單位，在工廠經理們從未想像過的情況下產出戰鬥機。

即將到來的入侵迫使英國社會上下都思考起了入侵的確切含義，不再是抽象的概念，而是你坐在桌前閱讀《每日快報》或跪在花園裡修剪玫瑰花叢時，可能發生的事情。邱吉爾堅信，希特勒的首要目標之一就是殺死他，並期望任何接手的內閣都更有意與他協商。他堅持在他的汽車後車廂裡放一把布倫輕機槍（Bren light machine gun），曾多次發誓如果德軍衝著他來，他會拉盡可能多的人陪葬。據湯普森探長表示，他經常攜帶一把左輪手槍，還常放錯地方。湯普森回憶說，邱吉爾會時不時突然揮舞他的左輪手槍，「調皮又歡快地」大喊：「你看，湯普森，他們永遠別想活著幹掉我！在他們把我擊斃前，我會先做掉一兩個。」

但邱吉爾也做好了更糟的準備。據他的打字員希爾夫人表示，他在鋼筆筆蓋裡嵌入了一個含有氰化物的膠囊。

情報部議會祕書哈羅德．尼克森和他的妻子，作家薇塔．薩克維爾——韋斯特開始像為冬季風暴未雨綢繆般，鉅細靡遺地研究應對入侵的細節。「妳要先確認那輛別克

(Buick)狀態無虞，首先呢，油箱要滿缸。」尼克森寫道，「妳要在裡面備足二十四小時的糧食，再把妳的珠寶和我的日記放在後面。妳可以帶些衣服和其他任何非常珍貴的物品，但其餘的都必須留下。」薇塔住在他們夫婦倆位於西辛赫斯特(Sissinghurst)的鄉間居所，距離多佛海峽(Strait of Dover)只有二十英里，是英格蘭距離法國最近之處，因此很可能是兩棲戰隊攻擊的入口。尼克森建議入侵來襲時，薇塔應該開車往西，前往車程五小時遠的德文郡(Devonshire)。「這一切聽來非常令人擔憂，」他補充道，「但假裝一點危機都沒有的話，是很愚蠢的。」

美好的天氣只會加劇焦慮。大自然似乎正與希特勒合謀，峽水平穩的溫暖晴天幾乎連續不斷，是希特勒的淺船體載貨船助坦克和大砲登陸的理想天候。「那個無瑕天堂般的完美夏季」，作家蕾貝卡·韋斯特(R. West)是這樣描述的。當時她和丈夫在倫敦的攝政公園(Regent's Park)散步，人稱「銀色大象」的防空氣球在他們頭頂飄盪。五百六十二個巨大的橢圓形氣球用幾英里長的纜繩繫著，飄浮在倫敦上空，阻擋俯衝轟炸機、防止戰鬥機下降到足以掃射城市街道的高度。韋斯特回憶起人們如何坐在玫瑰叢中的椅子上，呆瞪著前方，臉色因緊張而變得蒼白：「有些人走在玫瑰花壇之間，用一種特別殷切的態度俯視著那些鮮豔的花朵，吸入香氣，彷彿在說，『這就是玫瑰，它們聞起來就是這樣的。黑暗籠罩之時，我們必須記得這一點』。」

然而即便是對入侵的恐懼，也無法徹底泯滅暮春時節的強烈誘惑。邱吉爾新任戰事大臣(Secretary of War)，高大、英俊、電影明星般醒目顯眼的安東尼·伊登(Anthony

Eden）還是去聖詹姆斯公園散了步，坐在長凳上小睡了一小時。

隨著法國的急遽潰敗，德軍對英格蘭的空襲似乎勢在必行，月光於是成為了一個恐懼的根源。邱吉爾擔任首相後的第一個滿月落在五月二十一日星期二，月光將倫敦街頭渲染得燭蠟般慘白。德軍對鹿特丹的襲擊，提醒人們種種可能很快就會降臨這座城市的慘況。那樣的未來如此可能發生，以至於三天後，在月亮雖仍明亮、卻逐漸缺損的五月二十四日星期五，「世論調查」的社會觀察者網路主任湯姆・哈里森（T. Harrisson）向他的眾多日記作者傳送了一條特別訊息：「空襲要是發生了，我們不會期望各位觀察員守在原地……只要能跟其他人在一起的話，觀察員如果能夠避難是最好不過了。最好是和其他很多人一起。」

這種觀察人類最原始、赤裸行為的機會，實在是太完美了。

第6章

戈林

Göring

星期五，五月二十四日，希特勒做出了兩項決定，這兩項決定將影響即將到來的戰事時長與性質。

中午時分，在一位值得信賴的高階將軍的建議下，希特勒命令他的裝甲師暫停對英國遠征軍的進攻。希特勒同意將軍的建議，在實行向南推進的計畫之前，給他的坦克和全體人員一個重整的機會。德國軍隊已經在所謂「西部戰役」（campaign in the west）中損失慘重：兩萬七千零七十四名士兵陣亡、十一萬一千零三十四人受傷，另有一萬八千三百八十四人失蹤——這對被誘導預期一場速戰速決戰事的德國民眾來說，是一大打擊。這道救了英軍一命的暫停令讓英國和德國指揮官都同感困惑。德國空軍元帥（General Field Marshal）阿爾伯特．凱瑟邢（Albert Kesselring）後來稱這是一個「致命錯誤」。

凱瑟邢和他的機隊突然分配到摧毀在逃英軍的任務時，凱瑟邢更加驚訝了。德國空軍司令赫爾曼．戈林曾向希特勒保證，單靠他的空軍便可摧毀英國遠征軍——凱瑟邢知道，在他的飛行員都已筋疲力盡，而英國皇家空軍的飛行員紛紛駕駛著最新型的噴火戰鬥機展開激烈攻擊的情況下，這個承諾根本不切實際。

同一個星期五，希特勒越發受到戈林認為他的空軍具有神力的信念所影響，發布了第十三號指令，這是他在整個戰爭期間發布的一系列廣泛戰略命令之一。「空軍的任務就是要打破所有被包圍的敵軍的抵抗，以防止英軍越過海峽逃跑。」該指令寫道。這授權了德國空軍「在有足夠兵力的情況下，最全面地攻擊英格蘭本土」。

高大、輕浮、無情又殘忍的戈林利用他與希特勒的過從甚密獲取了這項任務，充分利用他熱情歡樂的墮落個性克服了希特勒的顧慮，至少目前如此。雖然在明面上，希特勒的官方副手是副元首（Deputy *Führer*）魯道夫．赫斯（Rudolf Hess，勿與負責奧斯維辛集中營〔Auschwitz〕的魯道夫．荷斯〔Rudolf Hoess〕混淆），但戈林才是他的最愛。戈林將德國空軍從無到有，打造成世界上最強大的空軍。「當我與戈林交談時，對我來說就像沐浴在鋼鐵的意志之中。」希特勒告訴納粹建築師阿爾伯特．施佩爾（A. Speer）：「跟他聊完我總感覺煥然一新。帝國元帥（Reich Marshal）[26]報告事情時，有一套令人振奮的手法。」希特勒對他的官方副手則沒有這種感覺。「對象是赫斯的話，」希特勒說，「每一次談話都變成難受折騰的重壓。他總是給我帶來不愉快的報告，又陰魂不散。」戰爭開始時，希特勒就選了戈林作為他的首要繼任者，赫斯次之。

除了空軍之外，戈林還在德國其他領域擁有巨大的權力，這從他的眾多官銜可見一斑——國防委員會主席（president of the Defense Council）、四年計畫負責人（commissioner for the Four-Year Plan）、國會議長（president of the Reichstag）、普魯士總理（prime minister of Prussia）和森林狩獵部部長（minister of forests and

26｜譯注：帝國元帥指戈林，希特勒在法國戰敗後授予他這個超越空軍等各方元帥的特許軍銜。

hunting），最後這個頭銜是對他個人熱愛中世紀歷史的認證。他在一塊城堡的封地上長大，城堡有砲塔和城牆，牆上的突堤設計便於將石塊和沸油潑向來犯的襲擊者。根據一份英國情報：「在他兒時的遊戲中，他總是扮演強盜騎士[27]的角色，或帶領村裡的男孩們模仿軍事演習。」他完全控制了德國的重工業。另一份英國評估報告得出的結論是：「這個懷抱異常能量與兇性的男人，現在幾乎手握德國所有的權力。」

此外，戈林還經營了一個由藝術品經銷商和惡棍組成的犯罪帝國，他們向他供應價值等同一座博物館的藝術品，要麼是盜取而來，要麼是強制性賤賣而來，其中多數是從猶太家庭沒收的所謂「無主猶太藝術品」。共一千四百件繪畫、雕塑和掛毯中，包括梵谷（Van Gogh）的〈阿爾附近的吊橋〉（*Bridge at Langlois in Arles*），以及雷諾瓦（Renoir）、波提切利（Botticelli）和莫內（Monet）的作品。「無主」一詞是納粹對猶太人逃亡和放逐後留下的藝術品的說法。戰爭期間，戈林雖然表面上是為德國空軍出公差，但他曾經造訪過巴黎二十次，經常是搭著他四輛「特殊列車」中的任一輛，只為了察還他的藝品經紀人為他從網球場美術館[28]（Jeu de Paume，一間位於杜樂麗花園〔Jardin des Tuileries〕的博物館）搜刮來的藝品。到一九四二年秋天為止，單從這一個來源，他便獲得了五百九十六件藝品。在以他於一九三一年去世的第一任妻子卡琳（Carin）為名的鄉間住宅暨日後的指揮中心卡琳堂（Carinhall）裡，他展示了最好的數百件作品。畫作掛在牆上，從地板到天花板，一層一層掛得滿滿的，彰顯的並非是它們的美與價值，而是他們新擁有者的貪得無厭。他對各式精品的胃口，尤其是鑲金物件的需求，

27｜譯注：強盜騎士（robber knight），中世紀歐洲從事盜匪活動的騎士，平日依靠索要高額保護費、過路費，或以決鬥之名奪人財產維生，戰時則擔任傭兵。

28｜譯注：網球場美術館，初於一八六一年作爲室內網球場興建而得名。現改爲國立網球場現代美術館（Galerie nationale du Jeu de Paume），以展出現代藝術作品爲主。

也被一種盜竊體制餵養得滿當飽足。他的手下每年都被迫捐錢買昂貴的生日禮物給他。

戈林以中世紀的狩獵小屋為靈感設計了卡琳堂，將它建造在柏林以北四十五英里的古老森林中。戈林還在那塊地上，為他亡妻的遺體建造了一座巨大的陵墓，陵墓由巨大的薩森石(sarsen stones)構成，讓人聯想到巨石陣(Stonehenge)的砂岩塊。一九三五年四月十日，他在柏林大教堂(Berlin Cathedral)舉行的儀式上，與名叫艾美·索內曼(E. Sonnemann)的女演員再婚，希特勒列席其中，還有德國空軍的轟炸機編隊從賓客頭頂飛過。

戈林也對奢靡的衣飾充滿熱情。他設計了自己的制服，上面有勳章、肩章和銀花絲，極盡華麗之能事，一天中常多次換裝。眾所周知，他愛穿奇裝異服，包括古希臘式丘尼卡長衫(tunic)、古羅馬式托加長袍(toga)配涼鞋，還將腳趾塗成紅色，在臉頰上妝點綴。他右手總戴著一枚鑲有六顆鑽石的大戒指，左手上則是顆據傳有一英寸的祖母綠寶石。他也會身穿一件繫腰綠皮夾克、腰帶上掖著一把大獵刀，拿著一根手杖，穿得像過胖的羅賓漢似的，在卡琳堂裡闊步行走。一名德國將領報告說，他被傳喚與戈林會面時，見他「坐著，打扮如下：繡滿金絲的綠綢紋金襯衫，配一大枚單片眼鏡。他的頭髮染成黃色、眉毛精描、頰上塗著胭脂，他甚至穿著紫色絲襪和黑色漆皮高跟鞋。他坐在那，看起來就像一隻水母。」

在旁人眼裡，戈林似乎癲狂有餘、理智不足，但美國的一位審訊者卡爾·斯帕茨將軍(General Carl Spaatz)後來寫道，戈林「精神絕無錯亂，儘管傳聞與此相反。實際上，他肯定是個極為『精明的消費者』、優秀的演員和專業的騙子。」儘管他性子浮誇又粗鄙、堪稱傳奇，但德國的民眾還是愛戴著他。在日記中，美國記者威廉．夏勒（William Shirer）試圖解釋這個矛盾：「希特勒高高在上、富傳奇色彩、遙遠而模糊，整個人活像一道謎題，而戈林則是個憤世嫉俗、草根化、充滿欲望、有血有肉的人。德國民眾因為能夠理解他而喜歡他。他如常人般有缺點也有美德，人們欣賞他的惡，也欽佩他的好。他對制服和獎章有著孩童般的崇拜。他們也一樣。」

對於他過著「奇幻、中古風的，還極為昂貴的個人生活」，夏勒並未發現民眾有任何不滿。「如果他們有機會的話，也許他們也會讓自己過上這樣的生活。」

戈林頗受效力於他的軍官們尊敬——至少最初是這樣的。「我們誓言對元首（*Führer*）效忠並崇拜戈林，」一名轟炸機飛行員寫道，他將戈林的聲望歸功於他在前次大戰中作為王牌戰將的表現，以及他名揚四海的英勇。但他手下的一些軍官和飛行員逐漸感到幻滅了。他們開始在他背後稱他為「那個胖子」。作為他麾下頂級戰鬥機飛行員之一的阿道夫．加蘭德（Adolf Galland）非常了解他，屢次因為戰術上的見解而頂撞他。戈林很容易受到「一小幫馬屁精」影響，加蘭德說。「他的寵臣汰換頻率很高，因為只有不斷的奉承、算計和昂貴的禮物，才能贏得並保有他的青睞。」更令人擔憂的是，在加蘭德看來，戈林似乎不明白自上一次大戰以來，空戰已經有了劇烈的演進。「戈林幾乎沒有任何技術知識，也不懂現代戰鬥機的作戰情況。」

據加蘭德所說，戈林最重大的失誤，是聘請友人貝波．施密德（Beppo Schmid）

領導德國空軍的情報分部、負責每日鑑定英國空軍的實力，這是一次後果嚴重的任命。「作為情報官，」加蘭德說，「貝波．施密德是個徹頭徹尾的庸才，這可是最重要的職位。」

儘管如此，戈林依然只聽施密德的話。他把施密德當作朋友般信賴，而且更嚴重的是，他陶醉於施密德似乎總能信手捻來的捷報。

當希特勒轉向征服不列顛的艱鉅任務，他理所當然地找上了戈林，戈林為此十分高興。在西部戰役中，贏得所有讚譽的是陸軍，尤其是他們的裝甲師，而空軍則扮演著次要角色，提供對地支援。現在德國空軍等到了獲得榮譽的機會，戈林確信他的空軍會得勝。

第7章

小確幸

Sufficient Bliss

法軍腳步猶在踉蹌、德軍戰機重創在敦克爾克集結的英軍和法軍之際，私人祕書約翰．科維爾正在一個令他彆扭了許久的困境中掙扎。他戀愛了。

他愛慕的對象是牛津大學的學生蓋伊．馬格森（Gay Margesson），她是克萊門汀．邱吉爾曾在午餐時砲轟過的前綏靖主義者大衛．馬格森的女兒。兩年前，科維爾曾向蓋伊求婚，但她拒絕了。從那之後，他既受她吸引，又反感於她不願回報他的感情。這份失落驅使他去檢視、找出她性格和行為中的缺陷，卻沒能阻止他盡可能多地去見她。

五月二十二日星期三，他打電話給她，確認下週末前往牛津拜訪她的行程。她迴避了。她先是告訴他，他來一點意義都沒有，因為她要工作，後來又改變了她的說法，說那天下午她在學校有行程了。他說服她依循他們之前的安排，畢竟他們幾週前就已定好這次拜訪了。她心軟了。「她答應得不甘不願，對於她寧願在牛津從事一些無聊的大學生活動也不願見我，我感到非常受傷，」他寫道，「一個人假裝對別人有好感，卻又如此不顧人家的感受，這是很不合常理的。」

即便如此，那個週末仍朝正向的氛圍展開。星期六早上，他在怡人瀰漫的春陽中開車到牛津。但他抵達目的地時，天空卻烏雲密佈。在一家酒吧吃過午飯後，他和蓋伊驅車前往牛津以南、位於泰晤士(Thames)河畔的村莊——克利夫頓漢普登(Clifton Hampden),躺在草地上聊天。蓋伊為戰爭和似乎注定要到來的恐怖情勢而沮喪不已。「雖然如此,我們還是玩得很開心,」科維爾寫道,「對我來說,和她在一起就已經足夠幸福了。」

第二天,他們一起走在莫德林學院(Magdalen College)的操場上,坐下來聊了一會兒,但對話索然無味。他們去了她的房間。什麼事都沒發生。她學了點法語,而他打了個盹。後來,他們因政治見解而發生了衝突,蓋伊前不久才宣布自己是個社會主義者。他們沿著滿是平底船和彩色駁船的泰晤士河漫步(這條河在牛津市內被稱為伊希斯河〔Isis〕[29]),直到他們傍晚時分來到鱒魚客棧(the Trout Inn),這間簡稱「鱒魚」的十七世紀小酒館[30]就坐落在河岸旁。科維爾寫道,雨後太陽探出頭來,天氣「明朗」了起來,產生了「藍天、落日和恰到好處的殘雲,襯得那斜陽愈發引人入勝了」。

他們在一張可以看見瀑布、古橋和鄰近森林的餐桌用餐,然後沿著一條拖車小徑[31]漫步,附近有孩子們在玩耍、鴿鳥相互呼喚。「沒有比這更美的景緻了,身在其中的我感到無比幸福,」科維爾寫道,「我從未感到如此寧靜和滿足。」

蓋伊感同身受。她告訴科維爾:「只有活在當下,才能獲得幸福。」

似乎有點希望。然而在回到她的房間前,蓋伊重申她永遠不會和科維爾結婚。他誓言等她,也許她會改變主意。「她勸我不要愛上她,」他寫道,「但我告訴她,娶她為妻是我最大的想望,既然她對我而言重如泰山,我只能知其不可為而為之。」

29 | 譯注:伊希斯河(The Isis),泰晤士河流過牛津市的河段。因泰晤士河的古名 Tamesis 而得名,與埃及神話的伊西斯女神無關。

30 | 譯注:酒館二樓兼作客棧是歐洲常見的營業模式。

31 | 譯注:拖車小徑(towpath)是爲了讓馱獸或拖車在岸上拖曳船隻,在運河、水道邊開闢的小路。

他的嫂嫂瓊（Joan）的家族在附近有一座莊園。星期天晚上，他是在莊園的小屋沙發上度過的。

五月二十六日，就在晚上七點前的倫敦，邱吉爾下令啟動了「發電機行動」（Operation Dynamo），要求英國遠征軍從法國海岸撤離。

在柏林，希特勒則指揮他的裝甲縱隊，重新向如今擠滿了港口城市敦克爾克的英國遠征軍展開攻擊。他的部隊行動起來出乎意料地遲疑不決，情願讓戈林的轟炸機和戰鬥機代為完成這項任務。

但戈林對敦克爾克海岸上，被戲稱為湯米（Tommies）的英軍士兵們正籌備撤離的現在進行式，卻抱持著一種失實的看法。

「只有幾艘漁船經過嘛，」五月二十七日星期一，他說，「希望湯米們水性還不錯喔。」

第8章

第一批炸彈

The First Bombs

舉世皆為這場大逃亡譁然。國王在他的日記中，記錄了每日的逃脫人數。英國外交部每天都向羅斯福傳送詳細的戰況更新。一開始，海軍部預計最多只有四萬五千人能逃離。邱吉爾本人則估計最多五萬人。第一天的統計數字只有七千七百人，似乎暗示著這兩項預估都過分樂觀了。第二天，五月二十日星期二，情況好了點，有一萬七千八百人撤離，但遠遠不到英國能將這支倖存的部隊重組起來的規模。然而自始至終，邱吉爾從未放棄。完全沒有。他看來投入得近乎狂熱。即使如此，他也明白其他人並沒有他那麼樂觀，他的戰事內閣成員在星期二那天表示，英國遠征軍的前路看起來「前所未有地黯淡」。

意識到信心和無畏可以感染民眾、上行下效的邱吉爾向所有部長發出指令，要求他們要表現得堅強而自信。「在這些黑暗的日子裡，如果政府所有同仁以及高階官員們，都能在他們的社交圈中維持高昂的士氣，首相將不勝感激；並不是要大家小看事態的嚴重性，而是要對我們的能力和不屈的毅力展現信心，以繼續奮戰，直到我們將敵軍收服整個歐洲於其統治之下的意志攻破為止。」

也是在那天，他試圖一舉了結英國所有與希特勒談和的念頭。在對二十五位部長發表演說時，他向他們表示，他明白法國即將敗下陣來，並承認即使是他，也曾短暫考慮要協商簽署和平協議。然而現在，他說：「我相信，只要我有片刻考慮要談判或投降，你們每個人都會站出來，把我從我的職位上拉下來。倘若我們這部漫長的島嶼歷史終要完結，就讓它在我們每個人都戰死在地、因自己的鮮血而窒息時，才劃下句點吧。」

一時之間，眾人不禁愕然無語。接著，他們站起身來，包圍了這個男人，拍著他的背、高聲贊同。邱吉爾吃了一驚，也鬆了口氣。

「他出類拔萃，」其一位部長，休．道爾頓（Hugh Dalton）寫道，「這個人，正是我們此時此刻唯一能夠依靠的人。」

在這一次和其他的演講之中，他展示了一種驚人的特質，他擅長讓人們感到自己更加高大強壯，以及最重要的，更加勇敢。他的其中一位私人祕書約翰．馬丁（John Martin）寫道，他「散發一股自信和無懈可擊的意志，足以喚醒任何勇敢和堅強的人事物」。馬丁寫道，在他的領導下，英國人開始自視為「宏觀敘事下的故事主人翁，以及擁護一段崇高而無敵志業的戰士，他們的星宿正為此在命運的軌道上奮力一搏」。

邱吉爾也在私人層面上做到了這一點。湯普森探長回憶起一個夏夜，邱吉爾在他位於肯特郡（Kent）的查特韋爾莊園，給一位祕書口述記事。他不知何時開了一扇窗，引入涼爽的鄉間微風，一隻大蝙蝠卻飛了進來，開始瘋狂地在房間裡橫衝直撞，不時撲向祕書。她怕極了，而邱吉爾渾然不覺。很久之後，他才注意到她正抽搐般彎下身去，問她是不是出了什麼問題。她指明了房裡有隻蝙蝠的事實。「一隻很大、極有攻擊性的蝙蝠。」湯普森寫道。

「妳該不會害怕蝙蝠吧?」邱吉爾問。

她確實很害怕。

「我會保護妳的,」他說,「繼續妳的工作。」

事實證明,敦克爾克的撤離超乎想像地成功,希特勒的暫停令和海峽上空的惡劣天氣幫了大忙,阻礙了德國空軍的追擊。湯米們終究還是沒有泳渡海峽的必要。最終由八百八十七艘船隻完成了敦克爾克撤離行動,其中只有四分之一屬於皇家海軍。除了九十一艘是客船外,其餘艦隊則由漁船、遊艇和其他小型船隻組成。共計三十三萬八千兩百二十六人逃脫,其中包括十二萬五千名法國士兵。另有十二萬英國士兵仍滯留在法,約翰·科維爾的哥哥菲利普正是其一,但他們也正在前往沿岸他處的疏散點。

英國遠征軍的撤離儘管成功,卻仍讓邱吉爾煩心不已。他急切地想要發動攻勢。「要是能換德國人忙著猜測他們接下來會在哪裡受襲,而不是把我們逼回島上築牆自封、躲在屋簷下,那該多好。」他寫信給軍事參謀長巴戈·伊斯梅:「我們必須努力擺脫敵人有意識地、主動加諸於我們身上,讓我們深受其害的精神與士氣衰弱。」

在疏散過程中,邱吉爾開始在任何需要立即反應的紀要或指令上,貼上寫著「今日回報」的紅色標籤貼,這絕非偶然。祕書馬丁寫道,這些標籤「被謹慎對待:眾所周知,這類來自高層的要求不容忽視」。

六月四日，撤離的最後一天，邱吉爾在下議院進行演講時，又一次施展了口才，這一次是為了給整個帝國撐腰。他首先為敦克爾克的成功喝彩，但補充了一個理性的提醒：「打勝仗不能光靠撤退。」

在接近演講結尾時，他為他的蒸爐添上了炭火。「我們會奮戰到底，」他說，語氣中充滿了狠勁與自信，「我們將在法國奮戰，我們將在汪洋海浪上奮戰，我們將在空中，以越戰越勇的自信和力量奮戰，我們將保衛我們的島嶼，不惜一切代價。我們將在海灘上奮戰，我們將在敵軍登陸的曠野上奮戰，我們將在田野和街道上奮戰，我們將在山丘上奮戰。我們絕對不會投降——」

下議院大聲應和的時候，邱吉爾對一位同事喃喃道：「而且……我們還會用破掉的酒瓶屁股跟他們奮戰，因為那是我們他媽的僅有的一切。」

他女兒瑪麗那天在皇家畫廊（the gallery）[32]裡，坐在克萊門汀身旁，對這場演講感到激動無比。「直到現在，我對父親的愛和欽佩才隨著一股英雄崇拜情感而增強。」她寫道。一位後來以記者和廣播員的身分聲名鵲起，名叫盧多維克·甘迺迪（Ludovic Kennedy）的青年海軍回憶道：「當我們聽到這場演講時，立刻就知道，一切都會沒事的。」

哈羅德·尼克森在給妻子薇塔·薩克維爾－韋斯特的信中寫道：「我深受溫斯頓偉大演說中的意志感動，深刻到我可以面對一個滿是敵人的世界。」但這種深刻，卻不足以讓他放棄自殺計畫。他和薇塔計劃獲取某種毒藥，接著就如《哈姆雷特》（*Hamlet*）

32｜譯注：皇家畫廊與下議院同在倫敦國會大廈裡。

的劇情一樣[33]，配上一把施毒用的「匕首」。他指示她將她的匕首帶在手邊：「這樣妳就可以在必要時長眠。我也會帶上一把。我一點也不害怕這樣突然而光榮的死亡。我最害怕的是受折磨和羞辱。」

邱吉爾的演講雖然激勵人心，卻沒讓所有人都心悅誠服。克萊門汀發現，「多數的托利黨（Tory Party）成員」，也就是保守派，反應並不熱切，有些人甚至對演講「悶不吭聲」。大衛．勞合喬治（David Lloyd George）[34]，一位英國前首相、如今國會的自由黨成員，將人們對這次演講的反應形容為「非常興趣缺缺」。隔天，國家情報局報告，只有兩家報紙「給予邱吉爾的演講頭條報導」，而且此次演講幾乎沒能團結民眾。「英國遠征軍的最終撤離帶來了一定的沮喪感。因為缺乏增強意志的應對手段，民間緲緊的神經開始洩氣了。」報告進一步指出，「全國各地都因為首相提到『獨自奮戰』而產生了一些擔憂。這導致民間對我們盟友（也就是法國）意向的懷疑略為提升。」

「世論調查」的一位口記作者艾芙琳．宋德斯（Evelyn Saunders）寫道：「邱吉爾昨天的演講並沒有提振我的精神，我還是覺得渾身不對勁。」

但邱吉爾在為他的演講擬稿時，主要考慮的聽眾其實依然是美國。這次演講如他所預期，在那裡被視為一場無庸置疑的成功，畢竟要打仗的地方遠在四千英里之外的山丘和海灘。儘管邱吉爾從未直接提及美國，但他意在藉由他的演講向羅斯福和美國國會表達，即便遭遇了不得已從敦克爾克撤退這樣的挫折、無論法國的下一步如何，英國都將全心致力取勝，英國的艦隊也無意投降。

33｜譯注：《哈姆雷特》中，有多名角色皆因毒劍而死。

34｜譯注：大衛．勞合喬治擔任首相的時期爲一九一六年至一九二二年間。他在一戰期間帶領英國擊敗德軍及其盟友，是巴黎和會的主要與會者之一。雖然出身英國自由黨，但支持者卻主要由保守黨人組成。

演講同時向希特勒發出了信號，重申了邱吉爾繼續奮戰的決心。不論是否與此演講有關，隔天六月五日星期三，德軍運用幾架轟炸機以及許多戰鬥機，第一次開始轟炸在英格蘭本土的目標。這一次以及其他緊隨其後的襲擊，都令英國皇家空軍的眾指揮官感到困惑。德國空軍在這幾次攻擊中損失了戰機和人員，多數都是無謂的犧牲。某一晚的襲擊中，炸彈都落在德文郡（Devon）、康沃爾郡（Cornwall）、格洛斯特郡（Gloucestershire）與其他地方的牧場和森林裡，造成的破壞很小。

英國皇家空軍認為這些是襲擊預演，意在測試英格蘭的防禦能力，為將來的入侵做準備。正如人們所擔心的，希特勒如今似已把目光轉向了不列顛群島。

第9章

鏡像

Mirror Image

邱吉爾在演講中沒有提到的，是敦克爾克撤離行動中一個被低估的發現。對觀察得更加細膩的人來說，在陸空兩面夾擊之下，還會有超過三十萬人設法越過海峽，這給了我們一個更為黑暗的啟示。這表示，要想阻止德國的大規模入侵，可能比英國眾指揮官預想的更難，尤其如果這支部隊像敦克爾克的撤離艦隊一樣，由數百艘小型船隻、駁船和快艇組成的話。

英國本土部隊指揮官埃德蒙·艾恩賽德將軍（E. Ironside）寫道：「這讓我意識到，就算英國皇家空軍進行轟炸，德軍那些博世仔們（Bosches）[35]也同樣能在英格蘭登陸。」

他事實上擔心的是，一場翻轉敦克爾克行動的大登陸。

35｜譯注：博世公司（Bosch）是德國一家以科技工程爲主的跨國公司，曾是全球最大的汽車零件供應商。二戰時與納粹合作，供應德國空軍各式零件。

第10章

鬼影幢幢

Apparition

六月十日星期一，邱吉爾情緒低落，戰事少見地腐蝕了他的外向活潑。義大利向英國和法國宣戰，因而獲得邱吉爾一句具威脅意味的諷刺：「為了看廢墟而去義大利的人，以後不必大老遠跑去拿坡里（Naples）和龐貝（Pompeii）[36]囉。」

如此情勢，再加上法國的情況，使得唐寧街十號成為風暴中心。「他的脾氣很糟，」喬克．科維爾寫道，「幾乎要把每個人的腦袋都砍了，憤怒地寫了紀要給第一海務大臣（First Sea Lord），還拒絕理會傳給他的任何口信。」邱吉爾處於這種情緒之下時，通常是他最親近的人首當其衝，而那個人往往是他忠誠的長期受災戶，湯普森探長。「他會找上任何近在眼前的人，發洩情緒，」湯普森回憶道，「因為我總是在他身邊，所以我掃到最多颱風尾。在他眼裡，我做什麼都不對。我讓他厭煩。我的職責所在讓他厭煩，我無時無刻都無所不在，一定讓他厭煩得要死。連我都感到厭煩。」邱吉爾的針對有時會讓湯普森心灰意冷，讓他自覺失敗。「我一直盼著有人能攻擊他，這樣我就可以發揮作用、射殺來襲者。」他寫道。

然而邱吉爾的暴躁情緒來得快、去得也快。他從不道歉，但設法用其他方式表達風暴已經過去。「他被指責脾氣暴躁，」比弗布魯克勳爵解釋道，作為戰機生產部部長，他本人經常成為邱吉爾怒氣的箭靶：「這不是事實。他可能會很情緒化，但是在嚴厲

36｜譯注：拿坡里與龐貝均是建立於西元前六百年的古羅馬城市，擁有豐富的歷史文化價值。兩者皆位於意大利南部，離首都羅馬有一段距離。

批評你後，他習慣撫摸你，習慣把手放在你的手上，像這樣，就好像在說他對你的真實感情並沒有改變。這不過是人性的忠實展現。」

壞天氣只讓一切變得更糟。漫長的怡人暖意與晴天離他們而去，天空晴朗不再，到處都陰森森的。「漆黑一片。」身兼英國外交事務副部長、英國高階外交官，以及那個時代著名的日記作者亞歷山大・卡多根（Alexander Cadogan）寫道。另一位日記作者奧利薇亞・科克特（Olivia Cockett）是蘇格蘭場的一名女文員，也是「世論調查」小組一名多產的成員，她寫道：「雖然沒有下雨，但厚重的烏雲持續了一整天，是茶餘飯後的主要話題。圍繞、連結著大家敏感的情緒。」她無意間聽見有人說：「耶穌基督被釘上十字架的那天，天也像這樣黑了，可怕的事情就要發生了。」

邱吉爾主要在意的是法國。儘管他多次前往法國，但他仍無力影響事局並激起法軍的復甦，這點令他惱火。巴黎預計將在四十八小時內淪陷，法國人幾乎確定會投降。但他還沒有放棄。他仍然相信，有他在、有他的鼓勵，只要說一些激動人心的話或許諾，他或許就能讓法軍起死回生。他在六月十一日星期二逮到了機會，當時雷諾總理再次召見了他，這次是在巴黎以南約一百英里處，位於羅亞爾河（Loire）畔的小鎮布里亞爾（Briare）。這場會議並沒有啟發任何轉機；它只是強調了事情變得多麼糟糕。為了激勵法國總理，邱吉爾用一口急促的破法語和流利的英語，發誓無論如何都會奮戰，必要時不惜單打獨鬥——「不斷不斷不斷、直到永遠（*toujours*）、無時無刻、隨時隨地、無所不在（*partout*）、絕不放過他們（*pas de grâce*），絕不憐憫他們。這樣我們終能勝利

（*Puis la victoire*）！」

眼前的法國人不為所動。

然而，這次會面確實成功地在幾名法國官員的腦海中，烙下了一個獨特的形象——因為法方沒能備妥他的午後沐浴而發怒的邱吉爾，穿著紅色日式浴衣、繫著白色腰帶，衝開一扇雙開門，大吼道：「我的浴缸災喇裡？（*Uh ay ma bain?*）[37]」也就是法語版的「我的浴缸在哪裡？」一位目擊者描述，他在盛怒之下看起來像「一個生氣的日本小精靈」。

法軍士氣是那樣低迷，顯然就快要放棄了，於是邱吉爾重申了他不派遣英國皇家空軍戰鬥機助戰的決定。他告訴法國人他不是自私，只是謹慎；只有戰鬥機部隊才能阻止眼看就要衝著英格蘭來的攻擊。「對於無法提供更多幫助，我們很難過，」他說，「但我們莫愛能助。」

＊　＊　＊

喬克．科維爾也有他自己的焦慮。他知道許多仍在法國的英國士兵正從瑟堡（Cherbourg）撤離，他希望他的兄弟菲利普也在其中。菲利普的一些行李已經抵達倫敦，是個充滿希望的預兆，但他的歸途仍然存在許多危險。

看著他的兩個兄弟，以及許多同齡人都在打仗，科維爾現在決定他也必須投筆從戎。他認為最好的管道就是加入皇家海軍，他也將此事告知了他的直屬上司，邱吉爾的高階私人祕書艾瑞克．席爾（Eric Seal）。席爾答應幫忙，卻發現自己無能為力。整

37｜譯注：「Uh ay ma bain?」這句法語中，只有「ma bain」（我的浴缸）發音對了，其他在法語中都是無意義的發音。

個白廳，包括外交部，都有很多年輕人和科維爾有同樣的抱負，這已經變成一個問題了。至少就目前而言，外交部拒絕允許部門內任何一名年輕男性參軍。科維爾決心繼續嘗試。

六月十二日星期三，邱吉爾一行人才結束他們在法國的會議，美國大使甘迺迪便向他的首席副官兼內閣大臣（Secretary of State）科德爾・赫爾（C. Hull）發送了一則機密電報，他基於過去的經驗，對英格蘭的未來提出了一個過分悲觀的評估。他寫道，相較於德軍的強大實力，大英帝國的準備「弱得嚇人」。「非常可惜。」他寫道。英格蘭所擁有的只是勇氣而已。甘迺迪表示，推動邱吉爾堅持下去的，是他相信在將於十一月五日舉辦、羅斯福似乎越來越有可能參選的總統大選後不久，美國就會參戰。他寫道，邱吉爾相信，「美國人民只要看到許多美國城鎮借以命名的英格蘭城鎮，被轟炸和摧毀時，他們就會排隊想要加入戰局」。

甘迺迪引用一位人在美國的英國記者的報導，文中說現在只欠「將美國拖下水的『東風』」。甘迺迪對此感到擔憂。他警告道：「如果這就能讓美國參戰，要小心走投無路的人會做出狗急跳牆的事。」

從另一個地方傳來了嚴峻的消息。六月十二日星期三早上，邱吉爾新任命的私人科學顧問、人稱「教授」的弗雷德里克・林德曼（Frederick Lindemann），與空軍部情報分局的一位年輕科學家雷金納德・V・瓊斯博士（Dr. Reginald V. Jones）開了一場會。瓊斯博士是教授以前的門生，現年二十八歲，已擁有情報研究部副主任（deputy director of intelligence research）的高級頭銜。

這次會議本該著重於德軍是否已經成功開發並部署了自己的雷達系統。雷達系統是英國在戰前就已經完成開發，目前善用中的一項祕密武器、一大優勢，配有稱為「鏈向」（Chain Home）基地的沿岸塔台網路，能夠在德軍戰機接近時發出準確的預警。然而，這次會議很快便轉往另一個方向，揭示了一個可怕的未來：一項如果屬實，將在空戰中帶給德軍巨大優勢的技術進展。

第二部

不測將臨

A Certain Eventuality

六月 – 八月

第11章

天鵝堡之謎

The Mystery of Swan Castle

林德曼教授越聽越懷疑。年輕的空軍情報人員瓊斯博士此刻提出的建議，與物理學家對無線電波遠距離傳播的所有理解，都背道而馳。瓊斯提供的蛛絲馬跡很令人信服，但它們背後的意義肯定與瓊斯想像的不同。

教授的工作是用科學的客觀觀點來評估這個世界。五十四歲的他是牛津大學的物理學家，是邱吉爾最早帶入內閣的人之一，因為邱吉爾相信在這場新的戰爭中，進步的科技將扮演重要的角色。雷達的誕生已經證明了這一點，它是在嘗試製造出「死亡射線」(death ray)來徹底摧毀戰機、遠遠稱不上成功的研究裡，一項讓人高興的副產品。同時，英軍也越來越擅長攔截和破解德國空軍的通訊，這些通訊在布萊切利公園(Bletchley Park)極隱祕的政府密碼研究所(Government Code and Cypher School)總部進行，密碼破譯專家正是在那裡破解了德國「恩尼格瑪」(Enigma)[38]加密機的祕密。

林德曼此前曾管理過海軍部一間辦公室，這間辦公室是為了讓時任第一海軍大臣的邱吉爾盡量掌握皇家海軍日常備戰情況而成立的。成為首相後，邱吉爾立即讓林德曼掌管職權範圍更廣的部門——首相統計部(Prime Minister's Statistical Department)，並任命他為特別科學顧問，正式頭銜則是首相私人助理。這兩個職權，

38｜譯注：恩尼格瑪密碼機是二戰時納粹德國使用的一種旋轉式加密兼解密機器，其名「Enigma」即德語「謎」的意思，是一台極爲精密的儀器，當時各國密碼學家都嘗試破解，但直到一九四一年左右，盟軍才破解成功。

允許林德曼探索任何可能影響戰爭進展的科學、技術或經濟問題，這項授權實至名歸，但也肯定會惹白廳的不同部門派系眼紅。

讓事情變得愈發複雜的是林德曼本人，根據外交事務副部長卡多根的說法，他的主要成就是「讓任何與他接觸過的人都聯合起來反對他」。

林德曼是個高大蒼白的男子，習慣穿著硬挺、「滾水燙過」的襯衫，領子硬梆梆的，領帶在他脖子上繫得像蜂腰一樣緊。他的蒼白與灰色西裝相配。他總是戴著一頂巨大的黑色圓頂硬帽，身穿一件天鵝絨領片的大衣，帶著一把雨傘。永遠下垂的唇角，令他的表情總一成不變地帶著輕蔑的端詳。伯肯黑德勳爵(Lord Birkenhead)的女兒茱麗葉・湯森女士(Lady J. Townsend)是林德曼的密友，後來也成為他的傳記作者，她回憶道，他似乎不會老，或者更確切地說，隨時都很蒼老。「我想他可能是老起來放的那種人，」她說，「所以二十年來看起來都一樣。」小時候給林德曼取了「教授」這個綽號的正是湯森。至於別人到底是稱他為教授，還是那個教授，就是個人偏好問題了。

矛盾是林德曼的代名詞。他厭惡黑人，多年來卻一直與一位西印度人搭檔雙打網球。他不喜歡猶太人，有一次甚至形容一位物理學家同儕為「骯、骯髒的小、小猶太鬼子」，卻仍視愛因斯坦(A. Einstein)為朋友，並在希特勒崛起期間協助猶太物理學家逃離德國。他的情感是非黑即白的。他的朋友絕對不會做錯，他的敵人絕無可能做對。一個人只要成為他的朋友或敵人，他就始終如一地對待他，至死方休。「他的記憶力不只是詳盡而已，」約翰・科維爾寫道，「在記住過往的小仇小恨時，它還有大象般的容量。」

即使如此，婦女和兒童都很愛他。他是邱吉爾家族的心頭好，他們從沒忘記過他的生日。他尤其受到克萊門汀的喜愛，她對與邱吉爾往來的多數部長和軍官都沒有多大的好感。林德曼表面上的拘謹掩蓋了他內心對大眾評價的敏感，那樣的敏感讓他寧可永遠不戴腕錶，只因為擔心它看起來沒有男子氣概。他還勤勤懇懇地對父母於兒時給他取的愛稱「桃桃」保密。

不管做什麼事，他都必須做到最好，他以近乎專業的水準打網球，甚至曾經在溫布頓（Wimbledon）的雙打比賽中打過球。據他的妹妹琳達（Linda）所說，他經常和克萊門汀一起打球，但從未表露出一絲喜悅。他看來好像總是在內心奮戰。「午餐時，桃桃忙著掉各種惹人厭的常識書袋，所有話題都變成惡夢般的陷阱。桃桃用盡全力下棋、打網球、彈鋼琴。可憐的桃桃，他從來沒有真正享受過這些嗜好的樂趣。」

一八八六年四月五日，由於意外的時機，林德曼不是在英國而是在德國的溫泉小鎮巴登巴登出生，對此林德曼歸咎於母親的自私。「她其實知道自己就要臨盆了，卻還是選擇在德國領土上生下他，這件事是林德曼終生困擾的根源。」伯肯黑德勳爵寫道。林德曼認為自己絕對不是德國人，實際上也很厭惡德國，卻在前次大戰和如今的戰爭中，因他的出生地而使他對國家的忠誠受到眾人懷疑。連科維爾也在很早以前指出：「他的外國人脈很可疑。」

林德曼的母親還留下了另一個深遠的影響，後而形塑了人們對他的看法。在他還是個孩子的時候，她便讓他和他的兄弟姐妹們嚴格吃素。她和他的其他家人很快就放棄了這個養生法；只有他一個人帶著一種報復性的固執，堅持了下去。每一天，他都吃大量的蛋清（從不吃蛋黃）和用橄欖油製成的美乃滋。他也愛吃甜食，特別喜歡夾心巧克力，尤其是馥樂牌（Fuller's）的奶油巧克力。據他自己仔細的測量，他每天要吃多達兩百克的糖，相當於四十八茶匙。

林德曼和邱吉爾在一九二一年倫敦夏季的一場晚安上初識，漸漸成了朋友。一九三二年，他們一起遊覽德國，參觀了邱吉爾的祖先馬爾伯勒公爵（Duke of Marlborough）曾征戰過的沙場，彼時邱吉爾正在為此人寫傳記。在德國鄉間開著教授的勞斯萊斯（Rolls-Royce，他在父親去世後繼承了巨額財富）時，他們察覺到一股暗潮洶湧、好戰的民族主義。內心警鐘大響的他們開始合作，盡可能多地收集德國軍國主義在希特勒轄下崛起的資訊，意圖喚醒英國，以面對即將到來的危險。邱吉爾的家成了收集德國內幕情報的情資中心。

林德曼自覺與邱吉爾有一種職涯上的惺惺相惜。他認為邱吉爾是個本該成為科學家的人，卻與這項志業擦肩而過。反之，邱吉爾驚服於林德曼記住細節、從複雜事物中提煉出基本要素的能力。他常形容這位教授擁有「出色的大腦」。

林德曼與瓊斯博士的會議按計畫開始，探討的問題是德國是否掌握了利用無線電波偵測戰機的技術。瓊斯確信德國人已經做到了，並引用情報來支持他的觀點。會議接近尾聲時，瓊斯改變了話題。那天稍早發生了一件讓他很困擾的事。一位同袍，英國皇家空軍負責監聽德國無線電報的小組負責人、空軍上校布蘭迪（L. F. Blandy），給了瓊斯一份在布萊切利公園破譯出來的德國空軍訊息副本。

「這個你看得懂嗎？」布蘭迪問道，「我們這裡沒人看得懂。」

那則訊息很簡短，只有一個以經緯度標示的地理位置，以及兩個德語名詞，克利沃斯（*Cleves*）和尼克拜因（*Knickebein*）。瓊斯竭盡所能去解讀，只能將這則訊息翻譯為：「克利沃斯．尼克拜因已確認（或建立）在北緯 53° 24 和西經 1° 的位置。」

瓊斯嚇到了。他告訴布蘭迪，這則訊息在他看來事關重大。

過去幾個月間，他注意到的零碎情報組成了一個部分完成的馬賽克拼圖，而這則訊息完美地嵌進了他腦海中的這幅拼圖裡。一九四〇年三月，他從被擊落的德國轟炸機殘骸中發現的一張紙上，見過尼克拜因這個詞，紙上寫著「尼克拜因無線電信標」。時間再拉近一些，英國皇家空軍的空中情報部門開始例行竊聽囚犯間的對話後，他聽了兩名被俘德國飛行員的錄音，他們聽起來似乎是在討論某個祕密無線導航系統。

這個詞再次出現在這個最新訊息中。瓊斯知道尼克拜因在英語中的意思是「彎曲的腿」或「狗的腿」，並認為克利沃斯所指的，最有可能是德國的一個小鎮，鎮名也寫作「克萊沃」（Kleve）。這個小鎮有一座著名的城堡——施瓦嫩堡（Schwanenburg），又稱天鵝堡，據傳在前往英格蘭成為亨利八世（Henry VIII）的第四任妻子之前，克萊沃的安妮（Anne of Cleves）[39]就曾在此居住。天鵝堡和騎士羅恩格林（Lohengrin）的

39 | 譯注：克萊沃的安妮從未封后，與亨利八世的第二任皇后安妮．寶琳（Anne Boleyn）不是同一個人。

傳說，也被認為影響了華格納（Wagner）以這位騎士為名創作的著名歌劇[40]。

突然間，這些碎片以一種對瓊斯來說合理的方式拼合在一起，儘管他得出的結論似乎不太可能發生。他已經二十八歲了。如果誤判，他會看起來像個傻瓜。但他若是對的，他的發現就可以挽救無數生命。

他知道新截獲的訊息中標注的地理座標，標明了英格蘭中部工業地區雷特福德鎮（Retford）以南的一個點。將克利沃斯到雷特福德的方向連成一線的話會描出一道向量，可能是戰機的航向或無線電傳輸的波束或信標，正如「尼克拜因無線電信標」所表明的。「彎曲的腿」則暗示著某種交叉，據瓊斯所推測的，這提升了有第二道波束存在、進而與第一道波束相交的可能。這將能讓德軍在陸地上鎖定一個精確的地理位置，可能是一個城市，甚至是一座特定的工廠。用無線電波束來為商用和軍用飛機導航的技術早就存在了，但只能在短距離內，協助它們在能見度有限的情況下著陸。這種技術被稱為洛倫茲盲降系統（Lorenz blind-landing system），以德國發明者C．洛倫茲．AG（C. Lorenz AG）為名，英國和德國雙方都對此技術很熟悉，它也被使用在兩國的機場和軍用機坪。讓瓊斯感到震驚的是，德國空軍可能已經找到將類似洛倫茲的波束一路投射向海峽對岸、英格蘭境內目標的辦法了。

這個可能性深深令人惶恐。就目前的情況而言，夜間飛行的轟炸機駕駛要想達到一定程度的精準度，就需要晴朗無雲的天空和月光。有了瓊斯想像中的那種系統，德軍的轟炸機可以在任何一個夜晚飛到英格蘭上空，無需等待滿月或月相盈虧中的最亮

40｜譯注：德國作曲家華格納寫了一齣名爲《羅恩格林》的童話歌劇，講述天鵝騎士冒險拯救一位少女的故事。本書作者提及此劇可能受克萊沃天鵝堡的影響，亦有傳聞顯示，此劇後來又啟發了巴伐利亞國王路德維希二世（Ludwig II of Bavaria）將他修建的城堡命名爲「新天鵝堡（Neuschwanstein Castle）」。

階段，即使在英國皇家空軍的戰鬥機被迫停飛的天候下亦然。英國皇家空軍有自信可以應對白天到來的空襲，但英國就算有雷達網路，他們的戰鬥機也幾乎無力在夜裡發現敵機，並與敵機交戰。打仗需要視覺的輔助，而陸面雷達根本沒有精確到能把英國皇家空軍的飛行員帶到能夠近身看清敵機的距離。等飛行員從戰機指揮中心（Fighter Command）的控制員那裡收到雷達定位修正的時候，德軍轟炸機可能已經飛到不同的位置，在不同的高度、飛往不同的航向。

現在，在與教授的午前會議中，瓊斯闡述了他的理論。他很興奮，堅信自己偶然發現了德軍一項祕密的新技術。但蒼白、苦行僧般總是唇角下垂的林德曼告訴他，他的假設是不可能的。傳統的盲降波束只能以直線傳播，這表示，礙於地球的曲率，當來自德國的波束穿越了兩百多英里，來到某個位於英格蘭的指定目標的上空時，即使是飛行海拔最高的轟炸機也到不了這道波束的離地高度。這是公認的學說。何況林德曼是個只要對一件事深信不疑，就很難改變想法的人。正如一位親密的同袍羅伊・哈洛德（R. Harrod）所說：「我從來沒有遇到過像他這樣，一旦被自己的推理所說服，就會如此深陷、堅定不移地相信的人。」

受挫但尚未屈服的瓊斯回到了辦公室，思考下一步行動。他安排了隔天與林德曼的第二次會議。

週四上午十一點，邱吉爾又一次啟程前往法國，這將是他與法國領導者的最後一次當面會談。他帶了巴戈・伊斯梅、哈利法克斯、卡多根和作為英國與法軍聯絡人的少將愛德華・斯皮爾斯(Major General E. Spears)，這次甚至連比弗布魯克勳爵都同行，再次讓英國的很大一部分政要都暴露於危險之中。他們航向一座位於圖爾(Tours)的機場，這機場前一晚才被轟炸過。這次的飛行對瑪麗・邱吉爾和她的母親來說，意味著又一天的煎熬。「我真的很討厭他離開，」瑪麗在她的日記中寫道，「我們全都有一股法國人就要屈服的不祥預感。上帝啊！法國不能那麼做！她必須堅持——她必須堅持下去。」

機坪上中杳無人跡、荒涼一片，因為前一晚的空襲而坑坑窪窪的。法語傳單懶洋洋地攤在架子上，對新來的造訪者不理不睬。邱吉爾走到一群飛行員面前，用蹩腳的法語介紹自己是英國首相。他們給了他一輛小型旅行車，連邱吉爾都很難坐進去，更不用說身高六英尺五英寸的哈利法克斯了。他們就這樣擠在車裡，活像鬧劇電影裡的人物，出發前往代表法國政府的地方官員們所在的地方首府。在那裡，他們只見到了兩位官員，法國總理雷諾和外交部副部長保羅・博杜安(P. Baudoin)。雷諾坐在一張桌子後面，邱吉爾揀了張很深的扶手椅坐了進去，整個人幾乎從視野中消失了。

不同於在布里亞雷的會面，邱吉爾這次沒有試著表現得和藹可親。斯皮爾斯將軍寫道，他看起來「非常嚴厲又專注」。巴戈・伊斯梅也不再像隻可愛的人型犬科動物，露出了嚴峻的表情。斯皮爾斯觀察到，比弗布魯克弄得口袋裡的硬幣叮噹作響，「像在找零錢給小費似的」。他滿臉通紅，他的頭髮(僅剩不多的那些)也亂蓬蓬的。「他那圓圓的腦袋看起來就像一個砲彈，隨時可能以那緊繃的矮小軀體所提供的強大彈力射向雷諾。」

法國人顯然一心要投降，似乎迫不及待想要結束會議。雷諾說，事到如今，一切都取決於美國的動向。他計劃立即給羅斯福發電報。「目前，」他說，「我們唯一的選擇，就是以最坦誠的態度向美國總統匯報情況。」

邱吉爾答應跟進，然後要求與他的同事獨處片刻。「在花園裡（*Dans le jardin*）！」他要求道。他們撤到一個連著狹窄小路的破敗長方形花園裡，踏著慌步打轉。「我相信每個人都嚇到說不出話了，」斯皮爾斯寫道，「我自己就是。」

突然，比弗布魯克打破了沉默。他說，他們現在所能做的就是等待羅斯福的回應。比弗布魯克擔心邱吉爾會輕率地再次承諾派遣英國皇家空軍戰鬥機中隊，敦促他不要在最後一刻做出任何承諾。「我們在這裡什麼都沒辦到，」他說，「事實上，聽雷諾的這些聲明有害而無益。我們趕緊回家吧。」

黃昏時分，他們回到了英國。

在與教授的第二次會議中，年輕的瓊斯博士做了更加萬全的準備。瓊斯知道英格蘭頂尖無線電波專家，馬可尼公司（Marconi Company）[41]的資深研究工程師托馬斯·L·埃克斯利（T. L. Eckersley）曾寫過一篇短文，文中他計算出極細的波束可能確實會隨著地球的曲率而彎曲，因而可用來將轟炸機從德國引導到英國。現在瓊斯帶來了

41｜譯注：馬可尼公司（Marconi Company）是英國一家電信公司，現已倒閉。

埃克斯利的論文，以及一些新的情報。

作為進一步的準備，瓊斯聯繫了負責審問德國空軍機組人員的朋友兼同事，山繆．丹尼斯．費爾金上尉（Group Captain S. D. Felkin）。瓊斯知道最近幾天擊落的轟炸機讓他們有了新的囚犯可以審問，所以他要求費爾金審訊時納入針對波束導航技術的問題。

費爾金照做了，但直接的問法沒能問出什麼新的東西。儘管如此，費爾金已經開發出一種從囚犯那裡有效獲取情報的新方法。審訊結束後，他會讓犯人與他的飛行員同袍重聚，然後在他們討論審訊中的提問時，透過隱藏的麥克風竊聽。費爾金將其中一名新囚犯送回牢房，聽見他告訴一名獄友，無論英國皇家空軍怎麼翻，都絕對找不到「那個設備」。

這當然激起了瓊斯的好奇心。犯人的話間接證實了瓊斯的猜測就在正軌上。它還暗示了這項設備可能根本就藏在他們眼皮子底下。

瓊斯馬上要了一份技術報告副本，那是英國調查人員檢查去年秋天擊落的一架轟炸機的技術報告，那架轟炸機與現在這名囚犯駕駛的是同一款。瓊斯特別注意它的無線電設備。其中一台儀器引起了他的注意——一台在報告中被鑑定為盲降導航接收器的裝置。有這台儀器並不奇怪，畢竟所有德軍轟炸機都配有標準的洛倫茲著陸系統。報告顯示，這台設備已由一個航空實驗單位，即皇家戰機工廠的一名工程師仔細檢查過。

瓊斯打電話給他。

「告訴我，」他說，「盲降接收器有什麼不尋常的地方嗎？」

工程師先是說了沒有，接著又修正了他的回答。「但現在你提起了這件事，」他說，「我才想到，它的靈敏度遠超過任何盲降任務所需。」

這台設備可以調整到某些特定的頻率，瓊斯推斷，這想必就是新波束系統運行的波段——當然，前提是他的預感得是正確的。

儘管林德曼往往堅持己見，但他也樂於接受新穎的科學理論。聽一位二十八歲的科學家根據幾條推測出來的證據，去假設德軍擁有一種祕密的導航新科技是一回事；看一位頂級專家以他清楚、確鑿的計算為基礎，聲稱他證明了放射物理學的潛在技術可以創建這樣的一套系統，則完全是另一回事。瓊斯收集的新證據很有說服力。

林德曼現在意識到，倘若德國空軍成功駕馭了這項新科技，那確實是一個可怕的發展。瓊斯認為，波束可以將飛機引導到距離目標四百碼的範圍內，精確度驚人。

林德曼藉他與邱吉爾可以直接聯繫的關係，當天就寫了一份緊急紀要，直接遞交給首相。正是這種親密、幾近佞臣寵相的連結，讓林德曼在同儕間引起很多懷疑和妒忌。有了這個高陞的新職位，現在大大小小的事情都在他的職權範圍內。他可以探查政府最偏遠的角落，隨心所欲地質疑，甚至提議製造新武器、對軍事戰略出主意，如此一來惹得整個官僚機構上上下下都心生不滿。「他固執得像頭騾子，不願意承認天底下有什麼是他無權過問的。」巴戈．伊斯梅回憶，「他可能今天才寫了一份有關高階戰略的備忘錄，隔天又去寫一篇關於雞蛋生產的論文。」林德曼的辦公室傳來的筆記和會議紀要（截至年底已超過兩百五十份）涉及硝化甘油、木材供應和祕密防空武器等各種主題。這些文件往往使得邱吉爾要求他的各個部長採取新的行動，從而擾亂他們本已壓力重重的生活。人們永遠不知道有林德曼預先秣馬厲兵的邱吉爾，會不會在會議中突然拔出一把統計學長劍，挑起要求或論點來；或者，林德曼本人會不會用他那細小沙啞的聲音，開始親自在雞蛋裡挑骨頭。隨著林德曼逐漸習慣這份工作，他會在筆記裡附上一份紀要草稿供邱吉爾簽署，以一種接近邱吉爾本人的語氣寫成，仔細地掩蓋自己在這個過程中的角色。

但這正是邱吉爾想從林德曼那裡得到的：挑戰傳統與舊習，從而激發更高的效率。提出顛覆傳統觀念的想法令教授引以為樂。有一次，他與同事唐納德．麥克杜格爾（D. MacDougall）一起散步時，看到一張寫著「關上那滴水的水龍頭」的海報，旨在號召節約用水，進而節省推動配水系統的燃煤。走著走著，教授開始計算起製作海報用紙所需的能源、紙漿和運輸成本。「當然，」麥克杜格爾回憶道，「教授最初的懷疑是正確的，這些全部加起來，遠遠超過海報所呼籲節省的耗費。」

在向邱吉爾報告瓊斯博士真實性極高的發現時，林德曼在紀要中保持了沉著的語氣。「我們似乎可以合理假設，德軍擁有某種他們希望用來瞄準目標的無線電設備。」他寫道。這項技術的本質尚未可知，但可能涉及某種波束，或可能是間諜在英格蘭安裝的無線電信標。無論如何，林德曼寫道：「現在最重要的是去研究它，尤其是查出它的波長如何。只要我們摸清了這一點，就可以設計出誤導他們的方法。」他請邱吉爾允許「與空軍部共商此事，並嘗試展開行動」。

邱吉爾打從一開始便認真對待此事，事後也回憶說，收到這個消息對他而言是「痛苦的震撼」。他將教授的紀要轉給空軍部部長阿奇博德．辛克萊（Archibald Sinclair），並附上一張手寫字條：「這似乎有什麼內情，我希望你能徹查一下。」

收到這來自邱吉爾的命令，就像被鞭子猛打了一下。儘管不太情願，辛克萊還是立即採取了行動，並委任了一名空軍部高階官員據瓊斯的理論去調查。

邱吉爾一家搬家的日子到了。被罷免的首相張伯倫終於離開唐寧街十號，邱吉爾一家於是在六月十四日星期五，開始將自己的家當從海軍部大樓移到他們的新住處，由克萊門汀指揮這次行動。

搬家在任何時代都是一件壓力很大的事，但法國即將淪陷和入侵迫在眉睫的事實，絕對加重了這種壓力。然而，克萊門汀似乎調適得很好，一如搬家前幾天，她的朋友薇洛．邦漢．卡特（曾經疑似情敵）逗留在海軍部大樓喝茶時所發現的。那棟房子依然裝飾精美、家具齊全。「它看起來又酷又有趣，到處都是鮮花，把他們所有可愛的照片都點亮了。」她在六月十一日的日記中寫道，「克萊米絕對是正常發揮中，快活、非常討人喜歡，而且總是出乎人們意料地有趣。」

搬家花了幾天時間，在此期間，瑪麗和克萊門汀住在卡爾頓大飯店，那也是教授的臨時住所。為了避開混亂的家事，邱吉爾選擇與比弗布魯克勳爵一同住在後者位於倫敦的豪宅——史托諾威大院，同時也是戰機生產部的總部。

邱吉爾一家為唐寧街十號帶來了一位新的家庭成員，海軍部的黑貓納爾遜（Nelson），牠的名字源於英國海軍在特拉法加勝戰（victory at Trafalgar）中的英雄霍雷肖・納爾遜中將（Vice Admiral H. Nelson）。邱吉爾很喜歡這隻貓，經常抱著它在家裡走來走去。據瑪麗所說，納爾遜的到來引起了一定程度的貓咪糾紛，因為納爾遜攪擾了原本就住在唐寧街十號、綽號「慕尼黑捕鼠大師」的貓。

當然，跟任何家庭一樣，邱吉爾一家有很多東西需要安頓，搬往唐寧街十號的家當清單暗示了正等待著克萊門汀的複雜任務：高腳葡萄酒杯和平底杯（總得有地方倒威士忌啊）；葡萄柚玻璃杯、肉盤、篩網、打蛋器、刀具、水壺、早餐杯和茶托、捆紮家禽用的針、臥室用的玻璃水瓶和平底杯、三十六瓶家具抛光劑、二十七磅藥皂、一百五十磅報春花皂（塊狀），以及七十八磅拿破崙和維多利亞女王最愛的布朗溫莎牌香皂；還有欄杆刷，鬃毛式和拂塵式的都有；一台尤班克牌（Ewbank）自動掃地機；壁爐刷、禱告跪墊、拖把和拖把把手還有特製的「全能」拖把頭，以及麂皮料子、八磅舊布和二十四打用來點燃壁爐和雪茄的火柴。

「張伯倫一家把這個地方弄得很髒，」瑪麗在她隔天的日記中寫道，「離開前，媽咪把海軍部的房子弄得清潔溜溜。」

瑪麗很喜歡她的新家，以及它的莊嚴氣派。前門塗有黑色瓷漆、有一個獅子頭門環，由一名穿制服的門衛和一名警察看守。邱吉爾的私人書房和著名的內閣室都在一樓，瀰漫著一股莊重的靜謐，彷彿日常生活的喧囂都被英國歷史的重量所消除。他的畫則掛在大廳裡。

家庭居住區位於二樓（美式算法會計作三樓），塗成蛋殼藍的廳室和番茄色的地毯相連。帶窗框的窗戶俯瞰著花園和這棟房子的後門，還有舉辦重要典禮儀式、寬闊而鋪滿碎石的騎兵衛隊閱兵場（Horse Guards Parade）。對瑪麗來說，這層樓總讓她聯想到鄉間住宅。就像住在海軍部大樓的時候一樣，邱吉爾和克萊門汀在這裡還是分房睡。瑪麗特別喜歡她分配到的房間。「媽咪給了我一間溫馨的臥室、起居室和最寬敞的衣櫥（後者充滿好萊塢氛圍）。」瑪麗寫道。

在父親擔任首相的情況下，她現在身處一切風暴的中心。這一切都極為浪漫又令人心生澎湃。從瑪麗日記的基調來看，這個時候，她還不曾想過德國空軍很快就會將她逐出她溫馨的房間，甚至倫敦這座城市。

為履行對法軍的承諾，邱吉爾在六月十五日星期六下午稍晚的時間，口述了一封要轉給羅斯福總統的電報，內容包含了他迄今為止最熱切的請求。

聽打的過程一如往常地使在場的所有人都失去耐心，這通常包括他的首要私人祕書希爾夫人和另一位私人祕書，這次是約翰．科維爾。據科維爾事後所寫：「看著他為要聽打的電報或紀要擬稿，讓人覺得自己身在一個孩子的降生現場，他的表情是如此緊張，他的來回踱步是如此焦躁不安，他低低發出的聲音是如此舉棋不定。」

碰上像這樣敏感的電報，這個儀式又特別折磨人。

「我理解你面對美國公眾輿論和國會的一切難處，」邱吉爾口述道，「但戰況正在急轉直下，時機一到，將超出對美國輿情的控制。」法國正值危急存亡之秋，唯一能夠影響她的未來的，就是美國。「只要一則美國將在必要時參戰的聲明，就可能拯救法國，」他說，「沒有這則聲明的話，幾天後法國的抵抗可能就會崩潰，到時就剩我們孤軍奮戰了。」

他說，受到威脅的遠不止法國。他提起英國同樣有著對希特勒勢力的隱憂，並警告說，一個親德的新政府屆時可能會取代他的內閣。「我們若是倒下，你可能就要面對聽令於納粹的歐羅巴合眾國[42]，而且它比起新大陸，人口要多得多、強得多、武裝齊備得多。」

他重申了他之前要美國派驅逐艦來支持皇家海軍的要求，並引用一紙報告支持他的論點，詳細說明在可以預見德軍即將入侵的情況下，他們迫切需要驅逐艦。這份文件呼應了陸軍指揮官艾恩賽德將軍對翻轉敦克爾克行動大登陸的擔憂，並警告，德軍的海上入侵「肯定會以大量小型船隻分頭登陸的形式發生，而對付如此動作唯一有效的反擊，就是派驅逐艦大量、有效地持續巡邏」。但報告警示道，英國皇家海軍只有六十八艘驅逐艦能上戰場運作。對更多驅逐艦的需求也因此更加關鍵。「這正是，」邱吉爾寫道，「肯定實際又可行、決定性的一步，是可以立即實施的，我以至高的懇切，

42｜譯注：作者原文寫作「United States of Europe」，是邱吉爾爲激發危機意識，故意對應美國全名「美利堅合衆國」（United States of America）的造詞。

勵請您慎重考慮我說的話。」他將要求驅逐艦支援一事，稱為「生死攸關的問題」。

完成這封電報，以及給加拿大和英國其他自治領地總理的另一封電報後，邱吉爾轉向約翰．科維爾，打趣道：「如果說破嘴皮子就有用的話，我們肯定會贏得這場戰爭。」

儘管萬般同情，但羅斯福仍然受到中立法和美國社會孤立主義傾向的牽制。

不久後，科維爾被趕到鄉下度過了一個週末，這個地方正快速成為邱吉爾的祕密武器：倫敦西北四十英里處，位於白金漢郡（Buckinghamshire）的官定首相府，契喀爾（Chequers）。

第12章

無聊人的鬼魂

The Ghosts of Dull People

漸暗的天光下，三輛黑色的戴姆勒(Daimler)[43]疾疾馳過鄉間。邱吉爾喜歡車開得快一點。靠著運氣和膽量，他的司機可以在一小時內開完從唐寧街到契喀爾的路程；他如果藉由闖紅燈、無視路權，在五十分鐘內完成這項壯舉，就會贏得邱吉爾的讚賞。據說他在某次回程中達到了七十英里的時速，而這是在汽車還沒有安全帶的時代。總會有一名打字員陪著邱吉爾在後座，對這個人來說，這趟路程可能頗令人毛骨悚然。對於某次經歷，祕書伊麗莎白·蕾頓在事後寫道：「我們得要坐著，把書本放在膝蓋上保持平穩，一邊努力寫字記錄，左手一邊拿著備用鉛筆、首相的眼鏡盒或一根額外的雪茄，有時後腳還得撐住他敞開的珍貴盒子，否則汽車在拐彎處甩晃的時候，它就會砰地闔上。」手寫速記只允許在行車中使用，其餘時間，邱吉爾的口述都必須打成文字。

湯普森探長也跟著來了，焦慮隨著他走近這棟他認為是理想暗殺地點的房子而加劇。這棟房子是一座薑黃色石磚建成的大型都鐸式豪宅，是前任屋主亞瑟·李爵士(Sir A. Lee)周到的禮物，自李爵士於一九一七年贈予政府以來，它使一直充當英國首相的官定鄉間住宅。「任何警官，即使身強體壯、拿著左輪手槍，在那裡都會感覺非常孤立無援。」湯普森寫道，「而且非常不安。」

43｜譯注：戴姆勒，德國汽車製造商，現已改名爲梅賽德斯－賓士集團。

他們一行人穿過一扇巨大的鍛鐵大門，大門兩側是磚砌的守衛室。冷溪衛隊的士兵在地面巡邏；警察在守衛室外站崗，攔截汽車以檢查乘客的身分。就連邱吉爾的司機也受到懷疑。

汽車接著沿著一條叫做「勝利之路」、又長又直的小徑駛入。

在和平時期，成排的大窗會滿溢舒適宜人的琥珀色燈光，但現在根據全國各地嚴格的燈火管制，它們黯淡無光。汽車駛入半圓形車道，在房子東側的正門前停了下來，在那裡迎接他們一行人的是格蕾絲・拉蒙特小姐（Miss Grace Lamont），綽號「蒙蒂」（Monty）的她是個蘇格蘭人，自一九三七年起便以「管家女士」的正式頭銜，為那首相住戶們管理這座宅邸。

李爵士送禮時的條款規定，首相在這棟房子裡不能做任何工作——它須得是一個休息和充電的所在。「除了這些微小的影響之外，我們的領導者健康狀況越好，他們就能越理智地治國，每週兩天在奇爾特恩（Chiltern）的山林間享受遠離俗務和純淨空氣的獎勵，希望對這個國家及她所選的領導者，都能產生實質的正向影響。」

這確實是個美如田園詩的地方。「幸福的首相們，無論你們怎麼走，清新的美景都會來與你相會。」這棟宅邸一位早期屋主的後裔，胡伯特・阿斯特利（H. Astley）如此寫道。這棟宅邸坐落在奇爾特恩地帶的一個淺谷中，三面為上升的地勢所包圍，點綴著小徑，引導步行者穿行於紅豆杉樹籬、池塘，以及粉筆山藍蝶精心巡守著的山毛櫸、落葉松和冬青樹叢之間。莊園裡，其中一座秀麗的森林叫作「漫路樹林」（Long Walk

Wood），裡頭棲息著快樂而密集的兔群。緊鄰的場地上有一塊槌球草坪，作為一個狂熱、高要求的球員，這讓克萊門汀欣喜不已。邱吉爾很快便將槌球草坪轉作次要用途，測試起新的軍事武器，其中一些還是教授的心血結晶。在宅邸的南端，有一座刻著沉鬱銘文的古老日晷：

時光飛逝
轉瞬生死
歲月長流
瓊樓山河
兀自長留

前門打開就是通往大廳的通道，大廳的牆面與整棟宅邸齊高，上面展示了三十幅巨型畫作，包括林布蘭（Rembrandt）的〈數學家〉（*The Mathematician*）。（這幅畫後來被鑑定為林布蘭的一名徒弟所繪。）整棟宅邸都體現了英國歷史的宏大輝煌，而那股歷史的氛圍，在二樓的長廊（Long Gallery）裡最是明顯。這裡放著一張拿破崙（Napoleon Bonaparte）在聖赫勒拿島（St. Helena）流放期間使用過的桌子。在一個大壁爐的架子上放著兩把奧利弗·克倫威爾曾用過的劍，其中一把據說伴他在一六四四年馬斯頓摩爾（Marston Moor）的戰役中征戰。壁爐的左側則掛著他在該地點歡快寫下的信，信中寫著那句著名台詞：「上帝造他們如我們劍上的殘渣。」

這房子沒能迎合每個人的品味。勞合喬治不喜歡它座落在山谷裡，只能看到有限的鄉村景色。他說，房子裡「充斥著無聊人的鬼魂」，他想這或許可以解釋為什麼他的狗經常衝著長廊咆哮。邱吉爾曾在一九二一年二月，勞合喬治在任期間，造訪過這座宅邸，那次拜訪想必激起了他成為首相的欲望。「我就在這裡，」他在寫給克萊門汀的信中談到了那次造訪，「你〔一定會想〕看看這個地方的。也許有一天你會的！這正是你喜歡的那種房子，一座雕梁畫棟的博物館，充滿歷史、充滿寶藏，只是不夠溫暖。但無論如何，這是件美妙的財產。」

對於亞瑟·李要求首相們將工作拋諸腦後的規範，邱吉爾很快就展現出他的無意遵守。

六月十五日星期六的那頓晚餐，於九點三十分開始。獲知教授將成為座上賓的廚師，為他準備了合他素食口味的特別餐點。他喜歡蘆筍煎蛋捲、萵苣沙拉和去皮後切片的番茄——基本上就是任何可以搭配雞蛋和橄欖油製美乃滋的東西。克萊門汀不介意為了配合教授而改變家裡的飲食習慣。「我的母親費盡了心思，」瑪麗回憶道，「每次都會為教授烹製一道特別的、不同的菜，廚師做了無數的蛋料理，他總會仔細把蛋黃挑出來，只吃蛋白。」除去飲食習慣，他是個隨和的客人。「教授從來不會造成我們的麻煩，」瑪麗寫道，「我們都不用費心招待他：他會自己出去打高爾夫球，或者工作，或是去教爸爸一些事情，或去打網球。他是一位非常棒的客人。」

儘管他們很歡迎他，但瑪麗仍有所保留。「我一直很害怕坐在教授旁邊，因為他很少開玩笑，而且對於年輕人來說，他有點無聊。跟教授相處時我總覺得不自在。他確實很迷人，但他完全是另一個物種。」

那個星期六晚上，克萊門汀和瑪麗都不在場，也許是選擇留下來繼續把家當和納爾遜搬到唐寧街十號。在首相府過夜的客人包括邱吉爾的女兒戴安娜和她的丈夫鄧肯．桑偲，以及總是隨侍在側的約翰．科維爾。至於教授，則因為怕在去洗澡途中遇到人而從不在此過夜，他更喜歡他在牛津的房間或在卡爾頓大飯店新租的週間住宅所提供的隱私和舒適。

就在大家進入飯廳前不久，科維爾接到了一通在倫敦值勤的私人祕書同事打來的電話，報告了來自法國的迄今為止最可怕的消息。法國人現在毫不遮掩地要求允許他們自行與希特勒達成和平協議，這違反了英法兩國先前簽訂的條約。科維爾把這個消息轉告了邱吉爾。「邱吉爾立刻變得非常沮喪。」科維爾寫道。契喀爾的氣氛瞬間死寂了下來。「晚餐在沉重的氣氛下開始，溫斯頓吃得又快又急，臉幾乎埋進盤子裡，不時向正在安靜吃著素食的林德曼提出一些技術問題。」

煩惱又沮喪的邱吉爾明確表示，至少在此刻，他對例行的晚餐閒談一點興趣都沒有，只有林德曼值得他注意。

最後，宅邸的工作人員送上了香檳、白蘭地和雪茄，這些都發揮了讓氣氛輕鬆起來的神奇效果。這種靠飲酒和晚餐振作起來的情況已經變成一種固定模式了，一如哈利法克斯勳爵的妻子桃樂絲（Dorothy）曾經指出的，一頓飯剛開動時，邱吉爾總是「沉默、脾氣暴躁又冷淡」，她如此寫道。「但在香檳和美食的浸染下，他會變成另一個人，一個討喜又有趣的同伴。」克萊門汀曾經批評他酗酒，之後他告訴她：「妳要永遠記得，克萊米，我從酒精裡獲得的，比酒精從我身上奪走的還多。」

這場對話活潑了起來。邱吉爾開始大聲朗讀來自帝國內的遙遠土地、表達支持的電報，藉此自我激勵，也鼓勵席間的其他人。他提出了一個發人深省的意見：「事到如今，這場戰爭對我們來說注定是血腥的一仗，但我希望我們的人民能夠起身對抗轟炸，讓那些野蠻人面對我們的反擊時不要太得意。但我們在上一次大戰中的勝利，竟被一幫軟弱之徒從我們手中奪走，這真是一場悲劇。」他所說的「軟弱之徒」指的是張伯倫綏靖政策的支持者。

他們一行人到室外去四處逛逛，邱吉爾、女婿鄧肯和湯普森探長前往玫瑰園，科維爾、教授和戴安娜則朝房子的另一端走去。太陽在九點十九分下山；豐盈的盈凸月高掛而明亮，滿月就在五天後。科維爾寫道：「氣氛輕鬆，氣溫暖和得很舒服，但那些被安排在宅邸四周、戴著鐵頭盔和刺刀槍的哨兵，則讓我們完全活在現實的恐懼中。」

科維爾經常被叫到電話邊，每次都得前去尋找邱吉爾——「在玫瑰叢中尋找溫斯頓」，他在日記中這樣寫道。他告訴邱吉爾，法國人越來越接近投降了。

邱吉爾說：「告訴他們……如果他們的艦隊與我們同在，我們永遠銘記在心，但如果他們不跟我們商量就投降，我們將永不原諒。我們會把他們的名聲抹黑一千年！」

他頓了頓，說：「當然，暫時還不要照我說的做啦。」

儘管來自法國的消息是如此悲劣，邱吉爾的情緒仍持續好轉。他給身邊的人發了幾根雪茄，火柴在黑暗中閃爍。他在雪茄煙頭的微光下朗誦起詩來，以近乎愉悅的興致討論這場戰爭。每隔一段時間，他就唱起一首男性二人組「弗萊納根與艾倫」(Flanagan and Allen) 的流行歌曲副歌：

農民的槍砰、砰、砰、砰地響，
跑啊兔子，跑啊兔子，跑、跑、跑、跑。

戰爭後期，在弗萊納根與艾倫用「阿道夫」(Adolf)[44] 代替「兔子」之後，這首歌變得無比流行。

美國駐英大使喬瑟夫．甘迺迪打了通電話給邱吉爾。科維爾從花園裡把邱吉爾帶了回來。科維爾在日記中寫道，邱吉爾的舉止立刻肅穆了起來，他向甘迺迪大抒了「關於美國可以且應該在拯救人類社會這件事上發揮作用的海量辯證」。邱吉爾告訴美國大使，美國僅承諾在財政和工業上提供支援，將成為「歷史舞台上的笑柄」。

44｜譯注：此指希特勒。

凌晨一點，邱吉爾和客人們聚集在中央大廳，邱吉爾躺在沙發上抽著雪茄。他講了幾個下流的笑話，然後討論了為英國皇家空軍增產戰鬥機的重要性。

凌晨一點三十分，他起身上床睡覺，對其他人說：「晚安，我的孩子們。」

那天晚上，科維爾在日記中寫道：「這是我所度過的最戲劇化也最美好的夜晚。」

第13章

黥刺

Scarification

週日早上七點三十分，科維爾得知邱吉爾醒了，就給他捎來當天稍早透過電話和信差遞件這兩種形式傳來的，關於法國局勢的最新報告。科維爾將消息帶到了邱吉爾的房間。邱吉爾躺在床上，「穿著絲綢背心，看起來活像一隻漂亮的豬」。

邱吉爾決定當天上午十點十五分召開特別內閣會議，在倫敦。當邱吉爾在床上吃早餐時，他的近侍索耶斯備妥了洗澡水，整座宅邸都動了起來。希爾夫人準備好她的攜帶式打字機。湯普森探長巡查、確定沒有刺客出沒。邱吉爾的司機準備好了汽車。科維爾趕忙穿好衣服、收拾行李，匆匆吃完早餐。

他們冒著大雨飛速返回倫敦，衝過紅綠燈、沿著林蔭大道疾馳，期間邱吉爾一直在向希爾夫人口述紀要，並給科維爾和他的私人祕書同事製造了一整個上午的工作量。

邱吉爾在內閣部長們逐漸集合時，抵達了唐寧街十號。會議結果是一則下午十二點三十五分向法國發出的電報，授權法國自行向德軍探詢停戰的條件。「前提是，法國艦隊必須立即駛往英國港口，等待與德軍的談判結果出爐，而且只能在此前提下進行。」這則電報表明了英國計劃繼續奮鬥，不會參與法國與德國進行的任何協議。

邱吉爾知道法國迷失了。現在，他最關心的是法國的艦隊。要是它落入希特勒手中（這似乎很可能發生），將會改變公海上的勢力平衡，在公海上，英國目前至少暫時處於優勢。

那個星期天的倫敦，教授和空軍情報單位年輕的瓊斯博士參加了由空軍元帥菲利普．朱伯特（Air Marshal P. Joubert）召開的英國皇家空軍「夜間截聽委員會」會議，以進一步討論瓊斯似乎發現的德軍新型波束導航系統。邱吉爾有其他事務纏身，沒有出席，但他對此事強烈的重視卻是無庸置疑的。這個迄今為止或多或少稱得上學術熱門議題的題材，現在成了實際調查的目標，分成不同的具體任務，派給各級官員。

「跟我一週前的無所事事相比，」瓊斯寫道，「這是多麼大的變化！」

但對瓊斯理論的質疑仍然存在。其中一位關鍵與會者，身兼戰鬥機司令部負責人的空軍上將休．道丁（Air Chief Marshal H. Dowding）形容瓊斯的想法是「一團頗為模糊的證據」。另一位空軍部傑出的科學顧問，亨利．蒂扎德（H. Tizard）寫道：「我的想法不一定對，但在我看來，大家似乎對德國用來對付我國的這種所謂新手法有點大驚小怪。要以這種方式準確轟炸指定目標是不可能的。」

教授堅信這件事非常迫切。林德曼再次寫信給邱吉爾，這一次是要敦促他發布指令，「讓這項調查不僅在材料方面，而且在人員的調用方面，都優先於任何不影響未來三個月戰機生產的研究」。

邱吉爾同意了。在林德曼的筆記上，他寫下：「希望一切順利。」

不久後，瓊斯便聽到傳聞說邱吉爾認為此事非常嚴重，以致他計劃在唐寧街十號召開一次相關會議。

對瓊斯來說，這似乎難以置信，很有可能是瓊斯的空軍情報局同事搞多階段惡作劇的開場秀，他們已經把惡作劇這門藝術玩得出神入化了；而瓊斯本人則被公認為其中的佼佼者。

六月十七日星期一，「無法避免的可能性」還是發生了。法國淪陷了。上午十一點，邱吉爾的內閣正在開會，不久便獲知當天取代雷諾成為法國領導者的菲利普．貝當元帥（Marshal P. Pétain）已經下令要法軍停止作戰。

會議結束後，邱吉爾獨自一人走進唐寧街十號的花園，踱起步來，低著頭、雙手交叉在背後——他並沒有沮喪，也沒有退縮，只是陷入了沉思。科維爾看著他。「毫無疑問地，他在考慮該怎麼拯救法國的艦隊、空軍和殖民地最好，」科維爾寫道，「我敢肯定，他會繼續無畏下去。」

從那天稍晚邱吉爾發給貝當和馬克西姆．韋根將軍（Gen. Maxime Weygand）的電報來看，似乎確實如此。他以充滿諷刺意味的恭維開頭：「卓越絕倫的貝當元帥和聲名遠播的韋根將軍、我們兩次對抗德軍的偉大戰役中的戰友，是絕不會把法國精良的艦隊交給敵人而傷害盟友的。我想向你們重中我對此深刻的信念。否則，如此行徑必將給兩位黥上……」黥，一個六百年前的古老詞語，只有邱吉爾才會用在重要的外交信函中：「如此行徑必將給兩位黥上污名，遺臭千年。但這樣的結果也很容易成真啦，在艦隊明明可以帶著未來的希望和法國的榮譽，往英國或美國的港口安全航行，卻把這些寶貴的時間浪費掉的情況下。」當天下午一點，BBC首次播報了有關法國時局的新聞。國家情報局報告，民眾反應「既困惑又震驚，卻不意外。全國各地都傳來混亂不解和極度焦慮的報告」。人們普遍擔心英國政府可能會「跨出那一步」，或者說，乾脆放棄。「有些人覺得一切都完了」。人們最關心的兩個問題是，留在法國的士兵會發生什麼事，「敦克爾克大撤退有可能重演嗎？」以及法國空軍和海軍現在該何去何從？報告指出，邱吉爾或國王當晚會否站出來對公眾說話，是至關重要的。

聽到BBC的廣播時，蘇格蘭場文員兼「世論調查」的日記作者奧利薇亞・科克特正在工作。「可憐的法國！」她在下午三點四十分寫道，「一點鐘的新聞對我來說宛如晴天霹靂。我曾一次又一次地說過，我相信法國絕對不會屈服於德國。大家都變得非常沉默。」下午茶時間到了。科克特不像其他英國人一樣對茶有一股民族性的癡迷，但今天，她說：「我很難得地感激能喝上這杯茶。」接下來的一個小時裡，她都「顫抖著流淚」。

但在唐寧街十號和白金漢宮，卻有一種嶄新的、欣然接受的清醒感。「就我個人而言，」國王在給他的母親瑪麗王后的一封信中寫道，「現在我們沒有需要禮貌對待和細心呵護的盟友了，我反而比較開心。」空軍上將道丁興高采烈，因為這意味著邱吉爾再也不會因為一時的輕率與慷慨，而派戰鬥機前往法國，將如今法國投降後肯定會向英國發動大規模進攻的德國空軍擊退時所需要的氣力耗盡。道丁後來向哈利法克斯勳爵坦言：「我也不怕告訴你，聽說法國崩潰時，我跪下來感謝上帝。」

但這樣的解脫，卻因為意識到法國的潰敗徹底改變了英軍的戰略格局，而打了折扣。德國空軍現在肯定會將機隊挪到海峽沿岸的基地。如今德軍的入侵似乎不僅極有可能發生，而且迫在眉睫。英方預計這將以德國空軍的大規模進攻揭開序幕，這正是他們長期以來擔憂的一擊斃命式攻擊。

當天下午再次傳來壞消息。邱吉爾坐在唐寧街十號內閣會議室裡，在滿室靜默中，他被告知冠達郵輪公司（Cunard liner）一艘挪作運兵船用的大型郵輪蘭卡斯特里亞號（*Lancastria*）遭到德軍戰機襲擊，上面載著六千七百多名英國士兵、空勤人員和平民。這艘船被三枚炸彈擊中而著火。它在二十分鐘內沉沒，造成至少四千人喪生，遠遠超過鐵達尼號（*Titanic*）和盧西塔尼亞號（*Lusitania*）的死亡人數總和。

這個消息是如此令人痛苦，尤其是在法國一敗塗地的情況下，邱吉爾因而禁止媒體報導這件事。他說：「就算只計今天之內，報紙上也已經有夠多災難了。」然而這卻是一次錯誤的新聞審查，因為兩千五百名倖存者很快便抵達了英國。五週後的七月二十六日，《紐約時報》（*The New York Times*）報導了這個事件，英國媒體也紛紛跟進。據國家情報局表示，政府從未承認船隻沉沒這件事，在民眾間引起了一波高漲的不信任感。情報機構在一份每日例行報告中表示：「很多負面評論都在批評政府隱瞞蘭卡斯特里亞號的消息。」沒有公開此事，引發了「其他壞消息也被隱瞞的擔憂……而且這個消息在美國報紙上發表後才被揭露，讓人懷疑件事很有可能會被隱瞞得更久」。

不巧的是，死亡人數可能比最初報導的要多得多。船上的實際乘客人數從未確定，但可能高達九千人。

＊＊＊

但戰機生產部傳來了好消息。六月十八日星期二，比弗布魯克勳爵向戰事內閣提交了他對於戰機產量的第一份報告。成果令人驚艷：新戰機以每週三百六十三架的速度出廠，高於以前的每週兩百四十五架。戰機引擎的產量也猛增——跟以前的每週四百一十一台相比，現在的產量是每週六百二十台新引擎。

他沒有提到（至少在這裡沒有報告）的是，如此成果讓他自己的壓力、健康以及邱吉爾政府內部的和諧，都付出了巨大的代價。接下新職位後，他馬上就開始跟空軍部起衝突，他認為空軍部不僅在製造戰機方面，就連在部署和裝備戰機的方法上，都陳腐又守舊。他對空戰有個人的見解。他那同樣名叫麥克斯、人稱「小麥克斯」的兒子，是一名戰鬥機飛行員，身材高大、英俊瀟灑，即將獲得飛行優異十字勳章（Distinguished Flying Cross）。比弗布魯克不時邀請他和其他飛行員到他家喝雞尾酒、閒談。比弗布魯克每天都活在焦慮中，要等到每晚八點左右小麥克斯打電話通知他，自己還好好活著、完好無恙，他才能放心。

比弗布魯克想要控制，而且是控制一切：生產、維修、倉儲。但空軍部一直認為這些是他們獨攬的責任。空軍部當然想獲得盡可能多的戰機，但也對比弗布魯克的闖入深惡痛絕，尤其當他連新戰機上應該安裝什麼種類的槍支，都試圖干涉的時候。

比弗布魯克也激怒了其他部會。他想要優先獲得所有資源——木材、鋼材、織品、鑽頭、碾磨設備、炸藥，以及製造轟炸機和戰鬥機所需的任何東西，不管其他部會的需求和要求。比如，他會徵用已經指定作為其他用途的建築物。他與邱吉爾的直接關係，使他的掠奪令人加倍惱火。在巴戈·伊斯梅看來，比起作為政府高層，比弗布魯克更像個強盜。「在追求任何他想要的東西時，不管是材料、機床還是勞動力，他都毫不猶豫，套一句和他爭奪資源的部會對手所說的話，他沉醉於赤裸裸的搶劫。」

在提交進度報告的兩天前，比弗布魯克口述了一封長達九頁的信給邱吉爾，將他的困擾全盤托出。「此刻，」他開頭道，「我感到沮喪又重重受阻，我請求你立即協助。」

他列了一長串煩惱，包括空軍部反對他搶救和修理被擊落的英國皇家空軍戰機，空軍部認為這是他們自己的管轄範圍。比弗布魯克從一開始就意識到，這些失事的戰機就是一座閒置零件的寶庫，尤其是引擎和儀器，可以拼湊成完整的戰機。許多受損的英國戰鬥機成功迫降在機坪、農場和公園或其他友軍的空地上，可以很輕易地尋回。他集結了無數技工和小型公司的人才，創建了一個非常擅長搶救受損機械的維修網路，每個月都可以讓數百架戰機重返戰場。

比弗布魯克要求完全掌控積儲受損戰機和零件的維修站，聲稱空軍部出於勢力範圍被侵犯的惱火，處處跟他作對。在給邱吉爾的信中，他陳述了他的一支搶救隊是如何從一個倉庫中回收了一千六百把報銷的維克斯機槍（Vickers machine guns），送到工廠進行維修。有人告訴他這樣的槍已經沒有了，但事實證明這不是真的。「昨天，在一場我促成的清晨突襲搜索下，我們又找到了一批共一千一百二十把的槍。」他寫道。

他選用「突襲」這個詞，正象徵著他的做法。他的策略並未贏得空軍部官員的讚賞，他們將他的緊急搶救人員、他口中的「行動小隊」，視同海盜的游擊拾荒小組，一度禁止這些小隊進入前線機坪。

比弗布魯克最終並未寄出這封長達九頁的信。這種心意轉變並不罕見。他經常口述各種投訴和抨擊，有時甚至改了多版草稿，後來又決定不予發布。在他最終留給國會建檔的個人文件中，有一個大文件夾裡都是未送出的郵件，充滿了未吐的苦水。

他的不滿持續加劇惡化。

第14章

「這場詭異而致命的遊戲」

'This Queer and Deadly Game'

那天下午，六月十八日星期二下午三點四十九分，邱吉爾對下議院發表法國潰敗的演說，他將在當晚廣播中向大眾重複這一場演講。這場演講也將成為人類史上的重要演講之一，至少他在下議院發表的那次是這樣的。

邱吉爾提及了傘兵部隊、空降登陸以及轟炸襲擊：「這些攻擊肯定很快就會衝著我們來。」他說，雖然德國有比較多的轟炸機，但轟炸機英國也有，並將透過「不眠不休」的部署來攻擊在德國的軍事目標。他提醒聽眾，英國是有海軍的。「有些人似乎忘記了這一點。」他說。然而，他並沒有試圖迴避法國潰敗的真正意義。他說：「『法國戰役』(Battle of France) 已然結束，」他補充，「我預見英國之戰即將開始。」危在旦夕的不僅是大英帝國，還有整個基督教文明。「敵軍所有的憤怒和氣力必將很快轉向我們。希特勒明白他若不在這座島嶼上毀滅我們，就會輸掉戰爭。」

他朝著這場演說的高潮邁進：「倘若我們能與他抗衡，就能解放整個歐洲，這個世界的生命就能往廣闊而被陽光點亮的高地前進；倘若我們落敗，那麼整個世界，包括美國，以及我們所熟知而關愛的一切，都將陷入一個新黑暗時代的深淵，因為某種變態的科學而愈發險惡，也許更加漫長。」

他向各地的英國人發出了呼籲。「因此，讓我們振作起來，承擔起責任，如若大英國協和帝國（British Commonwealth and Empire）國祚再綿延千年，未來的人們將會說：『這是他們最燦爛的時刻』。」

這一刻可以說也是邱吉爾最好的時刻，如果他接受情報部部長的建議，現場轉播這場在國會議院的演講，它就能永久保存。如同國家情報局的調查，關於法國的慘敗、關於這對英國在這場戰爭中的前途意味著什麼，大眾迫切地想要知道邱吉爾本人的看法。然而安排下議院轉播的整個流程，包括經過議會成員投票批准的必要程序，都太過繁瑣而令人生畏了。

邱吉爾不情不願地同意當晚進行另一次廣播。英國內政部希望他能寫出點新東西，但出於孩子般的執拗，他決定僅僅重讀他在下議院發表過的演講。對此，「世論調查」和國內情報報告體現出各種不同的民意，但他們共通的主題都是對邱吉爾演講方式的批評。「有些人認為他喝醉了，」「世論調查」在六月十九日星期三報導：「有些人則認為自己感受不到他所宣稱的信心。有少數人認為他累了。看來，演講的表達方式在某種程度上抵消了它的內容。」《每日鏡報》（*Daily Mirror*）的主編西瑟．金恩（C. King）在他的日記中寫道：「我不知道他是喝醉了，還是因為極度疲勞而破罐子破摔，但在他本該端出他人生中最精彩演講的場合，這卻是我所能想像到最糟糕的表現。」

一位聽眾甚至給唐寧街十號發了一封電報，警告說邱吉爾聽起來像有心臟病，還建議他躺著工作。

然而實情是，這個問題主要是物理性的。邱吉爾在演講上讀稿時，堅持在嘴裡叼著一根雪茄。

第二天，邱吉爾的三名首席軍事指揮官，也就是他的參謀長們，透過巴戈·伊斯梅向邱吉爾和戰事內閣發送了一份祕密說明（標題「嚴正保密」）文件，其中列出了即將到來的危險，比邱吉爾在演講中詳述的更為嚴峻。「在法蘭德斯（Flanders）[45]和法國的作戰經驗顯示，我們不能期望在德軍開啟戰爭的新階段之前，能有任何喘息的時間，」這份說明中寫道，「我們因此必須假設德軍將立刻入侵。」參謀長們也表示，德軍首先會從空中發動攻擊：「這將對我們的防空系統和人民的士氣造成威脅。」

他們警告道，希特勒將不會有所保留。「德軍已經在法國承受了巨大損失，並且很可能準備好承擔比他們在挪威時更高的損失、更大的風險，以在我國取得決定性的結果。」

他們預測，接下來的三個月將決定戰爭的結果。

週四，有更多傳聞指出，邱吉爾將召開專門討論波束導航的會議。瓊斯博士此時聽說，會議將在隔天早上、六月二十一日星期五舉行。但是沒有人邀請他，因此在那個星期五早上，他還是履行平時的行程，從倫敦里奇蒙區（Richmond district）趕上午九點三十五分的火車，大約三十五分鐘後到崗上班。當他抵達辦公室時，發現了來自空軍情報分局祕書的一張便條，上面說明一位同事，也就是中隊隊長羅利·斯科特－

45｜譯注：法蘭德斯指法國北部、比利時部分到荷蘭南部一帶的地區，與前面章節中的「低地諸國」範圍有所重合。

法尼（Squadron Leader Rowley Scott-Farnie），「來電請你去唐寧街十號的內閣會議室」。

唐寧街十號的內閣會議室逐漸擠滿官員。會議室裡有張著名的「長桌」，這是一塊二十五英尺長、覆蓋著綠布的光滑木板，二十二把桃花心木座椅的靠背如牙齒般豎在兩旁。首相的座椅是唯一一把扶手椅，位於桌子一側的中央，在一座巨型大理石壁爐前。從高長的窗戶看出去，可以看到後花園，以及更遠處的騎兵衛隊閱兵場和聖詹姆斯公園。每個座位上都放有一塊墊板、吸墨紙和上角凸印著黑字「唐寧街十號」的便條紙。

邱吉爾不時將這個房間作為他口述電報和紀要的基地。會有一位祕書帶著打字機坐在他對面，有時一打就是幾個小時，文件一封接一封地聽打，而邱吉爾「幾乎總在他口述完之前就伸手索要完稿」，伊麗莎白·萊頓寫道。房裡永遠會備妥的，有他稱為「洞打」的打孔器和兩支筆，一支藍黑色墨水的用於簽署信件，一支紅墨水的用於在紀要中簽上姓名首字母。如果他需要任何東西，他會伸出一隻手說「給我」，期望萊頓就該知道他想要的用具是什麼。他用同樣的命令方式傳喚人。「給我教授」或「給我巴戈」表示她得傳喚林德曼或伊斯梅將軍。在漫長安靜的時刻，她則會聽著大笨鐘和閱兵場鐘樓那每十五分鐘就會響起的鐘聲，伴著一股怡人的不和諧音調，閱兵場鐘樓的清脆啷噹與大笨鐘的莊嚴鏗鏘相映成趣。

官員們就座。邱吉爾、林德曼、比弗布魯克勳爵和帝國最高階的空軍官員都到了，包括空軍部部長阿奇博德．辛克萊爵士和戰機司令部上將休．道丁，總共十幾個人。與會的還有為政府提供航空事務諮議的亨利．蒂扎德。作為林德曼一位曾經的朋友，蒂扎德和教授早已疏遠，很大程度上歸咎於教授精湛的嫌隙處理技巧。現場沒有任何祕書與會，無論是私人祕書還是個人專屬祕書，表明這是場祕密會議，不會保留任何書面記錄。

房裡的氛圍劍拔弩張。蒂扎德與林德曼因假想的過往輕慢而爭執不下，彼此間的敵意不言而喻。

邱吉爾注意到關鍵人物瓊斯缺席了，正是因為有這位年輕科學家的敏銳覺察在先，才需要召開這次會議。討論在他缺席的情況下展開了。

法國的淪陷讓此事的緊迫性與日俱增。德國空軍正穩步將他們的基地往法國海岸移去；他們對英國本土的襲擊，在規模、強度和頻率上都在不斷地增加。兩天前，德國空軍才派了一百五十架戰機飛過英格蘭，破壞了數家鋼鐵廠和一家化工廠、摧毀了天然氣和供水管線、擊沉了一艘商船，更幾乎炸毀了一個位於南安普敦（Southampton）的彈藥庫。十名平民因此喪生。這些逐漸動地而來的鼙鼓，都構成了不知德軍何時入侵的懸念，宛如一部驚悚片（這個詞在一八八九年首次使用）的緩慢鋪陳。根據國家情報局的一份報告，這樣的懸念讓人們變得易怒又焦躁，對政府的批判也更多了。

如果德軍戰機在夜間確實由一款祕密的新型導航系統引導，那麼，了解這個系統並且盡快設計出對抗這項技術的方法，便至關重要。這樣神祕的科學是邱吉爾非常感興趣的領域。他極度喜愛小道具和祕密武器，是教授各種新奇發明的狂熱推廣者，即使對那些被其他官員嘲笑是瘋子做夢的發明亦然。早前有項附在坦克外部的爆炸裝置（偶爾也附在投擲它的士兵身上），在早期的雛型階段便宣告失敗，當時邱吉爾就站出來為教授辯護。在一則假藉寫給巴戈．伊斯梅實則意在廣傳的紀要內，邱吉爾寫道：「那些在推展這款炸彈的過程中表現懶散，現在卻對它沒能成功的事實幸災樂禍的官員，他們發出的任何笑聲，我都視之以強烈的厭惡。」

儘管受到陸軍部（War Office）的反對，這所謂的「黏性炸彈」最終還是發展到了可以在戰場上運用的程度。邱吉爾否決了陸軍部的異議，全力支持生產這款武器。在一篇發表於一九四〇年六月一日、因為簡潔明了而引人注目的紀要中，邱吉爾命令道：「做一百萬顆出來。邱吉爾。」

後來，當幾位國會議員開始質疑林德曼影響力過大時，邱吉爾也不以為然。在下議院一場極富爭議的「質詢」中，一位議員不僅提出了隱晦批評林德曼的疑問，還惡意地對他的德國血統含沙射影，這激怒了邱吉爾。他事後在下議院的吸煙室遇到提出批評的那位議員時，「像頭被激怒的公牛一樣吼他」，據一位目擊者所述，「**你到底**為什麼要問那個**問題**？你不知道他是我認識最久、最要好的朋友之一嗎？」

邱吉爾叫他「給我滾出去」、永遠不要再和他說話。

在一次跟自己的議會祕書的悄悄話中，邱吉爾說：「你愛我的話，就得連我的狗一起愛，如果你不愛我的狗，那你該死的就別來愛我。」

瓊斯博士仍把唐寧街十號的會議當作一場惡作劇。他找上了那天早上把紙條放在他辦公桌上的祕書。她向他保證與會邀請是真的。仍然不相信的瓊斯打電話給中隊隊長斯科特－法尼，也就是打給祕書傳達會議資訊的那位同事。他也聲明這不是惡作劇。

瓊斯攔了一輛計程車。他人來到唐寧街十號時，會議已經進行了近半個小時。這對瓊斯而言是很不安的一刻。他進入房裡時，邱吉爾和其他十幾個人都轉過身來。二十八歲的瓊斯望著傳說中內閣會議室長桌的中央，有點嚇傻了。

邱吉爾坐在桌子左側的中間位置，兩旁是外貌彼此迥異的林德曼和比弗布魯克勳爵——林德曼蒼白得像塊肥皂；比弗布魯克生氣勃勃而暴躁，每一顰每一笑都活像報紙照片裡的怒目小妖精。桌子的另一側坐著亨利．蒂扎德、空軍部部長辛克萊和戰機司令部的道丁。

瓊斯能感覺到房間裡的緊張氛圍。林德曼指了指他右邊的空位；蒂扎德那邊的人卻示意他過去和他們坐在一起。瓊斯頓時手足無措了起來。林德曼曾經是他的教授，也無疑是他獲邀參加會議的主因；空軍參謀的人則是他的同事，他當然應該和他們坐在一起。讓那一刻抉擇更加複雜的是，瓊斯很清楚蒂扎德和林德曼之間的不愉快。

瓊斯在桌子盡頭的椅子落座，藉此化解了這個困境，他稱之為兩個派系間的「無人區」。

他聽著其他人繼續進行的談話。他根據他們的評論，判斷這群人對這個波束導航系統，以及它對空戰的影響都只是一知半解。

會議中，邱吉爾一度直接向他提出了一個問題，要他解釋一個細節。

瓊斯並未直接回答問題，反而說：「先生，如果我從頭開始解釋，會比較好嗎？」事後回想，瓊斯為自己的鎮定感到吃驚。對於自己的冷靜，他將一部分原因歸於與會通知來得太突然，以至於他的焦慮根本沒有機會加劇。

瓊斯像講述偵探故事般，描述了初始的線索和隨後逐漸累積的證據。他還揭露了一些新的情報，包括三天前從一架被擊落的德國轟炸機上搜出的一張紙條，這似乎證實了他的預想，尼克拜因系統使用兩道而非一道波束，第二道會在指定目標上空與第一道交會。這張紙條指出第二道波束的起點，定位在德國北岸什勒斯維希－霍爾斯坦（Schleswig-Holstein）的一個小鎮，布雷德施泰特（Bredstedt）。上面還寫了疑似是波束頻率的資訊。

邱吉爾全神貫注地聽著，他對神祕科技的迷戀完全爆發了。但他也意識到瓊斯這項發現所代表的絕望意涵。德國空軍能在他們佔領的領土上，建立距英國海岸僅幾分鐘航程的基地，這已經夠糟糕了。現在看來，即使在無月的夜晚和陰雨天，這些基地的戰機也能準確地進行轟炸。對邱吉爾來說，這確實是個黑暗的消息，如他後來所說，是「戰爭中最黑暗的時刻之一」。在此之前，他一直堅信，儘管空軍情報局認為德國空軍在數量上遠佔多數，但英國皇家空軍還是能挺住。從過往經驗看來，英國皇家空軍的飛行員很擅長在日光下擊落德軍移動緩慢的轟炸機，並打敗為他們護航的戰鬥機。這些戰鬥機為了保護速度較慢的機架，必須退居後線、多受掣肘，燃油的限制也使戰鬥機只有九十分鐘的飛行時間。但在夜間，英國皇家空軍則無力阻攔德軍的戰機。如果德軍戰機在天候極差的日子和最黑暗的夜晚都能準確轟炸，他們就不再需要戰鬥機成群護航，也不再受到戰鬥機燃料容量的限制。他們可以毫無阻礙地飛越不列顛群島，在入侵的準備上是一大優勢。

瓊斯侃侃而談了二十分鐘。邱吉爾回憶，當他說完時，儘管桌邊的部分人顯然對此很關切，但房裡仍「瀰漫著一股懷疑的氛圍」。邱吉爾問，現在應該怎麼做？

瓊斯說，第一步是使用戰機確認波束確實存在，然後在它們之間飛行以了解它們的特性。瓊斯知道，如果德軍確實使用了商用客機的洛倫茲系統，那它必然具有某些特性。陸面發射器會透過兩根獨立的天線發送信號。這些信號會擴散，並在長距離傳播後發散，但在重疊之處，它們會形成一道強而窄的波束，就像兩道陰影在相交的點會變得比較暗一樣。商用客機駕駛員會跟隨這道波束，找到下方降落的跑道。發射器會從一根天線發送一個較長的「嗶——」信號，再從另一根發送一個較短的「嘟」信號，飛行員可以透過接收器聽到它們。如果飛行員聽到強烈的長音信號，他就要知道要向右飛，直到短音信號增強。當他以正確的行進路徑為中心飛行時，長短音的信號強度相等，這就是所謂的等信號區，他會聽到一串連續不斷的音。

瓊斯告訴與會眾人，只要了解這個導航系統的性質，英國皇家空軍就可以擬定對策，比如干擾波束，或發送假信號以誘使德軍過早投下炸彈，或沿著錯誤的航線飛行。說到這裡，邱吉爾的情緒有所好轉。「我心頭的大石再次放下了。」他事後告訴瓊斯。他下令立即開始尋找波束。

他還提議，這種波束的存在，使得推出教授十分寶貝的一種祕密武器「空中地雷」變得更加重要，林德曼早在戰前便一直推廣這項武器，以致它已經變成他和邱吉爾共同的執念。這些空雷是用纜線懸掛在降落傘上的小型爆炸裝置，可以在德軍轟炸機隊的路徑上投下數千個，纏在機翼和螺旋槳上。林德曼甚至提出了一項保護倫敦的計畫，每晚升起近二十英里長的「雷幕」，由派雷機輪流連續補充，每晚六小時投放二十五萬枚空雷。

邱吉爾完全贊同林德曼的空雷計畫，儘管其餘大多數人都質疑它的價值。在邱吉爾的堅持下，空軍部和比弗布魯克的戰機生產部雖然開發並測試了雛型機，卻並未用心執行，讓邱吉爾非常沮喪。如今德國空軍的必然進攻，激起了詳究所有潛在防禦手段的需求。而此刻在會議上，他的挫敗感再次燃起。他似乎很清楚，德軍導航波束的存在如果得到證實，將使實踐教授願望一事更為迫切，因為只要能夠定位這些波束，沿著轟炸機來襲的路徑佈置空雷的做法，將能瞬間精確許多。但截至目前為止，整個計畫都被調查報告和紀要淹沒。他一拳搥在桌上。「我從空軍部得到的，」他咆哮道，「除了永無止盡的文件之外，還是只有文件！」

多少有些出於對林德曼的敵意，蒂扎德對瓊斯的說明嗤之以鼻。但邱吉爾對「這詭異而致命的遊戲之原則」深信不疑，宣告應該視德國波束的存在為既成的事實。他明白希特勒很快就會將德國空軍的全部軍力轉向英格蘭。他表示，反制波束導航的工作將優先於其他所有工作，並且若發現「任何人在執行這項政策時若有一絲不情願或反抗」，都要向他報告。

蒂扎德在自己的反對被忽視、對林德曼的厭惡又重新燃起的情況下，將這視為對他個人的侮辱。會議結束後不久，他便辭去了科學諮詢委員會主席和空軍參謀部顧問的職務。

正是在這樣的時刻，邱吉爾對教授最為欣賞。「這世界上毫無疑問地有比他更偉大的科學家，」邱吉爾承認，「但他符合兩項對我來說至關重要的條件。」首先，林德曼「是我的朋友和信賴了二十年的知己」，邱吉爾寫道。教授的第二個合格條件是，他能夠將晦澀的科學凝煉成簡單易懂的概念：「解讀來自海平面彼岸專家所打的旗號，並用清晰、通俗的語言向我解釋問題所在。」只要裝配好這樣的知識武備，邱吉爾就可以發動他的行政動員力，「繼電器」[46]般將概念轉化為行動。

他們當晚就安排了一次試定位波束的搜索飛行。

瓊斯那天晚上不太睡得著。他在首相、林德曼以及英國皇家空軍最資深的官員面前，將自己的職涯置於險地。他回想起一切，回顧一個又一個細節。「到頭來，我是不是在首相面前大為踰矩、出盡了洋相？我是不是妄下了錯誤的結論？我是不是落入了

46｜譯注：繼電器通常用於控制電路，利用小電流控制大電流，主要用來調節電流大小。

德軍所設的大騙局之中？最重要的是，在英國將要被侵犯、從空中被殲滅之際，我是不是目中無人地浪費了首相一個小時的時間？」

那天邱吉爾還有個令他進一步放下心中大石的理由——一場財務版的敦克爾克大撤退。在戰情加劇、大眾對他的要求越來越高的同時，他也在與困擾了他泰半生涯的一個個人問題作纏鬥，那就是缺錢。他還得寫書和文章，好在收入上開源。在被任命為首相前，他為《每日鏡報》和《世界新聞報》（*News of the World*）撰寫專欄，還為美國的電台做廣播，都是為了錢。但這還遠遠不夠，此刻他正面臨財務危機，無法全額支付稅款和日常開銷，包括來自裁縫、葡萄酒供應商和手錶修理店的帳單。（他將他的手錶暱稱為「大頭菜」。）更慘的是，他欠駿懋（Lloyd's）銀行很多錢。他六月十八日星期二的銀行對帳單裡，有一筆超過五千英鎊的透支額，相當於二十一世紀的三十多萬美元。利息的還款期限就在月底，但他沒有錢支付。

但在開波東會議的那個星期五，一張五千英鎊的支票神祕而及時地出現在他的駿懋銀行帳戶中。存款支票上的名字是邱吉爾的國會私人祕書布倫丹．布萊肯（Brendan Bracken），但真正來源是布萊肯富有的《經濟學人》（*The Economist*）雜誌共同擁有者，亨利．斯特拉科施爵士（Sir H. Strakosch）。三天前，在收到駿懋銀行的透支聲明書後，邱吉爾把布萊肯叫到他的辦公室。他受夠了經濟困難造成的分心和壓力，他有更重要的問題要面對。他叫布萊肯解決這個問題，而布萊肯做到了。駿懋銀行的還款並沒有讓邱吉爾完全從債務中脫身，卻為他擺脫了當前風險、令人難堪的違約行為。

第二天，星期六，瓊斯博士為聽取前一晚搜索德國空軍波束的結果，參加了一場會議。飛行中尉鮑福頓（H.E. Bufton）作為飛行員，親自出席並發表了簡要的報告，其中包含三個要點。他和一名觀察員從劍橋附近的一個機坪起飛，收到的指示是只往北飛、尋找像洛倫茲盲降系統傳出的那種波。

第一點，鮑福頓回報，在英格蘭北海（North Sea）海岸附近的小鎮斯伯丁（Spalding）以南一英里處的空中，發現了一道精細的波束，那裡的海岸線在一個名為大洗灘（The Wash）的大海灣處內凹。在這場搜索飛行中，他們檢測到波束以南有短音「嘟」的波、波束以北有長音「嗶——」，恰如洛倫茲信標的運作模式。

第二點，鮑福頓回報，探測到的波束頻率是三十一百五十萬赫，是早前空軍情報局尋獲的一張紙條中記錄的頻率。

最後一點則是最棒的消息，至少對瓊斯來說是。此次飛行中還偵測到具有相似特徵的第二道波束，與第一道波束在德比（Derby）附近的一個點交會，那裡是勞斯萊斯工廠的所在地，為英國生產所有皇家空軍的噴火戰鬥機和颶風戰鬥機用的梅林引擎（Merlin engine）。這頻率不同的第二道波束，自然會在目標前不遠處與第一道波束相交，以讓德軍機組人員有時間投下炸彈。

儘管找到交會點似乎表示著勞斯萊斯工廠是個攻擊目標，現場仍歡聲雷動。這對瓊斯來說尤其是一大安慰。瓊斯回憶，負責會議的官員們「在房裡根本高興到蹦蹦跳跳」。

現在迫切需要找到反制波束的有效方法。他們給尼克拜因取了個代號「頭痛」，而潛在的對策則是代號「阿斯匹靈」（Aspirin）。

不過在那之前，瓊斯和一位同事走到了附近的聖斯蒂芬酒館（St. Stephen's Tavern），一家離大笨鐘一百碼遠、在白廳中頗受歡迎的酒吧，先喝醉再說。

第15章 倫敦與柏林

London and Berlin

六月二十二日星期六下午六點三十六分，法國與希特勒簽署了停戰協議。英國現在是真正地孤立無援了。第二天在契喀爾，有關法國的消息讓氣氛變得不快。「樓下的早餐時光令人憤怒又憂鬱。」瑪麗在日記中寫道。

邱吉爾心情灰暗。消磨他的神思、黯淡他的情緒的，正是法國的艦隊。德國並未立即揭露停戰協議的確切條款，因此艦隊實際上何去何從仍是個謎。希特勒肯定會吞併法國艦隊的船隻。這將導致災難性的後果，既可能改變地中海的勢力平衡，也讓德國對英格蘭的入侵更加確定。

邱吉爾的行為惹惱了克萊門汀。她一如既往地意識到，不論是什麼事，能引起他注意的最好方式是書面告知，於是坐下來給他寫了一封信。她開頭道：「如果我告訴你一件我認為你該知道的事，希望你能原諒我。」

她寫完了這封信，隨後又撕毀了它。

在柏林，勝利看似近在咫尺。六月二十三日星期日，官拜國民教育與宣傳部部長(minister for popular enlightenment and propaganda)的約瑟夫．戈培爾召開了他與主要政宣人員的例行早會，這次是為了給戰爭的新方向定調，畢竟法國已經正式投降。

戈培爾告訴組員，既然法國已被蕩平，英格蘭現在必須成為他們注意力的焦點。他警告，不要做任何會讓民眾相信德軍很快就會取勝的事。「我們跟英國的仗會以怎樣的形式打下去，現在還說不準，因此，無論如何都不能給人留下馬上就會開始侵佔英國的印象。」據會議紀錄記載，戈培爾說：「另一方面，如果英國繼續死腦筋、不做明智的考量，她毫無疑問將受到與法國同樣的處置。」他指的是和平協議。

戈培爾說，既然現在英國自詡為歐洲自由的最後守護者，德國就必須在回應裡強調「如今我們要帶領歐洲大陸與有錢有勢的不列顛島民之間的衝突」。今後，德國的外語傳聲筒必須「刻意而系統地運作『歐陸諸國：英國正在籌備你們的飢荒！』等口號」。

戈培爾在一段沒有收入會議紀錄，但後來被第三帝國新聞辦公室一名成員轉述的話中，告訴組員：「嗯，英國本週會發生巨變。」意指隨著法國的陷落，英國民眾現在想必會呼求和平停戰。「邱吉爾肯定無法一意孤行下去，」他說，「英國將會重組出一個傾向於妥協的內閣。我們非常接近戰爭的盡頭了。」

第16章

紅色警報

The Red Warning

六月二十四日星期一，邱吉爾的戰事內閣在倫敦舉行了三次會議，一次在早上，兩次在那天晚上。最後一次會議在晚上十點三十分才開始。會議大部分時間都花在討論外交部副部長卡多根口中的「法國艦隊的可怕問題」上。

當天稍早，倫敦的《泰晤士報》（*Times*）披露了德國尚未正式公開的法國停戰協議條款。德軍將佔據法國的北部和西部；法國其他地區將由一個位於巴黎以南約兩百英里，名義上自由的維希（Vichy）政府管理。邱吉爾最關注的，就是第八條：「德國政府鄭重聲明，戰爭期間，除了海岸監管和掃雷所必需的部隊之外，他們無意將駐紮在德國轄下港口的法國艦隊據為己用。」它還呼籲，除非需要保護法國的殖民地財產，所有在法國水域以外航行的法國船隻都要返回法國。

德國後來發布的條款中包括這樣一句話：「德國政府進一步鄭重且明確宣布，他們不打算在和平締約的此時，索佔法國艦隊。」

邱吉爾一刻也沒相信過德國會遵守此一宣言。撇除希特勒一貫的背信作風，這項條文的用語本身，似乎就為他部署法國船隻的方式提供了很大的自由空間。「海岸監管」究竟是什麼意思？「掃雷」又是什麼？邱吉爾對德國的「鄭重」承諾嗤之以鼻。誠如他後來告訴議會的那樣：「隨便挑幾個國家問問，他這種鄭重保證值幾毛錢？」

儘管召開了三次內閣會議，但部長們在最終行動方案的制定上進展甚微。最後一次會議剛在週二凌晨一點十五分結束不久，空襲警報便嘯鳴了起來，這是這座城市自去年九月戰爭開始以來的首次「紅色警報」。這種警報意味著攻擊就在眼前，但沒有炸彈落下。這次警報是一架民航飛機觸動的。

在等待警報解除聲響起的過程中，「世論調查」的日記作者奧利薇亞·科克特翻開她的日記寫道：「今晚非常安靜。時鐘的滴答聲很響。空氣中，四盆玫瑰和一株高大的白百合所散發出的香氣特別香甜。」在家人的注目下，她拿起百合躺在地毯上，以葬禮的擺法將它們抵在胸前。「大家都笑了，」她寫道，「但不是很喧鬧就是了。」

國家情報局週二回報，倫敦有百分之十到二十的人口沒有聽到空襲警告。「很多人沒有離開臥室，」報告說，「家長們也不願意叫醒孩子。」一個七歲的女孩想出了一個關於警笛的替代詞：那個「搖搖擺擺的東西」。

德軍入侵的威脅似乎與日俱增。六月二十八日星期五，邱吉爾收到了來自空軍情報局的瓊斯博士的一篇說明，他似乎擁有這種天賦，總是能傳達令人不安的消息。在這篇說明中，瓊斯報告，提供有關德軍波束關鍵情報的那個「可靠消息來源」獲悉，德國空軍的防空部隊，第一防砲軍（Flakkorps I），現正要求立即運送一千一百張不同比例的英格蘭地圖到他們的總部。瓊斯指出，這可能表示德軍「有意讓機動防空部隊在英格蘭和愛爾蘭登陸」。若要協助成群進攻的軍隊對抗英國皇家空軍、鞏固他們對佔領地的控制，這樣一支部隊是絕對必要的。

邱吉爾明白這個「可靠消息來源」其實並非人類間諜，而是布萊切利公園的頂尖密碼破譯單位。他是白廳少數幾個知道這個單位存在的高階官員之一。擔任空軍情報局副主任的瓊斯也知道。布萊切利的祕信裝在一個特殊的黃色收發匣裡交給邱吉爾，和他的普通匣子分開，只有他有權打開。他們截獲的地圖索求情報令人不安，那正是入侵前會有的那種具體準備措施。邱吉爾立即將情報副本發送給教授和巴戈．伊斯梅。

邱吉爾判斷，未來三個月是入侵威脅最大的時期，此後天氣會越來越惡劣，從而嚇阻德軍來犯。

他在紀要中的語氣變得愈加急迫，也更加明確。在教授的催促下，他交代巴戈．伊斯梅，在任何超過四百碼長的空地上挖壕溝，防止坦克和運兵飛機降落。「這必須在未來的四十八小時內，全國上下同步進行。」六月三十日星期日的另一份說明中，他命令巴戈查看泰晤士河口（Thames Estuary）等地的潮汐和月相研究，以確定「哪些日子的條件最有利於海上登陸」。同一天，他向巴戈發送了一份主題特別敏感的紀要：用毒氣對抗入侵部隊。

「他們要是搶灘成功的話，沒有比這些海灘和失地更適合施放芥子毒氣（mustard）的地點了。」他寫道，「在我看來，這種下策沒有必要坐等敵人先採用。只要他認為有效的話，他肯定會用的。」他要求伊斯梅檢視將毒氣「灑滿」海灘有效與否。

還有另一個威脅讓他特別擔心——德國傘兵和第五縱隊的偽裝術。「必須留意，」

他寫道，「德軍穿英軍制服的偽裝技倆。」

戰事管理的壓力對邱吉爾造成了影響，克萊門汀緊張了起來。上週末在契喀爾時，他全程都粗魯又無禮。四天前才丟棄了關於這件事的第一封信，她現在又寫起信來。

她敘述道，邱吉爾核心朋友圈裡，一名她沒有透露姓名的成員「找上了我，告訴我，你很可能會因為你粗魯的諷刺和霸道的態度，被同事和下屬們集體討厭」。她向丈夫保證，這位投訴者是「一位忠誠的朋友」，絕非藉機報私仇。

她寫道，邱吉爾的私人祕書似已決心忍受他的態度，並淡而化之。「但在高層之間，如果有人提出一個點子（比如在會議中），大家都預期會受到你的輕蔑，所以現在不論好壞，都不會有人提出想法。」

聽聞此事令她感到震驚又受傷，她說：「因為這些年來，我已習慣了與你共事和在你手下工作的人都敬愛著你。」為了解釋邱吉爾行為的墮落，這位忠實的朋友說：「這毫無疑問是壓力所致。」

但驅使克萊門汀寫信的不僅僅是朋友的言論。「我親愛的溫斯頓，」她寫道，「我必須承認，我發現你的態度變差了；而且你不像以前那麼寬厚了。」

她警告道，握有發號施令和「解僱任何人、甚至所有人」權力的他，也有義務保持高水準的行為舉止，「去融合禮數、寬和，如果可能的話，還有超然的平靜」。她提醒他，過去他喜歡引用一句格言：「將軍之事，靜以幽、正以治」[47]，意思基本上就是「冷靜

47 | 譯注：語出《孫子兵法．九地》，意指「主持軍政，需要冷靜而幽深、公正而有條」。作者原文採用法語「On ne règne sur les âmes que par le calme」，直譯爲「冷靜才能帶領人們的靈魂」。

才能領導他人」。

她寫道：「我無法接受那些服務於國家和你的人，卻不敬愛、欣賞、尊重你。」她警告道：「暴躁和無禮是無法為你產出最好的結果的。它們絕對會滋生怨懟和奴隸心態。（戰爭時期絕不能發生叛亂！）」

「請原諒關愛著你、替你瞻前顧後的克萊米。」她以此作結。

在那一頁的底部，她畫了一隻正蜷著尾巴休息的貓，加注道：「上週日我在契喀爾寫過這封信，把它撕掉了，但現在它又出現了。」

她所描繪的這個暴躁的邱吉爾，卻與那天早上十點約翰・科維爾進入唐寧街十號邱吉爾臥室時所見，截然不同。

首相看起來非常自在。他躺在床上，倚著他的床頭板。他穿著一件亮紅色的睡袍，抽著雪茄。他身旁擺著一個巨大鉻制痰盂（其實是薩伏伊大飯店的一個冰桶），用來放他抽完的雪茄，還擺著他的收發匣，它敞開著，裡面裝著半滿的文件。他正在口述給他的打字員希爾夫人聽打，希爾夫人帶著她的打字機坐在床腳。房裡，雪茄煙霧瀰漫。邱吉爾的黑貓納爾遜也躺在床腳，四腳朝天平攤，房裡一派平和而安寧的景象。

邱吉爾時不時憐愛地凝視著貓，喃喃道：「貓咪，親愛的。」

第17章

「托夫雷克戰役！」

'Tofrek!'

作為平日在倫敦壓力和紛擾的防空洞，契喀爾確實是邱吉爾的天賜之禮。現在它已經成為他的國家指揮所，他在此召集將軍、部長、外交官員、家人、工作人員等大批賓客，邀請他們來用餐、過夜或「共餐再過夜」。他帶了一名私人祕書（其他人則留值倫敦）、兩名打字員、他的近侍、司機、兩名電話接線員，以及如影隨形的湯普森探長。鐵絲網環繞四周；冷溪衛隊的士兵巡查這裡的山丘、山谷與邊界；哨兵守衛著所有的出入關口，要求所有人報上通關密語，包括邱吉爾本人。每一天，信使都會遞來報告、紀要和最新情報，一應收在他的黑色收發匣或最高機密的黃匣子裡。他收取並閱讀八份日報和週日報紙。儘管他還是會抽時間吃飯、散步、沐浴和小睡，但他大部分時間都在口述紀要並與來賓討論戰事，與他在唐寧十號的活動差不多，但關鍵的差異在於，在這棟大宅裡，客人們被鼓勵更輕鬆、坦誠地交流想法和意見。也許純粹因為大家都不在辦公室裡，因而有了許多嶄新的交談契機——在爬上燈塔與庫姆山（Beacon and Coombe hills）的過程中、在玫瑰園散步時、打槌球時，手上忙著打牌的時候，話題也因無限暢飲的香檳、威士忌和白蘭地而進一步發酵。

這些談話通常持續到午夜之後很久。比起在倫敦，賓客知道他們在契喀爾可以更自由地說話，而且絕對機密。某個週末後，邱吉爾新的陸軍指揮官艾倫．布魯克（Alan

Brooke）寫信感謝他定期邀請他到契喀爾，並且：「給我機會與您討論這個國家的國防問題，並向您陳述我的一些困難。這些非正式的談話對我幫助極大，我希望您能明白我對您的善意是多麼感激。」

邱吉爾在契喀爾也感覺比較自在，明白在這裡他可以隨心所欲，確信這座宅邸內發生的所有事情都會被保密（有鑒於戰後如雨後春筍般冒出的回憶錄和日記，這可能是種錯信）。他說，這是一個「聖環」。一個神聖的結界。

布魯克將軍憶起某一晚，邱吉爾在凌晨兩點十五分提議在場所有人去大廳吃三明治，筋疲力盡的布魯克還希望這是表示今夜活動將要告終，讓他可以上床睡覺的信號。

「但不是！」他寫道。

緊隨而來的是那些在契喀爾經常出現，將長存於賓客腦海的時刻之一。

「他打開了留聲機，」布魯克寫道，「穿著五顏六色的睡袍，一手拿著三明治，另一手拿著水田芥生菜，繞著大廳小跑，不時隨著留聲機播放的旋律蹦一下。」他在廳裡繞圈期間，會停下來「發表一些無價的名言或想法」。某次間歇，邱吉爾將人的生活比作走在一條旁邊窗戶全數緊閉的通道上。「你每走到一扇窗前，都會有一隻未知的手打開它，它放進來的光線只會襯得通道盡頭的黑暗更暗。」

他的舞繼續跳了下去。

在六月最後一個週末，這座大宅擠得水洩不通。來了至少十位賓客，有的來用餐、有的來用餐再過夜。比弗布魯克勳爵來了，帶著滿腔活力和怒氣。國王的私人祕書亞歷山大・哈丁(A. Hardinge)只是來喝杯茶。邱吉爾的兒子蘭道夫和他二十歲的妻子帕梅拉也來這裡過週末。現在，陸軍參謀長伯納德・佩吉特將軍(B. Paget)和國會的保守派議員里奧・艾默里也來了，後者曾以煽動人心的克倫威爾式吶喊「看在上帝的分上，下台吧！」幫助邱吉爾掌權。

他們的話題涵蓋甚廣——戰機生產、德國裝甲戰的創新手法、法國的落敗、如何管控四年前退位迎娶華麗絲・辛普森，至今仍持續引起巨大風波的溫莎公爵[48]，以及德軍入侵部隊可能登陸的地點和方法。其中一位嘉賓，負責保衛英吉利海峽最窄處的部隊指揮官奧古斯都・弗朗西斯・安德魯・尼科爾・索恩將軍(Gen. Augustus Francis Andrew Nicol Thorne)，宣稱他確信自己的轄區是主要攻擊目標，德國將嘗試安排八萬人在那裡搶灘。

六月二十九日星期六下午，邱吉爾和比弗布魯克正在私談時，約翰・科維爾利用休息時間，熱情地和克萊門汀與瑪麗在花園裡度過了一個陽光明媚而溫暖的下午。「我發現她們對待熟人時友善多了。」他寫道。

接下來的下午茶之後，蘭道夫・邱吉爾讓科維爾瞥見了邱吉爾家庭生活較為粗鄙的一面。「我認為蘭道夫是我見過最令人反感的人之一：吵鬧、自負、怨天尤人，老實說很討人厭，」科維爾寫道，「我覺得他不是很聰明。」確實，蘭道夫是位出了名的無禮客人。眾所周知，他甚至會在晚餐時與身分最顯赫的來賓發生口角，而且似乎存心

48｜譯注：即彼時國王喬治六世的哥哥，愛德華八世。

要四處樹敵。他會發動科維爾所謂的「預防性作戰」，為他想像客人會說的話而譴責他們，不管他們實際說了什麼。讓邱吉爾非常尷尬的是，他經常與邱吉爾起衝突。他經常在公眾場合挖鼻孔、咳嗽咳個不停，讓一切變得更糟。「他的咳嗽聲就像一艘巨大的疏濬船，總是驚天動地，」情報部部長達夫．庫珀（Duff Cooper）之妻、裝作蘭道夫朋友的戴安娜．庫珀女士（Lady Diana Cooper）寫道，「他會咳東西到他手上。」

科維爾寫道，晚餐時情況變得更糟。蘭道夫「對疼愛他的溫斯頓一點也不好」。他在陸軍參謀長佩吉特面前「把場面搞得很難看」，批評將軍、裝備的缺乏和政府的自滿。

隨著一整天喝下肚的酒逐漸發生作用，蘭道夫變得更加吵鬧、更加令人反感。

蘭道夫的妻子帕梅拉是他的反襯：迷人、隨性而冶豔。雖然只有二十歲，她卻展現了年長女性的世故與自信，及以她社交圈而言不同尋常、對性魅力的掌握。

這甚至早在兩年前，當帕梅拉「初次亮相」[49]時就非常明顯了。「帕姆很性感，而且非常醒目，」一位與她同日初次亮相的女子說，「她非常豐滿，豐滿到我們都稱她為『乳品女僕』。她穿著高跟鞋，屁股搖來晃去。我們都覺得她太不像話了。大家都說她是個炙手可熱的貨色，一個非常性感的年輕小妞。」一位美國貴客凱西．哈里曼寫道：「她是個很棒的女孩，跟我同年，但她是我見過最聰明的年輕女孩之一——她很懂政治和其他一切。」

帕梅拉透過她的婚姻與邱吉爾家族變得親近；她還與看重她在上流社會中長袖

49｜譯注：歐洲上流社會的女性在社交場合的首次登場別具意義，是家族將她介紹給其他上層階級人士、猶如「出道」般的處女秀，將決定她日後在上層社交圈內的定位、與誰交往、能否融入等，更是貴族替待嫁閨女物色良配的時機。

善舞能力的比弗布魯克勳爵成了朋友。「得知了任何人的大小事，她都轉述給比弗布魯克。比弗布魯克是個八卦販子，而帕梅拉是他的鷹犬。」美國記者雷根・麥克拉里（R. McCrary）說道，他較為人所知的另一個身分，是威廉・倫道夫・赫斯特（W. R. Hearst）旗下《紐約每日鏡報》（*New York Daily Mirror*）的專欄作者，泰克斯（Tex）。

帕梅拉和蘭道夫在短暫的交往後，於一九三九年十月四日結婚。這樣的倉促至少有部分是出於蘭道夫求子的渴望，他相信自己將被送上戰場並不可避免地戰死，因此急需一個能繼承血脈的兒子。他在第二次約會時便向帕梅拉求婚，而她，也同樣衝動地接受了。他比她年長將近十歲、極為英俊，但對她而言，最吸引她的，還是他作為邱吉爾家人處於權力的核心。克萊門汀不贊成這樁婚事，但稱帕梅拉為「迷人的女孩」的邱吉爾卻張開雙臂歡迎她，並未質疑這段關係的進展速度。「我預計他將在初春進部隊，」邱吉爾在婚禮前不久寫信給一位朋友道，「因此我很高興他能在他離開之前結婚。」

邱吉爾把婚姻想得很簡單，並試圖以一系列格言來破除它的玄祕。「結婚只需要香檳、一盒雪茄和一張雙人床。」他說。他也說過：「幸福婚姻的祕訣之一，就是中午之前不要跟對方說話或見面。」邱吉爾也有一套家庭規模的公式，四個孩子是最理想的數字：「一個用來遺傳、複製妻子，一個複製自己，一個用來增產報國，一個用來以防萬一。」

克萊門汀對這段婚事的焦慮，比起對帕梅拉的不安，更多的是源自她對兒子的不安。克萊門汀和蘭道夫的關係一直很緊張。他小時候很難管教。根據某位校長所說，「他很好鬥」。有一次他把一位保姆推進一個裝滿水的浴缸裡；還有一次，他打電話給外交部，假裝是邱吉爾。有人說，他慫恿一位表親從敞開的窗戶將夜壺裡的排洩物倒在勞合喬治身上。他九歲時，克萊門汀在某次拜訪學校的過程中打了他一巴掌，蘭道夫後來認為，這是他意識到她恨他的瞬間。他是一個乏善可陳的學生，經常因為學業上的懶散而受到邱吉爾批評。邱吉爾甚至因為他的文筆責罵他，有一次還退回了這個男孩深情的家書，上頭用紅筆校正了語法和錯字。蘭道夫是在弗雷德里克·林德曼，也就是教授的慷慨疏通下才進入牛津的，教授把他當作姪兒般疼愛。在那裡，他也未能脫穎而出。「你的無所事事和懶惰對我來說是〔一大〕冒犯，」邱吉爾寫道，「你看來似乎過著毫無用處的人生。」邱吉爾是愛他的，約翰·科維爾寫道，但隨著時間的推移，他「越來越不喜歡他了」。與此同時，克萊門汀怎麼看都是一位與他關係疏遠的家長，很少給他母愛的溫暖。「這就是他之所以成為眾人惡夢的原因之一，」一位朋友向帕梅拉的傳記作者克里斯托弗·奧格登（C. Ogden）透露道，「他從未得到過任何母愛。克萊米討厭蘭道夫討厭了一輩子。」

瑪麗·邱吉爾對她的兄弟進行了更細緻的分析，指出「他人格發展過程中展現出的特質和觀點，與母親所有本質和生活態度都太不同了」。在瑪麗看來，蘭道夫「顯然需要父親的幫助；但管教他的主要任務卻幾乎完全落在克萊門汀身上，所以從很早以前，她和蘭道夫就開始針鋒相對」。

他浮誇吵鬧、白目、酗酒，揮金如土——應付開銷的是他的部隊，以及他為比弗布魯克《旗幟晚報》（*Evening Standard*）擔任記者的薪水，且賭博時驚人地缺乏技巧。即使那年春天邱吉爾試圖穩定自己的財務狀況，但蘭道夫為還債求援時，邱吉爾還是同意了。「您說就我的債務，您能資助一百英鎊，這著實慷慨。」蘭道夫在六月二日寫信給他的父親。單單這一部分就相當於二十一世紀的六千多美元。「希望這樣不會造成您太大的困擾。我只附上了最緊急的兩筆債務。」

對於這對夫妻婚姻的未來而言，更令人不安的是蘭道夫對女人和性的態度。對他來說，忠誠是可以妥協的。無論他的目標對象是否已婚，他都喜歡在性方面征服對方，他還充分利用了數百年來，鄉村別墅屋主藉安排客房寄宿來協助客人遮掩私通的糟糕習俗。蘭道夫曾經吹噓說，他未受邀請便闖入女性的房間，也許她們會樂見他的出現也不一定。他把這件事告訴了一位女性朋友，她諷刺地嘲弄道：「你一定經常被拒絕吧。」

他笑著說：「確實，但我也打到很多砲。」

從一開始，蘭道夫就證明了他絕不是一個理想的丈夫。儘管他的外在形象瀟灑又充滿魅力，但他也有乏味的一面。他們度蜜月期間，夜裡在床上，他會讀愛德華·吉本（E. Gibbon）的《羅馬帝國衰亡史》（*The History of the Decline and Fall of the Roman Empire*）給帕梅拉聽。他閱讀冗長的文字，把帕梅拉當作一個分心的學生，而非與他結了婚的同床伴侶，不時地問：「妳有在聽嗎？」

有啊，她會答道。

但他想要證據。「那，最後一句在講什麼？」

目前，這一切都仍被帕梅拉懷孕六個月的事實所掩蓋。這非常令人寬慰：這證明了在世界的戰火中，更恆常的生活節奏仍在延續，儘管此刻前路未明，但還看得見未來。如果一切順利，如果希特勒不會入侵、如果毒氣不會滲透窗戶、如果德軍炸彈不會將一切夷為平地的話，這孩子將在十月降生。帕梅拉稱這個胎兒為她的「寶包」。

晚飯喝過更多的酒和香檳後，科維爾、瑪麗和另一位客人，瑪麗的朋友茱蒂・蒙塔古一起散步，他想起儘管這座莊園是如此恬靜宜人，但一場戰爭正在進行，而契喀爾正受到嚴密保護。科維爾寫道，他們三人「被兇狠的哨兵懷疑了，極為嚇人」。幸好他們知道當天的密碼「托夫雷克戰役」，指的顯然是十九世紀在蘇丹的一場戰役。

後來向倫敦空軍部查問當晚德國突襲的細節時，科維爾聽了報告才得知有一支敵機的機隊離契喀爾很近。科維爾把這件事轉告邱吉爾，邱吉爾告訴他：「我敢和你保證，它們不敢攻到這棟房子來。」

為反守為攻的機會興奮不已的邱吉爾衝出宅邸，經過一個哨兵時大喊「首相——托弗雷克戰役——有帶朋友一起」，讓守衛驚訝得下巴都掉了。

科維爾和陸軍參謀長佩吉特將軍以較慢的速度跟在後面。佩吉特被逗樂了，說：「他總是讓我心情很好。」

這一切都令隨時在邱吉爾背後待命的科維爾陶醉，第二天六月三十日星期日早上，陽光下他坐在椅子上時，在日記中回顧了他身處的奇異情況。「週末來這棟鄉間別墅住的感覺很奇特，我不是作為客人到訪，而是出於多種原因，與這家人有了密切的關係。這就像任何一場週末聚會，當然，除了那些精彩談話之外。很榮幸能夠聽到真正博識的談話，沒有被愚蠢和無知的言論打斷（除了蘭道夫偶爾會打斷之外），而且只要在背後支援、偶爾執行幾個任務就好，不太需要表達看法，也沒有因為我是首相的私人祕書就被期待要觀點卓絕，這讓我鬆了口氣。」

那天，預示著眼看著就要到來的侵略，德軍包圍並佔領了根西島（Guernsey），一個在諾曼底海岸附近海峽群島的英國屬地，距離契喀爾不到兩百英里。這只是一個小型的戰鬥，卻令人不安——德國人只用四百六十九名士兵就佔領了這座島。

第18章

一號辭呈

Resignation No. 1

彷彿戰爭和入侵還不足令人焦頭爛額似的，就在同一天，也就是六月三十日星期日，邱吉爾的密友、顧問和戰機工業的奇蹟創造者，比弗布魯克勳爵提交了辭呈。

這封信以愉悅的提醒開頭，點明在比弗布魯克成為戰機生產部部長的七週內，戰機的產量以幾乎不可思議的速度增長：相較於他接手前的四十五架，英國皇家空軍現在有一千零四十架飛機服役中。不過，他達到這個產量的方式很快就會成為一大爭議。他已經完成了他的使命，現在他該走了。他與空軍部的衝突已經嚴重到妨礙了他的發揮。

他寫道：「現在最迫切的是，將戰機生產部託付給一個能和空軍部與空軍元帥們說上話、相互理解的人。」他責備自己，表示自己並不適合與空軍部的官員們合作。「我確信一定有人可以承接這個重責大任，也希望、期待他能獲得空軍部的支持和理解，那是我所沒能得到的。」

他要求在他的繼任者充分交接完這個部門正在進行的業務和計畫後，就立即解除職務。

「我確信，」他寫道，「我的工作已經完成，我的任務已經結束了。」

約翰．科維爾猜測，比弗布魯克真正的動機，是希望「在他成功的巔峰和新的困境出現前」急流勇退。科維爾認為這個理由難以接受。「這就像在打完運氣很好的一輪後，就立刻停止打牌。」他在日記中寫道。

邱吉爾顯然很生氣，隔天，七月一日星期一，他就給比弗布魯克發了答覆。他沒有稱他為麥克斯或直呼比弗布魯克，而是以冰冷的「親愛的戰機生產部部長」為這封信的開頭。

「我收到了您六月三十日的來信，並趕忙告知您，在入侵據報迫在眉睫的這一時刻，是不可能接受任何部長辭職的。我因此要求您把這件事拋諸腦後，繼續您手上傑出的工作，我們的安危很大程度都仰賴於它。」

與此同時，邱吉爾告訴他：「關於您的部門和空軍部職權重疊部分，我正在耐心研究如何滿足您所要求的掌控權，並緩解已經不幸出現的歧見。」

半受責備的比弗布魯克立即回覆。「我當然不會在入侵當頭的此刻怠忽職守。但當務之急，尤其因為武裝攻擊正威脅著我們的海岸，移交這個部會職權的手續更應該盡快進行。」

他再次表達了不滿：「我無法獲得我需要的補給或設備的資訊。我無法獲得進行必要行動的許可，去最大限度地加強我們的後備軍力，以為入侵之日做好準備。

「我不可能繼續下去，因為在過去五週內，我被迫向不情願的軍官們施加壓力，關係已經產生了裂痕。」

他寫道，這樣的裂痕「無法癒合」。

但他不再揚言要立即辭職了。

邱吉爾鬆了口氣。比弗布魯克此時若是離開，將在首相周圍的顧問和支援者中留下無法填補的空缺，這在當晚便顯而易見。當晚，即使辭職的威脅暫時被阻止，邱吉爾卻仍不得不傳召比弗布魯克到唐寧街十號，以解決一個極為緊迫的問題。

第19章

H部隊

Force H

那一晚幾乎沒有月亮，夜色特別黑暗；一陣強風搖晃著唐寧街十號的窗。邱吉爾需要來自朋友的建議，一位果決、頭腦清晰的朋友。

午夜才過，邱吉爾便將比弗布魯克喚到唐寧街十號的內閣會議室。他肯定比弗布魯克在這個時間不僅醒著，還很靈敏。作為戰機生產部部長，必須督促和勸誘員工以設法讓英國戰機工廠加速生產的他，與邱吉爾有著相同的工作時程。比弗布魯克短暫的不臣不過是個小學屁孩使的小性子，為的是刺激邱吉爾站在他這邊與空軍部抗衡，並不是真心想放棄他的工作。

已經列席會議的有邱吉爾在海軍部的兩位頭號左右手，第一勳爵亞伯特．亞歷山大（First Lord A. V. Alexander）和他的作戰部長，第一海務大臣達德利．龐德爵士（First Sea Lord Sir Dudley Pound）。房間裡氣氛緊繃。法國艦隊的問題該如何處置，已經歸結為一個要或不要的問題了——要試圖奪取艦隊、使其脫離希特勒之手，還是不要？皇家海軍準備執行一項最近才制定的計畫，希望「同時扣押、控制或有效癱瘓他們可及的所有法國艦隊」，這指的是在普利茅斯（Plymouth）和南安普敦等英國港口的任何船隻，以及停泊在達卡（Dakar）、亞歷山卓（Alexandria）和阿爾及利亞（Algeria）的凱比爾港（Mers el-Kébir）等法國基地的船隻。這項計畫的一個部分，代號「彈弓計畫」

(Operation Catapult)，主要聚焦於作為最重要基地的凱比爾港，以及三英里外位於奧蘭(Oran)一個較小的附港，法國海軍一些最為強大的船艦都停泊於此，其中有兩艘新式戰鬥巡洋艦(modern battle cruisers)、兩艘戰列艦(battleships)和其他二十一艘艦艇及潛艇。

時間很緊迫。這些船艦可以在任何一天駛離，一旦落入德國的掌控中，就會改變海上的勢力平衡，特別是在地中海。沒有人期望希特勒會遵守他的承諾，讓法軍艦隊在戰爭期間閒置一旁。一個不祥的發展動態似乎證實了海軍部的擔憂：英國情報部門得知，德軍現已獲知並正在使用法國的海軍代碼。

邱吉爾明白，一旦發動彈弓計畫，而法軍又不肯自願放棄或癱瘓他們的船隻，那英國的指揮官可能不得不動武強迫。負責這項計畫的人是海軍中將詹姆斯．薩莫維爾爵士(Vice Admiral Sir J. F. Somerville)，早前曾在倫敦與上級會面討論這項計畫。向法軍開火的念頭令薩莫維爾深感不安。英國和法國曾是盟友；他們一同對德國宣戰、他們的軍隊並肩作戰，為阻止希特勒的襲擊而蒙受傷亡數千卻徒勞無功。此外，法軍船隻上的軍官和船員都是海軍同袍，這是不爭的事實。宛如同以大海的嚴酷與危險為對手的兄弟般，各國的水手，即使在戰爭中，都能感受到彼此間的強烈連結。他們心中有股營救任何漂流者的責任感，不論對方的漂流起因是事故、暴風雨，還是戰爭。週一下午，薩莫維爾向海軍部發出電報，敦促他們「應該不惜一切代價避免使用武力」。

然而，他也準備好充分執行命令，更擁有執行這項任務的本錢。海軍部將一支極具威嚇力、代號H部隊的戰鬥艦隊置於他麾下，這支艦隊由十七艘艦艇組成，包括一艘胡德號戰鬥巡洋艦（HMS *Hood*）和一艘皇家方舟號（HMS *Ark Royal*）航空母艦。週一晚上邱吉爾召來比弗布魯克時，這支艦隊已經在直布羅陀（Gibraltar）集結，準備啟航前往凱比爾港。

薩莫維爾司令現在萬事俱備，只待一道最後的命令。

唐寧街十號狂風大雨的那一夜，第一海務大臣龐德宣布自己贊成攻擊法國船隻。第一勳爵亞歷山大起初面露猶豫，但很快便站在了龐德那邊。邱吉爾仍在煎熬中。他稱這件事為「一個令人討厭的抉擇，是我遇過最違背人性又痛苦的決定」。他需要比弗布魯克清晰思維的協助。

一如往常般，比弗布魯克並未顯露一絲猶豫。他催促英方發動攻勢。他主張，希特勒毫無疑問會佔用法國船隻，即使這些船隻的船長和船員感到猶豫。「德軍將強迫法國艦隊與義大利軍隊合併，從而控制地中海，」他說，「法國不從的第一天，德軍會以燒毀波爾多（Bordeaux）來威脅，第二天燒馬賽（Marseilles），第三天燒巴黎。」

這說服了邱吉爾，但就在下達出動的命令之後，這即將發生的嚴重事件令他手足無措。他抓住了比弗布魯克的手臂，把他拖進唐寧街十號的後花園。已經快凌晨兩點了，風很大。邱吉爾飛快地穿過花園，比弗布魯克在後頭，勉強跟上腳步。比弗布魯克的氣喘發作了。他站在一旁喘著粗氣、大口吸著氣時，邱吉爾承認了發動攻擊確實是唯一的選擇，然後落下淚來。

七月二日星期二凌晨四點二十六分，薩莫維爾收到了他的終極命令。這次作戰，始以薩莫維爾向掌管凱比爾港的法國海軍司令馬瑟．讓索爾（Marcel Gensoul）下的最後通牒揭開序幕，並列出了三條替代方案：加入英格蘭，對抗德國和義大利；將船艦駛往英國港口；或者，航行到位於西印度群島的法國港口，讓船隻在那裡卸除武備或移轉到美國保管。

「倘若您拒絕這些公平的提案，」薩莫維爾的信息聲明，「我必須非常遺憾地要求您在六小時內將自己的船隻擊沉。最後，如您未能做到上述要求，我奉國王陛下政府的命令，將不惜任何必要武力來防止您的船隻落入德國或義大利手中。」

H部隊在黎明時分駛離直布羅陀。當晚十點五十五分，龐德上將應邱吉爾要求，給薩莫維爾發了電報：「您被交付的是所有英國海軍將領面臨過的任務中，最吃力不討好又艱難的任務之一，但我們對您十足信賴，就靠您狠下心來執行它了。」

當天，七月二日星期二，希特勒在柏林要他的陸、海、空軍指揮官評估全面入侵英格蘭的可行性，這是他開始認真考量此一攻擊的首個具體指示。

截至目前為止，他對侵略英國都沒有太大興趣。法國的垮台，以及敦克爾克大撤退後英國軍隊的混亂，都讓希特勒認為英國會以某種方式退出戰爭。這一步十分關鍵，而且必須盡快發生。英格蘭是德國在西方的最後一道阻礙，一個希特勒需要排除的障礙，如此一來才能專心入侵他夢寐以求的蘇俄，以避免一場蠟燭兩頭燒的戰爭。針對此一窘境，德語強大的造詞能力也未令人失望地組出了一個詞：兩線戰爭（*Zweifrontenkrieg*）[50]。他相信即使是邱吉爾，在某些時刻也不得不承認繼續反抗他是個愚蠢的行為。在希特勒眼裡，西方的戰役幾乎要結束了。「英國的處境很絕望，」他告訴陸軍最高司令弗朗茨·豪德將軍（Gen. Franz Halder），「我們贏了這場戰爭。這場勝仗的前景是不可能逆轉的。」英格蘭將會妥協，希特勒很有信心，他於是遣散了納粹陸軍（Wehrmacht）的四十個師，它們佔他全部軍隊的百分之二十五。

但邱吉爾表現得並不像一個理智的正常人。希特勒透過瑞典國王和梵蒂岡等多個源頭，釋出了一系列委婉的談和試探，都遭到拒絕或忽視。為了避免搞砸任何簽署和平協議的機會，他禁止德國空軍司令赫爾曼·戈林對倫敦的平民區發動空襲。對英入侵是個令他焦慮且不情願考慮的選項，如此顧慮也十分合理。早在希特勒本人開始做此考量之前，德國海軍獨力進行的前期研究就顯示入侵英國困難重重，主要因為德國的海軍相對較小、裝備不足，無法應付這樣的進攻。陸軍方面也面臨危險的阻礙。

希特勒的猶豫不決，體現在他向指揮官下達這項新命令的口吻上。他強調，「入侵英格蘭的計畫尚未成形」，他在命令中，只是考慮了這種侵略的可能性。然而，他在這一點上卻很明確：德國得先在空中取得完全超越英國皇家空軍的優勢，這樣的侵略才有可能成功。

50｜譯注：德語的一大特色在於可以藉由疊加舊詞來創造新詞，疊加的長度和方式少有限制，因此可以造出非常長、但還是能爲人所理解的新詞彙，這是在其他語言中不常見的。此處「兩線戰爭」的原文「Zweifrontenkrieg」，即是把「二」（zwei）、「戰線（複數）」（fronten）、「戰爭」（krieg）組成一個新的單詞，這在其他語言（如英語）中則會被視爲多個詞彙加成的詞組。

七月三日星期三凌晨三點，當薩莫維爾司令的H部隊來到地中海的奧蘭時，他們派出一艘驅逐艦與三名軍官，作為與法軍溝通的管道。附近矗立著一座名字令人心慌的古羅馬城鎮廢墟，禿鷹城（Vulturia）。不久，法國海軍司令讓索爾使收到了一則要求與他會面的訊息。這則訊息以一連串的奉承開場：「英國海軍希望我的提議能夠讓您和英勇、輝煌的法國海軍，與我們並肩作戰。」它向法國海軍司令保證，只要他選擇與英國皇家海軍為伍：「您的船仍為您所有，沒有人需要擔心自己的未來。」

這則訊息以此收尾：「一支英國艦隊正在奧蘭附近的海域恭候您。」

這位司令拒絕與英國軍官會面，英國軍官現在向他發送了一份最後通牒的手寫副本。時間是上午九點三十五分，英國海軍司令薩莫維爾向法軍示意：「我們真心希望您能接受這些提案，也希望我們能有您站在我們這邊。」

H部隊皇家方舟號航空母艦上的偵察機，回報了法軍船隻準備啟航的跡象，「他們升上蒸汽，收起了遮陽篷」。

上午十點，這位法國司令傳來了一則訊息，聲明他絕不會讓法國船隻落到德國的控制之下，但他也發誓，若英軍真如最後通牒中所述般訴諸武力，他的船艦將會反擊。一個小時後，他重申了這個誓言，承諾不遺餘力保衛他的艦隊。

緊繃的情勢不斷升溫。十一點四十分，英軍發出訊息表示，除非接受最後通牒的條款，否則所有法國船隻均不得離岸。英軍的空中偵察回報了更多跡象，表明法國艦隊正準備出海。艦橋已經滿員。

薩莫維爾司令下令要皇家方舟號的戰機開始在港口處布雷。

就在薩莫維爾要傳訊告知法軍，他將在當天下午兩點三十分開始轟炸他們的船隻時，法國司令傳來訊息，同意當面會談。時至此刻，薩莫維爾已經開始懷疑法軍不過是在拖延時間，但他仍派出一名軍官前往會面。會談於四點十五分在法軍的指揮艦敦克爾克號（*Dunkerque*）上開始，此時法國船隻已做好啟航準備，拖船也已就位。

薩莫維爾下令在奧蘭附近的港口投放更多水雷。

在敦克爾克號上，會議進行得很糟。據英軍的使者表示，這位法國司令「極度憤恨不平又生氣」。會談持續了一個小時，卻一無所獲。

＊ ＊ ＊

在倫敦，邱吉爾和海軍部都不耐煩了起來。這位法國海軍司令顯然在拖延時間，而薩莫維爾似乎也是。他不願進攻是可以理解的，但是時候採取行動了。夜幕就要降臨。「除了給〔薩莫維爾〕下強制性命令、不容質疑地執行這項令人反感的任務外，別無他法了。」巴戈・伊斯梅寫道，「但在起草這則訊息時，在場的所有人都無法不感到難過，並且從某種意義上而言，心懷愧疚。」出於道德上的顧忌以及法國可能對英宣戰，巴戈起初反對攻擊法軍艦隊。「在一個人情緒低落的時候還踢他一腳，這種舉動在任何情境下都很難看，」他寫道，「而當這人是位已經遭逢重創的朋友時，那樣的舉動幾乎接近於寡廉鮮恥了。」

海軍部發電報給薩莫維爾：「盡速解決問題，否則你可能會有法國援軍要處理。」下午四點十五分，敦克爾克號上的會議剛開始進行，薩莫維爾就示意法軍，若他們不在五點三十分之前，接受英國第一道最後通牒中提出的其中一個選項，他就會擊沉他們的船隻。

H部隊蓄勢待發。法軍亦同。英軍使者離開敦克爾克號時，聽見身後響起「出動」的警報。他在下午五點二十五分回到他的船上，比薩莫維爾提出的時限早了五分鐘。

最終時限來了——又過了。

英軍在樸茨茅斯（Portsmouth）和普利茅斯也同步進行著扣押法國船隻的行動，幾乎沒有遭遇抵抗。「這次行動很突然，對他們來說必定始料未及。」邱吉爾寫道，「我們使用了壓倒性的武力，這整個交手過程顯示了，德軍佔據任何泊在他們轄下港口的法軍戰艦，可以是何等地輕鬆。」

邱吉爾描述，在英國港口發動的行動多數都「很友好」，有些法國船員其實樂於棄船而去。只有一艘船抵抗——速科夫號（*Surcouf*），一艘以十八世紀法國私掠船命名的巨大潛艇。一支英國小隊在追逐過程中駛到它前頭，法軍於是試圖燒毀潛艦的操作手冊、擊沉潛艇。槍戰造成一名法國水手和三名英國水手死亡。速科夫號還是投降了。

凱比爾港附近的地中海上，薩莫維爾司令終於下令開火。時間是下午五點五十四分，比最終時限晚了近半小時。他的船處於一萬七千五百碼的「最大能見度範圍」，略低於十英里。

第一波齊射失敗了。第二次擊中了防波堤，炸開鬆散的混凝土塊，其中一些擊中了法國船隻。第三次正中目標。載有一千兩百名船員的大型法國戰艦布列塔尼號（*Bretagne*）爆炸，巨大的橙色火焰和濃煙聳入數百英尺的空中。另一艘驅逐艦也爆炸了。煙霧漫滿港口，遮蔽了英國觀測手在船上和空中的視線。

英軍開火一分鐘後，法國人開始還擊，用的是大型艦載機砲和岸上其他重型火砲。隨著砲手調整目標，他們的砲彈落點越來越靠近英國船隻。

薩莫維爾以無線電向倫敦發送了一則訊息：「我現在可忙了。」

在唐寧街十號，邱吉爾告訴亞歷山大第一勳爵：「法軍現在正全力以赴地戰鬥，這是自戰爭爆發以來的第一次。」邱吉爾完全可以預期法國會向他們宣戰。

英國的砲彈擊中了另一艘法國戰列艦，爆出了一串橙色火焰。一艘大型驅逐艦在試圖逃離港口時被直接打中。

H部隊的艦艇總共發射了三十六發砲彈，每發砲彈直徑十五英寸、裝有高能炸藥，直到法軍的砲火歸於沉靜。薩莫維爾於下午六點零四分下令停火，正好是行動開始後的十分鐘。

隨著煙霧散去，薩莫維爾察覺戰艦布列塔尼號已經消失無蹤了。這次的攻擊與間接作用，造成一千兩百九十七名法國軍官和水手死亡。根據統計，這等於每分鐘約有一百三十條生命逝去。所有死者中，有近一千名在布列塔尼號上。薩莫維爾的 H 部隊無人傷亡。

這一仗的消息開始抵達唐寧街十號。邱吉爾在他的辦公室踱步，不斷重複著：「可怕，太可怕了。」

據瑪麗在日記中的觀察紀錄，這場戰鬥深深地影響了他。「我們竟然被迫向我們從前的盟友開火，這實在太可怕了，」她寫道，「爸爸對於必須採取這種行動感到既震驚又深切悲痛。」

論戰略，這次的襲擊產生了明顯的好處，稍微削弱了法國海軍的力量，但對邱吉爾來說，同樣重要、甚或更重要的是它所傳遞的信號。在此之前，既然法國、波蘭、挪威和許多其他國家都已落入希特勒的控制中，許多旁觀者都認為英國也會向希特勒提出停戰協議，但這次襲擊卻向羅斯福和希特勒鮮明、無可辯駁地證明了英國不會這麼做。

隔天，七月四日星期四，邱吉爾向下議院透露了凱比爾港的事件，像一部海上驚悚片般講述交戰展開的情況，毫不避諱細節。他稱這是一個「令人憂傷的行動」，但它的必要性高於挑戰性。「我很自信地將我們的行動交由議會評價。我把功過留給國家、留給美國去評斷。我把它留給世界和歷史去評斷。」

下議院中發出讚許的高呼聲，不論工黨、自由派或保守派，都在一片瘋狂的喧鬧中站起身來。邱吉爾以前曾經展現過、並在此再次展示的絕招，正是他明明傳達的是可怕消息，卻能同時讓聽眾感到鼓舞與振奮的能力。「我們被打了一劑強心針」，哈羅德．尼克森那天在他的日記中是這樣寫的。儘管形勢嚴峻，而且法國現在可能向英國宣戰的潛在風險也令人憂慮，但尼克森還是感到有些興致高昂。「只要我們能堅持下去，」他寫道，「我們真的有可能贏得這場戰爭。這樣一場戰役！這樣的勝算！我們對法軍艦隊採取的行動在全世界都產生了巨大影響。我非常有信心。」

掌聲持續了幾分鐘。邱吉爾哭了。在一片喧嚷中，約翰．科維爾無意中聽到他說：「這讓我心碎。」

大眾也為之鼓掌。七月四日的國內情報調查報告，此次襲擊的消息「在所有地區都獲得滿意和欣慰的回饋……人們認為，這場強而有力的行動，非常令人滿意地證明了政府的氣勢和決心」。一九四〇年七月的蓋洛普民意調查發現，百分之八十八的英國人都贊成首相所為。

然而在海軍部內部卻有譴責的聲音。參與襲擊的高階軍官稱這是「徹頭徹尾的背叛」。法國海軍軍官寫了一封很嚴厲的信給薩莫維爾，據巴戈．伊斯梅說，這封信指責薩莫維爾「令全體海軍同業蒙羞」。表面上看來，薩莫維爾似乎對這些非難置若罔聞，但伊斯梅寫道，「我相信這一定深深刺傷了他的心」。

這件事不久後便在唐寧街十號的午餐上，引發了一次緊張的事件。克萊門汀收到消息，預定的來賓之一、現居英國的查爾斯．戴高樂將軍（Gen. Charles de Gaulle），正處於比平時更難搞的情緒中，她最好確保午餐時每個人都表現得體。帕梅拉．邱吉爾是座上賓之一。

克萊門汀桌子那一端的對話陷入了危險境地。她告訴戴高樂，她希望法國艦隊現在可以與英國並肩對抗德國。「對此，」帕梅拉回憶道，「將軍簡短直白地回答道，在他看來，真正能讓法國艦隊感到痛快的是將他們的槍口轉向『你』！」他指的是對抗英國艦隊。

克萊門汀喜歡戴高樂，但強烈意識到丈夫對擊沉法國船隻有多悲痛的她，反擊這位將軍，用她完美的法語責備他：「既然發洩了那樣惡劣的話語和情緒，要麼成為這個國家的盟友，不然就一邊涼快去。」帕梅拉這樣敘述道。

坐在桌子另一端的邱吉爾試圖緩解緊張的氣氛。他傾身向前，語帶歉意地用法語說：「請你原諒內人，親愛的將軍，她的法語太好太伶牙俐齒了。」

克萊門汀瞪著丘吉爾。

「不，溫斯頓。」她厲聲說。

她轉身面向戴高樂，再次用法語說道：「跟那一點關係都沒有。有些話，女人可以對男人說，但男人不能說[51]。戴高樂將軍，我就是在對你說這樣的話。」

隔天，戴高樂送了她一大籃鮮花，以示歉意。

51｜譯注：在歐洲當時的社會氛圍下，男性將武器指向女性，是有違上層社會的教養禮儀、備受譴責的。克萊門汀這裡指的是戴高樂稍早說法軍應該把槍口轉向代表英軍的「她」的言論。

第20章

柏林

Berlin

希特勒是認真想藉由與英國達成協議來結束戰爭的，儘管他越來越確信，在邱吉爾掌權的情況下，這樣的目標不可能實現。英國在凱比爾港對法國艦隊的襲擊無疑證明了這一點。那年七月，希特勒與他的副手魯道夫．赫斯會面，講述了他的挫敗感，並表達了他「希望」赫斯策動免除邱吉爾的首相職位、清除障礙，好讓他與可能比邱吉爾更好說話的繼任者談判。在赫斯看來，希特勒賦予了他確保西方和談的重大使命。

這般殊榮，赫斯是再歡迎不過。曾有段時間，他比其他任何黨員都更親近希特勒。八年來，他一直擔任希特勒的私人祕書，一九二三年納粹的啤酒館政變（Putsch）失敗後，他與希特勒一起被關押在蘭茨貝格（Landsberg）監獄。正是在那裡，希特勒開始寫作《我的奮鬥》（*Mein Kampf*），由赫斯打出草稿。赫斯明白，希特勒在書中闡述的地緣政治戰略核心原則，表明了與英國維持和平的重要性，也知道希特勒強烈地認為在前次大戰中德國犯的致命錯誤，就是激起英國參戰。赫斯認為自己與希特勒非常合拍，以至於他可以在沒有被命令的情況下執行他的意志。赫斯討厭猶太人，精心策劃了猶太人生活上的諸多限制。他把自己塑造成納粹精神的化身，致力於延續整個民族對希特勒的崇拜，並確保黨員血統的純正。

但隨著戰爭的降臨，赫斯開始失去聲望，而赫曼．戈林等人則攀上了高位。希特勒現在將如此重要的任務分配給他，肯定讓他放心不少。但時間不多了。法國既已淪陷，英國必須妥協，不然就得面臨滅絕。不論如何，必須把邱吉爾踢出首相辦公室。

希特勒在與赫斯的談話中，表達了英國的堅持不退讓是多麼令他挫敗。以後見之明來看接下來即將發生的一連串事件，這樣的挫折看起來，至少在表面上，像是某種預言。

「我還能怎麼做呢？」希特勒問道，「我總不能飛過去下跪乞求他們談和吧。」

凱比爾港的襲擊確實殺得納粹眾領導者措手不及，但宣傳部部長約瑟夫．戈培爾卻藉由此一事件，為德國對英國的宣傳戰開闢了新途徑。七月四日上午的會議中，他叫他的副手們利用這次事件來彰顯法國又一次受到戰爭的衝擊，儘管英國聲稱這次襲擊是為了法國好。「這次事件中，」他對大家說，「英國還真是脫下了她的假面具啊。」

宣傳部得盡一切努力，持續煽動對英國尤其是對邱吉爾的仇恨，但又不能達到引發民眾要求對英全面進攻的地步。戈培爾知道希特勒對入侵一舉還是有些猶豫，仍然偏好藉由談判解決問題。「因此，有必要拿捏時間，因為我們無法預料元首會作何決定，」戈培爾說，「在元首本人發言前，民意必須盡可能保持沸騰。」

一如戈培爾所知，希特勒的確實計劃不久就要對此發言。預料他將發表哪些言論的戈培爾，在兩天後的一次會議上強調，目前宣傳部應該宣傳「我們該給英國人最後一次機會，讓他們稍微輕鬆地免於受懲」。

戈培爾認為，希特勒即將發表的演說可能會改變戰爭的進程，甚至可能結束戰爭。如果不行，至少也將提供一條新的康莊大道，點燃大眾對邱吉爾的仇恨。

那一週的唐寧街十號，有關法國可能對英國宣戰、德國現在會否入侵的焦慮又加劇了。七月三日，參謀長的一份報告中警告：「對我國的大規模作戰行動，從現在起的任何一天，隨時都可能以入侵和／或猛烈空襲的形式展開。」報告中列出了偵察和情報來源察覺的不祥動態，其中某些「祕密來源」指的無疑是布萊切利公園。德軍正在挪威徵用船隻並提供他們武器裝備，這個國家有八百艘漁船。德國海軍在波羅的海岸舉行了兩棲登陸演習，兩支降落傘部隊已經移往比利時。這當中最不祥的，也許是：「來自最可靠的消息指出，德軍將在七月十日之後的某個時間點，在巴黎舉行武裝部隊閱兵式。」希特勒似乎認定他勝券在握。

「我感覺，」約翰．科維爾寫道，「德國正在為一場大躍進做準備，這種預感讓我很不舒服。」

幾天前，在邱吉爾針對凱比爾港的戰役發表演講那天，德軍的一項行動更加深了科維爾的擔憂。二十架德國俯衝轟炸機襲擊了波特蘭島上的目標，這座位於英國南岸的島突入英吉利海峽。他們沒有被英國皇家空軍截擊就逃脫了。「如果他們可以這樣在光天化日之下安全脫逃，那麼我們的未來恐怕會很困難。」科維爾寫道。

第21章

香檳與嘉寶

Champagne and Garbo

七月十日星期三，蓋伊．馬格森去倫敦拜訪了科維爾。他們看了英語演出的史特勞斯（Strauss）輕歌劇《蝙蝠》（*Die Fledermaus*）。多數觀眾都喜歡這齣劇的幽默；科維爾和蓋伊則不然，他們在第三幕中途就離開了。「中場休息的時候，」他在日記中寫道，「蓋伊堅持談論政治，她對政治既無知又充滿偏見，還縱情於指責張伯倫及他的內閣。這是我認識她以來，第一次覺得她極度乏味又幼稚天真。」

正如科維爾自己承認的，他渴望藉由挑蓋伊的毛病，來減輕她堅持不願回報他感情所造成的傷害。但他無能為力：他還是愛著她。

他們移動到一家受歡迎的夜總會，巴黎咖啡館（Café de Paris）。在那裡「她的魅力和真正惹人憐愛之處，才再次展現出來，讓我忘了自己之前持續醞釀的不愉快感受。」他們聊天、喝香檳、跳舞。一位模仿演員還模仿了英格麗．褒曼（Ingrid Bergman）[52]和葛麗泰．嘉寶（Greta Garbo）[53]。

52｜譯注：英格麗．褒曼，瑞典國寶演員，三度獲奧斯卡獎，曾主演《北非諜影》。

53｜譯注：葛麗泰．嘉寶，瑞典國寶演員，獲奧斯卡終生成就獎。

第22章

我們真已沉淪至此了嗎？

Have We Sunk So Low?

英國為入侵做了準備。軍隊在議會所在的國會大廈和大笨鐘附近，都堆放了沙袋並建造機槍掩體巢。國會廣場上有個小型的加固掩體——一個碉堡，被偽裝成 W. H. 史密斯書報攤。沙袋和槍支環繞著白金漢宮的地界，據《紐約客》(*New Yorker*)的專欄作家莫莉·潘特–唐斯(Mollie Panter-Downes)所說，白金漢宮花園裡的鬱金香，「恰是血的顏色」。女王開始學習如何用左輪手槍射擊。「是的，」她說，「我不會像其他人一樣倒下的。」海德公園(Hyde Park)裡，士兵們挖掘防坦克的戰壕，並豎起障礙物以防德軍的滑翔機在倫敦市中心登陸。政府發放一份有關入侵期間如何行動的小手冊，警告民眾留在家裡、不要試圖逃跑。「因為如果您逃跑的話，您將被機槍從空中掃射，就像荷蘭和比利時的人民一樣。」

在大批戰鬥機的護航下，德國轟炸機的攻擊範圍越來越深入英國領土，於是每天都有越來越多的英國民眾親眼見證這場戰事的來臨。就在這週，一架獨行的轟炸機襲擊了蘇格蘭的阿伯丁(Aberdeen)[54]，投下造成三十五人死亡的十枚炸彈，卻未觸發空襲警報。同一晚，又有其他轟炸機襲擊了卡地夫(Cardiff)[55]、泰恩賽德(Tyneside)[56]以及格拉斯哥(Glasgow)附近。四十架俯衝轟炸機在戰鬥機的護航下，襲擊了多佛(Dover)的港口[57]；炸彈和燃燒彈在埃文茅斯(Avonmouth)[58]、科爾切斯特

54｜譯注：阿伯丁是蘇格蘭的第三大城。
55｜譯注：卡地夫，英國構成國之一威爾斯的首都。
56｜譯注：泰恩賽德，位於英格蘭東北的城市，是該國的造船重鎮之一。
57｜譯注：多佛港是英國最靠近法國的港口，兩地僅相隔三十四公里。
58｜譯注：埃文茅斯，英國工業重鎮。

(Colchester)[59]、布萊頓(Brighton)、霍夫(Hove)和謝佩島(Isle of Sheppey)落下。這些事，邱吉爾都確保羅斯福知道。現在，外交部每天都向美國總統發送關於「戰況」的電報，通過英國駐華盛頓大使，切實轉達各戰區的行動。這麼做有兩個目的：除了讓總統了解最新情況外，更重要的是，確保羅斯福明白，英國是真實而緊迫地需要美國的援助。

德軍出擊時經常與英國戰鬥機對戰，使得下方的民眾得以近距離看見空戰。英國皇家空軍的戰鬥機飛行員正迅速成為時代英雄，他們在英國皇家空軍轟炸機司令部的同袍也是如此。英國皇家空軍成立於一九一八年四月一日，也就是上一次大戰的最後幾個月，英國皇家空軍整合了由陸軍和海軍各自運作的不同空中部隊，以提高空中防禦能力。英國皇家空軍現在公認是對抗德國的第一道防線。

在瑪麗．邱吉爾和她的朋友茱蒂．蒙塔古看來，飛行員與神無異。這兩個女孩一起在茱蒂位於諾福克郡(Norfolk)布雷克勒斯莊園(Breccles Hall)的鄉間別墅中「避暑」，幾乎每天下午，她們都會與附近空軍基地的轟炸機組人員調情。晚上，她們總會參加各中隊的舞會，瑪麗描述這些舞會是「非常歡樂、嘈雜、醉醺醺的活動，有時還帶著一股緊張的暗流(尤其是在飛機未能返航的時候)」。就瑪麗的說法，他們結交了「特別的朋友」，茱蒂邀請他們回家裡「打網球、游泳、打鬧嬉戲、在乾草棚裡縱情擁吻，或者純粹坐在花園裡閒聊」。這些男人大多都二十幾歲、中產階級、未婚。瑪麗覺得他們很迷人。她以飛行員們進行的一場場「擦邊秀」為樂——他們會以一棵樹的高度低空

59｜譯注：科爾切斯特，英國陸軍駐地。

飛越布雷克勒斯。有一次，來自附近沃頓（Watton）基地的機員「為我們帶來了任何人所能想像到最精彩的空中擦邊秀」，瑪麗在日記中寫道。「飛來了一隊布倫亨式轟炸機（Blenheims），一架接一架地從距離地面二十五或三十英尺的空中呼嘯而過。我們全都興奮得差點昏過去。」

這些飛行員每天都在鬼門關出入來回，在邱吉爾看來，這些生死攸關的行動將決定大英帝國的命運。民眾在安全的花園裡觀看空戰的開展，圓形的戰機尾跡劃滿頭頂的天空時，他們在村莊街道上漫步、在田園草地上野餐。日暮時分，這些飛行員捕獲一天中最後的日光，化身為一顆顆閃著微光的琥珀；黎明時刻，他們則化作一道珍珠母般的螺旋線。戰機墜入牧場和森林；飛行員從駕駛艙滾出、殞落塵土。

七月十四日，BBC的一支機動轉播團隊駐紮在多佛懸崖上，希望能目擊空戰實況，進而向聽眾提供一些對部分人來說過於熱衷的轉播。BBC的播音員查爾斯·加德納（Charles Gardner）將這場戰鬥化為一發接一發的對戰轉述，與其說是播報攸關生死的報導，它更像一場足球賽事的評論。這讓許多聽眾感到不妥。一位倫敦婦女向《新聞紀事報》（*News Chronicle*）投書：「我們真已沉淪至此，淪落到把這種事當作一場體育賽事了嗎？在歡呼聲中，竟有人要我們注意聽機關槍聲、要我們想像一名被降落傘纏住的飛行員在水中掙扎。」她的警告具有一定的先見之明：「要是任由這種事情繼續不受管制，我們很快就會在每個可能的戰事前線裝上麥克風，《廣播時報》（*Radio Times*）還會印出座標圖來幫助我們關注作戰。」「世論調查」的日記作者奧利薇亞·科克特也覺得這很令人噁心。「這不該被允許，」她堅稱，「它把痛苦轉化為一種遊戲或運動，不是為了幫助人們承受痛苦，而是為了迎合最卑劣、最粗暴、最應該消除的殘忍暴力情感。」

一位女性告訴國家情報局的調查員，讓這一切更糟糕的，是播音員「麻木不仁的牛津腔」[60]。

但在對三百位倫敦市民進行民意速調後，隔天七月十五日發布的一份國內情報報告表示：「絕大多數人都對這類廣播充滿熱情。」《紐約客》作家潘特－唐斯質疑，並非多數聽眾都陶醉於這場大戲中。她在日記中寫道：「有良心的民眾，比較不受戰事驚擾的那些，大多都坐在收音機旁，懸在座位邊上為飛官們加油。」

讓大眾尤其感到振奮的是，英國皇家空軍似乎總能打贏德國空軍。邱吉爾在外交部每日電報中告知羅斯福，多佛崖邊一役中，德軍被證實損失了六架戰機（三架戰鬥機、三架轟炸機），英國則失去了一架颶風戰鬥機。七月十五日的國內情報報告指出，對從下方觀看的民眾來說，「擊落來擊者……所產生的心理效應，遠大於它實際斬獲的軍事優勢」。

邱吉爾本人覺得這一切都很令人興奮。「畢竟，」那週稍晚，他對《芝加哥每日新聞》（*Chicago Daily News*）的採訪記者說，「一個精力充沛的年輕人，棋逢一位以每小時四百英里的速度襲來、掌握一千兩百到一千五百馬力和無數子彈的對手，有什麼比這樣的體驗更光榮的事？這是我能想像到最精彩的狩獵。」

60｜譯注：英國幅員遼闊，同樣是英式英語，除了各地有南腔北調之外，即使是來自相同的出生地，但不同階級的人也會有不同的口音。因爲英國社會至今仍存在根深柢固、難以撼動的社會階級不平等問題，連帶地出現了許多與口音相關的刻板印象，某些口音被視同藍領階級、某些口音被貼上特別上流的標籤……其中，由於牛津一帶有豐富文史底蘊，且房價長期居高不下，牛津腔因而常會與「富裕」、「貴族」等印象聯繫在一起。

在比弗布魯克勳爵胎死腹中的辭呈被遺忘和原諒後，七月時，他滿懷幹勁地回歸了戰鬥機生產的工作。他以驚人的步調造出戰機，樹敵起來同樣迅速，卻也成了全英格蘭都疼愛仰慕的人物。雖然在對手眼中他不過是個土匪，但比弗布魯克勳爵對人性有著精細的理解，擅長讓工人和公眾為他的志業所感召。他的「噴火基金」就是一個很好的例子。

在沒有得到他或空軍部授意的情況下，牙買加（直到一九六二年都還是英國殖民地）的民眾出資建造了一架轟炸機，透過島上的主要報紙《拾穗日報》（*The Daily Gleaner*）把它送給了比弗布魯克。這正中比弗布魯克的下懷，他使這份禮物和他致謝的電報取得廣泛的關注。

沒多久，遠從美國和錫蘭等地而來的其他禮物紛紛送達，比弗布魯克再次發送致謝電報，並確保這些訊息得到全國的廣泛報導。不久他突然想到，利用民間的這種慷慨，不僅可以湊出製造戰機急需的現金，還可以用來提高大眾對戰爭的參與，其中非常重要的是，使戰機工廠裡那些他認為長期受「缺乏動力」所困的工人提高參與感。

他從未直接公開呼籲捐款，而是刻意表示感謝那些送到的禮物。捐款達到一定金額時，捐獻者可以命名指定的戰鬥機，提供更大金額的捐助者則可以命名轟炸機。「人們開始以替整個中隊命名為目標。」比弗布魯克的一位祕書，大衛．法雷爾回憶道。很快地，BBC開始在夜間新聞廣播中宣讀捐助者的姓名。起初，比弗布魯克會給每位捐贈者寫私人信，但當捐贈人數多到不堪負荷後，他就指示他的祕書挑選最具關注價值的捐贈者回信，無論對方是因為禮物的數額還是禮物背後的故事被選上。捐贈幾便士的孩子和富有的實業家，都同樣有可能收到信。

大量的資金開始流向戰機生產部。大部分都是小額捐款，在捐助者們自行起名的「噴火基金」中積少成多，因為他們偏好已成為空戰標誌的戰鬥機（儘管英國皇家空軍的颶風戰鬥機比噴火戰鬥機多）。縱然批評比弗布魯克的人都認為這筆基金只是他的另一個「噱頭」，但實際上它很快就開始以每月一百萬英鎊的速度引來捐款，這樣的數字在今天約為六千四百萬美元。到一九四一年五月為止，累積總額來到一千三百萬英鎊（今八億三千兩百萬美元）。法雷爾寫道，到這個階段，「英國幾乎每個大城鎮都能在飛機上看見自己的市名」。

這筆基金對戰鬥機和轟炸機的整體生產，只有微不足道的影響，但比弗布魯克看到了它在精神影響上更大的價值。「對於全國無數男女來說，」法雷爾祕書寫道，「他給了人們一個對戰爭產生更多個人興趣、為戰爭做出熱情貢獻的管道。」

比弗布魯克還找到了其他方法來達成這個目標，同樣是間接促成。與邱吉爾一樣，他意識到了象徵符號的力量。他將英國皇家空軍的飛行員派去工廠，建立起戰機製造工作與戰機駕駛之間的直接聯繫。他堅稱，這些人都是真正上場戰鬥、製服上標有羽翼的飛行員，而不僅僅是英國皇家空軍一時放出辦公室溜達的官員。他還下令在全國各地，以一種大眾不會懷疑是戰機生產部部長在背後操縱的方式，展示被擊落的德國戰機機殼。他認為讓平板卡車載著被擊落的戰機，穿過被炸毀的城市，有很大的好處。

他稱這樣的手法為「馬戲表演」，總是很受歡迎，尤其在受創最嚴重的地區。「人們看到這些戰機時看起來都很高興，」比弗布魯克告訴邱吉爾，「馬戲表演產生了很大的影響。」

當農民、鄉親父老和高爾夫球場經營者抱怨德國飛機在他們的田地、廣場和果嶺上出現時，比弗布魯克決定把挪走德軍機殼的腳步放慢——這與他回收可搶救的英國皇家空軍戰鬥機時的迅速恰恰相反。某個高爾夫球場提出投訴後，比弗布魯克下令將德國戰機留在原地。「看見這台墜毀的機器對球友們有好處，」他告訴宣傳人員，「這會讓他們意識到戰爭的存在。」

邱吉爾的頑抗和言辭激怒了希特勒，他下令採取了英國所擔心的行動，從海上全面進攻。截至目前為止，無論是在系統上還是其他方面，德軍都還沒有入侵英格蘭的具體計畫。七月十六日星期二，他發布了以「登陸英格蘭行動相關準備」為題的第十六號指令，這項計畫的代號為「海獅」。

「由於英格蘭即使處於無望的軍事形勢中，也未表明準備達成和解，」該指令開頭道，「我已決定準備對英格蘭進行登陸行動，並在必要時付諸行動。」

他預計會有一次大規模的海上襲擊：「登陸的形式將是一場突擊，穿越海峽、戰線拉寬，從拉姆斯蓋特（Ramsgate）附近到懷特島（Isle of Wight）西部。」這涵蓋了一大片英國海岸線，包括英吉利海峽中最狹窄的部分，多佛海峽的海灘。（他的指揮官預想，多達一千六百艘船將運送十萬人進行第一波攻擊。）希特勒寫道，海獅行動的所有計畫和準備工作，都得在八月中旬以前完成。他訂定了在展開入侵前必須達成的目標，其中最重要的就是：「英國空軍必須在士氣和體力上，減弱到無法對德軍的過境進行任何重大攻擊的地步才行。」

第23章

玫瑰易名，不改其香

What's In a Name

邱吉爾家族突然出現了一個小而緊迫的危機。

七月之前，確信孩子會是個男孩的帕梅拉．邱吉爾早已決心用首相的名字，給她的孩子取名為溫斯頓．斯賓塞．邱吉爾（Winston Spencer Churchill）。但七月時，嫁給邱吉爾堂兄的馬爾伯勒公爵夫人（Duchess of Marlborough）生下了一個男孩，並為她的兒子取了一模一樣的全名。

帕梅拉挫敗極了，也很生氣。她流著淚來到邱吉爾面前，懇求他做點什麼。他同意，要贈予這個名字給誰，確實是由他決定的，贈給孫子也比給姪子更合適。他致電公爵夫人，直截了當地告訴她，這個名字是他的，而他打算要給帕梅拉的兒子。

公爵夫人抗議道，帕梅拉的孩子根本還沒有出生；顯然不能確定會是個男孩。

「當然會是個男孩，」邱吉爾厲聲道，「如果這次不是，下一次就會是。」

公爵和公爵夫人將他們的兒子改名為查爾斯（Charles）。

第24章

暴君的呼籲

The Tyrant's Appeal

七月十九日星期五，希特勒大步流星地走到柏林克羅爾歌劇院（Kroll Opera House）的主席台上，向德國國會發表演講，自一九三三年一場同名的火災[61]導致國會大樓無法使用以來，議會一直都在歌劇院舉行。在希特勒附近，高大而快樂的德國空軍司令戈林坐在講台上，「像一個在聖誕節早晨玩著玩具的快樂小孩」，見證了這場演講的通訊記者威廉・夏勒寫道。夏勒還在旁邊補注：「只不過他玩的玩具都非常致命，除了卡琳堂閣樓裡的電動火車之外，就是斯圖卡轟炸機了！」戈林和十幾位將軍當晚都將各自晉升，將軍晉升為元帥，而已經是元帥的戈林，則晉升新創的軍階帝國元帥。希特勒很了解他的手下。他明白戈林對特殊關注和閃亮獎章的需要。

根據會議紀要，週五稍早，宣傳部部長約瑟夫・戈培爾將例行晨會主軸集中在這場演講及它的潛在影響上。他警告，外國的反應可能不會在兩三天內就完全開花結果，但肯定會在英國國內引起兩極化的輿論，甚至到迫使邱吉爾下台的地步。會議紀要說明：「部長強調，英國的命運將在今晚決定。」

希特勒開始講話時，坐在觀眾之間的夏勒再次被他的舌粲蓮花震撼。「……他是如此出色的演員，」他在日記中寫道，「如此出色地掌握著德國人的心理。」希特勒將自

61｜譯注：國會縱火案（the Reichstag Fire），促使德國納粹黨建立一黨獨裁的關鍵事件。一九三三年二月二十七日晚間，德國國會大樓起火，希特勒與戈林宣稱縱火是共產黨所爲，抓住機會宣布全國進入緊急狀態、逼使當時的德國總統放棄職位，加速希特勒的全面掌權。

己塑造成征服者、同時也是謙卑的和平祈求者，如此手腕令他驚異。他還注意到，希特勒說話的語調比平時低，也少了他一貫的裝腔做勢。他用自己的身體來強調和放大他想傳達的想法，以歪頭來表達諷刺，舉手投足間盡是眼鏡蛇般的優雅。特別引起夏勒注意的是希特勒揮動雙手的方式。「今晚他完美地使用了那雙手，好像他用雙手以及身體的擺動所表達的，完全不少於他用語言和聲音所表達的一般。」

希特勒首先回顧了迄今為止的戰爭歷史，將一切歸咎於猶太人、共濟會（Freemasons）和英法這些「戰爭販子」，其中最主要的正是邱吉爾。希特勒說：「我對這種破壞整個民族和國家的無良政客深感噁心。」他將這場戰爭界定為一場恢復德國榮譽、將德意志民族從《凡爾賽條約》（Treaty of Versailles）壓迫中拯救出來的追求。他向軍隊和將軍們道賀，點名稱讚了許多人，還特別提及了他的官方副手魯道夫・赫斯、希特勒的護衛部隊（黨衛軍）首領海因里希・希姆萊（H. Himmler）、約瑟夫・戈培爾；至於戈林，顯然是在這四個人中他最喜歡的，他用了幾分鐘的時間對戈林讚譽有加。

「在希特勒整個演講的過程中，」夏勒觀察到，「戈林靠在辦公桌上咬著鉛筆，用又大又潦草的字母匆匆寫下希特勒講完後他要發表的話。他咬著鉛筆、皺著眉頭，像一個小學生必須在下課前完成作文似的塗塗寫寫。」期間，戈林不時咧嘴笑著鼓掌，他的大手以誇張的力氣重重相擊。

希特勒宣布戈林的升遷，並遞給他一個盒子，裝著他制服所需的新軍章。戈林打開盒子，往內瞄了一眼，然後又繼續咬起鉛筆。「即使他是個殺人不眨眼的兇手，但那小男孩般的驕傲和滿足幾乎令我動容。」夏勒寫道。

希特勒轉而談起未來。他聲明，他的軍隊此刻達到了實力頂峰，面對英國對德國的空襲，他承諾會以一種給英格蘭帶來「無止盡痛苦與悲慘」的方式來回應——儘管可能影響不了邱吉爾本人，他說：「因為屆時他無疑已經逃到加拿大了，戰爭中受益者的錢和子女都早已被送到那裡。對於數以百萬計的其他人來說，巨大的痛苦才要開始。」

現在輪到戈培爾認為將決定英國命運的演講部分。「邱吉爾先生，」希特勒說，「……就這一次，在我預言一個偉大的帝國，一個我從未打算摧毀、甚至傷害的帝國將被摧毀時，請你相信我。」

他警告，戰爭唯一可能的結果，不是德國的滅絕，就是英國的滅絕。「也許邱吉爾相信被殲滅的將是德國，」他說，「但我知道會是英國。」他用雙手和身體清楚地傳達了這並不僅僅是個威脅。「此時此刻，我覺得我有責任摸著自己的良心，再次向英國和其他地方人民的理性和常識做出呼籲。我認為自己有立場帶出這樣的呼籲，畢竟我不是乞求憐憫的輸家，而是以理性之名發言的勝者。」

猝不及防地，這位征服者退居到他謙遜元首的姿態。「我看不出這場戰爭有什麼理由繼續下去。一想到將因此造成的犧牲，我就難過。我想避免它們。」

空中，德國王牌飛行員阿道夫·加蘭德和他的中隊，在柏林這家歌劇院上方形成了一道防範英國皇家空軍轟炸機的屏障，這是一項上等任務，以表彰他們在法國戰役中的表現。

雖然年僅二十八歲，加蘭德現在已經是一名經驗豐富的戰鬥飛行員、是他自己的戰鬥機隊指揮官了。大耳朵、黝黑、留著黑鬍子、笑容燦爛的他，沒有納粹黨所珍視的那種北歐式冷酷，也不是納粹黨意識形態的狂熱信徒。他不修邊幅，軍官帽斜斜地戴著。演講前一天，他才因擊落了十七架戰機、成功支援德軍的地面部隊，而被拔擢為少校，獲頒了第三枚騎士十字勳章。等到他的指揮官阿爾伯特．凱瑟邢親自頒發這面獎章時，經核實為加蘭德擊殺的總人數已經增加到三十人。他事後寫道，他在希特勒演講時擔任空中守衛的角色，並不是完全出於榮譽感。「實際上，只要一枚炸彈落在克羅爾歌劇院，就會一舉消滅整個德國最高統帥部，因此這項預防措施似乎是挺合理的。」

加蘭德成為飛官的歷程，體現了整個德國空軍創建和發展成熟的大致情況。加蘭德在很年輕時就為飛行痴迷，一戰後關於馮．里希霍芬男爵(Baron von Richthofen)空中英姿的各種記述，激發了他的想像力。十七歲時，他開始駕駛滑翔機。他的父親強迫他參軍，但加蘭德一心嚮往飛行，只好想辦法在空中謀出路。他最想要的就是駕駛動力飛機。他只看到一條路可走——成為德國新成立的德意志漢莎航空公司(*Deutsche Luft Hansa*)的飛行員，這間公司稍後很快以漢莎航空的簡稱為人所知。但其他所有愛好飛行的年輕人似乎也懷抱著如此雄心。加蘭德是向德國航空飛行員學校

(German Air Line Pilot School)遞交申請的兩萬人之一，學校從中選擇了一百名候選人。只有二十人進入決選，加蘭德也在其中。一九三二年底，他獲得了初等飛行證。

後來事情發生了意想不到的轉變。加蘭德和另外四名學生奉命去柏林的一所飛行學校報到，他們受邀在那裡參加一個祕密的軍用飛機飛行課程。這在當時是個祕密，因為那時候希特勒正開始進行重新武裝德國的行動，無視為第一次世界大戰畫下句點的《凡爾賽條約》。他們五個人全都接受了邀請，穿著平民便裝前往慕尼黑附近的一個機坪，參加戰術講座、花了二十五個小時駕駛舊式雙翼飛機、學習如何列隊飛行以及掃射地面目標等技術。加蘭德回憶，其中的高潮時刻，是赫爾曼．戈林的到訪，他當時已祕密著手建立一支新的空軍。

在一架商用客機上短暫擔任副駕駛後，加蘭德於一九三三年十二月被召回柏林，獲邀加入戈林當時仍保密的部隊，德國空軍，並在下一個秋季到他們的第一個戰鬥機部隊赴任。德國空軍開始代表法蘭西斯科．佛朗哥將軍(Gen. Francisco Franco)的國民軍在西班牙內戰中執行戰鬥任務，飛行員們帶回的故事裡，描繪著浪漫的生活和英勇的壯舉。加蘭德於是自願參加，很快就與其他三百七十名德國空軍成員一起，再次穿上便服、帶著表明平民身分的文件，登上了一艘前往西班牙的不定期輪船。到了西班牙，加蘭德很失望地發現，自己負責的，是一支配有雙翼飛機的戰鬥機隊，而其他飛行員則駕駛最新型的戰鬥機，梅塞施密特一〇九號(Messerschmitt Me 109)。

德國空軍在西班牙的經驗，給他們上了關於空戰的寶貴一課，但也讓戈林和其他高級軍官產生了誤解。德國部署在西班牙的轟炸機，碰巧比敵方過時的戰鬥機還要快，因而在早期令他們萌生了自我感覺良好的信念，即轟炸機不需要戰鬥機護航。

加蘭德繼續參加希特勒的每一次閃電侵略，終於被分配到一個駕駛最新型戰鬥機的機隊。很快地，他第一次遇上了駕駛最新型颶風和噴火戰鬥機的英國皇家空軍飛行員。從那時起，他隨即明白，他將面對與他迄今所遇截然不同的對手，這正是他宣稱自己渴望的那種戰鬥，「每一次相遇都是一道『誰會活下』的問號的那種無情空戰」。

德、英雙方的一線戰機大致勢均力敵，卻各有能在特定情況下發揮優勢的特點。英國的噴火戰鬥機和颶風戰鬥機武備更多、更易操縱，但德國的梅塞施密特一〇九號在高空表現得較好，也配備較多防護裝甲。噴火戰鬥機配有八挺機槍，梅塞施密特一〇九號只有兩挺，但它有兩門可以發射炸彈的大砲。這三架戰鬥機都是單翼單引擎飛機，能以前所未有、遠超過每小時三百英里的速度飛行，卻都有相同的限制：它們的燃料容量只給了它們大約九十分鐘的飛行時間，勉強夠來回倫敦。總體而言，梅塞施密特是公認較好的戰機，但更重要的優勢在於，德國的飛行員，比如加蘭德，有較多的空戰經驗。德國空軍戰鬥機飛行員的平均年齡是二十六歲；他的英國皇家空軍對手則是二十歲。

德軍的每一次快速勝利後，加蘭德的戰鬥機隊都會為了跟上向前推進的前線，而移轉到一個新的機坪，也因此更加靠近法國海岸、靠近英格蘭。每一次的推進，都意味著一部戰鬥機可以在英國本土上空進行戰鬥的時間增加。除非邱吉爾和希特勒達成和平協議，否則下一階段的戰爭就要開始。在加蘭德看來，結果是確定的：英格蘭將被粉碎。

英國對希特勒演講的第一個回應，是在演講結束一小時後，BBC廣播發表的評論，並未經過邱吉爾或外交大臣哈利法克斯的事先授權。評論員塞夫頓·德爾默(S. Delmer)並未委婉修飾言辭。「讓我告訴你我們英國人是如何看待這次呼籲的，用你樂於稱之的、我們的理性和常識。」他說，「元首先生兼帝國總理(Reich Chancellor)，我們將原話奉還、扔回你那惡臭的齒間！」

威廉·夏勒聽到BBC的回應時，他正在柏林的德國廣播中心準備轉播他自己對希特勒演講的報導。夏勒寫道，工作室裡大大小小的職員都「不敢相信自己的耳朵」。一個人喊道：「你聽見了嗎？你聽得懂那些英國傻瓜在說什麼嗎？現在還拒絕談和？他們瘋了。」

英國的官方回應在三天後發布，但不是來自邱吉爾。「我與希特勒先生之間既然不是能好好談話的關係，也就不打算對他的演說發表任何回應了。」他打趣道。外交大臣哈利法克斯於七月二十二日星期一晚上九點十五分給出了答覆。他傳達的訊息很明確。「在我們和他人的自由得到保障之前，」他說，「我們將不會停止戰鬥。」

宣傳部部長戈培爾指示德國媒體將哈利法克斯的公開拒絕，描述為「戰爭罪」。七月二十四日星期三的早會上，戈培爾概述了德國的宣傳機構現在將如何運行。「必須對財閥統治階層播下不信任的種子，必須灌輸對即將發生的戰事的恐懼。這一切都必須盡可能地深植人心。」

這個機構現在將部署一系列偽裝成英國廣播電台的祕密發射台，「以激起英國人民的緊張和恐懼」。他們要竭力掩蓋自己的德籍身分，甚至在廣播中批評納粹黨，以空襲死傷的可怕細節填滿他們的報導，這樣他們對英格蘭發動第一次空襲時，民眾就會驚慌失措。他還下令製作乍看是關於如何為空襲做準備的課程，但確切的細節實際上是在進一步恐嚇英國聽眾的廣播。

為利用英國人對入侵的焦慮，戈培爾指示發射台假報德軍在敦克爾克發現了十萬件英軍制服。「然後，祕密發射台應該在適當的時機，發布德軍的傘兵已經穿著這些制服在英國空降的報導。」

截至此時，幾乎所有德國戰鬥機都已集中在法國海峽沿岸的機坪，包括阿道夫．加蘭德機隊的基地，它位於加萊(Calais)附近一座距離倫敦市中心僅一百公里的機坪。

第25章

教授的驚喜

The Prof's Surprise

教授弗雷德里克．林德曼在整個白廳上下以難相處迅速聞名。他確實冰雪聰明，但他一次次展現出擾亂他人工作的惱人傾向。

七月二十七日星期六晚上，林德曼和邱吉爾一家在契喀爾共進晚餐。房子裡如常擠滿了賓客——比弗布魯克、伊斯梅、邱吉爾的女兒戴安娜和她的丈夫鄧肯．桑德斯，以及多位高階軍官，包括陸軍元帥兼帝國參謀總長約翰．迪爾爵士（Field Marshal Sir John Dill）和英國陸軍的第三軍指揮官詹姆斯．馬歇爾－康沃爾爵士（Sir James Marshall-Cornwall），多數人都是來吃飯和過夜的。瑪麗．邱吉爾並未到場，她正忙著在表親兼朋友茱蒂．蒙塔古的諾福克莊園避暑。賓客們如常為晚餐盛裝打扮，女士們身著長禮服，男士們穿著晚宴服；而林德曼穿則著他慣常的晨禮服和條紋褲[62]。

邱吉爾精神振奮，馬歇爾－康沃爾將軍事後寫他「熱情洋溢、愉悅得充滿感染力」。將軍坐在邱吉爾和教授之間，迪爾元帥坐在他們正對面。邱吉爾喜歡用迪爾的頭銜，帝國參謀總長的四字母縮寫CIGS來代稱他。

香檳一上，邱吉爾就開始詢問馬歇爾－康沃爾麾下兩個師的狀況，這兩個師是在幾乎沒有裝備的情況下逃離敦克爾克的。將軍開了一個好頭，他對邱吉爾說，他的首要任務是強調進攻。他告訴邱吉爾，目前為止，他的部隊一直「癡迷於防禦戰術思想，

62｜譯注：晚宴服（dinner jacket）又稱無尾禮服，是一種半正式的西式禮服，依西方禮節，適合穿赴晚宴燕飲、聊天，形象相對輕鬆；晨禮服（morning dress）則是西方男性最正式的禮服之一，有長尾，通常搭配正式的條紋或格紋褲，適合正式儀式、日間社交等較拘謹的場合。此處的場合是較爲輕鬆的晚宴，林德曼教授卻穿得過於正式，除了格格不入之外，也顯現他對社交禮儀、習俗、默契的生疏。

每個人的主要目標都是支援反坦克障礙。」他說，軍團的新口號是「要攻擊，不要坐以待斃」。

邱吉爾很高興。「太棒了！」他告訴將軍，「這就是我想看到的精神。」馬歇爾－康沃爾顯而易見的自信，促使邱吉爾問了另一個問題：「我想你的軍團現在已經準備好上場了？」

「遠非如此，閣下，」馬歇爾－康沃爾說，「我們尚未完成重新整裝，即使完成之後，我們也需要再進行一兩個月的密集訓練。」

邱吉爾的情緒低落了下來。雙眼難以置信地怒瞪著，他把手伸進晚禮服的口袋裡，掏出一捆文件，是教授最新的「備戰狀態」圖表。這些是林德曼的辦公室當月稍早應邱吉爾要求而開始製作的統計彙編，旨在顯示各個陸軍師每週的戰備狀態，資料之細，涵蓋步槍、機槍和迫擊砲的數量。這些彙編已經成為激怒白廳上下的源頭。「我們知道，」一名戰事辦公室高階官員說，「那些數字曾被林德曼教授的部門，用來向首相傳達錯誤的印象。」

邱吉爾打開他剛剛從口袋裡取出的那疊統計數據，尖銳地質問馬歇爾－康沃爾將軍：「你的師是哪兩個？」

「第五十三號（威爾士）和第二號倫敦。」將軍回答。

邱吉爾以一根粗短的手指在教授表格的條目中搜尋，直到尋出那兩個師。

「你在這啊，」邱吉爾說，「人員、步槍和迫擊砲都完成了百分之百；野戰火砲、反坦克步槍和機關槍的完成度都是百分之五十。」

這讓將軍大吃了一驚。他的部門完全還沒有準備好。「我請求您的諒解，閣下，」他說，「那狀態指的可能是軍械庫正準備發配給我部隊的武器，但他們送達部隊的數量還遠不及這麼多。」

邱吉爾怒瞪著，據馬歇爾－康沃爾所說，「氣得幾乎說不出話來」，將文件朝桌對面的帝國總參謀長迪爾將軍扔去。

「CIGS！」他說，「把那些文件檢查一下，明天還給我。」

霎時間，一切對話戛然而止。「似乎需要有人轉移話題。」馬歇爾－康沃爾寫道。而邱吉爾就這麼做了。他向坐在馬歇爾－康沃爾另一側的教授傾身。

「教授！」他吼道，「你今天有什麼要跟我說的？」

儘管林德曼蒼白的外表、細小的聲音和不甚熱情的個性，讓他表面上看起來不太出風頭，但他其實喜歡成為目光的焦點，也明白利用自己表面的平淡，可以放大他所做、所言的影響。

此刻，林德曼站在桌邊，把手慢慢伸進燕尾服的口袋裡，以一種魔術師般的誇張手勢掏出了一顆手榴彈。這顆帶有經典溝槽、槓桿手柄和圓形金屬拉環的「鳳梨」，俗稱米爾斯炸彈（Mills bomb）。

這引起了大家的注意。關切的神色在桌上蔓延開來。

邱吉爾喊道：「你手上那是什麼，教授，那是什麼！」

「這個，」林德曼說，「是發給英國步兵的米爾斯炸彈，效率很差。」他解釋，它由十幾個不同的零件構成，每個零件都必須通過不同的加工製程。「現在**我**設計了一款改良的手榴彈，它的加工零件更少、彈體炸藥量增加了百分之五十。」

總是樂於接受新型道具或武器的邱吉爾驚嘆道：「太棒了，教授，太棒了！這才是我喜歡聽到的。」他對迪爾將軍說：「CIGS！立即報廢米爾斯炸彈、引進林德曼的手榴彈。」

據馬歇爾－康沃爾的說法，迪爾「完全被嚇了一跳」。軍隊已經與英格蘭和美國的製造商簽訂了製造數百萬枚舊式手榴彈的合約。「但首相不會聽的。」馬歇爾－康沃爾說。

但他們可能還是在晚宴後的某個時間點進行了較為務實的評估，因為米爾斯炸彈在進行過各種修改後，又繼續服役了三年。至於林德曼在晚宴上揮舞的手榴彈是不是實彈，就是歷史中亡佚的細節了。

現在邱吉爾指著桌子另一邊的比弗布魯克。「麥克斯！」他大叫道，「你呢，你最近又幹了些什麼？」

帶著對教授及其統計數字的溫和嘲諷，比弗布魯克回答：「首相！給我五分鐘，你就能得到最新的數據。」

他離開桌子走到房間盡頭的一部電話旁。片刻後他便回了座，臉上掛著一抹調皮的笑容。

他說：「首相，在過去的四十八小時內，我們的颶風戰鬥機產量增加了百分之五十。」

第26章

黎明的白手套

White Gloves at Dawn

在與羅斯福總統溝通的過程中，邱吉爾發現自己正被迫走在一條鋼索上。他一方面必須讓總統明白事態已經變得多麼緊迫；與此同時，他也得避免讓英國的局勢顯得太慘淡，否則羅斯福可能會因為擔心英國要是淪陷，美方支援的補給品將被遺棄、摧毀，更糟的是被奪去、最終用以對付美軍，而不願提供大量援助。英軍遺棄在敦克爾克的數千輛卡車、槍支和補給品，都鮮明地證明了退敗的高昂物資成本。邱吉爾明白，此刻撐起英國對最終勝利的信心極為關鍵，其中最重要的就是要消除任何來自官方的悲觀主義表現。這對英國艦隊最終究竟如何部署，尤其重要。對法國海軍的不安，既已因凱比爾港的行動而獲得很大程度的緩解，美國也想得到英國永遠不會向德國交出自己艦隊的保障，考慮在捐贈驅逐艦時加上一條但書：如果英國眼看著就要落敗，英國會將艦隊交由美國掌管。

邱吉爾痛恨以艦隊為談判籌碼來換取驅逐艦。八月七日的電報中，他敦促駐美大使洛錫安勳爵(Lord Lothian)拒絕任何可能達成這項協議的討論，擔心這會發出失敗主義的訊息，「後果將是災難性的」。一週後，邱吉爾在戰事內閣會議上觸及了同樣的主題，會議紀要中記錄到他說：「任何會擾亂士氣或讓人民認為我們不該繼續戰鬥下去的話語，現在都不能說。」

然而，在他給洛錫安的電報中，他確實允諾，美國若是參戰並成為一個全面的盟友，英國艦隊將對雙方認為「最終能有效擊敗敵人」的任何必要戰略，持開放態度。他在美國對艦隊的關心中看到了希望，因為這表示羅斯福認真看待了他之前的警告，即英國敗在納粹手中將對美國構成嚴重威脅。對邱吉爾而言，他很樂見美方提出些許擔憂。他告訴洛錫安「我們無意在這件事上，舒緩美國任何有憑有據的焦慮」。

邱吉爾還知道，美國輿論在不想跟戰爭產生任何瓜葛的孤立主義者，和另一群認為戰爭終會找上門來，而美國拖得越久、出手干預的成本就越高的民眾之間，存在著嚴重的分歧。讓邱吉爾感到惱火的是，羅斯福無法精準明晰地洞見嚴峻的未來。早在五月，邱吉爾就首次向他詢問過租借五十艘舊款驅逐艦的可能，並在六月十一日重提了他的請求，表示「接下來的六個月極其重要」。但美國仍然沒有交付這些船艦。邱吉爾知道羅斯福在精神上是他們的盟友，但邱吉爾和他許多同胞一樣，以為總統擁有比實際上更大的權力。為什麼羅斯福就是不能將這種精神上的支持，轉為實質的援助，甚至直接的干預呢？

然而，羅斯福面臨著棘手複雜的政治環境。由於引進了一項呼籲徵兵的法案（這是美國史上首個承平時期的草案），國會已經因為衝突的激辯而四分五裂。羅斯福認為這是必要的。歐戰開始時，美軍只有十七萬四千人，配備過時的武器，包括一九〇三年款式的春田步槍（Springfield rifles）。五月時，南方一次動用七萬名士兵的軍事演習，暴露了這支軍隊上戰場的狀態有多糟——尤其面對的是希特勒高度機械化、巨獸般的軍隊。據《時代雜誌》（*Time*）的說法：「與歐洲的全面爭戰相比，美國的軍隊看起來就像幾個拿著 BB 槍的乖乖牌。」

羅斯福認為，要為英國派遣五十艘驅逐艦得要國會批准，因為一九四〇年聯邦軍火計畫中的一項條文規定，美國在對外運送軍用物資之前，國會必須先確認美國自己的武裝部隊不需要這些物資。既然有關徵兵的爭論已經激起了熱議，羅斯福因此認為這樣的批准不太可能通過，即使實際上，這些船艦的老舊程度讓國會在今年稍早考慮將之報廢，是美國海軍出手干預並主張這些驅逐艦其實是非常重要的資產，才未能實現。

令情況更加複雜的是，一九四〇年是美國總統選舉年，而羅斯福決定投入競選史無前例的第三屆任期。七月十八日，他在芝加哥的黨員大會上接受了民主黨的提名。他對英國的困境很是同情，也很想盡所能提供援助，卻也明白美國許多人都強烈反對參戰。至少就目前而言，他和共和黨對手溫德爾．威爾基（W. Willkie）面對這項議題都十分謹慎。

與此同時，對另一邊廂的邱吉爾而言，這場戰爭的威脅與日俱增。德國海軍就要啟用兩艘全新的戰列艦，俾斯麥號（Bismarck）與鐵必制號（Tirpitz），邱吉爾將這兩艘戰艦視為「最重要的目標」。來自空中和潛艇的襲擊，對入境英國的商船隊和英國驅逐艦都越來越有效，如邱吉爾在給羅斯福的電報中所說，驅逐艦「非常容易遭受空襲」。美國的驅逐艦現在對英軍來說極為重要，不僅可以協助保護船隊，還可以保護英國海域，或許還能幫助英國爭取時間努力組織、重新武裝從敦克爾克撤離的部隊。但羅斯福仍舊令人抓狂地無動於衷。

邱吉爾從不哈腰懇求，但挨到七月底時，他差點就這麼做了。七月三十一日星期三給羅斯福的電報中，他寫道，英國對於驅逐艦和其他物資的需求，現在到了「最為緊迫」的狀態。他警告，這是一個關鍵時刻。單單是美國船艦的參與或缺席「這樣小而容易提供救濟的因素」，就可能決定「整場戰爭的命運」。在電報草稿中，邱吉爾用一種他從未對總統使用過的語氣，強調了這一點：「我不知道為什麼您在現在這種情況下，還不願至少派個五六十艘最老舊的驅逐艦給我。」但他在最後的電報中省略了這句話。邱吉爾承諾立即為這些船艦安上潛艇探測聲納，並將它們部署在英吉利海峽西部入口處匯聚的航道上，用來對付西部海域上的潛艇。要擊退必定會出現的水陸兩棲入侵，驅逐艦是不可或缺的助力。「總統先生，我必須懷著最大的敬意告訴您，從世界長遠的歷史來看，這就是您現在該做的事。」

在他自己事後的複述中，邱吉爾用了斜體標示「現在」。

羅斯福確實理解邱吉爾對驅逐艦的需求有多緊迫，他在八月二日星期五召開了一場內閣會議，設法在不違反美國中立法的情況下向英格蘭提供這些船艦。

會議中，海軍部長法蘭克・諾克斯（F. Knox）提出了一個想法：何不將船艦的轉讓以一種條件交換的形式去安排，美國交驅逐艦給英國，換取英國在大西洋各島嶼上的海軍基地使用權，包括紐芬蘭（Newfoundland）和百慕達（Bermuda）？只要結果能促進美國的安全，中立法就允許轉讓戰爭物資。用老舊的驅逐艦換得戰略基地似乎符合這個要求。

羅斯福和內閣批准了，但考慮到政治風向，他們都認為這場條件交換仍需要國會的批准。

羅斯福請與他交好的參議員克勞德・佩珀（C. Pepper）提出授權這場交易的法案。想讓這事有機會成真，就需要共和黨的支持，但既有這麼多美國人堅決反對參戰，又有選舉即將舉行，這法案根本不可能實現。

佩珀告訴羅斯福，這條法案「沒有通過的可能」。

那個星期五，邱吉爾讓比弗布魯克成為戰事內閣的正式成員，不久後更成為了國防委員會的一員。比弗布魯克不情不願地加入了。他厭惡任何形式、任何層級的委員會。他辦公室裡的一塊牌子上寫著：「**委員會會扯戰況後腿**。」

他最不需要的就是開會。「我整天都在戰機部，為了增產忙進忙出，」他在私人回憶錄中寫道：「我怕我們的空軍會沒有戰機可用，這讓我感到困擾。但我卻還被要求參加無數內閣會議，只要我缺席，首相就會派人來找我。」邱吉爾會把他叫來參加持續到深夜的國防委員會會議，然後邱吉爾會留下他，在客廳裡繼續討論。

「負擔太重了。」比弗布魯克寫道。他指出，邱吉爾可以偷閒小睡很不公平。

八月四日星期日，蘭道夫從陸軍部隊、女王御准輕騎兵團第四營休假回到唐寧街十號的家中，穿著制服的他看上去又瘦又精實。

他返家的第一晚氣氛愉快，他在唐寧街十號與帕梅拉、克萊門汀和邱吉爾共進晚餐，每個人都心情愉悅。晚飯後，邱吉爾回到工作崗位，克萊門汀回到臥室休息，她在那裡獨自度過了許多夜晚。她不喜歡丈夫多數的朋友和同事，也更偏好在她備有一張單人床和水槽的簡樸房間裡用餐；而邱吉爾則每週多達五個晚上都在舉辦或參加晚宴。

儘管這是蘭道夫一段時間以來回家的第一晚，他仍在晚餐後獨自前往薩伏伊大飯店。他計劃去見一位美國記者朋友，尼克博克(H. R. Knickerbocker)，向帕梅拉保證他只會去一下下。兩人一起喝酒，喝到飯店酒吧關門後，又到尼克博克的房裡，在那裡他們喝了至少一瓶白蘭地。第二天早上六點十分，蘭道夫才回到唐寧街十號，邱吉爾的保鑣湯普森探長目睹了他的歸來。蘭道夫踉蹌著下了車，朝帕梅拉的房間走去，醉得連睡衣都懶得換。

湯普森檢查了汽車。

蘭道夫醉醺醺又邋遢的模樣已經夠令帕梅拉難受了，大約一個小時後、早上七點三十分左右，一名女僕敲響了這對夫婦的門，遞上一張來自克萊門汀的紙條，要求立即見帕梅拉一面。

克萊門汀氣極了。她有在生氣時戴白手套的習慣。而她現在正戴著它們。

「昨晚蘭道夫上哪去了？」她問，「妳知道發生了什麼事嗎？」

帕梅拉當然知道她丈夫回家時酩酊大醉，但從克萊門汀的舉止來看，事情不只這麼簡單。這時帕梅拉已經哭了起來。

克萊門汀告訴她，湯普森探長在檢查蘭道夫的車時，發現裡面放著一堆祕密軍事地圖，任何經過的人都可輕易獲取，這嚴重違反了安全規定。

「到底是怎麼回事？」克萊門汀問道。

帕梅拉與蘭道夫對質，後者深切道歉。他羞愧地把發生的一切告訴了她，再告訴邱吉爾。蘭道夫道了歉，還承諾戒酒。克萊門汀的怒火仍未消退：她將蘭道夫趕出唐寧街十號，逼得他在懷特（White's）男子俱樂部暫住，這裡是十七世紀許多名譽掃地的丈夫的避風港，尤其是像蘭道夫這種好賭之徒。

事實證明，他承諾的戒酒，是他無法兌現的眾多承諾之一。

第27章

第十七號指令

Directive No. 17

隨著入侵英格蘭計畫的進展，希特勒發布了新的第十七號指令，要求對英國皇家空軍進行全面進攻。「德國空軍將在盡可能最短的時間內，以轄下所有部隊擊敗英國空軍，」希特勒寫道：「這些攻擊將主要針對機隊、他們的地面設施和補給組織，也針對包括防空設備製造業在內的戰機工業。」

希特勒為自己保留了「以恐怖攻擊為報復手段的決定權」。他一直不願授權襲擊倫敦市中心和其他大城市的平民區，無關道德厭惡，他只是一直希望與邱吉爾達成和平協議，也希望避免針對柏林的報復襲擊。據德國空軍自己後來的評估，針對英國皇家空軍的這場新作戰是戰爭史上的一個里程碑。「史上首次……有一支空軍，在不仰賴其他軍種行動的情況下，計劃採取一舉粉碎敵方空軍的攻勢。」問題是，單憑空中力量是否就真能「藉由大規模的密集空襲破壞敵人的總體戰力，讓對方不得不求和」？

計劃和執行這項新戰略性轟炸攻擊的任務，落到了赫爾曼．戈林身上，他將出動日的代號定為老鷹之日，「鷹日」。他起初將日子訂在八月五日，隨後又推遲到八月十日，星期六。他有萬全的信心，相信他帶領的空軍能夠實現希特勒的願望。八月六日星期二，他在他的鄉村莊園卡琳堂會見了一眾高階空軍指揮官，共同商定新戰役計畫。

目前為止，德國空軍僅對英格蘭進行了為數不多的行動，意在探測對方的空防能力、引出英國皇家空軍的戰鬥機。德國轟炸機對康沃爾郡、德文郡、南威爾士（South Wales）和其他的社區進行了短暫的個別襲擊。但現在，一貫賣弄浮誇姿態的戈林，設想了一場史無前例的大規模攻擊，旨在對英國防空系統進行毀滅性的打擊。他預估不會遭到太大的抵抗。根據情報局長貝波．施密德的報告，英國皇家空軍已經遭受重創，不可能生產足夠彌補損失的新戰機。這意味著英國皇家空軍的力量日益減弱。在施密德的評估中，英國皇家空軍很快就會沒有可用的戰機了。

在戈林的唆使和施密德報告的推波助瀾下，聚集在卡琳堂的眾空軍指揮官認定，他們只消四日便可摧毀英國皇家空軍僅存的戰鬥機和轟炸機。在那之後，德國空軍將在日以繼夜的突襲中步步進逼，逐漸消滅英格蘭全境的空軍基地和戰機製造中心。這是個大膽的計畫，其中有一大不確定的關鍵變因：天候。

戈林將數百架轟炸機轉調到法國海峽沿岸以及挪威的基地。他計劃的初期攻擊動用了一千五百架戰機，打算以這支現代無敵艦隊[63]突襲並壓制英軍。升空之後，戈林的轟炸機只消六分鐘便可穿越英吉利海峽。

然而，貝波．施密德的報告所述與德國空軍飛行員在空中實際經歷的，卻截然不同。「戈林拒絕聽取戰鬥機指揮官的抗議，他們認為這種說法並不實際。」德國空軍王牌加蘭德事後向一名美國審訊者透露。與英國皇家空軍交戰時，德國飛行員並未發現任何實力或意志減弱的跡象。

63｜譯注：無敵艦隊（armada，又稱 Armada Invencible），十六世紀海上強權西班牙的著名艦隊，在英西戰爭中負責發動對英國的第一波侵略性攻擊，最終卻意外被英軍的火船擊敗。

這場大規模攻擊將在這個星期六展開。如果一切順利，入侵會緊接著啟動。

第28章

「噢、明月啊，美麗的明月」

'Oh, Moon, Lovely Moon'

邱吉爾領導方式最獨特的面向之一，就是他能夠在瞬間切換軌道，認真聚焦其他任何首相都會認為微不足道的瑣事。視各人觀點而定，這可以是種可親的特質，也可以很令人苦惱。對邱吉爾來說，每件事都很重要。例如八月九日星期五，在緊急戰爭事務不斷增加之際，他仍然抽出時間，向戰事內閣成員發布了一則關於他所重視的問題的紀要：他每天在收發匣裡收到的報告長度與行文方式。

他恰到好處地以簡練的「**簡明扼要**」為題，在這則紀要裡開頭道：「為了完成我們的工作，我們都得閱讀大量文件。這些文件幾乎全部都太長了。這很浪費時間，我們的心力耗費在從中尋找要點上。」

他為部長和他們的員工制定了四種改進報告的方法。首先，報告必須「在一系列簡短、直截了當的段落中闡明要點」。如果報告涉及複雜議題的討論或統計分析，應放在附錄中。

他觀察到，完整的報告通常可以完全省略為「只包含標題，需要時再口頭擴充闡述」的備忘錄。

最後，他抨擊了官僚報告裡常見的繁瑣言辭。「請停止使用這樣的冗言贅句。」他寫道，並援引兩個犯了這種毛病的例子：

「『仰即知照 下列考量要點……』」

「『本案是否可行，未敢擅專 令仰核示……』」

他寫道：「大多數這些模糊紊亂的詞組只是在填充句子，完全可以省略，也可以用簡單的一個詞代替。讓我們不要畏於使用簡短、有助於表達的詞語，即使它很口語化。」

他寫道，由此產生的文字：「相較於官僚術語的精緻婉轉，乍看之下可能很粗糙。但這樣能節省很多時間，精準寫出真正要點的訓練也有助於清晰思考。」

當晚，如同他迄今每個週末一樣，他動身前往鄉間。那個週末要前往契喀爾值班的私人祕書是約翰．科維爾，他與克萊門汀和瑪麗一起乘另一輛汽車。其他客人，包括安東尼．伊登、巴戈和兩位重要將軍，已經抵達或很快就會聚集到大宅裡，一起吃飯和過夜。邱吉爾也邀請了第一海務大臣達德利．龐德，卻沒有事先告訴其他任何人，據科維爾所說，這「引起了一陣重新安排餐桌座位的忙亂」。

飯後，依照慣例和克萊門汀的習慣，瑪麗和克萊門汀離開了飯廳。

男人們的談話轉向了入侵的威脅，以及為保衛英格蘭而採取的措施。防坦克地雷已經在英國許多海灘埋下，科維爾寫道，這些地雷「確實展現了極強的破壞力」。他指出，它們確實也已經奪走了許多英國平民的性命。邱吉爾講了一個可能是杜撰的故事，一個運氣不好的高爾夫球友不小心把球打到了鄰近的海灘上。日記中，科維爾總結了故事的結局：「他帶著球桿到沙灘上，打了球，而後來唯一安全回到果嶺的就只有球了。」

晚飯後，邱吉爾、將軍們以及龐德上將移步到霍特里室（Hawtrey Room），裡頭安裝了加固建築結構的巨大木材，以防爆炸。這間房間裡寶藏無數，甚至有一本可以追溯到一四七六年的古書。他們在房裡的時候，科維爾讀了備忘錄，還整理了邱吉爾黑色收發匣裡的文件。

有架德國戰機一度從他們頭頂飛過。在邱吉爾的帶領下，他們一行人衝進了花園，試圖看清這架戰機。

龐德上將在下台階時絆了一跤，所有人都被逗樂了。科維爾寫道：「第一海務大臣先是摔下了幾級台階，他沮喪地站起來後，又跌下了一階，最後在地面上摔成一團，嚇得一個哨兵在那兒用刺刀威嚇他。」

龐德直起身來，喃喃道：「看來這裡的磁場跟第一海務大臣不合。」

被逗樂的邱吉爾說：「要記得你可是海軍上將，不是見習官啊！」

週六早上，科維爾被派了更多發送電報和傳遞紀要的工作。然後，他與邱吉爾、克萊門汀和瑪麗一起共進中午的「家宴」。「這頓飯再愉快不過了。」科維爾寫道，邱吉爾「幽默極了」。「從羅斯金（Ruskin）[64]到鮑德溫勳爵（Lord Baldwin）[65]、從歐洲的未來到托利黨的強項，他對每一個話題都有精彩的發揮。」他抱怨他嘗試建立的軍隊嚴重缺乏彈藥和武器。「我們會贏的，」他宣稱，「但我們不配贏；至少，我們確實該因

64｜譯注：約翰．羅斯金（John Ruskin），英國維多利亞時代的藝評家。

65｜譯注：即史丹利．鮑德溫，前文曾提到的英國前（副）首相。

我們堅守的價值而贏，但不是因為我們的智慧。」

對話變得有點滑稽。科維爾開始唸一些打油詩。一首四行詩特別討邱吉爾喜歡：

噢，明月啊，美麗的明月，妳以羞花的容顏
馳過太空的界線
每當我望著妳，我總自問心間
我能否有朝一日，噢、終有一日，瞥見妳驚鴻的背面

午飯後，科維爾、克萊門汀和瑪麗爬上了附近的一座小山。科維爾和瑪麗把散步變成一場賽跑，看誰能先登頂。科維爾贏了，最後卻「感覺前所未有地不舒服，而且視線模糊，也無法思考」。

瑪麗對科維爾的評價穩步提高，儘管她還是有所保留。八月十日星期六的日記中，她寫道：「我滿喜歡喬克的，但我覺得他太『濕』了。」「濕」是英國口語，意指一個人表現得缺乏個性或主見。另一邊廂，科維爾也持續對瑪麗產生好感。隔天，他在日記中寫道：「儘管她有點太放不開了，她自己也這麼說，但她是一個迷人的女孩，長得也很漂亮。」

那個星期六對赫爾曼．戈林來說，充滿了失望：這是他定為鷹日的日子，是他全

力對付英國皇家空軍的起點，但英國南部的惡劣天氣迫使他取消了這次襲擊。他將出動日改訂在隔天八月十一日星期日的早上，但隨後又推遲到了八月十三日星期二。

值得安慰的是：屆時月亮已經進入了盈凸月階段，滿月就要在未來這個週末升起，預計在夜間進行的出擊想必會更容易、更成功。德國的波束導航技術雖然減少了德國空軍對月光的依賴，但德軍的飛行員還不完全信任新系統，比起在月光下熠熠生輝的景色中發動攻勢，他們仍然偏好在晴朗的天候下進攻。

在柏林，工人們持續在市中心的巴黎廣場（Pariser Platz）搭建看台，為標誌著戰爭終結的勝利閱兵做準備。「他們今天給看台上了漆，還裝上了兩隻巨大的金鷹，」威廉．夏勒在週日的日記中寫道：「他們也在廣場的每一端建造巨大的鐵十字勳章（Iron Cross）複製品。」他的旅館就在同一個廣場上，廣場一側矗立著布蘭登堡大門（*Brandenburger Tor*），凱旋歸來的軍隊將會穿過這道門。

夏勒發現，納粹黨的小圈圈裡有傳言指出，希特勒希望在月底前把看台準備好。

第三部

恐懼

Dread

八月 – 九月

第29章

鷹日

Eagle Day

八月十三日星期二黎明時分，兩組共約六十架的德國轟炸機在法國亞眠(Amiens)升空，繞著寬大、逐漸上升的圈圈，爬升到可航行的高度後，在空中結成戰鬥陣形。這個過程耗費了半個小時。即使在晴朗的日子裡，讓這麼多戰機就位也很困難，但今天早上，天氣的意外變化加劇了這項挑戰。亞速群島(Azores)上空原本為歐陸準備了晴朗天氣的高氣壓突然消散。現在，厚重的雲層籠罩著英吉利海峽與英法兩國的海岸，許多德國機坪都濃霧瀰漫。在英格蘭東南海岸，雲幕高[66]甚至低至四千英尺。

第三組機隊的一百架轟炸機在迪耶普(Dieppe)升空；第四組共四十架戰機在瑟堡(Cherbourg)北部會聚成陣；第五組在海峽群島(Channel Islands)上空會集。完成編隊後，這兩百多架轟炸機便開始向英格蘭進發。

這本將是赫爾曼．戈林的重要日子，老鷹之日、鷹日，他對英國皇家空軍全力發動進攻、從空中控制英格蘭，以便希特勒發動入侵的起點。德國空軍在過去一週內發動的攻擊，包括對英國海岸一連串雷達站的襲擊都比較少，但現在是重頭戲登場的時候了。戈林計劃以機海遮蔽天空，展示德國的空軍實力、震驚世界。為了達成這個目的，也為了戲劇效果，他集結了一支共計兩千三百架戰機的部隊，其中包括

66｜譯注：雲幕高（ceiling）是航空氣象術語，指最低雲層的離地高度。

九百四十九架轟炸機、三百三十六架俯衝轟炸機和一千零二架戰鬥機。他終於能將向希特勒和全世界展示他麾下空軍的真正能耐。

然而襲擊才剛開始，天象就迫使戈林取消了進攻。儘管現在德國空軍的祕密導航波束讓轟炸機能在陰天飛行，但具如此規模和重要性的突襲仍然需要良好的能見度。戰鬥機和轟炸機在雲層中看不見彼此，也無法直接通訊，而且他們的戰鬥機也沒有追蹤波束所需的設備。戈林的許多單位都沒收到取消令。其中一個案例中，八十架轟炸機編隊已經出發前往英格蘭，他們的指定護衛隊卻在接到命令後返回基地，任憑轟炸機暴露於危險中。他們的指揮官繼續前行，顯然一開始就相信陰霾的天空會限制英國皇家空軍發現其部隊的能力。

在一個機隊來到它的目標附近時，一群英國皇家空軍的颶風戰鬥機出現了。它們的現身是如此出乎意料，它們的攻擊如此激烈，以至於德軍的轟炸機投下炸彈後便遁入了雲間。

戈林下令，當天下午兩點重新開始進攻。

阿道夫·加蘭德是參與其中的飛行員之一，他現在不僅在德國空軍內部，甚至在英國皇家空軍飛行員之間，都享有神話般的盛名。與邱吉爾一樣，雪茄是他的代名詞。他一天抽二十根哈瓦那雪茄，用某台車裡撿來的點煙器點煙，是戈林唯一批准在駕駛艙內吸煙的飛行員。然而，希特勒禁止他在吸煙時拍照，擔心這種宣傳可能會對德國青年的道德產生影響。加蘭德和他的機隊現在駐紮在法國海岸加萊海峽（Pas de Calais）的機坪上。對於在戰爭初期就已經習慣輕鬆取勝的德國空軍而言，這個時期，據加蘭德所言，是「一場突如其來的醒悟」。

考量到飛往英國前，在法國海岸上空讓轟炸機和它們的護衛結成陣形需要半個小時，機隊中的梅塞施密特一〇九號戰鬥機那有限的九十分鐘飛行時長，就成了比平時更大的負擔。加蘭德的戰鬥機作戰範圍只有一百二十五英里，或者說，大約是他能飛抵倫敦的距離。他寫道：「超出這個距離，基本上就飛不到了。」他將德軍的戰鬥機比作被拴在鏈子上的狗：「受鎖鏈所限，牠想攻擊敵人卻傷不了對方。」

德國空軍也很快發現了斯圖卡俯衝轟炸機的局限，這款轟炸機在五月到六月的西方戰役中，一直是他們最強大的武器之一。比起一般戰機，它可以更精確地投放炸彈，但它的飛行速度大約是噴火戰鬥機的一半，其中的部分原因是它將炸彈裝負在機體外部。它在俯衝時最為脆弱，而英國的飛行員很快便開始利用這項弱點。加蘭德寫道：「這些斯圖卡轟炸機就像蜂蜜吸引蒼蠅般，引來了噴火和颶風戰鬥機。」

德國其他更大的轟炸機也以相對較慢的速度飛行。在西班牙和波蘭作戰時，這樣的速度足夠避免被攔截，但現在，面對英國最新型的戰鬥機，可就不是這麼一回事了。轟炸機需要大量的護衛戰機護航。如何提供這樣的保護，已經成為戰鬥機飛行員和戈林之間越來越大的衝突來源，戈林堅持要求戰鬥機「近距離護航」，在往返目的地的航程中，持續與轟炸機飛在相同高度、近身保護。這意味著戰鬥機飛行員必須以轟炸機的較低速度飛行，不僅讓自己更容易受到攻擊，同時也限制了他們積累殺敵人數的機會，而這是每一個戰鬥機飛行員真正想要辦到的。一名飛行員憶起抬頭看見英國戰鬥機「亮藍色的肚皮」卻不被允許追擊他們時的挫敗感。「我們成對地緊貼著轟炸機編隊，那種感覺真該死地尷尬。」他寫道。加蘭德喜歡能讓戰鬥機飛行員按他們正常方式去飛的、較為寬鬆的陣型，幾架貼近轟炸機緩飛、幾架以高速在轟炸機之間穿梭、幾架飛在轟炸機隊形上方提供「頂部掩護」。但戈林拒絕聽從建言。加蘭德和其他飛行員越發認為他與新型空戰的現實脫節了。

受到戈林的大內宣所影響，多數人都把德國空軍描繪得所向無敵、威力遠大於英國皇家空軍，但事實上，加蘭德意識到英軍有幾項他和他的飛行員同袍都無法破解的主要優勢。英國皇家空軍在友軍的領空飛行和戰鬥，這確保了倖存的飛行員能夠再次上場作戰；不僅如此，他們的飛行員相信自己正在與一支規模比己方大得多的空軍作戰，英國的存亡危在旦夕。據加蘭德的說法，英國皇家空軍的飛行員明白「事態之緊迫嚴重」，德國空軍則因為過去的輕易取勝，以及將英國皇家空軍描繪得極為積弱不振的錯誤情報，而抱著一定程度上的自滿。德國空軍飛行員每次做出關於他們擊落的英國戰機、毀損機坪的匯報，德軍的分析師總是毫無異議地接受。實際上，這些英國基地通常會在數小時內恢復運作。「然而，在德國空軍總部，會有人一手拿著轟炸機或斯圖卡中隊的報告，另一隻手拿著一支粗粗的藍色鉛筆，將他們提及的英軍中隊對手或基地從戰略地圖上劃掉，」加蘭德寫道，「對總部來說，它們已經不存在了——至少紙面上不存在。」

加蘭德認為，英國皇家空軍最大的優勢，是他們對雷達的靈活運用。德國擁有類似的技術，但迄今為止都因為認為英國轟炸機永遠飛不到德國的城市，而沒有系統性部署。「當時沒人想像到盟軍可能會對第三帝國發動空襲。」加蘭德寫道。德國飛行員在飛越海峽時，看到了沿著英格蘭海岸線聳立的雷達塔，雖然偶爾會攻擊它們，但這些站點很快就會恢復運行，戈林因此對它們失去了興趣。然而，他日復一日地被英軍戰鬥機定位德國空軍陣形的詭譎能力所震撼。「對我們和司令部來說，這是一個驚喜，一個不太值得高興的驚喜。」加蘭德寫道。

事實證明，戈林這個人是一大問題。他很容易三心二意，無法致力於單一明確的目標。他開始相信，在廣闊的前線同時攻擊大量目標，不僅可以助他摧毀英國皇家空軍戰鬥機司令部，還能造成迫使邱吉爾投降的大規模混亂。

德軍重新展開攻擊。隨著鷹日的進行，將近五百架轟炸機和一千架戰鬥機進入了英格蘭上空。在當時的航空用語中，這稱為「著陸」。

第30章

當局者迷

Perplexity

英國的鏈向（Chain Home）雷達網路[67]又一次偵測到德軍飛機的逼近，但這一次轟炸機和戰鬥機的數量，遠遠超過了雷達操作員過去所見。下午三點三十分左右，他們測定有三個德國戰機編隊從諾曼底的基地出發，飛越海峽，每隊約有三十架轟炸機。接著又來了兩個編隊，計約六十架戰機。英國皇家空軍各部指揮官紛紛命令他們的戰鬥機中隊升空。下午四點左右，在陸地監控員用雷達站提供的定位資訊進行的引導，以及陸地觀測員開始報告來犯的戰機類型及其飛行高度、速度和定位的協助下，一百多架英國皇家空軍戰鬥機從空中奔向來擊者。一支龐大的德國戰鬥機編隊遙遙領先，飛在逐漸接近英國本土的轟炸機前頭。雙方部隊在怒吼的引擎聲與噠噠連發的機槍聲融合成的喧囂中交戰，在如密集碎石般的大口徑子彈、砲火中狂亂地遊移閃避。轟炸機繼續前進。炸彈落在南安普敦和其他好幾個地區，包括多塞特郡（Dorset）、漢普郡（Hampshire）、威爾特郡（Wiltshire）、坎特伯雷（Canterbury）和布羅姆維奇堡（Castle Bromwich）。

英國的觀測員困惑不已。炸彈四處散落，落在機場、港口和船隻上，卻沒有一個明確的模式或主軸。奇怪的是，轟炸機竟然完全沒攻擊倫敦便離開了，這很令人驚訝，因為德軍在襲擊鹿特丹時可沒有這麼節制。

67｜譯注：鏈向系統又譯作「鏈家」、「錢恩之家」系統，是世界上最早的雷達預警系統，可以監測一百五十公里外的敵軍戰機動向，提早作出警示。

到下午，英國上空的戰鬥達到了前所未有的激烈程度。英國皇家空軍的颶風和噴火戰鬥機在雷達的引導下，發動了七百次出擊，與一波又一波的德國轟炸機和戰鬥機應戰。空軍部回報，英國皇家空軍僅損失三名飛行員，就摧毀了七十八架德國轟炸機。

唐寧街十號裡，人們歡欣振奮。但同時也存在著不安：當天突襲的強度，似乎預示著德國空襲規模和暴力程度的提高。英國皇家空軍此時還不知道，這只是德軍大規模進攻的開始，也就是後來所稱的「不列顛戰役」（Battle of Britain）。這個詞直到隔年年初後才開始普遍使用，最初在空軍部出版的一本三十二頁小手冊中出現，用以呈現這場戰役的戲劇效果，賣出了一百萬本。但是在一九四〇年八月十三日星期二那天，這一切都尚不明朗。在當時，那天的突襲看似不過是德軍日益加劇的空襲與令人費解的進攻模式中，最新的一個小篇章。

「今天每個人都在問的問題是，光天化日之下，成本這麼高、成效卻這樣小的這些大動作襲擊，背後的動機到底是什麼？」約翰．科維爾在他的日記中寫道，「他們是來進行武力勘察的，還是為了聲東擊西，抑或只是主攻前的機械化部隊攻擊，大概在接下來的幾天裡就會水落石出。」

不巧的是，當天英軍的勝率被誇大了，這是戰爭剛結束時一個常見的問題，不過比例上似乎仍是個好兆頭：德國空軍損失了四十五架飛機，對比英國皇家空軍損失的十三架，比例超過三比一。

那天在華盛頓，羅斯福會見了他的主要閣員，並告訴他們，他已經決定了要如何將五十艘老舊的驅逐艦轉移給英國。他將利用行政職權來授權船艦換基地的交易，而不經過國會批准。此外，在板上釘釘之前，他不打算把這筆交易告訴國會。羅斯福在當天晚上發到倫敦的電報中，告訴了邱吉爾他的計畫。

邱吉爾很高興，但他現在必須設法讓這筆交易，看在他自己的政府和下議院眼裡都有利可圖，畢竟出租這些作為主權領土的島嶼的念頭，想必會在下議院引起「激烈的情緒」。邱吉爾明白：「若是赤裸裸地向英國人提出，要以英國財產交換五十艘驅逐艦，肯定會遭到強烈反對。」

他促請羅斯福不要用「以物易物」的名目向大眾宣布這場條件交換，而是把驅逐艦轉讓和基地租約視為兩份完全獨立的協議。「我們的主張是，我們是兩個盡可能互相幫助的患難之交。」他給羅斯福發了電報。他寫道，驅逐艦作為一份禮物，將是美國「完全與租借無關的自發行為」。

邱吉爾害怕若將這場條件交換說成商業交易，可能會對他造成嚴重的政治傷害，畢竟它提供了美國一紙長達九十九年的英國領土租約，而美國海軍移交給英國的是一批美國國會曾想報廢的過時船隻，這顯然對美國有利。若公然說出這是以領土換取驅逐艦的合約，將不可避免地引發哪一方獲利較豐的疑問，而美國作為最大贏家的結果顯而易見。

但羅斯福也有他自己的顧慮。他的決定可能會毀了他贏得第三屆總統任期的機會，尤其在徵兵法案已經激起國會兩黨激憤的此刻。**白發**贈送五十艘驅逐艦將明顯違反中立法，也大幅超出了他的行政權力範圍。他必須讓美國大眾意識到，這筆交易不僅是艱難、精打細算的協議，還增進了美國的安全。

就國安而言，這筆交易幾乎沒有可挑剔之處——前提是，這項協議本身不會將美國捲入戰爭。「把五十艘美國軍艦轉移到英國，顯然是美國不中立的行為。」邱吉爾事後寫道，「不管從任何歷史標準來看，這都給了德國政府向他們宣戰的正當理由。」

隔天，八月十四日星期三，本該是戈林承諾摧毀英國皇家空軍的四日計畫第二天，卻再次被比前一天更糟的天氣阻撓，大部分的戰機都滯留地面。儘管如此，部分轟炸機隊還是設法對分散在英格蘭西部的各個目標發動了突襲。

阿道夫·加蘭德很高興接到為八十架斯圖卡俯衝轟炸機的編隊「分開護航」的指令。德軍派了數量上與出戰的轟炸機相等的戰鬥機，來保護這些轟炸機，他名列其中。大約一半的戰鬥機飛行員，都會跟加蘭德一樣飛在前方，其餘的則留在轟炸機編隊附近。和他的僚機同袍一起走向他們的梅塞施密特一〇九號時，加蘭德說他可以預見這將是美好的一天，他稱之為「屬於獵人的日子」。轟炸機將從英吉利海峽最狹窄之處的多佛海峽接近英格蘭。對加蘭德來說，這意味著在燃料限制害他們必須趕回海峽彼岸之前，他和他的中隊將有足夠的時間在英國戰鬥。加蘭德認為，英國皇家空軍毫無疑問會現身進行防衛。英國在多佛放置的雷達，其實早在他們聚集在法國上空時，就偵測到了他和他的機隊。四支英國皇家空軍戰鬥機中隊升空迎擊。在加蘭德的戰機飛越多佛著名的白堊懸崖之前，他遠遠地就看見了他們。

加蘭德一頭衝進了戰鬥機的陣式中，選中了一架英國皇家空軍的颶風戰鬥機，它落了單，但駕駛它的飛行員太快了。這部戰鬥機翻滾了一下，然後快速向海面俯衝，直到最後一秒才向上急升。加蘭德選擇不追擊。相反地，他將引擎加大、爬升了一千英尺，以便更清楚地看看正在進行中的戰鬥。他將飛機翻轉了三百六十度、讓自己完整地看了一圈，這是他的招牌動作。

他發現一架颶風戰鬥機顯然正要攻擊一架斯圖卡轟炸機，它緩慢的飛行速度使它成為容易擊中的目標。加蘭德遠距離射擊。那架颶風戰鬥機衝進了雲層。憑著直覺，加蘭德將自己定位在他猜測這部戰機會出現的位置附近，一瞬之後，颶風戰鬥機就從他面前的雲層中冒了出來。加蘭德開火，射擊了整整三秒鐘，猶如一場空戰中的短暫永恆。那架颶風戰鬥機盤旋著往地面落去。加蘭德則安全返回法國。

在這場空戰中，德國空軍損失了十九架飛機，英國皇家空軍損失了八架。戈林很不高興。

第31章

戈林

Göring

天候繼續擾亂著戈林殲滅英國皇家空軍的偉大計畫，將他大部分的戰機都困在地面上。八月十五日星期四，他的轟炸機和戰鬥機本該接近完成戰役的那一天，他利用空出來的時間，將高級軍官都召到他的鄉村莊園卡琳堂去，斥責他們迄今為止乏善可陳的表現。

然而那天接近中午時，在他持續質問的時候，天氣突然好轉，露出雲層後的朗空，引得戰地指揮官們發動了一場涉及兩千一百多架戰機的巨型襲擊。從此以後，德國空軍內部將稱這一天為「黑色星期四」。

在這之中，有一個事件具有象徵意義。德國空軍以為，有這麼多的德國戰機從南方逼近，英國皇家空軍必將派盡可能多的戰鬥機、包括通常駐紮在英格蘭北部的戰機，到英格蘭南部海岸防禦即將到來的猛攻，從而使北部門戶洞開。

這樣的假設，再加上將英國皇家空軍描述得積弱不振的情報，驅使一名德國空軍指揮官下令，要轟炸機自挪威起飛，襲擊英格蘭北部的英國皇家空軍基地。通常，在光天化日之下進行這樣的突襲是很魯莽的，因為德國最好的戰鬥機，梅塞施密特一〇九號，沒辦法飛得那麼遠，無法護送轟炸機飛越北海。

這項任務是一場豪賭，但從德軍對英軍的各種潛在假設來看，在戰術上似乎很合理。於是，在當天下午十二點三十分，一支由六十三架德國轟炸機組成的部隊迫近了英格蘭東北海岸。護航的是一支以雙駕駛、雙引擎戰鬥機組成的單薄部隊，這是唯一一款能夠飛這麼遠的戰機，卻遠不如單引擎的梅塞施密特一〇九號敏捷，也因此更容易受到攻擊。

然而，英國皇家空軍的行動並不如預期的那樣。他們的戰鬥機司令部雖然確實將部隊集中於南方，卻仍將一些北方中隊留在原地，以防範這一類突襲。

德國轟炸機離岸約二十五英里時，第一架噴火戰鬥機現身，飛在德軍編隊上方三千英尺處。當一名英國皇家空軍飛行員向下俯瞰時，他看到轟炸機的輪廓映在閃著微光的白色雲頂上，於是透過無線電喊道：「他們總共來了一百多架！」

噴火戰鬥機隊向下俯衝、穿過敵軍陣型，恫嚇著不斷射擊轟炸。轟炸機四散開來，躲進六百英尺以下的雲層中尋求庇護。他們拋卸了載物，在沿海鄉村上空散布炸彈，旋即轉身逃亡，連目標地的邊都沒搆著。在這一次交火中，德國空軍損失了十五架飛機，英國皇家空軍一架都沒失去。

這僅僅是那個星期四發生的數千場空戰中的一場，那一天，德國空軍出動了一千八百架次，而英國皇家空軍出動了一千次。這是一位駕駛梅塞施密特一一〇號雙引擎重型戰鬥機的年輕德國空軍中尉生命的最後一天。他身旁第二個座位上，坐的是一名無線電報操作員，他也負責操作機槍。英國皇家空軍情報部門找回了這位飛行員的日記，這本日記向世人講述了德軍飛行員令人痛心的生活。他第一次「戰鬥航行」發生在上個月的七月十八日，期間他發射了兩千發機槍槍彈，他的飛機被敵方砲火擊中三次。四天後，他得知他最好的朋友，一名空軍同伴陣亡了。「我從他十一歲起就認識他了，他的死讓我非常震驚。」一週後，他自己的戰鬥機被擊中了三十次，而他的無線電操作員幾乎喪生。這位飛行員寫道：「他的傷口有我的拳頭那麼大，因為子彈拖著機器的一部分打進了他的身體裡。」在接下來的幾週裡，他死了更多朋友，其中一位是在某次空中俯衝時，因為駕駛的梅塞施密特一〇九號控制桿在他試圖拉起時斷裂而死的。

八月十五日星期四，英國皇家空軍情報部門在這位年輕飛行員的日記中，載入了最後一則紀錄。這一天對他來說，確實是最黑暗的一個星期四，恰是他首次戰鬥航行後的第二十八天。最後這一則紀錄中，一條注釋寫著：「本日記的作者在S9+TH上陣亡。」這串代碼是德國空軍對這位飛行員的戰機標識碼。

第32章 牧野上的轟炸機

The Bomber in the Pasture

星期四一整天，約翰．科維爾一再被要求傳達最新擊落的戰機數量。勝率高得令人有些難以置信。英國皇家空軍聲稱，他們的戰鬥機確定擊落了一百八十二架德國戰機，此外可能還有五十三架。興奮不已的邱吉爾召來巴戈．伊斯梅，要他帶自己參觀位於烏克斯橋（Uxbridge）的英國皇家空軍作戰室，這間作戰室指揮隸屬於第十一機隊、負責保衛倫敦和英格蘭東南部的戰鬥機。事後，他在車上警告巴戈：「別跟我說話，我從來沒有這麼感動過。」

幾分鐘後，邱吉爾打破沉默，說：「如此小卒迎戰如此大軍，卻取得了這樣大的勝利，這在人類的戰鬥史上是從未有過的。」

這句話的力度之強大，使得伊斯梅回家後引述給他的妻子聽。彼時他還不知道，邱吉爾很快就會在他最著名的演講之一中，運用這句台詞。

事實上，這一天的成就又一次不如邱吉爾想像的那麼精彩。德國空軍損失了七十五架飛機，英國皇家空軍三十四架。然而，最初誤計的數字在廣泛報導與褒揚之下，已經在大眾的意識中根深柢固。「英國皇家空軍的攻擊持續激發強烈的滿足感。」國家情報局聲稱。外交事務副部長亞歷山大．卡多根在日記中寫道：「這本該是希特勒親臨倫敦的日子。但現在，他卻連個人影都不見。」

然而，對勝率的關注卻掩蓋了一個更為嚴峻的現實。教授打定主意抑制任何群眾狂喜的傾向，不斷且不屈不撓地製造出直方圖、面積圖和文氏圖（有些製作精美的還以赤色或亮眼的綠、藍色呈現比例）。教授提醒所有相關人員，那些吹捧過頭的空中損失統計，並未計入在地面上被毀損的英國戰機數量。八月十六日星期五，德國空軍襲擊了距離海峽內陸五英里、位於湯密爾（Tangmere）的重要英國皇家空軍基地，摧毀並癱瘓了十四架飛機，其中包括六架轟炸機和七架一線戰鬥機。當天稍晚，德軍突襲牛津西方一處英國皇家空軍基地，摧毀了四十六架訓練機。這筆計數還不含突襲德國期間被擊落或損壞的英國轟炸機。例如，八月十六日星期五晚上，英國皇家空軍轟炸機司令部派出了一百五十架轟炸機，其中損失了七架。

第二天在契喀爾，邱吉爾在教授在場下給空軍參謀長西里爾・內維爾爵士（Chief of the Air Staff Sir Cyril Newall）寫了一份紀要。「當我們把視線集中於發生在我國上空的空戰結果時，」他寫道，「我們絕不能忽視轟炸機司令部的嚴重損失。」這些損失，加上在地面上被摧毀的戰機，以及在戰鬥中損失的戰鬥機數量，加起來產生出一個不同於前的英德戰損比。「實際上，那天我們以二比三慘敗。」邱吉爾寫道。

直到此刻，英國空軍的官員才開始意識到新局面正在發生，英國皇家空軍本身就是德軍的目標。前一週，空中情報處僅注意到德國空軍的活動普遍增加。惡劣的天候和看似隨機的目標選擇，都掩蓋了這些行動其實是一場全面進攻的本質，但現在英國逐漸意識到，這個新局面很可能就是預料中德軍入侵英格蘭的前奏。一份記錄到八月二十二日止的英國情報週報指出，共有五十處英國皇家空軍機坪遭到攻擊、每天平均有七百架飛機受襲。報告警告道，如果德國成功地削弱了這些防禦能量，那麼德國的遠程轟炸部隊就可能執行一場激烈的轟炸。「這樣一來，他們就可以在沒有像樣反抗的情況下，在白日下任意進攻，如入無人之境。」

德軍日益增強的攻擊，也在大眾的眼中漸漸地具體化。前次大戰荒唐的陸戰記憶在英國人腦海中猶十分鮮明，但卻無從與這次新興的空戰與比擬。如果戰鬥發生在低空，地面上的人還可能會聽到機槍和引擎聲；如果發生在高空中，他們就幾乎什麼都不會聽到、看到。雲層往往掩蓋住人們頭頂發生的戰役；在萬里無雲的日子裡，戰機的尾跡在天幕上鏤出螺旋形和環形的花紋。

八月一個晴天，作家維吉尼亞·考爾斯（Virginia Cowles）躺在多佛附近莎士比亞崖上的草地，觀看一場大型空戰。「四周的景色十分壯觀，」她寫道，「海峽蔚藍的海水在眼前綿延，遠處可以辨認出法國海岸朦朧的輪廓。」下方是一片民房。小船和拖網漁船在港口漂流，在陽光的照耀下閃閃發光。海面波光粼粼。上空掛著二十多個巨大的灰色防空氣球，活像空中的海牛。同一時間的高空中，飛行員們正在拼個你死我活。「躺在高高的草叢裡，微風輕輕拂過你，你看著上百架銀色戰機如一大群蚊蠅般，在天空中成群飛行，」她寫道，「在你身周，高射砲顫抖著咳嗽，將細小、白色的爆裂刺向天空。」燃燒的戰機成弧線向地面拋去：「在天幕上留下長長的黑色污跡，作為它們最後的遺言。」她聽見引擎和機槍聲。「你知道，在陽光、微風和藍天之下，人類文明的命運正在你頭頂一萬五千英尺處被決定。」她寫道：「你明明知道，但即便知道，也很難領會。」

時不時地，旁觀的民眾會看到仍穿戴著飛行裝備的英國飛行員，正在招呼計程車，準備返回機坪。對於在降落時倖存的跳傘者來說，還有另一個危險：動輒開槍的的國民軍（Home Guard）[68]成員。對於德軍的飛行員來說，這項危險尤其嚴重。某次，一名德國空軍轟炸機飛行員魯道夫・蘭伯蒂（Rudolf Lamberty）與英國的防方，在空中和地面進行了非常激烈的交戰。他的轟炸機先是撞上一條由火箭射出、以小降落傘懸在空中的電纜。試圖爬升以避免進一步糾纏的過程中，他被高射砲擊中，又被英軍的戰鬥機以機槍掃射，最後在國民軍的槍林彈雨中迫降。被俘後，他還得躲避自家軍隊投下的炸彈。他活了下來。分到他中隊上的九架轟炸機中，有七架未能返回基地。

英國皇家空軍和德國空軍的數千場戰鬥，讓天空中布滿了金屬碎片——機槍子彈、防空彈片、戰機碎片，這些東西都終會落在某處。不可思議的是，它們一般無害地落入田野、森林或大海裡，卻也並非總是如此，哈羅德・尼克森的妻子薇塔・薩克維爾－韋斯特不寒而慄地意識到這一點。從他們的鄉間宅邸西辛赫斯特寄給她丈夫的一封信中，她告訴他，她發現一顆大口徑子彈射穿了他們花園棚屋的屋頂。「所以說，你看，」她責罵道，「我不是跟你說了，當他們就在我們頭頂打仗的時候要待在室內，你看我說得對吧。這都是一些是尖銳危險的東西。」

在倫敦的居民之間，越來越多的人感覺到，空襲越來越靠近市區——有什麼大

68｜譯注：英國國民軍，是二戰時的英國民兵組織，協助正規陸軍抵擋敵軍。

事要發生了。八月十六日星期五，炸彈落在克羅伊登（Croydon）外區，造成八十人死亡或重傷，破壞了比弗布魯克勳爵的兩家工廠。同一天，轟炸機襲擊了溫布頓（Wimbledon），造成十四名平民死亡、五十九人受傷。倫敦市民陷入緊張狀態。警報聲在市區裡變得司空見慣。情報部在週五的報告中表示，倫敦的居民們開始逐漸放棄德國永遠不敢轟炸這座城市的信念了。「世論調查」的日記作者奧利薇亞·科克特寫道，緊張局勢令人不快的是，「現在每個噪音聽來都像是警報或戰機」。一丁點聲響，就能讓所有人換上「那副『專心聽』的模樣」。

月光是一個具體的恐懼來源。那個星期五，八月十六日，科克特在日記中寫道：「有了這美麗的月色，我們都預料今晚會發生更多的事。」

但這並未阻止約翰·科維爾在那天晚上前往鄉間度週末，從邱吉爾指令的疲勞轟炸中尋得他急需的一陣小憩。他離開唐寧街十號，展開前往斯坦斯特德園（Stansted Park）的兩小時車程時，紅色警戒仍在施行中。斯坦斯特德園位於樸茨茅斯附近的西薩塞克斯郡（West Sussex），是第九代貝斯伯勒伯爵維爾·龐森比（V. Ponsonby, 9th Earl of Bessborough）的莊園，他的女兒莫伊拉（Moyra）和兒子艾瑞克（Eric）是科維爾的朋友。

莊園裡矗立著斯坦斯特德大宅，是一座秀麗的愛德華式三層赭紅磚樓，正面是六個愛奧尼亞石柱撐起的門廊。這座莊園的歷史價值在於，英國內戰的最後一場大戰中，國王查理二世在他的軍隊被克倫威爾鎮壓後，曾於一六五一年穿過這座莊園逃跑。附近的樸茨茅斯市是個重要的海軍基地，近來成為德國空軍最喜歡的攻擊目標。這座基地座落於將英格蘭與懷特島分隔開來的迴力鏢形海峽、索倫特海峽（The Solent）上，是負責保護商船、保衛英格蘭免受入侵的驅逐艦艦隊的母港。英國皇家空軍有一座機坪建在附近的索尼島（Thorney Island）上，被一條詭異地命名為「大深淵」的狹窄通道，隔絕於英格蘭本土之外。

科維爾抵達時，發現大宅裡只有貝斯伯勒伯爵的妻子羅勃特（Roberte）和女兒莫伊拉，艾瑞克已隨著他的軍團離開，而貝斯伯勒本人則被一顆投在火車行經的鐵道上的炸彈耽擱了。科維爾、莫伊拉和貝斯伯勒夫人只好在下人的照料下自行用餐。科維爾開玩笑說，他來這一趟的主要目的，就是「看一場偉大的空戰」。

隔天，八月十七日星期六一早，他醒來時面對的是炎熱和陽光明媚的一天，「毫無空戰活動的跡象」。他和莫伊拉在莊園的一座園子裡散步、採桃子，直到他們來到一架德國轟炸機的殘骸前。這是一架雙引擎容克斯八十八號，是德國空軍的台柱之一，它球根狀的駕駛艙位於機翼前方，看起來像一隻大蜻蜓，在空中十分容易辨認。這架戰機部分被扯裂和彎曲的機體在草地上翻了過來，露出機翼底部和起落架的一個輪子。

對科維爾來說，這是詭異的一刻。在部會職位上體驗戰爭是一回事；看見戰爭殘暴與代價的第一手證據，又是另一回事。在這任何遊客的想象中都會出現的典型英式鄉村，草場、森林與農田那向南緩緩傾斜的起伏地勢，與曾作狩獵和伐木用的中世紀森林遺跡裡，竟躺著一架德國轟炸機。這架轟炸機究竟從何而來，科維爾無法解釋。但它確實在這裡，一個外來入侵的機械，它深綠色的機體、灰色的機翼上，四處濺灑著黃色、藍色的紋章，宛若隨處盛開的野花。紋章裡，一隻白色海星在藍色盾牌的中央閃爍。這架轟炸機曾是現代戰爭一個可怕的象徵，如今卻在一片田野裡苟延殘喘，只是一座可以在回家吃飯前順道觀賞的遺跡。

很巧的是，這架飛機正是六天前下午十二點十五分左右被擊落的，從它自巴黎郊外的機坪起飛離開起，只過了四十五分鐘。一架英國皇家空軍戰鬥機在九千英尺高空攔截了它，殺了機上的無線電操作員，擊落了它其中一台引擎，導致飛機失衡、開始旋轉。就在飛行員努力重新控制這架轟炸機的同時，它解體了，機尾和後機砲滾落索尼島，機尾部分恰恰落在下方機坪操控室外面。轟炸機的本體，也就是科維爾和莫伊拉看到的部分，則掉在斯坦斯特德園外緣的園地上。這架戰機三名年齡介於二十一至二十八歲間的機組人員殉職，最小的那個只差兩週就要過生日了。第四名機組人員雖然負傷，但仍設法跳傘安全著陸，最終被俘。在這場戰爭的過程中，斯坦斯特德成了引來炸彈和墜落戰機的磁鐵，共有八十五枚炸彈和四架戰機降落在它的土地上。

週六餘下的時間裡，什麼事都沒發生。但隔天，套用科維爾的說法：「我所願得償。」

科維爾醒來，又迎來一個完美的夏日，和前一天一樣溫暖而晴朗。整個早上空襲警報都在警示著來襲，但攻擊一次也沒來，頭上的天空也沒有戰機現身。午飯後，卻出現了變化。

科維爾和莫伊拉坐在宅子裡朝南的露台上，從那裡可以遠眺索倫特島和索尼島。右側的景觀以林地為前景，在那之外，他們只能看到保護樸茨茅斯免受俯衝轟炸機低空攻擊的防空氣球。

「突然間，我們聽到了防空戰的開火聲，砲彈在樸茨茅斯上空爆炸時，我們看見一陣白煙。」科維爾寫道。天幕被炸得滿目瘡痍。左側傳來一陣逐漸逼近的戰機引擎和機槍聲，形成一道轟鳴。

「他們就在那兒。」莫伊拉喊道。

他們舉手為雙眼遮陽，瞧見二十架戰機正在激鬥，極為接近，據科維爾所說，給了兩人「看台視野」。一架德國轟炸機拖著一縷濃煙從天而降，消失在樹林之外。「有副降落傘打開了，」科維爾寫道，「然後優雅地從打轉的戰鬥機和轟炸機陣裡降落下來。」

一架俯衝轟炸機，可能是架斯圖卡，殺出了重圍，「如猛禽般盤旋著」，接著朝索尼島急遽俯衝。其他俯衝轟炸機緊隨在後。

現在，遠處傳來了強力炸彈的雷響，島上的機棚似乎著了火，濃煙如花般盛放。樸茨茅斯的四個防空氣球爆炸了，從視野中緩緩垂下。科維爾和莫伊拉在遠處透過美麗的八月薄霧看著這一切。

他們留在露台上，「非常興奮，為我們所見而興高采烈」，科維爾寫道。他估計，這場戰鬥持續了整整兩分鐘。
過後，他們打起了網球。

第33章

柏林

Berlin

週六早上，約瑟夫．戈培爾將他在柏林的例行宣傳會議重點，放在如何對他認為肯定會在英格蘭人民間不斷上升的恐懼感，進行最有效的利用。

「現在最重要的，」戈培爾在會議上說，「是盡可能地擴大無疑正在英國蔓延的恐慌情緒。」德國的祕密發射台和外語電台機構將繼續描述空襲的「可怕影響」。「尤其是祕密發射台，必須召集目擊者對他們親眼目睹的破壞提供恐怖的敘述。」他指示，這項任務還要警告聽眾，霧氣並無法保護他們免受空襲；惡劣的天氣只會使德國轟炸機無法瞄準，讓炸彈更可能落在意外的目標上。

戈培爾警告他的國內外新聞單位負責人，英國人可能會利用德軍轟炸行為造成老人和孕婦死亡的故事，來喚起世界的同情，必須為此做好準備。他的新聞負責人必須準備好，運用一九四〇年五月十日德國弗萊堡空襲中喪生的兒童照片，以立即反制這些說辭。他沒有告訴與會眾人的是，那次導致二十名兒童在操場上喪生的空襲，其實是德國轟炸機組員以為他們襲擊的是法國城市第戎(Dijon)而誤執的。

希特勒依然不許轟炸機襲擊倫敦市區。戈培爾說，這樣做的主要目的是要把英國人逼上絕境。「我們必須繼續強調，目前的攻擊，不過是即將展開的戰事預演而已。」

第34章

老人河

Ole Man River

要讓下議院接受英國基地換美國驅逐艦的協議，又一次令邱吉爾如鯁在喉。他提議將這筆交易包裝為兩國互助的自發結果，羅斯福拒絕了。根據美國國務院的判斷，美國的中立法讓他們「完全不可能」自發地贈送驅逐艦或其他任何禮物。必須要有某種以物易物的交易，才能過關。

這筆交易是不可能取消的。英國的海上損失不斷增加。在過去的六週裡，又有八十一艘商船被德軍的潛艇、水雷和戰機擊沉。而這不過是一場迅速擴大的世界戰火其中一個舞台而已。現在，德國空軍非常明顯地正在對英國皇家空軍發動全面戰爭。同樣顯而易見的是，儘管英國皇家空軍在空中取得了成功，但德軍突襲的強度和波束導航帶來的精確度，已經開始對英國空軍基地和比弗布魯克勳爵的戰機工廠網路造成嚴重破壞了。德軍的入侵看來不僅可能，而且還迫在眉睫，這樣的未來是如此真實，以至於如果抬頭看見德軍的傘兵飄過特拉法加廣場上的納爾遜紀念圓柱，也沒有人會詫異。市民們帶著防毒面具上教堂，也開始戴上標明身分的金屬小盤手鏈，以防自己被炸成無法辨認的碎片。民防小手冊寄到家家戶戶的信箱中，裡頭描述著如果裝甲坦克出現在附近時該如何應對。其中一個應對訣竅是：將撬棍插進坦克的鋼製胎鏈與導輪的交接處。

別無選擇的邱吉爾接受了羅斯福的立場，但決定用他自己的方式向議會和社會大眾陳述這筆交易。他計劃就「戰情」發表一場冗長的演講，並將他對這份協議的首次正式說明安排在內。八月十九日星期一的整個下午，他都在準備這場演講。

閱讀講稿的草稿時，約翰・科維爾意識到他曾聽過一些片段，邱吉爾早在日常談話中就測試過一些點子和語句了。他還將一些詩和聖經的段落收集在一份特殊的「要用就有」文件中。「看著他花費數週去孕育一些語句或一行詩，然後在演講中讓它們誕生，」科維爾寫道，「感覺很特別。」

隔天星期二早上，邱吉爾又對講稿做了一些微調，注意力卻被騎兵衛隊閱兵場上，工人忙著施工鞏固內閣戰情室（後來稱為邱吉爾戰時辦公室）的敲打聲打斷。上午九點，他下令科維爾找到聲源並加以制止。「這幾乎是日常投訴了，」科維爾寫道，「這肯定會大大推遲為了保護白廳而採取的工程措施。」

每天都會出現阻礙比弗布魯克勳爵達成生產目標的新障礙。德軍潛艦擊沉了裝載重要零件、工具和原材料的船隻。炸彈落在工廠上。受驚的工人們紛紛辭職。警報誤響害得工廠停工數小時。意識到這一切的德國空軍，經常派出獨行的轟炸機到廠區上空觸發空襲警報，不斷激怒比弗布魯克。現在，就連上帝也威脅著要打亂他的計畫。

八月二十日星期二，英格蘭教會（Church of England）提議關閉所有軍火工廠，以迎接將於三週後舉行的全國祈禱日，也就是一九四〇年九月八日星期日，以紀念戰爭爆發一周年。（上一次的全國祈禱日是在五月二十六日舉行的，當時英國軍隊幾乎要在敦克爾克被殲滅。）教會希望給所有工廠工人一個上教堂的機會。教會報紙編輯赫伯特·厄沃德（Herbert Upward）在給首相的信中寫道：「我們認為這麼做的話，實質上的損失很小，精神上的收穫卻是無法估量的。」

邱吉爾拒絕全面停工，但同意工廠應該在那個週日重新安排他們的班表，讓工人們在早上或傍晚有時間上教堂。這激怒了比弗布魯克。「我們已經有很多干擾要應付了。」他向邱吉爾抱怨道，並提起了他常受到的折磨：空襲、空襲警報和前工會發起人暨勞工部部長厄內斯特·貝文。「我非常希望這些麻煩不要再被宗教搞得更糟。」

但是，他寫道：「既然軍火廠的工人和其他人一樣，都該有機會祈禱戰勝敵人，也許可以把神職人員帶到工廠，而不是讓工人去教堂。

「這樣的決策將確保祝禱的參與更加廣泛，也不會影響祈禱的效力。」

倫敦八月二十日星期二，下午三點五十二分，在下議院因八月的暑熱而昏昏欲睡之前，邱吉爾開始了他的「戰情」演講。他完全沒有提到驅逐艦，只提到了租約，將一切描述為英國政府的一項善舉，以解決羅斯福對美國在北大西洋和西印度群島安全的擔憂。照邱吉爾的說法，這紙租約不過是幫助朋友和未來潛在盟友的一次寬宏慨行。「當然，這當中不涉及任何主權轉讓問題。」邱吉爾向下議院保證。

至於租約的報酬，他表示，這份報酬對英國實際上的價值，比合約細節起初顯示的益處遠遠更大。他把這比喻為一枚綁定英美兩國利益的海上訂婚戒指。「毫無疑問地，」他說，「這個過程意味著，大英帝國和美國這兩大英語系民主政體，為了共同和普世的利益，將不得不在某些事務中合為一體。」

他告訴下議院，他對此毫不「懷疑」——這句話其實語帶玄機，因為他最想要的便是美國完全、徹底地捲入戰爭中，若美國能以一個羽翼豐盈的戰友身分參戰，是最理想的。他說，即使他的確有所顧忌，兩國的關係也會持續纏繞在一起。「即使我想，也無法阻止它；沒有人能夠阻止它。就像密西西比河（the Missisippi）一樣，川流不息。讓它流吧，」他說，結束了隆隆的演講，「就讓這水勢氾濫成勢不可擋、無以抗拒、滋潤萬物的洪水，朝更廣闊的土地與更美好的未來漫去吧。」

邱吉爾對演講感到滿意。在返回唐寧街十號的整個車程中，他意氣風發卻有些走音地唱了〈老人河〉（Ol' Man River）。

然而對科維爾來說，這次的演講似乎少了邱吉爾一直以來的氣魄。「總體而言，除了裡頭零星的亮點外……這場演講聽來有些枯燥，而不習慣在八月開會的下議院也意興闌珊。」科維爾指出，引起議員們最大興趣的，只有關於島嶼基地的收尾部分。

然而，儘管內容對英國皇家空軍的成就多所吹捧，邱吉爾在這場演講裡，卻也呈現了被後世譽為演說史上最有力的時刻之一——正是邱吉爾在上週激烈的空戰中，在車上對巴戈．伊斯梅嘗試的台詞：「如此小卒迎戰如此大軍，卻取得了這樣大的勝利，這在人類的戰鬥史上是從未有過的」。如同那個時代許多其他的日記作者，科維爾在他的日記中並未提及這句台詞。他後來才寫道，「當時它並不太打動我」。

對科維爾來說，若要說值得寫進日記的內容，是那天晚上他與年輕女子奧黛麗·佩吉特（Audrey Paget）在一家名為蜜拉貝兒（Mirabelle）的餐廳裡共進晚餐。隨著他與蓋伊·馬格森結婚的夢想逐漸黯淡，儘管奧黛麗年僅十八歲，卻開始越發吸引他的注意。讓這場新燃的情愫更加麻煩的是，奧黛麗是昆伯勒勳爵（Lord Queenborough，勿與貝斯伯勒勳爵混淆）的女兒，他是一名具有法西斯傾向的保守派國會議員。他被視為一個悲劇人物：他一直渴望有一個兒子，但在第一段與一位美國女性的婚姻中，只生了兩個女兒；他的第二段婚姻對象又是一個美國人，又給他帶來了包含奧黛麗在內的三個女兒，用科維爾的話來形容，都「超群地漂亮」。他們的母親伊迪絲·斯塔爾·米勒（Edith Starr Miller）似乎是昆伯勒勳爵的良配。作為反猶太主義者，她自詡為「國際政治調查員」，寫了一本長達七百頁、名為《神祕的神權政治》（*Occult Theocracy*）的書，試圖揭露猶太人、共濟會、光明會（Illuminati）等「滲透、支配並摧毀所謂的上層階級與所有階級中較優秀者」的國際陰謀。

對於沉迷這位年輕女子美貌的科維爾而言，這一切似乎都無關緊要。在他的日記中，他描述奧黛麗：「非常吸引人，她對生活的熱情和享樂的熱愛令人耳目一新。她話很多，儘管非常『純真』，但她顯然並不笨。」他在別處記錄道，她同時也「漂亮得誘人」。

八月二十日星期二那個異常溫暖的夜晚，科維爾很高興地與奧黛麗單獨共進晚餐，卻一度被《星期日泰晤士報》(*Sunday Times*)的老闆凱姆斯利勳爵(Lord Kemsley)打斷了，他在他們的餐桌旁停下，什麼都沒說便遞給科維爾一根巨型雪茄。

晚飯後，科維爾帶著奧黛麗去查令十字路上的溫德姆劇院(Wyndham's Theater)看了一部滑稽諜報驚悚片，《木屋出租》(*Cottage to Let*)。他們又前往一家名為出走(the Slippin)，的夜總會，為這個夜晚作結，但結果卻不如所願。科維爾覺得它「空虛、無聊又骯髒」。

但他被奧黛麗迷住了。「我們比任何時候都更肆無忌憚地調情，甚至一度好像超越了調情的範疇。我對於犯下蘇格拉底深受譴責的罪行[69]，感到有點良心不安。」他指的是，奧黛麗比他年輕太多了。

科維爾當時二十五歲。

69｜譯注：古希臘盛行「純潔的少年愛」，成年人與青少年發生戀愛、性行為廣為當時社會所接納，而蘇格拉底被視為鼓勵此種社會關係的代表人物之一。

第35章

柏林

Berlin

八月二十日星期二，在柏林，對於德國空軍尚未兌現赫爾曼·戈林在空中壓制英格蘭的承諾，希特勒表示失望。他對總部人員說：「依目前的情況，要讓英格蘭在一九四〇年內潰敗，我已經不敢想了。」但他也沒有取消目前定於九月十五日入侵英格蘭的海獅行動。

戈林仍相信單憑他的空軍就能讓英格蘭屈服，怪罪自家的戰鬥機中隊缺乏保護轟炸機部隊的勇氣和能力。週二，他命令將領們藉「無止息的攻擊」來一舉了結英國皇家空軍。但在希特勒特意聲明下，倫敦市區仍舊是碰不得的。

接下來的幾個晚上，戈林的轟炸機和戰鬥機在英格蘭上空發動了數千次出擊。無數戰機從四面八方飛來，甚至幾度影響英格蘭沿海雷達網路以及英國皇家空軍追蹤器的能力，讓他們難以準確地派出部隊迎戰。

然後，在八月二十四日星期六晚上，發生了一個注定要改變整個戰爭性質的導航疏失。在研究英國戰爭領域具領導地位的歷史學家貝索·寇利爾（Basil Collier）認為，正是這個「稍微粗心」的時刻，將世界勢不可擋地推向了廣島核爆。

第36章

下午茶時間

Tea Time

但在那之前，還是得先來杯茶，這正是教授此刻集中注意力的對象。

他的仇家總把他塑造成一個生命中毫無溫暖與同情心的統計魔人。事實上，他經常對員工和陌生人出手相助，卻寧可隱瞞自己在這些善舉中扮演的角色。某次，他替他實驗室裡一名年輕女員工支付了醫療費用，這位員工在燈火管制期間的上班途中，騎著自行車摔進了洞裡，導致顱骨骨折。聽到慈善組織說有位年長的退休護士「遭逢不幸」，他便為這位女士籌了養老金。他對他的近侍哈維（Harvey）尤其慷慨。有一次，林德曼送了他一台摩托車，卻因為太擔心哈維會出車禍受傷，又送了一輛汽車來代替。

他也會憂國憂民。儘管他很不近人情，又熱愛精緻物品（他的大型車、巧克力、羊毛大衣……等等），但在戰爭中也經常展現對平民的關懷。正因如此，他在那年夏天向邱吉爾上了書，反對食品部將茶的配給量減少到每週僅供應兩盎司。

治療戰爭創傷的唯一萬靈丹，就是茶。這是唯一幫助人們撐下去的東西。空襲中、空襲後，以及從斷井殘垣中搬回屍體的空檔，人們都會泡茶。是茶支持了由三萬名觀測員組成的網路，他們在上千個觀測哨裡監測飛過英格蘭上空的德國戰機，所有觀測哨都備有茶和茶壺。流動食堂的水龍頭裡流出來好幾加侖蒸汽氤氳的茶。在政宣片裡，泡茶成為了持續奮戰的視覺隱喻。「茶在倫敦生活中，具有近乎魔法般的重要地位，」

一項戰爭期間針對倫敦的研究顯示：「喝一杯安神茶似乎確實能幫人們在危機中振作起來。」茶水如河流般，流過「世論調查」的無數日記。「空襲的一大麻煩就是，」一位女性日記作者抱怨道，「人們除了泡茶之外什麼都不做，還期望你去喝它。」茶是每一天的主旋律。儘管據傳邱吉爾說過茶比彈藥更重要，但在下午茶時間，他本人卻從未真正喝過茶。他更偏好威士忌和水。茶是安慰，也是歷史，但最重要的是，它是英國的文化。茶在，則英格蘭在。但如今，戰爭和隨之而來的嚴格配給制，威脅著要動搖這個最為日常的支柱。

教授看見了危機。

「兩盎司的茶葉配給量明智與否，值得懷疑。」林德曼在給邱吉爾的備忘錄中寫道，「很大一部分的人，包括所有獨力掌管家務的工人階級婦女和女傭等等，都完全依賴茶作為提神劑。說茶是他們的主要享受，都還低估了它；茶是他們唯一的享受了。」

他寫道，這些人習於隨身攜帶茶壺，每隔幾個小時就泡杯茶來喝。「頻繁的空襲警報，」他寫道，「可能會增加人們的依賴。」他警告，限制這樣的享受可能會產生深遠的影響：「戰爭中受害最深的，正是這個階級。物價的高漲和物品稀缺直接衝擊到他們。燈火管制和疏散在某些情況下，對他們造成進一步的困難。戰爭期間，他們也沒有新的興趣或日常瑣事外的起伏變化。」

這類愛茶人也是「我國教育程度最低、擔負最少責任的人」，林德曼寫道：「自由民主對他們幾乎沒多大益處。他們可以老實說——他們也確實經常這麼說，即使希特勒掌權，對他們也沒有任何影響。」

茶可以支撐士氣。「如果這整個階級都徹底失去信心，可能會感染到他們的男性同胞並破壞士氣，尤其如果激烈的空軍轟炸讓他們比目前更受折磨的話。」

這一次，儘管林德曼與邱吉爾關係密切，他依然沒有成功。茶葉配給量最終調高到每週三盎司，這個數字將一直維持到一九五二年。

與此同時，人們將用過的茶葉曬乾再回沖。

第37章

迷航的轟炸機

The Lost Bombers

八月二十四日星期六晚上，一支德國轟炸機編隊迷失了方向。他們原定的目標是倫敦東部的戰機工廠和油庫，機組人員以為他們此刻正盤旋於此。事實上，他們在倫敦市區上空。

英國皇家空軍從這些戰機飛離法國那一刻就開始追蹤，卻無法阻止它們。截至此時，英軍還沒找到能在天黑後有效攔截入侵者的手段。陸面雷達可以將英軍的戰鬥機引導至德軍轟炸機的大致位置，關於來犯者的飛行高度，提供的細節卻不甚精確，也無法確定來襲的只是一架轟炸機，或是二十架機隊中的一架。從系統偵測到敵機，再到英國戰鬥機指揮部的操控員定出它的座標，已過了約四分鐘，在這段時間裡，敵機將很可能早已越過海峽、飛到不同的高度了。飛行員必須要看到他們的目標才能進行攻擊。英國皇家空軍一直在努力改裝戰機、裝備實驗性的空對空雷達，以適應夜間作戰，但到目前為止都徒勞無功。

研究人員也競相尋找干擾和彎曲德國導航光束的方法。第一部干擾器是粗略改造醫療設備而來的，原裝置用於透熱療法中，以電磁能治療各種疾病。到了八月，這又被更有效的干擾器取代，英軍也發明了用於遮蔽德國信標的系統（也就是「假象雷達干擾」），藉由發出二次輻射來迷惑或轉移跟隨這些波束的轟炸機。不過這些方法才剛剛開始展露可實際應用的希望。除此之外，英國皇家空軍只能依靠防空氣球和由探照燈引導的高射砲了。此時的槍砲也近乎可笑地瞄不準。一項英國空軍部的研究很快就發現，每射出六千發砲彈，只有一架敵機被擊落。

隨著轟炸機的逼近，倫敦全市都開始響起警報聲。美國哥倫比亞廣播公司(Columbia Broadcasting System, CBS)的新聞廣播記者愛德華・默羅(Edward R. Murrow)，在聖馬田教堂的台階上展開了現場轉播。他以低沉的聲音、沉著的語氣說：「這裡就是特拉法加廣場。」他告訴聽眾，從他的所在地看出去，能夠看見納爾遜紀念圓柱和在它頂部的海軍上將雕像。「您現在聽到的就是防空警報的聲音。」他說。遠處亮起了一盞探照燈。接著又亮了一盞，這次比較靠近，就在納爾遜雕像後方。默羅停下來，讓聽眾聽見警報聲令人不寒而慄的、此起彼落的哭嚎是如何填滿了夜晚的音場。「拐彎處來了一輛紅色大巴士，」他說：「雙層的那種。只亮了上層座位的幾盞燈。在如此黑暗中，它看起來活像一艘在暗夜裡航行的船，只能看見舷窗。」

另一輛巴士經過。亮起了更多的探照燈。「你看，它們會直直射向空中，偶爾它們照在一片雲上的時候，光線就好像在雲的底部濺灑開來。」一個交通號誌轉紅，燈泡上安裝了十字形的擋光片，在這樣的遮罩下，幾乎看不到燈光。難以置信的是，在這種情況下，車輛還是順從地停下了。「讓我沿著這些台階，悄悄走進這片黑暗中，看我能不能捕捉到人們路過的腳步聲，」默羅說：「這些日子裡，或者更確切地說，在這些漆黑的夜晚裡，在倫敦能聽到的最奇怪的聲音之一，就是街道上的腳步聲，像穿著鋼鞋的鬼魂似的。」

警報聲在廣播背景裡不斷升高又降低，最後終於消失了，倫敦留心著等待解除警報的信號聲響起。在轉播期間，默羅沒有看到或聽到任何轟炸，但就在他所在地以東，炸彈開始落在倫敦市中心的街區。有一顆損毀了位於克里普門（Cripplegate）的聖吉爾斯教堂（St. Giles Church），其他的則落在斯特普尼（Stepney）、芬斯伯里（Finsbury）、托特納姆（Tottenham）、貝斯納爾綠地（Bethnal Green）和其他鄰近社區。

這次攻擊造成的損害微乎其微，傷亡很少，卻在整個城市散播了恐懼的顫慄。英格蘭並不知道，這些炸彈是誤投的，悖離了希特勒的明確指令。週日清晨，戈林便向相關的轟炸機聯隊發了一則憤怒的訊息，表示：「立即回報在倫敦禁區投擲炸彈的是哪些機組人員。最高指揮官（也就是戈林本人）將重召相關將領回步兵營中，並保留個人懲處權。」

對倫敦市民來說，這次襲擊似乎預示著戰爭的新階段。對「世論調查」的日記作者奧莉薇亞．科克特來說，這讓人聯想到在前方等待著他們的新一輪恐怖。「我壓抑了對可怕未來的恐怖幻想：下水道和水管毀了、暖氣沒了、不敢喝水（傷寒），然後是盤旋戰機施放的毒氣，無處可逃。恐懼有無限種可能，它在夜裡專注聆聽警報的時候揮之不去。」

她的焦慮不斷攀升。「每當汽車換檔，或當有人跑了起來，或走得很快，或突然站住不動，或把頭歪向一邊，或者抬頭盯著天空，或說『噓！』，或響起哨聲，或門被風吹得砰砰作響，或蚊子在房裡嗡鳴，我的心跳就會漏一拍。綜合來看，我的心臟沒跳動的時候，可能都比跳動的時候多！」

週六晚上對倫敦的突襲激怒了邱吉爾，但也減輕了他因無法採取攻勢、將戰爭帶往德國本土而日益增長的挫敗感。英國皇家空軍已經轟炸了魯爾河沿岸和其他地方的工業與軍事目標，但這在物資損害和人民心理方面的影響很小。德軍襲擊倫敦正好給了他一直在等待的擋箭牌，也就是襲擊柏林市區的正當理由。

第38章

柏林

Berlin

隔天夜間十二點二十分，柏林人震驚地聽見空襲警報在整個城市中響起，英軍轟炸機嗡嗡飛過他們頭頂，如此畫面是他們的領導人保證過不可能發生的。高射砲射出了防空砲彈，撕裂天空。「柏林人都嚇呆了，」通訊記者夏勒在隔天的報導中寫道，「他們不覺得這會發生。這場戰爭開始時，戈林向他們保證不會的。他吹噓說，沒有敵機能突破首都的內外環空防。柏林人既天真又單純。他們相信了他。」

這次突襲只造成了輕微的破壞，無人死亡，卻造成了宣傳部部長約瑟夫·戈培爾的新一波挑戰。他在上午的會議中告訴與會者，「最荒謬的謠言」已經流傳開來。其中一個廣傳的謠言說，英軍轟炸機上的塗料不知怎麼的，能讓它們在探照燈下影行，否則他們是怎麼不被擊落、直搗柏林的呢？

戈培爾指示，要用「明確的聲明」來反制謠言，詳細說明這次的損害有多少。他還主張採取更有力的行動：「黨將採取非官方措施，以確保對隱身於善良民眾中的造謠者進行嚴正的處理，必要時亦可以使用非常手段。」

第39章 啊，青春哪！

Ah, Youth!

希特勒肯定會進行報復，鑒於德國對大規模襲擊的偏愛，這次反擊很可能是一波大的行動。因此，當空襲警報在緊接著的八月二十六日星期一早上的倫敦響起時，邱吉爾命令約翰．科維爾和唐寧街十號的所有人，都躲進官邸的防空洞。

事實證明，警報僅是虛驚一場。

邱吉爾知道英國皇家空軍計劃當晚襲擊萊比錫，但萊比錫對他來說是個無聊的目標。他打電話給空軍參謀長西里爾．紐沃爾爵士，表達了他的不滿。「既然他們已經開始騷擾首都了，」邱吉爾告訴他，「我就要你狠狠揍他們一頓。柏林就是他們的痛點。」

那晚，警報聲再次在倫敦響起，當時科維爾正和一位擔任國王衛隊成員的朋友一起，剛在對方位於聖詹姆斯宮（St. James Palace）的房間吃完晚飯。男人們抽起了雪茄，一個風笛手繞著桌子，邊走邊演奏著〈斯凱島船歌〉（Speed Bonnie Boat）[70]。聽到警報聲，男人們冷靜地壓熄了雪茄，移動到宮殿的防空洞，在那裡脫下用餐時的藍色正式服裝，換上了「戰鬥服」和頭盔。

沒有炸彈落下，但警報仍持續響著。科維爾最終離開並回到了唐寧街十號。一直到凌晨十二點三十分，警報解除的信號都未響起。科維爾時不時聽到戰機引擎聲和高射砲的尖銳聲響。仍然醒著、生龍活虎的邱吉爾再次命令他的下屬躲進防空洞，但他

70｜譯注：〈斯凱島船歌〉原名爲 The Skye Boat Song，是流傳於蘇格蘭高地的傳統民謠，歌詞經過多次改編，這首民謠原版歌詞的首句是「趕緊啊、美麗的小船」（Speed, bonnie boat）。此歌與風笛均爲蘇格蘭的代表文化。

本人卻繼續工作，連同科維爾、教授和其他幾位官員和祕書一起。

一度發覺自己罕見地無所事事，科維爾走進了官邸後方圍牆內的花園。夜色柔和，溫暖的城市升起薄霧，瀰漫在他周圍。探照燈將蒼白的光杜射進遙遠的雲層深處。德軍只來了幾架戰機，依然沒投下炸彈，但僅僅是幾架敵機的存在便閉鎖了這座城市。這讓一切異常地寧靜。「我站在花園裡，聽著大笨鐘的午夜鐘響，看著探照燈投射的光，想著倫敦異於往常的寂靜。一點聲音也沒有，也幾乎沒人敢呼出一口氣。然後，突然間，引擎的噪音和遠處槍擊的閃光傳了過來。」

邱吉爾換上睡衣，戴著頭盔、穿著科維爾口中「特別華麗的金龍睡袍」下了樓。他也進了花園，燃燒般金色的粗圓身影在那兒來回踱步了一陣，才終於下樓到防空洞過夜。

那一晚邱吉爾睡得很好，甚至在凌晨三點四十五分警報解除信號響起時，都沒有醒來。他總能睡得很好。隨時隨地都能睡著的能力是他的特殊天賦。巴戈・伊斯梅寫道：「他的頭一沾到枕頭就陷入沉睡的能力，百聞不如一見。」

和倫敦的許多其他人一樣，科維爾在第一波警報響起後好不容易睡著了，卻又被警報解除信號那穩定的單音號叫吵醒了。科維爾寫道：「這就是夜間空襲的雙重打擊。」

概括而論，目前民間士氣仍然高漲，至少郵務審查單位一份攔截檢閱寄往美國和愛爾蘭的郵件的研究如此顯示。這份八月三十日星期五釋出的報告中，引用了一名北溫布利的寄件人所寫：「就算給我一大筆錢，我也不想逃去除了這裡之外的世界其他任何地方。」審查員宣稱他們發現了一個矛盾的局面，「在受轟炸最嚴重的地方，士氣反而最高」。然而在注意到這點後，審查員的報告採取了明顯較為苛刻的基調：「關於睡眠不足的抱怨頗為普遍，但寫到自己精神狀態受損的似乎都是平常就很不勇敢的人，而多數提到孩童恐懼的情況，似乎都是母親的問題。」

但目前為止，倫敦和其他大城市的平民區基本上毫髮無損。

前一天晚上，英國皇家空軍對柏林發動了第二次突襲，殺死了第一批柏林人。死者總共十位，另有二十一人受傷。

＊＊＊

就在倫敦準備迎接希特勒報復的同時，瑪麗・邱吉爾正和母親在朋友茱蒂・蒙塔古家的鄉間宅邸，布雷克勒斯莊園，享受溫暖夏夜的平靜，而瑪麗將在那裡繼續待上幾個星期。克萊門汀則打算不久後回到倫敦。

瑪麗在她的日記中記錄道，在這裡，在諾福克郡塞特福德森林（Thetford Forest）邊緣的這片農地、一百零二英畝的田疇、曠野和松林之中，空戰的那些炸彈和戰機廝殺顯得特別遙遠。這座宅子本身的歷史可以追溯到一五〇〇年代中期，據說一縷美麗的幽魂會不時乘著一輛由四匹馬拉著的馬車來訪，任何回望她的人都會立即死去。茱蒂和瑪麗這兩位女孩在這裡騎自行車和馬、打網球、游泳、看電影，和附近英國皇家空軍基地的飛行員們一起跳舞，偶爾帶著他們回來，在乾草棚裡「擁吻」，這一切的一切都讓瑪麗某天不禁在她的日記裡呼喊：「啊，『青春哪——青春哪！』」

茱蒂的母親維內西雅，努力想藉各種有內涵的活動來平衡兩位女孩們這段夏日的頹廢。她給她們讀了珍．奧斯汀（Jane Austen）的作品，還把瑪麗和茱蒂比作《傲慢與偏見》（*Pride and Prejudice*）裡的凱蒂（Kitty）和莉迪雅．貝內特（Lydia Bennett）[71]那一類「戀愛腦女孩們」，如瑪麗事後所寫的那樣：「總想著去麥里頓（Meryton）看當地來了哪些軍團！」

女孩們決心學習威廉．莎士比亞的十四行詩，一天背誦一首。這項任務失敗了，不過瑪麗在幾年後仍能背出幾首。

戰爭不時闖入鄉間的安寧中，比如她父親打電話告知她的最新情況中，德軍襲擊多佛海峽上的拉姆斯蓋特，摧毀了七百個家庭。這場突襲特別激烈，短短五分鐘內落下了五百顆強力炸彈。這個消息對瑪麗來說十分震撼，她寫道：「在這裡，儘管有空中活動，但在這樣尤為美好的日子裡，人們幾乎把戰爭都給忘了。」

這則消息加劇了她在布雷克勒斯莊園的生活與龐大戰爭現實之間的不協調感，使得她在九月二日星期一寫信給她的母親，請求允許她返回倫敦的家。「在這裡，我耽溺於逃避現實，」她寫道：「很長一段時間以來，我渾然忘了戰爭的存在。即使我們和飛行員在一起，也會忘記——因為他們太快樂了。」日記中也寫道，在整個歐洲有數百萬人「挨餓、失去至親並痛苦著」的情況下：「不知怎麼說，但我這樣很不對。可以讓我盡快回到妳和爸爸身邊嗎？那些空襲真的嚇不了我。我非常關心戰爭和一切，所以我

71｜譯注：《傲慢與偏見》中，凱蒂和莉迪雅是貝內特姐妹中最小的兩位，經常在無人陪同的情況下，偷跑到作者虛構的城鎮麥里頓，和軍官們調情、談戀愛。

想要感覺自己也置身險境，而非事不關己。」

她雙親則有不一樣的看法。「妳這樣說，讓我很高興妳在鄉間度過了愉快又無憂無慮的時光，」克萊門汀在回函中寫道，「妳不應該為此感到內疚。悲傷和低落的情緒又幫不上什麼忙。」

她告訴瑪麗唐寧街十號自週六晚上襲擊事件以來的生活。「我們已經對空襲警報頗司空見慣了，妳回來的時候會在防空洞裡發現一個舒適的小鋪位。總共有四個，一個是爸爸的，一個是我的，一個是妳的，一個是帕梅拉的，」她指的是帕梅拉．邱吉爾，目前懷孕八個月，「最上層的很難爬上去。我們已經在那裡過了兩夜，因為『解除警報』聲響時我們已經睡著了。在那裡，妳什麼也聽不見。」

克萊門汀在這封信中稱瑪麗為「我親愛的鄉間小鼠」，無疑無助於減輕她的罪惡感。

某次造訪附近的英國皇家空軍基地，讓瑪麗的痛苦變得愈發劇烈。那天，她們進行了平常那些活動，吃午餐、打網球、喝茶，但接著卻發生了「整個下午的重頭戲」，參觀布倫亨氏轟炸機。

「這很刺激，」她寫道，又補充，「這也讓我覺得自己很沒用。我永遠無法身體力行地表達我對英格蘭的愛——因為我是一名女性。我強烈地想要駕駛戰機，或者為了我完全相信並深愛的事物付出所有。」

她寫道，然而：「我只能封上這封信，做些辦公室文職，然後過著安逸的、幸福生活。」

鑒於德軍極有可能攻擊倫敦市區，美國大使喬瑟夫．甘迺迪撤守了。令倫敦許多人不齒的是，他開始在他的鄉間住宅中處理大使事務。外交部內開始流傳一個笑話：「在遇到喬．甘迺迪之前，我一直以為我的水仙花是黃色的呢。」72

外交大臣哈利法克斯認為這個玩笑「雖不友善，但很適當」。某次德軍突襲幾近摧毀了甘迺迪的家一事，令哈利法克斯獲得了某種程度上的滿足。哈利法克斯在八月二十九日星期四的日記中，說這是「給喬的懲罰」。

比弗布魯克勳爵累了。他的哮喘病一直困擾著他，而他也一如既往地惱火不已。他惱怒的是，空襲警報奪走了工廠無數的工時，德軍轟炸機彷彿可以隨意來去，一顆炸彈就足以摧毀數天的生產。不過，儘管有這重重障礙、儘管他的工廠每夜都受到德國空軍的襲擊，他的製造和搶修帝國仍在八月份成功生產了四百七十六架戰鬥機，比參謀長之前預計的總數多了近兩百架。

為了避免邱吉爾無意間忽略了此一壯舉，比弗布魯克在九月二日星期一致信給他，使他不要忘記自己的功績。他還藉機對這些成就背後的掙扎表露了一定程度的自哀自憐，以美國民間靈歌的歌詞在字條裡收尾：「『無人懂得我所見所遇』。」

作為答覆，邱吉爾隔天退回了比弗布魯克的字條，在下方隨手寫下了三個字，反

72｜編按：「Yellow」一詞在英語中有多重意涵，根據語境可引申爲「懦弱、膽小」之意。

駁：
「我懂啊。」

第40章

柏林與華盛頓

Berlin and Washington

英軍對柏林的襲擊確實激怒了希特勒。八月三十一日星期六，他褪去先前的不情願，命令空軍司令戈林開始準備襲擊倫敦市區。希特勒指示，這次攻擊是為了降低敵人的士氣，同時仍需將注意力集中在具有戰略價值的目標上。他目前還不想引起「大規模的恐慌」。其實希特勒和任何人都明白，由於炸彈投放一直以來都不精確，對倫敦市內戰略目標的襲擊，根本無異於直接針對平民區。

兩天後，戈林向德國空軍發號施令。他又一次預見了一場規模非凡、能讓邱吉爾投降或趕他下台的災難性突襲。戈林渴望對羞辱他麾下空軍的英軍進行報復，眼下終於有機會可以對英國首都鬆綁他機隊的全副實力，令他感到高興。這一次，他會讓英國臣服。

戈林預備好空襲倫敦，並繼續為入侵英格蘭做準備的同時，這場衝突的升溫卻愈發令希特勒的副手魯道夫·赫斯感到擔憂。希特勒期望以某種方式讓邱吉爾的內閣垮台，直到現在，赫斯都未能讓這個願望取得任何進展。赫斯覺得，這兩大帝國的直接衝突是種根本上的錯誤。

八月三十一日，他會見了一位朋友兼精神導師卡爾·豪斯霍弗教授（Prof. Karl

Haushofer）。這位教授是一位著名的政治學者，他的理論雖為希特勒的世界觀提供了基礎，但他的私生活卻置之於危險境地：他的妻子是半個猶太人。為了保護豪斯霍弗的兩個兒子，赫斯不顧自己對猶太人的厭惡，宣布他們都是「榮譽上的雅利安人」。

赫斯和豪斯霍弗談了九個小時，期間赫斯提醒他的朋友，德國入侵英格蘭的可能性越來越大了。兩人討論了透過英籍的中間人向倫敦提議和談的想法，這個中間人必須與邱吉爾內閣成員中的綏靖主義者有密切的聯繫，才能引發議會對首相的反抗。

會面三天後，豪斯霍弗教授寫了一封字斟句酌的信給他的其中一子，阿爾布雷希特（Albrecht）。阿爾布雷希特是希特勒和赫斯的重要顧問，也是一個英語流利的親英派。老豪斯霍弗表達了他對入侵迫在眉睫的擔憂，問他的兒子能否安排與某位具影響力的中間人在某個中立地點會面，以討論避免與英國進一步衝突的方法。他知道他的兒子與一位位居要職的蘇格蘭人漢密爾頓公爵（Duke of Hamilton）交好，於是建議從他下手。

事到如今，必須迅速採取行動了。「如你所知，」豪斯霍弗教授寫道，「對付那座島的猛烈攻擊已經箭在弦上，最上頭的人只消按下一個按鈕，戰爭就會爆發。」

在美國，美國國務院的一名律師提出了一項妥協方案，讓邱吉爾和羅斯福都能以他們認為最適合各國同胞的方式，描繪以驅逐艦換基地的協議，為這場安排清除了最後一道障礙。

他們將把紐芬蘭和百慕達基地的租借，歸類為英國自承「協防美國國安的同情善意」而贈予的禮物。其餘基地的租賃，則將作為交換驅逐艦的報酬，但任何特定資產均不具現金價值，從而限制了雙方計算得利多寡的機會。這樣一來，雖然美國很明顯地在這場交易中得利較豐，但批評者仍然無法透過扎實的數據，輕易地證明雙方利益的差距。美國媒體盛讚這是他們總統的一大轉型，美國自詡為一個善以商業模式行事的國家，這樣獲益良多的交易正中他們下懷。據《路易斯維爾信使日報》（*Louisville Courier-Journal*）所述：「自印第安人以價值二十四美元的貝殼串珠和一瓶烈酒為代價出售曼哈頓島以來，我們沒進行過比這更划算的交易了。」

九月二日星期一，英國大使洛錫安勳爵和美國國務卿（secretary of state）科岱爾·荷爾（Cordell Hull）簽署了這份協議。兩天後，第一批共八艘的驅逐艦就停泊在了哈利法克斯港，此時它們的英國新船員才開始意識到，要讓這些驅逐艦能夠出海的準備工作量有多大，更不用說上場戰鬥了。誠如一位美國軍官所說，它們的船殼薄到幾乎「無法阻擋海水和小魚」。

然而對邱吉爾來說，很大程度上，這些驅逐艦的品質無關緊要。海軍出身的他想必知道這些船艦太老舊了，起不了多大作用。但更重要的是，他引起了羅斯福的注意，或許推了一把、讓他更接近全面參戰。不過，羅斯福會擔任總統多久，是個懸而未決的問題。美國總統大選將在兩個月後的十一月五日舉行，邱吉爾殷切希望羅斯福能獲勝，但這個結果卻是完全說不準的。九月三日發布的蓋洛普民意調查顯示，百分之五十一的美國人在即將到來的這次選舉中支持羅斯福；百分之四十九的人則傾向於溫德爾．威爾基。有鑑於民意調查存在一定幅度的誤差，這兩位候選人可以說不分軒輊。

但在美國，傾向孤立主義的勢頭和強度越來越大。九月四日，一群耶魯大學法學院學生成立了美國第一委員會（America First Committee），反對美國參與戰爭。這個組織發展迅速，並贏得了全國名人查爾斯．林白（Charles Lindbergh）的大力支持，他自一九二七年飛越大西洋以來，就一直是民族英雄。在共和黨領袖的敦促下，為了盡所能地在總統選舉中取勝，威爾基將改變戰略，以戰爭（和恐懼）為競選的核心議題。

第41章 他就要來了

He is Coming

九月四日星期三，在柏林，希特勒走上柏林體育宮（Sportpalast）的講台，幾年前他曾在此發表過他作為德國總理的第一次演講。現在，他準備向廣大的女性社工與護士發表演講，表面上是為慶賀今年冬季戰爭賑濟活動（Kriegswinterhilfswerk）的開幕，為貧困的德國人募資以提供食物、暖氣和衣物。但他其實是利用這個機會對英國最近的對德空襲發表長篇演說。「邱吉爾先生，」他說，「正在展示他的小計謀：夜間空襲。」

希特勒譴責，這種突襲與德國空軍在白天發動的攻擊不同，是懦弱的行為。他告訴聽眾，截至目前為止，他為了讓邱吉爾重新考慮並制止英國的攻擊，一直在壓抑德國的反擊。「但邱吉爾先生視之為軟弱的跡象，」希特勒說，「你等著，我們現在要回敬了。以牙還牙，你攻擊我們一夜，我們就還你一夜。英國空軍要是投下兩三四千公斤的炸彈，我們就會在一夜之間投下十五、二十三、三十，甚或四十萬公斤的炸彈。」

美國記者威廉・夏勒寫道，聽見如此發言的人群爆出了巨大的吼叫聲，讓希特勒不得不暫停演說。

他等喧囂平息，才說道：「他們要是宣布增強對我們城市的進攻，我們就將他們的城市夷為平地。」他誓言「制止這些空中海盜的伎倆，因此請上帝保佑我們吧」。

夏勒在日記中寫道，這些女人彈了起來：「她們的胸部上下起伏、尖叫著贊同。」

希特勒繼續說：「終有一天，我們兩者之一會敗下陣來，而那絕不會是國家社會主義德國（National Socialist Germany）。」

人群爆出震耳欲聾的喧嘩，高喊：「**絕不！絕不！**」

「英格蘭的人們充滿了好奇，不停地問：『希特勒為什麼不來？』」希特勒說，每一個手勢都注滿諷刺，「冷靜下來、冷靜。他這不是來了嗎！他就要來了！」

觀眾的笑聲幾近癲狂。

邱吉爾惡狠狠地反擊：當晚，英國皇家空軍的一枚炸彈落在了柏林美麗的主要公園蒂爾加滕（Tiergarten），炸死了一名警察。

德國寧靜鄉間的卡琳堂裡，赫爾曼・戈林和他的德國空軍指揮官制定了一份簡明扼要的「摧毀倫敦」攻擊計畫。

首波突襲訂於傍晚六點開始，隨後是六點四十分的「主要攻擊」。第一波突襲的目的是將英國皇家空軍的戰鬥機引到空中，如此一來，當德軍的轟炸機主力抵達時，英軍防禦機隊的燃料和彈藥就已經耗盡了。

三支轟炸機隊將在一大片戰鬥機海的護航下，從法國海峽沿岸的三個地點出發，直線前往倫敦。戰鬥機將一路伴隨轟炸機往返倫敦。「由於戰鬥機將在續航力的極限下飛行，」這項計畫指出，「機隊必須以直線飛行，並在最短的時間內完成攻擊。」這項計畫將使用最大的軍力，讓飛機交錯在不同高度飛行。「目的是一擊就完成任務。」

空中既有這麼多戰機，讓飛行員知道該如何安排他們的返程就非常重要。投下炸彈後，編隊就要左轉，沿著不同於他們前往英格蘭的航線返回，以免撞上仍要飛抵倫敦的轟炸機。

「為了達到必要的最大效果，在部隊飛往倫敦、進行攻擊以及返回時，都必須以高度集中的力量飛行，特別是返程。」這項計畫表示：「此次行動的主要目的，是證明德國空軍能夠做到這一點。」

出動日期定在一九四〇年九月七日星期六。戈林告訴戈培爾，戰爭將在三週內結束。

＊＊＊

在被指派參與這次行動的轟炸機隊中，有一支名為「一百號戰隊」（KGr 100）的特殊部隊，是被稱為「探路者」的三個小組之一。它的機組人員專門沿著德國的導航波束飛行，利用的是一種比尼克拜因系統更加先進的技術，卻顯然有很大的問題。尼克拜因的妙處在於它的簡單，以及它使用的是大家都很熟悉的技術。每個德國轟炸機飛行員都知道接近機坪時，要如何使用普通的洛倫茲盲降設備，而且每架轟炸機都配備了這個系統。要使用尼克拜因，飛行員只需飛得高一些，跟著置中波束進行長距離飛行。但似乎有哪裡不對勁。飛行員報告，波束出現了神祕的扭曲和信號丟失，飛行員們因而越來越不信任這個系統。八月二十九日晚間，一次對利物浦（Liverpool）的大規模突襲遭到了嚴重而神祕的干擾，出動的轟炸機中，只有約百分之四十到達了目的地。

英國情報部門似乎發現了尼克拜因這個祕密。

值得慶幸的是，另一種更先進的技術，至少目前就所有人所知，仍然保密如昔。德國科學家開發了另一種波束導航方法，稱為「X 程序」（X-Verfahren）或「X 系統」（X-system），它更加精確，但也更加複雜。它同樣仰賴類似洛倫茲型長短音信號的傳輸，但它不是只有一組相交的波束，而是包含三組更窄、更難被英國皇家空軍偵測到的波束。與轟炸機航線交會的第一道波束只是一個警告信號，意在提醒無線電操作員第二組更關鍵的交會就快到了。在聽見第二個信號後，一名機組人員會開啟一個校準戰機精確對地速率的裝置。不久後，轟炸機會經過第三道也就是最後一道相交的波束，此時機組人員會啟動控制炸彈投放機制的計時器，以便戰機在擊中目標必需的準確時刻施放炸彈。

這個系統雖然有效，卻需要高度精熟、訓練有素的機組人員，於是德國空軍組建了一支能使用它的特殊轟炸機隊——一百號戰隊。為了使系統正常工作，戰機在到達目的地之前必須以穩定的速度、校準的高度，在航線上精確地飛行，這卻讓它十分容易受到攻擊。這導致了一些毛骨悚然的驚險時刻，但使用這個系統的轟炸機為了接收波束訊號，總在非常高的海拔飛行，遠遠超出了探照燈和防空氣球所及的範圍，被英國皇家空軍的戰鬥機攔截的風險也很小，至少在夜裡是如此。這個小組的戰機每一寸表面都被漆成黑色霧面，讓它們在黑暗中更難被鎖定，同時也散發著一股威嚇的氣場。在法蘭克福附近某處湖上的一次試飛顯示，機組人員可以在距目標一百碼的範圍內施放炸彈。早在一九三九年十二月，這個小組就在沒有炸彈的情況下，進行了三次前往倫敦的試飛。

隨著時間的推移，德國空軍開發了一種善用一百號戰隊特殊能力的戰術。這個小組的轟炸機將在突襲中帶頭，率先抵達目的地，並投下混合燃燒彈和強力炸藥的炸彈、標記下攻擊目標後，這些炸彈燃起的巨焰就能引導後方的飛行員。巨焰的火光即使隔著雲層也能看見。

這個小組的行動範圍如今擴大了，將倫敦涵蓋其中。

第42章

不祥之兆

Ominous Doings

九月六日星期五晚上，邱吉爾離開唐寧街十號前往契喀爾，在日常的午睡後，他與巴戈．伊斯梅和兩位高級將領——大英帝國總參謀長約翰．迪爾和陸軍指揮官艾倫．布魯克共進晚餐。

晚餐於九點開始。他們的對談集中在德軍入侵的可能性上，對此有很多需要討論的。截獲的信號和偵察照片顯示，德軍已經展開入侵的實際準備工作，而且進展迅速。英國情報部門統計，比利時的港口城市奧斯滕德（Ostend）一週前只停泊了十八艘駁船，到了這個週末卻泊著兩百七十艘。另有一百艘駁船抵達了荷蘭北海沿岸的夫利辛亨（Vlissingen）。偵察機還發現更多船隻在海峽沿岸的港口匯聚。英國聯合情報委員會評估，未來幾天，尤其是九月八日到十日之間共同出現的月相與潮汐，將特別有利於兩棲登陸。在此之上，還有關於轟炸行動增加的報告。單是這一天，就有三百架遠程轟炸機和四百架戰鬥機襲擊了肯特和泰晤士河口。

談話熱絡了起來。「首相打開了話匣子，整個晚上都十分幽默。」布魯克在他的日記中寫道，「首先，他自己扮演希特勒，在我保衛這些島嶼時攻擊它們。他接著修改了整個空襲警報系統，並向我們提出了他的建議。一直到凌晨一點四十五分，我們才各自上床睡覺！」

隔天，布魯克在日記中寫道：「從各項報告看來，都像是德軍的入侵越來越近了。」作為負責保衛英國免受攻擊的將軍，對他而言，局勢非常緊繃。「入侵逼近的那段日子，我根本想不出在我整個職涯中，有哪個時候比我此刻的責任更重大。」他後來寫道。儘管他知道英軍在訓練和裝備方面都存在缺陷，但英國的存亡仍將取決於他的準備與部隊指揮能力。他寫道，這所有的一切都「使即將發生的衝突，幾度成為我幾乎無法承受的重擔」。更複雜的是，他覺得自己無法透露自己內心的擔憂。一如邱吉爾，他明白外表呈現的影響和重要性。他寫道：「要是我坦露出自己內心的不安，就必然面臨使人們失去信心、洩氣、產生懷疑的災難性後果，以及那些暗中損害抵抗意志的小動作。」

九月七日星期六，橫在布魯克和眾參謀長面前的問題是，究竟要不要發布代號「克倫威爾」的官方警報，表明入侵迫在眉睫、布魯克必須動員他的部隊。

第43章

白鼻角

Cap Blanc-Nez

週六早上，戈林和兩名德國空軍的高階軍官乘著三輛大型賓士，由騎著摩托車的士兵帶領車隊，沿著法國海岸前行。他乘著「專屬列車」從海牙（The Hague）的臨時總部來到了加萊，期間行程舒適，還能沿途考察新的藝術寶庫。海因里希．希姆萊的黨衛保安處（Sicherheitsdienst），又稱保安處或SD，派了二十名便衣分隊成員全程伴護。只要他看見喜歡的東西，就可以即刻打包帶上船。他表現得「貪得無厭」。美國調查員後來的一份報告指出：「對於收藏品，他欲壑難填。」他的長版皮衣讓他看起來十分壯碩，在大衣之下，他戴著勳章，穿著他最喜歡的白色軍服。

車隊開上了白鼻角（Cap Blanc-Nez）頂部，這是法國海岸的至高點之一，在承平時期，這裡是個廣受歡迎的野餐景點。軍官們在這裡擺設桌子和椅子，擺出一客三明治和香檳。這些椅子都是可折疊的，給戈林的那張椅子維護過，盡可能確保它穩固。軍官們來此，是為了觀賞德國空軍定於當天下午對倫敦展開的攻擊。

歐陸時間兩點左右，戈林和其他人聽到了轟炸機的第一道聲響，南北各方紛紛傳來低沉的嗡嗡聲。軍官們踮起腳尖掃視海平面。戈林則舉起他的雙筒望遠鏡。一名軍官大喊一聲，指向海岸。很快地，天空中布滿了轟炸機和護衛戰鬥機，其中飛得較高、幾乎看不見的，是為對付無疑會升空迎擊的英國戰鬥機，而加派的一批單引擎梅塞施密特一〇九號。德軍的王牌加蘭德和他的中隊，被指派掃蕩英國沿岸的英國皇家空軍攔截機。

戈林堅信，這一天會為德國空軍帶來驚人的成功，他對懸崖上的一群電台記者宣布，這次襲擊由他親自指揮。這是戈林熱愛的時刻，一場讓他成為矚目焦點的破天荒壯舉。「這是歷史性的一刻，」他告訴記者，「由於近幾晚英國對柏林的挑釁襲擊，元首決定下令猛烈打擊大英帝國的首都，作為報復。我親自擔任了這次襲擊的領導者，而今天，在我頭頂，我聽見德軍中隊勝利的咆哮。」

懸崖頂上的氛圍歡欣鼓舞。幾乎無法抑制喜悅的戈林，抓著身旁一名軍官的肩膀，笑著用力搖晃，彷彿為戈培爾的國民教育與宣傳部拍攝宣傳片似的。

第四部

血與塵

Blood and Dust

九月 – 十二月

第44章 寂寥憂鬱的一天

On a Quiet Blue Day

這一天溫暖而平靜，在漸濃的霧靄之上，天空蔚藍無比。下午的氣溫大約是華氏九十度左右，對倫敦而言並不常見。人群擠滿了海德公園，懶洋洋地坐在九曲湖(Serpentine)邊的椅子上。購物人潮塞爆了牛津街和皮卡迪利圓環上的商店。空中巨大的防空氣球在下方的街道上投下笨重陰影。自八月空襲時炸彈首次落在倫敦市區之後，這座城市已然回歸它刀槍不入的幻想中，儘管不時被假警報點綴，但轟炸機未再出現，使那曾經令人產生恐懼的刺激感褪去了顏色。暮夏的炎熱帶來了一股慵懶自得的氛圍。在這座城市的西區，劇院正搬演著二十四部作品，其中包括達芙妮．杜穆里埃(Daphne du Maurier)自其同名小說改編成舞台劇的《麗貝卡》(*Rebecca*)，而阿爾弗雷德．希區考克(Alfred Hitchcock)導演的電影版本也正在倫敦播映，由勞倫斯．奧利弗(Laurence Olivier)和瓊．芳登(Joan Fontaine)主演。電影《瘦子》(*The Thin Man*)和長青的《煤氣燈下》(*Gaslight*)也在熱映中。

這是適合在鄉村的涼爽綠意中度過的美好一天。

邱吉爾當時在契喀爾。儘管比弗布魯克勳爵後來試圖否認，但他在午飯後就立刻離開，前往他自己的鄉間住宅切克利院(Cherkley Court)了。約翰．科維爾在早前的星期四離開了倫敦，在他姨媽位於約克郡的莊園，與他母親和兄弟共度為期十天的假期。他們射擊鷓鴣、打網球、品嚐他叔叔收集的陳釀波特酒，有些年分甚至可以追溯到一八六三年。瑪麗．邱吉爾和她的朋友兼表親茱蒂仍留在布雷克勒斯莊園，繼續不情願地扮演著她鄉下小鼠的角色，履行她們每天背誦一首莎士比亞十四行詩的承諾。那個星期六，她選了十四行詩第一百一十六首來背，詩中將愛描述為「無法抹滅的印記」，她在日記中記下了這個詩句。她接著去游泳了。「游泳太舒服了，活著的妙趣勝過了愛美之心。」

任憑一切矜持隨風而逝的她，散著髮、泳帽也不戴，便下了水。

在柏林的那個星期六早上，約瑟夫．戈培爾針對可能在那一天的尾聲發生的事，給他的中尉們做了心理準備。他說，倫敦即將迎來的毀滅「可能代表著人類歷史上最大的災難」。他希望藉由將德軍這次的襲擊，渲染成對英國轟炸德國平民而罪有應得的反擊，來緩和全世界不可避免的抗議，但迄今為止，包括前一天晚上英國對德國的襲擊，都並未造成足以合理化大規模報復的死亡和破壞。

然而他明白，德國空軍即將對倫敦採取的攻擊是必要的，也很可能會加速戰爭的結束。英軍的突襲截至目前為止都如此微弱確實遺憾，但他自有辦法。他希望邱吉爾「盡快」發動一場有意義的突襲。

每天都不斷冒出新的挑戰，但也不時出現令人愉悅的插曲。那週的一次會議上，戈培爾部門下的特殊文化事務處（Department for Special Cultural Tasks）負責人漢斯．

辛克爾（Hans Hinkel）向他報告了德國和奧地利猶太人狀況的進一步更新。「維也納原有十八萬名猶太人，現在只剩四萬七千名了，其中三分之二是女性、約三百名是男性，都在二十至三十五歲之間。」根據那場會議的紀要，辛克爾是這樣報告的：「儘管發生了戰爭，我們仍把一萬七千名猶太人運送到了東南方。柏林仍有七萬一千八百名猶太人，未來每月將有約五百名猶太人被送往東南方[73]。」辛克爾回報，在戰爭結束後的頭四個月內將六萬名猶太人撤出柏林的計畫已經到位，屆時交通將會復甦。「剩下的一萬兩千人也將在接下來的四個星期內消失。」

這讓戈培爾很高興，儘管他認識到德國長期以來公然的、眾目昭彰的反猶太主義本身，對德國的大外宣造成了重大的問題。對此，他是樂觀的。「既然全世界都反對我們、誹謗我們是猶太公敵，」他說，「我們為什麼只能受氣，而不能撈點好處，趁機把猶太人從劇院、電影院、公眾生活和行政體系中抹除呢？如果到時候，我們還被攻擊為猶太人的敵人，我們至少可以問心無愧地說：這很值得，我們從中受益，沒被白罵一場。」

德國空軍在下午茶時間到來。

轟炸機分三批抵達，第一批由近千架戰機組成——三百四十八架轟炸機和六百一十七架戰鬥機。領頭的是一百號戰隊「探路者」小組的八架特裝亨克爾轟炸機，挾著標準的強力炸彈、燃燒油彈（火焰彈）和配有延時引信、能嚇阻消防人員的炸彈。儘

73｜譯注：此指波蘭的集中營，有可能是奧斯威辛集中營（Auschwitz）。二戰期間，估計約有上百萬名猶太人在此遇害。

管天氣晴朗、日光充足，他們仍使用 X 波束系統導航。下午四點四十三分，倫敦響起了那天的第一個警報。

作家維吉妮亞·考爾斯和友人安妮暫住在倫敦市中心東南方約三十英里處的梅里沃思村（Mereworth）裡，英國媒體大亨埃斯蒙德·哈姆斯沃思（Esmond Harmsworth）的家中。他們正在草坪上喝著茶，徜徉在暖意和陽光中，東南方卻突然傳來一陣低沉的悶響。「起初我們什麼都沒看到，」考爾斯寫道，「但噪音很快就轉為一種深沉、洪亮的轟鳴，宛如遠處巨大瀑布的如雷巨響。」她和朋友數了數，總共有一百五十多架戰機，轟炸機成陣飛行，戰鬥機則如防護罩般環繞它們。「我們躺在草地上，眼睛盯著天空。我們辨認出了一群細小的白色斑點，活像一群朝西北方的首都移動的昆蟲。」

對於他們持續推進、沒有受英國皇家空軍攔截，她感到震驚，猜測德軍戰機可能以某種方式突破了英國的防禦。

「可憐的倫敦。」她的朋友說。

考爾斯對德國戰機幾未受阻的觀察是正確的，但她猜測的原因卻不對。雷達警示有一支龐大的轟炸機隊正在穿越海峽後，英國皇家空軍便將他們的戰鬥機中隊分派到各個重要機坪的防禦崗位上，以為它們將再次成為主要目標。同樣地，高射砲也從倫敦撤出，以保護機坪和其他戰略目標。倫敦市中心只配置了九十二門火砲作防護用。

英國皇家空軍一意識到目標實際上是倫敦時，他們的戰鬥機就開始朝德國侵入者聚集。一名英國皇家空軍飛行員在發現襲擊者後，對所見的景象感到十分震驚。「我從來沒見過這麼多戰機。」他寫道：「一萬六千英尺的高空，今天有點霧濛濛的。我們突破陰霾的時候，簡直不敢相信。視線所及，無一處不見德軍的戰機，一波接一波地飛來。」

從地面看去的視角同樣驚人。當第一批戰機掠過頭頂時，十八歲的年輕人科林·佩里(C. Perry)正在騎腳踏車。「那是最驚人、最令人印象深刻、吸引目光的景象，」他事後寫道，「就在我正上方，毫不誇張地飛著數百架戰機！滿天都是德國人。」他回憶道，戰鬥機緊貼在轟炸機旁，「就像蜜蜂簇擁著牠們的女王」。

倫敦東南部的普拉姆斯特德區(Plumstead)裡，建築系學生傑克·格雷漢·賴特(J. G. Wright)正安坐在客廳裡，和他的家人喝著茶。他的母親以一個鑲銀邊的托盤，托來了茶，還有杯子、碟子、一個裝牛奶的小罐子和一個放在暖罩裡保溫的茶壺。警報聲倏地響起。這家人起初不太擔心，但賴特和他的母親向門外望去時，才看見滿天都是戰機。他的母親發現一個個下墜的「小光點」，意識到這些都是炸彈。兩人跑到樓梯下尋求掩護。「我們都聽到一陣逐漸靠近的噪音淹沒了戰機的轟鳴，然後一連串巨大的砰砰聲逐漸逼近。」賴特回憶道。

房子在顫抖、地板上下起伏著。一波波震盪從地面傳來，穿透他們的身體。賴特倚著門框穩住自己。接著，傳來一陣比之前更強的噪音和能量。「客廳裡的空氣凝結成不透明狀，彷彿瞬間變成了紅棕色的霧氣似的。」他寫道。將他的房子與鄰居隔開的厚重磚「隔牆」好像彎曲了，他倚著的門框也在搖晃。屋頂上掉落的石板撞破了他們家的溫室玻璃。他寫道：「到處都是門窗的撞擊聲。」

那陣起伏停止了，牆依然屹立。「棕色的霧氣散去，一切都覆上了一層厚重的棕色煙塵，厚厚地鋪在地板上，蓋住了地毯。」有一個細節深深烙在他的記憶中：「那個小瓷奶壺側倒著，灑出的牛奶小溪似的從桌緣滴落，在下方厚重的煙塵中積成一汪白色的水池。」

在許多倫敦市民的記憶中，這股煙塵在這次和隨後發生的襲擊中，是最觸目驚心的現象之一。隨著建築物被炸毀，粉碎的磚塊、石頭、灰泥和砂漿，那些克倫威爾、狄更斯(Dickens)和維多利亞(Victoria)時代的塵埃，煙霧般從屋簷和閣樓、屋頂和煙囪、壁爐和鍋爐中浪湧而出。炸彈通常只有在觸及房屋的地面後才會引爆，因而在掠過街道的塵暴中掀起土壤和石塊，讓空氣瀰漫著新鮮土壤濃郁而暗示著死亡的氣味。煙塵會先如大砲的煙霧般迅速向外噴發，然後減速消散、撒落而下，最終覆蓋人行道、街道、擋風玻璃、雙層巴士、電話亭、屍體。逃出廢墟的倖存者像裹著灰色麵粉般，從頭到腳都被包覆。哈羅德．尼克森在他的日記中，描述了看到人們被「落在萬事萬物上、在頭髮和眉毛敷上厚重塵土的濃霧」吞沒的情景。作為一位醫生，莫頓醫師(Dr. Morton)在星期六晚上很快便發現，這樣的情況讓傷口的護理變得更加複雜。「這樣大量的泥土和灰塵很令人震驚，每一次爆炸都會炸出陳年的泥土和灰塵。」她寫道。她在防止傷員感染方面受過的訓練，顯然派不上用場。「他們滿頭都是沙塵，肌膚沾染著塵土，根本做不了任何消毒的處理。」

尤為震撼的，是一片灰色背景中的血跡。作家格雷姆．格林（G. Greene）某一晚看見士兵從炸毀的建築物中爬出來後，寫下觀察：「男男女女穿著沾滿塵土的破爛睡衣，睡衣上頭濺灑著小點小點的血漬，成群站在門口，如在煉獄般。」

星期六下午五點二十分，巴戈．伊斯梅會見了一眾參謀長，討論德軍突襲背後的意義。警報解除的信號聲在下午六點十分響起，但英軍的雷達卻在八點鐘發現，第二波由三百一十八架轟炸機組成的德軍戰機正在法國上空集結。晚間八點零七分，參謀長們一致認為發布「克倫威爾」警報、通知陸軍入侵迫在眉睫的時候到了。一些地方指揮官甚至下令敲響教堂的鐘聲，釋出發現傘兵降落中的信號，儘管他們本人並沒有見到過任何傘兵。

當晚八點三十分，炸彈在倫敦的巴特西區（Battersea）落下，但這座城市的高射砲卻出奇地安靜，直到半小時後才開火，接下來也只零星發射了幾次。夜幕降臨，英國皇家空軍的戰鬥機返回並滯留在基地，在黑暗中束手無策。

整個夜晚，炸彈落個不停。任何冒險外出的人，都會看見天空閃著紅光。消防隊隊員與大火纏鬥卻收效甚微，德國飛行員因而可以毫不費力地找到這座城市。德國的電台歡欣慶祝。「這座世界上最偉大的城市，屋頂上瀰漫著濃濃的煙霧。」一名播音員說，指出飛行員即使在戰機上也能感受到爆破的衝擊。（投下他們最大的炸彈「撒旦」時，機組人員奉命保持在距地面兩千公尺也就是六千五百英尺以上的高度，以免他們在空中受到波及。）「大英帝國奉上了他們的心臟，任憑德國空軍攻擊。」這位播音員說。一名德國飛官在一份帶有政宣口吻的報告中寫道：「一條燃燒的火帶環繞著這座人口數百萬的城市！只消幾分鐘，我們便飛到了要投下炸彈的地點。阿爾比昂（Albion）[74]那些自以為是的戰鬥機又在哪裡？」

對倫敦市民來說，這是個充滿初次體驗和感受的夜晚。爆破後的火藥味。碎玻璃被掃成一堆的聲響。倫敦居民斐麗絲．華納（P. Warner）是一位三十多歲的教師，她的日記詳細記錄了戰爭期間的生活。她生平第一次聽到炸彈落下的聲音：「一陣駭人的尖叫聲如火車汽笛聲般逐漸逼近，接著令人作嘔的撞擊聲響徹大地。」她用枕頭護住頭，好像這有什麼幫助似的。作家考爾斯回憶道：「磚石倒塌時發出的深沉怒吼，就像巨浪碎在岸上的雷鳴一樣。」她說，最糟的聲音是大量戰機發出的低沉嗡鳴，讓她想起牙醫的鑽頭。那晚在倫敦的另一位作家約翰．斯特拉奇（J. Strachey）憶起爆炸對嗅覺的影響，將之描述為「崩解的房屋磚瓦粉末對鼻腔的嚴重刺激」，緊接而來的是氣體傾瀉的「骯髒惡臭」。

這也是個將讓人開始思考人生的夜晚。一位後來成了作家與傳記作者的女性，瓊．溫德姆（J. Wyndham），躲進了倫敦肯辛頓社區的一個防空洞。在那裡，她在午夜時分決定擺脫處子之身，決心要與她的男友魯珀特（Rupert）共嚐禁果。「炸彈很棒啊，」

74｜譯注：阿爾比昂，大不列顛島目前所知最古老的名稱，現仍常用以雅稱英國。

她寫道，「我覺得這一切都令人興奮。但既然死的反面就是生，我想我明天會讓魯珀特勾引我。」她手上有一個保險套（她說是個來自法國的「某個東西」），但仍打算和朋友一起去藥局買一款很流行、名為伏爾勃（Volpar）的殺精劑，以防保險套失效。「警報解除的信號聲在早上五點響起，」她寫道，「我也該為我可愛的魯珀特解除警報吧，我想。」

第二天下午，她實踐了自己的決定，但這次體驗沒有她希望的那麼好。「魯珀特脫掉了衣服，我突然意識到他的裸體看起來非常滑稽，然後開始狂笑不止。」

「怎麼，你不喜歡我的屌嗎？」她事後回憶起來，他是這樣問的。

「還好啦，就是有點歪！」

「大多數人的都是歪的啊，」魯珀特說：「不管啦，把衣服脫了吧。」

事後她回想道：「好，我已經做過了，我很高興成就達成了！如果早知道就是這樣而已的話，我寧願抽根好菸或去看場電影。」

九月八日星期日破曉時分，城東區迎來了與晴朗的夏日天空有極大反差的一堵黑色煙牆。肯頓鎮（Camden Town）莫寧頓街（Mornington Crescent）的居民一覺醒來，發現一輛雙層巴士從一棟房子的二樓窗戶穿了出來。空中，視線所及之處，數百個防空氣球恍若無事般飄著，被上升的火光映成秀麗的粉紅色。在唐寧街十號值班的私人祕書約翰．馬丁，走出他過了一夜的官邸地下防空洞時，為「發現倫敦竟然還存在」而感到驚訝。

當晚的突襲造成超過四百人死亡、一千六百多人重傷。對於許多居民來說，那一夜帶來了又一種第一次——看見屍體的初體驗。十八歲的連恩．瓊斯（L. Jones）冒險進入他家後面的廢墟，發現殘骸中伸出的兩顆頭。「我尤其認得其中一顆頭。賽先生，是個中國人，他一隻眼睛閉著，我才意識到他已經死了。」幾個小時前，這裡還是倫敦一個寧靜的社區。「看到那個死去的中國人時，我只是抽搐著，喘不過氣來。我整個人都在顫抖。然後我想我肯定也死了，像他們一樣，所以我劃了一根火柴，試圖燒我的手指，我不斷用火柴這樣做，檢查自己是否還活著。我雖然看得見事物，但這可是世界的終結啊，我覺得自己不可能還活著。」

德國空軍損失了四十架戰機，英國皇家空軍損失了二十八架，另有十六架戰鬥機嚴重受損。對德國王牌阿道夫．加蘭德來說，這算是成功的。「這一天，」他說，「在極少的損失下過去了。」他的指揮官阿爾伯特．凱瑟邢元帥將這次突襲判定為一次重大勝利，儘管當他回想起戈林在白鼻角的懸崖上「讓製作給德國人民聽的、過譽而浮誇的廣播將自己捧上天，表現得令作為一個男人、一名軍人的我反感不已」的樣子來，並不高興。

太陽升起時，邱吉爾才和他的一干隨從們，探長、打字員、祕書、護衛，也許還有貓咪納爾遜，從契喀爾趕回倫敦。邱吉爾意欲巡視這座城市的受損地區，最重要的是，要盡可能引人注目地巡視。

比弗布魯克也趕回城裡。他說服正在為戰機生產部撰書的祕書大衛·法雷爾，將他寫得好像整個突襲期間都待在市內一樣。

法雷爾起初很抗拒。他試圖使比弗布魯克回心轉意，提醒他，他自家許多員工都聽到他在突襲發生的那個週六午飯後，表示要前往他的鄉間住宅。但比弗布魯克堅持要他照做。在事後的回憶錄中，法雷爾寫道：「我猜，他作為戰機生產部部長卻沒有目睹這場空戰中災難性的一刻，他事後回想起來大概說不過去。所以他必須要在場，僅此而已。」

第45章

難以預測的魔力

Unpredictable Magic

邱吉爾抵達城東區時，大火仍在燃燒，工作人員仍在毀損的建築物中挖掘屍體。湯普森探長如常地隨侍在側，對這類訪視帶來的風險保持戒備。巴戈．伊斯梅也來了，他那張親切的狗狗臉，因為睡眠不足以及一路上見到震驚不已的人們而感到悲痛，顯得憔悴不已。「破壞比我想像的要嚴重得多，」伊斯梅寫道，「大火仍在肆虐，一些較大的建築物只剩下骨架，許多較小的屋舍已經化作一堆堆磚瓦。」看見紙製的英國國旗插在碎木塊和磚塊上，令他尤其震驚。這「令人哽咽」，他寫道。

邱吉爾了解象徵性行動的力量。他在一個有四十人被炸死的防空洞前停下，那裡聚集了一大群人。伊斯梅一度擔心看熱鬧的人群可能會出於對政府未能保護這座城市的憤慨，而對邱吉爾的到來感到不滿，但這些東區人似乎很高興。伊斯梅聽到有人喊道：「老朋友維尼呦！我們就知道你會來看我們。我們可以承受的，不要緊。把一切都奉還給他們吧。」在自行車上目睹突襲發生的科林．佩里看見了邱吉爾，在日記中寫道：「他看起來無人能敵，他確實是如此。堅韌、如鬥牛犬般勇猛、銳利。」

邱吉爾是很堅韌沒錯，但他有時也會在大眾面前落淚，為破壞的慘狀和人們的堅強所軟化。他一手拿著一條白色大手帕擦眼睛，另一隻手握著手杖的把手。

「你看，」一位老婦人喊道，「他真的在乎我們，他在哭。」

他來到一群看著家園的殘骸喪氣不已的人面前，一個女人喊道：「我們什麼時候去轟炸柏林，維尼？」

邱吉爾轉過身去，揮舞拳頭和手杖，咆哮道：「這個妳就交給我吧！」

聞言，人群的情緒突然發生了變化，一位名叫塞繆爾・巴特斯比（S. Battersby）的公務員見證了這一刻。「士氣立刻高漲了起來，」他寫道，「每個人都感到滿足，也放下心來。」他想著，這是當下最適切的回應了。「在當時那樣絕望的情況下，不能說出可笑、白目的言論，有些話甚至極為危險，一個首相還能說什麼呢？」對巴特斯比而言，那一刻標誌著「邱吉爾獨有的、難以預測的魔力」——他能夠「將災難的沮喪痛苦，轉化為通往終極勝利的嚴實墊腳石」。

邱吉爾和伊斯梅繼續巡視城東區直到深夜，讓湯普森探長等護衛人員焦慮不已。夜幕降臨後，大火將會成為指引另一場襲擊的燈塔。官員們告訴邱吉爾，他必須立即離開這一區，伊斯梅寫道：「他當時正處於最頑固的那種心境，堅持全部巡過。」

天色暗了下來，德軍的轟炸機確實回來了。邱吉爾和伊斯梅上了他們的車。就在司機努力通過被擋住、阻塞的街道時，一大批燃燒彈落在他們前面，嘶鳴著、噴著火星，好像有人掀翻了一籃蛇似的。邱吉爾「假作無知」（伊斯梅是這樣相信的）地詢問那些墜落的物體是什麼。伊斯梅為他解答，並且，意識到德國空軍使用燃燒彈給即將抵達的轟炸機點亮目標，他補充道，這意味著他們的車「就在靶心正中間」。

不過，已經燒起來的大火也會造成同樣的結果就是了。德國空軍將第一次突襲的時間安排在週六下午，為他們的轟炸機飛行員爭取到使用最基礎的航位推測法（dead reckoning）[75]所需的充足陽光，不需要動用波束導航系統。他們點燃的大火徹夜燃燒，成為接下來每一波轟炸機攻擊的信標。即便如此，大多數炸彈卻沒有命中目標，而是隨機地落在整個市區，美國空軍觀測員卡爾．斯帕茨（Carl Spaatz）的日記中寫道：「顯然，他們已經開始對倫敦進行無差別轟炸了。」

邱吉爾和伊斯梅當晚回到唐寧街十號，發現中央大廳擠滿了職員和部長們，正為邱吉爾未能在日落前歸來而憂心。

邱吉爾一言不發地從他們身邊走過。

這群人隨後揶揄伊斯梅竟讓首相暴露在這等危險之中。伊斯梅回應：「如果有人妄想可以在這種臨時行程中控制首相，歡迎在下次機會試試自己的手腕。」伊斯梅詳述此事時，說他當時實際使用的言辭粗魯得多。

考慮到入侵造成的恐慌可能會讓情況變得混亂，陸軍指揮官布魯克將軍在週日早上向他的將領們下達命令，只有他們自己確實看到二十五名或以上的傘兵降落時，才能下令敲響教堂的鐘聲，不能因為聽到別處傳來的鐘聲或二手通報就隨意敲鐘。克倫威爾警報仍然有效。對於德軍入侵的擔憂愈發強烈了。

九月七日的襲擊讓比弗布魯克看到了嚴重的警訊。一回到倫敦，他就與他的精銳

75｜譯注：航位推算法是一種交通導航方式，根據一開始的定位以及飛機航行的速率、航向，在飛行中推導出自己的大致位置。

下屬，也就是他的委員會，召開了一場緊急會議，下令對整個國家的航空產業結構進行重大改革。此後，集中的大型製造中心將被分散、安置到遍布全國製造網路的不同節點。位於伯明罕（Birmingham）的噴火戰鬥機工廠，分散至八個城鎮的二十三棟建築；一家擁有一萬名僱員的維克斯（Vickers）大型工廠則分散至四十二處，每處的員工人數都不超過五百人。在這注定引發新一場官僚衝突的大動作改革中，比弗布魯克自行動用權力，無論位於何處，只要一個空間目前尚未被佔據，或未指定用於戰爭相關的關鍵用途，他就任意徵用這個空間進行生產製造。

比弗布魯克也開始擔心，剛完成製造的戰機在移轉到作戰中隊之前該如何存放。目前為止，新戰機一直存放在大型倉庫中，通常位於英國皇家空軍的機坪，比弗布魯克下令將這些飛機分散到鄉間、塞進車庫和穀倉，以防一但某個走運的敵軍飛行員發現，就能讓英軍蒙受災難般的損失。自七月訪問牛津西部一間位於布里茲諾頓（Brize Norton）的倉儲點以來，比弗布魯克就開始擔心這樣的事件了。他發現大量的戰機緊緊地擠在一起，「危險地暴露在敵人的攻擊之中」，他寫給邱吉爾的備忘錄中如是說。六週後，在一次針對這個基地的突擊中，僅僅兩架德軍戰機便摧毀了數十架英軍戰機，他的擔憂被證實是合理的。新的戰機庇護所被稱為「知更鳥的巢穴」[76]。

比弗布魯克的分散計畫引起了官員們的憤怒。他奪走了其他部會指定自用的建築。「這樣做很霸道，已經到……海盜的程度了。」他的祕書人衛．法雷爾寫道。但對比弗布魯克來說，分散地點的邏輯極為充分，無論他人如何反對都無法撼動。「這的

76｜譯注：知更鳥是英國最常見且具代表性的鳥，在英國隨處可見，又多在民宅花園甚至路邊的廢棄茶壺等地方隨處築巢，與國民生活高度連結，是許多英國人心中的國民鳥。此處英軍如此命名，應是取知更鳥巢穴隨處可見，且對巢穴的領域防衛意識極強等特色。

確在這段期間，為他的舉動提供了立足點，」法雷爾寫道，「但也為他樹立了終生的敵人。」

它還減慢了新戰機的生產，儘管能夠確保德軍無法在某個單獨的突襲中，就對英軍未來的戰機生產造成持久損害。相較之下，這似乎是很小的代價。

週日，魯道夫．赫斯召來阿爾布雷希特．豪斯霍弗，在萊茵河畔的巴特戈德斯貝格鎮（Bad Godesberg）開會。不同於赫斯早前與阿爾布雷希特父親的九小時峰會，這次會議只持續了短短兩個小時。「我有幸可以坦率直言。」阿爾布雷希特後來在這場會談的備忘錄中寫道。兩人討論了如何向英格蘭有影響力的官員傳達，希特勒非常希望安排和談。據赫斯的說法，希特勒無意摧毀大英帝國。赫斯問道：「英格蘭難道都沒人準備好迎接和平嗎？」

與這位副手建立了友誼的阿爾布雷希特可以暢所欲言，換作旁人如此直言不諱，可是會被送去集中營的。他說，英國人需要希特勒會遵守和平協議的保證，因為「幾乎所有位高權重的英國人，都視元首簽署的條約為一文不值的廢紙」。

這讓赫斯感到困惑。阿爾布雷希特給他舉了例子，接著問這位副手：「英格蘭能得到什麼保證，確保我們不會在有隙可乘時再次破壞新條約？您必須認知到，即使在盎格魯撒克遜世界，元首也被視為撒旦在地球的化身，是必須要對抗的人。」

最後，談話轉向了利用中間人在中立國家會談的可能。阿爾布雷希特舉薦了他的朋友漢密爾頓公爵。「他隨時都能接觸到倫敦各方政要，甚至是邱吉爾和國王。」無論阿爾布雷希特知悉與否，公爵現在也是英國皇家空軍的一位分區指揮官。

四天後，一封信透過赫斯和阿爾布雷希特設計的隱晦途徑送出，前往他手中。這封信以含蓄的文字，暗示公爵前往位於里斯本的中立地帶，與阿爾布雷希特會面。阿爾布雷希特僅在信末簽上了他名字的首字母A，確信公爵肯定能想通是誰寄來的。

公爵沒有回應。隨著身在英格蘭的公爵沉默得越來越久，赫斯意識到有必要更直接地接近他。他也相信有股神祕的力量正在指引著他，如同他事後寫給綽號布茲(Buz)的兒子沃爾夫(Wolf)的那樣：「布茲！你要留心，我告訴你，這世上有股比我們更高等、更致命的力量，我們就稱之為神力吧，它們會插手干預一切，至少在該發生重大事件的時候。」

因著一次不合時宜的打算，在布雷克勒斯莊園享受田園生活的瑪麗．邱吉爾還在九月八日星期日，也就是倫敦大規模空襲的隔天，再次請求父母允許她返回市區。

「我經常想起你們每個人，」她在給克萊門汀的信中寫道，「我討厭在這樣黑暗的日子裡與妳和爸爸分隔兩地。求求妳、哦，求求妳，親愛的媽咪，讓我回去。」

她渴望開始在婦女志工服務組織工作，也已經在倫敦分配到了一個職位，是她母親在那個夏季稍早安排的，但她的職務要到她從布雷克勒斯度完假回來後，才會開始。「我很想和妳在一起，分擔我該擔負的責任，我也想開始工作。」瑪麗寫道。她要求克萊門汀不要「讓寶貝女兒變成『緊急逃難寶』」。

轟炸機當晚又回到了倫敦，隔天九月九日星期一也來了。一枚炸彈襲擊了作家維吉尼亞．吳爾芙（Virginia Woolf）位於布魯姆斯伯里（Bloomsbury）的房子，那裡是她的賀加斯出版社（Hogarth Press）總部。另一枚炸彈也擊中了這棟房子，卻沒有立即爆炸；它在一週後才引爆，將她的家破壞殆盡。炸彈首次落在倫敦西區。一枚擊中白金漢宮的領地，但直到隔天早上一點二十五分才爆炸，將碎玻璃卷進了整棟皇家寓所。不過，國王和王后不在場。他們每晚都在王宮西邊二十英里處的溫莎堡（Windsor Castle）過夜，每天早上通勤到倫敦。

由於倫敦正受到攻擊，瑪麗的父母不為她最近一次的請求所動，決定讓她在契喀爾過冬，讓她在那附近的艾爾斯伯里村（Aylesbury）為婦女志工服務組織全職工作，而非倫敦。克萊門汀顯然沒有事先問過瑪麗，就安排調動了勤務地點。「我生活的『秩序』一定是通過電話談攏的。」瑪麗寫道。

九月十一日星期三，在瑪麗啟程前往契喀爾前夕，她的表親茱蒂和茱蒂的母親維內西雅為她舉辦了一個生日兼臨別派對，還邀請了一些英國皇家空軍的飛行員。派對持續到午夜過去，瑪麗在日記中稱它是「我多年來參加過最好的一場派對」，還描述了她與一位名叫伊恩．普羅瑟（I. Prosser）的年輕飛行員的相遇。「他離開時，給了我一個那樣甜蜜而**浪漫**的吻，在星光和月光之下——喔我的天啊、我的天啊，這就是**真正的浪漫氛圍**。」

那晚，她父親在地下內閣戰情室，用這間加固防護的房間裝置的BBC特殊連結，做了一場廣播演說。從唐寧街十號穿越白廳中心，僅步行五分鐘即可到達戰情室。

他廣播的主題是看來已經越來越逼近的入侵。一如往常，他的發言仍是樂觀與全無粉飾的現實的混合體。「我們不知他們何時會來，」他說，「我們無法肯定他們是否真的試圖入侵；但任何人都不該忽視的事實就是，德國正以他們慣常的周密和手段，籌備對這座島嶼的大規模全面入侵，針對英格蘭、蘇格蘭或愛爾蘭，或三者全部，而且可能現在就會發動。」

如果希特勒確實計劃入侵，邱吉爾警告，他就必須盡快出手，在天氣惡化之前、在英國皇家空軍對德軍從各方集結而成的入侵艦隊造成過大的打擊之前。「因此，我們必須視下一週為我們歷史上非常重要的時期。這與西班牙無敵艦隊駛近英吉利海峽的那一天[77]……或納爾遜將軍，挺身擋在拿破崙集結於布洛涅（Boulogne）的大軍團（Grand Army）和英國之間[78]那一天，同等重要。」他警告，現在這場衝突的結果「對人類的生命和未來，以及世界文明的影響，遠大於過去這些英勇事跡」。

為了避免他的言論造成人們集體退縮，邱吉爾播下了希望和英雄主義的種籽。他說，英國皇家空軍比過去更加強大，而英國國民軍目前有一百五十萬人。

他形容希特勒對倫敦的轟炸為「試圖以無差別屠殺與破壞，來毀滅我們這支名聞遐邇的島嶼民族」。但是，「這個惡人」的意圖弄巧成拙了。「他的所作所為，在此地以及全世界英國人的心中點燃了一把火，在他造成的所有倫敦大火痕跡都被消除許久以

77｜譯注：在格瑞福蘭海戰中，英國艦隊在西班牙無敵艦隊進入英吉利海峽後，就發起了攻擊。英吉利海峽可以說是這場戰役的起始點。

78｜譯注：大軍團是拿破崙轄下的多國部隊，十九世紀初曾雲集於布洛涅港口，而納爾遜則以巧妙手法阻止此部隊與拿破崙麾下的其他艦隊會合。

後，這把火仍會熊熊燃燒不盡。」

這是一場陰鬱的演說，但它在倫敦市民受到鼓舞的一個夜晚進行，即使德國轟炸機又一次強勢襲來。這一波高漲的士氣與邱吉爾的演講無關，卻與他擅於利用簡單的姿勢動作來產生巨大影響的天賦有關。使倫敦市民憤怒的是，德國空軍在這些夜襲中，似乎可以隨心進出如入無人之境，不受夜盲的英國皇家空軍和市內異常靜止的高射砲所干擾。砲兵們奉命保留彈藥，只在看見戰機飛過頭頂時才開火，結果便是絕少開火。在邱吉爾的命令下，他們挪了更多的大砲進城，數量從九十二門增加到了近兩百門。更重要的是，邱吉爾指示他們的團隊放下顧忌、儘管開火，即使他很清楚大砲極少能夠擊落戰機。這些命令於九月十一日星期三晚上生效，對市民的士氣產生了驚人而直接的影響。

砲兵們竭力開火，有位官員描述「基本上是瘋狂又不受控制地射擊了」。探照燈掃遍天空。砲彈如煙火般，在特拉法加廣場和西敏寺（Westminster）上空炸開，碎彈片雨點般持續不斷地灑在下方的街道上，使倫敦的居民歡欣不已。小說家威廉·桑森（William Sansom）寫道，砲聲發出「一陣巨響，化作一道震顫的、猛烈的、眩目的刺激感，穿透倫敦市民的心臟」。邱吉爾本人十分喜歡那些砲聲；他非但不會尋求庇護，反而會跑到最近的砲台觀賞。「這些新的聲響「對人們的意志產生了巨大的影響」，邱吉爾的私人祕書約翰·馬丁寫道。「它讓大家翹起了尾巴，在第五個無眠的夜晚後，今天早上每個人看起來都煥然一新，既愉悅又自信。反擊帶來的解脫，是一種很怪異的大眾心理。」第二天的國內情報報告證實了此一影響：「今天的主要話題就是昨晚的防空砲擊。這大大地鼓舞了士氣：人們在公共防空洞裡歡呼雀躍，他們的談話內容也顯示那些噪音帶來了正向的愉悅感。」

更棒的是，在邱吉爾發表演說、砲聲隆隆的那個星期三，英國皇家空軍在前一晚對柏林發動了猛烈的攻擊——一場「迄今為止最激烈的轟炸」，威廉·夏勒在他的日記中寫道。夏勒指出，英國皇家空軍首次在柏林投放了大量的燃燒彈。其中六顆落在了約瑟夫·戈培爾博士的花園裡。

第46章

徹夜難眠

Sleep

隨著倫敦持續發生突襲，日常生活裡最細小瑣碎的挑戰也變得愈發折騰人了，比如不斷從碎彈片貫穿的屋頂漏洞中滴落的雨水。玻璃的短缺意味著窗戶必須以木頭、紙板或帆布修補。隨著冬天的逼近，邱吉爾認為，德國空軍司令戈林計畫的一部分是「粉碎越多玻璃越好」。電力和暖氣中斷是常有的事。一小時的車程有可能延長到四小時甚或更長，通勤因而成了一個漫長枯冗的過程。

最糟糕的影響之一，是睡眠不足。警報聲、爆炸聲和焦慮將夜晚撕成了片段，還有最近才活躍起來的高射砲。根據國家情報局的說法：「住在大砲附近的居民嚴重缺乏睡眠：在倫敦西部一門砲彈周圍進行的訪問顯示，附近人們的睡眠時間比幾百碼外的人要少得多。」但沒有人希望砲聲止息。「很少有人抱怨睡眠不足，主要還是因為砲擊帶來的新鮮興奮感。然而，政府需要警惕這樣嚴重的睡眠不足。」

逃進公共防空洞的倫敦市民也睡眠不足，因為戰前的民防規劃者並沒有預料到空襲會在晚上發生。「在徹夜未眠之後，即使眼睛像插在帽子上的別針般插在你的臉上，還是得嘗試集中精神努力工作，」「世論調查」一位女性公務員在日記中寫道，「這讓我不再害怕炸彈了，我現在怕的是疲倦。要是在睡夢中死去的話，我也會很高興的，如果我睡得著的話。」

一項調查發現，百分之三十一的受訪者表示，九月十一日晚間他們一夜無眠。另外百分之三十二的受訪者則睡不足四個小時。只有百分之十五的人表示，他們睡了六小時以上。「人們只談論一個話題：要在哪裡睡，如何睡著。」維吉妮亞．考爾斯寫道。在「哪裡」睡這一點最成問題。「關於這個問題，每個人都自有一套理論：有些人偏好地下室，有些人說睡在樓頂比被困在殘磚碎瓦下好；有些人建議在後花園挖條狹窄的溝渠，更有些人堅持最好置之不理，在床上舒舒服服地死去。」

有一小部分的倫敦市民利用地鐵充當防空洞，儘管流行的傳言後來營造了一種印象，彷彿整個倫敦都湧進了地鐵系統深處的車站。九月二十七日晚上，警方統計在「倫鐵」站避難的人數，最多時共計十七萬七千人，佔當時滯留倫敦市民口的約百分之五。邱吉爾一開始是樂見其成的。但讓很多人聚集在車站，只要一顆炸彈穿透到地下極深處的地鐵站台，就可能使數百人甚至數千人失去生命，這喚起了他的惡夢。的確，一枚炸彈會在九月十七日擊中大理石拱門站（Marble Arch），造成二十人死亡；到了十月，炸彈直接擊中車站四次，造成六百人死傷。然而，卻是教授說服邱吉爾相信位於地底深處、足以容納大量人員的防空洞必須存在。「現在湧現了一股非常強烈的不滿情緒。」教授告訴他，人們要的是「安全又安靜的夜晚」。

不過，十一月的一項調查發現，百分之二十七的倫敦居民都使用自家的防空洞，多是以國土安全部部長（Minister for Home Security）約翰．安德森（John Anderson）的名字命名的所謂安德森掩體（Anderson shelter）。安德森掩體是一種可埋在院子和花園裡的金屬殼，據稱能夠保護裡面的人免受直接轟擊，不過它抵禦洪水、黴菌和刺骨嚴寒的效能卻備受挑戰。有更多的倫敦市民——據估計高達百分之七十一，就只是在家裡待著，有時在地下室裡，通常是在床上。

邱吉爾睡在唐寧街十號。令克萊門汀大為驚愕的是，每當轟炸機來襲，他總會爬到屋頂觀看。

九月十二日星期四，一枚四千磅重的炸彈——顯然是「撒旦」的變種，落在聖保羅大教堂前，穿透到二十六英尺深的地底，卻沒有引爆。相關人員挖了一條隧道接近它，三天後小心翼翼地把它拖到了地面上。應國王要求，英國設立了嘉獎平民勇氣的新獎項：喬治十字勳章，這些隧道工人們成了第一批得主。

隔天，炸彈再次襲擊了白金漢宮，這一次國王夫婦差點丟了性命。他們從溫莎堡開車進宮，雨自陰霾厚重的天空落下，這樣的天候顯示德軍不太可能襲擊。這對夫婦聽見戰機的轟鳴、看到兩枚炸彈飛過時，他們正在樓上能俯瞰宮殿中央四方地的房間裡，與國王的私人祕書亞歷．哈丁格（A. Hardinge）交談。兩聲爆炸撼動了整座宮殿。「我們對視了一下，接著就以最快的速度進入了通道。」國王在日記中寫道：「整件事在幾秒鐘內發生。我們都很驚訝為什麼我們沒死。」他確信宮殿是德軍鎖定的目標。「有人看到那架戰機從雲層下方直接掠過林蔭大道，然後在前院投下了兩枚炸彈、在四方地投下了兩枚、在教堂投下了一枚，又在花園裡投下了另一枚。」一名守衛宮殿的警官告訴王后，這是「一場壯觀的轟炸」。

儘管轟炸白金漢宮的事很快就為大眾所知，但這對王室夫婦逃亡之驚險過程卻是保密的，連邱吉爾也是在撰寫他個人的戰爭歷史紀錄時才得知這件事的。這次事件讓國王動搖了。「這是一個令我毛骨悚然的經歷，我不希望它重演，」他在日記中寫道，「這當然教會了我要在未來的所有場合中『找掩護』，但也必須小心不要染上了『防空洞心態』。」有一段時間，他一直惴惴不安。「我非常不喜歡在週一和週二坐在我的房間裡，」他在接下來的一週寫道，「我發現自己無法閱讀，做事總是匆匆忙忙，不停看向窗外。」

這場轟炸也有正向的一面。國王寫道，這次襲擊使他和妻子感受到與人民更加緊密的連結。王后簡潔地說：「我很慶幸我們被轟炸了。這樣一來我才覺得我有臉面對城東區。」

隨著週末的逼近，對德軍入侵的恐懼愈發強烈。月亮即將滿盈，潮汐即將進入有利登陸的時期，倫敦市民開始稱這個週末為「入侵的週末」。九月十三日星期五，陸軍指揮官布魯克將軍在日記中敘述：「從泰晤士河到普利茅斯，一切看來就像一場入侵要在明天開始了！不知道明日此時，我們是不是正在浴血奮戰？」

這些擔憂嚴重得使邱吉爾於週六向巴戈·伊斯梅、戰事內閣祕書愛德華·布里奇斯和其他高階官員發出指令，要求他們參訪座落在倫敦西北部一座經過加強防護、名為「圍場」的樓群，假使最壞的情況發生，政府還可以撤退到那裡持續運作。政府撤離白廳的備案令邱吉爾很是反感，他擔心這會向公眾、希特勒，尤其是美國，發出失敗主義的信號。但現在他看到了新的緊迫事態。在他的紀要中，他指示部長們檢查分配給他們的宿舍，並「準備好收到臨時通知時緊急搬到那裡」。他堅持要求他們在做這些準備時，必須避人耳目。

「我們必須做好心理準備，」他寫道，「白廳到西敏寺這塊區域，現在隨時都會成為密集空襲的目標。德軍採取的方法是，以瓦解中央政府作為對我國進行其他主要攻擊前的重要序幕。他們不管在哪國都是這樣做的。他們肯定會在這裡如法炮製，這裡的地景很容易辨認，河流和高樓日夜都能作為可靠的指引。」

儘管對德軍入侵的焦慮飆升、謠言四起，但倫敦和英格蘭其他地方的家長們卻在那個週末感受到了一種新的平靜。這些父母感到如釋重負，他們從利物浦將自己的孩子安置到一艘名為貝拿勒斯市號（*City of Benares*）的船上，將孩子們送到加拿大，以保護他們免受轟炸和德軍將至的入侵所傷害。這艘船上載有九十名兒童，其中許多有母親陪同，其餘的則獨自乘船。乘客名單上有一個男孩，他的父母擔心出生時就受過割禮的他，可能會被入侵的部隊視為猶太人。

這艘船啟航四天後，在離岸六百英里處的狂風肆虐下，被一艘德國潛艦擊沉，造成兩百六十五人死亡，包括船上九十名兒童中的七十人。

第47章

軟禁的交換條件

Terms of Imprisonment

瑪麗．邱吉爾在契喀爾大宅三樓的一間臥室裡安頓下來，從下方霍特里室的一道祕密螺旋梯可以進到這間臥室來。一般上，穿過一條普通的走廊也可以進入這間房間，但瑪麗偏好那座樓梯。這間臥室與世隔絕，位於一個沒什麼人住的樓層，往往寒冷又透風，無法遮擋她形容總在外牆周圍「呼嘯而逝」的風中。這間臥室有傾斜的天花板和一座基本上無法驅寒的大壁爐。她很喜歡。

整間臥室都浸淫在神祕感中，一如契喀爾其他事物，呼喚著遙遠的過去。幾個世紀以來，這間臥室都一直被稱作監禁室。這個名字源於一個發生在一五六五年的事件，當時惹惱了皇室可能會造成非常不幸的後果。當時的囚犯也叫作瑪麗——瑪麗．格雷夫人(Lady M. Grey)，是遠更有名、受到更惡劣對待的珍．格雷夫人的姐妹。眾所周知，珍夫人在一五五四年被處決了。瑪麗夫人當時決定祕密地嫁給一個名叫托馬斯．凱斯(T. Keyes)、負責護衛伊麗莎白一世女王的平民。這樁婚事在很多層面上都冒犯了女王，其中最重要的一點是，新娘的嬌小(她也許是個侏儒)對比新郎的壯碩(據說他是整個王國最高大的人)，讓宮闈成了笑柄。女王的祕書威廉．塞西爾爵士(Sir W. Cecil)描述這對夫妻為「野獸般」的結合。女王將凱斯扔進了弗利特監獄(Fleet Prison)裡，下令契喀爾當時的持有人威廉．霍特里(W. Hawtrey)在得到進一步命令前，將瑪麗夫人關在這棟大宅內，只能偶爾到外頭呼吸新鮮空氣。兩年後，她獲釋了，她的丈夫則在後一年獲釋，但他們再也沒有見過彼此。

從房裡的兩扇小窗看出去，是燈塔山的景色。到了夜裡，即使契喀爾距倫敦四十英里遠，現代的瑪麗仍看得見遠處高射砲的閃光，聽得見它們獨特的隆隆爆裂聲。戰機經常從宅子上空飛過，有時會嚇得她把頭藏進被窩裡。

瑪麗覺得，這棟大宅在平日安靜得可怕，儘管她很高興父母把她兒時的保姆懷特（Whyte）「姆姆」從查特韋爾莊園調來陪她度過搬進來的第一個週末。還好，她的嫂嫂帕梅拉．邱吉爾現在也安頓在這棟宅子裡，「迫不及待地等著小溫斯頓的降生」，瑪麗在日記中說道。

九月十三日星期五，隨著邱吉爾、克萊門汀和值班的私人祕書約翰．馬丁到來，以及瑪麗即將在星期天慶祝的美好十八歲生日，這棟宅子明顯熱鬧了起來。

那個週末同時也發生了瑪麗所謂的「令人興奮的小插曲」。

星期六，邱吉爾和克萊門汀在契喀爾吃了午餐，下午便開車去倫敦了。邱吉爾計劃隔天回來參加派對；克萊門汀則在當晚就帶著驚喜回來了。「儘管遭到空襲，媽媽還是為我訂了一個漂亮的蛋糕！」瑪麗日記中寫道，「她真的太窩心了！」

那晚，瑪麗以一段長篇大論，反覆在日記裡思考了自己的年齡增長，將星期六描述為：「我『甜蜜十七歲』的最後一天！」戰火確實是在延燒，但她卻無法克制自己：

她不禁為自己的生活而歡喜。「這是多麼美好的一年！」她寫道，「我想，這一年在我的記憶中，永遠都會很鮮明。這一年來，我也很快樂，儘管世界上充斥著苦難和不幸。我希望這樣並不代表我毫無同理心。我真的不覺得我沒有同理心，但不知怎地，我就是無法抑遏自己的快樂。」

她自陳對周圍的世界更加敏銳了。「我想我生平第一次感受到了一點點的恐懼、焦慮和悲傷。我真的很喜歡當個年輕人，我不太想變成十八歲。雖然我經常表現得像個徹頭徹尾的白痴，又很『兩光』，但我覺得我在過去的一年裡長大了很多。我很欣慰。」

她上床睡覺的時候，倫敦上空正被砲火點亮。

＊＊＊

邱吉爾星期天回到了契喀爾，正好趕上午餐。飯後，觀察到「今天的天候似乎對敵人有利」的他，與克萊門汀、帕梅拉和祕書馬丁一起出發，再次造訪位於烏克斯橋的戰鬥機司令部作戰中心。到達後，邱吉爾、克萊門汀一行人立刻被領著走下階梯，前往地下五十英尺處的作戰室。在邱吉爾看來，這間作戰室就像一間小劇院一樣，有兩層樓高，寬六十英尺。房裡一開始很安靜。當天稍早才發生過一場重大的空戰，兩百多架轟炸機及護航的戰鬥機越過了海岸線，但戰況已經平息。邱吉爾一行人走下階梯時，第十一機隊司令兼空軍副元帥基思．帕克（Keith Park）說：「我不知道今天會不會發生什麼事。目前一切都很平靜。」

邱吉爾一家人坐在他所謂的「上層包廂」中。下方的一張桌子上，放著一張巨大的地圖，旁邊圍繞著二十多位男女和許多忙著接聽電話的助手。對面的牆壁被一塊裝有彩色燈泡的燈板完全佔滿，燈泡顯示為各中隊的狀態。紅燈表示戰鬥機正在行動中；其他燈泡顯示的則是正在返回機坪的戰機。官員們在一個邱吉爾稱為「展演箱」的密閉玻璃控制室裡，評估從雷達作業員和空軍部多達三萬人的觀察員網路中傳來的資訊。

平靜並沒有持續多久。雷達探測到戰機在法國海岸的迪耶普上空聚集，向英格蘭前進。初步報告說明來襲的戰機總數為「四十多架」。牆面另一頭，燈板上的燈亮了起來，顯示英國皇家空軍戰鬥機中隊正在「待命中」，這表示他們隨時能在兩分鐘內起飛。更多關於德國戰機逼近的回報傳來，口吻平淡得好似通報火車到站般：

「二十多架。」

「四十多架。」

「六十多架。」

「八十多架。」

圍繞在地圖桌邊的職員開始將小碟滑過地圖、向英格蘭方向移動。這些小碟代表著正在逼近的德軍。另一頭的牆上，紅燈閃爍，數百架颶風和噴火戰鬥機從英格蘭東南部各處的基地升空。

代表德軍的小碟穩定地向前移動。燈板上，代表戰機待命中的燈泡熄滅，表示第十一機隊的每一架戰鬥機都已投入作戰。來自地面觀測員的資訊從電話湧入，回報了目擊的德軍戰機情況、戰機型號、數量、方向與大致高度。一場典型的突襲中，通常會收到數千條這樣的消息。一名年輕的軍官獨力指示這個機隊的戰鬥機向來襲者進攻，據邱吉爾回憶所述，他的嗓音「平靜、低沉而扁平」。帕克副元帥顯然十分焦慮，在這位軍官身後來回踱步，不時搶在軍官面前施令發號。

隨著戰鬥的進行，邱吉爾問道：「我們還有哪些預備隊？」

帕克回答：「沒了。」

深諳戰事的邱吉爾很清楚，這表示形勢非常嚴峻。英國皇家空軍的戰鬥機所攜的燃料，只夠讓他們在空中飛行約一個半小時，之後他們就不得不落地添油，並重新裝填火砲。它們在陸地上將非常危險脆弱。

很快地，燈板顯示英國皇家空軍中隊返回基地。邱吉爾愈發焦慮了。「如果我們補充燃料中的戰機，於『四十多』或『五十多』架敵機的追擊中，在地面上被逮到，我們不知道該蒙受怎樣的損失！」他寫道。

但德軍的戰鬥機也到了作戰極限。陪同它們的轟炸機本可在空中飛行更長的時間，但一如英國皇家空軍，德國空軍的戰鬥機也只有九十分鐘的續航時間，這還得包括他們穿越英吉利海峽、返回沿海基地所需的時間。轟炸機不能在毫無保護的情況下冒險飛行，因此也被迫返航。據德國空軍王牌阿道夫・加蘭德的說法，這些限制「成為一個越來越大的阻礙」。在一次突襲中，他自己的機隊就失去了十幾架戰鬥機，其中五架不得不在法國的海灘進行所謂的「平墜」著陸（pancake landings），另七架則不得不在海峽上迫降。一架梅塞施密特一〇九號最多可以在海面上漂浮一分鐘，加蘭德認為這段時間只「夠讓飛行員解開自己的安全帶並爬出來」，此時他會啟用充氣式海上救生背心（"Mae West" life preserver）或小型橡皮艇，然後發射信號彈，以期德國空軍的海空救援隊能來救他。

在邱吉爾的注視下，燈牌顯示越來越多的英國皇家空軍中隊返回了他們的機坪。但地圖桌邊的工作人員也開始將代表德軍轟炸機的小碟移向海峽和法國海岸。這場戰鬥結束了。

就在邱吉爾夫婦爬回地面上時，警報解除聲恰巧響起。這麼多年輕的飛行員一頭栽進戰鬥裡，邱吉爾為此驚歎，在車上大聲自言自語道：「有些時刻，生與死竟是同等地好。」

他們於下午四點三十分返回契喀爾，邱吉爾筋疲力盡，卻得知原定由戴高樂將軍率領英軍和法國自由軍隊、對西非城市達卡的聯合進攻計畫，意外遭到未被英國充公、現處於親德的維希政府轄下的軍艦恐嚇。下午五點十五分迅速致電倫敦，建議取消代號「威脅」的行動後，他才上床小睡片刻。

他平常小睡約一個小時左右。這一天，他被下午的激烈空戰搞得筋疲力盡，一直睡到晚上八點。醒來後，他立刻叫來值班祕書馬丁，馬丁為他帶來了各部門的最新消息。「這些報告都令我反感極了，」邱吉爾回憶道，「這件事出了問題、那件事又被耽擱，這位和那位都給了令人不滿意的答覆，大西洋又發生嚴重的沉船事件。」

馬丁把好消息留到最後。

「但是，」他現在才告訴邱吉爾，「空軍彌補了這一切。我們擊落了一百八十三架敵機，而我們自己只損失不到四十架。」

如此非凡的數字，使大英帝國將九月十五日稱為不列顛戰役紀念日（Battle of Britain Day），儘管此一統計數字後來也被證實不正確，是出於戰後常見的興奮而大幅誇大的數字。

星期天晚上，瑪麗的生日慶祝活動在契喀爾展開，帶來了更多的歡樂。她的姐姐莎拉給她帶來了一個皮革文具組。一位朋友送來了巧克力和絲襪；表親茱蒂發來賀電。「在這樣可怕的時刻還記得我要十八歲了，大家都受到如此關注令瑪麗感到高興極了。」那天晚上，她在日記中寫道，「我非常感謝這些心意。**太窩心了！**」

她那天的日記這麼收尾：「我以十八歲之姿入睡。**非常**高興。」對於隔天將開始在艾爾斯伯里村的婦女志工服務組織工作，她也很高興。

第48章 柏林

Berlin

對赫爾曼・戈林來說，週日空戰中的損失令人感到錯愕又屈辱。他的指揮官事後很快就透過清點未能返航的戰機數量，得知了他們實際的損失程度。儘管遠低於英國皇家空軍宣稱一百八十三架的勝利數字，但被擊落的德軍戰機數量卻令人難以置信：總共六十架戰機，其中三十四架是轟炸機。然而，損失甚至比這更嚴重，因為這項統計並未反映出受到嚴重損壞的另外二十架轟炸機，以及許多返航後，從戰機上被拉下來時已經死亡、傷殘或受到其他傷害的機組人員。最終統計，英國皇家空軍只損失了二十六架戰鬥機。

截至目前為止，戈林一直宣傳他的轟炸機組比他們的英國對手勇敢，因為他們在青天白日之下以及夜間都敢進攻，不像懦弱的英軍，只有在暗夜的掩護下才敢對德國進行突襲。但現在，他中止了所有大型的日間攻擊（儘管那週稍晚，他們又將對倫敦進行一次規模更大、代價極高的日間襲擊）。

「我們失去了信心。」艾爾哈德・米爾希（E. Milch）元帥在戰後的審訊中說。一九四〇年八月，英國情報部門將米爾希描述為一個崇敬中世紀神靈和儀式的「粗俗小人」，他在戈林建立德國空軍的過程中立了大功。米爾希說，這次的損失本是可以避免的。他列舉了兩個主因：「第一，轟炸機的飛行陣形很糟糕；第二，護航的戰鬥機從未出現在正確的位置。這樣的飛行很沒有紀律。」他說，這次的戰鬥機「並沒有堅守戰鬥機的護航崗位；相反地，他們更像是自由活動，只為了擊落敵機」。

所有人都明白，德國空軍失敗了。尤其是戈林的貴人兼主子，阿道夫．希特勒。

與此同時，宣傳部負責人戈培爾還在努力與另一個政宣難題角力：如何平息上週五德國空軍轟炸白金漢宮引起的強烈抗議，這顯然是一場公關災難。

在戰場上，不人道的事情每天都在發生，但對整個世界而言，這次襲擊顯得卑鄙又無謂。戈培爾明白，有助於平息怒火的方法是，揭露白金漢宮本身早已成了軍火庫，或是宣稱那附近有重要的倉庫、發電廠或其他目標，距離近到那座宮殿被流彈擊中也很合理的地步。不過，一架轟炸機竟然不畏雲雨、循著白廳飛向倫敦最大、最知名的地標之一，使得那些藉口顯得極度蒼白無力。

週日的政宣會議上，戈培爾轉向自己的部門與德國空軍之間的聯絡人魯道夫．沃達格少校（Maj. R. Wodarg），指示他「查明白金漢宮附近是否有任何軍事目標」。

戈培爾說，沒有的話，德國的政宣就必須加以編造，更具體地說，就是要辯稱「祕密的軍事補給點就藏在白金漢宮旁的社區」。

第49章

恐懼

Fear

瑪麗在婦女志工服務組織的第一週，就明白了戰爭的真正影響。這隻鄉間小鼠被派去協助那些被轟炸逐出倫敦家園，或因擔心同樣的命運會降臨自身而逃離這座城市的家庭，尋找住處。他們如潮水般一波接一波抵達，挾著他們在倫敦經歷的可怕故事。難民遠遠超過了臨時居所可容納的數量，迫使婦服組禮貌而堅定地呼籲附近區域的民眾向這些新移民敞開家門。戰爭開始時通過的特別緊急法，賦予了政府徵用民房的權力，但婦服組因為擔心會引起民怨、加劇已經醞釀許久的階級敵意（碼頭工人遇上鄉間士紳），而不願在諸事都已經十分緊繃的這個時候去援引它。

對瑪麗來說，她此刻所遇，對比她在布雷克勒斯莊園避暑的日子，幾乎是不可思議的。兩週前，她和茱蒂．蒙塔古愉快地騎著自行車穿越鄉間、在湖裡沐浴、與英國皇家空軍的年輕軍官跳舞調情，戰爭遙遠而與她無關。即便是夜裡的砲響，比起恐懼，也更像是種安慰。

但如今不一樣了。

「現在可是二十世紀啊，」那個週末，瑪麗在她的日記中寫道，「看看倫敦，看看光是艾爾斯伯里村，就有無數無家可歸、赤貧又疲憊的人……

「這一週內，我看到的苦難和貧困，比以往任何時候都要多。

「我對這件事的感受無以言喻。我只知道，我對戰爭帶來的苦難有了更大、更廣的認識。我只知道，我見識到了人類超越以往任何時候的痛苦和憂慮。

「上帝啊，請與無家可歸和憂慮的人同在。

「我看到了許多憂慮、悲傷和失落的表情……也看到了大量的勇氣、樂觀和理智。」

兩天後的九月二十三日星期一，瑪麗讀到了有關貝拿勒斯市號沉沒、船上許多兒童死亡的新聞。「願上帝讓他們的靈魂安息，」瑪麗當晚的日記中寫道，「並幫助我們免除希特勒的禍害，以及人類在這個世間擔負過最無意義的重擔。」針對這次的沉沒事件，邱吉爾下令：「必須停止進一步往海外疏散兒童。」

遠處，砲聲響起、砲彈爆炸，但在契喀爾的監禁室裡，只有平靜與歷史，以及瑪麗夫人慈愛的亡魂。不管瑪麗每天聽到的故事多麼殘酷，她每晚都還有溫暖的家可回、有蒙蒂（契喀爾的管家，格蕾絲．拉蒙特）的照料、有帕梅拉的陪伴，後者畢竟正等待著她寶寶的到來。出乎意料的是，帕梅拉的醫生卡納克．里維特（C. Rivett）現在也幾乎把自己當作契喀爾的常居住戶了，這讓克萊門汀很不高興。他的存在讓她感到壓抑又尷尬，尤其契喀爾不是邱吉爾的私人財產，而是政府的。她對帕梅拉說：「親愛的，妳得明白這是一座官邸，每天的晚餐餐桌邊都有醫生列席，是很尷尬的。」

里維特經常留宿，他認為自己的存在是必要的，因為寶寶隨時都可能出世。

帕梅拉懷疑里維特另有動機：恐懼。她相信，他害怕倫敦的轟炸，來到契喀爾是為了避難。

她的寶寶預計在三週後出生。

星期天下午，約翰·科維爾喝完下午茶，便離開契喀爾前往倫敦，前往維多利亞車站（Victoria Station）附近的埃克萊斯頓廣場（Eccleston Square）的家中吃晚飯。就在他們要坐下吃飯之前，警報聲響了起來，德軍轟炸機的聲音很快便從頭頂傳來。科維爾上樓走進他的臥室。身後的燈沒點亮，他就跪在一扇窗戶旁，觀看這場空襲的展開。這一切都非常超現實，炸彈落在一國的首都中心、某個人的家中。但它也帶著一股美感，他睡前在日記中描述它。

「今晚，」他寫道，「萬里無雲、繁星點點，月亮高掛在西敏寺上空。沒有比這更美的了——探照燈在天邊某處交錯，砲彈在空中爆裂的閃焰宛如星光，遠處的火光，全都為畫面增添了色彩。這是如此壯觀而可怕：敵機在頭頂上的陣陣嗡鳴；槍聲宛如雷鳴，時而近、時而遠；大砲開火時點亮的光跡，猶如承平時期的電動火車；還有蒼穹中那無數的星點，有真正的星星，也有人為的星火。這樣的自然光輝與人類的邪惡並置對比，前所未見。」

第50章

赫斯

Hess

有一封很詭異的信。英格蘭的審查網路密切關注所有往返國門的魚雁，而這封九月二十三日自德國寄出的信，立即引起了他們的注意。信封上注明，這封信是寫給一位名為「羅伯茲太太」(Mrs. V. Roberts)的英國老婦的。但它裡面卻藏了第二個信封，以及將這封信轉給漢密爾頓公爵這位顯要的蘇格蘭人的指示。

在第二個信封中，審查員發現了一個令人不安的神祕信件，內容提議在一個中立城市舉行會談，也許是里斯本。這封信的署名只有首字母「A」。

審查員將這些信件交給了英國國內的防諜機構軍情五處(Military Intelligence Section 5, MI5)，並將它們留在了那裡。一直到翌年春天，也就是它們寄出六個月後，公爵才知道它們的存在。

第51章

庇護

Sanctuary

失敗如霧一般籠罩著戈林，暗淡了他的白色制服與金燦燦的動章，為了驅散失敗的污點，他讓德國對倫敦的進攻愈發激烈。每晚，二十架一組的轟炸機一波接一波向倫敦前進，肆無忌憚地轟炸，儘管德國官方仍堅持聲稱德國空軍只針對軍事重點目標。

然而在實際進行過程中，他們卻比以往更不加遮掩地對這座城市的平民發動攻擊。一方面，德國空軍使用了越來越多所謂的「降落傘水雷」(parachute mines)[79]，隨風四處飄蕩。它們裝載了一千五百磅的強力炸彈，可以摧毀半徑五百碼內的一切人事物。這種炸彈原本是設計來摧毀船隻的，九月十六日在倫敦投放的二十五枚，是它第一次使用到陸面上，詭異無聲地落在這座城市。這當中有十七枚沒有爆炸，因而放大了它們所引起的恐懼，迫使整個社區撤離，直到受過專門訓練的皇家海軍技術人員拆除這些武器為止。

這些降落傘水雷開始越落越多。九月十九日，德國空軍投下三十六枚降落傘水雷的一天，邱吉爾給巴戈．伊斯梅的一份紀事中寫道，以降落傘投放水雷「表明敵人已經完全放棄了所有假作瞄準軍事目標的偽裝」。他提議通過對德國的城市投放類似的武器作為報復，以牙還牙。他還以一種無情的歡欣，建議事前公布一份德國城市清單，以營造不詳預感。「我不覺得他們會喜歡降落傘水雷，」他寫道，「這會讓他們不得不消

79｜譯注：降落傘水雷是將水雷加裝在降落傘上，藉由空投施放的炸彈。

停一段時間。」

隨著德軍改以夜襲為主，倫敦的生活被壓縮成日出而作、日落而息，隨著秋天的到來，日照時間開始可怕而無法抑遏地縮短，這個過程又因為這座城市的高緯度而加速了。德軍的空襲衍生出一個悖論：每天晚上，每個人死亡的可能性都很小，但在倫敦某處將有某人死亡的可能性，卻是百分之百。安生與否全憑運氣。當一個小男孩被問到長大後想要做什麼，是消防員、飛行員還是其他時，他回答：

「想要活著。」

確實有數十名市民死了，夜的降臨成為恐懼的源頭，但到了白天，生活卻詭異地如常進行。皮卡迪利圓環和牛津街的商店裡仍然擠滿了顧客，海德公園裡仍然擠滿了曬日光浴的人，這些人多多少少都相信，德軍的轟炸機要到黃昏後才會從頭頂飛過。每天午餐時間，鋼琴演奏家米拉・赫斯（M. Hess）都在特拉法加廣場上的國家美術館（National Gallery）舉行音樂會，避開夜間突襲。大廳裡座無虛席，許多與會者都得坐在地上，手裡拿著防毒面具，以防萬一。《紐約客》作家莫莉・潘特－唐斯觀察到，聽眾們的淚水幾乎決堤，掌聲「巨大而震撼」。這位鋼琴家不時藉由在演奏時兩手各握一顆橙子，來展示她的靈巧。會後，每個人都匆匆離去，潘特－唐斯寫道：「他們肩上揹著防毒面具，因為被音樂帶到一架可以將無聊與恐懼都拋諸腦後的飛機上待了一個小時，而看起來好多了。」

即使是夜晚，也變得不那麼令人恐懼了，儘管德軍襲擊的劇烈程度升級，破壞也不斷蔓延。「世論調查」的日記作者奧莉薇亞·科克特和朋友佩姬(Peg)在一次空襲的時候外出散步。「我們走進滿月的月光裡，」科克特寫道，「為它的美麗激動不已的我們，走到了布里克斯頓(Brixton)[80]，在槍聲中前行，欣賞著光與影打在城市裡的模樣，享受著空曠街道的安寧。佩姬說，與如此的莊嚴輝煌相比，戰爭與槍砲顯得微不足道，根本是浮雲。」另一位同樣是年輕女性的日記作者險些因炸彈而喪命，她描述自己事後躺在床上時的感受，對此她自己也感到詫異。「我躺在那，感到難以形容的快樂和勝利，」她寫道，「『我被轟炸了！』我一遍又一遍地對自己說。我試穿新衣般不斷重複著這個句子，好像要看看它適不適合我似的。『我被轟炸了！……『我被轟炸了——我本人！』」她確實認知到，可能有許多人在這場空襲中喪生或受傷，「但我這輩子從未經歷過如此純潔而無瑕的快樂」。

日記作者斐麗絲·華納和她的倫敦同胞對自己的堅韌感到訝異。「有辦法承受這一切，對我們大多數人來說，都鬆了一口氣。」九月二十二日，她寫道：「我認為我們每個人都暗自害怕自己會撐不下去，會尖叫著衝進防空洞裡、失去信念、在某種層面上倒下，所以這是個值得慶幸的驚喜。」

但無止息的襲擊和不斷增加的破壞，也產生了更為黑暗的影響。九月二十三日星期一，小說家蘿絲·麥考利(R. Macaulay)寫道：「看到這麼多房屋和公寓化作一堆廢墟，人們無法及時被救出來，我患上了活埋恐懼症。我寧可睡在街上，但也知道不能這樣做。」哈羅德·尼克森有類似的恐懼，他在隔天的日記中透露了這一點。「我害

80｜譯注：布里克斯頓是位於倫敦東南部的其中一個地區。

怕的，」他寫道，「是被埋在大堆磚石下，聽著水緩緩滴落，聞到逐漸向我蔓延而來的毒氣，在自己被宣告緩慢而難看地死去後同事微弱的哭聲。」

許多倫敦市民都開始抱怨腸胃不適，這種症狀被稱為「警報腸胃炎」。

糧食配給仍然非常惱人，尤其在商店裡完全買不到雞蛋的情況下。但這一點也是可以克服的。家家戶戶都在他們的院子裡養起母雞來，這正是教授採取的策略，他在他的實驗室和牛津大學的基督堂草坪（Christ Church Meadow）上養雞。蓋洛普民調發現，百分之三十三的民眾都開始自己栽種糧食或飼養牲畜。

邱吉爾夫婦雖然受限於配給規則，但有賴於旁人的慷慨，過得還算不錯。（邱吉爾似乎吸引了朋友的慈善捐助。一九三二年，某次巡迴演講後返回倫敦途中，他在紐約被一輛汽車撞倒住院，事後他得到了一輛由一百四十位捐助者樂捐的全新戴姆勒汽車，捐助者中包括比弗布魯克勳爵。）教授作為素食主義者，沒有食用分配給他的肉和培根，就把它們轉給邱吉爾使用。在契喀爾，食物可是很受女主人歡迎的伴手禮。國王從蘇格蘭巴摩拉城堡（Balmoral Castle）和諾福克郡桑德令罕府（Sandringham）的皇家獵場送來鹿肉、野雞、鷓鴣和野兔。魁北克省政府送來了巧克力；西敏公爵透過特快火車送來了鮭魚，上頭標明「即刻送達」。

邱吉爾作為名正言順的首相，它所帶來的是常人所不能享有、某種程度上的特權，比如在當時極為珍貴的物資：汽油。邱吉爾停在契喀爾的車牌 DXN609福特汽車，燃油消耗率高於他八十加侖的配給量，本該從六月一日用到七月。但到了六月下旬，他便很明顯地需要更多的燃料。一個普通的倫敦市民不會有那種運氣，但邱吉爾只要開口，就能弄到。「如果您可以仔細地在您的來信上標上星號，我看到就會立即親自處理它。」礦產部地區燃油配給官哈利．B．賀蒙．荷基（H. B. H. Hodge）寫道。於是，管家格蕾絲．拉蒙特，也就是蒙蒂，便分到了兌換額外五十八加侖燃料所需的配給票。

邱吉爾很早就意識到，他獲得的食物配給量不可能餵飽他招待的許多公務來賓，當時他便毫不客氣地要求了額外的配給票。六月三十日，私人祕書約翰．馬丁寫信給食品部：「無論在契喀爾還是唐寧街十號，配給限額都讓首相認為導致了必要規格的正式招待，變得窒礙難行。」食品部同意提供協助：「我們認為，符合雙方立場的最簡單解方，就是遵循我們向外國使節發放特別配給票簿的程序，裡面涵蓋了肉品、奶油、糖、培根和火腿，這些配給票是給大使們款待公務來賓時用的。隨信附上一套特別配給票簿。」邱吉爾還想要額外兌換茶和「食用油」的外交配給票。這方面，他也獲得了供應。為了確保下週末契喀爾飲食不缺，食品部還指示當地的「食品執行官」通知附近的商店，他們可能會收到一些不常見的配給票。「我希望您滿意現在的安排，」食品部的 R. J. P. 哈維（R. J. P. Harvey）寫道，「若有其他任何困難，希望您可以告訴我們。」

令邱吉爾高興的是，配給限制不適用於某些關鍵物資。御鹿（Hine）白蘭地、保羅傑（Pol Roger）香檳和羅密歐與朱麗葉（Romeo y Julieta）雪茄並未缺貨，雖然負擔這些奢侈品的錢一如往常地不夠，尤其在招待每週末來訪契喀爾的眾多來賓這方面。支付契喀爾職員的薪資及維持莊園日常花費的契喀爾基金，每個週末會捐贈十五英鎊，以今日的美元計算的話略少於一千美元，大約是邱吉爾實際花費的一半，他曾說過，這大約只夠餵飽他來客的司機。一九四〇年六月至十二月期間，他在契喀爾的花費，比這筆基金的總捐款額多了相當於兩萬零兩百八十八美元的數額。

跟他在海軍部擔任第一海軍大臣時一樣，葡萄酒是一筆可觀的開支，如今在契喀爾，他在酒水上花了足足兩倍的錢。政府宴客基金（Government Hospitality Fund）同意分攤葡萄酒和烈酒的費用，前提是這些酒水只能在招待外賓時提供。邱吉爾熱切地利用了這個規範。契喀爾的其中一份訂單包括了：

三十六瓶雪利酒——達夫高登酒莊（Duff Gordon）、一級酒（V.O.）；

三十六瓶白葡萄酒——瓦慕特級莊園（Valmur）、一九三四年（夏布利產區〔Chablis〕）；

三十六瓶波特酒——芳塞卡酒莊（Fonseca）、一九一二年；

三十六瓶淡紅酒——波菲莊園（Château Léoville Poyferré）、一九二九年；

二十四瓶威士忌——特優高地麥芽威士忌；

十二瓶白蘭地——特優大香檳產區（Grande Fine Champagne）、一八七四年（酒齡六十六歲，與邱吉爾同齡）；

三十六瓶香檳——波莫利與葛赫諾酒莊（Pommery et Greno）、一九二六年（但保羅傑仍是他的最愛)。

這些葡萄酒很快便由這筆基金自設的「政府宴客管家」,一位華森先生(Mr. Watson)在契喀爾儲藏起來了,他記得它們在酒窖櫃子裡的確切位置。他還抱怨酒櫃上的標示太過隨便,政府於是立刻送來糾正這項缺失的特殊標示卡。這筆基金的管理者艾瑞克.克蘭克蕭爵士(Sir Eric Crankshaw)在一封寫給契喀爾管家格蕾絲.拉蒙特的信中,列出了使用這些酒水的規定細則。只有招待「外國、自治領地、印度或殖民地的來客」時,才能供應這些葡萄酒。每次宴席前,邱吉爾一家人都必須諮詢克蘭克蕭,「我會告訴您在這次宴客期間,是否可以使用政府宴客葡萄酒」。克蘭克蕭指示拉蒙特小姐在這本由基金提供的「酒窖簿」中,留下精確的紀錄,包括訪客姓名及飲用的葡萄酒;這本簿子每六個月將審核一次。然而,紀錄並不只有這些。「每次午宴或晚宴後,」克蘭克蕭寫道,「麻煩您填寫一份如附件樣本的表格,說明該次宴席的性質、來賓人數和各種葡萄酒的飲用量,然後將表格送回來給我以記錄和作帳用。」

許多其他產品雖然無需配給,卻仍供不應求。一位來訪的美國人發現,他可以在塞弗里奇百貨公司(Selfridges)買到巧克力蛋糕和蛋白霜檸檬派,卻買不到可可粉。物資的短缺在某些衛生領域上更成問題。女性越來越難取得衛生棉條。至少有一個品牌的衛生紙也嚴重短缺,這點連國王本人都發現了。他安排華府特區的英國大使館直接寄送衛生紙過來,設法解決了此一短缺問題。他以王者的慎重態度寫信給大使:「我們快把某種特殊的紙用完了，這種紙是美國製造的，在這裡買不到。如果能弄到一兩包五百抽的就最好了。你一定明白的，它的品名是B開頭的！」這裡所指的紙，歷史學家安德魯．羅伯茨（Andrew Roberts）鑑定出是布羅莫牌（Bromo）的軟式衛生紙。

德軍的突襲是那麼頻繁、那麼不出意料，傾向於使用公共防空洞的倫敦市民開始遵循一種新的、奇特的生活步調，早上從他們寄住的防空洞出門工作，傍晚時返回。有些防空洞開始出版自己的期刊和公報，刊物名稱包括《地鐵良伴》（*Subway Companion*）、《車站探照燈》（*Station Searchlight*）和《瑞士屋房客》（*Swiss Cottager*），後者以新建的深層地鐵站瑞士屋（Swiss Cottage）命名，現在充作防空洞。這一站的名稱，是因為它附近的一家酒吧外觀讓人聯想到瑞士小木屋而來的。「各位夜間同伴們，大家好，」《瑞士屋房客》創刊號開頭道：「在此向每日從黃昏到黎明，彼此相伴的各位臨時洞穴住民、各位同床室友、夢遊者、打鼾者、徹夜嘰喳者，以及所有住在貝克盧線（Bakerloo）瑞士屋站[81]的人問好。」這份公報的主編是住在這個防空洞的多爾．西爾弗曼（D. Silverman），他承諾只會斷續地出版這份公報，「跟希特勒的幻覺一樣一陣一陣地」，並希望這份刊物的壽命很短。

《房客》的內容滿是各種警告與建議，警告避難者不要帶折疊床或躺椅來，因為它們會佔用太多空間；請求所有居民不要太「大方」地貢獻垃圾；並保證防空洞很快就會提供熱茶，儘管無法確定多快，再說了，「當你寧靜而舒適地安坐、閱讀或睡覺時，

81｜譯注：二戰期間，瑞士屋地鐵站由貝克盧線（粉紅線）運營，現已改由銀禧線（灰線）運營。

街頭上可能正醞釀著茶之外的其他東西。」《房客》第二期，一則以「**你焦慮嗎？**」為題的專題文章提及了地面上部署重型高射砲引起的焦慮，指出地鐵隧道往往會放大噪音。這份公報於此提供了一些它所謂的專家建議：「如果你不把頭靠在牆上，就不會那麼強烈地感受到猛烈砲擊等因素造成的震動。」

防空洞裡，毒氣的危險尤其令人擔憂。政府鼓勵民眾每天試戴防毒面具三十分鐘，以養成使用它們的習慣。孩子們都參加了毒氣攻擊演習。「每個五歲幼童都得到了米老鼠防毒面具，」戴安娜．庫珀的日記中寫道，「他們喜歡戴著進行演習，戴上後會立即開始嘗試親吻對方，然後他們會唱著歌走進防空洞裡：『英格蘭必將永存。』」

空襲為這座城市的飯店帶來了困難，尤其是高級飯店，比如麗思（Ritz）、克拉里奇（Claridge's）、薩伏伊和多切斯特（Dorchester）等接待了各方來訪政要的飯店，包括外交官、流亡君主和行政首長們，其中許多人來訪期間全程都住在這些飯店裡。這些飯店以能夠滿足住客各種妙想天開的要求為榮，但提供防止被墜落的炸彈和四射的彈片擊中的安全遮蔽，卻是他們始料未及的挑戰。位於梅費爾區（Mayfair）的公園徑（Park Lane）上、海德公園對面的地點，成為多切斯特飯店的顯著優勢。

這間飯店高達九層樓，以鋼筋混凝土建造，這在倫敦並不常見，一九三一年開業時，人們擔心公園徑可能很快會因此變得像紐約的第五大道（Fifth Avenue）。大眾認為這間飯店堅不可摧，它也因此特別受高階官員的歡迎，他們鎖上家門、成為這間飯店的長期住客，當中包括哈利法克斯勳爵和情報部部長達夫．庫珀。（原本還有位長期住客薩默塞特．毛姆〔Somerset Maugham〕，三〇年代，這間飯店的夜間歌舞表演頭牌，是一位名叫大衛．卡明斯基〔David Kaminsky〕的年輕美國藝人，後以藝名丹尼．凱伊〔Danny Kaye〕聞名。）儘管大家認為頂樓是飯店裡唯一容易受轟炸的樓層，庫珀和他的妻子戴安娜仍住在頂樓的一間套房裡。據戴安娜在她日記中的回憶，它的景觀確實不錯：「從它高高的窗戶看出去，視野可以越過海德公園那一片綠意，瀏覽整個倫敦，它錯落地延展開來，彷彿任人魚肉，到處都是紀念碑、地標，以及透露許多戰略資訊的鐵路和橋樑。我想著，當我們的末日將臨時，整座城市裡燃燒的火焰該有多紅呢？」她還可眺望她丈夫部門所在的大樓。「那高聳的白色建築，」她寫道，「對我來說充滿了象徵意義，如同多佛的懸崖般。」

多切斯特的一樓（相當於美國飯店的二樓）以一塊巨大的混凝土板為頂，支撐著上面的樓層，因此人們認為一樓最能抵抗炸彈的破壞。為了減緩轟炸的衝擊、防止彈片侵入室內，這家飯店在正門外堆滿了沙袋，密密麻麻的，活像一個巨大的蜂巢。它將寬敞的土耳其浴場用作一個豪華的防空洞，預留了隔間給住在樓上普通房的住客，包括哈利法克斯勳爵和他的妻子。多切斯特飯店在一次行銷活動中推出了一本廣告冊，將新的防空洞吹捧為訂房的首要考量。「專家同意，」這本廣告冊宣稱，「即使受到直接攻擊，這個防空洞也絕對安全。」至少，伊夫林．沃的友人，一個名為菲莉絲．德．詹澤（Phyllis de Janzé）的女人，對多切斯特飯店非常信任，白天待在自己的家裡，每到晚上就住進這間飯店。住客們稱它為宿舍，經常穿著晚禮服出現在那裡。這在拍攝倫敦轟炸後的詭異夜間照片聞名的塞西爾．比頓（Cecil Beaton）眼裡，「讓人想起橫跨大西洋的豪華郵輪上，那種強行作樂與明明要價不菲、環境卻骯髒不堪的恐怖情狀」。

同為這間飯店的住客，與哈利法克斯有染的亞麗珊卓．梅特卡夫女士（Lady A. Metcalfe）說，即使在防空洞裡，哈利法克斯也能迅速入睡。「愛德華只花三分鐘就能睡著，他會先大聲不停地打哈欠作為前奏，再陷入無止境、孩童般的沉眠，沒有任何事物能吵醒他。」庫珀一家住在隔壁的隔間裡，每天早上起床更衣時都會聽到哈利法克斯夫婦發出的各種聲響。「六點到六點三十分之間，我們開始逐一起床，」戴安娜．庫珀在她的日記中說，「等到他們都走了，我們才會出去。他們各有一把找拖鞋用的手電筒，我總會看到他們怪物般的人影，滑稽地投射在天花板上，像魔法燈籠似的。你不會認不出哈利法克斯勳爵的。我們從未真正撞見彼此過。」

在克拉里奇飯店和麗思飯店，住客們會在警報響起時，帶著他們的床墊和枕頭來到大廳。記者維吉妮亞．考爾斯被空襲困在麗思飯店大廳時，發現這一幕宛若一齣齣平等主義喜劇。「他們穿著各式奇裝異服四處遊蕩，」她說，「有海灘睡衣（beach pajamas）[82]、休閒褲、警報裝（siren suits）[83]，還有人只是在拖地的睡裙外裹著普通的外衣。」穿越大廳時，考爾斯遇到了一位阿爾巴尼亞（Albania）的王室成員。「我絆到了索古國王（King Zog）的姐妹，她安詳地睡在麗思的餐廳門外。」

九月十八日星期三晚上，在一場摧毀了著名的約翰路易斯（John Lewis）百貨公司

82｜譯注：海灘睡衣是比基尼發明前，一種流行於戰間期的泳裝，特色是輕盈如睡衣的及踝寬褲，以及腰部如浴袍般的綁帶。

83｜譯注：警報套裝是英國在二戰期間流行的一種連身褲，因爲夜間空襲警報響起時能夠快速套上，便於趕往防空洞而得名。

的空襲中，考爾斯又一次被困在飯店大廳，這一次是在克拉里奇飯店，大廳迅速擠滿了住客，其中許多人都穿著睡衣。「每個人都在交談，點了一輪飲料，如果單看現場所有人共享的歡樂氣氛，你可能會誤以為他們正在舉辦一場愉快（不過有點怪）的化裝舞會。」

一度有位戴著黑帽、身穿黑色長大衣和墨鏡的老婦，在考爾斯描述為侍女的另三名女性陪伴下，走下了階梯。

大廳倏地安靜了下來。

這位黑衣女子正是荷蘭的流亡女王威廉明娜（Wilhelmina）。待她和隨從走遠後，喧鬧聲才又響起。

這家飯店所提供的保護，對於某些從受重創的東區來的工人階級民眾而言，變得過分刺眼了。九月十四日星期六，一行多達七十人的隊伍，遊行到距特拉法加廣場僅幾步之遙、位於河岸街（the Strand）的薩伏伊大飯店。他們來自白教堂區（Whitechapel）和萊姆豪斯區（Limehouse）之間的貧困地帶，斯特普尼。邱吉爾常在這間飯店吃午餐，特別偏好四號桌，也總在這裡參加「Other Club」的會議，一個他在1911年與別人共同創立的用餐俱樂部。俱樂部成員在這間飯店的皮納福爾室（Pinafore Room）聚會，席間往往擺著一尊掛著餐巾布、名為卡斯帕（Kaspar）的黑貓木雕。薩伏伊的防空洞現在是出了名的富麗堂皇，有些區域漆成粉紅色、綠色和藍色，配有成套的寢具和毛巾，飾以舒適的扶手椅和地鐵站已經禁止使用的躺椅。

遊行隊伍進入飯店，佔據了椅子，儘管蘇格蘭場多次嘗試遊說，他們都發誓不會離去。組織這場遊行的共產主義政治家菲爾・皮拉廷(P. Piratin)寫道：「我們認為，薩伏伊大飯店裡那群寄生蟲擁有的東西，斯特普尼的工人和他們的家人也該擁有。」隨著德軍夜間空襲的展開，飯店的經理們意識到他們是無法趕走這群人了，只好讓工作人員供應麵包和奶油給他們，當然，也有茶。

德軍夜間突襲的持續不斷，累積了各種奇怪的現象和詭異的時刻。炸彈有可能只摧毀一個家，它隔壁的房子卻毫髮無損。同樣地，有些街區完全沒有受到影響，好像戰爭正發生在另一個國家似的；但其他街區，尤其是被投放降落傘水雷的那些，卻淪為殘磚瓦塚。某次，倫敦的自然歷史博物館遭遇空襲著火後，消防員水管中噴出的水竟讓館藏的種子發了芽，比如一棵古老的絨花樹，或稱夜合樹，學名合歡樹。這些種子據說已有一百四十七年的歷史。九月二十七日的突襲破壞了這座城市的動物園，放走了一匹斑馬。這隻動物在肯頓鎮被捕獲前，許多市民都目擊到一縷黑白相間的幽魂在街上亂竄。預感關著毒蛇和毒蜘蛛的圍欄一旦被破壞，將會造成比無尾熊(舉例來說)逃亡更大的危險，園方因而早在戰爭初期便殺了牠們。

有名空襲警衛經歷了一件令人惴惴不安的事件。他在爬入砲坑搜索屍體時，誤入了一處曾是某位雕塑家工作室的廢墟。這座建築以前曾擺放各種大理石雕像，現在這些雕像的遺骸突出地聳立在砲坑之中。月光將眼前的景色浸成藍白色，讓那些遺骸發出冷光。「你會在一堆堆磚瓦中，突然看到月色下伸出一截慘白的手臂、一段軀幹或一張臉，」這名警衛在他的「世論調查」日記中寫道，「那種感覺太詭異了。」

一如瓊．溫德姆的情人魯珀特所感受到的那樣，空襲顯然解放了全倫敦的性慾。人們的性衝動隨著炸彈的落下而飆升。「沒人想要孤伶伶的，」維吉妮亞．考爾斯寫道，「……你會聽見一些有頭有臉的年輕小姐對護送她們回家的男子說：『除非你答應留宿一晚，否則我不要回家。』」一位剛來倫敦不久的年輕美國女性，驚嘆於這座城市在轟炸和戰火下仍然蓬勃的社交生活。「下週的每一個晚上，每個人都已經有約了，這週的週末甚至都還沒開始耶。」她在一封家書中寫道，「這裡的人唯一害怕的，似乎就是孤獨而已，所以他們預約行程總會提早很多，以確保自己不會有任何一個晚上是獨自度過的。」

保險套很容易取得，避孕環也是，不過配戴過程有點麻煩就是了。法蘭克．哈里斯（F. Harris）的回憶錄《我的生活與愛情》（*My Life and Loves*）裡，充滿了露骨但往往也很創新的情色實驗，是一本蔚為風行的性事指南。這本書當時在英國和美國被官方列為禁書，自然就增長了這本書的人氣，讓它變得更容易取得。後來冠上夫姓菲茨吉本（FitzGibbon）並作為食譜作家廣獲讚譽的演員希兒朵菈．蘿斯琳（T. Rosling）寫道，每個人都愛上了「生命和生存」。「對年輕人而言，這無疑是興奮又刺激的。這是上天賜給壞女孩的禮物，因為從警報響起的那一刻，到早上『警報解除』聲響起為止，她們都不能回家。實際上，她們是被規定要留在原地的……年輕人不願在還未與他人有過肌膚之親前，就思考死亡。這是性的極致：不為錢或婚姻，而是出於對生存與付出的熱愛。」

已婚男女的婚外情成了家常便飯。「出軌的常理障礙被拋到了一邊，」CBS的創辦人威廉・S・佩利（W. S. Paley）寫道，戰爭期間他多在倫敦度過，「如果這件事看起來實在不錯，你感覺也很好，那到底有什麼問題呢。」性雖然成了某種庇蔭，卻不能保證會是場令人滿意的體驗。奧莉薇亞・科克特與一名已婚男子出軌期間指出，在他們為期一週的做愛過程中，她與她的情人發生了六次性行為，但「對我來說，只有一次是完整的」。

當時確實是有很多性事，但性感內衣卻賣不出去。也許這在戰爭時期顯得過於奢侈了，也許在那種情慾橫流的性事情境下，人們認為性感內衣附加的吸引力並不必要，但不論如何，需求減少了許多。「我這輩子從沒經歷過，更沒想過會經歷這麼可怕的一季，」一家內衣店的老闆說：「我們一整天連一個客人都沒有，幾乎沒有。這實在令人心碎。」

唯一對這性慾烈火免疫的人，似乎就是堅持自己的二選一癖、一旦下定決心就絕不回頭的教授了，他幾年前就決定此生不再追求情愛。深受某位伊麗莎白・林賽夫人（Lady E. Lindsay）吸引的他，曾經差點墜入愛河。當時他四十九歲，而她二十七歲。他曾兩度被女性拒絕，但這段友誼似乎以令人滿意的方式發展，直到一九三七年二月那殘酷的一天，他從伊麗莎白夫人的父親那裡得知，她在義大利旅行時患上肺炎去世了。她被安葬在羅馬。

顯然林德曼已經受夠了，他從此將情愛與婚姻，連同許多其他的怨恨和不滿，都鎖進同一個保險庫裡。

在布倫海姆宮（Blenheim Palace）的聚會上，一場關於性事的討論中，一名因慾求不滿而臭名遠揚、綽號「褥蟲」的女子對教授說：「來吧，教授，告訴我們你最後一次和女人同床共枕是在什麼時候。」

隨之而來的只有沉默。

第52章 柏林

Berlin

戰鬥機王牌阿道夫・加蘭德還活著，又迅速積累了空戰勝績，這為德國空軍司令赫爾曼・戈林帶來了麻煩。

加蘭德的功績固然值得嘉獎，戈林卻堅信加蘭德等戰鬥機飛行員辜負了他。他們既無法、也不願為他的轟炸機提供最好的近身護航，他將德國空軍蒙受的慘重損失，以及後來專注於夜間轟炸帶來的投彈失準和一連串意外、碰撞都怪罪在他們頭上。隨著冬天逼近，這種事故的發生率將只增不減。（在接下來那一年的前三個月裡，各種意外事故損壞、摧毀了兩百八十二架德國空軍轟炸機，在各種原因而損失的轟炸機中占了近百分之七十。）戈林曾向希特勒承諾，他將在四天之內讓英格蘭屈服，但即使對倫敦和許多其他目標發動了長達四週的夜間空襲，邱吉爾仍未露出動搖的跡象。

戈林將加蘭德召到他在東普魯士的狩獵小屋——帝國獵舍（Reichsjägerhof），表達了他對戰鬥機部隊的不滿。加蘭德先是在柏林暫停，接受他最新的勳獎，在他的騎士十字勳章添上橡葉紋飾，然後才飛往東普魯士與戈林會面。在鑲有木質重飾、通往樓棟的大門處，加蘭德遇到了一位朋友。同為王牌飛官，又是加蘭德長期競爭對手的維爾納・莫爾德斯（W. Mölders）正要離開。三天前，莫爾德斯才在柏林獲頒與加蘭德相同的獎章，現在他正匆匆趕回基地，為失去了本可在空中擊落敵機、提升勝績的三天時間而惱火不已。

臨走前，莫爾德斯向加蘭德喊道：「那個胖子向我保證，他會把你拘留在這裡很久，至少跟我一樣久。」加蘭德繼續走到小屋的入口處，那是一座以大型原木建造、有著茅草屋頂的巨大陰暗建築，坐落在高聳細長的樹木之間。戈林出來迎接他，看起來活像格林兄弟（Brothers Grimm）[84]寓言裡的人物。他穿著蝴蝶袖絲綢襯衫、綠色麂皮狩獵夾克和高筒靴。他的腰帶裡塞著一把巨大的獵刀，宛如一把中世紀的配劍。戈林似乎心情很好。在恭喜加蘭德獲得新的勳獎後，戈林告訴他，自己還有另一項榮譽要授予他：狩獵這個小屋其中一隻珍貴雄鹿的機會。戈林對這些動物如數家珍，還為每一頭都取了名字。他說加蘭德將會有足夠的時間打獵，因為他答應莫爾德斯要讓加蘭德在小屋裡至少待上三天。隔天早上，加蘭德殺死了一頭雄鹿：「確實是一頭勇猛的野獸，是一生難遇的雄鹿。」牠長著巨大鹿角的頭部被除了下來，以供加蘭德作戰利品保存。

加蘭德不想繼續久留，但戈林堅持兌現他對莫爾德斯的承諾。

那天下午，傳來一場倫敦大空襲的報告，那是德軍在白天進行的最後幾次空襲之一，而他們損失重大。「戈林徹底崩潰了，」加蘭德寫道，「他根本無法解釋轟炸機損失越來越慘痛的原因。」

對加蘭德來說，答案顯而易見。他和其他飛行員一直試圖讓上級明白，英國皇家空軍一如既往地強大，似乎有著源源不絕的新戰機，以一種從未衰減的元氣持續作戰。

84｜譯注：格林兄弟即《格林童話》的作者。

一週前，戈林宣布英國皇家空軍只剩下一百七十七架戰鬥機，但這與加蘭德在空中所見並不相符。不知怎的，英國人就是有辦法以超越損失的速度生產戰鬥機。

就在戈林為那天的損失分神之際，加蘭德再次請求允許回到他的部隊上。這次戈林無視他對莫爾德斯的承諾，並未加以反對。

加蘭德拖著那顆犄角巨碩的鹿頭離開了。旅途其中一段路程，他帶著鹿頭坐上火車，加蘭德說：「那頭雄鹿比我的騎士十字勳章上的橡樹葉，引起了更多的騷動。」

其他地方也傳來了大新聞：在加蘭德逗留小屋期間，日本簽署了三國同盟條約（Tripartite Pact），正式與德國和義大利結盟。

大約同時，在柏林有位德國空軍轟炸機組員路過威廉．夏勒的公寓，低調地談了一下。這位飛官是位祕密線民，冒著極大的個人風險，讓夏勒了解德國的空軍生活。這位線民告訴夏勒，他和組員同事對英國皇家空軍的飛行員深感欽佩，尤其是一位嘴邊總叼著菸的瀟灑飛行員，他要是在德據領土上被擊落的話，他們發誓會協助藏匿保護他。

這名飛行員說，連夜的轟炸給機組人員造成了巨大的壓力。轟炸機必須嚴格按照班表，沿著精心規劃的路線飛行，才能避免往返戰機之間的碰撞。他告訴夏勒，機組人員經常一週有四個晚上要飛行，變得越來越累。他們很驚訝迄今為止對倫敦的空襲，幾乎沒有產生明顯的影響。這位飛行員「對倫敦的廣袤印象深刻」，夏勒在他的日記中寫道。「他說他們已經三個星期轟炸不休了，他很驚訝怎麼還剩這麼多！他說，起飛前他們經常被告知，只要根據那座城市裡燒著熊熊烈火的，整個平方英里，他們就能找到目標。當他們到達時，卻發現著火的面積並沒有一平方英里那麼大，只有零零星星的火。」

在另一天的日記中，夏勒指出，柏林比較悲觀的地區已經開始流傳起了一個玩笑：「一架載著希特勒、戈林和戈培爾的飛機墜毀，他們三人全都死了。得救的人是誰？」

答案：「德國人民。」

隨著日子過去，宣傳部部長約瑟夫．戈培爾越來越困惑。這一切都很莫名其妙。倫敦既然每晚都遭到重創，他無法理解邱吉爾為什麼還不認輸。德國空軍情報部門的報告持續顯示，英國皇家空軍遭受重擊，僅剩最後約一百架戰鬥機了。為什麼倫敦還屹立不倒，邱吉爾仍舊大權在握？英格蘭表面上一點痛苦或軟弱的跡象都沒有顯露出來，差得遠了。十月二日的政宣會議上，戈培爾告訴他的中尉：「目前，一波明確的樂觀主義和錯覺，正從倫敦蔓延到整個英國，也可能蔓延到了整個世界。」

英格蘭明顯的堅毅在德國國內民眾之間，引發了意想不到的、令人不安的反響。英格蘭的持續奮鬥讓德國人意識到，戰爭將會不可避免地延續到第二個冬天，不滿的情緒越演越烈。近日，德國政府下令將兒童自柏林強制撤離的消息引起了民眾的焦慮，因為這與戈培爾的安撫大內宣自相矛盾——他保證德國空軍的實力足以在空襲來到時保衛德國。戈培爾在十月三日週四的會議上，堅稱這場撤離是出於民眾自願，揚言任何散播反向謠言的人「就等著被送進集中營」。

第53章 目標邱吉爾

Target Churchill

隨著倫敦轟炸而來的，是人們對邱吉爾安危與日俱增的擔憂，但他本人似乎並不在意。再猛烈的空襲都無法阻止他爬上最近的屋頂觀戰。某個寒夜，他在內閣戰情室上方的大樓屋頂觀看空襲，為了取暖，他坐在煙囪上，直到一名軍官上前禮貌地請他移開——煙霧已經被堵塞在下方的房間裡了。即使德國轟炸機飛過頭頂，為槍戰著迷的邱吉爾也會依然故我地造訪防空設施。空襲發生時，他總將他的職員遣到地面下的防空洞去，自己卻沒有跟隨，而是回到桌邊繼續工作。在夜裡或在小睡時，他都睡在自己原本的床上。唐寧街十號附近的聖詹姆斯公園發現一枚大型未爆彈時，邱吉爾無動於衷，只表達了對湖裡「那些可憐的鳥兒們」（鵜鶘和天鵝）的擔憂。即使差點被擊中，似乎也不會惹毛他。約翰・科維爾憶起某個晚上，他們穿過白廳時，兩顆炸彈從附近呼嘯而過，砸在附近的地面上。科維爾趴下來尋找掩護，邱吉爾卻繼續前行，「大步走在查爾斯國王街（King Charles Street）的正中央，下巴揚起，用他的金頭手杖將自己迅速往前推進」。

邱吉爾對自身安危的不管不顧，引起了空軍部部長辛克萊帶著惱怒的請求。「最近有件事很讓我擔心，就是您在沒有適當防護的情況下待在唐寧街。」他促請邱吉爾移居內閣戰情室，或其他安全設施完備的地方，「如果您還是堅持讓我們睡在地下室但自己卻拒絕這麼做，會讓我們顯得很荒謬！」邱吉爾的好友薇洛・邦漢・卡特告訴他，她曾要求克萊門汀阻止他深入險境。「這對你來說可能很好玩，但對我們其他人來說卻很可怕。請你意識到，對我們多數人來說，這場戰爭是一場獨角戲（與上一場不同），請將你的生命視為需要保護的聖火。它不只是你的命而已，而是我們所有人的。」

其他人也介入採取保護他的措施。窗戶上安裝了防爆百葉窗，以阻擋流彈片、防止玻璃碎裂劃傷皮肉。工務部（Ministry of Works）開始搭建加固內閣戰情室天花板的混凝土和鋼鐵屏障。日益嚴重的危險，也讓政府開始為邱吉爾夫婦在內閣戰情室上方建造一間新的防爆公寓，這間公寓後來被稱作十號附樓，簡稱「附樓」。伴隨而來的敲打聲如常使他抓狂。他經常派私人祕書去找出聲源並停止它，科維爾認為這導致了這項工程完工的重大延誤。

儘管邱吉爾曾描述唐寧街十號「快要散架」了，至少它具有隱藏在較高建築物之間的優勢，還座落在一個高射砲和防空氣球集中保護的區域內。他的首相鄉間別墅契喀爾，則是另一回事。目前為止，他們為這棟宅子做的空襲防護，就只有在霍特里室加裝木材而已。第一次看到這樣的安排時，契喀爾的屋主亞瑟・李震驚不已。「在契喀爾的時候，」他寫道，「我得承認，工務部辦事處在房屋內打造防爆室的想法，有點嚇壞我了。宅子外的磚牆還以成堆的腐爛沙袋加固呢。」後來沙袋被移走了，但木材還留著。

邱吉爾本人已經完全做好了準備，如果德國入侵者闖進官邸，他要在一堆克倫威爾時代的文物中與之對抗，而且他希望自己的家人也這樣做。在某次聚會上，他說：「要是德軍來了，你們每個人都可以拉一個德國人墊背。」

「我又不知道怎麼開槍。」兒媳帕梅拉抗議道。

「妳可以去廚房拿一把餐刀啊。」

她毫不懷疑他是認真的。「他非常認真，」她事後回憶道，「我怕極了。」契喀爾分到了四頂被泛稱為「錫帽」的頭盔，以供管家格蕾絲·拉蒙特、邱吉爾的司機、克萊門汀和帕梅拉使用。瑪麗有她自己的頭盔，以及一套制服，是婦女志工服務組織提供的。

最先意識到契喀爾有多脆弱的，似乎是私人祕書艾瑞克·席爾。他在一封慎重地寫給巴戈·伊斯梅的信中，表達了他的恐懼，伊斯梅因此也擔憂了起來。毫無疑問，德軍知道這所房子的位置。三年前，史丹利·鮑德溫擔任首相期間，希特勒的外交部部長，時任駐英國大使的姚阿幸·馮·里賓特洛甫（J. von Ribbentrop）參觀過這座莊園。英格蘭空戰既已展開，伊斯梅意識到，對德國空軍和在附近田野降落的傘兵部隊來說，契喀爾將是進攻的首選目標。但一直到英國皇家空軍拍攝了一系列偵察照片，並從德軍飛行員的角度看過這座莊園後，他才意識到它有多麼容易受攻擊。

這些從一萬英尺的高度拍攝的照片（以及後來在五千和一萬五千英尺處拍攝的其他照片），揭示了這棟房子的其中一面以及它在整個地形上的方位，令人徹底感到震驚。入口處長長的路——勝利之路，與通向房子前後門的U形車道相交。車道上鋪滿與鄰近的綠意形成強烈對比的淺色礫石。從空中看去的視覺效果十分詭異：勝利之路又白又長，活像一道指向房子的箭頭。到了夜裡，月色點亮了蒼白的礫石，那效果又更加明顯，以至於德國空軍至今仍未襲擊這棟房子顯得像個奇蹟。

更讓伊斯梅擔心的是，一張私人拍攝的契喀爾航拍照已在媒體上公開發表，就伊斯梅在一封八月二十九日寫給國土安全部的信中所言：「照片因此很可能就握在德國人手中。」他附上了一張照片副本，照片中的房子確實是一個明顯的目標，並寫道：「鑒於首相週末幾乎會去那裡，儘早採取行動讓它不容易被認出來，非常重要。」

國土安全部的偽裝部門（Camouflage Branch）提出了許多解決方案，包括使用與網球場地面相同的材料鋪蓋車道，再樹起鋼絲絨製的鐵絲網，但還是決定掩蓋車道最有效、成本最低的方法，是用草皮覆蓋。克萊門汀希望這項工作盡快完成。她最小的女兒和懷孕的兒媳就在房子裡，而邱吉爾本人似乎越來越被德國空軍視為目標，這從德軍對白廳明顯增加的空襲可見一斑。

伊斯梅也為其他危險感到擔憂。一項安全評估警告，契喀爾亟需防護措施，以防備偽裝的獨行刺客和成隊的傘兵等各式威脅。這座房子和土地目前由冷溪衛隊的一個排保護，它由四名士官和三十名士兵組成，但伊斯梅希望增加到一百五十人。這些守衛目前住在莊園裡的帳篷，伊斯梅建議讓他們在那裡安置得更久，在莊園後的樹叢裡藏了一間小屋和食堂。他坦言，污水的排放會是個問題。「必須跟契喀爾共用排水管，而且它們可能會負荷過重。」

九月中旬，隨著對德軍入侵的擔心加劇，陸軍部隊讓一輛蘭徹斯特（Lanchester）

裝甲車常駐在契喀爾供邱吉爾使用，還派駐了兩名軍官操作這輛車。陸軍參謀部建議軍官們配備湯普森衝鋒槍。「在抵禦敵方特務或傘兵部隊的時候，湯普森衝鋒槍具有比手槍更強的攻擊力。」平日，這輛車會停在倫敦，邱吉爾的私人司機將接受駕駛這輛車的訓練。

教授方面，他則特別擔心邱吉爾從民眾和外國使節那裡收到的許多雪茄禮品所帶來的危險，不是因為當時吸菸還未被認定有害，而是因為擔心寄件人或某個臥底可能會在雪茄下毒。只要在五十根雪茄的其中一根，摻入微量的毒素，就能成事了。唯有經過檢測的雪茄才被視為絕對安全，但檢測的過程不可避免地會破壞樣本。某次詳細的化驗發現，有支古巴雪茄中含有「一小塊黑色扁平的蔬菜碎片，內含大量澱粉和兩根毛髮」，它被判斷是老鼠的糞便顆粒。軍情五處的首席檢測員羅斯柴爾德勳爵（Lord Rothschild）指出，尼古丁本身才是一種危險的毒物，但他在檢測了一批雪茄禮品後指出：「不過我還是得說，把剩下的雪茄抽完都比在倫敦過馬路安全。」

邱吉爾曾一度將小心謹慎拋於腦後。他從古巴總統那裡收到了一整箱哈瓦那雪茄。某次晚飯後，在一場困難重重的內閣會議復會前，他向部長們展示了這份禮物。「各位先生，」他說，「我現在要嘗試一個實驗。它也許會歡喜收場，也許會在悲傷中落幕。我將把這些精美的雪茄送給你們每個人。」

他停頓了一下。

「每一根很可能都含有致命的毒藥。」他戲劇性地又頓了一頓。

「很可能在幾天之內，我會悲哀地排在西敏寺大教堂[85]廊道上長長的棺材陣裡。」

他又停了下來。

「以比波吉亞(Borgia)家族[86]更青出於藍的姿態，受萬民唾罵。」

他將雪茄分發出去，在場的人們將它們點燃，每個人都活了下來。

然而一週後，約翰．科維爾通知他，他將從獲贈的每盒雪茄中，抽出一根供軍情五處測試。他告訴邱吉爾，教授「希望你在分析結果出來之前，不要抽盒裡的任何雪茄。他指出，古巴剛對異議分子進行了一次圍捕，這顯示該國存在數量驚人的納粹特務和支持者」。

據科維爾在另一份說明中所報告的，教授其實更希望邱吉爾不要抽任何國外致贈的雪茄。「教授認為，你可以把它們堆在安全的乾燥地方，直到戰後覺得冒險吸它們也沒關係的時候再吸。」

教授用這個冷酷又科學的說法所要表達到的是，到時候即便雪茄殺了他也無妨。

對於空襲、假警報以及顯然只是為了觸發警報讓工人都逃進防空洞才獨自前來的轟炸機造成的工時損失，比佛布魯克感到越來越氣餒。一天內就有兩架獨行的戰機在倫敦上空觸發警報，導致市內工廠的生產延遲了六小時。到九月二十八日星期六那一週為止，共有七家大型戰機工廠因為空襲和警報而減少了一半的工作時間。在防空洞過夜的工人隔天效率會變低，又讓這些損失工時的成本更加複雜。轟炸真正發生時，

85｜譯注：英國的君主、貴族、名人很多都埋葬於西敏寺大教堂，牛頓（I. Newton）、霍金（S. Hawking）、狄更斯（C. Dickens）即葬於此。邱吉爾本人則葬於大教堂外的庭院裡，靠近戰士無名塚處。

86｜譯注：波吉亞家族是中世紀歐洲一支因聯姻、政治結盟而顯達起來的貴族，以擅長毒殺聞名。

它帶來的間接影響又更加深遠。工人待在家裡，排夜班變得很困難。然而，風險是確實存在的。砲塔製造商帕納爾有限公司（Parnall Aircraft Ltd.）七月時才因假警報而損失了七萬三千小時的工時，七個月後，他們工廠裡便有五十多名工人在一次日間空襲中喪生。

比弗布魯克開始厭惡空襲警報的哀號。「不可否認，警報聲幾乎成了他的魔障。」他的私人祕書大衛・法雷爾寫道。比弗布魯克向邱吉爾抱怨不休，還脅迫他全面禁止警報。「這個決定可能會讓國家失去幾條生命，」他寫道，「但要是讓警報繼續響下去的話，我們可能會因戰機生產受影響而付出更高的性命代價。」

比弗布魯克把一部分生產損失歸咎於頭號死對頭——空軍部部長阿奇・辛克萊，指責他未能為工廠提供足夠的防護、即使收到可能發生空襲的預警也未能保護工廠。他想在工廠上空配置更多的防空氣球，更多的高射砲，甚至要求空軍部為每個廠區分配一架噴火戰鬥機加以保護。

據祕書法雷爾的說法，比弗布魯克根本不認為這樣的措施真的能保護工廠：「他要的是營造工廠確實會受到保護的形象，而不是實際上的保障。」法雷爾寫道，他在乎的不是拯救工人，而是讓他們留在自己的崗位上：「他已經做好了讓許多生命冒險生產更多戰機的充分準備。」

比弗布魯克還抱怨了影響產量的其他威脅，甚至將一切都視作威脅。當國土安全部部長與內政大臣赫伯特・莫里森（Herbert Morrison）提議，允許全國店家每週只營業五天，並在下午三點就關門，讓他們有時間在夜襲開始前回到家或前往防空洞時，比弗布魯克以工廠工人們也會要求跟進為由表示反對。「這，當然了，會是場災難。」他寫道。

比弗布魯克也警告，要是英國工廠的工人不維持機器每天二十四小時運作的話，美國就會注意到，並且不會願意送來更多的器械。比弗布魯克是否真正關心美國的看法，非常值得懷疑。他不惜一切代價想要生產戰機。為此，他需要邱吉爾的關注，而讓邱吉爾產生害怕使羅斯福大失所望的心理，正是一種獲得關注的方式。他警告，如果英國工廠的機器閒置，將會產生危險後果。「那個美國人聲稱，我們擁有的機器比我們需要的更多，可不無道理。」他寫道。

為了鼓勵旁人忽略空襲警報，比弗布魯克決定在警報響起時留在他的辦公桌前。但他其實怕極了。「比弗布魯克是個生性緊張的人，」祕書法雷爾寫道，「炸彈落下的聲音把他給嚇壞了。但他對事態的急迫感戰勝了他的恐懼。」

與此同時，教授向邱吉爾一連發了關於各式主題和新型武器的說明和紀要。他偏好通過冰冷的科學眼光觀察所有事物，使得他的一些建議變得冷酷無情。他在一份備忘錄中，建議在中東地區的義大利軍隊使用的水井裡下毒。他建議使用氯化鈣：「每五千加侖只需要一磅原料，方便極了。」但他並非對大眾看法的重要性一無所覺，因此不願推薦更致命的毒物，比如砷，因為它們會引起「大眾心中的不良聯想」。

然而，在放火燒了敵方士兵這方面，他卻並未展現這般克制。「在我看來，只要大規模使用，燃油在戰爭中能引起很大的效果。」一週後，他告訴邱吉爾。點燃的油能夠用以阻止敵軍部隊推進，或「如果可以燒毀一縱隊的敵軍或車輛，就更好了」。「我們只需要沿著路邊鋪設幾根管線，把它們藏在樹籬裡、朝著路面的方向鑽上孔。其中一根管線會拉到幾百碼外的燃油供應處。在某支裝甲車總隊駛過這條路的關鍵時刻，我們就打開並點燃油管，在預備好的整段路上打造一個燃燒的熔爐。」

對於被「過度保護」的父母藏在鄉下避難，並且無法共獲戰爭經驗，瑪麗．邱吉爾仍然抱著怨懟。九月二十五日星期三晚上，她逮到了一個機會。一枚德國空軍的巨型降落傘水雷飄到了艾爾斯伯里村，在婦女志工服務組織的辦公室附近爆炸，使得辦公室無法使用，十九名工作人員受傷。

隨著對她父親和政府的批評聲浪席捲而來，她的亢奮因為心碎而黯然失色。邱吉爾聽從了頂尖軍事顧問的自信保證，重啟了威嚇行動，讓戴高樂將軍率領的自由法國士兵和英軍組成的聯合部隊在西非奪取達卡。這場在那一週開始不久展開的進攻，起先看似肯定能輕鬆取勝，但因為控制港口的維希部隊意外強大的防禦等諸多因素，最終慘烈地失敗。這場如此混亂又笨拙的行動，比起邱吉爾原先期望的、激動人心的進攻奇襲，猶如一場拙劣的模仿鬧劇。英軍被迫再次撤離，引得批評者把這次事件描述為邱吉爾一連串敗績中的最新一筆，其他的還包括了挪威、敦克爾克，要是再往前回顧，還有邱吉爾首屆第一海軍大臣任期內的加里波利（Gallipoli）一役，當時他試圖讓一支軍隊在土耳其半島登陸，也以撤離告終。那場比在達卡血腥得多的慘敗讓他失去了第一海軍大臣的職位。一份國內情報報告總結了大眾對達卡一戰失敗的反應：「又是一次勝利的撤退。」

瑪麗知道她父親是多麼迫切地想對德國發動攻擊，遠不止轟炸那個國家而已。一週前，在造訪了位於烏克斯橋的英國皇家空軍作戰中心後，邱吉爾原本打算取消這場威嚇行動，這本是很好的直覺，但他卻任由自己受高階指揮官們過分自信的異議影響。瑪麗在她的日記中為父親挺身辯護：「在必須不斷做各種決定的過程中，我不知道要怎麼不出一點錯。」

威嚇行動的失敗，在邱吉爾家被認為足以嚴重到威脅邱吉爾的內閣。

「噢天哪——不知怎的，這樣微小的轉折竟給一切蒙上了一層陰影。」瑪麗寫道，「我很希望政府能挺過去。我的心情很複雜。當然，我希望爸爸能夠撐住，但不僅僅是出於個人的因素，也是因為如果連他都下台了，**還有誰能上？**」

隔天，九月二十七日星期五，情況並未好轉太多。「今天一整天似乎都還籠罩在達卡事件的陰霾中，」瑪麗寫道，「某個環節好像確實出現了誤判。哦，我很擔心爸爸。他非常喜歡法國人，我知道他渴望他們能做些令人佩服的大事。但我擔心他會為此大摔一跤。」她震懾於媒體的尖酸刻薄。尤其《每日鏡報》，它對這次事件大肆批評了一番。「『加里波利的重演』？」瑪麗引用這份報紙的內容，「哦——太刻薄了。」

在眾多煩擾中，讓已經十分緊繃的邱吉爾家雪上加霜的，是她懷孕的嫂嫂帕梅拉身上的不適。她週四就覺得不舒服，週五更嚴重了。帕梅拉的醫生卡納克．里維特的照料越發令人受不了，包括他明顯執意讓她站起來走動，使得瑪麗在她的日記中大呼：「為什麼里維特先生不能放過這個可憐的女孩？」

儘管嬰兒隨時都會出生，但十月八日星期二，帕梅拉和克萊門汀還是從契喀爾出發前往倫敦，參加蘭道夫上任下議院新議員的授職儀式。他同時將繼續他在輕騎兵團第四營的職務，也會繼續擔任比弗布魯克《旗幟晚報》的通訊記者。

儘管她們非常肯定，就如九月七日以來的每一個夜晚一樣，德國空軍將在當晚再次襲擊這座城市，而德軍的入侵仍然極有可能發生，她們還是驅車前往倫敦。正如邱吉爾在十月四日星期五告訴羅斯福的：「我不覺得德軍入侵的危險已經過去。」談及希特勒時，他寫道：「這位仁兄已經脫下衣服、換上泳衣了，但是水卻越來越冷，空氣中瀰漫著秋天的寒意。」邱吉爾知道，如果希特勒有意採取行動，他必須在天氣惡化之前盡快進行。他告訴羅斯福：「我們正保持高度警惕。」

帕梅拉和克萊門汀在車裡備著一罐笑氣，以免帕梅拉不巧臨產時，可以給她服用。但是對於留在契喀爾的瑪麗來說，這一天將產生極為戲劇化的改變。

那晚在契喀爾，被派駐保衛這棟房子的冷溪衛隊軍官們邀請瑪麗前往作伴。她很喜歡這群人與他們的關注——直到德國空軍出現為止。

當她和其他人聽到炸彈落下那清清楚楚的呼嘯聲時，大家的晚餐正吃在興頭上。他們都本能地趴下去，花了一段彷彿過長的時間等待引爆。炸彈終於爆炸時卻異常地小聲。瑪麗寫道，客人們「雖然相當透不過氣來，但無人受傷，而且各方面情緒都良好」。

晚宴的主人把她趕到外頭一個很深的防空溝裡，溝底滿是泥濘，把她心愛的麂皮鞋都給毀了。判斷突襲結束後，這群人立刻就護送她回家。「他們對我都很貼心，」她在日記中寫道，「我非常興奮，甚至喘不過氣來，但謝天謝地，不是像我經常害怕並想像的那種蒼白顫抖。」

她補充道：「那些該死的野蠻人毀了一場愉快的聚會，去他們的。」

隔天，十月九日星期三，瑪麗發現那顆炸彈在離衛隊食堂僅一百碼遠的泥濘地，留下了一個巨大的砲坑。她推斷，泥漿大概可以解釋爆炸為什麼那麼小聲。

她在日記中寫道：「我被戰爭排除在外的感受沒那麼強了。」

＊　＊　＊

週四一早，帕梅拉在契喀爾、在嚇人且總是隨侍在側的里維特醫生陪同下，生下了一個兒子。還有一位年輕的護士也在場。帕梅拉剛從麻醉的混沌中醒來，便聽見護士說：「我已經跟你說五次了，是個男孩。可以麻煩妳相信我嗎？」

茫然的帕梅拉需要保證。「現在性別不會改變了，」她說，「對。現在改不了了。」

在場的人向她保證，嬰兒的性別確實不會改變了。

克萊門汀在契喀爾的訪客簿中載入了這則喜訊。「十月十日凌晨四點四十分——溫斯頓。」這是一個多世紀以來，第一次有人在這棟房子裡誕生。

「小溫斯頓．邱吉爾來訪了，」瑪麗在日記中寫道，「萬歲。」

她補充道：

「小帕很虛弱，但很開心。

「寶寶則一點都不虛弱，不過只有某些時候才是開心的！」

帕梅拉的丈夫兼新科國會議員蘭道夫錯過了孩子的出生；他當時在倫敦，與奧地利一位男高音的妻子同床共枕，她戴著單片眼鏡的肖像圖就印在香煙交易卡上。

第二天早上，邱吉爾在倫敦市區唐寧街十號的床上工作時，得知兩枚炸彈落在官邸旁的騎兵衛隊閱兵場上，但沒有引爆。他問科維爾：「它們爆炸時會對我們造成任何傷害嗎？」

「我不認為會，閣下。」科維爾說。

「這只是你個人的意見嗎？因為若是如此，那它不代表什麼。」邱吉爾說，「你從未見過未爆彈爆炸。去要一份官方報告來。」

這更證實了科維爾在邱吉爾面前發表意見的行為有多愚蠢，「就像一個人沒有任何根據可以佐證他說的話似的」。

那個週末，邱吉爾又一次帶著巴戈．伊斯梅和布魯克將軍等許多賓客前往契喀爾時，他見到了他剛出世的孫子。邱吉爾「非常開心，他當時常常來盯著寶寶看、餵他，對著寶寶高興得要死」，帕梅拉說。

雖然有溫斯頓寶寶作為主要的吸引力源頭，但邱吉爾的注意力也被那打斷瑪麗晚宴的炸彈留下的砲坑所吸引。午飯後，他和伊斯梅、科維爾和其他客人，仔細檢查了它，並爭論這枚炸彈的落點這麼靠近這棟房子，是否純屬偶然。科維爾認為這是一個偶然事件；邱吉爾和巴戈則不同意，並斷定這可能是攻擊這棟房子的蓄意行為。

「當然有危險，」科維爾那天晚上在他的日記中沉思道：「德軍在挪威、波蘭和荷蘭的表現顯示，他們的方針是全力攻擊各國的政府，而溫斯頓對他們來說，比這三國的整個內閣全部加起來更有價值。」他的同事，首席祕書艾瑞克．席爾，在一封給頂替西里爾．內維爾的新任空軍參謀長查爾斯．波特的私人信件中，重申了他的擔憂。「我們已經在契喀爾建立了一支軍事警衛隊，應該足以應對可能在陸面發生的所有緊急情況。」他寫道：「但我完全不確定他（編按：邱吉爾）是否真的能夠安全地免於轟炸襲擊。」席爾強調他還沒跟邱吉爾討論這件事，他補充：「如果他能有其他幾個可以非固定使用的度假場所，我個人會更高興，這樣敵人就永遠無法確定他在哪裡。」

契喀爾對於邱吉爾來說太寶貴了，無法完全放棄，但他同意每個週末都待在那棟房子裡可能造成太大的安全風險，至少在天空晴朗、月亮最圓滿的時候是如此。邱吉爾本人也表達了對契喀爾安全與否的擔憂。「他們大概認為我不會傻到跑來這裡，」他說：「但若真發生不測，我會失去很多，可能一次失去全家三代。」

然而，一直待在城裡並不在他的考慮選項之列。邱吉爾需要在鄉間度過週末，而他知道另一棟非常適合在月圓之夜作為替代居所的房子。

他邀請那棟房子的主人羅納德・特里（R. Tree）到他的辦公室來。特里一直都是邱吉爾的朋友，他和邱吉爾一樣，在戰前就很擔心希特勒的崛起。如今，他是保守黨議員兼情報部部長達夫・庫珀的議會祕書。從財務角度來看，這兩個職位特里都不需要：作為芝加哥馬歇爾・菲爾德（Marshall Field）商業帝國[87]的富家子，他繼承了巨額的財富。他的妻子南西（Nancy）是個美國人，阿斯特夫人（Lady Astor）[88]的姪女。他們在牛津郡有一座建於十八世紀，名為迪奇利（Ditchley）的房子，距唐寧街十號約七十五英里遠。

邱吉爾對他實話直說。他告訴特里，即將到來的這個週末，他希望能在迪奇利度過，他屆時將帶著許多賓客以及整隊工作人員和護衛兵造訪。

特里很高興；他的妻子更是激動不已。他們是否真的知道自己捲入了什麼，值得討論。比起一次平靜的鄉間週末行，邱吉爾降臨這棟房子，反而更像是希特勒發動的其中一場閃電戰。

「挺大陣仗的，」哈羅德・尼克森在他的日記中寫道，他參與了一次這樣的迪奇利入侵：「首先來了兩位探長，他們把這棟宅子從閣樓到地下室都仔細搜過了；然後近侍和女傭們帶著很多行李抵達；接著出現了三十五名士兵和軍官，以便在夜間守護

87｜譯注：馬歇爾．菲爾德，美國百貨業大亨。

88｜譯注：阿斯特夫人，富商之女，英國下議院第一位女議員。

這位偉人；然後兩名速記員帶著大量的文件來了。」接下來，客人來了：「這棟房子的大部分都是黑暗的，也沒有窗戶，然後門上打開了一道縫隙，我們便倏地進入中央空調的暖意、耀眼的燈光和大廳驚人的美麗中。」

這棟房子的室內裝潢如今已成傳奇，也幾乎成為了一個鄉間居所裝潢風格典範，強調色彩、舒適，不拘一格。它的人氣促使特里夫人以此概念創辦了一間家居設計公司。她未來的商業夥伴後來將她這種審美描述為「頹廢迷人風」（pleasing decay）的一種。

特里一家並不介意他們的家突然被圍攻。完全不介意。「我一直是您最熱情的崇拜者之一，即使也是最卑微的，」特里夫人在邱吉爾初次拜訪後寫信給他，「我想告訴您，我們全都為您來到迪奇利感到極為高興和榮幸。如果您願意的話，任何時候都可以使用它，無論多麼臨時，它都任您使用。」

邱吉爾確實很樂意。邱吉爾在下一個週末也來了，接下來一年左右的時間裡，他又在十幾個週末佔據了這座房子，其中包含戰爭期間最重要的一個週末。

邱吉爾很快便發現了迪奇利的一大優點：它有一間家庭劇院，邱吉爾非常喜歡它，一找到機會便在契喀爾裝設了一間，儘管消防檢查員不甚認同，事後也認為它是「引起火災的一大風險」。契喀爾的家庭劇院是比弗布魯克安排的，他還確保了邱吉爾總有最新的電影和新聞影片可看。「麥克斯知道怎麼弄這些，」邱吉爾說，「我可不懂。」

兩名放映員加入了契喀爾的每週隨行行列。

第54章 敗家子

Spendthrift

好像嫌戰爭還不夠考驗人似的，帕梅拉與蘭道夫的婚姻隨著未繳帳單的積累，以及他有增無減的賭博和酗酒，變得越來越緊張。他經常在俱樂部懷特，以及倫敦年輕富人喜歡的各家餐廳用餐，而且總是搶著付飯錢，即使他的同伴比他富有得多。他還買了量身訂製的襯衫和西裝。帕梅拉請求邱吉爾幫忙。他同意幫這對夫婦擺平債務，條件是不再累積帳單。「好的，」帕梅拉向他保證，「這是最後了。」但許多商家和百貨公司都允許顧客用信用貸款購物，並按三個月或更長的時間定時收款，這造成了購買時間與季度發票送達之間有一段間隔期。「這樣一來，我的天哪！」帕梅拉說，「帳單會越積越多。」

這對夫婦的開支超過了蘭道夫的收入，儘管按照當時的標準，他已經賺了很多錢，包括他的軍餉、演講費、他從議會和比弗布魯克的《旗幟晚報》獲得的薪水，以及其他收入來源，他的年收入是可觀的三萬英鎊，或十二萬美元（令人難以置信的是，通貨膨脹以後，這在現今約一百九十二萬美元）。單是比弗布魯克，一年就付給他一千五百六十英鎊，也就是六千兩百四十美元（約為現在的九萬九千八百四十美元）。這樣的收入並不夠，他的債權人快要失去耐性了。某天去倫敦騎士橋區（Knightsbridge）豪華的哈洛德百貨公司（Harrods）購物時，帕梅拉被告知她的信用貸款已被停權，讓她感到倍感屈辱。她說，這「對我來說太可怕了」。

她哭著離開了百貨公司。回到唐寧街十號，她把這個情況告訴了對自己的兒子未抱任何期望的克萊門汀。他花錢如流水是個一直存在的問題。蘭道夫二十歲時，邱吉爾寫信催他償還債務並解決與銀行的衝突。「但你卻沒這麼做，」邱吉爾寫道，「你似乎花掉了你賺到的每一分錢，甚至更多，極不考慮後果地把自己捲進無盡的煩惱中，還可能陷入一些可悲又屈辱的事件。」

蘭道夫侮辱他人和挑起爭端的傾向也一直都是衝突的根源。邱吉爾發現自己成了某次犀利議論的對象後，他寫信給蘭道夫取消了一起吃午餐的計畫：「因為我真的不能冒險讓人這樣侮辱我，而且我不覺得我想在現在這時候見到你。」邱吉爾通常會原諒他的兒子，總是以「你慈愛的父親」為自己的信作結，這封信亦然。

克萊門汀就沒那麼寬厚了。她與蘭道夫的關係，從他孩提時代起就充滿了敵意，這個裂痕隨著年齡的增長只會擴大罷了。帕梅拉結婚之初，在某段艱難的時期，克萊門汀給了她一些對付蘭道夫的戰略性建議：「妳就離開個三四天，別告訴他妳要上哪去。直接離開。留張小紙條說妳走了。」克萊門汀說她對邱吉爾也做過同樣的事情，並補充道：「這非常有效。」現在聽了帕梅拉在哈洛德百貨公司經歷的磨難，克萊門汀感到同情。「她讓我感覺好了很多，非常善良和體貼，但她也非常緊張。」帕梅拉說。

克萊門汀一直都擔心蘭道夫有天會做出讓他父親極為難堪的事，而帕梅拉知道，這樣的擔心非常有道理，尤其是當蘭道夫喝醉的時候。「我是說，我來自一個滴酒不沾的家庭，」帕梅拉說，「我父親是個滴酒不沾的人。我媽媽此生可能喝過一杯雪利酒，但也就那樣而已。」和酒徒一起生活顯然充滿了驚嚇。喝了酒後，蘭道夫性格中本就不討人喜歡的部分變得更加突出。他會與當下在身邊的任何人發生爭執，不管對方是帕梅拉、朋友還是飯局的主人。某些夜晚，他甚至憤怒地離開餐桌，大步離開。帕梅拉說：「對於該留在原處，還是和他一起離開，我有點不知如何是好，我覺得這一切都非常令人不安和不開心。」

她知道，她很快就會被迫獨自面對湧入的帳單。十月，蘭道夫將從輕騎兵團第四營調到一支由他的俱樂部一位成員組建的新突擊隊。他以為輕騎兵團的成員會反對，但令他沮喪的是，他們並未反對：他的同袍們很樂於目送他離開。據他的一位表親事後回憶：「得知其他的軍官們不喜歡他，因為他們受夠了他的謾罵，等不及他去別處工作，想必很令他震驚吧。」

蘭道夫在十月中旬前往蘇格蘭開始進行突擊隊訓練。帕梅拉不想在邱吉爾夫婦的施捨下繼續獨自住在契喀爾，她希望在某處找到一棟不昔的房子，讓她、蘭道夫和小溫斯頓可以過自己的家庭生活。布倫丹·布萊肯（Brendan Bracken）作為邱吉爾手下的萬事通，幫她在倫敦以北約三十英里處，赫特福德郡（Hertfordshire）的希欽鎮（Hitchin）找到了一間老舊的神職人員住所，她每年只需付五十二英鎊的租金。為了進一步縮減支出，她邀請了蘭道夫姐姐戴安娜和她的孩子們一起住在那裡，還請了她自己兒時的家庭教師，霍爾奶媽（Nanny Hall）來幫忙照顧寶寶。她在丈夫離開前不久寫信給他：「噢！蘭迪，如果你能一直和我們在一起的話，一切都會很美好的。」她為終於有了自己的家而欣喜若狂，迫不及待地想搬進去。「哦，親愛的，這不是很令人興奮嗎？我們自己的家庭生活，不用再住在別人的房子裡。」

那棟房子需要整修，這個計畫卻一再被戰爭打亂。她的窗簾安裝工人在完成工程前就消失了。他的電話沒人接，帕梅拉推測他在倫敦的家遭到了轟炸。他們雇來製作櫥櫃的木匠被政府工程調走了。他答應找別人來完成這項工作，但他不確定接替者能否找到需要的木材，那在戰爭中變成了稀缺的物資。

這棟房子有九間臥室，很快就住滿了。有奶媽、戴安娜和她的家人、一位管家、其他幾名員工，當然，很快地，帕梅拉和這個被她稱為「寶包」或「小首相」的寶寶也會入住。此外，蘭道夫的祕書巴克小姐（Miss Buck）還邀請了她的鄰居入住，他們的房子被炸毀了。巴克小姐感到非常抱歉，但帕梅拉表示她很樂意。「從我們的角度來看，這是一件非常好的事，」她在一封給蘭道夫的信中寫道，「因為地方當局昨天試圖讓二十個孩子寄宿在我們這裡，那麼巴克小姐就可以說我們這裡人滿了。」

儘管如此，自己不在那棟房子裡，還是讓她感到不安。「我希望能親自過去看看狀況，」她告訴他，「我很樂意接待疏散者，因為除此以外我目前的狀態幾乎無力幫助任何人。但我想親力管理房子，並暗自希望他們不會把我們可愛的家搞得亂七八糟。」

儘管租金便宜，但這棟房子的管理費用卻很高。光是窗簾就預計要花費一百六十二英鎊，這在今天大約是一萬美元。令人高興的是，克萊門汀同意承擔全部費用。財務壓力更加重了。「親愛的，拜託你支付電話費吧。」帕梅拉寫信給蘭道夫道。

他自己在蘇格蘭的開銷也令人擔憂。他與懷特俱樂部裡非常富有的成員共同組建突擊隊、一起生活和訓練，危險就在這裡。「親愛的，」帕梅拉寫道，「我知道現在你和這麼多有錢人住在一起很不容易，但請至少試著在你亂七八糟的帳單上省點錢什麼的。要記得溫斯頓寶寶和我雖然願意為你挨餓，但是我們希望不必到那步田地。」

一九四〇年十月十四日星期一晚上，邱吉爾和客人們在唐寧街十號剛加固好的花園房間（Garden Rooms）吃晚飯時，一枚炸彈落在離官邸很近的地方，近到震碎了窗戶、炸毀了廚房和起居室。轟炸發生後不久，克萊門汀便在給薇洛．邦漢．卡特的一封信中寫道：「我們沒有暖氣或熱水，正在用煤油爐做飯。但正如那天晚上一個男人在黑暗中對溫斯頓呼喊的那樣：『只要我們不示弱認輸，這就是一種美好偉大的生活！』」

唐寧街十號被擊中的那一晚，炸彈還對附近的財政部大樓造成了重大破壞，並直接炸毀了深受邱吉爾內閣高階成員歡迎的卡爾頓俱樂部（Carlton Club）。爆炸時，其中一些成員就在它的飯廳裡。哈羅德．尼克森從一位客人——未來的首相哈羅德．麥克米倫（Harold Macmillan）口中，聽到了完整的事情經過。「他們聽到炸彈尖叫著落下，本能地彎腰躲避。」尼克森在十月十五日的日記中記錄道：「一聲巨大的碰撞聲響起，大燈熄滅，整個空間都充滿了火藥味和瓦礫的粉塵。桌上的側燈還亮著，在籠罩著一切、將每個人的頭髮和眉毛抹上厚重灰塵的濃霧中，昏昏沉沉地閃爍著。」炸彈引爆時，俱樂部裡有一百二十人，但沒有人受傷。「真是一次驚險的全身而退啊。」尼克森寫道。

英國政府所在地看來正遭受攻擊，為謹慎起見，他們決定緊急撤退到契喀爾。車輛和祕書們集結起來。車隊按照以往的編制出發，緩慢地在瓦礫遍布的街道上移動。行駛了十幾英里後，邱吉爾突然問道：「納爾遜在哪裡？」他指的當然是那隻貓。

納爾遜不在車裡，牠也沒出現在其他任何車輛上。

邱吉爾命令司機掉頭回到唐寧街十號。在那裡，一位祕書將這隻受驚的貓逼到牆角，將牠關在一個廢紙簍裡。

納爾遜安全上車後，車隊重啟了這趟旅程。

接下來的十月十九日星期六晚上，約翰·科維爾在倫敦親身體驗了德國空軍近來明顯以白廳為中心的轟炸。在家裡吃過晚飯後，他乘上軍方最近為邱吉爾的下屬提供的汽車，啟程回到崗位上工作。前方的天空瀰漫著橙色的亮光。他指示司機轉入泰晤士河邊的維多利亞堤岸（the Embankment），就在對岸的市政廳，那座倫敦地方政府所在的愛德華式建築較遠的一邊，他看見一間倉庫完全著火了。

科維爾立刻明白，這場大火將作為上空轟炸機的燈塔。司機高速駛向唐寧街。正當一枚炸彈在騎兵衛隊閱兵場前的海軍部大樓爆炸時，汽車駛入了白廳。

司機將車停在通往財政部大樓的通道入口附近。科維爾一躍而出，朝唐寧街十號走去。片刻之後，燃燒彈開始在周圍落下。他朝地上倒下並平躺。外交部的屋頂著火了。兩枚燃燒彈落入已經嚴重受損的財政部大樓；其他的則落在空地上。

心臟狂跳的科維爾跑到唐寧街十號，從緊急出口進入室內。他在位於地下室的加固飯廳中，度過了那個晚上。那晚餘下的時間裡都很安靜，儘管對科維爾來說，電風扇的聲響聽起來就像一架德國戰機。

當科維爾在白廳裡躲避燃燒彈時，邱吉爾正在契喀爾，情緒低落。他和巴戈·伊斯梅獨自坐在霍特里室，誰也不說話。伊斯梅經常擔任這樣的角色，作為一個安靜的存在，準備好在被發問時提供建議和意見，或者在邱吉爾為新的演講試驗想法和台詞時傾聽，或者只是陪他安靜地坐著。

邱吉爾看來很疲倦，且顯然陷入了沉思。達卡之役讓他備感壓力。法國人何時才會站起來反抗？某處，德軍潛艦正在造成船隻與生命的驚人損失，光是前一天就有八艘船沉沒，這一天又有十艘被擊沉。空襲警報和轟炸的持續輪迴，以及它們所帶來的破壞，似乎第一次讓他顯得筋疲力盡。

伊斯梅不常看到邱吉爾如此疲憊，但正如他事後回憶的，他當時冒出了一個正面的念頭：就這一晚，邱吉爾也許終於會早點上床睡覺，從而讓伊斯梅也可以早睡了。

但邱吉爾倏地站起身來。「我相信我能做到！」他說。霎時間，他的倦怠似乎煙消雲散。他點了燈、響了鈴，傳喚了祕書們。

第55章 華盛頓與柏林

Washington and Berlin

美國的總統大選變得驚險起來。共和黨戰略家說服威爾基，他太紳士了，若要提高他在民調中的地位，唯一方法就是將戰爭變成核心議題，把羅斯福描繪成一個好戰分子，而他自己則是個孤立主義者。威爾基雖然同意得不甘不願，卻熱情地投入其中，發動了一場意在激起美國全民恐懼的運動。他警告，要是羅斯福當選，美國的年輕男性就會在五個月內前往歐洲。他在民調中的得票數立即提升了。

期間，就在選舉日前一週的十月二十九日，羅斯福主持了新一輪徵兵的第一組入伍號碼抽選儀式[89]。鑒於美國的孤立主義傾向，這麼做是一件很冒險的事情，儘管威爾基本人贊同兵役登記制（selective service）是提高美國自衛能力重要的一步。當晚的廣播中，羅斯福在措辭上小心翼翼，完全避免使用「徵集」和「徵兵」等詞，而使用較中性、歷史上較常見的詞語「召集」。

但不同的是，威爾基拋下了所有的克制。一個針對全美母親的共和黨廣播節目說：「當你的兒子在歐洲的某個戰場，也許是在馬提尼克島（*Martinique*）[90]上死去時，」那是法國維希的一個據點，「當他喊著『媽媽！媽媽！』的時候，別因為富蘭克林．D．羅斯福把你的孩子送去參戰而責怪他，要責怪**你自己**，因為是**你**把富蘭克林．D．羅斯福送回白宮的！」

89｜譯注：美國兵役登記制的入伍儀式中有一個抽籤環節，會將一年內每一天的日期做成籤紙、封在第一個籤筒內，第二個籤筒則放入編號第一至第三百六十五號的籤紙。抽籤儀式上，會從兩筒內各抽出一張籤紙，以此進行入伍順序的編號。舉例來說，若羅斯福從第一筒抽出了一月一日的籤紙、第二筒抽出第一百號的籤紙，則入伍的是出生於一月一日、年滿二十歲的男性，該年度的入伍組序即爲第一百組。

90｜譯注：馬提尼克島是法國的海外領土，位於加勒比海東部。

威爾基突然在民調中強勢崛起，使得羅斯福堅定地宣布自己希望避免戰爭，以示反擊。「我以前說過了，」他對波士頓的一名聽眾說，「但我會一遍又一遍又一遍地說：你們的兒子不會被派去參加任何外國戰爭。」民主黨的官方平台上加了一句「除非美國受到攻擊」，但他把它刪掉了，這樣的遺漏肯定是為了迎合孤立主義的選民。他的一位文膽對此提出質疑，這位總統煩躁地回答：「要是受到攻擊的話，我們當然會戰鬥啊。如果有人攻擊我們，那就不是一場外國戰爭了，不是嗎？還是他們希望我保證，只有在發生另一場內戰時，才會派出我們的部隊上戰場呢。」

蓋洛普公司在一九四〇年十月二十六日至三十一日進行最後一次「總統選舉模擬對決」（presidential trial heat），選舉前一天公布的結果顯示，羅斯福僅領先威爾基四個百分點，比當月稍早的十二個百分點更低了。

在柏林，德國空軍準備按首腦赫爾曼．戈林的命令，執行戰略上的新變動，這將把更大範圍的英格蘭平民納入轟炸視野中。

一個月前，希特勒檢討了德國空軍未能讓邱吉爾屈服的失敗後，推遲了海獅行動，沒有訂定重啟的日期，儘管他考慮在春天重新評估這個想法。他和指揮官們一直對這樣的襲擊感到不安。要是戈林心愛的德國空軍如他所承諾的那樣，奪得不列顛群島的制空權，入侵或許會有個較好的前景，但在英國皇家空軍仍然掌握著制空權的情況下，入侵是很魯莽的。

英格蘭的堅韌令希特勒看到了形勢的嚴峻。只要邱吉爾站穩腳跟，美國代表英格蘭進行干預的可能性似乎就越來越大。希特勒將邱吉爾的驅逐艦交易視為這兩國間聯繫日益密切的具體證據。但他還擔心更糟的事：美國一旦參戰，羅斯福和邱吉爾便會尋求與史達林（Stalin）結盟，後者明顯表現出擴張勢力的欲望，且正迅速加強軍事力量。德國和俄羅斯在一九三九年簽署了互不侵犯條約，但希特勒並不指望史達林會遵守該條約。據希特勒的說法，英格蘭、美國和俄羅斯之間的結盟，「對德國來說會造成非常困難的局面」。

他設想的解決方式是，將俄羅斯從戰局中排除掉，由此保護德國東翼。與俄羅斯打仗也能實現希特勒自一九二〇年代以來便一直抱持著的長期目標：粉碎布爾什維克主義（Bolshevism）[91]，並獲得他珍視的所謂「生存空間」（*Lebensraum*）[92]。

他的將領們還是擔心發生兩線戰爭的危險。在希特勒戰略思維的基本原則中，一直都避免走到這一步，但現在他似乎拋開了自己的憂慮。比起跨越海峽入侵英格蘭，對俄羅斯開戰顯得容易多了，迄今為止，他的部隊在有關戰役中都表現得高度純熟。他預測最激烈的戰鬥將在六週內結束，但他強調對俄羅斯的攻擊必須盡快開始。他拖延得越久，史達林就有越多的時間來強化他的軍隊。

同時，為了阻止邱吉爾攪局，他命令戈林加強對英國的空襲。「成功的關鍵，」他說，「就在於持續不間斷的空襲。」他仍然對德國空軍終將兌現承諾、獨力促使邱吉爾求和這件事抱著希望。

91｜譯注：布爾什維克主義是一支極左的馬克思主義流派，支持以高度集權、少數人領導的社會革命，推翻既存的資本主義體制，以建立無產階級的統治。此黨派的領袖人物為列寧，於一九一七年十月革命奪得俄國政權，最終發展為蘇聯共產黨。

92｜譯注：「生存空間」是一個政治概念，出自國家有機體學說，結合了社會達爾文主義，認為國家如同生物，需要充分的空間才能生存，藉此理論合理化一個國家藉武力侵略擴張領土的行為。希特勒曾利用這個概念，作為納粹主義的意識形態原則，指出德意志帝國的領土擴張行為將解決人口過剩、資源不足的問題，並讓德國重返榮光，由此構成了德國的東擴理論依據。

戈林為此制定了一個新計畫。他還是會猛烈攻擊倫敦，但也會瞄准其他城市的中心，抱著將它們夷為平地的決心，最終粉碎英格蘭的抵抗力。他親自選定了目標城市，並為計畫的首波攻擊發布了代號「月光奏鳴曲」（Moonlight Sonata），是貝多芬一首雋永鋼琴曲的俗名。

他現在準備發動的空襲，在英國皇家空軍後來的報告中，被描述為空戰歷史上一場劃時代事件。「這是史上第一次，」這份報告說，「有人以抹煞一個城市的存在為目標，大規模地將空軍力量應用在一個小(比例上而言)城市上。」

第56章 蛙鳴演講

The Frog Speech

儘管時間已晚，邱吉爾還是立即在契喀爾開始進行口述。他的計畫是：在倫敦內閣戰情室的BBC新廣播室裡進行廣播，用英語和法語直接對法國民眾喊話。掌管法國未淪陷地區的維希政府可能會與德國正式結盟，對於這種可能性感到不安的邱吉爾希望向世界各地包括法國殖民地的法國人民保證，英格蘭全心與他們同在，並鼓勵他們起身進行抵抗。但令他非常沮喪的是，就目前情況而言，他也無法提供更多的支援了。他提議親自撰寫法文版講稿。

他慢慢地口述，沒有筆記。巴戈·伊斯梅留下來陪他，已經不奢望能夠早睡。邱吉爾口述了整整兩個小時，一直到星期天早上。他通知情報部，他計劃在隔天的十月二十一日星期一晚上進行共二十分鐘的演講——法語十分鐘、英語十分鐘。「所有必要的準備都先安排好。」他指示道。

週一那天，還待在契喀爾時，他繼續準備著演講，仍打算自己處理法語的版本，卻發現這比他原以為的還要難做到。情報部派了一名法語流利程度達到學術級的年輕職員，前往契喀爾翻譯講稿，但這位職員卻沒能取得任何進展。他「嚇呆了」，那天在契喀爾值班的私人祕書約翰·佩克(J. Peck)說。這位未來的翻譯員發現，自己面對的是又一次改變了主意、試圖重新編寫法語講稿的首相，而且還堅持非這麼做不可。這個年輕人被送回了倫敦。

據佩克所說，情報部派來了一位新的翻譯，米歇爾．聖丹尼斯（M. Saint-Denis），「一位迷人、年長慈愛、真正英法雙語流利的法國人……是位從BBC挖出來的寶藏人物」。邱吉爾認可他顯而易見的專業能力，於是才讓步了。

邱吉爾將這份講稿稱為他的「蛙鳴演講」，青蛙是英國人給法國人取的一個令人不快的綽號。這場演講很重要，以至於邱吉爾花了時間排練。這通常會激起他頑固、幼稚的那一面，但讓翻譯聖丹尼斯鬆了一口氣的是，這一次首相很有耐心，也多半很聽他的話。邱吉爾在某些法語運用上頗有困難，尤其是他的摩擦音「r」，但聖丹尼斯發現他很樂於學習，事後回憶道：「他就像在品嚐水果般，品味著某些詞的滋味。」

邱吉爾和聖丹尼斯驅車前往倫敦。演講定於當晚九點開始。這是BBC平時的新聞時段，確保了英國和法國都會有大量聽眾聽邱吉爾的演說，在德國也會有許多人透過地下電台收聽。

當一干職員和聖丹尼斯隨著身穿淡藍色警報裝的邱吉爾離開唐寧街十號、前往戰情室時，一場空襲正在進行中。一般上，散步過去的這段路途都是很愉快的，但德國空軍似乎又一次瞄準了政府大樓。探照燈刺入天幕，照亮了上方轟炸機凝結的尾跡。高射砲以每秒兩發的頻率猛烈地發射個不停，有時僅有一聲爆響，有時則是一連串輕快的連擊聲。砲彈在高空中炸開，流彈碎鋼細雨般灑滿了街道，落下的過程中還會擦出哨音。邱吉爾輕快地走著，他的翻譯小跑著跟上。

在BBC的廣播室內，邱吉爾坐下來開始他的演講。錄音室的空間很狹窄，只有一把扶手椅、一張桌子和一個麥克風。翻譯聖丹尼斯本想向聽眾引言介紹邱吉爾，卻無處可坐。

「你就坐我膝上吧。」邱吉爾說。

他往後一靠，拍了拍自己的大腿。聖丹尼斯寫道：「我　條腿才插進他兩腿間，下一秒我就半坐在椅子的扶手上，半坐在他的膝蓋上了。」

「各位法國人民！」邱吉爾開頭道，「三十多年來，不論和平或風雨，我都與你們一同前行，此刻我仍循著同一條路向前邁進。」他說道，英國也遭到攻擊，意指夜間空襲。他安撫聽眾：「我們的人民正在不屈不撓地忍耐著。我們的空軍也不只一味防守而已。我們正在等待德軍揚言許久的入侵。軍港裡的魚也是。」

他接著呼籲法國人打起精神來，不要阻礙英國的戰鬥而讓事情變得更糟——這顯然指的是達卡之役。希特勒才是真正的敵人，邱吉爾強調：「這個邪惡的人，這個生於仇恨和挫敗、死胎般的怪物，不徹底消滅法蘭西民族、瓦解它的存續與未來，是不會罷休的。」

邱吉爾敦促法國人抵抗，包括在「所謂的未淪陷法國」區內的人民，這是他又一次提到維希轄下的領土。

「各位法國人民！」他大聲說，「在為時已晚前重新振作起來吧。」

他承諾在擊敗希特勒前，他和大英帝國絕不會放棄。「那麼，晚安了，」他說，「好好睡上一覺，為黎明蓄積能量吧。因為黎明必將來到。」

瑪麗在契喀爾非常驕傲地聽著。「今晚爸爸對法國喊話，」她在日記中寫道，「他是如此坦率、如此鼓舞人心，如此高貴又溫柔。

「我希望他的聲音能傳達給他們許多人，希望他的力量和內涵，將為他們帶來新的希望和信念。」她感動地在日記中以法語銘寫下《馬賽曲》(*La Marseillaise*)的副歌，開頭是「拿起武器，公民們」。

「親愛的法國，」她在結尾道，「如此偉大又榮耀的法國，請做出能配得上你最崇高的歌曲、能配得上你不惜兩度流血也要達成的正義使命——『自由』吧。」

廣播結束時，內閣戰情室裡一片寂靜。「沒人動彈，」翻譯聖丹尼斯回憶道，「我們深受感動。然後邱吉爾站了起來，他的眼裡滿是淚水。」

邱吉爾說：「今晚我們創造了歷史。」

一週後，在柏林，戈培爾在他的晨會上，抱怨德國民眾似乎有「越來越多人」收聽BBC。

他下令「嚴懲違規的無線電業」，並告訴他的政宣副手「每個德國人都必須清楚，收聽這類廣播是一種嚴重的顛覆國家行為」。

不巧的是，根據英國皇家空軍一份總結德國空軍飛行員俘虜情報的報告，這道禁令「長遠來看卻造成了反效果，它在民眾間引起了一種無法克制的收聽衝動」。

第57章

排卵管

The Ovipositor

十一月五日的大選之夜，對大西洋兩岸來說是緊張的一晚。起初送到羅斯福位於紐約海德公園的家中的報告顯示，威爾基的得票率比預期的好。但到了晚上十一點，羅斯福的勝算逐漸明顯。「看起來不錯。」他對聚集在他家草坪上的人群說。最後的統計顯示，他在民眾投票中贏了不到十個百分點。然而，在總統選舉團中，他卻以四百四十九分比八十二分的壓倒性優勢獲勝。

這個消息給整個白廳上下帶來了歡樂。「這是自戰爭爆發以來，發生過的最好的事情，」哈羅德．尼克森寫道，「我要感謝上帝。」他說，聽到這個消息後，「我的心跳得像條初生的鮭魚」。國家情報局報告，此一結果在整個英格蘭和威爾士都「收穫了極為滿意的反應」。

人在契喀爾的瑪麗．邱吉爾寫道：「榮耀哈利路亞！」

羅斯福再次當選後，眾人希望得到的回報，也就是美國作為正式戰友加入戰局一事，顯得沒有那麼遙遠了。

邱吉爾比以往任何時候都更需要幫助。財政大臣（chancellor of the exchequer）告訴他，英國很快就會用完生存所需的武器、糧食和其他物資的經費了。

邱吉爾發出一封華麗世故的電報向羅斯福道賀，在電報中自稱曾祈禱他勝利，並對結果感到高興。「但這並不代表，」他寫道，「我尋求或希望您做得更多。對於目前正處於危急關頭的世界議題，我只希望您能夠全心、公平且自由地投入心力。對此，我們兩國都必須履行各自的職責。」他聲稱他只期待能夠與羅斯福交流關於戰爭的想法。「只要這地球上還有任何一個角落在說英語，此刻正在發生的事情就會被銘記，在表達我對於美國人民再次將如此重擔交付予你而感到安慰的同時，我也必須指出，我堅信我們所引領的光，將把我們所有人安全地領到避風港。」

羅斯福既沒有告知收到電報，也沒有回覆。

這讓邱吉爾很惱火，也很令他擔心，不過他並不願對此表示任何反應。將近三週後，他終於還是向駐華盛頓大使洛錫安勳爵發了電報，像一個受冷落的求婚者般，小心翼翼、悄悄地提出了這個問題。「能否請您盡量低調地為我查明，總統是否收到了我祝賀他再次當選的個人電報？」他寫道：「它可能被淹沒在競選賀電中了。如果不是，我想知道裡面是否有什麼內容可能冒犯了他，或讓他感到尷尬。」

他補充道：「也歡迎你提供建議。」

至少，教授提供了一些好消息。一九四〇年十一月一日，在給邱吉爾的紀要內，他報告道，空雷首次操作測試中，從英國皇家空軍戰機上施放的繫著降落傘的空雷，終於奪去了一名犧牲者的性命。

雷達追蹤到德國轟炸機飛進飄蕩的降落傘雷幕中，此時敵機的雷達回波消失了，「而且沒有再出現過」。林德曼認為這是成功的證明。

然而，他也確實注意到，排放空雷的裝置出現了故障，林德曼借用昆蟲或魚類產卵器官的生物學術語，稱此裝置為「排卵管」。這個故障，導致其中一枚空雷在施放它的英國皇家空軍戰機機身上爆炸，此一事件肯定會在機組人員間引起一定程度的驚恐，但除此之外「並未造成嚴重傷亡」。

儘管如此，教授還是擔心這會加劇空軍部對這項武器本就抱持著的偏見，他也希望得到邱吉爾會繼續支持他的保證。他寫道：「我相信，在這麼多年來終於嶄露的祥兆後，這起偶發的事故，並不會影響當前這些試驗的繼續進行。」

邱吉爾對教授和這項武器的信心，並未動搖。

與此同時，教授似乎一心要進一步惹毛空軍部。十月下旬，他寫信給邱吉爾，提出另一件構成他困擾的事：德國導航波束。教授預見到發展用來干擾、扭曲德軍波束的電子反制措施，對英格蘭的防禦至關重要，並認為空軍部在開發和部署相關技術方面進展遲緩。他為此向邱吉爾抱怨。

再次啟動了「繼電器」模式的邱吉爾立即攬下這件事，並將教授的紀要轉發給空軍參謀長查爾斯．波特。波特回覆時附上了所有已完成事項的清單，其中包括了開發干擾裝置，以及設置於波束路徑沿途中，誘騙德國飛行員投下炸彈的篝火圈套。這些篝火由於它們從夜空中朝下看時呈現的模樣，被稱為「海星」。事實證明，它們是有效的，這從落在篝火附近空地的炸彈數量即可推知。在一個值得注意的案例中，樸茨茅斯郊外的篝火圈套吸引了一百七十枚強力炸彈和三十二枚降落傘水雷。

雖然明顯抱著怒意，但始終留心於教授與首相間特殊關係的波特寫道：「林德曼教授在他的紀要中，暗指我們沒有盡快對德軍的波束系統採取無線電對抗措施。我可以保證，實情並非如此。」波特表示，這項工程「處理順序位列最優先級」。

教授還給作為邱吉爾的軍事參謀長已經忙得不可開交、看來似乎壓力很大的巴戈．伊斯梅加了額外的工作。教授這新一輪出擊也與導航波束有關。

十一月六日晚間，一架來自德國空軍隱密的一百號戰隊、擅長於利用波束飛行的轟炸機，在英格蘭海峽沿岸的布里德波特鎮（Bridport）附近的海域墜落，機體大部分無損，而且非常靠近岸邊。一支海軍打撈小隊想在轟炸機還能輕易接近時把它撈上岸，但陸軍聲稱這是他們的管轄範圍。「結果陸軍根本沒有試圖保存它，洶湧的海浪很快就毀了這架戰機。」英國皇家空軍關於該事件的情報報告如是說，報告也已遞交給林德曼。教授確保邱吉爾獲知這場災難。他在一封柬帖中附上那份英國皇家空軍報告，輕蔑地說：「不同軍種間的爭吵導致我們錯失了這架戰機，這是非常遺憾的，這可是這一類型戰機中，落入我們手中的第一架。」

邱吉爾立即就此事向巴戈．伊斯梅發送了一份個人紀要。「請你提案，以確保未來我們能即刻採取措施，從降落在我國或我們海岸附近的德國戰機上獲取所有可能的資訊和設備，並確保這些難得的機會不會因部門之間的分歧而被浪費掉。」

當然了，這正是讓伊斯梅的一天更加完美所需要的額外工作。伊斯梅將此轉達給眾參謀長，他們檢視了處理墜機的現行規範。他告訴邱吉爾，戰機的錯失「是因為各部門對這些規範迂腐死板的詮釋」。他向邱吉爾保證，他們已經發布了新指令，將保護墜落戰機視為極重要的事。他在報告的結尾指出，英國皇家空軍最希望能從轟炸機上搶救到的無線電設備，最終從殘骸中被沖上了岸，並成功被回收了。

在這個尖刻的交流中為眾人所遺忘的，是這架戰機當初墜毀的原因。有賴於教授的持續推動、R. V. 瓊斯博士與英國皇家空軍第八十聯隊反制措施單位投入的創造力，以及對被俘德國飛行員進行的巧妙審訊方式，英國皇家空軍現在對德國空軍「X」導航系統了解的程度，已足以建造代號「冗言贅詞」的發信器，能夠發射重新導向（又稱導航誤導）對方系統的波束了。這種發信器的第一台，是在那架墜毀的德國轟炸機起飛前五天安裝的。

那架轟炸機的機組人員在陰雲密布的夜空中飛行，原本預計在英格蘭和威爾斯之間的布里斯托（Bristol）海峽上空接收到指定的導航波束，然後跟著它到達目的地，即伯明罕的一家工廠，但他們卻找不到信號。在能見度這麼差又沒有波束導航的情況下，繼續前進是很魯莽的，因此飛行員決定改變計畫，轉而轟炸布里斯托的造船廠。他希望降到雲層下能找到一個視覺地標來建立他的新航線。但雲幕高（cloud ceiling）[93]非常低，又因為夜色和天氣的關係，能見度非常糟。飛行員漢斯．萊曼（H. Lehmann）意識到自己迷路了。

93｜編按：「雲幕高」是航空術語，根據全國法規資料庫《飛航規則》第二十八條定義，指的是「低於二萬尺，涵蓋天空超過一半之最低雲層，其底部至地面或水面之實際高度」。

然而，他的無線電操作員很快便開始從位於布列塔尼海岸的聖馬洛（St. Malo），接收到德國空軍標準無線電信標的強烈信號。萊曼決定調頭，用它來幫助引導自己回到基地。抵達聖馬洛時，他報告了他的位置以及他現在要遵循的航線。不同於標準流程，他既沒有收到已獲悉他來訊的確認回應，也沒有和平常一樣收到著陸指令。

萊曼繼續前行，接著開始下降，希望很快就能從下方看到熟悉的地勢，但他只看見一片海水。他很自然地認為自己已經飛越了機坪，於是便轉身嘗試另一條航道。此時燃料已經所剩不多，他的轟炸機已經在空中飛行和迷航了超過八個小時。萊曼決定，他現在唯一的選擇就是讓這架戰機在法國海岸降落。當時的能見度差得使他只能降落在靠近海岸的海上。他和另兩名組員設法上了陸地，但第四名組員卻沒能上岸。

萊曼以為他降落在法國，也許就在比斯開灣（Bay of Biscay）。相反地，他的戰機降落在了英格蘭的多塞特海岸附近。他以為那是聖馬洛的導航點，實際上是英國皇家空軍的惑敵信標，由位於布里斯托以南三十五英里處、英格蘭薩默塞特郡（Somerset）坦普爾科姆村（Templecombe）的一個導航誤導站發射。

萊曼和他的組員很快就被捕獲，接著被送往倫敦市郊的英國皇家空軍審訊中心，那裡的空軍情報人員高興地得知，他們就是神祕的一百號戰隊隊員。

第58章

我們的特殊情報來源

Our Special Source

英格蘭的天氣惡化了。疾風耙過大地，攪亂了周圍的海域，使得德軍兩棲登陸的可能性越來越小。來自布萊切利公園，被空軍部官員簡稱為「我們的特殊情報來源」的零碎情報，暗示希特勒可能推遲了他計劃的海獅行動。然而，德國空軍繼續進行夜間空襲、連擊倫敦，現在似乎也開始在英格蘭其他地點擴大他們的目標範圍。顯然，某些新的陰謀正在醞釀中，它所意味的事令人不安。倫敦已經證明自己能夠抵禦夜間襲擊，但隨著越來越多的平民被炸死、受傷並被炸彈趕出自家家門，國內其他地區的境遇又會如何？

德國空軍的新戰役細節開始成為矚目的焦點。十一月十二日星期二，情報人員偷聽到一名剛被捕的德國飛行員，在一個裝有隱藏式麥克風的房裡與另一名囚犯交談。「他相信，」情報人員報告，「倫敦爆發了騷亂、白金漢宮遭到襲擊，而『赫爾曼』（他指的是德國空軍司令赫爾曼·戈林）認為發動大型空襲的最佳時機已經到來了。這場襲擊將在本月十五日至二十日之間的滿月之夜進行，考文垂（Coventry）和伯明罕將是受襲的城鎮。」

這位囚犯描述的局面令人不寒而慄。對於這次空襲，德國空軍計劃部署每一架可用的轟炸機，動用每一道導航波束。這些戰機將攜帶五十公斤（一百一十磅）的「嗚叫」

炸彈。根據報告，這名囚犯說，轟炸機將集中摧毀工人階級社區，據信那裡的民眾已快要開始反抗了。

報告中提醒，這名新囚犯的話可能不太可靠，建議謹慎對待他的言論。報告指出，促使空軍情報部門傳達這些話的原因，是因為情報部門當天下午收到了特殊情報來源的消息，表明德軍正計劃著一場代號為月光奏鳴曲的「大規模空襲」。特殊情報來源相信，目標不是考文垂或伯明罕，而是倫敦。這場襲擊很可能在三天後的十一月十五日星期五發動，時值滿月，多達一千八百架德軍戰機將參戰，其中包括來自一百號戰隊這支精銳點火部隊的轟炸機，他們的燃燒彈將點亮轟炸目標。讓這場空襲異常重要的一點是，計劃指揮這次行動的是戈林本人。

如果這一切都是真的，便會引起對於大規模、一擊斃命式空襲的恐懼，邱吉爾將之稱為空中「盛宴」，這是民防官員自戰爭開始以來，便一直預測並擔心會發生的。

空軍部傳出了一份「紀要報表」，官員們在其中提出了他們對目前已知的少量情報的看法。在一個標有「**最高機密**」的紀錄中，一名英國皇家空軍聯隊指揮官寫道，空襲的確切日期可根據一百號戰隊的轟炸機是否在下午飛來而判定，它們的目的是檢查目標地上空的天氣狀況、確保導航波束定位正確。他提出，「奏鳴曲」這個詞本身可能非常重要。在音樂領域，奏鳴曲通常以三個樂章構成。這暗示著攻擊可能分三階段發生。德軍確切的目標地仍然不明朗，但英軍截獲的指令顯示，德國空軍已經選定了四個可行的區域，其中包括倫敦。

空軍部官員認為手上的情報足夠可信，因而開始計劃應對措施。一場意圖向德軍的進犯潑「冷水」的反擊行動開始逐漸成形，恰如其分地取了代號「冷水」。一位官員建議，從英國大眾的角度來看，最好的反擊，就是讓英國皇家空軍對德國的某個地點發動一次大規模的攻擊。他建議對魯爾河沿岸的目標地或甚至柏林市區，進行一場「宇宙大轟炸」，還建議選用的炸彈要配備英國皇家空軍版本的德國「耶利哥號角」裝置，讓每枚炸彈在落下時都能發出鳴叫。「我們的炸彈哨子都已經送到各倉庫了，要將它們安裝到兩百五十磅和五百磅的炸彈上以應付這種場合應該不成問題。如果這場宇宙大轟炸是為了達到最好的教訓作用，我們建議應該這樣做。」

冷水行動也要求英國皇家空軍新的反制措施中隊，也就是七月才成立的第八十聯隊，盡所能地破壞德軍傳輸的導航波束。兩架配有特殊裝備的轟炸機將循著從瑟堡射出的一道主要波束，飛回它的源頭，炸毀發信器。當他們飛越目標時，會知道自己已經飛過頭了，因為先前的電子偵察結果顯示，波束會在發信站的正上方消失。英國皇家空軍將這個沉寂的空間稱為「靜默區」、「熄火點」，並且，他們也稱它為「錐形無聲罩」[94]。

目前為止，還沒人將德國可能發動襲擊的消息轉達給邱吉爾。

週三晚上七點，空軍情報單位向英國皇家空軍的眾指揮官們提供了特殊情報來源關於「月光奏鳴曲」的情報更新，證實了這次突襲確實將分為三個部分，儘管他們尚

94｜譯注：「錐形無聲罩」（the cone of silence）是美國六〇年代的歡樂電視劇《變聰明》中反覆出現的搞笑設備之一，劇中的間諜進入這個設備時，設備外部的人便聽不見他們的對話。

未清楚那到底是指一個晚上進行的三個階段，還是分為三個晚上進行。情報來源也提供了其中兩個階段的代號，第一個是「傘」（*Regenschirm*）、第二個是「月光小夜曲」（*Mondschein Serenade*）。第三個階段的代號還不清楚。空軍部最資深的官員之一，空軍副參謀長威廉・肖爾托・道格拉斯（W. S. Douglas）不認為德軍會規劃一場分成三個晚上進行的襲擊：「即使那些德國佬再樂觀，也不可能期望有連續三晚的好天氣吧？」

有關德國軍隊日常活動的消息通常都不會傳達給邱吉爾，但襲擊的規模預料將會很大，十一月十四日星期四，空軍部準備了一份特別的「**最高機密**」備忘錄給首相。它轉而被放到他為高度機密訊息保留的特殊黃匣子裡。

大家最多只能判斷，這場空襲在隔天的十一月十五日星期五晚上之前不會發生，因為隔天預計會是最接近理想的飛行天候，天空清冷、多半無雲，還有一輪能將下方地貌照亮得近似白日的滿月。

但這個推測很快就證明錯了。

* * *

週四中午，科維爾前往西敏寺大教堂，為前一週去世的前首相內維爾・張伯倫的葬禮擔任招待。邱吉爾和哈利法克斯一樣，負責抬棺。有顆炸彈炸毀了教堂的窗戶，室內沒有暖氣。各行政部長坐滿了教堂合唱團的座席。每個人穿戴著外套和手套，卻都還是很冷。由於葬禮的時間和地點始終保密，教堂只坐了半滿，這是出於謹慎的考量，科維爾指出：「明斷投放的炸彈會產生驚人的後果。」

科維爾的目光落在了情報部部長達夫．庫珀身上，他的臉上一副「空白漠然、近乎輕蔑的表情」。幾位部長唱起了讚美詩。沒有警報聲響起，也沒有德軍戰機出現在空中。

那天下午稍晚，邱吉爾和湯普森探長、打字員以及其他的週末隨行人員，穿過唐寧街十號的後花園，進入平時坐的車內，坐好後就往鄉間駛去。這次去的是迪奇利，邱吉爾的滿月度假屋。

臨出發前，被分配到週末值班的私人祕書約翰．馬丁，將裝有最高機密通訊的黃色匣子交給邱吉爾，並與他一起坐進後座。汽車高速啟動，沿著林蔭大道一路西行，經過白金漢宮，然後沿著海德公園的南界行駛。車子開了幾分鐘後，邱吉爾打開匣子，發現裡面有一份日期壓在當天的祕密備忘錄，以滿滿三頁紙，描述了德國空軍可能即將展開的一項名為「月光奏鳴曲」的行動。

這份報告繼續詳細介紹了空軍情報單位了解到的情況，以及英國皇家空軍計劃如何應對，並指出了四個可能被當作目標的區域，倫敦市中心和大倫敦地區被率先指名。報告指出，倫敦似乎是很有可能中選的對象。

接著是這份備忘錄中最令人不安的一句話：「德國整個遠程轟炸機部隊都將出動。」除此之外，「我們認為」這次空襲還將由赫爾曼．戈林本人指揮。這份情報「來自一個確實非常可信的來源」。邱吉爾當然知道，這個來源必定是布萊切利公園。

報告接下來的兩頁則令人滿意多了，詳細說明了英國皇家空軍計劃的冷水行動，並指出英國皇家空軍轟炸機司令部將採用一項「以牙還牙方針」，讓轟炸機集中攻擊一個德國城市，也許是柏林，也有可能是慕尼黑或埃森（Essen），根據天氣決定。

至此，邱吉爾和他的隨行人員已經踏上前往迪奇利的路途了，不過還在城內，剛剛經過肯辛頓花園（Kensington Gardens）。邱吉爾命令他的司機掉頭。祕書馬丁寫道：「在倫敦將有可能受到一場猛烈襲擊時，他是不會在鄉間安穩酣睡的。」

車隊加速駛回唐寧街十號。這明顯的威脅是如此嚴重，邱吉爾命令他的女性職員們在夜幕降臨前離開，指示她們回家或前往位於多利斯山（Dollis Hill）加固的緊急指揮中心「圍場」。他叫約翰．科維爾和另一位私人祕書約翰．佩克去下街站（Down Street station）過夜，這是一處由倫敦乘客運輸委員會（London Passenger Transport Board）打造的豪華防空洞，邱吉爾偶爾會使用。他稱之為他的「洞窟」。科維爾並未反對。科維爾是這樣說的：他和派克在那裡「爽吃了一頓」，這是「大快朵頤」的一種較為俚俗的說法。這個防空洞儲存的奢侈品有魚子醬、哈瓦那雪茄、年分可追溯到一八六五年的白蘭地，當然還有香檳——一九八二年的皮耶爵（Perrier-Jouët）。

邱吉爾前往內閣戰情室等待那場空襲。他做過很多事情，也做得很好，但等待可不是其一。他等得不耐煩了，便爬上空軍部的樓頂觀察空襲，還帶上了巴戈．伊斯梅。

空軍情報部終於確定了德軍的目標。下午，英國皇家空軍無線電反制部隊的成員在法國偵測到源自德國發信器的新波束。監聽德軍通訊的無線電操作員，不出所料地截獲了德國空軍的事先偵察報告，以及來自指揮此次空襲的凡爾賽控制中心的訊息。這些全部結合起來，提供了強而有力的證據，顯示月光奏鳴曲行動將在十一月十四日的當晚開始，比情報部最初提出的早了一天。

下午六點十七分，大約日落後一小時，第一批共十三架的德國轟炸機從萊姆灣（Lyme Bay）越過了英格蘭南部海岸線。這批戰機是一百號戰隊的轟炸機，非常擅長尋找並沿著無線電波束飛行。他們帶了超過一萬個獨立的燃燒罐，以便為馬上就要到來的轟炸機點亮目標。

晚上七點十五分，幾架飛機確實飛過了倫敦，十分鐘後又一批飛過，觸動了警報聲，將人們都逼進了防空洞，但這些戰機什麼都沒做，就從人們頭頂掠過，將這座月光籠罩下宛若鬼城的寂靜城市留在後頭。事實上，這些都是假動作，意在讓英國皇家空軍相信這次大空襲確實針對的是首都。

第59章

送別考文垂

A Coventry Farewell

到那個星期四的下午三點，英國皇家空軍的無線電反制小組知道，德國的導航波束不在倫敦上空相交，而是在一百英里外，中部地區的軍火製造中心考文垂上空相交。且不論工業，考文垂最富盛名的，是它的中世紀大教堂。根據傳說，考文垂還舉辦過十一世紀戈黛娃夫人（Lady Godiva）的裸身騎馬遊街（這個傳說還有一個副產物，「偷窺狂」〔Peeping Tom〕一詞據說就是源自於一個名叫托馬斯〔Thomas〕的男子，他違反了禁止民眾在伯爵夫人路過時偷看的法令）。不知怎的，考文垂是德軍預定目標的消息，並沒有轉達給邱吉爾，他在空軍部樓頂不耐地等待著。

英國皇家空軍的無線電反制小組努力測定所需的確切頻率，以干擾或歪曲德軍指向該市的導航波束。只有幾個干擾發信器可用，此時看不見的波束已經劃滿了考文垂的天空。一道波束正好掠過倫敦西部的溫莎堡上空，引發了德國空軍可能以皇室為目標的擔憂。軍方因此向溫莎堡發送了警告。受遣協防的空警處（Air Raid Precautions，ARP）官員，像等待著中世紀圍城似的駐守在城垛上，很快便看見轟炸機飛過頭頂，暗色的機體在近乎圓滿的月色映襯下，宛如一列看不到盡頭的遊行隊伍。

沒有炸彈落下。

下午五點四十六分，考文垂進入燈火管制時段；月升的時間是下午五點十八分，此時月亮已然升起，清晰可見。市民們關上了遮光百葉窗和窗簾，火車站的燈都關了。這是燈火管制時的慣例。但即使在停電的情況下，街上仍很明亮。月色皎潔，天空分外清明。某家軍火廠的器具安裝工人倫納德．達斯科姆（L. Dascombe）在上班途中，發現月亮是如此閃閃發光，「在屋頂上閃爍生輝」。另一個人觀察到，月光讓他的車前燈顯得多餘。「我們幾乎可以就著月光讀報紙了，那真是一個美好的夜晚。」他說。考文垂剛當選的市長約翰．「傑克」．莫斯利（J. J. Moseley）的女兒露西．莫斯利（L. Moseley）回憶道：「外頭真的亮得很不尋常，我幾乎從未在十一月見過如此明亮的夜晚。」當晚莫斯利一家安頓下來時，他們家裡某位成員稱那晚的月亮為「一個巨大的、非常可怕的『轟炸機之月』。」

晚上七點零七分，空警處一則「黃色空襲警告」訊息傳到了當地的民防控制室。這意味著他們已偵測到有戰機正往考文垂的方向飛去。接著是「紅色空襲警告」，是拉響空襲警報的信號。

考文垂曾經歷過空襲。這座城市因此能從容以對。但據許多市民事後的回憶，總覺得那個週四夜晚有所不同。空中突然出現了閃焰，懸在降落傘下飄蕩，進一步點亮了已被月光照亮的街道。七點二十分，燃燒彈開始落下，一名目擊者描述，當時它們「如大雨般嗖嗖落下」。有部分的燃燒彈似乎是新的種類。它們不單單是燃燒並讓周遭環境起火而已，它們會爆炸、向四面八方噴射燃燒材料。德軍也投放了一些強力炸彈，其中包括五枚四千磅重的「撒旦」炸彈，明顯意圖摧毀水管、阻止消防隊救火。

上空的飛行員接著「投下了大火」，將強力炸彈大雨般傾盆倒下。他們還投下了降落傘水雷，總共一百二十七枚，其中二十枚未能成功爆炸，也許是因為故障，也許是延時引爆，德國空軍似乎很愛使用這種地雷。「空中充滿了槍聲、炸彈的哀鳴，以及爆炸時可怕的閃光和爆響。」一名警官回憶道，「天上似乎佈滿戰機。」這場空襲來得如此突然、力量如此之大，以致一群基督教女青年會（YWCA）宿舍的婦女來不及逃到附近的防空洞。「這是我有生以來第一次，」其中一位婦女寫道，「知道怕得發抖是什麼感覺。」

炸彈擊中了幾個防空洞。士兵和空警處人員組成的隊伍徒手在殘磚斷瓦中作業，以免誤傷了廢墟中的倖存者。有一處防空洞顯然被直接擊毀。「挖了一段時間，我們才發現了防空洞裡的人，」一位救援人員寫道：「有些十分冰冷，有些尚暖，但他們全都死了。」

一枚炸彈落在伊芙琳．阿什沃思博士（Dr. E. Ashworth）和她兩個孩子藏身的防空洞附近。她寫道，首先是「一聲碎裂的巨響」，然後是爆炸聲，「以及一波撼動整個防空洞的衝擊」。那次爆炸炸毀了防空洞的門。

她七歲的孩子說：「爆炸幾乎要把我的頭髮吹掉了。」

她三歲的孩子說：「它幾乎把我的頭炸飛了！」

一家市級醫院裡，哈里．溫特醫師（Dr. H. Winter）爬到樓頂協助撲滅燃燒彈，以免醫院著火。「我簡直不敢相信自己的眼睛，」他說，「數以百計的燃燒彈在醫院周圍發著光，像一棵巨大聖誕樹上閃爍的燈光。」

大樓裡，產房中的婦女被安置在床下，身上蓋著床墊。頂樓的一張床上有名患者是個受了傷還在復原中的德國飛官。「炸彈太多——太久了！」他呻吟著，「炸彈太多了！」

傷員開始送抵醫院。溫特醫生和其他外科醫生前往三間手術室執刀。大多數傷員四肢受到損傷、有嚴重的撕裂傷。「但炸彈造成的撕裂所引發的併發症是，表面上只有一個小傷口，在那之下卻有範圍更大的破裂，」溫特博士後來寫道，「所有一切都糊成一團。如果不對內部進行大規模的切除，只修復表面傷口是沒用的。」

另一家醫院裡，有名受訓中的護士正直面她的陳年恐懼。她寫道：「在我受訓的過程中，我一直都很怕手上拿著截肢病人的斷肢，有截肢手術時，我一直以來都設法不值班。」但這次襲擊「改變了一切。我沒有時間嬌氣了」。

這座城市現在正承受著許多人認為它所承受過最嚴重的創傷。從第一顆燃燒彈在八點左右落下起，燃燒彈便不斷灑落在市區著名的聖米迦勒座堂（Cathedral of St. Michael）的屋頂和地面上。一枚落在了鉛製的屋頂上。大火燒穿了金屬，導致熔化的鉛滴到下方木製的室內空間，點燃了它。目擊者呼叫了消防車，但消防車都忙著在全市各處滅火。第一輛消防車在一個半小時後到達座堂，從十四英里外的索利赫爾鎮（Solihull）過來。車上的消防員們只能束手無策地瞪著座堂。有枚炸彈炸斷了一條關鍵的引水管線。一個小時後，水終於流了出來，但水壓非常低，很快也就流乾了。

隨著大火蔓延，開始燒毀聖壇、小教堂以及屋頂沉重的樑柱，教堂的人員衝了進去，搶救所有他們能救的東西——掛毯、十字架、燭台、一個餅乾盒、一個十字苦像，將它們帶到警察局嚴正保管。座堂的牧師，R. T. 霍華牧師（Reverend R. T. Howard）在警察局門廊上看著它燃燒，橙色的火舌吞沒了韓德爾（Handel）曾演奏過的古老管風琴。霍華寫道：「整個座堂內都是一片沸騰的火海，滿是熾熱的樑柱和木材，被銅色的濃煙滲透、覆蓋。」

考文垂的其他地方看來也著火了。據在遠處某個鄉間別墅作客的國土安全部部長赫伯特．莫里森親眼所見，連三十英里外都能看見火光。一名在空襲後不久便被擊落的德國飛行員告訴英國皇家空軍的審訊員，他在回程途中飛越倫敦時，還能在一百英里外看見火光。日記作者克拉拉．米爾本（C. Milburn）在考文垂以西八英里的巴爾索村（Balsall Common）寫道：「我們走出門時，探照燈正在探查晴朗的天空，星星看起來很近、空氣如此清澈、月光明亮。我從未見過如此美好的夜晚。戰機一波接一波飛來，猛烈的砲火緊跟而至。」

整個晚上十一個小時內，轟炸機不斷地來、燃燒彈和炸彈不斷落下。目擊者表示，如果不是因為火焰引起的，它散發的熟悉氣味其實很讓人感到安慰。一場燒毀煙草店的大火，讓周圍地區都充滿了雪茄煙和煙斗菸草的氣味。一家燃燒的肉鋪散發出烤肉的香氣，讓人想起週日晚間傳統聚餐[95]的撫慰。

95｜譯注：週日與家人在庭院烤肉聚餐是英國的傳統文化。

德軍不斷投放炸彈到早上六點十五分。燈火管制於七點五十四分結束。月亮仍高掛在黎明晴朗的天空中，但轟炸機已然遠去。座堂已是一片廢墟，熔化的鉛仍從屋頂不停滴落，燒焦的木材碎片不時鬆動、掉落地面。整座城市裡，最常聽見的便是人們鞋子下碎玻璃的嘎吱聲。有位新聞記者觀察到這些玻璃「厚得當你抬頭向街道看去，街道就像被冰面覆蓋了似的」。

現在，恐怖的場景出現了。阿什沃思博士記述，她看見一條狗「嘴裡叼著一個孩子的胳膊」在街上跑。一個名叫 E. A. 考克斯 (E. A. Cox) 的人在彈坑旁看到了一具無頭男屍。在他處，有枚爆炸的地雷留下了成堆燒焦的軀幹。屍體以每小時六十具的比率運抵臨時停屍間，那裡的殯儀人員不得不處理一個他們很少(如果他們真的曾經碰過的話)面對的問題：屍體被嚴重破壞得無法辨認了。其中，有百分之四十到百分之五十被歸類為「無法辨識的斷肢」。

大部分完好的屍體，會被貼上行李標籤、標明屍體的發現地點，可以的話還會注明可能的身分，被堆疊成一層一層的。倖存者原本被允許進入停屍間尋找失蹤的朋友和親人，直到一枚炸彈擊中附近的天然氣儲存設施而引發爆炸，造成停屍間的屋頂被掀了開來。雨下了起來，屍體上的行李牌字跡都模糊了。認屍的過程是那樣可怕、那樣毫無成效，有時會有三四個人指認同一具屍體，來訪只好停止，改以檢查從死者身上搜到的個人物品來進行辨認。

停屍間外豎起了一塊牌子，上面寫著：「非常遺憾地，停屍間的壓力太大了，無法讓親屬探看任何屍體。」

比弗布魯克勳爵急忙趕進城裡，不願被人認為自己避開了另一場災難性的空襲。他的到訪並不受歡迎。他專注於恢復在空襲中受損的工廠生產上。在與官員會面時，他嘗試運用一些邱吉爾式的修辭。「空軍的根就植於考文垂，」他說，「如果考文垂的生產被破壞，這棵樹就會枯萎。但這座城市若能從灰燼中再起，那麼這棵樹就會繼續發芽，長出新生的嫩葉子和枝枒。」市長的女兒露西・莫斯利說，據傳他在看到工廠廢墟時流下了眼淚，只是那淚流得有點「太突兀」了。她寫道，眼淚一點價值都沒有。比弗布魯克曾為了達到最大產能而威脅工廠，而今這座城市泰半成了廢墟。「他要考文垂的工人全力付出，」莫斯利寫道，「而他們換來的是什麼？」

國土安全部部長赫伯特・莫里森也來了，他因未能保護這座城市，以及德軍轟炸機的出現幾乎未受到英國皇家空軍的阻攔而備受指責。那一晚，英國皇家空軍雖然派了許多配有空對空雷達的戰鬥機，發動了一百二十一次出擊，但它們卻只匯報了兩次「交戰」，且連一架敵方轟炸機都沒能摧毀，再次凸顯了在黑暗中戰鬥的困難。他們進行了冷水行動，但效果不大。英國的轟炸機攻擊了位於法國的停機坪和柏林的軍事目標，過程中損失了十架轟炸機。英國皇家空軍的反制措施小組第八十聯隊，使用干擾器和波束扭曲發信器，來擾亂德軍的波束並使之轉向，但據空軍的一項分析顯示，這些全都收效甚微。「因為前一晚是如此清澈明亮，無線電導航設備就沒那麼必要了。」

這支部隊確實成功派出一對配有特殊裝備的轟炸機，追著兩道德軍波束，回到他們位於瑟堡的基地發信器處，並在那裡將兩部發信器都擊毀了。但由於英國皇家空軍未能擊落任何敵機，空軍部向戰鬥機司令部發出了一封憤怒的電報，質問為什麼明明「天氣良好、月光充足，而且還派出了相當多的戰鬥機」，但攔截的敵機卻這麼少。

對於在週六早上未經宣布就到訪的國王，這座城市給予的歡迎熱烈多了。前一天稍晚，莫斯利市長才得知這場即將到來的造訪。他那正在收拾家庭私物、準備搬到城外親戚家中的妻子，不禁淚流滿面。這可不是喜悅的淚水。「噢、親愛的！」她叫道：「他難道不明白，我們現在麻煩太多了，即使他不來，我們也有夠多事要做了嗎？」

國王先是在市長的正式會客廳接見了市長，會客廳現在只能以塞在啤酒瓶口裡的蠟燭照亮。過後，在其他官員的陪同下，兩人開始巡視這座被破壞殆盡的城市，不久，國王便開始毫無預警地出現在最平凡日常的地方。某次他停下腳步時，一群目瞪口呆的疲憊老人跳了起來，高唱起「天佑吾王」。在其他地方，有個坐在路邊小歇片刻，又髒又累的男人，還戴著頭盔，抬頭看到街上走來的人群。這群人經過時，其中明顯領頭的人向他說了聲「早安」，然後點了點頭。等他們繼續前行後，坐在路邊的男人才意識到是國王。「我太吃驚、目瞪口呆、不敢相信、不知所措了，我連回應他都沒辦法。」

座堂裡，國王接見了牧師霍華。「國王的到來完全出乎我意料。」霍華寫道。他聽見歡呼聲，看到國王從教堂西南端的一扇門進來。霍華向他問好。他們握了手。「我和他一起注視著廢墟，」霍華寫道，「他的態度充滿強烈的同情和悲傷。」

一支在記錄空襲影響方面經驗豐富的「世論調查」研究團隊，於週五下午抵達了考文垂。他們在隨後的報告中寫道，相較於過去兩個月的空襲影響記錄，他們這次看到了「更多更明顯的歇斯底里、恐懼和神經症跡象」。「週五那天，這裡的主要情緒是全然的無助。」這些觀察員發現了廣布的混亂、憂鬱感。「鎮裡混亂得使人們覺得這座小鎮本身已經死去了。」

為了幫助遏止空襲引起的謠言狂飆，BBC邀請了「世論調查」主任，二十九歲的湯姆．哈里森，在週六晚上九點BBC國內服務的黃金新聞時段，進行廣播，談談他在市內所見。

「這當中最奇怪的景象，」哈里森告訴他廣大的聽眾，「就是座堂。座堂每一側的大窗戶，光禿禿的窗框上，即使沒了玻璃，仍有一股美感。但在它們之間，磚石、樑柱、紀念碑雜亂得難以置信。」他談及了週五晚上，他開車在這座城市四周的炸彈坑和碎玻璃堆之間穿行時，這座城市裡的死寂。那晚他睡在車裡。「我認為這是我此生最詭異的經歷之一，在孤獨、寂靜的荒涼和毛毛雨中，開車行駛在那偉大的工業城市裡。」

在邱吉爾十一月十八日星期一的戰事內閣會議上，這段廣播成為了眾人殷切討論的話題。戰事大臣安東尼．伊登（即將成為外交大臣）稱它是「極為令人沮喪的廣播」。其他人也同意，並懷疑這會否打擊民眾士氣。但邱吉爾反倒認為，總體而言，這段廣播並沒有造成什麼傷害，甚至可能引起美國聽眾對空襲事件的關注，帶來好處。事實證明在紐約確是如此，《先驅論壇報》（*Herald Tribune*）將這次轟炸描述為「瘋狂」的野蠻行徑，並宣稱：「美國應該毫無保留地將防禦工具交到英國手中。」

考文垂遇襲事件引起的輿論關注，並未讓德國的高級官員震驚。戈培爾稱這場空襲為「空前的成功」。他在十一月十七日星期日的日記中寫道：「來自考文垂的報告太慘了。整座城市被夷為平地。英國人不再裝模作樣了，現在他們能做的只剩哀號。但這是他們自找的。」這次攻擊引起了全球關注，他並不覺得有任何負面影響，實際上，他認為這次空襲可能預示著一個轉捩點。「這事件引起了全世界的高度關注。我們的股票又漲了上來。」他在十一月十八日星期一的日記中說：「美國快要被沮喪的氣氛壓倒，而倫敦媒體一貫傲慢的語氣也消失了。我們只需要幾個星期的好天氣，然後就可以解決英格蘭了。」

德國空軍司令戈林讚揚這次空襲為「歷史性的勝利」。阿道夫．加蘭德的指揮官、陸軍元帥凱瑟邢，也稱讚了這「絕佳的結果」。凱瑟邢對大量的平民死亡不以為意，認為這不過是戰爭的代價。「即使是精准的轟炸攻擊，也會產生不可預測的後果，這很令人遺憾，」他事後寫道，「但這與任何有效的攻擊都是分不開的。」

但對一些德國空軍的飛行員而言，這次空襲似乎逾越了底線。「往常在直接命中後便會響起的歡呼聲卡在我們的喉間。」一名轟炸機飛行員寫道，「組員們只是沉默地盯著火海看。這座城市真的是軍事目標嗎？」

考文垂空襲共造成五百六十八名平民死亡、八百六十五人重傷。在戈林最終派出襲擊這座城市的五百零九架轟炸機中，有些被防空砲火阻止了，有些出於其他原因折返，有四百四十九架確實抵達了考文垂。十一個多小時內，德國空軍的機組人員投下了五百噸強力炸彈和兩萬九千枚燃燒彈。這次空襲摧毀了兩千兩百九十四棟建築物，損壞了四萬五千七百零四棟以上。這次的破壞是如此徹底，以致產生了一個新詞「考文摧」（coventration）來描述大規模空襲的影響。英國皇家空軍將考文垂作為衡量標準，用來估計他們對德國城鎮發動空襲時適當的死亡總數，以「一考文垂」、「兩考文垂」的單位來評估結果。

屍體數量龐大，其中許多身分不明，導致市政府官員禁止單獨埋葬。十一月二十日星期三，他們為一百七十二名遇難者舉行了第一場集體葬禮；三天後，又為另外兩百五十人舉行了第二場。

市內全無對德國進行報復的人民呼聲。在第一場葬禮上，考文垂的主教說：「讓我們在上帝面前發誓，在未來成為更好的朋友和鄰居，只因我們共同患難，如今仍一同站在此地。」

第60章

分神

Distraction

約翰．科維爾被迷住了。炸彈落下、城市被燒毀，但他有感情生活需要照顧。忍受著他留戀的蓋伊．馬格森持續冷淡之時，他越發為十八歲的奧黛麗．佩吉特所吸引。十一月十七日星期日是個秋高氣爽的日子，他倆在佩吉特家族所擁有的哈特菲爾德莊園(Hatfield Park)廣闊的土地上騎馬，那裡距倫敦市中心以北大約一小時車程。

他在日記中描述了那個午後：「騎在兩匹英姿颯爽的駿馬上，我和奧黛麗在燦爛的陽光下騎了兩個小時，在哈特菲爾德莊園裡疾馳，穿過樹林和蕨葉、在田野和溝渠上狂奔；我不斷發現自己難以將目光從奧黛麗身上移開，她苗條的身形、亂得可愛的頭髮和通紅的臉頰，讓她看起來像是一位林中仙靈，可愛得過分，仿佛不屬於這塵世。」

他左右為難。「老實說，」他第二天寫道，「如果我不愛蓋伊、如果我認為奧黛麗會嫁給我(至少現在她肯定不會嫁給我)，我完全不介意有個這麼漂亮、這麼活潑，我真心喜歡並欣賞的妻子。

「但蓋伊就是蓋伊，不管她有什麼缺點。而且即便我可以結婚，在這個歐洲歷史的關鍵時刻結婚，也很愚蠢。」

帕梅拉・邱吉爾在金錢方面越來越焦慮了。十一月十九日星期二，她寫信給丈夫蘭道夫，要求他每週多付十英鎊零用金給她（約是今日的六百四十美元）。「我隨信附上了一份開支大要，希望你能仔細研究一下。」她寫道：「我不想變得貪得無厭，但我親愛的，我正在盡我所能維持你的家，並在經濟上照顧你的兒子，但我無法達成辦不到的事。」她列出了所有的家庭開支，細至香煙和飲料的花費。這幾乎耗盡了她從蘭道夫和其他來源獲得的所有收入，後者就是她的大姑戴安娜支付的房租和她娘家給的零用金。

但這些只是她可以合理地、確實預測到的花費。她深深恐懼的，是蘭道夫的揮霍，以及他對酒精和賭博的嗜好。「所以試著把你在蘇格蘭的開支限制在每週五英鎊內，」她寫道，「親愛的，你肯定不會羞於說出自己窮到無法賭博吧。我知道你愛溫斯頓寶寶和我，不會介意為我們做出犧牲的。」

她提醒道，對他們來說，控制自己的開支至關重要。她寫道：「我已經厭倦了時刻為錢所憂，我根本快樂不起來了。」她此刻已經對自己的婚姻深感失望，但並非已無挽回餘地。她軟化語氣。「哦！我親愛的蘭迪，」她寫道，「若不是我這樣深深地、無可救藥地愛著你，我才不會擔心。謝謝你讓我成為你的妻子，讓我生下你的兒子。這是我生命中發生過最美妙的事。」

邱吉爾在契喀爾和迪奇利度過的週末，為他提供了分散注意力的寶貴機會。它們把他帶離了倫敦日益陰鬱的街景，在那裡，每天都有一部分的白廳被燒掉或炸毀。

在他的滿月防空洞迪奇利度過的某個週末，他和客人們在這棟豪宅的家庭劇院看了查理·卓別林（Charlie Chaplin）的電影《大獨裁者》（*The Great Dictator*）。隔天深夜，筋疲力盡的邱吉爾錯估了在椅子上坐下的時機，摔在椅子和腳凳之間，臀部貼地、跌了個四腳朝天。科維爾見證了這一刻。「他沒有故作沒事來維持虛假的尊嚴，」科維爾寫道，「他完全把它當作一個笑話，重做了好幾次，喊著『真正的查理·卓別林來囉！』」

十一月三十日那個週末，迎來了兩個分外令人欣喜的娛樂活動。星期六那天，邱吉爾全家歡聚一堂，慶祝他的六十六歲生日。接著是帕梅拉和蘭道夫·邱吉爾的新生兒溫斯頓的受洗禮。這個孩子長得又胖又壯，打從一開始就讓私人祕書約翰·馬丁覺得「與他的祖父相像得離譜」。邱吉爾其中一個女兒打趣回道：「所有嬰兒都長這樣啊。」

首先，是在附近埃爾斯伯勒（Ellesborough）的小型教區教堂舉行的禮拜，克萊門汀是那裡的常客。這是邱吉爾的首次造訪。他們的三個女兒都來了——包括喉嚨痛的瑪麗。嬰兒的四個教父母也來了，其中包括比弗布魯克勳爵和蘭道夫的密友，記者維吉妮亞·考爾斯。

禮拜全程中，邱吉爾都在流淚，不時輕聲說：「可憐的嬰兒，出生在這樣的世界。」

然後他們回到家裡吃午飯，邱吉爾家族、寶寶的教父母和教堂的牧師都與會其中。比弗布魯克站起來向孩子敬酒。

但邱吉爾立刻起身道：「看在昨天是我生日的分上，我要請大家先喝一杯，敬我健康。」

賓客們發出一波善意的抗議，隨之也響起呼喚聲：「爸爸坐下啦！」邱吉爾先是拒絕，然後坐了下來。大家為寶寶舉杯後，比弗布魯克才舉起酒杯向邱吉爾致意，稱他是「世界上最偉大的人」。

邱吉爾又哭了。大家紛紛起哄要他發表回應。他站起身來。發言時，他聲音顫抖、流下淚來。「在這段日子裡，」他說，「我經常想起我們的主。」他說不下去了。他坐了下來，沒有看任何人一眼，這位偉大的演說家，被這一日的重量壓得說不出話來。

考爾斯深受感動。「我從未忘記那些簡單的話語，如果有人說他好戰，請記得他也明白戰爭的痛苦。」

隔天，顯然想要得到一點關注的比弗布魯克，又辭職了。

十二月二日星期一，比弗布魯克在切克利院寫了這封信。「在這裡，我獨自一人，有空思考我認為我們的政策應該採取的方向。」他寫道，進一步分散戰機工廠至關重要，而且需要新一波大力推動，儘管這必然意味著產量會暫時下降。「這大膽的政策，」他警告，「將對其他部會造成很大的干預，因為需要的合適場所可能已經被劃作了其他用途。」

但他接著寫道：「我現在不是做這份工作的人選。我不會得到必要的支持。」

他再次自憐起來，提及他的聲譽是如何隨著戰鬥機危機的緩解而一落千丈的。「事實就是，當水庫一滴水都沒有的時候，人們覺得我是個天才，」他寫道，「但現在庫裡有水了，我就成了一個愛煽動人的土匪。如果哪天水漫出來了，我大概會變成一個該死的無政府主義者吧。」

他說，現在必須有新人接任，並提出了幾個人選。他建議邱吉爾對外解釋他是由於健康狀況不佳才辭職：「我很遺憾地說，這與事實太相符了。」

如同往常，他用自己常形容為「罐頭奉承話」的溢美之詞收尾。他寫道：「我必須在結束這封非常重要的信函前強調，我此前的成功都源自您的支持。沒有那些支持、沒有那些啟發、沒有您那些領導，我絕不可能完成您給我訂定的任務和職責。」

邱吉爾知道比弗布魯克的氣喘再次發作了。他對他的朋友感到同情，但他快要失去耐心了。「沒有我接不接受你辭呈的問題，」隔天，十二月三日星期二，他寫道，「如我跟你說過的，你既已上了船，就必須划到上岸為止。」

他建議比弗布魯克休息一個月來恢復元氣。邱吉爾寫道：「同時，我一定會支持你執行分散政策，眼看著我們遭受的猛烈攻擊，這似乎勢在必行。」他告訴比弗布魯克，自己對他的氣喘復發感到遺憾。「因為隨之而來的，總是嚴重的憂鬱。你知道的，你經常勸我不要讓瑣事擾亂和分散我的注意力。現在，容我請求你銘記你所成就的進展有多偉大、銘記繼續這項工程的迫切性，以及——

「來自你忠實老友的善意，

「溫斯頓．邱吉爾」

比弗布魯克回到船上，再次執起槳來。

在這一切混亂中，所有人都病了。一波感冒席捲了邱吉爾家族。瑪麗在十二月二日星期一晚上感覺到了症狀。「我發燒了，」她在日記中寫道：「哦幹。」邱吉爾在十二月九日被傳染了她或其他人的感冒。克萊門汀則在十二月十二日出現症狀。

炸彈照常落下。

第61章 特別來信

Special Delivery

英軍終於取得了一次勝利，這次戰勝了駐紮在利比亞的義大利軍隊。即便如此，載有重要物資的商船仍持續以驚人的速度沉沒，英國的城市仍持續被燒毀。英國的金融危機每天都在加劇，使得邱吉爾寫了一封長信給羅斯福總統，講述英國處境的嚴重性，以及需要美國提供什麼以助英國取勝。寫這封長達十五頁的信時，又一次地，邱吉爾必須找到自信與乞求間的適當平衡，就如戰事內閣會議紀要中所說的：「首相說，如果把情況描繪得太晦暗，美國有些人就會說幫我們一點用都沒有，因為這樣的協助形同浪費、扔棄；如果描繪得太過光明，美國則可能拒絕提供幫助。」

十二月六日星期五，邱吉爾抱怨，這整件事是場「天殺的痲煩」。

很久以後，邱吉爾將有充分的理由，說這封寫給羅斯福的信是他寫過最重要的一封信。

十二月七日那個星期六，邱吉爾在契喀爾召開了一次祕密會議，試圖明確估計德國的空軍軍力和德國未來生產更多戰機的產能。認為此事至關重要的他，邀請了教授、內閣祕書布里奇斯和另五個人，其中包括經濟戰爭部（Ministry of Economic Warfare）和空軍參謀部情報局的成員。然而，為了讓巴戈．伊斯梅稍事休息，邱吉爾並沒有邀請他。就巴戈而言，這次缺席實屬難得。

他們一群人在四個多小時內，爭辯著有哪些統計數據和情報可用，最終卻只確認了沒人確切知道德國空軍擁有多少架戰機，更不用說有多少可以上前線作戰、未來一年內又能產出多少。更令人沮喪的是，似乎沒有人知道英國皇家空軍自身有多少架戰機能夠編組。經濟戰爭部和空軍情報局這兩個機構提出的數字和計算方法各不相同，而教授對這兩組預估數字的插手又進一步加劇了這樣的混淆。邱吉爾很生氣。「我得不出哪方才是正確的結論，」他在給空軍部部長辛克萊和空軍參謀長波特紀要內寫道，「也許真相介於這兩者之間。這個議題在我們為自己制定整個戰爭未來藍圖時極為重要。」

最令人惱火的是，空軍部似乎無法說明，共八千五百架第一線和備用戰機的其中三千五百架，是已準備好、還是差不多準備好服役。「空軍部肯定有一份記錄每架戰機製程的紀錄吧，」邱吉爾在隨後的紀要內抱怨道，「這些品項都非常昂貴。我們必須知道英國皇家空軍點收每一架戰機的日期，以及它們最終什麼時候、出於什麼原因退役。」他指出，就連汽車製造商勞斯萊斯，也會追蹤它賣出的每一輛汽車。「八千五百架中就有三千五百架不一致，是難以忍受的。」

這場會議讓邱吉爾相信，這件事只能藉一個頭腦清醒的局外人的調解來解決。他決定將此事提交給相當於法庭的單位來裁決，由一名法官執行、聽取所有相關單位的證辭。他選擇了約翰・辛格爾頓爵士（Sir John Singleton），他是一名皇座法庭（the

King's Bench Division)[96]的法官，他因在一九三六年惡名昭彰的「橋下屍體」案中主持對巴克．魯克斯頓(B. Ruxton)的審判而聞名，魯克斯頓在該案中被判殺害並將妻子和女傭分屍成七十多塊，多數遺骸被捆成一捆，在橋下被尋獲。此案也被稱為「拼圖謀殺案」，喻指英勇法醫拼湊受害者屍體的努力。

經濟戰爭部和空軍情報局雙方都一致認為，延攬辛格爾頓大法官(Mr. Justice)是明智之舉，而辛格爾頓也接受了這個任務，或許是以為這個案件比拼裝被肢解的屍體要簡單得多。

倫敦市內，越來越多受眾人珍視的事物遭到損毀。十二月八日星期日晚間，一枚炸彈炸毀了西敏宮的聖斯蒂芬禮拜堂修道院(cloister in St Stephen's Chapel)，邱吉爾最喜歡的地方之一。隔天，國會祕書奇普斯．錢農(C. Channon)在修道院的廢墟中行走時，遇到了邱吉爾。

邱吉爾本在契喀爾度週末，但他還是不顧初發的感冒回到了這座城市。他穿著一件毛領大衣，嘴裡叼著一根雪茄，在碎玻璃和成堆的殘磚碎瓦中走出一條路來。

「太可怕了。」他叼著雪茄咕噥道。

「他們肯定會瞄準最美好的地方。」錢農說。

邱吉爾哼了一聲。「瞄準克倫威爾在查爾斯國王的死刑令上簽字的地方。」

96｜譯注：皇座法庭是英國高等法院的分部之一，在位君主爲男性時（如本書所述年代背景下的喬治六世）稱爲國王法庭（the King's Bench），在位君主爲女性時（如伊莉莎白二世時期）則被稱爲女王法庭（the Queen's Bench）。

隔日的星期一，邱吉爾寫給羅斯福的長信用電報發往華盛頓，送到正在一艘美國海軍巡洋艦上的總統手中。當時這艘塔斯卡盧薩號（*the Tuscaloosa*）正在加勒比海進行為期十天的航行，表面上是為了訪問開放給美國海軍出入的英國西印度群島基地，其實主要是總統用來放鬆的機會，讓他能在陽光下休息、看電影和釣魚。（厄內斯特・海明威〔Ernest Hemingway〕傳了一則訊息給他，說波多黎各〔Puerto Rico〕和多米尼加共和國〔Dominican Republic〕之間的水域能釣到大魚，建議他用豬皮作餌。）邱吉爾的信是由一架海軍水上飛機送達的，它降落在巡洋艦附近，遞送白宮的最新郵件。

「隨著我們逐漸邁向這一年的年底，」這封信開頭道，「若我向您提出我對一九四一年的展望，我想您也不會意外。」邱吉爾挑明了說，他最需要協助之處，便是維持英國的糧食和軍事物資供應，並強調英國能否撐下去，也可能會決定美國的命運。他把最為棘手的問題留到了最後：「我們很快將無法再以現金支付運費和其他物資的費用了。」

收尾處，他敦促羅斯福：「不要將這封信視為對美國援助英國的呼籲，而該將它視為實現我們共同目標所需的最低限度行動的聲明。」

邱吉爾當然需要美國的援助。他需要很多：船艦、戰機、子彈、機器零件、食物。他只是不想付錢罷了，也確實快沒辦法付了。

三天後的十二月十二日星期四，邱吉爾的駐美國大使洛錫安勳爵突然死於尿毒症，享年五十八歲。作為一名基督科學教會的信徒，即使已經病了兩天，他仍然拒絕醫療救助，外交大臣哈利法克斯寫道：「又一個基督科學教會[97]的受害者。要找到能夠接

97｜譯注：基督科學教會推崇「靈修治病」，並因此引起許多耽誤就醫的爭議。

替他的人很難。」戴安娜．庫珀寫道：「橘子汁[98]和基督科學教會完全征服了他。他的人生結束得真不是時候。」

那天，邱吉爾去了契喀爾。洛錫安的死讓整棟宅邸陷入了無盡的陰霾中。只有瑪麗和約翰．科維爾與他共進晚餐。克萊門汀苦於偏頭痛和喉嚨痛，沒吃飯就上床睡覺了。

其中一道讓邱吉爾覺得太差勁的湯品讓氣氛變得更糟，他氣得衝進廚房時，那色彩鮮豔的睡袍在他的淺藍色警報裝上擺動。瑪麗在她的日記中寫道：「爸爸被食物搞得心情很差，我當然無法控制他，他很沒禮貌地衝出去向廚師抱怨，說湯沒味道（確實如此）。我真擔心這個家會被他掀個底朝天。噢我的媽呀！」

最後，瑪麗在聽完父親痛斥契喀爾的食物品質不佳後，離開了餐桌。邱吉爾和科維爾則留了下來。漸漸地，邱吉爾的情緒好轉了。他一邊喝著白蘭地，一邊品味著最近在利比亞的勝利，說話時就好像戰爭快結束了似的。科維爾凌晨一點二十分才上床就寢。

當晚稍早在倫敦，邱吉爾的戰事內閣開了一場高度機密的會議，討論英國皇家空軍轟炸德國目標地的新策略，這已獲得邱吉爾許可，以此回應德國空軍對考文垂的大規模襲擊及其隨後對伯明罕和布里斯托的強烈攻擊。這次的目標是對德國的城市進行同樣具毀滅性的攻擊，一場集中的破壞。

98｜譯注：據傳，洛錫安勳爵對橘子汁重度成癮。

內閣決定，這次攻擊將主要依靠火力，針對一座人口密集、從未被英國皇家空軍突襲過的城鎮，從而確保目標城鎮民防服務經驗不足。他們將使用強力炸彈以製造出妨礙消防人員行動的彈坑。「我們的目的既然是影響敵人的士氣，就應該嘗試摧毀一座特定城鎮的大部分地區。」內閣會議紀要中寫道，「選定的城鎮因此也不需太大。」內閣批准了這項計畫，計畫的代號為「艾碧蓋兒」。

隔天十二月十三日星期五，正如約翰．科維爾日記中指出的：「內閣已經在這個議題上克服了道德顧慮。」

羅斯福在塔斯卡盧薩號上收到了邱吉爾的信。他讀了信，卻並未表現出對於這封信的想法。就連與他一同在塔斯卡盧薩號上的知心密友哈利．霍普金斯（Harry Hopkins），也無法判斷他的反應。（霍普金斯在身體不適的狀態下釣到了一條重達二十磅的石斑魚，卻因為太虛弱，無法將它釣起來，不得不把釣竿遞給另一位乘客。）「如果他當時在思考著什麼的話，那我有很長一段時間都不知道他在想的是什麼。」霍普金斯說，「但後來，我開始意識到他在充電，就像他看似在休息和無憂無慮時常做的那樣，所以我沒有問他任何問題。然後有一天晚上，他突然提出了一個完整計畫。」

第62章

指令

Directive

「世論調查」發出了「十二月份指令」，要求眾日記作者寫下他們對即將到來的新年的感受。

「我對一九四一年有什麼感受？」奧莉薇亞·科克特在日記中寫道，「我為了聽一架格外大聲的敵機而停止打字，停了兩分鐘。它投下了一枚炸彈，把我的窗簾吹得膨起來、讓房子顫動不已（我在屋頂下的床上），現在槍砲在它後方鈍重地追擊著。我的花園深處有許多砲坑，還有一顆未爆炸的小炸彈。窗戶被打破了四扇。只要走個五分鐘，就能看見十八間房屋的廢墟。有兩批房子已被炸毀的朋友和我們同住。

「關於一九四一年，我覺得如果我有幸見到它的到來，我就非常高興了，而且我滿願意見到它的。」她寫道，內心深處，她是感到「雀躍」的。「但我的**想法**跟多數人不同，我認為我們明天會更餓（目前為止都還沒有挨餓），認為我們的許多年輕人都會死在國外。」

第63章

那可笑、陳腐的錢幣符號

That Silly Old Dollar Sign

羅斯福於十二月十六日星期一回到華盛頓，據他的文膽同時也是劇作家兼電影編劇的羅伯特．E．謝爾伍德（R. E. Sherwood）所說，他看起來「曬得黑黑的、精力充沛、快活輕鬆」。這位總統隔天召開了新聞記者會，邊抽煙邊向記者打招呼。他如常地在媒體面前嬉皮笑臉，開場道：「我不覺得有什麼特別的新鮮事。」然後開始提出他在塔斯卡盧薩號上想出的計畫，後世歷史學家將之視為戰爭的最重要發展之一。

他開始說：「在絕大多數美國人的心目中，美國最好、最直接的防禦，毫無疑問就是英國能夠成功自衛。

「現在，我想嘗試做的是消除錢幣符號。我想，對這房裡的每個人來說，這是全新的概念──放掉那可笑、愚蠢、陳腐的錢幣符號。

「好，讓我給你舉個例子。」他說著，然後將他的想法提煉成一個比喻，既熟悉又容易掌握，能與無數美國人的日常經驗產生共鳴。「假設我鄰居家著火了，在四五百英尺外的我有一條澆花水管。但，我的老天啊，如果能把我的澆花水管接上他的消防栓，我就可以幫他滅火了。現在，我該怎麼做？我不會在裝上水管前對他說：『鄰居先生小姐，我的澆花水管要十五塊美金，你得付我十五塊。』真正要緊的交易是什麼？我要的不是十五塊，我要的是火災結束後能拿回澆花水管。好了，如果它能完好地挺過這場火災、沒受到任何損壞，他把它還給我，並非常感謝我借水管給他用。假設它在火災中被毀了或是破了幾個洞，我們也沒必要太拘於小節，但我對他說：『我很高興能借你那條水管，我看我也沒辦法用它了，它毀掉了。』

「他說：『那條水管有多長？』

「我告訴他：『它有一百五十英尺長。』

「他說：『好吧，我會還你一條新的。』」

這個概念成了不久後國會提出的一項法案的核心，也就是眾議院法案第一七七六號的「美國國防及其他目的促進法案」，並很快就獲得了它的傳世別名——租借法案。這項提案的核心宗旨，是向英國或任何盟國提供其所需的所有援助，無論該國能否支付，都符合美國的最大利益。

認為這項法案將把美國捲入戰爭的參議員和國會議員立即強烈反對，據一位反對者的生動預測，輔以一個能在美國中部地區引起共鳴的類比，它將導致「每四名美國男孩中，就有一名要被埋進土裡」。這句話激怒了羅斯福，他稱之為「我這一代政壇上最虛假、最卑鄙、最不愛國的言論」。

截至一九四〇年聖誕節為止，羅斯福的想法會否成真，仍然是個未知數。

哈利．霍普金斯對邱吉爾產生了好奇。據謝爾伍德所說，英國首相寫給羅斯福的信裡展現的口才，激起了霍普金斯「想要了解邱吉爾，並釐清他究竟是花拳繡腿，還是真材實料」的念頭。

霍普金斯很快就會得到這樣的機會。在這個過程中，儘管他身體不好又脆弱，卻決定了戰爭的未來走向，而在此期間，他多數時間都待在被炸得四分五裂的倫敦，凍得要死。

第64章

守門的蟾蜍

A Toad at the Gate

在邱吉爾尋求羅斯福青睞的敏感階段，他選擇誰接替洛錫安勳爵成為大使就是一個關鍵的問題。他狡猾的直覺告訴他，洛錫安的死其實可能提供了他一個加強掌控政府的機會。把人流放到遙遠的崗位，是邱吉爾排除政治異議的一種有效而慣用的手段。未來有可能在政治上站在他對立面的，有兩位潛在人選：前首相勞合喬治，以及邱吉爾的外交大臣、首相大位的落選者哈利法克斯勳爵。

邱吉爾在這兩人中優先選擇了勞合喬治，顯示他認為此人是更直接而嚴重的威脅。邱吉爾派比弗布魯克勳爵作為中間人，向他提供這個職位。這對比弗布魯克來說很尷尬，因為他本人其實有意成為美國大使，但邱吉爾認為，無論是作為戰機生產部部長還是作為朋友、知己和顧問，他都是一筆珍貴到無法放手的寶藏。勞合喬治以醫生對他健康狀況的擔憂為由，拒絕了這個職務。他畢竟已經七十七歲了。

隔天，十二月十七日星期二，邱吉爾再次召喚比弗布魯克，這次討論的是將哈利法克斯送往華盛頓的可能性，並再次派比弗布魯克前往提出邀約，或者至少提出這個想法。透過他們長年的交情，邱吉爾清楚地知道，比弗布魯克善於也樂於讓別人照他想的做。哈利法克斯的傳記作者安德魯．羅伯茨稱比弗布魯克是「天生的謀略家」。比弗布魯克自己的傳記作者 A. J. P. 泰勒（A. J. P. Taylor）寫道：「在政治上，沒有什麼比把人從一個辦公室調到另一個辦公室，或籌謀如何那樣做，更讓比弗布魯喜歡的事情了。」

向哈利法克斯提起這份工作需要一定程度的殘忍。從任何標準來看，無論英國最終成功讓美國參戰這件事是多麼重要，這個職位都是種貶謫。但邱吉爾也很清楚，一旦他的政府有所不穩，最初就偏好由哈利法克斯擔任首相的國王，很可能就會請哈利法克斯取代他。這正是邱吉爾決定哈利法克斯該走的理由，也是他派比弗布魯克提議對方赴任的原因。

十二月十七日星期二，參加BBC的某個廣播節目後，比弗布魯克前往外交部與哈利法克斯會面，後者立即警戒了起來。他知道比弗布魯克喜歡耍陰謀，也早已在他背後造謠誹謗他。比弗布魯克代表邱吉爾向他提出了這項職務。在週二晚上的日記中，哈利法克斯表示自己不確定邱吉爾是真心認為他就是最佳人選，還是只想讓他滾出外交部，滾出倫敦。

哈利法克斯不想走，也這般告訴了比弗布魯克，但比弗布魯克向邱吉爾回報時，卻說哈利法克斯毫不遲疑地答以一個「好」字。傳記作者羅伯茨寫道：「他帶著一個完全捏造的故事回到邱吉爾面前，講述了哈利法克斯對這個提議的反應。」

隔天早上十一點四十分，邱吉爾和哈利法克斯因另一件與此無關的事會面，期間哈利法克斯解釋自己無意赴任。隔天，十二月十九日星期四，他再次強調這件事。那是一段緊張的談話。哈利法克斯試圖說服邱吉爾，將外交大臣派往華盛頓擔任大使可能會顯得很不擇手段，像在過分努力地取悅羅斯福。

哈利法克斯回到外交部，以為自己成功迴避了這項任命。但他錯了。

隨著冬天的到來，入侵的直接威脅減弱了，儘管所有人都確知這只是暫時的緩和。取而代之的是另一種更加無形的危險。隨著德國空軍擴大攻擊範圍，試圖在英國其他城市複製考文垂的那場空襲，英國的士氣問題成了首要危機。迄今為止，倫敦證明了它的堅韌能讓它挺過空襲，但倫敦是一座大城市，德國空軍新的殲滅戰術影響不了它。倘若英國其他城市也遭受「考文捶」，這個國家除倫敦之外的其他地區，也能這麼堅強嗎？

德軍對考文垂的襲擊徹底動搖了那座城市，導致士氣低落。國內情報局觀察到：「考文垂受到的衝擊影響，比（倫敦）東區或我們過去研究過的其他任何受轟炸地區都要大。」德軍隨後兩度對南安普頓同樣激烈的空襲，也打擊了民眾的心靈。溫徹斯特主教負責的教區就包括這座城市，他觀察到，人們「在經歷了可怕而難眠的夜晚後，精神崩潰了。每個能夠離開這座小鎮的人都正在離開」。每晚都有數百名居民離開這座城市，開車到開闊的鄉間睡在車裡，隔天再返回工作崗位。「目前，」主教提到，「士氣潰散了。」德軍對伯明罕進行了一系列空襲後，該城市的美國領事寫信給他在倫敦的上級，雖然他在市民中沒看到不忠或失敗主義的跡象，但「若說轟炸沒有破壞他們的心理健康，就是在胡說八道」。

這一波新的攻擊有可能導致國家士氣的全面崩潰，這是國防規劃人員長期以來擔心的，同時會加劇大眾的不滿而威脅到邱吉爾政府。

冬天的到來讓事態變得更加嚴峻，因為它使德軍空襲造成的日常生活困難更嚴重。冬天帶來了雨、雪、寒意和風。「世論調查」要求日記作者們記錄最讓他們沮喪的因素，人們的回答中，天氣位居榜首。雨水滴入被彈片貫穿的屋頂，寒風吹過破碎的窗戶。也沒有可以修補這些窗戶的玻璃。電力、燃料和水供應的頻繁中斷，讓家家戶戶都沒有暖氣可用，也無法每日清洗。人們仍得上班，他們的孩子仍要上學。轟炸讓電話連續中斷了好幾天。

然而，在這之中最令人惱火的，是燈火管制。它讓一切變得更加艱難，尤其現在是冬天，位於北緯的英格蘭，夜晚的跨度如常延長了。每年十二月，「世論調查」都要求日記作者小組提交一份排名表，列出轟炸造成的不便之中最困擾他們的是什麼。燈火管制長踞第一位、交通位居第二，不過這兩個因素經常是相互關聯的。轟炸造成的破壞讓簡單的通勤變成了長達數小時的磨難，迫使工人們更早摸黑起床，他們在黑暗中舉著燭光踉踉蹌蹌地四處走動，準備上工。工人們得在一天的工作結束後趕回家，在每晚指定的燈火管制時間開始前，讓窗子暗下來，這成了一種全新型態的家務活。這是需要時間的，估計每晚得花上半小時，如果你家裡窗戶很多，就更花時間，這取決於你的操作方式。燈火管制使得聖誕節更加黯淡了。聖誕花燈被禁止，窗戶遮光不易的教堂也取消了夜間彌撒。

燈火管制也帶來了新的危險。人們經常撞到路燈的燈柱，或騎著自行車時撞上障礙物。有些城市試圖用白色油漆改善最明顯的幾個問題，把白漆塗在路緣上、台階上以及汽車的踏板和保險槓。路樹和燈柱都被漆上一圈白漆。警方實施了特殊的燈火管制速限，整年下來共開出五千九百三十五張罰單。但人們還是會開車撞到牆上，或被絆倒、撞倒彼此。發現德國祕密波束的空軍情報人員瓊斯博士，也發現了白漆的價值，換句話說，發現沒有白漆將多麼危險。某個晚上，他在布萊切利公園授課後開車回倫敦時，撞上了一輛停在路中央的卡車。那輛卡車的車尾漆上了白色，但油漆卻被淤泥遮住了。瓊斯當時僅以每小時十五英里的速度行駛，卻還是被撞得衝出擋風玻璃、劃傷了前額。利物浦當局認為十五名碼頭工人之死與燈火管制相關，他們都死於溺水。

但燈火管制也成了散播幽默的載體。火車窗戶上使用的遮光材料變成了「塗鴉本」，「世論調查」的日記作者奧莉薇亞．科克特寫道。她注意到有人把公告「天黑後務必放下簾子」改成「天黑後務必放倒妹子」，隨後又改成「天黑後務必脫下內褲」。為了從燈火管制、炸彈和種種新的生活重擔中解脫，科克特開始吸煙。「戰爭爆發後，我的一個新習慣——享受香煙，」她寫道，「以前我偶爾抽，現在我天天抽三四根，帶著愉悅抽！吸煙讓一切有所不同，這種尼古丁療法就是能在每一次吸入後，讓人的思緒從肉體中抽離一兩秒鐘。」

對倫敦士氣的最大威脅，相信是由於數以萬計的市民因轟炸失去住所，或被迫使用公共防空洞，裡頭的環境引起了廣泛譴責。

日益強烈的抗議使得克萊門汀・邱吉爾冒險進入防空洞，親自去瞧瞧實情，約翰・科維爾通常會陪同在側。她開始視察她認為是「具一定程度代表性」的防空洞。

例如，在十二月十九日星期四，她參觀了伯蒙德賽（Bermondsey）的防空洞，這個工業區在上個世紀曾是臭名昭著的貧民窟雅各島（Jacob's Island）的所在地，《孤雛淚》（*Oliver Twist*）中，查爾斯・狄更斯（Charles Dickens）就是在那裡讓惡毒的比爾・賽克斯（Bill Sikes）死去。[99] 克萊門汀發現那裡的環境令她難以接受。她在給丈夫的備忘錄中寫道，防空洞裡的人「二十四小時中，可能有十四小時都處於寒冷、潮濕、骯髒、黑暗又惡臭的極可怕環境中」。情況最糟的防空洞未被改良，因為官員們認為它們糟糕到無藥可救、卻又必要到無法立即關閉。克萊門汀發現，結果是它們變得更糟了。

讓她憤怒的其中一個因素是，防空洞為了因應夜間轟炸而安裝固定的睡眠設備，試圖在分配好的空間內，將床鋪架成三層，以盡可能塞進更多床位。「三層鋪位看得多了，」克萊門汀寫道，「就越覺得它們糟糕。它們窄過頭了，只要再寬個六英寸，就能讓它們從極為不適變成相對舒適，這是極大的差異。」

這些床鋪也太短了。睡在這裡的人腳碰著腳，腳碰著頭，頭又碰到頭。「在頭頭相接的情況下，蝨子傳染的危險很大。」克萊門汀寫道。蝨子帶來了嚴重的問題，儘管蝨子的出現是意料之中的。「戰爭中必然會出現蝨子。」她寫道。但它們的存在增加了斑疹傷寒和戰壕熱爆發的可能性，兩種疾病都是透過蝨子傳染的。「看來一旦這些疾病爆

99｜譯注：該角色是狄更斯筆下的反派人物，在逃避眾人追趕捉拿的過程中不小心將自己吊死。

發，它們會如野火般在倫敦的較貧困人口中肆虐。」她提到，「如果工人的死亡率很高，那麼軍備的產出就會嚴重減少。」

在克萊門汀看來，三層鋪位最最糟糕的，就是層與層之間有限的垂直空間。「我不知道人們會不會缺氧而死，」她寫道，「和嬰兒睡在一起的媽媽們一定非常難以忍受，因為過於狹窄的床鋪無法讓嬰兒睡在她們身旁，必須睡在媽媽身上。」她擔心官方已經下訂了更多的三層床架，因此詢問邱吉爾能否在重新設計床架前中止這些訂單。至於如何解決已經安裝好的床鋪，她認為只要拆除中間的那一層就行了。她指出，這樣一來就能達成「令人滿意的效果」，讓擠在最糟的防空洞裡的人數減少三分之一。

她最大的擔憂便是衛生環境。她驚訝地發現，防空洞裡的廁所很少，整體衛生狀況也很糟糕。她的報告不僅顯示出她跨出舒適圈的誠意，還有她那狄更斯式察覺細節的火眼金睛。她寫道：「（廁所）通常位於鋪位之間，有薄薄的帆布簾子遮擋，卻無法完全遮擋出入口。這些簾子底部通常還很髒。廁所應該遠離鋪位，入口要面牆以確保一些隱私。」她遇到的最糟糕情況，是在菲爾波特街（Philpot Street）上的猶太白教堂，「那裡的人睡在廁所正對面，他們的腳幾乎插進帆布簾裡，而且臭味難以忍受」。

她建議將廁所的數量增加到兩倍或三倍。「這很容易，」她指出，「因為它們大多是便桶而已。」她觀察到，這些便桶通常被放在滿是孔洞的地面上，排泄物會滲入、堆積在孔洞中。其中一種解決方案是將這些桶子「放在大片、邊緣如托盤般朝上翻的錫箔上，這些錫盤可以清洗」。她寫道，應該為兒童另外安裝便桶較矮的廁所。「一般的水桶對他們來說太高了。」而且，她發現，這些便桶絕少被妥當管理。「這些便桶當然該在裝滿前就清空，但在某些地方，有人告訴我，便桶只會在每二十四小時清一次，不夠頻繁。」

她極為震驚地發現，廁所裡經常沒有照明。「長期的黑暗自然只會隱藏並助長如此骯髒的狀態。」

冬天的雨和寒冷讓惡劣的狀況變得更糟了。在參觀防空避難處時，她發現水「滴落屋頂、從牆壁和地板滲出」。她提出，自己曾聽過土造地板變成泥巴、積水嚴重得用泵浦抽掉的案例。

她特別提出了另一個問題：多數防空洞都沒有泡茶的設備。「為了泡茶，」她寫道，「最低要求是每個防空洞都要有一個電源插頭和一個鍋爐。」

她告訴邱吉爾，她認為之所以出現那些情況最糟的防空洞，問題在於相關責任被分配給太多的機構，權責重疊，結果就是什麼都沒做。「解決問題的唯一方法，就是要有一個負責防空洞安全、衛生和其他一切事務的當權機構。」她在一份簡短的紀要內寫道，在其中，她不以「溫斯頓」而是以「首相」稱呼她的丈夫。「管轄權的劃分阻礙了狀況的改善。」

她的調查產生了影響。邱吉爾意識到民眾對防空洞的看法會影響他們對政府的看法，因而將防空洞的改革當作來年的優先事項。他寫了一份給衛生部部長與內政大臣的紀要，提到：「是時候開始徹底改善防空洞了，這樣在明年冬天，所有使用它們的人就能享有更多的安全，更多的舒適、溫暖、光線和便利。」

對邱吉爾來說，人們到一九四一年底仍會需要這些防空洞，這件事是確定無疑的。

十二月二十日星期五早上，哈利法克斯的副部長安德魯·卡多根到外交部接他，他們一起去西敏寺大教堂參加洛錫安勳爵的追悼會。卡多根在日記中指出，哈利法克斯的妻子已經入座了，而且顯然很不高興。「她很憤怒。」他寫道。她發誓要親自去會會邱吉爾。

彌撒結束後，她和丈夫動身前往唐寧街十號。幾乎無法壓抑怒火的桃樂絲告訴邱吉爾，如果他把她的丈夫送去美國，他將失去一位能在政治危機發生時，召集強大的盟友支持他的忠誠同事。她還懷疑這其中有比弗布魯克暗中操縱。

哈利法克斯在一旁困惑地看著。他後來寫道，邱吉爾再親切不過了，但「他和桃樂絲的對話肯定不在同個頻率上」。哈利法克斯後來寫信給前首相史丹利·鮑德溫：「你一定知道我的心情有多麼複雜。我不認為這個國家對我的味，我也從來都不喜歡美國人，除了他們之中的怪人之外。若論群眾，我一直都覺得他們很討厭！」

十二月二十三日星期一，協議達成、任務頒布，繼任哈利法克斯職位的外交大臣人選也確定了。安東尼·伊登將會接任。在當天中午的內閣會議上，邱吉爾表達了他對哈利法克斯承擔如此重要使命的感激之情。卡多根也在場。「我抬頭就看到比佛布魯克那隻海狸在我對面，擁著胸、笑容滿面，只差沒對我眨眼。」

哈利法克斯在平安夜拜訪溫莎堡時，國王試圖安慰哈利法克斯。「對於要在此刻離開這裡，他光想到就非常不高興，對於溫斯頓要是出了什麼事的話，事態會如何發展，他也感到困惑。」國王在日記中寫道：「沒有領袖，這支球隊就不是一支強大的球隊，何況隊裡還有些魯莽的人。我告訴他，他隨時都可能被召回。為了安撫他，我暗示他在這個時間點，擔任我在美國的大使一職，比在這裡擔任外交大臣的職位更重要。」

這對哈利法克斯來說不是多大的安慰，他現在不僅看清了自己被免去外交大臣一職，是自己被視為邱吉爾的潛在繼任者而得到的回禮，還看清了執行這項計畫背後的軍師確實是「蟾蜍」，那是他最愛用來代指比弗布魯克的綽號。

第65章

魏納赫滕

Weihnachten

邱吉爾的堅毅繼續困擾著德國領導人們。「邱吉爾那個生物什麼時候才終於要投降？」宣傳部部長約瑟夫．戈培爾在日記中記述了最近德軍對南安普敦的考文垂式襲擊，以及德軍又擊沉了盟軍的五萬噸船貨後，寫道。「英格蘭不可能永遠堅持下去！」他誓言空襲將持續「直到英格蘭跪下乞求和平為止」。

但英格蘭似乎完全無此打算。英國皇家空軍輪番襲擊了在義大利和德國的目標，其中包括出動一百架轟炸機襲擊曼海姆（Mannheim），造成三十四人死亡、摧毀或損壞了五百座建築物。（這是為了替考文垂報仇而進行的「艾碧蓋兒」行動。）這場空襲本身並沒有讓戈培爾感到特別不安，他說它「可輕鬆承受」。然而，令他感到不安的是，英格蘭仍然有足夠的信心進行空襲，而且英國皇家空軍還能調集這麼多戰機。轟炸機這次也襲擊了柏林，戈培爾寫道：「英國人似乎再次掌握了手感。」

但現在，以某種方式讓邱吉爾退出戰爭是前所未有地重要。十二月十八日，希特勒發布了第二十一號指令「巴巴羅薩案」（Case Barbarossa），是他讓將領們開始計劃入侵俄羅斯的正式命令。這項指令開頭道：「德國的武裝部隊必須做好準備，甚至在與英國的戰爭結束之前，以便在一場快速的戰役中粉碎蘇俄。」希特勒在最後一句用了斜體字。這項指令詳細說明了德國陸軍、空軍和海軍（尤其是陸軍的裝甲部隊）將扮演的角色，並預想將佔領列寧格勒（Leningrad）和克隆斯塔特（Kronstadt），最終佔領莫斯科（Moscow）。「大批駐紮在俄羅斯西部的俄羅斯軍隊，將被一系列大膽行動摧毀，這些行動將以具深度穿透力的裝甲矛頭戰術[100]揭開序幕。」

希特勒指示他的指揮官制定計畫和時間表。對俄戰役是否能迅速開始至關重要。德國拖延的時間越久，俄羅斯就有越多的時間來建立他們的陸軍和空軍，而英國則有更多的時間來恢復實力。德軍應在一九四一年五月十五日之前做好準備。

「我方意圖攻擊這件事，切莫為人所知，」這項指令說，「這一點極度重要。」同一時間，德國空軍將繼續肆無忌憚地攻擊英格蘭。

與此同時，戈培爾擔心德國的士氣會衰弱下來。除了指導德國的宣傳計畫外，他還擔任大眾文化部部長，以擊退任何可能破壞民眾士氣的力量為己命。「脫衣舞孃不得在農村、小鎮或士兵面前表演。」他在十二月的一次政宣會議上告訴下屬。他請來了他的助手，三十九歲的娃娃臉利奧波德・古特勒（L. Gutterer），撰寫一份通告給所有「主持人」也就是歌舞廳司儀之類的角色。「這份通告應採取絕對終極警告的形式，禁止主持人在表演中玩政治哏或講下流的色情笑話。」

戈培爾也為聖誕節而憂心忡忡。德國人對聖誕節「魏納赫滕」[101]的熱愛，比任何其他節日都更強烈。每個街角都有人在賣聖誕樹、唱頌歌、跳舞、喝得酩酊大醉。他警告他的副手不要營造「傷感的聖誕節氣氛」，並譴責各種基督教節日引發的「嚎哭和哀

100｜編按：軍事術語，指利用裝甲兵力領頭作戰的戰術。

101｜編按：「聖誕節」在德文中音譯爲「魏納赫滕」。

悼」。他說，這「一點軍人風範、德國人的樣子都沒有」，絕不能允許如此氛圍在整個降臨節[102]間擴大。「這一切必須在聖誕夜和聖誕節間嚴格限制。」他對團隊說道。即便如此，他說，聖誕節也必須在戰爭的框架脈絡中慶祝。「連續數週馬馬虎虎的聖誕樹氛圍，不符合德國人民的戰鬥情緒。」

然而在他自己的家中，戈培爾卻愈發陷入為佳節做準備的泥沼裡，僅管他也不是不情願。他和妻子瑪格達（Magda）育有六子，他們的名字都以H開頭：赫嘉（Helga）、希爾德嘉（Hildegard）、赫爾慕特（Helmut）、侯戴恩（Holdine）、赫德威（Hedwig）和海德倫（Heidrun），最後一個只有一個半月大。他們倆還有個瑪格達從前一段婚姻帶來的大兒子哈拉爾德（Harald）。孩子們很興奮，瑪格達也是。「他們什麼都不想，只想著聖誕節。」戈培爾寫道。

他在十二月十一日的日記寫道：「我為聖誕包裹和禮物做了很多準備。單單是柏林，我就得將它們分送給十二萬名士兵和高射砲手。但我很享受。還要準備一些比較私人的禮物，這些每年都在增加。」

十二月十三日：「我今天挑了聖誕禮物！還和瑪格達一起計劃了聖誕節的安排。孩子們很可愛。不幸的是，他們之中總有人在生病。」

十二月二十二日，英國皇家空軍的兩次空襲將這家人趕到了一個防空洞裡，直到早上七點。「這對每個孩子來說都不舒適，其中有些還在病中，」戈培爾寫道，「只睡了兩個小時，我好累。」然而，他也沒有累到無法在他最喜歡的消遣活動上打趣。「保

102｜譯注：降臨節（Advent），即耶穌聖誕前的籌備期，約是十一月底至聖誕節前的這段時間。

加利亞議會通過了一項猶太法，」他寫道，「這個措施不夠激進，但起碼算是一點進展。即使不去強迫，我們的想法也正在整個歐洲推行。」

隔天，英國皇家空軍的轟炸機炸死了四十五名柏林人。

「所以，這次算是有了可觀的死傷囉。」戈培爾在聖誕夜寫道。

他給他的同事們發放了聖誕禮金。「他們總得為自己那麼多的工作和無止盡的奉獻獲得一些補償。」

俄羅斯現在既已入了希特勒的眼，他的副手魯道夫．赫斯就比任何時候更渴望與英國達成和解，實現元首的「願望」。他仍未收到人在蘇格蘭的漢密爾頓公爵回音，繼續視公爵為希望的源泉。

赫斯想到了一個法子。於是，十二月二十一日當天，他的飛機就在慕尼黑附近位於梅塞施密特工廠（Messerschmitt Works）的奧格斯堡機坪（Augsburg airfield）待命，即便地面上積了超過兩英尺高的雪。

這架飛機是一架梅塞施密特一一〇號，一架為長途飛行而改裝的雙引擎戰鬥轟炸機。通常它由兩個人操作飛行，但單人駕駛也很容易。儘管赫斯是一名成功的飛行員，但他還是需要學習梅塞施密特一一〇號的特點，並跟著一名教練受訓。在證明自己有能力駕駛這架戰機後，他便獲得特許使用全新的機型，這是他的特權，畢竟他是希特勒的副手，還是第三帝國裡權勢第二或第三大的人，端賴你從什麼角度判斷。但權勢也是有極限的：赫斯的首選戰機其實是單引擎的梅塞施密特一〇九號，卻被拒絕了。他把這部新戰機停在奧格斯堡機坪，並且經常駕駛它。沒有人質疑——至少沒有公開質疑，為什麼一名位階這麼高的官員會想這麼做，為什麼他會不斷要求對這架戰機進行增加航程的額外改造；也沒有人質疑他為什麼一直要求他的祕書，給他飛往不列顛群島的最新航空天氣預報。

他弄來了一張蘇格蘭地圖，把它貼在臥室的牆上，這樣他就可以記住主要的地形。他用紅筆劃定了一個山區。

現在，十二月二十一日，跑道上的積雪已經清除，赫斯起飛了。

三個小時後，他回來了。在飛行的過程中，他的應急信號槍一度被捲進控制戰機的垂直穩定器（機身後部兩個豎立的尾翼）的電纜裡，纏在一起。這樣的情況，加上在如此大雪之中，他還能降落，證明了他作為飛行員的功力。

第66章

謠言

Rumors

隨著聖誕節的臨近，謠言四起。空襲和德軍入侵的威脅提供了謠言傳播的沃土。為了打擊謠言，情報部設立了一個負責打擊德國人外宣的反謊局，以及一個反謠局，負責處理源出本地的謠言。有些謠言是透過閱讀人們郵件、竊聽電話交談內容的郵政審查局發現的，W. H. 史密斯旗下書攤的店長也舉報了謠言。任何散播不實謠傳的人都可能被罰款，情形嚴重者則可能被監禁。謠言涵蓋了廣大的範圍：

——在奧克尼群島（Orkney Islands）、昔德蘭群島（Shetlands）、多佛和其他地方截獲的信件稱，在德軍一場失敗的入侵後，有數千具屍體被沖上岸。這個謠言特別持久。

——謠傳有假扮成女性的德國傘兵部隊，降落在萊斯特郡（Leicestershire）、中部地區和北海沿岸的斯凱格內斯（Skegness）。這也被證實不是真的。

——德國戰機在投放毒蜘蛛絲。「這個謠言正在迅速式微。」國家情報局匯報道。

——一則在溫布頓流傳的謠言宣稱：「敵方準備要使用一枚尺寸駭人的強力炸彈，鐵了心要將英國的郊區從地圖上抹去。」一位官員寫道：「我被嚴正告知，這則謠言已經將溫布頓人的想像力往一個不健康的方向引去。」這樣的炸彈並不存在。

——一則在聖誕節前一週流傳的，極為陰森又傳播廣泛的謠言宣稱：「大量屍體會留在被轟炸過的公共防空洞裡，防空洞將直接被填上磚頭，砌成公共墓地。」這個謠言也十分難以抹除，每一場新的空襲發生後都會重生一次。

第67章

聖誕節

Christmas

每個人腦裡都想著聖誕節。假期有助提高士氣。邱吉爾決定，除非德國空軍首先襲擊英格蘭，否則英國皇家空軍不會在聖誕夜或聖誕節當天對德國採取轟炸行動。科維爾面臨下議院提出的一個「令人煩惱的問題」，也就是是否該暫停聖誕節敲響教堂鐘聲的習俗，因為教堂鐘聲已經被指定為通知入侵到來的警報了。邱吉爾起初建議敲鐘，但在與陸軍指揮官布魯克將軍交談後，他改變了主意。

科維爾當時已經準備好他認為足以支持敲鐘的有力論據，後來卻退縮了。他在日記中指出：「要是聖誕節那天發生任何災難的話，那就是我的責任，光是這個念頭就讓我止步了。」

科維爾和他的私人祕書同事持續工作到凌晨兩點，他們希望能放上一週的假。首席祕書艾瑞克·席爾謹慎地撰寫了一份字斟句酌的紀要請求許可。據科維爾所說，這個要求讓邱吉爾「大為光火」。

邱吉爾像小氣財神史古吉[103]似的，在那份文件上潦草地畫下了「不許」二字。他告訴席爾，他自己的佳節計畫（那年的聖誕節落在週三），不是在契喀爾就是在倫敦度過，並將「持續」工作。他寫道，他希望「可以趁這段休戰時間追趕落後的事務進度之餘，還可以趁機更仔細地解決新問題」。

103｜譯注：史古吉（Scrooge）是狄更斯小說《小氣財神》的主角，原本是個不懂爲何要在聖誕節送禮、付出的守財奴，但在聖誕夜時被過去、現在、未來三個幽靈拜訪後，改過自新，不再吝嗇。

但他還是容許他的每位下屬從那時起到三月三十一日之間，都可以休息一週，前提是各別的休假必須「好好錯開」。

聖誕夜那天下午，他簽了幾本自己的書，作為禮物分送給科維爾和其他祕書。他還送了聖誕禮物給國王和王后。他給了國王一套與他同款的警報裝，送給王后的則是一本亨利．華生．福勒（H. W. Fowler）於一九二六年出版的著名英語指南，《現代英語用法詞典》（*A Dictionary of Modern English Usage*）。

與此同時，私人祕書們正趕著為邱吉爾的妻子挑選合適的禮物。儘管因戰爭和空襲的威脅，商店裡的存貨很少，倫敦的商業街還是人潮洶湧。美國觀察員李將軍的日記中寫道：「商店裡東西可能不多、逃出倫敦的人可能很多，但要想在今天買到任何東西，就像要逆著尼加拉（Niagara）大瀑布的水勢游泳一樣。街道上車水馬龍，有步行的人，也有以車代步的。」

祕書們原本考慮給克萊門汀買花，卻發現花販的貨源很少，沒有合適的花。「很顯然，」約翰．馬丁在日記中說，「以前那些總在聖誕節出現的風信子盆栽是荷蘭來的。」而荷蘭現在牢牢控制在德軍的手中。他們轉而打巧克力的主意。這裡的大型百貨公司也大多空盪盪的。「但我們最後找到了一家可以賣我們一大盒的店。」毫無疑問，他們的送禮對象是首相夫人這件事幫了他們一把。

邱吉爾離開倫敦前往契喀爾，臨走前他喊道：「這會是個忙碌的聖誕節，和一個瘋狂的新年！」

自然是在聖誕夜那天，雪花輕落、夜空寧靜，科維爾首次聽到傳言說他心愛的蓋伊．馬格森已經與尼古拉斯．「尼克」．亨德森（Nicholas "Nicko" Henderson）訂婚，後者將在幾十年後成為英國駐美大使。科維爾假裝不在乎。「但這讓我感到心痛又擔心，儘管我頗確信蓋伊不會衝動行事，她太優柔寡斷了。」

他不明白，在蓋伊幾乎不可能回報他的感情之下，自己為什麼還堅持愛著她。「我經常鄙視她性格軟弱、不守規矩、自私，道德和精神上又有失敗主義的傾向。但我又告訴自己，這完全是我單方面的自私想法，我藉由挑她毛病來掩蓋她對我興趣缺缺的事實。我並沒有試圖幫助她，如果我真的愛她，我其實應該那麼做的；我反而在痛苦或鄙夷中，尋求感情上的慰藉。」

他補充道：「我真希望能搞懂自己真實的感受。」

蓋伊的某些特質讓她有別於他認識的所有其他女人。「我有時覺得自己應該會想跟其他人結婚；但不管多麼渺茫，當我與蓋伊還有一絲結婚的可能性時，我又怎麼能想到那裡去呢？只有時間還有耐心才能解決這些傷痛！」

當天深夜，比弗布魯克勳爵發現他最重要的手下之一仍在辦公室裡。這個人總是每週工作六到七天，每天早上太陽升起前就到辦公室，夜幕降臨後才離開，即使警報預示襲擊逼近，他也會留在辦公桌前。但今天是聖誕夜。

良久，這個人才在回家前起身，離開辦公室去洗手間。

這個人回來時，他的桌子上放著一個小包裹。他打開它，發現了一條項鍊。比弗布魯克留了一張紙條：「我了解你妻子心裡作何感想。請向她轉達我的問候。它本將屬於我的妻子。」他署了名：「B。」

對於瑪麗·邱吉爾來說，這個聖誕節充滿了意外和無與倫比的歡樂。全家包括貓咪納爾遜，都聚集在契喀爾，多數人都是在聖誕夜抵達的。邱吉爾不喜歡的維克·奧利弗，莎拉·邱吉爾的丈夫，也來了。這一次，終於沒有公職訪客與席。這座宅邸因為佳節的裝飾而溫暖了起來：「巨大、陰暗的大廳也因為點著裝飾燈泡的聖誕樹而熠熠生輝。」瑪麗在日記中寫道。每個爐子裡都燃著火。士兵們帶著步槍和刺刀在這座宅邸的四周巡邏，向寒冷的夜間空氣呼出白氣；戰機觀測員站在屋頂上受著凍。但除此之外，戰爭已經平靜了下來，聖誕夜和聖誕節都沒有空戰、海戰。

聖誕節早上，邱吉爾在床上吃早餐，納爾遜懶洋洋地躺在床單上，他從常用的黑匣子和黃色的機密匣子裡翻閱文件，口授回覆和意見給打字員。「首相大力堅持要在假期裡照常工作，」那個週末在契喀爾值班的私人祕書約翰·馬丁寫道：「昨天早上幾乎和他在這裡的其他任何日子一樣，有跟平常一樣的信件和電話，當然也來了很多聖誕問候訊息。」邱吉爾給了約翰一本他的《當代偉人》（*Great Contemporaries*）簽名本，這是一本關於二十幾位著名人物的文集，包括希特勒、列昂·托洛茨基（L. Trotsky）[104]和富蘭克林·羅斯福，最後這一位是以「遠觀羅斯福」為題寫的。

104 | 譯注：列昂·托洛茨基是布爾什維克黨的領導人之一、俄國十月革命的重要人物，列寧稱其爲「最崇高的同志」。

「從午餐時間開始，工作效率就降低了，我們度過了一個喜慶的聖誕節。」馬丁寫道，邱吉爾家將他視同家庭成員。午餐非常奢侈地是配給額的好幾倍，是一隻巨大的火雞。「是我見過最大的火雞。」馬丁寫道。這隻火雞是從邱吉爾已故的朋友哈羅德・哈姆斯沃斯的農場送來的。這位報業大亨在一個月前去世，他的遺願中指示了這隻鳥的最終處置方式。勞合喬治送來從他位於薩里郡（Surrey）的布萊恩耶德莊園（Bryon-ye-de）果園裡摘的蘋果。勞合喬治在那個莊園裡，除了培養布拉姆利（Bramleys）和考克斯（Cox's Orange Pippins）兩種蘋果外，還與他的私人祕書法蘭西絲・史蒂文森（F. Stevenson）培養了長期的婚外情關係。

邱吉爾一家人收聽國王的「皇家聖誕致辭」（Royal Christmas Message），這是每年一度的慣例，自一九三二年來就通過收音機播送。國王語速緩慢，顯然在與困擾他已久的語言障礙作對抗，例如「慷慨」這個詞的開頭發音含糊，後面的發音卻很完美。但這也加強了他所傳達的訊息重量。「在上一場大戰中，我們青春的花朵飽受摧殘，」他說，「大多數人只看到很小一部分的戰鬥。這一次，我們全都在前線上，同處於危難之中。」他預言了英國的勝利，並請聽眾們期盼「聖誕節再次愉人」的時刻。

接著，真正的樂事才揭開了序幕。維克・奧利弗坐在鋼琴前，莎拉負責唱歌。隨後是愉快的晚餐，之後又響起了更多的音樂。香檳和葡萄酒令邱吉爾的心情輕鬆而愉悅。「打字員難得被遣走了，」約翰・馬丁寫道，「我們一直唱歌唱到午夜之後。首相雖然音不太準，但他的歌聲很有活力，維克演奏起維也納華爾茲時，他在房中央按他自己的節拍，自個兒跳起了非常活潑的舞。」

邱吉爾滔滔不絕地講述著各種各樣的事情，一直到凌晨兩點。

「這是我記憶中最快樂的聖誕節之一，」那天深夜，瑪麗在「監禁室」裡寫日記時，寫道：「儘管我們周圍正發生這一切可怕的事。它不是一種華麗的快樂。但我從未見過家人們看起來如此幸福，如此團結，如此甜蜜。我們完整了，蘭道夫和維克今天早上已經到了。我從未如此強烈地感受到『聖誕節的感覺』。每個人都很貼心、和善、快樂。我不知道明年聖誕節我們是不是還會在一起。我祈禱我們可以。我也祈禱明年，可以有更多的人更快樂。」

非正式的聖誕節休戰進行中。「今年的聖誕夜真的是個平安夜。」[105]約翰·馬丁寫道，並稱這是「一種解脫，而且相當感人」。

德國和英國都沒有炸彈落下，各地的家庭都想起了舊時的安寧情景，唯一的差別只是今夜教堂的鐘聲沒有響起，許多聖誕餐桌旁的椅子也都空了。

情報部的哈羅德·尼克森獨自在倫敦度過了聖誕節，他的妻子則安全地住在他們的鄉間別墅中。「這是我度過最陰鬱的聖誕節，」他在日記中寫道，「我起得很早，沒什麼工作要做。」他讀了各種備忘錄、獨自吃午飯，期間他還讀了一九一五年出版的《小威廉·皮特的戰爭語錄》（*The War Speeches of William Pitt the Younger*）。後來，他在麗思飯店的酒吧遇到了他的朋友兼曾經的情人雷蒙德·莫蒂默（Raymond

105｜編按：此處是一段雙關句，借自一首傳唱久遠的著名聖誕頌歌〈平安夜，聖善夜〉（Stille Nacht, heilige Nacht），原曲歌詞以德文寫成，曲名若直譯爲英文便是「holy night, silent night」，約翰·馬丁藉此語言的轉換巧妙地進行了雙關。

Mortimer），之後兩人便到著名的法國餐廳普諾尼（Prunier）用餐。那天的尾聲，尼克森參加了他部會的聚會，期間他們放了一部電影。他穿越一片因先前的轟炸、大火與融雪而變得荒涼的地景，回到位於布魯姆斯伯里的公寓，那晚因為燈火管制，又沒有月光，顯得異常黑暗。三天後就是新月了。

「可憐的老倫敦開始顯得非常邋遢，」他寫道，「巴黎是那樣年輕歡快，她可以承受一點打擊。但倫敦是各首都之中的老清潔婦了，她的牙齒開始脫落時，就確實看得出她病了。」

然而在某些區域，這座城市仍然設法激起了許多聖誕節的歡情。正如一位日記作者所述：「酒吧裡滿是快樂、醉醺醺的人，唱著『蒂珀雷里在遠方』106和最新的軍歌『振作起來我的兄弟們，幹爆他們所有人』。」

106｜譯注：〈蒂柏雷里在遠方〉（It's A Long Way to Tipperary ）是一首愛爾蘭民謠，充滿思親、懷鄉情緒的歌詞使其在一戰時廣爲流傳，逐漸成爲英國其中一首著名的戰時歌謠。

第68章

孵蛋器

Egglayer

一九四〇年十二月二十七日星期五，海軍部對教授的空雷進行了首次全面測試，這次新的迭代更新，是掛在氣球上帶往高處的小型炸彈。總共九百個氣球已準備好在德軍戰機迫近時施放。官員們發出施放它們的信號。

沒有氣球升空。

整整半小時，施放團隊都沒有收到要放出空雷的消息。

接下來的發展不再令人振奮了。「在九百多個充好氣的氣球中，約三分之一有瑕疵。」空戰歷史學家貝索．寇利爾寫道：「其他的在剛升空不久就爆炸，或過早落下，落在出乎意料的地方。」

沒有轟炸機出現。測試在兩小時後喊停。

邱吉爾和教授仍然沒有被嚇倒。他們堅持認為這些空雷不僅可行，還對防空至關重要。邱吉爾下令生產更多的空雷、進行更多的測試。大概也不是出於幽默，空雷計畫現在獲得了官方代號「孵蛋器」（Egglayer）[107]。

提升英國皇家空軍的能力來定位、干擾或覆蓋德國空軍波束的工作也在持續進行，但德軍的工程師不斷設計出新的變體和傳輸模式，並建造更多的發信器。與此同時，德軍飛行員則越來越擔心，英國皇家空軍可能會用同樣的波束來定位他們的轟炸機，

107 ｜編按：英文熟語中，有句話叫做「lay an egg」，意思是搞砸、表現差勁或一敗塗地，而非產卵之意。文中以「孵蛋器」作爲空雷計畫的代號，使人聯想到這層意喻。

安排空中伏擊。

他們太看得起英國皇家空軍了。儘管英國皇家空軍改良了空對空雷達和戰術，但天黑後，戰鬥機司令部實際上仍是個瞎子。

第69章

〈友誼地久天長〉

Auld Lang Syne

十二月二十九日星期日晚上，羅斯福在總統任期內的第十六次「爐邊談話」108中，重提了援助英國一事。既已成功連任，他現在覺得能夠比先前更自由地談論戰爭了。他第一次使用了「納粹」這個詞，並將美國形容為「民主武器庫」，這是哈利．霍普金斯提出的用語。

「沒人可能藉由順毛，把老虎馴服成小貓，」羅斯福說，「殘酷的行為不可姑息。」倘若英國被擊敗，德國、義大利和日本的「邪惡聯盟」，也就是軸心國，將佔上風，而「我們所有人、整個美洲，都將活在槍口下」——「納粹的槍口」，他接著在這次演說中明確指出。

霍普金斯也敦促他用一些樂觀的事物讓他的談話發揮影響。羅斯福決定從這一點切入：「我相信軸心國不會贏得這場戰爭。這個信念建立於目前最新、最佳的資訊上。」

實情是，這「最新、最佳的資訊」只是他自己的直覺，他認定租借法案不僅會在國會通過，還會改變戰爭的平衡，有利於英國。文膽羅伯特．謝爾伍德說這是羅斯福「個人對租借法案必將通過一事私下的自信，以及他對於這項措施將使軸心國無緣獲勝的確信」。

108｜編按：「爐邊談話」是羅斯福總統透過電台廣播向國民發言的一種形式，其名稱是因其非正式、猶如和人們圍在火爐邊輕鬆閒聊般的談話方式而來。

凌晨三點三十分，數百萬的美國人聽了這段廣播，數百萬的英國人也聽到了。然而在倫敦，有更多需要關注的事。那天晚上，也許是為了削弱羅斯福規劃的爐邊談話的力量，德國空軍發動了迄今為止最大規模的襲擊。這次空襲以倫敦的金融區為目標，也就是倫敦金融城（the City）。這次空襲的意圖是否確實針對羅斯福的廣播內容尚不清楚，但它發生的時機是有預謀的。轟炸機在聖誕節當週的星期天晚上來到，當時金融城所有辦公室、商店和酒吧肯定都關了，因此能保證四周不會有很多人認出並撲滅燃燒彈掉落引起的火。泰晤士河正處於退潮期，滅火用水的供應因而受限。那也是一個無月的夜晚（若以天文學角度來看，前一天晚上是新月），這確保英國皇家空軍將無法或不太能抵抗。德國空軍的開路點火小隊——一百號戰隊，在無線電信標的精確引導下，投下燃燒彈點燃目標，還投下強力炸彈摧毀自來水管線，讓更多燃料洩進由此造成的火災中。一陣強風加劇了大火，造成了著名的「倫敦第二次大火」（The Second Great Fire of London），而第一次倫敦大火發生在一六六六年。

這次空襲引發了一千五百起火災，摧毀了倫敦金融城百分之九十的區域。有兩打燃燒彈落在聖保羅大教堂上。一開始，當大教堂的穹頂被周圍大火的濃煙掩蓋時，人們擔心大教堂毀了。但它倖存下來，只受到相對小的損害。除此之外，這次空襲頗有成效，以至於英國皇家空軍的規劃人員在未來對德國城市的砲火襲擊中，採用了相同的策略。

在柏林，約瑟夫·戈培爾在日記中對這次襲擊幸災樂禍，他先是談到了羅斯福的爐邊談話。他寫道：「羅斯福發表了一場針對我們的下流演講，以最粗鄙的方式誹謗帝國和我們的行動，並呼籲大大地支持他堅信將得勝的英國。真是個民主扭曲的典範。元首還在想要如何處置這件事。我個人支持發動一場非常激烈的攻擊，讓我們終於不用再對美國手下留情。我們目前進展有限。我們總得站出來保護自己。」

帶著明顯的滿足，他轉而提起德國空軍和他們最近立的大功。「倫敦在我們的猛攻下顫抖不已。」他寫道。他聲稱，此事讓美國媒體感到震驚和印象深刻。「我們要是能連續四週以這種規模進行轟炸就好了，」他寫道，「那麼事情看起來就會不一樣了。除此之外，他們還面對嚴重的航運損失，我們對他們護衛艦隊的成功攻擊等等。倫敦目前笑不出來，這是肯定的。」

在這一點上，邱吉爾可不這麼想。據亞歷山大·卡多根在日記中記錄的觀察，這場「大火」襲擊的時機對激起美國人的同情而言，堪稱完美。「在某個最關鍵的時刻，這可能會在美國大大地幫到我們。感謝上帝，儘管德國人如此狡猾、勤奮又高效率，但他們也不過是群傻子。」

撇開死傷不談，邱吉爾對羅斯福的爐邊談話感到非常興奮。為了對此做出回應，他在跨年夜會見了比弗布魯克和新任外交大臣安東尼·伊登。邱吉爾最資深的財政部部長兼財政大臣金斯利·伍德（K. Wood）也在場。

這封電報開頭道：「我們誠摯感激您昨天所說的一切。」

但邱吉爾和腦袋清楚的人都明白，在這個時間點，羅斯福的演講不過是一連串精心挑選的詞語。它引發出許多疑問。「請您記得，總統先生，」他口述道，「我們不知道您的想法，也不知道美國到底會怎麼做，但我們正在為自己的生命而戰。」

他提醒，英格蘭正面臨財務壓力，有許多物資訂單都尚未付款。「如果我們被迫拖欠你們承包商的款項，他們也有工人要養，這對世界局勢會產生什麼影響？這難道不會被敵人利用，導致讓英美合作徹底破裂嗎？只要再拖個幾週，就很可能會讓我們落到那步田地。」

在日記本最後留給隨筆記事和前頁事項附注的空白頁上，瑪麗引用書籍、歌曲和她父親的演講，寫下了一些打油詩片段。她列下了她在一九四〇年讀過的幾十本書的清單，其中包括海明威的《戰地春夢》（*Farewell to Arms*）、杜莫里埃的《麗貝卡》和狄更斯的《老古玩店》（*Old Curiosity Shop*），最後一本她開始讀了，卻沒有讀完。「我就是受不了那個紅潤的小奈兒（Nell）和她的老爺爺。」她寫道。她還閱讀了阿道斯·赫胥黎（Aldous Huxley）的《美麗新世界》（*Brave New World*），說「我覺得讀起來很恐怖」。

她寫下了歌曲〈夜鶯在柏克萊廣場歌唱〉（A Nightingale Sang in Berkeley Square）的歌詞，這首歌是那時候的國民情歌，在不久前的一九四〇年十二月二十日，剛由美國歌手平・克勞斯貝(B. Crosby)完成錄製。以下是其中一部分歌詞：

月郎當空照，
可憐不解的月郎他眉頭緊蹙！
我們相愛至此他怎知道
這該死的整個世界似已顛覆？

柏林市裡，約瑟夫・戈培爾工作了一整天，才驅車穿過「一場狂暴的風雪」，回到位於城市北方的博根湖(Bogensee)邊的鄉間住所。大雪和那座小房子的溫暖舒適(儘管它有七十個房間)，而且還是跨年夜(德語叫作*Silvester*)，讓他陷入了沉思。

「有時我討厭大城市，」當晚，他在日記中寫道，「這裡多麼美麗又舒適。
「有時我希望永遠都不用回去。
「孩子們提著防風燈在門口等我們。
「暴風雪在外頭肆虐。
「更適合在火爐邊聊天了。
「我們在這裡享受這麼好的東西，讓我良心不安。」

在倫敦的內閣戰情室，約翰・科維爾遞了一杯香檳給私人祕書約翰・馬丁，此前兩人都喝了巴戈．伊斯梅遞上的好幾杯白蘭地。他們爬上屋頂，在漆黑、近乎無月的夜色下，舉杯慶祝新年。

截至午夜為止，光是在一九四〇年，德國對倫敦發動的空襲就造成一萬三千五百九十六名市民死亡、一萬八千三百七十八人重傷。但還有更多事情沒發生呢，包括最嚴重的一次空襲。

1941

第五部

美國人

The Americans

一月 - 三月

第70章

祕密

Secrets

一月的最初六天非常寒冷，對於不列顛群島來說很不尋常。蘇格蘭愛丁堡附近的西林頓，氣溫從一月一日到六日都處於冰點以下。英格蘭小村莊修霍爾（Houghall）的氣溫甚至驟降到華氏負六度[109]。整個月都斷斷續續下著雪，伯明罕的積雪深達十五英寸，利物浦附近的飄雪積到一百二十英寸深。強風席捲不列顛群島，風速高達每小時七十英里以上；一陣狂風吹過威爾斯霍利黑德港（Holyhead），風速高達八十二英里。

在倫敦，冷風和寒意使街道結冰，使房子被彈片貫穿、沒有暖氣和窗戶玻璃的許多倫敦市民更加痛苦。就連住在克拉里奇大飯店也很不舒服，它的供暖系統無法應對如此嚴寒。其中一位住客，美國駐英武官李將軍，在一月四日指出他的房間「像個冰櫃似的」，儘管煤火最終帶來了些許暖意。

一月六日晚上下了雪，一度掩蓋了受損房屋那狗啃般的殘骸，讓倫敦美麗了起來。「這是一個多麼美好的冬日早晨！」第二天，李將軍在日記中寫道：「當我起身向高高的窗口望去時，我可以看到所有街道和屋頂都覆蓋著白淨的雪。」倫敦的景色讓他想起了描繪中歐白雪皚皚城市的聖誕卡。「煙囪黑色的管口和邊角，與白色床單般的雪、上方的灰色天空形成了對比。」

109｜譯注：華氏負六度約爲攝氏負二十一度。

比弗布魯克再次辭職，這是邱吉爾在新的一年裡遇到的眾多煩惱之一。這次辭職，是在他要求比弗布魯克擔任另一個他認為攸關英國存亡的工作之後提出的。

＊＊＊

邱吉爾當務之急是增加食品、鋼鐵和其他無數民生物資供應的進口，由於德國增強潛艦襲擊，這些物資的運送越發危殆。為了更好地指引、協調和增加物資的流通，邱吉爾成立了「進口執行部」，並決定領導它的最佳人選，就是為英國皇家空軍大幅增產戰鬥機的比弗布魯克。一月二日，他提議比弗布魯克擔任該部主席一職，表示比弗布魯克將繼續擔任戰機生產部部長，但他的職務將擴大，以監督政府的三個物資供應部會。他希望比弗布魯克這一次也能發揮感染力，鞭策他們生產更多商品和材料。這個職位將賦予比弗布魯克他一直以來聲稱想要的、更大的權力，但這基本上也將他放在了委員會主席的位置，而邱吉爾很清楚，比弗布魯克厭惡各種委員會。

有預感比弗布魯克可能會拒絕這個提議，邱吉爾在說服他接受這個職位時流露出奉承和一種很不像他的、「我好慘啊」的強烈需要。

「沒有什麼能比你將要承擔的這項任務重要，」邱吉爾開頭道，顯然假定了比弗布魯克會接受這份工作，「我想向你強調，我把我的全副信心，以及這個國家很大程度上的生存，都放在了你肩上。」

邱吉爾寫道，要是比弗布魯克選擇不接受這份工作，他自己將不得不接手。「這不會是最好的安排，因為這勢必會分散我在軍事事務方面的注意力，」他寫道，「我向你提起這件事，是因為我知道你是多麼殷切地希望幫助我，而比起協助圓滿解決我們的進口和運輸問題，沒有什麼是你更能幫到我的了。」

比弗布魯克不為所動。他深表遺憾地拒絕了主席一職，並清楚說明自己也將放棄戰機生產部部長的職位。「我不是個適合加入委員會的人，」他在一月三日寫道，「我是隻獨來獨往的貓。」

他以失敗者的口吻作結：「這封信不需要任何答覆。我會自己調適的。」

邱吉爾認為比弗布魯克的辭職，是對他和英格蘭的輕視。對他而言比弗布魯克此時離去是種背叛。他的能量和貪得無厭的鬼點子，將戰機的生產推向了近乎奇蹟的程度，對於幫助英國抵禦德國的空中猛攻、維持邱吉爾對最終勝利的信心，都至關重要。而且，就個人意義而言，邱吉爾需要他——他對政治暗流的深諳、他的建議，以及只要有他就能讓一天充滿活力的存在。

「我親愛的麥克斯，」邱吉爾在一月三日口述道，「收到你的來信，我感到非常難過。你的辭呈很說不過去，形同背棄行為。它會在一天之內摧毀你獲得的所有聲譽，將數百萬人對你的感激和善意化為憤怒。這是你會後悔終生的一步。」

邱吉爾再次採取了自憐的姿態：「從未有任何一位部長得到過我給你的支持，你也非常清楚，如果你拒絕承擔我委託給你的偉大使命，會在我已有的負擔上增加怎樣的重擔。」

他等待著比弗布魯克的答覆。

邱吉爾還有其他事由引起的煩惱。他得知有兩起保密疏失事件，這讓他很是困擾。在其中一個案例中，一位美國記者將有關維希政府的祕密情報，以電報傳給她服務的《芝加哥日報》。讓邱吉爾感到特別惱火的是，這位名叫海倫・柯克帕特里克（Helen Kirkpatrick）的記者，是從邱吉爾在迪奇利舉行的一場晚宴上某次談話中，收集到情報的。迪奇利是他的滿月度假小屋，在那裡，禁止洩露這所房子裡的機密可是重要的不成文規矩。維希政府不會向德國提供直接軍援的祕密，是著名物理學家的女兒、法國鋼琴家伊芙・居里（E. Curie）在晚宴時洩露的。

「居里小姐是一位傑出的女性，本該知道不要在鄉間別墅的聚會上八卦的，」邱吉爾寫信給現任外交大臣安東尼・伊登，「海倫・柯克帕特里克小姐為了新聞盈利，背叛了大眾對新聞工作的信任。軍情五處應該第一時間對這兩名女性進行審問，並要求她們解釋。」他告訴伊登，應該立即將柯克帕特里克驅逐出境。「不能繼續讓這種人為了賣報紙，不顧英國利益在私人宅邸裡四處偵查。」

這件事，以及有關美國航空雜誌刊載祕密戰機細節的第二起事件，使得邱吉爾向巴戈・伊斯梅等人下達了一道關於整體保密問題的指令。他寫道：「隨著新年的開始，我們必須推行新的嚴格規定，以確保任何與戰爭相關的事項都嚴加保密。」他下令收緊祕密資料的流通，並限制提供給記者的情資。「我們因為外國男女記者的活動而遇到了麻煩，」他寫道，「各位必須謹記，我們對美國所說的一切，都會立即傳到德國，而我們沒有任何補救措施。」

邱吉爾對保密問題的惱火，讓約翰·科維爾對自己的日記感到不安，因為它充滿了行政祕密和他對邱吉爾行為的洞察，對任何撿到它的德國特務來說，都是天上掉下來的禮物。科維爾很清楚，撰寫如此詳細的日記，極可能是違法的。「首相發布了關於文件保密的紀要，這讓我突然對這本日記感到良心不安，」他在元旦那天的日記中寫道，「毀掉它我是做不到的，我會採取折衷方式，比以往更嚴格地把它鎖在這裡。」

一九四一年的第一天逐漸過去，邱吉爾邀請科維爾參觀了內閣戰情室正在進行的天花板防彈工程。科維爾寫道，邱吉爾急著站上大樑和鷹架，決定只靠著鑲在手杖頂部的照明燈來引導前路，於是很快便「跌進濃稠、深至腳踝的液態水泥裡」。

除了墜落的炸彈和被魚雷炸沉的艦艇之外，最惱人的便是邱吉爾從辛格爾頓法官那裡收到的初步調查報告，比較了英國皇家空軍和德國空軍的實力。邱吉爾曾希望它能夠解決問題，結束各相關單位間的爭吵和相互攻擊。

但它沒能做到。

辛格爾頓寫道，在調查過程中，他花了五天的時間，聽取有關戰鬥機、轟炸機、戰機的「耗損量」與儲備，以及用作教練機的戰機數據的證據。他在一月三日星期五提交的文件只是一份臨時報告——很臨時的那種，因為他也一頭霧水。「我一度抱著期待，希望可以在某種程度上讓數據對起來，」他在開頭段落中寫道，「但現在似乎不太可能讓幾個主要的數字相互吻合。」

他接受了教授在去年春天提出的理論：德軍這一連串空戰打下來，在戰損、戰機儲備、產能上，可能也比英國沒好上多少。因此首先至關重要的是，要準確地了解英國的狀態究竟如何。不過準確的數字很難捉摸。即使經過他絞盡腦汁的分析，英國皇家空軍仍有超過三千架戰機下落不明。辛格爾頓無法準確描述英國空軍的狀態，更不用說德國了。他也無法讓各部會提出的數據達成一致。「我覺得要得出任何反映德國軍力的數字，異常困難，」他寫道：「現階段我只能說，我認為德軍的實力沒有空軍參謀（情報）部聲稱的那麼高。」

對此，邱吉爾深感不滿和憤怒，尤其是因為空軍部未能準確追蹤自己的戰機。因為又掌握了更多相互矛盾的數字，辛格爾頓於是繼續他的調查。

比弗布魯克的立場很堅定。一月六日星期一，他以小學生般的任性對邱吉爾說，他從來就沒想過要當部長。「我不想加入政府，」他寫道，「那個職位在內閣中沒人想做，我也確實拒絕了。」他重申對新主席位子的拒絕，並辭去戰機生產部部長一職。「因為我的用場到頭了。我已經完成了我的任務。」他寫道，戰機生產部「少了我會更好」。他感謝邱吉爾的支持和友誼，以一種暗示性的煽情為這封信收尾。「以個人的身分，」他寫道，「我希望你能允許我時不時跟你見個面、偶爾敘敘舊。」

這太超過了。「我絲毫沒有放你走的意思，」邱吉爾在回覆中寫道，「你若持續這樣執迷不悟又不堪一擊，我會覺得自己受到了最殘酷的打擊。」邱吉爾的信在某些部分，讀起來更像是被遺棄的情人寫的公函，而非來自首相的訊息。「在這樣一場戰爭的高峰期，你無權把你的重擔加在我身上。」他寫道：「……沒人比你更清楚，我有多麼依賴你的建議和安慰。我不敢相信你會做出這種事。」他建議，如果比弗布魯克的健康狀況需要的話，他應該休息個幾週來康復。「但是現在就放棄這艘船？絕不！」

午夜時分，邱吉爾再次寫信給比弗布魯克，這一次是手寫的，還訴諸於歷史評價的壓力。「你不可因為小家子氣的煩惱，而忘卻事情的嚴重性，我們所身處的歷史舞台上燈火通明，後世看得一清二楚。」他最後引用了法國大革命領袖喬治・丹頓（G. Danton）在一七九四年被送上斷頭台前，對自己說的一句話：「『丹頓，不可示弱。』」

這場與比弗布魯克的小衝突，主要是做樣子過個招。當了這麼久的朋友，他們很清楚如何刺激對方，以及何時適可而止。這就是邱吉爾喜歡有比弗布魯克在他的政府部門中，如此珍視他幾乎每天都在場的原因之一。比弗布魯克是難以被摸透的。他的捉摸不定是很氣人沒錯，但他也始終提供著能量和冷靜清晰的思路、有著雷暴般的頭腦。這兩人都以口授信件給對方為樂。對他倆來說，這就像一場戲——邱吉爾穿著他的金龍睡衣昂首闊步，以一根已然熄滅的雪茄戳在空中，細細品味著文字的殘響與感覺；比弗布魯克則像嘉年華會上的飛刀藝人，將到手的任何刀具一一擲出。作為這種交手的產物，兩人往返信件中顯現的特點，揭示了這兩人恰恰相反的性格。邱吉爾為文，段落長而字句精確，充滿了複雜的語法結構和歷史典故（在給比弗布魯克的某字條中，他用了「魚龍」[110]這個詞）；而比弗布魯克的每一段都是一記單一、俐落的刀刺，

110｜譯注：魚龍（ichthyosaurus），一種外型介於魚、海豚間的中生代海生爬行動物，較恐龍更早滅絕。

刀鋒飾以簡短銳利的詞彙鋸齒，與其說是嘔心瀝血，不如說是噴濺而出的書寫。

「事實就是他們都享受這個過程，當然，他們都不覺得，寫這些信或往往是口授予他人代寫的這個過程很麻煩，」比弗布魯克的傳記作者 A. J. P. 泰勒寫道，「比弗布魯克喜歡將他的煩惱昭告天下，更喜歡以真情流露的方式收尾以製造戲劇性。當他口述這些信時，他自己是深受觸動的。」

一月七日星期二凌晨兩點，邱吉爾心情愉悅地爬上床，一九四一年的第一週於是以一種較為樂觀的方式結束了。更多好消息從利比亞傳來，英國軍隊接連將義大利軍隊打得落花流水。星期一那天（英國星期二稍早），羅斯福送出了他的國情咨文，向國會提出租借法案，宣稱「我國、我們民主的未來與安全，極大程度地與遠在我們國界之外的事件息息相關」。他描繪了一個奠基於「人類四大基本自由」上的未來世界：言論、信仰和免於匱乏與恐懼的自由。

邱吉爾意識到，在確保租借法案通過之前，還有一場漫長的鬥爭要面對，但羅斯福明確而公開地宣布同情英國，令他感到十分振奮。更棒的是，羅斯福還決定派一名私人特使到倫敦來，他將在幾天後抵達。此人的名字讓人一時腦袋空白：哈利．霍普金斯。邱吉爾一聽，尖銳地問道：「誰？」

然而現在他明白了，霍普金斯作為總統的親密知己，甚至就住在白宮二樓的套房，那裡曾是亞伯拉罕．林肯的辦公室，就在總統房間所在的走廊盡頭。邱吉爾的助手布倫丹・布萊肯稱霍普金斯為「我國有史以來最重要的美國訪客」，認為他能對羅斯福造成的影響「比世上任何人都深」。

邱吉爾當晚終於上床就寢時，是帶著極大的滿意和樂觀的。他微笑著「鑽進被窩」。科維爾在日記中寫道：「還破天荒為了害我這麼晚還無法去睡而道歉。」

對於帕梅拉・邱吉爾來說，這一年的起始是苦樂參半的。她想念蘭道夫。「噢！我希望你能在這裡抱著我，」她在元旦寫的一封信裡告訴他，「那樣的話我會很高興的。我一個人在這裡很恐慌，想著你離開的時間久了，你就會忘了我，我無法承受。請盡量不要忘記我，蘭迪。」

她還告訴他，為溫斯頓寶寶特製的防毒面具送到了。「他整個人都能完全罩在裡面。」她說，並補充說她計劃馬上要去參加當地醫院舉辦的有關毒氣的講座。

比弗布魯克繼續擔任戰機生產部部長，卻沒有成為進口執行委員會主席。邱吉爾也沒有，儘管他揚言要犧牲自己接下這個職務。

第71章

十一點三十分的專車

The 11:30 Special

一月十日星期五早上走進唐寧街十號的這名男子，似乎身體不太舒服。他的臉色蠟黃，脆弱又疲憊的整體狀態，被身上一件非常寬鬆的大衣更加凸顯了出來。帕梅拉．邱吉爾注意到，他似乎沒把大衣脫下來過。初次見面時，她對他的外貌驚訝不已，他嘴裡叼著一根皺巴巴、沒有點燃的香菸，讓她對他健康狀況不佳的印象愈發深刻。前一天，在抵達距倫敦一百英里左右的普爾（Poole）水上飛機港口時，他筋疲力竭到無法解開安全帶。「他一點都不像人們想像中傑出的外交使節，」巴戈．伊斯梅寫道：「他邋遢得可悲，衣服看起來好像他習慣穿著它入睡，帽子就像是他故意在上面坐過似的。他看起來病得很重，虛弱到一陣風就能把他吹走。」

然而這位正是哈利．霍普金斯，邱吉爾後來將之形容為在戰爭中扮演關鍵角色的人。霍普金斯五十歲，現正擔任羅斯福的私人顧問。在此之前，他曾在經濟大蕭條時期（Depression-era）領導羅斯福提出的新政（New Deal）三個主要計畫，包括提供數百萬失業美國人工作的公共事業振興署（Works Progress Administration）。羅斯福於一九三八年任命他為貿易部部長（secretary of commerce），在職期間他表現亮眼，直到一九四〇年因健康狀況不佳而離職。胃癌手術讓他受一連串神祕病痛所困擾，以至於他的醫生在一九三九年九月說他只剩幾週的壽命。他康復了，在一九四〇年五月十日，也就是邱吉爾當上首相的那一天，羅斯福邀請他留宿白宮。這成了一項永久性的安排。「他是一縷從虛弱而衰退中的身體裡燃燒的靈魂。」邱吉爾寫道：「是一座搖搖欲墜的燈塔，放出的光束卻指引著偉大的艦隊航入港口。」

然而，這所有的燃燒和指引，都是以後才會發生的。首先，在會見邱吉爾之前，布倫丹．布萊肯擔任嚮導帶霍普金斯參觀了唐寧街十號。和白宮相比，這座著名的首相官邸要小得多，氣勢也沒那麼磅礴，又因為陳舊而看起來更糟。當天稍晚，霍普金斯在給羅斯福的一則訊息中寫道：「唐寧街十號有點破落，因為隔壁的財政部遭到了多次轟炸。」這裡的每層樓都有被炸彈損壞的痕跡。大部分窗戶都被炸飛了，工人們一直在忙著修理。布萊肯領著霍普金斯下樓，到地下室新建的防彈飯廳，給他倒了一杯雪利酒。

良久，邱吉爾才終於來到。

「出現了一位圓滾滾、面帶微笑、臉色紅潤的紳士，向我伸出一隻肥大卻強而有力的手，歡迎我來到英格蘭。」霍普金斯對羅斯福說：「一身黑色短外套、條紋長褲，一雙清澈的眼和感性的聲線，是這位明顯帶著自豪向我展示他美麗的兒媳和孫子照片的英格蘭領導人給我的印象。」他指的是帕梅拉和幼小的溫斯頓：「午餐簡單但很好吃，是由一位非常樸素、似乎是個老家僕的女人端上來的。湯是冷牛肉湯（我吃的牛膠凍沒能多到讓首相滿意，於是他又給了我一些），還有蔬菜沙拉、起司和咖啡，以及淡葡萄酒和波特酒。他從一個小銀盒吸了幾口鼻煙，他很喜歡這個。」

霍普金斯直接切入了一個困限美英關係的問題。霍普金斯回憶道：「我告訴邱吉爾，他在某些方面給人一種他不喜歡美國、美國人和羅斯福的感覺。」邱吉爾堅決否認，怪罪約瑟夫．甘迺迪散播如此不正確的印象。他指示一位祕書找出他去年秋天發給羅斯福祝賀再次當選總統的電報——那封羅斯福從未回覆或表示收到的電報。

霍普金斯解釋道，他的任務是盡所能了解英國的狀況和需求，於是這一開始的尷尬很快便褪去了。他們談話的範圍很廣，從毒氣到希臘，再到北非。約翰．科維爾在日記中指出，邱吉爾和霍普金斯「對彼此都十分欽佩，以至於他們促膝密談到近四點才分開」。

那時天漸漸黑了。霍普金斯前往他下榻的克拉里奇大飯店。快要滿月了，邱吉爾和他平常的週末隨行人員出發前往迪奇利。隔天，也就是星期六，霍普金斯將到那裡與他們共餐並過夜。

科維爾和布萊肯一起開車到迪奇利，討論起霍普金斯。首先意識到霍普金斯對羅斯福有多重要的，正是布萊肯。

就在他們邊開車邊聊天的同時，四周變暗了。礙於燈火管制，車頭燈被遮到只剩一道狹縫般的光束，即使在月光明亮的夜晚，駕駛也很困難。現在「冰冷的薄霧籠罩下來，」科維爾寫道，「我們與一輛運炸魚薯條的貨車相撞，貨車著火了。沒有人受傷，我們安全抵達迪奇利。」

對於科維爾來說，這個事件恰到好處地標記了這令他心碎的一天。邱吉爾與霍普金斯共進午餐時，科維爾正在倫敦的卡爾頓燒烤店與他心愛的蓋伊·馬格森一起用餐。巧合的是，這天是他第一次向她求婚的兩週年。他寫道：「我試圖保持合理的距離，不要投入太多私人情緒。」但談話很快就轉向了個人的生活哲學，從而進入了更私密的領域。她看起來很可愛、複雜難解。她身著一件銀狐大衣，頭髮垂在肩下。科維爾帶著滿意的心情注意到，她口紅塗得太多——這是他慣用的方法，藉由意識到她的不完美，來減輕她的高不可攀給他帶來的痛苦。「當然，她不再是一九三九年一月十日的蓋伊了，」他寫道，「而且我不認為牛津大學的影響讓她變得比較好。」

午飯後，他們去了國家美術館，在那裡他們遇到了伊麗莎白·蒙塔古，也就是貝茨，還有傳聞中擄獲了蓋伊芳心的尼古拉斯·「尼克」·亨德森。科維爾感覺到尼克和蓋伊之間有很強的紐帶，這讓他產生了一種「怪異的懷舊情緒」，他把它比作嫉妒。

「我回到唐寧街十號，嘗試想著，相較於我每天在那裡看到的重大議題，這一切有多麼無關緊要，但這一點用都沒有：這份愛在我心中慢慢死去，如果真有什麼進展的話，我只感到心裡不適。」

瑪麗·邱吉爾沒有和家人一起前往迪奇利，她計劃與朋友伊麗莎白·溫德姆(E. Wyndham)一起度過。伊麗莎白·溫德姆是萊康菲爾德勳爵夫婦(Lord and Lady Leconfield)的養女。她倆打算在伊麗莎白父母位於倫敦西南方的西薩塞克斯郡南唐斯地區（South Downs region of West Sussex）一所巴洛克式鄉村住宅佩特沃斯莊園（Petworth House）共度週末。這裡距海峽沿岸僅十四英里，是德軍入侵的首選地。瑪麗打算先坐火車去倫敦，和她昔日的姆姆瑪麗葉特．懷特一起去買點東西，再坐第二趟火車往西南方去。「我非常期待。」她在日記中表示。

契喀爾的監禁室很冷，日子在室外結成了冰，晦暗非常。在這個緯度，冬日的早晨總是很暗，但是英國在戰爭期間改變了計時的方式，使得早晨比以往更暗了。去年秋天，政府援引了「英國雙重夏令時間」（Double British Summer Time）[111]來節省燃料，並讓人們在每天的燈火管制前有更充裕的時間返家。到了秋天，時鐘沒有按照慣例把時間調慢，且到了春天還會再次調快時間。這為夏季騰出了不僅一個小時，而是額外兩個小時的日照，也使冬季的早晨變得漫長、晦暗又令人沮喪，平民對此一情況的態度反映在日記中的頻繁抱怨上。來自考文垂附近巴爾索村的日記作者克拉拉．彌伯恩（C. Milburn）寫道：「早上的天黑得可怕，早早起床、四處遊蕩卻無法正常工作，顯得一點意義都沒有。」

蜷縮在黑暗和寒冷中的瑪麗睡過頭了。她本以為會有人叫醒她，但沒有人這樣做。她感覺很糟。路面是一片結了冰的慘白，炸彈損毀了她平常走的路線，害得她得繞道而行。她到達車站時，正好趕上火車。

這是她自八月以來第一次造訪倫敦，她抵達時，「感覺很奇怪，有點近鄉情怯」，她寫道。

111｜譯注：夏令時間，又稱日光節約時間。歐美國家爲了節能，會在每年春至秋季將時鐘調快一小時，以延長人們每日可享受、利用陽光的時長。在正常情況下，英國的夏令時間會在每年三月的最後一個週日開始，並在十月的最後一個週日結束，將時鐘往回撥一小時。這裡的「雙重夏令時間」並未調回正常時間的那一小時，到了春季卻再調快一小時，等於英國的戰時計時比正常時間早了兩小時。

在過去的幾個月裡，這座城市已經被炸彈和大火的黑暗魔法徹底改變了，但對她而言仍是熟悉的。「當我乘車穿過牢牢記得的街道、看著那些傷痕和瘡痍時，我感覺自己深深愛著倫敦。她褪去了她的時髦、此刻正穿著戰時的裝束，但我突然感到非常愛她。」

這喚起了她某種猶如普魯斯特[112]般的記憶，即這座城市過去是如何觸動她的——炎熱的夏日午後，她騎著自行車穿過海德公園，在一座橋上停下，俯視下方船上的人；白廳屋頂的景色，「在傍晚的斜陽下鶴立於樹梢之間，宛若魔法城市裡一個遙遠的穹頂」；以及她在聖詹姆斯公園欣賞一棵湖邊的樹「無瑕之美」那一刻。

她短暫停留在邱吉爾位於內閣戰情室上方的新公寓，即唐寧街十號附樓，她為母親把這個地方打造得多麼溫馨舒適而讚嘆不已。據瑪麗所說，她揮一揮「魔杖」就改造了曾經平凡無奇的辦公室。克萊門汀把牆壁刷成淺色調，房裡擺滿了充分打光的畫作和自家的家具。這間公寓橫跨在數個政府辦公室之間的通道上，瑪麗在回憶錄中寫道：「官員們經常會很尷尬地撞見羅馬皇帝般圍著浴巾的溫斯頓，滴著水從浴室穿過主要通道回到他的臥室。」

那天下午稍早，瑪麗到了佩特沃斯，發現一個大型派對正在進行中，現場有許多年輕的朋友和陌生人，有男有女。她評價自己的朋友伊麗莎白如今變得「愚蠢又做作」，並補充：「我不太喜歡她。」但她很喜歡伊麗莎白的母親，以引領時尚新潮流聞名的薇萊特（Violet）。「薇奧萊特（Violette，原文如此）穿著一件淡藍色的V領毛衣，滿身珠

112｜譯注：普魯斯特（M. Proust），著有《追憶似水年華》，該書以宛轉的長句、懷舊回憶的細節著稱。

寶，還穿著猩紅色的燈芯絨寬褲！」

許多客人都離開去看電影了，但身體仍感不適的瑪麗，決定自我隔離在她分配到的房間裡。喝茶提過神後，她才梳妝打扮去參加晚上的舞會。「我配戴著新的櫻桃紅色繡銀腰帶和鑽石（鉛玻璃[113]製的！）耳環。」

首先是晚餐宴會，然後才是舞會，她覺得舞會宛若天堂：「此樂只應戰前有。」她與一個法國人讓·皮耶·蒙田（J. P. Montaigne）共舞。「我感到難以置信地快樂。我和讓·皮耶張揚、瘋狂、高速地跳著華爾滋，非常有趣。我只休息了幾支舞的時間。」她在凌晨四點三十分上床睡覺：「我腳痛、又很累，但很開心。」

而且她還病得很重。

週六在迪奇利，邱吉爾夫婦和莊園的主人羅納德·特里夫婦，為他們的主賓，美國特使哈利·霍普金斯準備了一個閃亮的夜晚。各個賓客也到了，其中包括貿易局主席（president of the Board of Trade）奧利弗·利特爾頓（Oliver Lyttelton）。

「迪奇利的晚宴在一個富麗堂皇的環境舉行。」約翰·科維爾在週六晚上的日記中寫道。晚宴唯一的照明只有燭光，牆上嵌著蠟燭，頭頂上有一盞大水晶吊燈。「桌子沒有過多的裝飾：四根鍍金蠟燭環以高高的黃色細燭，中間還有一個鍍金杯。」晚餐本身就很豐盛了，科維爾評論餐食「與周圍環境相得益彰」，儘管他猜測，若是在食品部最近發起的反對「過度餵養」運動之前，這頓飯可能會更加精緻。

113｜譯注：鉛玻璃（paste），一種古老的高檔玻璃工藝，以特殊工法將玻璃做得十分堅硬、硬到可以像寶石一樣切割與拋光，進而鑲嵌在珠寶上。

晚飯後，南西、克萊門汀以及其他女賓離開了飯廳。在雪茄和白蘭地的催化下，霍普金斯展露了一股與他仿若一腳踏在棺材裡的樣貌相去甚遠的魅力。他讚許了邱吉爾的演講，說那些演講在美國的反響絕佳。他說，在某次內閣會議上，羅斯福甚至指示將一台收音機帶入會議室裡，以便所有人都能聽見他的舌燦蓮花，以為典範。科維爾寫道：「首相很感動，也很欣慰。」

因白蘭地而變暖、啟發了靈感的邱吉爾打開了話匣子，在眾賓客因燭光而閃爍、如白蘭地般濕潤的眼睛注視下，展開了一段獨白，娓娓道來戰爭開始迄今關於生死的傳奇。最後，邱吉爾提起了英國的戰爭目標以及未來世界的議題。他提出由英國打造一個歐羅巴合眾國的願景。與其說他是在安靜的鄉間別墅裡對一小群因雪茄和酒精而暈頭轉向的人講話，他更像是在下議院發表演說。「我們不求財，」邱吉爾說，「我們不求領土利益，我們只求生而為人的自由權；我們尋求讓一個人能禮拜上帝、以他自己的方式過生活、免受迫害的權利。在一天的尾聲，當一個卑微的勞動者下班回到家，在寧靜的夜空下看見煙霧從他的小屋裊裊升起，我們希望他知道，祕密警察不會叩叩叩——」邱吉爾這時在桌上大聲敲了敲：「敲響他的家門，打擾他的閒暇與休息。」他說，英國尋求的只是獲得民眾授意的政府、發表任何言論的自由，以及在法律面前人人平等。「除此之外，我們沒有其他戰爭目標。」

邱吉爾停了下來。他看著霍普金斯。「面對這一切，總統會說什麼？」

霍普金斯在回答前停頓了一會兒。扭曲的燭光碎映在水晶和銀器上。他的沉默持續了很長的時間，長到令人不適——將近一分鐘之久，在那樣親密的環境中，這段時間顯得非常漫長。時鐘滴答作響，火焰在爐膛裡嘶鳴沸騰著，燭火靜靜地跳起了黎凡特（Levantine）[114]舞蹈。

最後，霍普金斯才終於開口。

「嗯，首相先生，」他以一種誇張的美式腔調開頭道，「我不認為總統會在乎這些。」

據樞密院議員奧利弗．利特爾頓在日記中所述，他忽然感到一陣焦慮。邱吉爾難道算錯了嗎？「老天哪，」他想，「事情不好了……」

霍普金斯拖長了他第二次的停頓。

「你看喔，」他慢吞吞地說，「我們只想看到那個該死、狗娘養的希特勒輸得一敗塗地。」

與會者鬆了口氣，哄堂大笑震動了桌面。

特里夫人走了進來，溫和而果斷地將邱吉爾一行人領到迪奇利的家庭劇院去看電影，那是一部去年發行的《楊百翰》（*Brigham Young*），迪恩．賈格（D. Jagger）在片中扮演摩門教領袖，而泰隆．鮑爾（T. Power）是他的追隨者之一。（這部電影在鹽湖城的首映引起了轟動，吸引了二十一萬五千人前往觀影，而當時該市總人口數只有十五萬人。）接下來是德國的新聞片，其中包括一九四〇年三月十八日，希特勒和墨索里尼

114 | 譯注：黎凡特（Levantine），是歷史上一個範圍不明確的地理名詞，以最廣泛的定義而言，大致是指土耳其托魯斯山以南、伊拉克幼發拉底河以西、東地中海等地域。

(Mussolini)在阿爾卑斯山位於奧地利和義大利之間的布倫納山口(Brenner Pass)會面的新聞片。「儘管片中充斥著軍禮和荒謬，」科維爾寫道，「還是比查理·卓別林在《大獨裁者》中的任何演出有趣。」

邱吉爾和客人們在凌晨兩點就寢。

倫敦當晚，在一次激烈的德軍空襲中，一枚炸彈襲擊了地鐵銀行站，造成躲在裡面的五十六人喪生，一些人被炸飛到一輛駛近的火車前。死者的年齡介於十四到六十五歲不等，其中包括一名名叫比格斯(Beagles)的警察、一名叫芬妮·茲福(F. Ziff)的六十歲俄羅斯人，以及一名叫哈利·羅斯特(H. Roast)的十六歲男子。

伯蒙德賽的一間倉庫裡，有一百噸咖啡被點燃了，泰晤士河以南的空氣中因此瀰漫著焚燒咖啡的氣味。

這便是附加在空襲之上的殘酷。除了致死、致殘，它們還摧毀了英格蘭賴以維生、已經嚴格配給的物資。截至一月十二日星期日這一週內，炸彈和大火就已摧毀了兩萬五千噸糖、七百三十噸奶酪、五百四十噸茶葉、二百八十八噸培根和火腿，最野蠻的是，估計有九百七十噸的果醬都被毀了。

迪奇利的星期天晚上，邱吉爾將霍普金斯留到凌晨四點三十分才睡。霍普金斯在給羅斯福的一封信中，用克拉里奇大飯店的精緻信紙寫下了當晚的事。這封信的內容想必會讓首相很高興。「從邱吉爾到所有人，這裡的人們都很了不起，」霍普金斯對羅斯福說：「如果單憑勇氣就能取勝的話，勝利將是他們的囊中物。但他們迫切需要我們的幫助，我也相信你不會讓任何事情成為阻礙。」他寫道，邱吉爾掌管著英國政府上上下下，也了解戰爭的方方面面。「我必須極力強調，在這裡，他是唯一一個你一定要與他充分交流的人。」

霍普金斯強調了當下事態的緊迫。「這個島國現在需要我們的協助，總統先生，他們需要我們所能提供的一切。」

在第二封柬帖中，霍普金斯強調了瀰漫於邱吉爾政府內部一股緊迫的威脅感。「我必須報告的一個最重要的觀察就是，大多數的內閣成員和這裡所有軍事領導人，都認為德軍的入侵迫在眉睫。」他寫道，他們預計這會在五月一日前發生，並「相信這肯定會是一場全面進攻，包括毒氣的使用，也許還有其他一些德國可能已經開發的新武器」。他催促羅斯福盡快採取行動。「我……必須強烈地敦促你，在採取任何可能的行動以滿足這裡的緊迫需求時，必須假設入侵將在五月一日之前到來。」

邱吉爾將毒氣視為嚴重而真實的威脅，這在他堅持發防毒面具和頭盔（「錫帽」）給霍普金斯一事中可見一斑。霍普金斯並未將它們戴上。從服裝的角度來看，這是明智的選擇：他和他巨碩的大衣，已經很像美國農民為了嚇跑鳥兒而架在田裡的東西了。

霍普金斯告訴羅斯福：「對這頂帽子我能給的最好評價就是，它看起來比我自己的還差，又不合尺寸，防毒面具我也戴不上去，所以別管我了。」

週二早上寫完這封柬帖後，霍普金斯冒著嚴寒前去與邱吉爾、克萊門汀、巴戈·伊斯梅、美國軍事觀察員李、哈利法克斯夫婦會合，啟程到遙遠的北方，前往位於蘇格蘭北端斯卡帕灣（Scapa Flow）的英國海軍基地。哈利法克斯夫婦和李將軍將在那裡登上一艘開往美國的戰艦。

前往斯卡帕灣的這趟旅程本身就是邱吉爾爭取霍普金斯支持英國的計畫之一。霍普金斯自抵達以來，就成了長伴邱吉爾左右的伙伴、一縷穿著過大外套的破碎影子。霍普金斯注意到，在他抵英的頭兩週內，他就與首相共度了十幾個晚上。巴戈·伊斯梅寫道，邱吉爾「幾乎沒讓他離開過他的視線」。

尚未完全熟悉倫敦地理環境的霍普金斯，前往了他以為是國王十字車站的地方，邱吉爾的火車將在那裡等待。他受到提醒，為了對邱吉爾的到場保密，他只能將這列火車稱為「十一點三十分專車」。

火車確實在國王十字車站等候。霍普金斯則跑到了查令十字街（Charing Cross）。

第72章

朝斯卡帕灣前去

To Scapa Flow

週二早上，邱吉爾在唐寧街十號附樓的防爆臥室中醒來時，他的模樣和嗓子都很糟糕。他的感冒——顯然是他在十二月份染上的那場感冒，已經惡化為揮之不去的支氣管炎。（瑪麗已經回到了契喀爾，她的感冒因為前一天晚上的舞會而惡化，這讓她筋疲力盡地咳嗽著上床睡覺。）克萊門汀很擔心丈夫，尤其他還計劃在當天早上出發前往斯卡帕灣，向哈利法克斯和他的妻子桃樂絲道別。她召見了邱吉爾的醫生查爾斯·威爾遜爵士，他上一次來訪是在去年五月，就在邱吉爾就任首相之後。

在附樓的大門處，邱吉爾的一名工作人員來迎接威爾遜，告訴他，在為邱吉爾看診前，克萊門汀想立即見他。

她告訴醫生，邱吉爾要去斯卡帕灣。

「什麼時候？」威爾遜問道。

「今天中午，」她說，「那裡有暴風雪，溫斯頓得了重感冒。你必須阻止他。」

醫生發現邱吉爾還在床上，於是建議他不要去。「他的臉紅了起來。」威爾遜回憶道。

邱吉爾掀開了他的床單。「說什麼該死的傻話！」他說，「我當然要去。」

威爾遜將此事回報予克萊門汀，她對此很不高興。「好吧，」她厲聲道，「如果你不能阻止他，你起碼能和他一起去吧。」

威爾遜同意了，邱吉爾也同意讓他隨行。

沒想到一次簡單的出診會這樣收場的威爾遜，當然沒有提前收拾行李。邱吉爾借給他一件帶有俄式毛絨領的厚外套。「他說這樣可以擋風。」威爾遜回憶道。

威爾遜明白此行表面上的目的是為新任大使送行，但他懷疑另有動機，事實上邱吉爾只是想看看斯卡帕灣的船隻。

車站裡，邱吉爾一行人看見一列長長的臥鋪列車，顯示這將是一場人陣仗的出行。他的「專門列車」通常包括一節供他專用的車廂，配有臥室、浴室、休息室和辦公室；一節餐車車廂，分為兩個部分，一個供邱吉爾和指定客人使用，另一個供工作人員使用；還有一節配有十幾個頭等床位的臥鋪車廂，每個床位都分配給一位特定的客人。工作人員的住宿狀態則沒那麼豪華。邱吉爾的近侍管家索耶斯照例登上了專車，湯普森探長等警探也在車上。邱吉爾透過留值在唐寧街十號的私人祕書（這次是約翰．科維爾）來與他在倫敦的辦公室保持密切聯繫。火車上配有與車站或鐵路側線的電話線相連的防竊聽電話。祕書只要在火車上告訴接線員「速降 4466」（Rapid Falls 4466）這串號碼，通話便會自動轉接到首相辦公室。

十一點三十分專車的保密功夫顯然沒有什麼價值。由於人們很容易就能認出這列專車的許多乘客是新聞照片和影片中的人，他們附近因而聚起了一群人。比弗布魯克和伊登等部長也來了，他們是來道別的。比弗布魯克的出現並未受到歡迎，至少認定是他謀劃了丈夫任職大使一事的哈利法克斯夫人並不歡迎他。她和哈利法克斯都不想離開倫敦。「我們都覺得是比弗布魯克提議的，而我對他可一點信任都沒有，」哈利法克斯夫人事後寫道，「我們最後不得不離開，我從未感到自己像現在這樣悲慘。」

李將軍看著這兩位主角的到來。「哈利法克斯勳爵和夫人，他是那樣地高大而她是那樣地矮小，他們走上月台，不斷與人道別。然後就是一臉圓胖、塌鼻子、雙眼炯亮的首相，穿著一件藍色雙排扣、略帶航海風的大衣，戴著軍警帽，和邱吉爾夫人在一起，看上去高大又時髦。」巴戈·伊斯梅與他們同行。邱吉爾雖然明顯得了感冒，但「興致很好」，李寫道。外圍的人群歡呼了起來。

伊斯梅踏上火車時，驚訝地發現邱吉爾的醫生查爾斯·威爾遜爵士已經在車上了。「他看起來很痛苦，」伊斯梅寫道，「我問他為什麼在那兒。」

威爾遜告訴他早上與邱吉爾會面一事。

「於是我人就在這裡了，」威爾遜說，「連牙刷都沒有。」

霍普金斯在最後一刻沿著月台衝過來，大衣翻飛著。然而，沒有他，火車其實是不會離開的。為了這道美國免死金牌，邱吉爾不管花多少時間都會讓專車等著他。

當晚在餐車裡，李將軍發現自己就坐在哈利法克斯勳爵旁邊，對面是克萊門汀和加拿大軍需部部長(minister of munitions)。「我們真的度過了愉快的時光，」李寫道，

「邱吉爾夫人是個高大俊俏的女人，穿著一襲精美的猩紅色斗篷，光看著就給了我好興致。」哈利法克斯一度一臉嚴肅地問白宮何以稱為白宮，惹得克萊門汀開玩笑說，這確實是哈利法克斯在前往美國前該知道的事情。

李將軍現在加入了討論，描述最初的總統府是如何在一八一二年戰爭中被英國人燒毀的。「哈利法克斯勳爵看起來既震驚又困惑，」李寫道，「我才明白過來，他壓根不知道一八一二年的那場戰爭。」

邱吉爾與哈利法克斯夫人、伊斯梅，當然還有霍普金斯共進晚餐。邱吉爾是他們一群人裡唯一穿晚禮服的人，與一如既往蓬頭垢面的霍普金斯形成了鮮明的對比。晚飯後，邱吉爾等人移步到休息室去。

儘管患有支氣管炎，邱吉爾仍然熬夜到凌晨兩點才睡。「他很享受，憑藉著他淵博的歷史知識、表達能力和巨大的能量，為霍普金斯搬演了一場大戲，」李將軍寫道，「霍普金斯真的是第一位受他禮遇的總統代理人。我敢肯定，他從未與（約瑟夫）甘迺迪談過心，也沒在乎過他。」

邱吉爾等人隔天早上起床時，他們的火車因為前方某處發生脫軌，被迫在僅距他們的終點站瑟索（Thurso）[115]十幾英里的地方停下來，他們原本將在瑟索乘船前往斯卡帕灣水域。外面是一片冰凍的風景——一片「涼蕪的荒野」，獲派在這次車程中隨行的私人祕書約翰·馬丁寫道：「大地被雪覆蓋，暴風雪在窗戶上呼嚎。」英國氣象局（Meteorological Office）報告指稱，該地區地面的積雪量深達十五英尺。寒風刮過車廂

115｜譯注：瑟索位於蘇格蘭北側，已經是英國本島的極北處了。

之間，在平原上吹出橫向的皚皚雪絲。在霍普金斯看來，這是一片絕望的景色，覆蓋著這寒冷的一週。

但聲音嘶啞、明顯生了病的邱吉爾仍「燦笑著走進早餐的餐車，喝了一大杯白蘭地」，哈利法克斯的私人助理查爾斯・皮克（C. Peake）在日記中寫道。儘管容易暈船，但首相還是等不及要下水。他還一度宣告，「我要去拿我的母息憂（Mothersills）了」，他指的是一種廣受旅人青睞的人氣暈船藥。

他開始談論起一種能發射多枚小型火箭的實驗型防空武器。為了防禦低空飛行的敵機，這款武器的早期迭代已經架設在契喀爾，而海軍現在正試著改造這種武器，好保護他們的船艦。邱吉爾計劃在到訪斯卡帕灣期間試射一枚原型機，這個希望讓他高興不已——直到與他們一群人同行的一位海軍部高階官員插話，說每次發射的成本約一百英鎊（約為今日的六千四百美元）為止。

皮克眼看著「首相唇畔的笑意消失了，嘴角像嬰兒一樣下垂」。

「什麼，我不能試射了嗎？」邱吉爾問道。

克萊門汀插嘴道：「可以，親愛的，你只能試一發。」

「好，這樣很好，」邱吉爾說，「我只試一發。就一發。總不會糟到哪去。」

皮克寫道：「沒人忍心說可能會很糟，於是他很快又燦笑了起來。」

結果確實很糟，就如他們隔天一同發現的那樣。

第73章 「你往哪裡去」

'Whither Thou Goest'

火車既在瑟索外圍停了下來，天氣又很糟糕，邱吉爾還病得很重，大家於是爭論起是否該繼續前進。克萊門汀擔心丈夫的支氣管炎，他的醫生也很擔心。「我們對於該怎麼做，進行了很多討論，」在這趟車程中隨行的私人祕書馬丁寫道，「因為海浪狂暴、我的主子又得了重感冒。」

邱吉爾打破了僵局。他穿戴上帽子和外套，下了火車，邁向一輛停在鐵軌附近的汽車。他穩穩地坐進後座，發誓他無論如何都要去斯卡帕灣。

其他人跟在後面，爬上了其他的汽車，車隊在被雪洗得一片白淨的路上起行，到達一個叫斯奎布斯特（Scrabster）的小港口，在那裡登上一艘小船，這艘小船將帶他們前往在更遠的海面上等待著他們的、更大的船隻。「這片土地荒涼又險惡，」李將軍回憶道，「唯一的活物是一群一群看起來像羊的生物，我想這些動物要是不長點哈里斯毛料[116]出來，就要凍死了。」他們一行人中，有些人分別登上了兩艘掃雷艦，而邱吉爾、克萊門汀、霍普金斯、伊斯梅和哈利法克斯則登上了一艘名為陛下之艦・納皮爾號（HMS *Napier*）的驅逐艦。驅逐艦駛過一片昏暗的暴風雪與艷陽交替出現的懾人海景，海面在雪毯覆蓋、曖曖泛著光的海岸映襯下，是一片耀眼的鈷藍。

撇開支氣管炎，光是看著如此景緻，對邱吉爾來說便是純然的喜悅了。他們乘的

116｜譯注：哈里斯毛料（Harris tweed），由哈里斯島等幾個蘇格蘭島嶼盛產的羊毛織成的著名手工衣料，非常保暖，通常帶有以天然植物染料染成的雜色斑點，又稱哈里斯粗花呢。

船必須通過一道道反潛網才能進入斯卡帕灣，它們由護衛艦拉開並快速關起，以免德軍潛艦尾隨在後，這種戲劇性毫無疑問地加強了這趟航程的樂趣。（一九三九年十月十四日戰爭初期，一艘德軍潛艦在斯卡帕灣用魚雷擊沉了一艘名為陛下之艦・皇家橡樹號（HMS *Royal Oak*）的戰艦，造成該艦一千兩百三十四名船員中的八百三十四名死亡，促使海軍安裝了一系列冠名為「邱吉爾屏障」的防護堤道。）納皮爾號和兩艘掃雷艦進入斯卡帕灣的中央水域時，太陽再次探出頭來，在停泊的船艦和白雪皚皚的山丘上投下鑽石般的光芒。

巴戈・伊斯梅覺得如此景色令人嘆為觀止，於是前去尋找霍普金斯。「我想讓哈利見識見識大英帝國在如此情境下的魄力、莊嚴、主宰和威武，讓他理解到，倘若這些船艦發生任何不幸，全世界的未來都有可能被改變，不僅對英國如此，說到底，對美國也一樣。」伊斯梅有點誇大了事實，因為此時這個泊地的艦隊，泰半已被派往地中海，或被派去保護船隊、追捕德軍的商船襲擊隊，停在這裡的只有幾艘重要的船艦。

伊斯梅在軍官室裡發現了「鬱鬱寡歡、顫抖著」的霍普金斯。這位美國人看起來筋疲力盡。伊斯梅給了他一件自己的毛衣和一雙襯有毛裡的靴子。這讓霍普金斯稍微高興了一點，卻仍不足以讓他接受和伊斯梅一起在船上速速繞一圈的建議。「他太冷了，對本土艦隊（Home Fleet）[117]提不起熱情。」伊斯梅寫道。

霍普金斯忙著找地方避寒遮風時，伊斯梅邁著大步獨自離開了。他找了個看起來很理想的位置，坐了下來。

117 | 譯注：本土艦隊負責防禦英國海岸周邊的敵方海軍艦隊。

一位士官長走向他。「不好意思，長官，」那位軍官說，「我想你不該坐在那裡，長官。那是顆深水炸彈，長官。」

邱吉爾一行人登上了要將哈利法克斯和李將軍送往美國的船，一艘又新又令人驚艷的戰艦，名為國王喬治五世號。邱吉爾選擇讓這艘船負責哈利法克斯的航行，也是為了向羅斯福獻殷勤。邱吉爾知道美國總統熱愛船艦，且和他一樣對海軍事務有著濃厚的興趣。實際上，至今為止，羅斯福總共收集了四百多個大大小小的船艦模型，其中許多後來都在紐約海德公園的羅斯福總統圖書館（FDR Presidential Library）[118]展出。邱吉爾說：「沒有一個人會像我鑽研羅斯福總統那樣，鑽研自己的情婦每一個心血來潮的好惡喜厭。」他寫道，他選擇國王喬治五世號「來為我們新人使哈利法克斯勳爵的赴任充場面，好提升他在美國各種重要場合上的分量」。

在船上吃過午飯後，所有人都向哈利法克斯道了別。霍普金斯將要給羅斯福的信交予李將軍。

邱吉爾和其他人往下爬進一艘小船，它將帶著他們到今晚的落腳處，一艘名為納爾遜號的老戰艦上。邱吉爾一如既往地謹守海軍要求高階官員（在這個場合裡，就是他自己）最後下船的規矩。波濤起伏著，海風掠過漆黑的海面。李將軍從國王喬治五世號的甲板上看著小船「在浪花掀起的水幕中」駛離。當時是四點十五分，在李將軍注視下，日落從北方迅速臨近了。

118｜譯注：全名爲富蘭克林・德拉諾・羅斯福總統圖書館暨博物館。

國王喬治五世號載著李將軍和哈利法克斯夫婦離開了。李將軍寫道：「沒有喧鬧、沒有頌樂、沒有禮砲，錨起，我們向大海航去。」

在漸暗的暮光中，一條載著邱吉爾和霍普金斯的小船回到了納爾遜號，他們和其他人在船上過了夜。

隔天，一月十六日星期四，在納爾遜號上，邱吉爾得到了發射新型防空武器的機會。情況不太對。「其中一個砲彈被索具纏住了，」祕書馬丁回憶道，「一聲巨大的爆破聲後，一坨纏成一團的物體朝我們所在的艦橋飛來。每個人都俯臥了下去，接著發出了磅的一聲巨響，不過沒有造成嚴重的破壞。」據霍普金斯後來對國王所說的，炸彈落在離他所在地五英尺遠的地方。他毫髮無損，還覺得這個插曲很有趣。邱吉爾很顯然不這麼覺得。

最後，邱吉爾一行人離開納爾遜號，乘著海軍的駁船返回了驅逐艦納皮爾號，這艘驅逐艦將送他們回去搭火車。天候比前一天更糟，海面更加波濤洶湧，讓從駁船爬上驅逐艦甲板的過程成了一場困難重重的冒險。這個時候，海軍的規矩要求反向的登船順序，由邱吉爾首先登船。兩艘船隨著波浪起伏，海風扯斷了船舷。邱吉爾爬上甲板的過程中一直在說話，輕鬆得很。在下方駁船上的巴戈．伊斯梅，聽見船梯上一級承著邱吉爾體重的台階「不祥地」裂了開來，但邱吉爾繼續向上爬，很快便上了船。伊斯梅寫道：「輪到我的時候，我很小心地避開了那一級的階梯，但哈利．霍普金斯就沒那麼幸運了。」

霍普金斯開始攀爬，他的外套在風中飄揚。台階斷了，他開始下墜。羅斯福的知己、英格蘭的潛在救命索，就要墜到下面的小船上，更糟的是，他可能墜入駁船和艦體之間波濤洶湧的深淵中，駁船和艦體像老虎鉗的鉗口般不斷相互撞擊。

兩個海員抓住了他的肩膀，他的身體懸在駁船上頭。

邱吉爾高喊著稱不上鼓勵的話語。「我不會想在那裡掛上太久，哈利。兩艘船在波濤洶湧的海面上靠得這麼近時，就是很容易受傷。」

在返回倫敦的路上，邱吉爾的火車停在格拉斯哥（Glasgow）[119]，在那裡他檢閱了大批公民志工，包括消防隊、警察和紅十字會的成員、空襲警示處和婦女志工服務組織的成員，全都列隊接受邱吉爾的檢閱。每當他走到一個新團體面前時，他都會停下來介紹霍普金斯，稱他為美國總統的個人代表，這讓每個組織的成員都為之振奮，卻耗盡了霍普金斯最後的能量。

他躲了起來，將自己隱匿在聚集過來看邱吉爾的人群中。

「但他是逃不掉的。」巴戈．伊斯梅寫道。

注意到霍普金斯消失不見時，邱吉爾每次都喊道：「哈利、哈利，你在哪裡？」迫使哈利回到他身邊。

霍普金斯在英格蘭駐留期間最重要的時刻，正是在格拉斯哥發生的，儘管當時他

119｜譯注：格拉斯哥是蘇格蘭的第一大城。

們暫時對大眾保密了這個事件。

他們一群人在格拉斯哥的車站飯店（Station Hotel）會合，與即將被任命為蘇格蘭事務大臣（secretary of state for Scotland）的議員兼著名記者湯姆．約翰斯頓（T. Johnston）一起辦了場小型晚宴。邱吉爾的醫生威爾遜坐在霍普金斯旁邊，又一次為這個男人看起來多麼邋遢感到震驚。眾人輪流發表演說。最後終於輪到了霍普金斯。

霍普金斯站了起來，據伊斯梅的回憶，他先是「抨擊整體英國憲法幾句，尤其是對無人能抑制住首相這方面」。然後，他轉身面對邱吉爾。

「我想，你可能想知道我回國後打算對羅斯福總統說些什麼。」他說。

這麼說太輕描淡寫了。邱吉爾迫切地想知道他追求霍普金斯好感的進展如何，以及他究竟會跟總統說什麼。

「那麼，」霍普金斯說，「我要引用提及約翰斯頓先生和我蘇格蘭母親的名字[120]的那本真經，裡面有一節經文是這樣說的——」

霍普金斯將音量壓低到幾乎是耳語程度，背誦了《聖經．路得記》（Book of Ruth）中的一段。「『你往哪裡去，我也往哪裡去；你在哪裡住，我也在哪裡住；你的百姓就是我的百姓；你的上帝就是我的上帝。』」

然後，他輕聲補充道：「直到末日亦如是。」

這是他自己加上的句子，一股感激和寬慰之情似乎隨著這句話席捲了整個房間。

邱吉爾哭了。

120｜譯注：霍普金斯和約翰斯頓兩人的母親都叫 Ruth（一般譯為「露絲」），與〈路得記〉的路得（Ruth）是同一個詞。

「他知道這意味著什麼，」他的醫生寫道，「這些話就像扔給溺水者的繩索。」伊斯梅寫道：「（霍普金斯）以這種方式表達他站在我們這邊可能有些輕率，但這深深地打動了我們所有人。」

一月十八日星期六，邱吉爾和霍普金斯返回倫敦時，科維爾正乘車前往牛津與蓋伊．馬格森共進午餐，他撒了個無傷大雅的小謊，稱他是為首相公務而前往牛津的，以此掩飾他的情感意圖。倫敦被雪覆蓋，他開車途中又下了更多的雪。他擔心，或者也許是希望，牛津現在會讓她變糟，她現在的一頭長髮便是牛津對她產生影響的表徵。但當他們午飯後在她房裡聊天時，他發現她一如以往地令人神魂顛倒。

「我覺得她很迷人，也沒像我擔心的那樣變了許多，」他寫道，「但我並沒有長進多少。我們的交談一直以來都很順暢，但我永遠無法擺脫『老朋友喬克』的身分，在我改變或表面上改變之前，我都沒有機會給蓋伊留下新印象。」

很快便到了該離開的時間了。雪下了起來。蓋伊向他道別，並邀請科維爾再來看她。他以顯而易見的悲傷寫道，在那片雪地裡，「蓋伊看起來美麗如常，她的長髮被頭巾半掩著，臉頰因寒冷而泛紅」。

他在冰與雪中驅車返回倫敦，稱這段旅程為「惡夢一場」。

他回來後，覺得自己受夠了。他寫了一封給蓋伊的信，堅定告訴她，「我仍然愛著她，並告訴她從我的角度看來，唯一的解決辦法就是快刀斬亂麻、再也不見她。想必我不會造成她生活中多大的空虛，雖然我相信她喜歡我，但我作為一個被拒的追求者，不能繼續待在她身邊，為過去的回憶和曾夢想擁有的可能所苦」。

然而，他知道，這實際上只是一個各個時代注定失戀的戀人都用過的計策，他並不真的打算永遠切斷這個結。「所以可能只要微微地斷開吧，」把這封信放在一邊後，他在日記中寫道，「我推遲了這個計畫，並決定『藕斷絲連』一段時間。歷史上充滿了死灰復燃的例子。」

那個星期六，魯道夫·赫斯在一名司機、警探和他的一名副官卡爾－海因茨·平奇（K.H. Pintsch）陪同下，再次前往位於奧格斯堡的梅塞施密特工廠機坪。赫斯給了平奇兩封信，並指示平奇在他離開四個小時後打開其中一封。為了安全起見，平奇等了四個小時後，又多等了十五分鐘，才打開了信。他瞠目結舌。他讀到，赫斯正在前往英國，試圖達成和平協議。

平奇將他剛剛讀到的內容告訴了警探和司機。當他們在討論這件事、無疑正對自己的生活和未來感到非常焦慮時，赫斯的戰鬥機返回了機坪。他一直找不到讓戰機飛在正軌上所需的無線電信號。

赫斯一行人驅車返回慕尼黑。

霍普金斯的訪英行程原訂為兩週，卻延長到了四週以上。其中大部分時間，他都是在租借法案能否成立的懸念不斷增加之下，與邱吉爾一起度過的，國會會否通過這項法案，尚無確切答案。那段時間裡，霍普金斯幾乎贏得了他所遇到的每個人的喜愛，包括在克拉里奇大飯店，格外賣力地讓霍普金斯看起來體面的近侍。「啊，對喔，」霍普金斯對一名近侍說，「我必須記得我現在人在倫敦——我得看起來端莊點。」近侍們不時會發現他的衣服裡塞著祕密文件，或他把錢包忘在褲子口袋裡了。一位飯店服務生說，霍普金斯「非常和藹，又體貼，如果我可以這麼說的話，還很可愛，跟我們在這裡遇到的其他大使完全不同」。

邱吉爾一有機會就向大眾展示霍普金斯，既是為了鼓舞他的英國觀眾，也是為了讓自己有機會向霍普金斯和美國保證，他無意要求美國開戰，儘管他私底下非常希望羅斯福可以自行決定這麼做，不必經過說服國會這個麻煩。一月三十一日星期五，邱吉爾帶著霍普金斯巡迴了樸茨茅斯和南安普敦遭受嚴重轟炸的社區，然後他們再次驅車前往契喀爾，與克萊門汀、伊斯梅、私人祕書艾瑞克·席爾等人共進晚餐。邱吉爾「狀態很好」，席爾那天晚上寫信給他的妻子道：「他和可親又廣受喜愛的霍普金斯打得火熱。」

霍普金斯拿出一盒留聲機唱盤，據席爾所說，裡面有美國歌曲和其他具有「重大英美關係意義」的音樂，很快地，放置留聲機的大廳便充滿了樂音。「我們一直聽音樂聽到午夜深更，首相四處走動，有時會隨著音樂跳起獨舞。」席爾寫道。在轉圈和舞動的間隙，邱吉爾不時會停下來，提起英美之間日益增強的友誼紐帶，以及他對羅斯福的欣賞。「在美好的晚餐和音樂的影響下，我們都有點感性，感到英美之間的關係親密了起來。」席爾寫道。某種無以名狀的東西漫進了大廳。「那一刻非常令人愉悅和滿足，但很難用語言表達，尤其是在一封信的有限字數內，」席爾告訴他的妻子，「與會的每個人都相知又相惜。霍普金斯讓他遇到的每個人都喜歡上他，這非常了不起。」

第74章

第二十三號指令

Directive 23

由於希特勒入侵俄羅斯的計畫「巴巴羅薩行動」順利進行，他開始對英國的持續抵抗感到惱火。他需要所有可用的士兵、坦克和戰機來參加戰役，過後他便有閒暇將注意力集中在不列顛群島上了。然而，在那之前，他必須談和，或以其他方式將英國化為一個可暫時與之共存的敵人，正因如此，在暫時無法考慮入侵英格蘭的情況下，德國空軍繼續發揮著最關鍵的作用。赫爾曼．戈林所承諾的速戰速決未能實現，無疑令希特勒深感沮喪，但他仍對德國空軍能夠獲勝抱持希望。

二月六日星期四，他發布了第二十三號新指令，命令空軍和海軍進一步加強對英格蘭的攻擊，最理想的情況是讓邱吉爾投降，不然的話，至少要將英國的軍力削弱到無法干擾他對俄羅斯發動戰役的程度。他認為俄羅斯現在正加速生產戰機、坦克和彈藥，因此他等得越久，就越難實現他徹底殲滅俄軍的願景。

這項指令寫道，增加攻擊強度將產生一個附帶的好處，也就是製造德軍即將侵英的錯覺，從而迫使邱吉爾繼續派兵協防本土。

戈林很沮喪。

「進攻東方的決定讓我感到絕望。」他後來告訴一名美國審訊者道。

他聲稱，他試圖引用希特勒自己的書《我的奮鬥》所警告的有關兩線戰爭的危險，來勸阻希特勒。戈林相信德國可以輕取俄軍，但他表示當下的時機不對。他告訴希特勒，他帶領的空軍就快讓英格蘭崩潰並投降了。「我們已經將英格蘭帶到了我們想讓她淪落的田地，現在我們卻必須停下來。」

希特勒回答：「是的，我只需要用你的轟炸機三到四週，過後你就可以把它們全部要回去。」

希特勒承諾，俄羅斯戰役一結束，所有資源都將投入德國空軍。據一位在場者轉述，希特勒向戈林承諾，他的空軍將「增長三倍、四倍、五倍」。

意識到自己無法動搖希特勒的決心，又總是貪圖希特勒青睞的戈林，接受了侵俄木已成舟，他得在這場戰事的執行中發揮關鍵作用的事實。他在柏林外圍的蓋托航空學院（Gatow Air Academy）召開了一場與軍事規劃人員的會議，開始為巴巴羅薩行動進行周詳的準備。

德國空軍元帥凱瑟邢寫道，這是「絕對最高機密」。「什麼都沒有洩露出去。工作人員和部隊都一樣，對即將發生的事一無所知。」

或者說，德軍的高階指揮部自以為如此。

遵照第二十三號指令，德國空軍加強了對英格蘭的攻擊，僅受幾次冬季惡劣天候的阻礙。飛行員幾乎沒有遇到什麼抵抗。從每日作戰經驗中，他們就可以感覺到，英國人仍然沒有找到在夜間有效攔截戰機的辦法。

第75章 山雨欲來

The Coming Violence

二月八日星期六，也就是霍普金斯預計展開他漫長的返美旅程那天，傳來了消息：租借法案已經克服第一個重要障礙，在美國眾議院以兩百六十張贊成票對一百六十五張反對票獲得通過。霍普金斯那天去契喀爾向邱吉爾和克萊門汀道了別，然後乘火車前往伯恩茅斯（Bournemouth）搭乘飛往里斯本的航班。他發現邱吉爾正在努力準備隔天晚上也就是二月九日星期日要廣播的演講。

邱吉爾踱著步，祕書打著字。霍普金斯看著，入了神。這場演講表面上是對英國公眾的演講，但兩人都明白，這也是為了增強美國支持租借法案的工具，租借法案現在正要提交給參議院。霍普金斯建議邱吉爾提出這項法案非但完全不會將美國捲入戰爭，反而是遠離戰爭最佳解方的論點。邱吉爾同意了。他還打算好好利用羅斯福的一封柬帖，這位總統手抄了朗費羅[121]一首詩作的其中五行。

霍普金斯給邱吉爾留下了一封感謝函。「我親愛的首相，」他在那個星期六寫道，「我永遠不會忘記和你在一起的這些日子，尤其是你對取勝的極致信心和意志，我曾經喜歡過英國，現在我更喜歡她了。

「今晚，在我離開前往美國的這個時間點，我祝你好運，願你的敵人困惑、失去方向，願勝利歸不列顛。」

121 ｜譯注：亨利．華茲華斯．朗費羅（Henry Wadsworth Longfellow），美國詩人暨翻譯家，譯有美國首版的但丁神曲。詩作以家庭題材、道德教誨爲主，是美國新英格蘭地區著名的「爐邊詩人」。

那天深夜，霍普金斯登上了前往伯恩茅斯的火車。他在隔天週日早上抵達普爾附近的水上飛機港口，惡劣的天氣迫使他推遲飛往里斯本的航班。布倫丹．布萊肯來為他送行。霍普金斯身邊還陪同著一名被派來一路保護他到華盛頓的英國安全特務，因為他習慣把機密文件亂放在飯店房間各處。這位特務奉命在里斯本時要特別跟緊他，因為里斯本當時已是臭名昭著的間諜中心了。

週日晚上，霍普金斯、布萊肯等人聚在普爾的布蘭克森塔飯店（Branksome Tower Hotel）酒吧，收聽邱吉爾的廣播。

事後，國家情報局將會報告，這場演講的部分內容「讓某些人起了雞皮疙瘩」。

邱吉爾開頭就讚揚了倫敦和英國各處撐過德軍空襲的市民，指出「我們每次有能力向德國投一噸炸彈反擊，德國空軍便向我們投下三四噸」。他特別表揚了警察，指出他們「處處與人們同在、無時無刻都在，正如一名職業女性寫給我的信中說的那樣：『他們是多麼地紳士啊！』」他讚揚在中東與義大利軍隊對抗的成功，還說到了霍普金斯的訪問，視之為美國展現同情和善意的標誌。「在上一場大戰中，」邱吉爾進入到一段明顯受霍普金斯的建議啟發的段落，說道，「美國派了兩百萬人越過大西洋。但這不是一場大規模軍隊之間彼此發射大量砲彈的戰爭。我們不需要整個美洲聯盟內正在進行組織的英勇軍隊。我們今年不需要他們、明年也不需要，我能預見的任何一年都不需要。」他說，他需要的，是補給和船艦。「我們需要它們在這裡，我們得把它們帶到這裡。」

他接著說，隨著冬天過去，德軍入侵的威脅將以一種不同的、可能更加危險的形式捲土重來。「納粹若是在去年秋天入侵英國，那多多少少是臨興而起的，」他說，「希特勒理所當然地認為，法國投降了，我們也該投降；但我們沒有投降。他不得不重新思考。」現在，邱吉爾說，德國將有時間計劃和建造必要的設備和登陸艇。「我們都必須準備好應對持續不斷、經過推演謀劃，並且技巧純熟的毒氣攻擊、傘兵攻擊和滑翔機攻擊。」因為以下事實仍然存在：「為了贏得戰爭，希特勒必須摧毀大不列顛。」

但無論德國取得了多少進展、佔領了多少領土，希特勒都不會得勝。大英帝國的力量——「不，就某種意義上而言，是整個英語世界的力量」，都「帶著正義之劍」在追擊他。

可想而知，那些御劍者之一便是美國，而現在，在朝著演講的尾聲邁進之時，邱吉爾援引了羅斯福傳給他的手寫柬帖。

「啟航吧，國家之船啊！」邱吉爾低吼道，「揚帆起航吧，強大而偉大的聯盟啊！

全人類與他們所有的恐懼，
懷著對未來歲月的所有希冀，
正氣喘吁吁地掛在汝的命運上！」

邱吉爾問他的聽眾，他該如何回應。「我該如何以你[122]之名，回答這位偉大的人物，這位人口一億三千萬的國家三度選擇的領袖？這就是答案……」

大多數英國人都在聽這場演講：百分之七十的潛在聽眾都在聽。在布蘭克森塔飯店，霍普金斯聽著。科維爾難得週末休假，在他祖父位於北斯塔福郡（North Staffordshire）、距離倫敦一百四十英里的鄉間別墅馬德利莊園（Madeley Manor），與母親和兄弟用餐後，也在聽著。那一夜寒冷而多雨，但房子裡無數的壁爐讓人感覺很舒適。

這是邱吉爾最擅長的——坦率而令人鼓舞、嚴肅卻令人振奮，鼓勵自己的人民，同時向廣大的美國人保證，他想從美國得到的無非是物質援助而已，縱然有些虛偽。戈培爾也在聽這場演講，他稱之「厚顏無恥」。

邱吉爾進入了講辭的激昂尾聲。

「以下就是我要給羅斯福總統的答案：相信我們，」邱吉爾說，「將你的信念和祝福賜予我們，然後，在上帝的帶領下，一切都會沒事的。

「我們不會失敗、動搖，我們不會示弱或倦怠。無論是突如其來的戰役，或是使我們警覺和費力的漫長考驗，都無法拖垮我們。

「把釣竿給我們，我們就能自己釣到魚。」

122｜編按：「你」在此應是代指英國與全英國人民。

那個週末，喬治國王產生了新的領悟。他在日記中寫道：「我不會有比他更好的首相了。」

美國國會上，什麼都沒有發生。

直到二月中旬，羅斯福的租借法案仍未獲得參議院的批准。邱吉爾很沮喪，對國家情報局宣稱該法案「顯然正沒完沒了地商討中」而越來越不耐煩的英國民眾也是。

邱吉爾也比過去更確信，德國空軍正盤算著殺害他和他的政府同事。內閣戰情室正在施工加固，但據他在二月十五日星期六的一則紀要（邱吉爾那天發的至少十八則之一）中告訴戰事內閣大臣愛德華．布里奇斯爵士，他擔心英國陸軍的總部大樓極容易受到攻擊。德軍的炸彈似乎投得越來越近了，還集中攻擊白廳。「他們在內閣戰情室一千碼範圍內投了多少炸彈？」邱吉爾問布里奇斯。

事實上，目前為止至少有四十次空襲襲擊了白廳，一百四十六枚炸彈落在國家戰爭紀念碑（the Cenotaph）方圓一千碼的範圍內，這座紀念碑與位於白廳中心的唐寧街十號，只有一個半街區的距離。

那一天，邱吉爾針對德軍入侵的議題寫信給巴戈．伊斯梅。儘管情報顯示希特勒推遲了入侵英格蘭的計畫，邱吉爾仍然認為必須認真對待此一威脅。（民眾對此也很同意：蓋洛普一月份的一份民調發現，百分之六十二的受訪者料想德國將在來年入侵。）希特勒總有一天將會處置英格蘭，這一點很清楚；現實層面上，他必須在這個國家變得太強大之前盡快這麼做，這一點也很清楚。英國正在加緊生產武器和裝備，而且如果羅斯福的租借法案立法成功，他們很快就會從美國獲得大量補給。邱吉爾的高階指揮官相信希特勒除了侵英之外別無選擇，並將德國重新對倫敦和英國其他城市進行的轟炸視為德軍重燃入侵意圖的不祥之兆。

邱吉爾沒有那麼確信，卻也同意陸軍和民眾都必須盡可能準備好擊退德軍的進攻，這就意味著民眾必須撤離英格蘭的海灘和海灘社區。「我們必須開始說服人們離開，」他在給巴戈．伊斯梅的信中寫道，「……並向那些希望留下來的人解釋，他們家裡最安全的地方是哪裡，還有他們將無法在戰爭發生後離開。」

比弗布魯克卻反過來恐嚇他的廠長們要加強工廠的營運。「所有戰機生產的相關單位必須持續不斷地提高努力，以便在天氣好轉時能應對步步進逼的入侵，這對國家的安全至關重要。」比弗布魯克在給一百四十四家機體製造商的電報中寫道：「我因此要求您保證，每個週日，您的工廠都將一整天持續工作，以便達成最高產量。」他向六十家製造氣體淨化設備的公司發送了類似的電報。「對淨化設備的需求十分迫切，我必須請您日夜排班，週日也必須上工。」

哈利．霍普金斯離去的時間點，恰逢溫暖如春的天氣到來，雪化了，番紅花也從海德公園的草叢中探出頭來。瓊．溫德姆和她「可愛的魯珀特」一起外出散步，魯珀特斜晃著他的手臂，她寫道：「這春天般陽光明媚的日子、這蔚藍的天空、這美妙的興奮感……那個下午是我們共度過最快樂的午後之一。我們是共享同一思緒的兩個腦袋，或者更精確地說，我們什麼都沒在想。」

也是在那一週，蘭道夫．邱吉爾跟著他的新部隊——第八突擊隊，乘上了一艘名為格倫羅伊號（Glenroy）、前往埃及的船艦。截至此時，這支部隊已有五百多名士兵以及各種各樣的軍官和聯絡官了，其中一位正是同為懷特俱樂部成員的作家伊夫林．沃。蘭道夫和帕梅拉希望這次暫別能給他們一個穩定財務狀況的機會，這一點現在更加重要了，因為她相信她可能懷上了他們的第二個孩子。「唉，分隔兩地真是地獄，」蘭道夫在離開前告訴她，「但至少，我們能處理好我們的債務。」

然而這趟航程長得很，蘭道夫的賭性也十分堅強。

第76章
倫敦、華盛頓與柏林
London, Washington and Berlin

對於邱吉爾來說，三月的第一週是緊張的一週。租借法案仍未通過，還有跡象表明對這項法案的支持力道開始減弱了。最新的蓋洛普民調顯示，百分之五十五的美國人贊成立法，低於民調此前的百分之五十八。民調結果可能是導致他在三月六日星期四那場午宴開場時心情不佳的原因。邱吉爾在唐寧街十號新加固的地下室飯廳辦了這場午宴，向另一位來訪的美國人，哈佛大學校長詹姆斯・科南特（James Conant）致意。

克萊門汀、科南特和其他幾位客人走進飯廳時，邱吉爾仍未出現。教授到場了，整個人既高大又憂鬱，克萊門汀的朋友溫妮芙蕾達・尤爾（W. Yuill）也到了。同樣在場的還有知名報紙編輯和邱吉爾演講集的編纂者，查爾斯・伊德（C. Eade）。

克萊門汀上了雪利酒，決定在丈夫不在的情況下開始用餐。她戴上了那條印著戰爭標語的頭巾，將它裹成全包式造型。

邱吉爾終於在上第一道菜之前到了。進入飯廳之際，他吻了吻溫妮芙蕾達的手，作為還稱得上親切的開場，但隨後又陷入不悅的靜默。邱吉爾仍受支氣管炎所苦，且顯然心情欠佳。他看起來很疲憊，似乎不願意交談。

為了緩和氣氛，科南特決定劈頭就表明他是租借法案的熱切支持者。他還告訴邱吉爾，他曾在參議院表示美國應該直接干預戰爭。科南特的日記中指出，邱吉爾從這時開始變得比較健談了。

起初，首相帶著顯而易見的歡欣，描述了英方兩天前在挪威羅弗敦群島（Lofoten Islands）一場成功的突襲，那是由英國一支突擊隊和挪威士兵們共同執行的。這場稱為「克萊莫爾行動」（Operation Claymore）的作戰，成功摧毀了生產魚肝油的工廠，魚肝油對於幫助德國供應其民眾急需的維生素 A 和 D 以及作為炸藥成分的甘油，都至關重要。他們俘虜了兩百多名德國士兵和一些通敵的挪威人，後者被稱為「奎斯林仔」，奎斯林是試圖讓挪威與德國結盟的挪威政治家維德孔．吉斯林（V. Quisling）。

這是公開版的故事。然而，邱吉爾卻知道一個他沒有向午宴與會賓客透露的祕密。突襲的過程中，突擊隊成功找到了德軍恩尼格瑪密碼機的一個關鍵零件，以及一份載有德國海軍未來幾個月將使用的暗碼密鑰的文件。現在，布萊切利公園的密碼破譯員除了能讀懂德國空軍的通訊外，還能夠讀懂德國海軍的通訊了，包括那些傳送給德國潛艇的命令在內。

接著，邱吉爾提出了他最關心的議題：租借法案。「這項法案必須通過，」他告訴科南特，「不然，我們所有人都該落到多麼糟糕的田地啊。總統該處於多麼糟糕的境地啊，這項法案若不通過，他在歷史面前會顯得多麼失敗。」

還是很想投筆從戎的約翰．科維爾想出了一個新計畫。

三月三日星期一早上，他向作為空軍部部長辛克萊私人助理的朋友路易斯．葛雷格（L. Greig）借來一匹馬，在皇家植物園邱園附近的里奇蒙公園（Richmond Park）騎馬。過後，科維爾載著葛雷格返回倫敦，在車程中無預謀般地告訴葛雷格，他想成為一名轟炸機組成員。他大概知道，比起海軍或陸軍，邱吉爾可能更傾向於讓他加入英國皇家空軍。

葛雷格答應讓他參加英國皇家空軍徵募流程的第一階段，醫療「面談」。科維爾很高興。不曉得他是否知道，轟炸機組新成員的預期存活時間大約是兩週。

華盛頓的戰爭部仔細研究了一份由其戰爭計劃局撰寫、評估英國前景的報告。「不列顛群島會否淪陷，淪陷的話又會何時發生，」報告表示，「都無法預測。」未來的一年極為重要：英國的戰爭設備產量正在攀升，美國的援助也在增加，而德軍的資源受長達十個月的戰爭、侵佔所累，跟他們戰前的巔峰期相比，只會進一步下降。報告表示，一年之內，雙方的水平將趨於相等——前提是英國能撐那麼久的話。最嚴重的威脅，是「與德軍入侵同時或緊隨其入侵之後，大力加強的空、陸、海三方面的軍事活動」。

報告警告道，英國能否承受這種聯合攻擊仍有待商榷。「在這個關鍵時期，美國經不起把自己的軍事計畫押在不列顛群島不會因封鎖而屈服，或他們不會被成功入侵的假設之上。我們認為，這個關鍵時期就從這一刻開始到一九四一年十一月一日。」

希特勒希望對英國施加更多的武力。美國似乎越來越有可能參戰，但他推斷，只有英國繼續存在的情況下美國才會參戰。三月五日，他發布了另一項指令：第二十四號指令。這項指令由國防軍最高統帥部（High Command of the Armed Forces）[123]的總長威廉·凱特爾（W. Keitel）元帥簽署，主要針對德國和日本會如何根據去年秋天雙方與義大利簽署的三國同盟條約（Tripartite Pact）[124]來協調戰略。

該指令表示，德軍的目標「必須促使日本盡快在遠東採取行動。這將牽制強大的英國軍隊，並將美國的主要精力轉移到太平洋」。除此之外，這項指令表示，德國對遠東並不特別感興趣。「戰略的共同目標，」該指令說，「必須展現為迅速征服英格蘭以便將美國置於戰爭之外。」

123 | 譯注：國防軍最高統帥部（德語 Oberkommando der Wehrmacht，簡稱 OKW）是二戰期間納粹德國的最高軍事指揮部，是當時德國陸海空三軍的最高指揮機構。

124 | 譯注：三國同盟條約是德義日三國於一九四〇年九月簽署的條約，正式確立軸心國同盟關係，其成立被認爲是在警告美國保持中立，否則將遭受攻擊。

第77章 週六夜

Saturday Night

那個週末對瑪麗・邱吉爾來說將是個重要的週末：又一個逃離監禁室的機會。這次是與她的母親一同驅車前往倫敦參加這座城市一年一度的名媛舞會（debutante ball）[125]，夏洛特女王（Queen Charlotte）的年度生日晚宴舞會。它將於三月八日星期六晚上舉行，即便是戰時，它仍揭開了倫敦的社交季節。瑪麗和朋友們打算在結束後繼續玩樂到隔天早上，到城裡最受歡迎的其中一家夜總會「巴黎咖啡館」，去跳舞、飲酒。

那天的天氣應該會很好：晴朗無雲，月相呈四分之三滿的盈凸狀。對穿著上好絲綢的年輕女性和穿晚禮服、戴絲綢禮帽的男士來說，這是絕佳的天氣。對德國轟炸機而言亦是。

為這幾乎可以肯定將會非常漫長的一夜，槍砲和探照燈組員做足了準備。

巴黎咖啡館位於皮卡迪利圓環上的考文垂大街（Coventry Street），店主馬丁・波森（Martin Poulsen）預期當晚將會是一個忙碌的夜晚。週六夜晚總能吸引大量的人群到夜總會來，但這個特殊的週六保證會帶來比多數週六更多、更嘈雜的人群，因為初登場名媛們的舞會將在附近的格羅夫納故居飯店（Grosvenor House Hotel）舉行。初登場名媛們和她們的約會對象、朋友們（其中最有魅力的男士被稱為初登場名媛們的

125｜編按：名媛舞會是舊時歐洲上流社會的社交傳統，可視爲來自上流家庭的年輕女性初登社交舞台的重要場合。

點心）無疑會在舞會後到來，把這間夜總會擠滿。巴黎咖啡館是城裡最受歡迎的夜總會之一，與使館夜總會（The Embassy Club）和四百夜總會並駕齊驅，以擁有最好的爵士樂團和氣場最強的樂團領奏而聞名。店主波森聘了一位特別受歡迎的主唱，肯卓克·「蛇臀」·強森（Kenrick "Snakehips" Johnson），他是一位來自英屬蓋亞那（British Guiana）、靈活的二十六歲黑人舞者兼領奏，「苗條、老練又俊俏的蛇臀」，某位女士是這麼形容他的。沒有人真的稱他為肯卓克。大家總是叫他阿肯。或者只叫蛇臀。

波森本人則以樂觀和永遠歡快的性格聞名，由於他是丹麥人，這讓一些人覺得他很反常——「人類史上最不憂鬱的丹麥人」，這間夜總會的傳記作者是這麼說的。創立巴黎咖啡館之前，波森曾在另一家人氣夜總會擔任領班。巴黎咖啡館曾經是位於瑞奧多電影院（Rialto Cinema）地下室一間殘破不堪、幾乎門可羅雀的餐廳，新的內部裝潢是為了重現鐵達尼號的奢華尊榮。隨著戰爭的到來，這間夜總會位處地下這一點，讓波森在競爭者之間具備營銷優勢。他宣傳它是「城裡最安全、最快樂的餐廳——即使在空襲中也是如此。我們在地下二十英尺喔」。實際上，它並不比附近其他任何建築物安全。這間夜總會確實是在地下，但它的天花板十分一般，上面也只有瑞奧多的玻璃屋頂。

不過波森是個樂觀主義者。一週前，他才告訴一位高爾夫球友，他堅信戰爭很快就會結束，所以他訂購了兩萬五千瓶香檳，這是客人們的首選飲品。他還特意訂了大瓶的。「我不知道為什麼人們對閃電戰這樣大驚小怪，」他告訴一位女性朋友，「我非常確定它會在一兩個月內就結束。實際上，我還打算要訂霓虹燈來放在巴黎咖啡館外頭。」

那個星期六晚上八點十五分，當空襲警報響起時，夜總會已經忙起來了。沒有人注意到警報聲。第一支樂團開始演奏。蛇臀很快就會到場，預定將在晚上九點三十分上台演出第一支曲目。

在隔天前往博根湖的鄉間居所之前，約瑟夫．戈培爾在柏林度過了週六夜晚。他的妻子瑪格達正與一場拖了很久的支氣管炎纏鬥。

在週六的日記中，戈培爾承認英國對挪威羅弗敦群島的突襲「比最初想像的還嚴重」。除了摧毀工廠、魚油和甘油外，那些來襲者還擊沉了一萬五千噸的德國船貨。「此事有挪威間諜涉入。」他寫道，並指出一位來自德國的納粹黨忠實支持者約瑟夫．特博文(J. Terboven)，作為挪威的第三帝國總督，已被派去懲處協助來襲者的島民。特博文週六打電話給戈培爾，報告他迄今所達的成就，據戈培爾在日記中所總結的是：

「他在幫助了英國人、出賣了德國人和奎斯林同路人的羅弗敦島上，成立了一個最為嚴酷的懲罰法庭。他下令燒毀破壞者的農場、俘虜犯人等等。」

戈培爾對此表示認可。他在日記中寫道：「這個特博文很不錯。」

德軍在其他方面也取得了進展。「阿姆斯特丹也判決了大量的死刑，」戈培爾寫道，「我贊成吊死猶太人。那些傢伙必須受到教訓。」

他結束了那晚的日記：「已經很晚了。而且我好累。」

華盛頓那頭，租借法案的前景有了改善。其中一個重要的因素，是羅斯福曾經的對手溫德爾．威爾基決定全力支持這項法案。（威爾基一反自己早前煽動恐懼的敵對態度，表示那「不過是些競選說辭」。）現在看來，這項法案真的能在參議院通過，而且會很快通過，其有效性也不會受到修正案的嚴重削弱。法案隨時可能通過。

現在看來，羅斯福派遣另一位使者前往倫敦的可能性也很大，而這個人與虛弱的哈利．霍普金斯恰恰相反，並且很快就會影響瑪麗．邱吉爾和她的嫂嫂帕梅拉的生活。

第78章

那位面帶微笑的高個男子

The Tall Man with the Smile

羅斯福和一位來客在白宮橢圓形辦公室的總統辦公桌前坐定，準備吃午飯。羅斯福的感冒還在復原中，他看起來頭昏腦脹。

「真是超凡的一餐。」他的客人事後寫道。他所說的超凡，指的是一塌糊塗。

「這道菠菜湯——」他開頭道。

這位來客是威廉．埃夫里爾．哈里曼（William Averell Harriman），不同的人對他有不同的稱呼，他被稱為埃夫里爾、埃夫或比爾。他父親是聯合太平洋（Union Pacific）鐵路帝國的創始人，身為後裔，他的財富不可斗量。他在耶魯大學讀大四時便加入了公司董事會，現在，四十九歲的他是董事會的主席。一九三〇年代中期，為鼓勵鐵路向西部延伸，他指示在愛達荷州（Idaho）建造了一座名為太陽谷（Sun Valley）的大型滑雪度假村。無論用怎樣的標準來看，他都十分英俊，而讓他尤為英俊的兩點，便是他燦爛、露出雪白牙齒的笑容，以及他活動起來時那如運動員般的輕鬆優雅。他是一位專業的滑雪者和馬球運動員。

哈里曼預計將在幾天後前往倫敦，也就是三月十日星期一，他將在租借法案最終通過後，到那裡協調美國援助的交付事項。和霍普金斯一樣，哈里曼將作為羅斯福了解英國情況的反射鏡，但他也有一項更正式的任務，就是確保邱吉爾能得到他最需要的援助，並且一旦得到就充分利用。宣布任命時，羅斯福給他的頭銜是「防禦督辦員」。

哈里曼將勺子浸入一汪稀稀的綠色液體中。

「味道是不差，但看起來就像熱水倒在切碎的菠菜上似的，」他在自己檔案的筆記中寫道，「還有白吐司和熱餐包。主餐是起司舒芙蕾佐菠菜！甜點則是三個大大的煎餅、大量的奶油和楓糖漿。總統喝茶，而我自己則喝咖啡。」

由於羅斯福感冒，哈里曼特別注意這頓午餐。他寫道：「在這樣的情況下，我覺得這是最不健康的飲食了，尤其當我們正討論著英國的糧食狀況，以及他們對維生素、蛋白質和鈣不斷增加的需求時！」

羅斯福希望哈里曼以英格蘭的糧食供應為第一優先，花了在哈里曼看來太長的時間，具體談論英國人生存所需的食物。哈里曼覺得這很諷刺。「總統顯然又累又精神不振，為了英國好，我覺得改善總統的飲食才該是首要任務。」

離開會議時，哈里曼很擔憂羅斯福尚未真正理解英國所處立場之嚴重，以及這對世界其他國家的意義。哈里曼本人曾公開表示支持美國干預戰爭。「總之，我離開時，覺得總統還沒認清我認為已成現實的情況，也就是說，若沒有我們的幫助，德國很有可能會嚴重削弱英國的航運，影響她堅持下去的能力。」

當天稍晚，大約下午五點三十分，哈里曼會見了同樣在感冒、看起來很累的國務卿科德爾．赫爾（Cordell Hull）。兩人討論了海軍的大致情況，特別是日本的崛起和侵略意圖對新加坡構成的威脅。赫爾告訴他，美國海軍並沒有干預的打算，但他個人認為，海軍應該部署他們最強大的部分艦艇到荷屬東印度群島水域去，給他們一個下馬威，希望「嚇唬日本仔[126]好讓他們安分一點」（按哈里曼的改述）。赫爾說，美國冒著讓日本奪去遠東關鍵戰略要地這個「可恥結果」的風險袖手旁觀，讓自己的船隻安逸地泊在太平洋的大基地裡。顯然因為感冒而疲憊又恍神的赫爾，一時想不起基地的確切位置。

「那個港口叫什麼名字來著？」赫爾問道。

「珍珠港。」哈里曼說。

「對喔。」赫爾說。

起初，哈里曼對他該完成什麼任務，只有一個模糊的理解。「沒有人給我任何應該進行什麼活動的指示或方向。」他在另一份文件備忘錄中寫道。

在與美國海軍和陸軍軍官一場調查性質的對話中，哈里曼發現軍方無法清楚了解英方打算如何使用資源，對於向英國運送武器和物資，有很深的牴觸。哈里曼將這點怪罪到霍普金斯身上。對於英國需要什麼、這些需求在邱吉爾的戰略中扮演著怎樣的角色，霍普金斯似乎都只有模糊的印象。與哈里曼交談的軍方領導人們對此表示了懷疑，也似乎不太相信邱吉爾的能力。「出現了這樣的言論：『我們不可能認真看待這種在大半夜裡，配著一瓶波特酒提出的要求』，即使沒有指名道姓，這顯然是指霍普金斯和邱吉爾的夜間談話。」

126｜編按：日本仔（Japs）是二戰時期美國對日本人的貶稱，如今這一用詞已被普遍視爲民族侮辱語（ethnic slur）。

哈里曼寫道，他在華盛頓遇到的持疑態度，讓他的任務鮮明了起來。「我必須試圖說服英國首相，必須由我或某人向我們的國民轉達他的戰略，否則他無法指望能得到最大的援助。」

哈里曼預訂了泛美航空（Pan American Airways）大西洋飛剪船（*Atlantic Clipper*）[127]的座位，預計於三月十日星期一上午九點十五分，從當時俗稱為拉瓜迪亞機坪（LaGuardia Field）的紐約市機場（New York Municipal Airport）海上航空站起飛。（在一九五三年後，拉瓜迪亞機場的名稱才成為它正式且永久的名稱。）情況良好的話，這段航程為時三天，會在多個站點停泊，首先在六小時航程遠的百慕達（Bermuda）停靠，然後經過十五小時的航程到達亞速群島（Azores）的奧爾塔（Horta）。飛剪船將從那裡飛往里斯本，哈里曼將在里斯本搭乘荷蘭皇家航空（KLM）的航班，飛往葡萄牙城市波多（Porto），停留一個小時，然後搭乘飛機前往英格蘭布里斯托，再搭乘英國客機飛往倫敦。

哈里曼原先在克拉里奇飯店為自己訂了一間房，又取消並改訂了多切斯特飯店。出了名節儉的他（他很少帶現金在身上，也從不付晚飯錢；他的妻子瑪麗（Marie）稱他為「寒酸的老混蛋」），在三月八日星期六發電報給克拉里奇飯店：「取消我的訂房，但保留最便宜的房間給我的祕書。」

就在兩天前，邱吉爾與住在克拉里奇飯店的哈佛校長科南特共進午餐時，才提起

127｜譯注：飛剪船是波音公司爲滿足往返太平洋、大西洋的航程需求而製造的一種水空兩棲飛行艇，可以在水上航行，亦可在空中飛行。

過多切斯特飯店。當有人建議為了安全起見，科南特應該搬去多切斯特時，克萊門汀和她的朋友溫妮芙蕾達爆出了粗魯的會心大笑，然後，據另一位賓客所回憶的，克萊門汀「向科南特博士解釋，儘管在克拉里奇，他的性命可能比較危險；但在多切斯特，他的名譽可能會面臨更大的危險」。

科南特回答說，作為哈佛的校長，「他寧願危及性命，也不願危及名譽」。

第79章

蛇臀

Snakehips

夏洛特女王的舞會，在海德公園東界對面的格羅夫納故居飯店地下室舞廳裡舉行。多切斯特飯店在它南邊幾個街區遠處，美國大使館則在它東邊相等距離處。大型的戴姆勒和捷豹轎車，車頭燈縮成了細長的十字形，慢慢地向酒店悠然駛去。儘管在如此清朗、明月高照的夜裡，很可能會發生空襲，但飯店裡還是擠滿了總共一百五十名身穿白衣、初進社交界的年輕女性，以及許多父母與年輕男性，和已經亮相過、要將這些後輩們帶入社會的名媛們，前來享受一整晚的宴飲與舞蹈。

去年已經「亮相過」的瑪麗．邱吉爾，和朋友們一起度過這個週六。她和茱蒂．蒙塔古一起購物：「我們買了漂亮的睡裙和可愛的晨袍。」她覺得這座城市忙得很，購物者絡繹不絕。「不過我確實同意倫敦的商店非常討喜又漂亮。」她寫道。她和茱蒂以及另外兩個朋友去吃午飯，然後參加了一場舞會切蛋糕傳統儀式的彩排，今年初登場的名媛們在那裡練習向一個巨大的白色蛋糕行屈膝禮。這可不僅僅是屈膝禮，而是精心編排的肢體展演：左膝在右膝之後、頭高抬著、雙手放在身側，身子平穩地向下傾。這一切都由舞蹈老師瑪格麗特．奧利維亞．蘭金夫人(Dame M. O. Rankin)教授，她以瓦卡尼夫人(Madame Vacani)的身分廣為人知。

瑪麗和她的朋友們冷眼審視著。「我得說，」瑪麗寫道，「我們都認同，今年的『新人』沒什麼好跟家裡人報告的。」

彩排後，瑪麗和另一位朋友去多爾切斯特喝茶（「非常好玩」），接著去修指甲、為舞會梳妝打扮。瑪麗穿了藍色雪紡。

她的母親和兩位上流社會的女性為自己、家人和朋友留出了一張桌子。晚宴就要開始了，在瑪麗正要下樓去舞廳時，空襲警報響了起來。接著是「三聲巨響」，可能來自對面的海德公園樹林後方空地上一口重型高射砲砲台。

似乎無人注意或在乎這件事，不過外頭逐漸高漲的喧囂聲的確提供了一種往年所沒有的額外興奮感。瑪麗寫道，在舞廳裡，「一切都愉悅、無憂、快樂」。認為地下舞廳像防空洞一樣安全的瑪麗和其他與會者就座，晚宴就這樣開始了。樂團演奏起來，女人們和「初登場名媛們的點心」開始在舞池掃過一圈又一圈。這裡可沒有爵士樂，那在過後才會出現，在巴黎咖啡館裡。

瑪麗只能辨認出高射砲的爆響和炸彈炸開的悶響，她描述為「在我們的閒談和音樂背景裡奇怪的小爆裂和砰砰聲」。

紅色警報響起時，蛇臀強森正在使館俱樂部和朋友們喝酒，他打算過後搭計程車去巴黎咖啡館登台演出。他走到外面時，視野裡卻沒有一輛計程車，司機們都在躲避空襲。他的朋友們叫他留下來，不要在一場顯然很嚴重的空襲中冒險去咖啡館。但蛇臀堅持兌現他對夜總會老闆馬丁·波森的承諾，那個開朗的丹麥人特許他在倫敦以外的夜總會裡做十場單次演出，以賺取額外收入。他跑了起來，離去時拿自己極黑的膚色自嘲：「在黑暗中沒有人會注意到我啦。」

蛇臀於九點四十五分抵達俱樂部，穿過門口處樓梯間的黑色閃電簾子，走下階梯。

桌子在大型舞池旁圍成一個以南北為軸線的橢圓狀，南端有一個升起的平台供樂團演出。除此之外，還有一個大廚房，提供魚子醬、牡蠣、牛排、松雞、冰鎮瓜果、鯧魚和蜜桃梅爾芭[128]等打破糧食配給規則的餐食，全部都搭配香檳。演奏台兩側有兩道通向包廂的開放式階梯，沿夜總會牆邊延伸過去的包廂，可容納更多桌位，其中很多桌位都因為可以俯瞰下方的舞池而受常客鍾愛，他們以高額小費託領班查爾斯保留席位。這裡沒有窗戶。

夜總會當時只有半滿，但肯定會在午夜前塞滿。其中一位客人貝蒂．鮑德溫女士(Lady B. Baldwin)，是前首相史丹利．鮑德溫的女兒。她和一位女性朋友帶著兩名荷蘭軍官來到夜總會。起初，她對於沒分配到她最喜歡的桌位而惱火，現在她正和男伴前往舞池。「男人們幾乎都穿著制服，看起來格外英俊，年輕女子都非常漂亮，整個氣氛都充滿了歡樂和年輕的魅力。」她事後說道。

因一路狂奔而仍喘不過氣的蛇臀到達時，他們倆才剛走過演奏台邊。

這時，廚房裡有二十一名廚師和助手在工作，十名舞女正準備進舞池裡跳舞，包廂裡有名服務員將一張桌子從牆邊挪開，以便讓剛來的一行六人入座。酒保哈利．麥克艾爾宏(H. MacElhone)，也就是巴黎哈利紐約酒吧(Harry's New York Bar)流亡

128｜譯注：蜜桃梅爾芭（peach melba），一種以桃子、覆盆子搭配香草冰淇淋製成的甜點。

中的前老闆，正在為八位一群的客人調酒。一位名叫薇菈．倫麗－凱莉（V. Lumley-Kelly）的女子正將硬幣投入公共電話中，打給她的母親，提醒她待在家中的大廳裡，直到空襲結束為止。樂團開始演奏一首炒熱氣氛的爵士樂曲：「哦、強尼，哦、強尼，哦！」一位名叫丹的客人在菜單上寫下了特殊要求。「阿肯，」菜單上寫道，指的是蛇臀，「今天是我姐妹的生日。你有辦法在狐步舞曲裡塞進一首〈生日快樂〉嗎？謝謝，丹留。」

蛇臀走近了演奏台的右側。他如常穿著時髦的晚禮服，配戴一朵紅色康乃馨。店主波森和領班查爾斯一起站在包廂上。

舞池裡的一個女人跳了一組輕快的舞步，把手伸向空中，喊道：「哇，強尼！」

在格羅夫納故居酒店，夏洛特王后的舞會持續未歇。

瑪麗寫道：「在這燈光、暖意和音樂之中，似乎很容易忘卻，那些黑暗而空無一人的街道、槍枝的鳴響、數百名在崗位上就位的男男女女，那些炸彈、死亡和鮮血。」

外頭的空襲加劇了。夜空裡滿是戰機和蠟黃色的光束，熾亮的雛菊在黑色絲絨畫布上綻放。轟炸機投下了十三萬枚燃燒彈和一百三十噸強力炸彈。十四枚強力炸彈散落在白金漢宮和綠園（Green Park），緊鄰北面。二十三枚炸彈落在市區的利物浦街（Liverpool Street）火車站上或附近區域，其中一枚就落在四號和五號月台之間。一枚未爆彈迫使蓋伊醫院（Guy's Hospital）的醫生撤出外科病房。另一枚摧毀了城裡金融區的一間警察局，造成兩人死亡、十二人受傷。消防隊報告，他們遇到了一種新型的燃燒彈，它在著陸時，會發射燃燒的火箭彈到兩百英尺的高空。

有枚重達一百一十磅的炸彈射穿了瑞奧多電影院的屋頂，一路穿透到巴黎咖啡館的地下舞池，然後爆炸。當時是晚上九點五十分。

夜總會裡沒有人聽到爆炸聲，但每個人都看到並感受到了：一道明亮的閃光，不尋常的閃光，藍色的閃光。然後是一團令人窒息的煙塵與火藥味，以及一片煤炭般的漆黑。

一位名叫大衛．威廉姆斯（David Williams）的薩克斯風手被炸成了兩半。貝蒂．鮑德溫一行人中的一名荷蘭軍官失去了手指。一張桌位上的六位客人在沒有外傷跡象的情況下，坐在原位死去了。領班查爾斯從包廂上被拋到地面，撞上室內另一頭的某根柱子上，死了。一名年輕女子的長筒襪被爆炸扯斷，但除此之外並無大礙。正準備用公共電話撥給母親的薇菈．倫麗－凱莉，平靜地按下標有「B」的按鈕，退回了她的零錢。

起初是一片靜默。接著是低沉的聲音和倖存者試圖移動時，碎片被挪動的聲響。空氣中瀰漫著石膏粉塵，把所有人的頭髮都染白了。人們的臉則被火藥燻得黑壓壓的。

「我被炸飛了，」一位客人說，「但那種感覺就像被一隻大掌壓著似的。」一位名叫約克．德．蘇薩（Y. de Souza）的樂團成員說：「我正半瞇著眼看著舞池，突然出現一道刺眼的閃光。我發現自己被壓在演奏台上的鋼琴下，被瓦礫、石膏和玻璃覆蓋。我被火藥味嗆得半死。眼前一片暗夜般的漆黑。」他的眼睛適應了黑暗。一道光從廚房傳來。德．蘇薩和另一位名叫威爾金斯（Wilkins）的樂團成員開始尋找倖存者，發現一具面朝下躺著的屍體。「威爾金斯和我試圖把他抬起來，但他的上半身在我們手中脫落了下來，」德．蘇薩說，「是大衛．威廉姆斯。」那個薩克斯風手。「我放開他時，反胃得厲害。我的眼睛都模糊了。我在一團氤氳煙霧中行走。」

鮑德溫女士坐在地板上，一隻腳被壓在破瓦殘礫下。「感覺很熱，」她說，「我還以為我渾身是汗。」鮮血從她臉上參差不齊的撕裂傷口中汩汩湧出。「階梯頂端出現了一盞燈，我看見人們背著受害者爬上樓梯。」她和荷蘭軍官叫到了一輛計程車，指示司機將她帶到她醫生的辦公室。

司機說：「請不要讓血流到座椅上。」

那二十一名廚房工人倖存無恙，等著上場表演的十名舞者也是。初步統計的死亡人數為三十四人，另有八十人受傷，多人傷殘。

蛇臀死了，身首分離。

終於，格羅夫納故居酒店的舞會漸歇，警報解除聲響起，地下室舞廳的人潮開始散開。瑪麗在母親的允許下，與朋友和幾位母親（不是克萊門汀）一起出發繼續玩樂。他們出發前往巴黎咖啡館。

載有瑪麗一行人的汽車靠近夜總會時，他們發現去路被炸彈碎片、救護車和消防車擋住了。空襲管理員將車流導引到鄰近的街道上。

瑪麗一行人的迫切問題是，如果他們無法進到巴黎咖啡館，他們該轉移到哪裡？他們驅車前往另一家夜總會，跳舞度過餘下的夜晚。他們在某個時刻才知道發生了轟炸事件。「噢，我們的派對太歡樂了……突然間，一切看起來都像個錯誤和諷刺。」瑪麗在日記中寫道。

在這之前，那些槍砲、執槍的人員、遠處的聲響和閃光，都顯得非常遙遠，彷彿在日常生活的邊際之外。「不知怎的，」她寫道，「最後這幾項感覺並不真實，它們當然只是一個可怕的夢或憑空捏造的幻想。

「但現在，它們是真實的，巴黎咖啡館遇襲了，帶來了許多致命又嚴重的傷亡。他們明明和我們一樣在跳舞和大笑，但他們轉瞬間就從這個世界去往另一個無邊無際的地方了。」

在她這群人中，一位朋友湯姆．蕭內西（Tom Shaughnessy）試圖將這場悲劇放在脈絡裡思考。「如果那些在咖啡館死去的人現在突然回來，看到我們所有人在這裡，他們一定都會說：『繼續啊，樂團演奏起來啊，撐下去啊倫敦。』」

於是他們便這樣做了，就這樣跳舞、歡笑和開玩笑，直到週日早上六點三十分。「現在回想起來，」多年後，瑪麗寫道，「對於我們就這樣掉頭去別處，舞盡那一夜剩餘的時間，我感到有點震驚。」

當晚事件的報告中，倫敦民防當局稱這是「從一月初以來最嚴重的空襲」。

凌晨三點，哈利·霍普金斯從華盛頓特區打了電話到契喀爾，告訴約翰·科維爾，美國參議院已經通過了租借法案，票數是六十比三十一。

第80章

步槍方陣舞

Bayonet Quadrille

對邱吉爾來說，哈利．霍普金斯的電話確是他喜聞樂見的，宛如「生命的甘霖」。隔天早上，他給羅斯福發了電報：「在患難中得到如此及時的幫助，我們整個大英帝國都向你和美國致以祝福。」

儘管患著支氣管炎，他那晚的興致仍高到了極點。雖然明顯在病中，他一整天仍以超人般的一貫節奏工作，審閱報告和布萊切利公園截獲的最新情報，並發出各種紀要和指示。契喀爾擠滿了賓客，有的在此過了一夜，有的當天才到。邱吉爾親信圈的大部分人都在場，包括教授、巴戈．伊斯梅和科維爾。邱吉爾的女兒戴安娜和她的丈夫鄧肯．桑俿以及帕梅拉．邱吉爾也在場。（帕梅拉通常將溫斯頓寶寶和保姆留在希欽教區的家中。）威廉．唐納凡上校（Colonel William Donovan），一位美國觀察員，週日就來了。查爾斯．戴高樂當天早上已經離開了。其中最尊貴的稀客，是在此待了一個週末的澳洲總理勞勃．孟席斯（Robert Menzies）。瑪麗和克萊門汀從倫敦歸來，講述了週六晚上的驚魂和精彩。

宴會在邱吉爾的缺席中如火如荼地進行了下去，就在晚飯前，他才終於下了樓，穿著他的天藍色警報裝。

晚餐時，話題大大地轉了向，科維爾將之描述為「大量關於形上學、唯我論者和高等數學的浮誇談話」。克萊門汀沒吃晚飯，整夜躺在床上，據瑪麗所說，她患上了支氣管性感冒。瑪麗也很擔心她父親的健康。「爸爸一點都不好，」她在日記中寫道，「很令人擔心。」

但邱吉爾渾若無事地繼續享樂。晚飯後，喝多了香檳和白蘭地的他打開了契喀爾的留聲機，開始播放行軍曲和其他歌曲。他拿出一把大型步槍，可能是他的曼利夏步槍（Mannlicher），然後隨著音樂踢起了正步，這是他最喜歡的夜間消遣之一。他接著做了一系列步槍訓練和刺刀動作，穿著他那件連身衣，看起來活像一顆踏上沙場、兇猛的淡藍色復活節彩蛋。

陸軍總司令布魯克將軍覺得這既令人吃驚又好笑。「那個夜晚至今仍歷歷在目，」在出版的日記附錄中，他後來寫道，「因為那是我頭幾次看到溫斯頓處於真正輕鬆愉快的心境之中。看著他身著連衣褲，在迭代相傳的契喀爾廳堂拿著步槍進行刺刀操練，我不由得狂笑起來。我當時很想知道，希特勒看到這樣的武器技能展演會作何感想。」

邱吉爾那晚很早就睡了，這是他對支氣管炎做出的唯一讓步。他的客人對此很是感激。「創下了在晚上十一點三十分就睡覺的紀錄。」科維爾在日記中說。布魯克將軍敘述道：「幸運地，首相決定早早就寢，午夜時我已經舒適地蜷在一張一五五〇年伊麗莎白時代的四帷柱床上了。入睡時，我不禁想知道，過去四百年來曾在這張床上睡過的人都有過什麼精彩的故事呢！」

在柏林，約瑟夫・戈培爾在日記中記錄下對倫敦的新一波「懲罰性攻擊」，並補充道：「更可怕的還在後頭呢。」

第81章

賭徒

The Gambler

為了避免遭到地中海地區的潛艦和空襲威脅，蘭道夫．邱吉爾搭的格倫羅伊號繞道到埃及，沿著非洲西岸南下再北上，經過亞丁灣（Gulf of Aden）、紅海和蘇伊士運河。這趟航程漫長而乏味，在三月八日到達運河口之前，耗費了三十六天。幾乎找不到其他事物分散注意力的蘭道夫，於是轉向了他最喜歡的那項活動。「每晚都有賭注極高的賭博、牌局、輪盤賭、百家樂（chemin-de-fer），」伊夫林．沃在一份敘述這支突擊隊經歷的備忘錄中道，「兩個晚上，蘭道夫就輸了八百五十英鎊。」在給妻子的一封信中，沃寫道：「可憐的帕梅拉得去賺錢養家了。」

隨著航行前進，蘭道夫的損失越來越大，最終欠了他的同船們共三千英鎊，當時合約一萬兩千美元，相當於今天的十九萬美元以上。其中一半都欠同一個人：彼得．費茨威廉（P. Fitzwilliam）。他是英格蘭最富裕家族之一的後裔，馬上就要繼承一座位於約克郡的巨大豪宅，溫特沃斯大宅（Wentworth House）。有些人認為它就是珍．奧斯汀（J. Austen）《傲慢與偏見》中的彭伯利莊園（Pemberley）[129]原型。

蘭道夫在一封電報中告知了帕梅拉這個消息，指示她無論如何都要償還債務。他建議她每月付五英鎊或十英鎊給每位債主。「反正，」他最後說，「我就把這事交給妳了，但請不要告訴我的父母。」

129｜譯注：彭伯利莊園是該小說中男主角費茨威廉．達西（F. Darcy）所擁有的地產。

如今確定自己再次懷孕了的帕梅拉驚呆了，非常害怕。這是一個「爆發點」，她說。月付十英鎊，她需要十幾年才能解決欠菲茨威廉的債務。這個數字是那樣地令人難以想像，凸顯出她的婚姻在根本上有著多大的問題。「我的意思是，這是我生命中第一次意識到我得完全靠自己，我兒子的未來完全取決於我，我的未來取決於我，我再也不能依賴蘭道夫了。」她說。

她回憶起當時的想法：「我到底該怎麼做？我總不能去找克萊米和溫斯頓吧。」幾乎是當下，比弗布魯克浮現在她的腦海中。「我非常喜歡他，非常欽佩他。」她說。她認為他是一個親密的朋友，她也曾和溫斯頓寶寶一起在他的鄉間別墅切克利院度過幾個週末。他也視她為親密朋友，儘管認識比弗布魯克的人都明白，他在他倆的關係中看到了超越單純友誼的價值。她是這個國家最上流的圈子裡的八卦管道。

她打電話給比弗布魯克，對著話筒抽泣：「麥克斯，我可以去見你嗎？」

她坐上她的捷豹，前往倫敦。當時是早上，因此遇上轟炸的風險很小。她驅車穿過因破壞與煙塵而變得死氣沉沉的街道，到處暴露在外的房屋室內牆紙、油漆和織品形成的斑斕色彩一閃而過。她在戰機生產部的新辦公室與比弗布魯克會面，它就在泰晤士河岸的一座大型石油公司大樓內。

她把賭債和她的婚姻狀況告訴了他，並提醒他不要向克萊門汀或邱吉爾透露隻字片語，她知道邱吉爾是比弗布魯克最親密的朋友。他當然同意了：祕密可是他最喜歡的資產。

她馬上問他能否考慮讓她預支蘭道夫一年的薪水。在她看來，這是一個比弗布魯克肯定會同意的簡單要求。畢竟，蘭道夫在《旗幟晚報》的工作，是個閒得不能再閒的差事。扭轉了眼前的危機後，她就可以繼續處理更大的問題，即如何或要不要繼續維持她的婚姻。

比弗布魯克看著她。「我不會預付蘭道夫薪水的一分錢。」他說。她很震驚。「我記得我當時非常驚訝。」她後來說，「我從來沒有想過他會不答應。這看來是那樣小的一個請求。」

但現在比弗布魯克讓她再次吃驚了。「妳若想讓我給妳一張三千英鎊的支票，」他說，「我會照做的，為了妳。」但那將是一份禮物，他強調，是他送給她的禮物。

帕梅拉警覺了起來。「無論是布倫丹．布萊肯還是溫斯頓．邱吉爾，麥克斯總是一定要控制自己身邊的人，」她說，「我的意思是，他必須讓自己坐在駕駛座上，而他讓我感覺很危險。」此前，蘭道夫就曾警告過她，告訴她永遠不要讓自己落入他的擺布之下。「永遠不要，」蘭道夫強調說，「永遠不要落入麥克斯．比弗布魯克的股掌之中。」

現在，在比弗布魯克的辦公室裡，她說：「麥克斯，我不能那樣做。」

但她還是需要他的幫助。她知道她得在倫敦找到一份工作，才能開始償還債務。比弗布魯克提出妥協。她可以讓兒子和保姆搬進他的鄉間別墅，他確保他們會得到妥善的照顧。如此一來，她就可以無後顧之憂地搬到倫敦。

她接受了這個安排。她把希欽的房子租給了從倫敦撤離的托兒所（並賺取了價差，每週收取的費用比她自己所支付的租金多兩英鎊）。在倫敦，她租了一間多切斯特飯店頂層的房間，與邱吉爾的侄女克拉麗莎（Clarissa）合住。「它不像乍聽之下那麼奢華或昂貴，」克拉麗莎後來寫道，「因為在空襲不斷的時期，那不是個受歡迎的樓層。」他們每週支付六英鎊。克拉麗莎喜歡帕梅拉，但也注意到她「毫無幽默感可言」。她所擁有的是使某個局勢發揮最大效益的天賦。「她同時擁有能夠抓住機會的銳點眼光，和一顆真誠溫暖的心。」克拉麗莎寫道。

入住後不久，帕梅拉便在唐寧街十號的一個午宴上，坐在了物資部部長安德魯．雷．鄧肯爵士（Sir A. R. Duncan）旁邊，向他提出自己希望在市區找份工作的心願。二十四小時內，她便在他的部會下得到了一份工作，在一個專為從遠處調來的軍需工廠工人建宿舍的部門就職。

起初，她總是有一餐沒一餐的。她在多切斯特付的房費只包含早餐。她都在物資部吃午飯。晚餐的話，她盡可能在唐寧街十號吃，或與富裕的朋友一起用餐。她察覺自己被迫「詐取」這些晚宴邀約，但事實證明這是一門她十分擅長的藝術。當然了，她作為英國最重要人物的兒媳更是令她如虎添翼。克拉麗莎回憶，她倆很快便「在每一層樓都有了朋友和相識的人」。

兩人經常在另一位住客澳洲總理孟席斯的房間裡躲避空襲，帕梅拉因與邱吉爾家族的關係而與孟席斯十分相熟。孟席斯在多切斯特一房難求的一樓佔了一間大套房。這兩名女子在房間入口處沒有窗戶的凹室裡，鋪床墊度過了許多夜晚。

現在，要為蘭道夫賭博慘輸一事向她岳父母保密的「棘手」問題來了：「因為我真的無法告訴克萊米和溫斯頓，為什麼我本來和我的寶貝在希歡幸福地生活在一起，卻突然間要和他分開，去倫敦工作。」

為了支付開銷並開始償還債務，帕梅拉賣掉了她的結婚禮物。「包括一些鑽石耳環和幾個漂亮的手鐲。」她事後說。在此期間，她失去了她剛懷上的孩子，並將流產歸咎於她生活中的壓力和混亂。她明白，她的婚姻至此已經結束了。

她開始感到一股重獲新生的自由感，這也歸功於她即將在一九四一年三月二十日慶祝的二十一歲生日。當然，她沒有想到自己將會在很短的時間內，愛上一位住在幾層樓下英俊年長的男子，就在這棟全倫敦最安全的旅館裡，最安全的某一層樓中。

第82章 給克萊門汀的小零嘴

A Treat for Clementine

三月十日星期一早上的紐約，埃夫里爾・哈里曼在他的私人祕書勞勃・P・麥克強（R. P. Meiklejohn）陪同下，從拉瓜迪亞的海上航廈登上了大西洋飛剪船。天空晴朗，早上八點的氣溫高達二十九度，法拉盛灣（Flushing Bay）呈現一抹澄澈的晶藍色。他登上的飛機是一架波音三一四的「飛艇」，基本上就是一艘帶有機翼和引擎的巨大船體，實際上，登機的過程，比起上飛機更像是爬上一艘船，包括在水面上通過形似碼頭的登機坡道行走。

跟他乘坐跨大西洋郵輪頭等艙航行時一樣，哈里曼收到一份載明了其他所有乘客的名單。這份名單宛如最近轟動國際文壇的阿嘉莎・克里絲蒂（A. Christie）的小說般，她的暢銷驚悚小說《無人生還》（*And Then There Were None*）一年前在美國出版（英國版的書名《十個小黑鬼》〔*Ten Little —*〕糟糕透頂，第三個詞是當時在英美常用以稱呼黑人的粗話）。這份名單上有擔任玻利維亞外交官而以「錫王」身分更廣為世人所知的安泰諾・帕蒂諾（Antenor Patiño），以及曾在納粹入侵波蘭期間作為駐波蘭大使、現擔任倫敦各流亡政府特使的小安東尼・J・德雷克塞・比德（Anthony J. Drexel Biddle Jr.），他與妻子和祕書同行。名單上還有其他英美外交官，以及兩名信使和各個職員。一位名叫安東尼奧・加茲達（Antonio Gazda）的乘客，名單上描述他是來自瑞士的工程師，實際上卻是一名向盟軍、軸心國雙方出售槍支的國際軍火商。

每位乘客可免費攜帶六十六磅的行李。哈里曼和他的祕書各帶了兩個行李袋，比德大使帶了三十四個，還在別的航班上託運了另外十一個。

飛剪船駛離了停泊處，進入皇后區（Queens）附近的長島海峽（Long Island Sound），接著開始預備起飛，在開闊水域上彈射了一英里，才終於像頭衝破海面的鯨魚般滴著水起飛。這架飛機以每小時一百四十五英里的速度飛行，大約需要六個小時才能到達第一站：百慕達。它在八千英尺的高度飛行，幾乎保證了它會在途中遇到所有的雲層和風暴。飛行中難免會有紊流，但機上也少不了奢華。身著白色西裝的服務員在備有桌椅和桌巾的餐飲室裡，端上用瓷器盛裝的套餐。用晚餐時，男人穿西裝、女人穿洋裝；晚上，服務員會在有隔簾的鋪位上把床鋪好。度蜜月的人可以預訂一間在機尾的私人包廂，然後沉醉在下方海面上映出的粼粼月光中。

飛機接近百慕達時，服務員拉上了所有窗簾，這是一項防止乘客觀察下方英國海軍基地的安全措施。任何偷看的人都將被處以五百美元的罰款，約為今天的八千美元。著陸時，哈里曼得知，由於飛剪船隊抵達亞速爾群島時，必須降落在一片無遮蔽的大西洋海面上，但因當地惡劣天候的影響，他的下一段航程只能延到隔天，也就是三月十一日星期二。

就在哈里曼等待天氣好轉時，羅斯福簽署了租借法案，正式立法。

在里斯本，哈里曼又面臨了一次航班延誤。荷航飛往英國布里斯托的航班需求量很大，比德大使等官階最高的乘客得以優先登機。這場延誤持續了三天。但哈里曼可沒有受苦。他住在葡萄牙里維埃拉海岸（Riviera）埃斯托里爾區（Estoril）[130]的帕拉西奧飯店（Hotel Palácio），這裡以奢華而聞名，也是間諜活動的搖籃。他實際上也在此短暫會見了上校唐納凡，後者在契喀爾度過了星期天，正在返回華盛頓途中，他很快將在那裡成為美國戰時最高間諜機構的負責人，也就是戰略情報局（Office of Strategic Services）。

總是致力於提高效率的哈里曼不顧祕書麥克強的勸諫，決定利用班機延誤的時間，讓飯店清洗他的旅行衣物。麥克強後來遺憾地寫道：「哈里曼先生住在飯店期間，一時輕率，把他的衣服送洗了。起先飯店還嚴正地承諾，會在他啟程前往英格蘭前送還衣物的。」

哈里曼還一度去購物了。出於他的任務性質，他比多數人都更清楚英國糧食短缺和配給規則的複雜細節，於是買了一袋橘子要送給邱吉爾的妻子。

週末造訪契喀爾和滿月期間代替它的迪奇利，現在已是邱吉爾的例行公事了。這些短暫的逗留使他遠離倫敦日益陰鬱、被炸得殘破不堪的景色，撫慰了他作為英國人需要樹木、山谷、池塘和鳥鳴的靈魂。他計劃在三月十四日星期五返回契喀爾，距他上一次的逗留僅有三天。他會在那裡接見羅斯福最近派遣來的使者，如果那個人能夠

130｜譯注：埃斯托里爾區，里斯本以西的豪華度假勝地，是伊比利半島上房價最高的居住地之一，以豪華餐旅、娛樂場所聞名。

成功抵達的話。

與此同時，還有很多正在進行中的事令他煩心。保加利亞剛剛加入軸心國，不久之後德國軍隊便進入了該國，使得德軍從希臘的南部邊境入侵希臘的隱憂，變得更有可能發生。經過一陣痛苦的爭辯討論後，邱吉爾決定履行曾與希臘簽訂的防務條約，於三月九日派英國軍隊協防預料將在希臘發生的德軍強攻。這是一項風險很高的冒險，因為它削弱了尚在利比亞和埃及的英國軍力。在許多人看來，此次遠征似乎注定是場無望卻光榮的失敗，而在邱吉爾看來，這是英國重視承諾和決心戰鬥的重要聲明。如同外交部部長安東尼．伊登從開羅傳來的電報所說：「我們已經做好承擔失敗風險的準備，我們認為和希臘人共患難總比束手旁觀好。」

與此同時，一名新的德國將軍出現在利比亞的沙漠，他麾下有數百輛德國坦克，奉命助義大利軍隊奪回被英軍搶走的失地。這位不久後被稱為「沙漠之狐」的將軍——陸軍元帥埃爾溫・隆美爾（Erwin Rommel），已經在歐陸證明了自己的實力，現在他率領著一個新的集團軍：非洲軍團。

三月十五日星期六，哈里曼終於在里斯本飛往布里斯托爾的航班上保到了一個座位。他送洗的衣服沒有回來，於是他指示飯店將衣服寄往倫敦。

走向荷航 DC-3 班機時，他產生了一種他所謂的「詭異體驗」。他在停機坪上發現了一架德國飛機，這是他見到的第一個具體戰爭標誌。這架飛機除了一個白色的卐字符號外，從機頭到機尾都漆成黑色，在陽光普照的景色裡顯得很刺眼，就像一抹燦爛微笑中的黑牙。

在德國，赫爾曼．戈林把握一段晴朗的日子，對不列顛群島發起了新的戰役，進行了從英格蘭南部到格拉斯哥（Glasgow）的大規模襲擊。三月十二日星期三，一支由三百四十架德軍轟炸機組成的部隊，帶著強力炸彈和燃燒彈，襲擊了利物浦及其周邊地區，造成五百多人死亡。在接下來的兩個晚上，德國空軍襲擊了格拉斯哥所在的克萊薩地區，造成一千零八十五人死亡。這些突襲再次證明空襲造成的死亡難以預測。僅僅一枚無特定目標隨風飄落的降落傘水雷，便摧毀了一整棟公寓，殺死了八十三名平民；單單一枚穿透了造船廠防空洞的炸彈，就造成八十多人死亡。

約瑟夫．戈培爾在三月十五日星期六的日記中寫下了自己的歡喜雀躍。「我們的飛行員正在談論新的兩次考文垂空襲。我們來看看英格蘭還能撐多久。」對他和戈林來說，英國的垮台現在看來愈加明確了，儘管美國剛表達了對英國的支持。「我們正在慢慢把英國掐死。」戈培爾寫道：「總有一天，她會喘著氣癱倒在地。」

這一切都沒有干擾空軍司令戈林對藝術的追求。三月十五日星期六，他監督運送了在巴黎搶佔的大量藝術品，裝上一列由二十五個行李車廂組成的火車，從繪畫、掛毯到家具，共運送了四千件藝術品。

哈里曼離開拉瓜迪亞五天後，於星期六中午抵達英格蘭。在明媚晴朗的下午三點三十分，他搭乘的荷航航班降落在布里斯托郊外的一個機坪上，防空氣球在鄰近的城市上空飄浮。他發現邱吉爾策劃了一個驚喜。飛往倫敦的最後一段航程，哈里曼本該轉搭一架英國客機，但邱吉爾卻安排了海軍副官查爾斯．拉爾夫．「湯米」．湯普森（C. R. "Tommy" Thompson）與他碰面，將哈里曼塞進邱吉爾最喜歡的飛機——火鶴（Flamingo）。在兩架颶風戰鬥機的護送下，他們在逐漸微弱下來的陽光裡，飛越英國春天早發的花蕾與花朵點綴的鄉間，直達契喀爾附近的一個機坪，抵達時正好趕上吃晚飯。

邱吉爾和克萊門汀熱情地歡迎哈里曼，好像他們已經認識他很久了似的。他送上了他在里斯本為克萊門汀買的橘子。「看到邱吉爾夫人如此感激，我很驚訝，」他事後寫道，「她不加掩飾的喜悅讓我徹底明白了戰爭時期英國艱苦的飲食限制。」

晚飯後，邱吉爾和哈里曼針對英國抵抗希特勒的情況，第一次坐下來進行了一場內容詳細的談話。哈里曼告訴首相，只有在了解英國的真實狀況，以及邱吉爾最想要哪方面的援助、打算如何運用這些援助的情況下，他才能發揮功用，真正幫到邱吉爾。

「會有人告知你的，」邱吉爾告訴他，「我們把你當朋友。什麼都不會瞞著你。」

邱吉爾繼而評估德軍入侵的威脅，並指出德軍如何在法國、比利時和丹麥的港口會集駁船艦隊。他目前最大的擔憂是德國潛艇對英國船貨的攻擊行動，他稱之為「大西洋之戰」。他告訴哈里曼，光是二月，德軍潛艦、飛機和水雷就摧毀了四十萬噸船貨，而這個比率還在持續增加中。每個船隊的損失約為百分之十，而船隻沉沒的速度比英國建造新船的速度快兩到三倍。

這是一幅可怕的畫像，但邱吉爾似乎並未灰心喪氣。他決心在必要時獨自繼續奮戰，以及他坦率承認若無美國最後的參與，英國就毫無取得最終勝利的希望，這些都讓哈里曼留下深刻印象。

那個週末彷彿充溢著重大而關鍵的變化，瑪麗·邱吉爾有幸目睹這場嚴肅對話，充滿敬畏之情。「這個週末很刺激，」她在日記中寫道，「宇宙的熱點就在這裡。數十億人的命運或許將圍繞英美（或者說美英）友誼這條新軸線運轉。」

哈里曼終於到達倫敦時，他看見的是一幅對比鮮明的風景。在某個街區，他看到了完好無缺的房屋和乾淨的人行道；在下一個街區，卻是一堆堆殘磚斷瓦和如豎直爪子般的木材、鐵枝，半毀房屋地面上四散著個人物品，猶如落敗軍團的戰旗。一切都蒙上了一層淺灰色的塵土，空氣中瀰漫著燃燒過的焦油和木頭氣味。但天空蔚藍，樹木已開始轉綠，霧氣自海德公園的草地和九曲湖的水面上升起。通勤的人拿著公事包、報紙和午餐盒從地鐵站和雙層巴士裡湧出，同時帶著防毒面具和頭盔。

來自大環境的威脅感滲透人們各種日常選擇和決定，比如在夜幕降臨前下班、找出離自己最近的防空洞，以及哈里曼住多切斯特飯店的選擇。飯店原為他安排了房號六〇七至六〇九的六樓大套房，但他認為那太接近屋頂（上方只有兩個樓層），也太大太貴了，便要求換到三樓一個更小的套房。他指示祕書麥克強討價還價，以爭取更便宜的房費。同時，麥克強很快便發現，即使是他在克拉里奇飯店訂的「最便宜的房間」，也超出了自己的能力範圍。「我將被迫搬出這個地方……不然就會直接餓死。」他在飯店住了第一個晚上後，在日記中寫道。

他從克拉里奇飯店搬到了一間看起來能夠抵擋襲擊的公寓。給美國同事的一封信中，他說自己對這個地方很滿意。他在一棟由鋼筋和磚建成的現代建築裡租用了八樓的四房公寓，上頭有兩層樓作防護。「我窗外甚至有不錯的景觀呢，」他寫道，「對於到底是躲進地下室讓建築物在空襲時塌到你身上，還是待在樓上、在建築物中死去，哪個比較安全，每個人看法不同。如果你在樓上，至少還可以看到擊中你的到底是什麼，如果那能算作某種安慰的話。」

他本以為夜間的燈火管制會令人特別膽怯和沮喪，但發現情況並非如此。燈火管制確實讓經常光顧火車站的扒手和從破損的房屋、商店偷走貴重物品的小偷更容易行竊，但除此之外，撇除轟炸，街道基本上是安全的。麥克強喜歡在黑暗中行走。「最令人印象深刻的是那片寂靜，」他寫道，「幾乎每個人走動時都像幽靈一樣。」

哈里曼迅速建立了他的辦公室。儘管新聞報導將他描繪成一個在混亂中大步前進的孤獨聖騎士，但實際上當時廣為人知的「哈里曼代表團」，很快便組成了一個小帝國，其中有哈里曼、麥克強、七名高階人員，以及一大群職員，包括十四名速記員、十名信使、六名檔案文員、兩名電話接線生、四名鐘點女傭和一名司機。有位贊助者借了哈里曼一輛賓利汽車，據說價值兩千英鎊，相當於今天的十二萬八千美元。哈里曼特別指定部分速記員和辦事員必須是美國人，以便處理「機密事務」。

代表團先是安頓在格羅夫納廣場一號的美國大使館，但隨後搬到了隔壁的公寓，中間建有一條連接兩棟建築的通道。麥克強向朋友描述哈里曼的辦公室時寫道：「哈里曼先生在辦公室看起來就像墨索里尼（Mussolini）[131]，儘管他一點也不喜歡這樣——辦公室的空間非常大，它曾是一間相當雅緻的公寓客廳。」讓麥克強感到特別高興的是，他自己的辦公室就設在這間公寓曾經的飯廳，緊鄰一間有冰箱的廚房，使得餐食供應方便多了，便於應付哈里曼長期困擾著他的週期性胃潰瘍。

這間辦公室本身感覺就像一台冰箱。哈里曼寫了一封信給大樓管理員，抱怨辦公室的室溫是六十五度，而隔壁大使館的室溫卻是七十二度。

他的送洗衣物仍不知所蹤。

整個倫敦重演著邱吉爾對哈里曼的熱情接待，午宴、晚宴、鄉間別墅週末行的邀請函一一送到了他的辦公室。他的桌曆載滿了會面行程，最優先也最重要的是和邱吉爾的會面，也有和教授、比弗布魯克和伊斯梅的會面。他的行程安排很快就變得複雜起來，桌曆上不久便標出了一個又一個重複出現的地理位置：克拉里奇飯店、薩伏伊

131｜編按：墨索里尼是二戰時期的意大利政治領袖，也是歷史上有名的法西斯主義提倡者以及獨裁統治者。

大飯店、多切斯特飯店、唐寧街，除了每個月因月相變化而將見面地點改到迪奇利外，從桌曆上根本看不出一絲他們對於自己可能被德國空軍炸飛的顧慮。

哈里曼初抵倫敦便收到的幾個邀約之一，來自大衛・尼文(D. Niven)，他三十一歲時已是一位成功的演員，曾出演的電影角色跨度從一九三四年電影《埃及豔后》(Cleopatra)裡的無名奴隸，到一九三九年《萊佛士》(Raffles)裡的同名明星。戰爭一爆發，尼文便決定暫停演藝事業，重返曾在一九二九年至一九三二年間待過的英國軍隊。他現在被派到一支突擊隊服役。尼文和邱吉爾在一場晚宴上碰面時，他這個決定贏得了當時還是第一海軍大臣的邱吉爾直接讚揚。「年輕人，」邱吉爾握著他的手說，「你做了一件非常棒的事，放棄了最有前途的事業，為你的國家而戰。」他頓了頓，眼裡閃著尼文形容的愉快光芒，補充道：「告訴你啊，要是你沒有這麼做的話，可就卑鄙至極了！」

尼文曾在太陽谷與哈里曼見過面，來信的原因是他即將休假前往倫敦，想知道哈里曼有沒有空一起「吃個飯、笑一笑」。尼文還給了哈里曼他的俱樂部波德仕(Boodles)臨時會員資格，但也提醒他，目前波德仕的所有會員都在使用保守派俱樂部(Conservative Club)的空間，因為波德仕才剛被德國空軍「造訪」。

尼文寫道，波德仕「非常老派、非常靜肅，連紅花俠(the Scarlet Pimpernel)[132]都曾是會員，但你仍然可以在那裡吃到最好的晚餐，獲得倫敦最佳員工的服務」。

三月十八日星期二，也就是哈里曼到倫敦的第二天，他舉行了第一次新聞記者會，

132｜譯注：《紅花俠》是奧西茲女男爵（Baroness Orczy）的小說與舞台劇成名作，劇情描述一位以紅花爲標誌的匿名俠客，在法國大革命後的動盪中，屢屢營救被革命黨人送上斷頭台的貴族。尼文在此處應該是開玩笑，以「紅花俠都曾是會員」來表達波德仕俱樂部成員的守舊與老派。

與五十四名記者和攝影師進行了交談。這群人包括二十七名英國和歐陸記者、十七名美國記者(其中包括 CBS 的愛德華．默羅)以及十名手持相機和閃光燈、口袋裡滿是拋棄式燈泡的攝影師。和邱吉爾一樣，哈里曼對大眾的看法十分謹慎，也知道它在自己外派倫敦期間的重要性，以至於在新聞記者會後，要求比弗布魯克兩家報紙的編輯，在隱藏詢問人是哈里曼的情況下，徵求他們旗下記者的看法，好讓他們坦誠地表達自己對於哈里曼表現的印象。隔天，《每日快報》的編輯亞瑟．克里斯蒂安森(A. Christiansen)以「『冷淡』的回應」，回覆了哈里曼的詢問。

「哈里曼先生太謹慎小心了，」克里斯蒂安森引用了《快報》負責報導這次記者會的記者的話，寫道：「『雖然他的笑容和彬彬有禮讓記者們覺得他很和藹可親，但他顯然不會說出任何可能讓他在美國老家感到尷尬的話……他回答時有點太慢了，加重了戒備的氛圍。』」

哈里曼要求比弗布魯克《旗幟晚報》的編輯法蘭克．歐文(F. Owen)也提供有關的報告，歐文轉述了他的新聞編輯當天早上向六名記者收集來的評價。「當然了，」歐文寫道，「他們並不知道我們詢問這些評價的目的。他們八卦得很坦率。」

這些評論中，有的是這樣說的：

「他太守規矩、太枯燥了。」

「與其說是美國人，他更像是個事業有成的英國訴訟律師。」

「他太謹小慎微了：他思考要用什麼詞才能準確傳達意思的時間太長了。這太無聊了。」

不過，大家都很清楚，他是一個很有魅力的人。在另一場新聞記者會後，一位女記者告訴哈里曼的女兒凱西（Kathy）：「老天喔，告訴妳父親，下次我來參加他的記者會時，拜託他戴上防毒面具，這樣我才可以專心聽他在說什麼。」

當晚，三月十九日星期三晚上八點三十分，哈里曼和邱吉爾一起在唐寧街十號的加固地下飯廳共進晚餐。幾乎是當下，他就近距離領略到了他迄今為止只聽說過的兩件事：經歷大規模空襲是什麼感覺，以及首相的勇氣。

第83章

男人們

Men

對於自己的用餐時間，邱吉爾毫不因轟炸機而妥協。他總是很晚吃飯，那個週三晚上也一樣，他和克萊門汀在唐寧街十號的地下飯廳迎接哈里曼和另外兩位客人，安東尼·比德大使和他的妻子瑪格麗特（Margaret），他們兩人也在哈里曼從紐約飛往里斯本的那架大西洋飛剪船上。

那一夜晴朗而溫暖，被一輪半月點亮。空襲警報器開始以八度音階哀號時，晚餐正在進行中。事後證明共五百架轟炸機群中的第一架，帶著強力炸彈、降落傘水雷、十萬多個燃燒罐，飛入了倫敦東部碼頭區的天空。一枚炸彈瞬間摧毀了一個防空洞，造成四十四名倫敦市民死亡。大型降落傘水雷飄落斯蒂普尼、波普勒（Poplar）和西漢姆區（West Ham），摧毀了整個街區的房屋。兩百團大火燒了起來。

晚餐繼續進行，就像沒有發生突襲似的。飯後，比德跟邱吉爾說，他想親眼看看「倫敦在預防空襲方面取得的進展」。於是邱吉爾邀請他和哈里曼一起到屋頂去。空襲仍在進行中。沿途中，他們戴上鋼盔、捎上了約翰·科維爾和艾瑞克·席爾，如此一來，用科維爾的話說就是，他們也可以一起去「看熱鬧」了。

爬上屋頂是很費力的。「真是一次美妙的登頂，」席爾給妻子的一封信中說，「爬上梯子、一段長長的螺旋樓梯，還有一個位於塔頂的小出入口。」

就在附近，有高射砲被炸毀了。探照燈組員追照上方的轟炸機，夜空中因而充滿一束束光矛。戰機的剪影不時投映在月亮和星空上。戰機引擎在頭頂上轟鳴不斷。

邱吉爾和他戴著頭盔的伴隨者們在屋頂上待了兩個小時。「整段期間，」比德寫給羅斯福總統的信中道，「他不時收到來自這座城市各個轟炸地區的報告。這非常有趣。」

邱吉爾顯露的勇氣和活力給比德留下了深刻的印象。在這一切混亂中，襯著遠處的槍響和炸彈的爆炸聲，邱吉爾引用了丁尼生（Tennyson）的詩句，在這段節自一八四二年名為〈洛克斯利大廳〉（*Locksley Hall*）[133]的獨白詩段落中，詩人充滿先見地寫道：

聽聞天上滿是哭喊，
諸國的空中艦隊
於那片蔚藍的天空中央纏鬥
便落下了一陣懾人的露滴。

所有人都倖免於難，至少屋頂上的人們如此。但在整整六小時的空襲過程中，有五百名倫敦市民喪生。單是在這座城市的西漢姆區，炸彈就造成兩百零四人死亡，他們全部被送往羅姆福德路（Romford Road）上的市政浴場停屍間，根據蘇格蘭場督察的報告，「停屍間的人廢寢忘食地在血肉的惡臭中，分類並記述殘缺不全的人體遺骸和

133｜譯注：〈洛克斯利大廳〉，英國維多利亞時期代表詩人丁尼生的詩作之一，內容敘述一位求愛被拒的青年回到兒時住所「洛克斯利大廳」時的心情。據丁尼生本人所言，本詩意在表達年少時光的美好、不足與渴望。

肢體碎塊」，除了三名受害者之外，他們設法辨認出了其餘的受害者。

後來，比德大使為當晚的體驗，送了一封柬帖給邱吉爾表達謝意，並稱讚他的領導能力和勇氣。「和你在一起真是太棒了。」他說。

權衡倫敦整體上展現的膽量，哈里曼決定在一九四一年邀請女兒凱瑟琳（Kathleen）搬到倫敦與他同住，她是一名最近剛從本寧頓學院（Bennington College）畢業的二十二歲記者[134]。

有人勇敢，也有人絕望。三月二十八日星期五，作家維吉尼亞．吳爾芙的憂鬱症因為戰爭，以及她在布魯姆斯伯里的房子和隨後的住所都被炸毀而惡化了。她給丈夫倫納德（Leonard）寫了一張字條，留在他們位於東薩塞克斯郡（East Sussex）的鄉間別墅中。

「親愛的，」她寫道，「我確信我又要發瘋了。我覺得我們不能再經歷那樣一段可怕的時期了。而且這次我不會康復的。我開始聽到說話聲，也無法集中注意力。所以我現在要做的是目前最好的選擇。」

她的帽子和手杖，是在附近的烏茲河（River Ouse）岸邊被發現的。

另一頭的契喀爾，去年冬天加在入口車道的草皮，成功讓車道無法從空中被看見。但三月份的現在，出現了一個新問題。

134｜譯注：本寧頓學院是美國的一所文理學院，一九三二年以女校形式創立，後於一九六九年轉爲男女混合院校。

飛過契喀爾時，兩名來自英國皇家空軍攝影偵察部隊的飛行員有了一個驚人的發現。有人在原本沿宅子前後形成弧狀的車道處，犁出了一塊U形的區域，露出一片寬闊蒼白的半月形裸地。而且，這塊地以「一種最詭異的方式」犁成，就好像農夫故意描出一把頭部指著宅子的三叉戟似的。國土安全部民防偽裝機構的一位官員寫道，那片蒼白裸露的土壤抵消了草皮的隱蔽效果，「因而或多或少將我們打回原形，甚至比原來更糟」。

一開始，這件事刻意得連邱吉爾的保鑣湯普森探長都懷疑是犯罪了。他在三月二十三日上午進行了一些「詢問」，並找到了犯案者，一位名叫大衛．羅傑斯（D. Rogers）的佃農。他解釋，自己犁了那塊地，只是為了最大限度地利用所有可用的土地。在「自己的食物自己種（Grow More Food）」運動下，他只是試圖為戰事努力種出盡可能多的食物。據有關此事的報告所述，湯普森判定這名男子確實不是第五縱隊的一員，只是偶然犁出了這樣的圖形。

三月二十四日星期一，工人們用重型拖拉機在鄰近的地面上犁地，解決了這個問題。從空中看，犁過的土地看起來就像一塊普通的矩形田地。「地面會自然地在幾天內變得非常白，」報告表示，「但指向形狀將完全消失，地面也將被生長快速的種子填補。」

還有另一個問題：當邱吉爾在這棟宅子裡時，不可避免地會停泊許多車。偽裝機構的菲利普．詹姆斯（P. James）寫道，這種情況經常對隱蔽工作造成妨礙。「契喀爾外面的車輛不僅清楚顯示首相可能在場，它還同樣可能引起敵方飛行員的注意，他們原本應該不會特別注意房子便飛過的。」

他要求，若不把車輛遮蓋起來，就把它們停在樹下。

不變的事實是，契喀爾是處於德軍轟炸機和戰鬥機攻擊範圍內，清晰而顯著的目標。有鑒於德國空軍在低空轟炸方面的實力，契喀爾還安然佇立著，就像個奇蹟。

在邱吉爾看來，空戰顯然將持續一整年並延續到明年，持續轟炸造成的政治風險也是。倫敦市民已經證明他們「挺得住」了，但他們還能堅持多久？他認為改良防空洞至關重要，威脅衛生部部長馬爾科姆．麥克唐納（M. MacDonald）在明年冬季前進行大範圍的改善。他要他們特別注意地板和排水，並強烈要求防空洞配備收音機和留聲機。

在那個週末的第二份備忘錄中，邱吉爾指示麥克唐納和內政大臣莫里森，強調必須檢查倫敦市民在他們的花園中裝設的私人安德森掩體，並告訴部長們「那些淹水的掩體都該被移除，不然就幫它們的主人搭個好地基」。

邱吉爾對此的關注，使一本建議市民如何最好地使用安德森掩體的小冊子產生。「裝有熱水壺或磚頭的睡袋可以完美地讓你保持溫暖。」小冊子指出。它還建議在空襲期間帶上一罐餅乾：「以防孩子們在夜裡餓醒。」它表示，油燈會造成危險：「因為它們可能會因炸彈的衝擊或一個不小心就溢出來。」這本小冊子還為養狗的主人提供了建議：「如果把你的狗帶進掩體內，就應該給牠戴上嘴套。炸彈要是在附近爆炸，狗很容易歇斯底里起來。」

如邱吉爾後來所說的：「如果我們不能安全，至少讓我們感覺舒適吧。」

那個週末，瑪麗．邱吉爾和一位友人查爾斯．里奇（C. Ritchie）搭上火車，啟程前往貝斯伯勒勳爵的家——斯坦斯特德莊園，約翰．科維爾和貝斯伯勒的女兒莫伊拉去年夏天曾在那裡調查過一架墜落的轟炸機。為了參加在湯密爾皇家空軍基地舉行的大型舞會，瑪麗和查爾斯以及他們圈子裡的其他年輕人打算週末聚集在那棟宅子裡。湯密爾是英格蘭最重要也是被轟炸得最嚴重的機坪之一，距離宅子大約一個小時的車程。英國皇家空軍也許是指望當晚的新月期也就是月亮全黑的階段，能降低德軍在舞會期間發動攻擊的可能。

瑪麗和查爾斯在倫敦的滑鐵盧車站（Waterloo station）搭上火車，坐在頭等車廂裡，裹著毯子。「我們幾乎是包下了」車廂，她在日記中寫道：「我們把腳放在椅子上，用毯子蓋住自己。」到達某個車站時，一位女士看向他們的車廂，給了他們一個會意的眼神。「噢，我不會打擾你們的。」女人說道，然後便趕緊離開了。

「我的媽呦。」瑪麗寫道。

他們抵達斯坦斯特德莊園時，剛好趕上下午茶。瑪麗第一次見到莫伊拉，很是驚喜。「我因為之前聽說的事而頗為警惕，但她實際上是個很好的伴。她很保守，但很快樂。」

她還遇到了莫伊拉的兄弟，名叫艾瑞克（Eric）的鄧坎儂勳爵（Lord Duncannon），他是一位大她九歲的皇家砲兵（Royal Artillery）軍官，也是敦克爾克大撤退的倖存者。她上下打量了他一番，在日記中評價他：「長得不錯，看起來感情豐沛，雙眼是非常漂亮的灰色、間距較寬，嗓音很悅耳。迷人又好相處。」約翰．科維爾認識他，卻持不同的看法。他寫道，艾瑞克「無法克制自己說些沒意義又自負的話，甚至讓莫伊拉臉都紅了。他確實是個超棒的人喔」。

喝完下午茶後，瑪麗、莫伊拉、艾瑞克和其他被瑪麗寫作「新青年」（La jeunesse）的年輕客人們，便去為舞會梳妝打扮，然後在樓下會合。附近的一排高射砲開始射擊時，他們才正要出發。砲響平息後，他們出發前往空軍基地。無月的夜晚特別暗，車輛的大燈狹縫只能隱約照亮夜色。

在派對上，她遇到了英國皇家空軍最著名的王牌之一，三十一歲的中隊長道格拉斯．巴德（D. Bader）。他在十年前的一次空難中失去了雙腿，但因為戰爭的到來以及飛行員的短缺，他獲批准參加戰鬥，並迅速累積了勝利。他以兩條義足走路，從不使用拐杖或手杖。「他太棒了，」瑪麗寫道，「我和他跳了舞，而他超級擅長跳舞。他就是生命、思想和品性勝過肉體限制的最佳範例。」

但最吸引她注意的人，卻是艾瑞克。她整晚和他跳舞。在日記中記下這件事後，她引用了希萊爾．貝洛克（H. Belloc）一九一〇年一首非常短的詩，〈虛假的心〉：

我對心說：

「怎麼樣啊？」

心回覆道：

「端正得像顆瑞柏斯頓蘋果！[135]」

但它撒了謊。

瑪麗補充道：「除此之外，我無可奉告。」

舞會稍晚時，燈滅了，舞池一片漆黑。「我想這對很多人來說，完全是個可欣然接受的意外。」她寫道，一切都很有趣，「但很顯然成了一場縱酒狂歡會，還挺奇怪的。」

他們在一片點綴著行星與恆星、黑貂皮般的夜幕下，回到了斯坦斯特德莊園。

那個週六晚上的倫敦異常黑暗，以至於當哈里曼的祕書麥克強去帕丁頓車站(Paddington Station)和一名代表團的新成員碰面時，既沒有月光、月台又停電，根本看不出走下火車的究竟是誰。這位祕書帶著一把手電筒、穿著一件毛領大衣，那位新人已被告知要在月台找到這樣的人。徒勞地尋找了一段時間後，麥克強想到一個法子，站在顯眼的位置，用手電筒打亮他的衣領。那個男人找到了他。

哈里曼當晚再次為入住契喀爾而離開了這座城市，這次由羅斯福任命的美國新任

135｜譯注：瑞伯斯頓蘋果（Ribston Pippin），一種英國蘋果，果肉硬實，現已因爲滋味無趣而被市場淘汰。

大使約翰·G·溫南特(John G. Winant)陪同，他接替日益失寵、已在去年底辭職的約瑟夫·甘迺迪。溫南特和哈里曼都是來用餐和過夜的。晚餐時，哈里曼坐在邱吉爾的兒媳帕梅拉對面。她後來描述那一刻時，寫道：「我看見了我所見過最好看的男人。」

他年紀比她大很多，她承認。但她很早就發現自己受年長的男人所吸引。「我對同齡人不來電，也不感興趣，」她說，「吸引我的是年紀比我大得多的男人，我在他們身邊感到很自在。」她從未在和自己同一代的人身邊感到完全放鬆。「我的運氣很好，戰爭來了，所以這有點不重要了，我很快就和比自己大得多的人共度時光，不管對方是誰，我都會很高興地陪伴他。」

對於哈里曼已婚這點，她覺得無關緊要。他也這麼覺得。他的婚姻在他抵達倫敦前，就已在一個相敬如賓的無性境界裡停滯不前了。他的妻子瑪麗·諾頓·惠尼(M. N. Whitney)比他年輕十幾歲，在紐約經營一家藝廊。他們是在一九二八年認識的，當時她還是一位富有的紐約花花公子康尼留斯·范德比爾特·惠尼(C. V. Whitney)的妻子。哈里曼與第一任妻子離婚後，她和哈里曼便於一九三〇年二月結婚。但現在，雙方都已經開始有外遇了。大家普遍認為哈里曼夫人與一位英俊、修長的紐約樂團領奏艾迪·杜欽(Eddy Duchin)上床。杜欽也已經結婚了。

帕梅拉自己的婚姻正在閃電般地衰敗中，而她的自由感也隨著它的失落而越發強烈。更精彩的生活似乎就在眼前了。她年輕漂亮，生活在邱吉爾社交圈的中心。她寫道：「這是場可怕的戰爭，但如果你正值適當的年紀、時間和位置，那就精彩了。」

由於哈里曼在邱吉爾的親信圈中無處不在，帕梅拉顯然會和他再次相遇，而且還是經常相遇——這可讓戰機生產部部長兼祕密收集者，被某些人稱為「午夜部長」的麥克斯·比弗布魯克（Max Beaverbrook）樂極了。

那個週末，契喀爾的氣氛也因為其他因素愉快得很。在過去的幾天裡，英國軍隊佔領了厄立垂亞（Eritrea）和衣索比亞（Ethiopia）的重要領土，而南斯拉夫（Yugoslavia）的反德政變產生了一個新政府，迅速廢除了該國與希特勒現行的協議。三月二十八日星期五，邱吉爾向在華盛頓的哈利·霍普金斯發了一則歡欣鼓舞的電報，表示「昨天是重大的一天」，並指出他「與哈里曼保持著最密切的聯繫」。約翰·科維爾在日記中寫道，邱吉爾「週末大部分的時間，都邊沉思邊隨著留聲機的聲音（演奏著軍樂、華爾滋和最俗濫的銅管樂隊歌曲）在大廳裡來回踱步，或更確切地說，絆來絆去。

週日傳來了更多的好消息：在希臘馬塔潘海角（Cape Matapan）的一場戰鬥中，皇家海軍在布萊切利公園的情報幫助下，在交戰中有力地削弱了義大利海軍早因去年秋天落敗而動搖的實力。

仍在斯坦斯特德莊園回味前一晚舞會餘韻的瑪麗·邱吉爾，聽到了這個消息後欣喜若狂。「我們整天都感到興高采烈。」她在日記中寫道。那天下午，她和艾瑞克·鄧坎儂在莊園綠地的芬芳春景中漫步。「我覺得他很迷人。」她寫道。

那天艾瑞克回部隊前，說出了那句致命的話：「我可以打給妳嗎？」

兩場相遇、兩棟鄉間別墅、一個美好的三月週末，勝利又突然顯得近了些。家庭劇變的種子，正是在這樣的時刻播下。

第六部

戰火真情

Love Amid the Flames

四月 – 五月

第84章

噩耗

Grave News

四月一日星期二，瑪麗在契喀爾的房間，也就是監禁室，特別地冷。春寒料峭，一如她在日記中所寫的：「雪、帶雪的雨、嚴寒，這些可一點都不好玩。」她去婦女志工服務組織辦公室工作，然後和姐姐莎拉共進午餐，莎拉告訴了她一些關於艾瑞克·鄧坎儂和另一個女人的八卦。「非常耐人尋味。」瑪麗寫道。

兩天後的四月三日星期四，她收到了艾瑞克的來信。「是一封非常窩心的信。」她寫道。她告誡自己：「好了，瑪麗，冷靜下來，小傻瓜。」

不久之後，她收到了他的第二封信，這封信是邀請她下週共進晚餐的。

「哦，天哪。」她寫道。

隔天，星期天，又是一個嚴寒的日子，艾瑞克打來電話，將一股興奮刺癢的震顫導進整棟宅子，裡頭如常擠滿了客人，包括哈里曼、帕梅拉、巴戈·伊斯梅、空軍元帥肖爾托·道格拉斯（S. Douglas）等。艾瑞克和瑪麗聊了二十分鐘。「我覺得他很迷人，聲音非常好聽，」瑪麗在她的日記中寫道，「哦，天哪——我淪陷了，對吧？」

這些交流，讓瑪麗從瀰漫在這棟房子裡的沮喪氣氛中得到了一絲解脫，這股氛圍是中東戰況突然逆轉、巴爾幹半島又傳來壞消息的結果。只一週前，契喀爾的氣氛還自信而光明，現在卻只剩陰鬱。德軍的突然進攻迫使英軍放棄班加西（Benghazi），又一次撤離。四月六日星期日黎明時分，在艾瑞克打電話給瑪麗之前，德軍對南斯拉夫發動了一次代號為「懲罰行動」(Operation Retribution)的全面入侵，作為背叛希特勒的懲罰，同時還襲擊了希臘。

瑪麗深為這些事件及其可能對她父親造成的影響感到憂心，決定冒著寒冷的天氣，去附近的埃爾斯伯勒參加一場晨禱。「我去了教堂，在那裡得到了極大的安慰和鼓勵，」她在日記中寫道，「我很努力地為爸爸祈禱。」隔天早上上班前，她停在邱吉爾的辦公室旁要道別時，發現他正在閱讀文件。「我覺得他看起來好累，又嚴肅又悲傷。」他告訴她，他預計這將是充滿壞消息的一週，並敦促她保持信心。「親愛的，」她在日記中寫道，「我會試著照做的，也許那樣我還能幫上一點忙。」

但她覺得這份貢獻蒼白無力。「我們明明對自己的信念如此熱切，卻如此徒勞無功，令人很嘔。我是如此地弱小，卻過得快樂又舒適，有許多快樂的朋友和蝴蝶般的性格，幾乎沒有煩憂。我允許自己偶爾有點沮喪憂鬱。」

但她也沒憂鬱到哪裡去。她花了很多時間想著艾瑞克·鄧坎儂，他現在過多地佔據了她的想像，儘管她在九天前才見過他。「我多希望我知道自己是否愛上艾瑞克了，或是，我只是迷戀而已。」

正如邱吉爾所預測的，這一週確實傳來了壞消息。在利比亞，埃爾溫·隆美爾的坦克繼續在英軍面前占得先機，使得英軍指揮官阿奇博爾德·魏菲爾(A. Wavell)在四月七日發來電報，表示情況已經「嚴重惡化」。邱吉爾敦促魏菲爾不惜一切代價保衛港口城市托布魯克（Tobruk），稱它是「一個必須毫不放棄死守之處」。

邱吉爾對此事非常關注，加上他個人對戰場的了解，他於是下令要巴戈．伊斯梅給他送來托布魯克的街道平面圖和模型。「同時給我從空中和地面角度拍得最好的照片。」從消息中也得知了希特勒對南斯拉夫的懲罰行動給後者帶來的損失。為了警告任何試圖抵抗的附庸國，或許也為了向倫敦市民展示他們即將面臨的慘況，這場始於棕枝主日[136]那天的空襲，將首都貝爾格萊德（Belgrade）夷為平地，造成一萬七千名平民死亡。這個消息造成的衝擊極強，很不巧地，英國官方剛在同一週宣布，德軍空襲造成的英國平民死亡總數已達到兩萬九千八百五十六人，而這僅僅是喪生的人數而已。受傷的人數遠遠超過死亡人數，其中許多都是慘烈、不成人形的傷殘。

最重要的是，這讓人們再次擔心希特勒可能會入侵英格蘭。截獲的情報顯示希特勒新近的焦點明顯是俄羅斯，但並不能保證危險已經過去。邱吉爾在四月八日星期二給戰事內閣祕書愛德華．布里奇斯的一份說明中，命令手下所有的部長對即將到來的復活節假期進行調整，以確保關鍵的部會都有人值守，並且可以隨時透過電話聯繫到部長們。「有人告訴我，」邱吉爾寫道，「復活節是入侵的好時機。」復活節那個週末將是滿月。

隔天，他在一場關於「戰況」的演講中，談到了情勢的新逆轉以及蔓延到希臘和巴爾幹半島的戰事，他安排這場演講原本是要恭喜英國軍隊取得勝利的。他強調了美援

136 | 譯注：棕枝主日（Palm Sunday），即復活節前的禮拜日，標誌著聖週的開始，是南斯拉夫基督教的主要教派東正教所慶祝的節日，源於耶穌騎驢進入耶路撒冷時，受手持棕櫚樹枝的民眾歡迎禮遇而得名。

的重要性，尤其是美國商船建造量的「巨大」增長。他還提到了德軍入侵的陰影。「這是一場考驗，我們不會退縮。」他告訴下議院，但又補充道，德國顯然對俄羅斯有所企圖，特別是烏克蘭和高加索地區的油田。他以樂觀的語氣收尾，宣稱只要英國克服了潛艇的威脅，美國租借法案下的物資開始供應，希特勒就可以等著「我們帶著懲罰的正義之劍，衝著他去了」。

然而，這個壞消息實在太驚人了，無法單靠微弱的樂觀抵銷。哈羅德·尼克森在日記中寫道：「整個國會既難過又悶悶不樂。」在尼克森看來很清楚的是，邱吉爾比以往更多地將希望和英國的未來寄託在羅斯福身上。尼克森注意到首相多次提及美國，並從中看出了嚴重的含義：「他的演說暗示著，我們要是沒有美國幫助，就完蛋了。」

哈里曼在議院的「傑出訪客畫廊」（Distinguished Strangers' Gallery）137 觀看了這場演講，隨後寫了一封長信給羅斯福，驚嘆於「這裡人民對未來的信心和希望，與美國和您個人緊密相連的程度」。

他指出，接下來的週末將是他在英格蘭的第五個週末，也是他與邱吉爾一起度過的第四個週末。「有我們在身邊，似乎給了他信心，」哈里曼說，「也許是覺得我們代表著您和美國將給予英國的援助。」哈里曼觀察到，邱吉爾非常重視羅斯福的保證。「您是他唯一堅強可靠的朋友。」

哈里曼以一個似乎是後來再加上的簡短段落收尾：「英格蘭的力量正在流逝中。

137｜譯注：傑出訪客畫廊是一個位於英國下議院議事廳二樓、以玻璃隔開的空間，允許受到議員邀請的訪客或一般民眾入內旁聽議程。

為了我們自己好，我相信該在我們的合作夥伴變得太虛弱之前，直接動用我們的海軍。」

對瑪麗來說，來自巴爾幹半島的消息令她尤為痛心。希特勒對南斯拉夫所造成的苦難之深，幾乎無法想像。「如果有人真能完整地想像這場鬥爭所有的恐怖情事，我想大概也活不下去了。」她寫道：「事實上，得知戰況的那一刻，就已經夠糟糕了。」

她在四月十日星期四寫道，這個消息讓她「愁雲慘霧了起來」，但對當晚能見到艾瑞克仍感到很興奮。他給她帶來了約翰．多恩(J. Donne)的作品。

更令她興奮的是，當晚她將與父母一起進行邱吉爾其中一場巡察受害城市的行程，首先是到遭受嚴重轟炸的威爾斯城市斯旺西(Swansea)，再到布里斯托，她的父親擔任該市同名大學的名譽校長，要到那裡頒授多個榮譽學位。

然而那天，瑪麗和她的父母收到了一則令人痛心的家族消息：她姐姐戴安娜的丈夫鄧肯．桑偲，在一場車禍中受了重傷。「可憐的戴安娜，」她寫道，「不過，謝天謝地，看來事情並沒有我們一開始想的那麼嚴重。」邱吉爾給在開羅的兒子蘭道夫的信中，寫到了這起車禍。「你知道，鄧肯遇到了一場可怕的事故。他坐車從倫敦到阿伯樸(Aberporth)，脫鞋躺著睡著了。他有兩位司機，但他們都同時睡著了。車子在道路突然變窄處撞上了一座石橋，他的雙腳都被擠扁了，脊椎也受了點傷。」邱吉爾寫道，桑偲能否重返防空司令部上校的職務尚不明朗，「但他是有可能跛著腳重返崗位的」。邱吉爾諷刺地補充道，若不然：「他總有下議院可去。」

晚上，瑪麗和她的父母，「爸爸」和「媽咪」，登上了邱吉爾的專門列車，其他受邀的旅客也加入了他們的行列：哈里曼、溫南特大使、澳洲總理孟席斯、巴戈．伊斯梅、約翰．科維爾和幾名高階軍官。教授也本該去的，卻因感冒而臥病在床。隔天，聖週五（Good Friday）[138]早上八點，他們抵達斯旺西，然後在車隊中出發巡視這座城市，邱吉爾坐在一輛敞篷福特車裡，齒間叼著雪茄。他們駛過了一片被徹底摧毀的風景。「這座城鎮部分地區的受損程度令人毛骨悚然。」瑪麗在日記中寫道。她親眼目睹了這座城市的民眾是多麼需要她父親的來訪，以及他們對他是何等崇敬。「像今天的人群表現出的勇氣、愛、樂觀和自信，我以前從未見過。無論爸爸走到哪裡，他們都圍在他身邊，握著他的手、拍著他的背、喊著他的名字。」

這對她來說很感動，但也令她不安。「他們對他的強烈依賴頗嚇人的。」她寫道。

火車將他們帶到威爾斯海岸的一座實驗武器測試站旁邊，邱吉爾一行人將在那裡視察各種空雷和火箭彈發射器的試射。這個行程起初讓邱吉爾很高興，吸引了潛伏在他靈魂中的小男孩，但試射並不順利。「火箭彈發射得很糟糕，」約翰．科維爾寫道，「在第一次展示時，他們反覆錯失一個簡單到幼稚的靶。但是多重投射器似乎很有希望，帶著降落傘飄落的空雷也是。」

隔天，也就是四月十二日星期六，當火車抵達布里斯托時，這趟旅程變得不真實了起來。

138｜譯注：聖週五（Good Friday），復活節前一週的週五，又稱「耶穌受難日」。

火車停在城外的一條側線上過夜，考慮到最近加劇的德國空襲，以及當晚的晴朗夜色、月亮渾圓，這是一個謹慎的安排。晚上十點，確實有一百五十架德軍轟炸機在導航波束和月光的引導下，開始襲擊這座城市。先是燃燒彈，然後是強力炸彈，這是布里斯托迄今為止所遭受過最嚴重的襲擊之一。這場後來被稱為「聖週五空襲」的突襲持續了六小時之久，在此期間，轟炸機投下了近兩百噸強力炸彈和三萬七千枚燃燒彈，造成一百八十名市民死亡，另有三百八十二人受傷。有枚炸彈炸死了十名救援人員，它將三名遇難者拋到了一旁的柏油路上，身體的一部分融進了突然熔化的路面，後來才被派去撬出他們屍體的倒霉救護車司機發現。

火車上，邱吉爾一行人聽到遠處的砲聲和爆炸聲。巴戈．伊斯梅寫道：「布里斯托很明顯正在承受強烈攻擊。」隔天，星期六早上，火車駛入大火仍在延燒、被毀的建築物仍冒著濃煙的布里斯托車站。至少有一百枚炸彈由於故障或刻意的設計，還未爆炸，從而妨礙了救援人員和消防隊的工作，害得邱吉爾穿行城市的路線，成了一件冒險又棘手的問題。

據瑪麗所回憶的，那個早晨灰暗而寒冷，到處都散落著殘骸。她看著顯然因夜間空襲而憔悴的男男女女如常去上班。「那些極為焦慮不安的蒼白面孔既疲倦又沉默。」她寫道。

邱吉爾一行人首先前往市區的大飯店（Grand Hotel），這座建築在前一晚的空襲中磚瓦未損地倖存下來，但之前的空襲已造成了相當大的破壞。「它有點斜斜的，好像需要支撐才能繼續營運下去似的。」湯普森探長寫道。

邱吉爾要求洗個澡。

「好的，先生！」前台經理爽朗地說，好像這不構成任何挑戰似的——實際上，空襲已經讓飯店沒有熱水了。「但不知道是從哪來、怎麼來的，就在幾分鐘之內，」湯普森說，「一群愉悅的住客、文書、廚師、女僕、士兵和還能走動的傷員，便從建築後面某個神祕的地方冒了出來，帶著裝滿熱水的花園灑水器等各種容器，上樓倒滿了首相房間的浴缸。」

邱吉爾等人集合起來吃早餐。哈里曼注意到，飯店的工作人員似乎一夜未眠。一封他給羅斯福的信中寫道：「為我們上早餐的服務生好像一直在飯店屋頂工作，幫助撲滅了一些燃燒彈。」早餐後，他們一行人開始巡視這座城市，邱吉爾坐在一輛敞篷旅行車折起的帆布頂上（英式英語中，這叫做「車兜」）。約翰．科維爾寫道，城裡的災難「是我從未想像過的慘」。

邱吉爾的到訪未經公布。當他乘車穿過街道時，人們轉過身來瞪著他看。瑪麗看著，他們先是認出他來，然後是驚訝和喜悅。瑪麗和哈里曼同坐一輛車。她喜歡他。「他擁有解決我們燃眉之急的能力，」她寫道，「他非常同情我們，也為我們做了很多。」

車隊行經一群居民，他們站在剛被毀的房屋前檢視殘餘，找回財物。看到邱吉爾後，他們跑到他的車邊。「這令人異常感動。」瑪麗寫道。

邱吉爾徒步巡視了受災最嚴重的地區。他邁著輕快的步伐。這可不是一個醒著的大部分時間都在喝酒和抽煙、肥胖的六十六歲男子，會有的那種走走停停的閒步。新聞片段顯示，他在隨行者們的前方微笑著、皺著眉頭打頭陣，不時脫下他的圓頂禮帽致意，甚至偶爾敏捷地旋身回應路邊民眾的話。他圓圓的身軀蓋著長大衣，看起來就像一顆巨大炸彈的上半部分。克萊門汀和瑪麗走在後面幾步，看起來都既愉快又興致勃勃；巴戈·伊斯梅和哈里曼也緊隨其後。湯普森探長緊緊跟著，一隻手插在手槍口袋裡。被一群男女包圍時，邱吉爾脫下他的圓頂禮帽放在手杖上，然後高高舉起，這樣人牆外的人看到它就知道他在那裡。「退後，我的手下，」哈里曼聽到他說，「讓大家能看見我。」

哈里曼注意到，當邱吉爾在人群中移動時，他用了與每個人進行直接眼神交流的「技巧」。一度以為邱吉爾聽不見的哈里曼告訴巴戈·伊斯梅：「首相似乎很受中年女性歡迎。」

邱吉爾聽到了那句評語。他轉身面對哈里曼。「你在說什麼？我不僅受中年女性歡迎，也受年輕人歡迎。」

巡視隊伍移動到布里斯托大學的學位頒授典禮上。「沒有比這更戲劇化的事了。」哈里曼寫道。

隔壁的大樓還在燃燒。邱吉爾身著學位袍，坐在講台上衣著相似的大學長官們中間，其中許多人整晚都在協助滅火。儘管外頭又是空襲又是殘骸的，禮堂裡還是擠滿了人。「這畫面挺不尋常的，」瑪麗寫道，「不斷有臉上污垢只洗掉一半的人姍姍來遲，禮袍蓋在他們未乾透的消防服上。」

邱吉爾為溫南特大使和澳洲總理孟席斯，以及已經返美而缺席的哈佛校長詹姆斯．科南特授予了學位。儀式開始前，他對哈里曼打趣道：「我是想給你個學位啦，但你也對那種東西不感興趣吧。」

在典禮稍後的時間，邱吉爾站起身來，進行了一場即興演講。「今天在座的許多人整夜都在崗位上，」他說：「所有人都在敵人猛烈又長期的轟炸下飽受煎熬。即使如此，你們仍以這種方式聚集在這裡，正是剛毅與沉著、勇氣和超越世俗的標誌，毫不遜於我們深信自己從古羅馬或現代希臘學到的一切。」他告訴聽眾，他試圖盡可能地離開「總部」去拜訪被轟炸的地區：「我看到了敵人襲擊造成的破壞；但我也看到了與毀滅同時存在的，在廢墟中安靜、自信、明亮和微笑著的一雙雙眼睛，閃耀著一股聯繫著某種目標的意念，遠高於任何人類或個人的困難。我看到了無法被征服的人民精神。」

隨後，當邱吉爾、克萊門汀等人出現在大學的台階上時，一大群人歡呼著湧了上來。就在那一刻，在那個與天候變化同步的奇異時刻，太陽衝破了雲層。

汽車駛回火車站的過程中，人群緊隨其後。所有的笑聲和歡呼，讓今天活像是個和平時期的城市慶典似的。男男女女和孩子們走在邱吉爾的車旁，臉上洋溢著喜悅。

「這些人不僅僅是共享安樂的朋友而已，」瑪麗在她的日記中寫道，「不論和平或戰亂，爸爸一直用真心（和）他的思想為他們服務，而他們也在他最好的和最黑暗的時刻，給了他愛和信心。」她被父親這種在最艱難的情況下，帶出人們的勇氣和力量的奇異能力給震撼了。「哦，親愛的上帝，」她寫道，「請保佑他與我們同在，並帶領我們走向勝利與和平。」

火車開走時，邱吉爾透過窗戶揮別人群，一直揮手到火車駛遠為止。然後，他伸手去拿一份報紙，靠在椅背上，舉起報紙來遮掩自己的淚水。「他們這麼有信心，」他說，「這對我而言是一份重大的責任。」

他們到達契喀爾時，剛好趕上吃晚飯，有許多新的客人加入，其中包括外交大臣安東尼・伊登和他的妻子，以及陸軍總參謀長迪爾將軍。

一開始，當邱吉爾、迪爾和伊登設法處理來自中東和地中海的最新消息時，氣氛有些陰沉。在希臘的德軍正迅速朝雅典前進，揚言要壓垮希臘和英國的守軍，增加了英軍又一次撤離的可能性。隆美爾在利比亞的坦克繼續猛擊英軍，迫使他們撤往埃及並聚集在托布魯克。當晚，邱吉爾向位處中東的英軍司令魏菲爾將軍發了一封電報，表達自己、迪爾和伊登對他「完全信任」，並強調了魏菲爾抵擋德軍進攻有多重要。「這一仗，」邱吉爾寫道，「是英國軍隊歷史上最重要的戰鬥之一。」

他還強烈要求魏菲爾，在文書中「請拼寫」托布魯克，而非托布魯格或托布魯赫等其他寫法。

羅斯福的一封電報驅散了陰霾。美國總統通知邱吉爾，他決定要將美國在北大西洋的海軍安全區，擴大到涵蓋美國海岸和西經二十五度線之間的所有水域——大約是三分之二個大西洋，並採取其他「將正向影響您的船運問題」的措施。他計劃立即推行。「由於國內的政治因素，相信您也理解，此一行動必須由我們單方面採取，不能是您和我們之間一場外交談話後的結果。」

美國的船艦和戰機如今將在這片水域巡邏。羅斯福表示：「我們會需要您以極機密的方式，通知我們英國船隊的動向，以便我們的巡邏單位能在向西劃出的安全區新防線內，搜出任何活動中的船隻、飛機或侵略方。」然後美國會將他們遇到的敵艦位置，告知英國皇家海軍。

邱吉爾興高采烈。復活節那個星期日，也就是四月十三日，在契喀爾的他向美國總統表達感謝。「我對您的重大電報深表謝意，」他寫道，並稱此舉是「往脫離苦難邁進的一大步」。

科維爾問哈里曼，這是否意味著美國現在會與德國開戰。

哈里曼說：「我是這樣希望啦。」

因布里斯托的經歷而深受感動的哈里曼，克服了他吝嗇的本性，匿名捐了一百英鎊給這座城市，約為二十一世紀的六千四百美元。為了對自己的身分保密，他請克萊門汀把錢轉給該市的市長。

在一封四月十五日星期二手寫的感謝信中，她告訴他：「不管發生什麼，我們都不再感到孤獨了。」

也是在那天，哈里曼得知，在哈利．霍普金斯的代求下，他的女兒凱西終於獲得了國務院的批准，可以前往倫敦。

「我太激動了，」他立即發來電報：「妳什麼時候來呢？帶上所有妳能拿到手的尼龍褲襪，給妳將在這裡碰面的幾個朋友們，也給另一位朋友帶十幾包潔牙棒來。」

他這裡指的是梳潔達(Stim-U-Dent)，一種類似牙籤、用以清潔牙縫並刺激牙齦血液循環的產品，受歡迎的程度曾經使史密森尼學會(Smithsonian)[139]最終購入了一個樣本，納為永久館藏。在另一封電報中，哈里曼又催促道：「別忘了帶梳潔達。」他叫凱西帶上所有她喜歡的口紅，但還要多帶幾管嬌蘭(Guerlain)的「綠蓋」口紅。

他對梳潔達的執著要求引起了他妻子瑪麗的困惑。她寫道：「我們都非常想知道那個牙蛀光了的貴婦是何方神聖，怎麼對她的牙籤這麼焦慮啊。」

她補充說：「在你第三封發來提到它的電報之後，我們認為情況一定很嚴重。」

戰事內閣會議被陰霾籠罩著。班加西的落敗和托布魯克看來近在眼前的淪陷，令人尤為沮喪。在冬季勝利帶來的希望，以及近來隨著情勢逆轉而來的通貨緊縮的對比

139｜譯注：史密森尼學會是由美國的博物館、研究機構組成的聯合組織，相當於一個國家博物館系統，因爲管理衆多博物館、圖書館、研究中心和動物園等重要研究資源及館藏，而被稱爲「美國的閣樓儲藏室」。

下，加上德軍加強空襲後，有些襲擊比去年秋天更致命、破壞力更強，籠罩著英格蘭的那股陰鬱越發顯著了。德軍轟炸機再次襲擊了考文垂，隔天晚上又襲擊了伯明罕。黑暗繼續掣肘著英國皇家空軍。

下議院內部，不滿的情緒加深了。至少有一位重要議員，也就是勞合喬治，越來越擔心邱吉爾是否真的是能帶領英國在這場戰爭中取勝的那個人。

第85章

蔑視

Scorn

四月十五日星期二的晨間會議中，約瑟夫．戈培爾指示政宣人員集中火力嘲諷英國即將從希臘撤退一事。「嘲笑邱吉爾是一個賭徒，一個在蒙地卡羅的賭桌上比在英國首相大位上更自在的角色。典型的賭徒性格——怨天尤人、冷酷無情、野蠻殘暴，拿其他民族的生命當賭注，踐踏小國的民族命運，就為了拯救英國人的生命。」

媒體將一遍又一遍地「以冷酷的蔑視」重複口號「在奶油之前，他先犧牲了班加西[140]；在班加西之前，他先犧牲了希臘；在希臘之前，已經沒有什麼可以讓他犧牲了」。他補充說：「這樣一來，他就完了。」

赫爾曼．戈林當然希望英國最終瀕臨投降，並爭取讓他和他心愛的空軍能夠贏得功勞。但英國皇家空軍讓他很憂愁。

一週前，英國轟炸機襲擊了柏林市中心，粉碎了這座城市最精美的大道——菩提樹下大街（Unter den Linden），並在備受期待的一支義大利劇團客座演出前不久，摧毀了國家歌劇院（State Opera House）。「希特勒氣炸了，」他的德國空軍聯絡官尼可勞斯．馮．貝勞爾（N. von Below）寫道，「結果他與戈林發生了激烈的爭執。」

希特勒的憤怒和戈林的怨恨，可能都是促成戈林提議對倫敦發動一系列新攻擊這

140｜編按：「槍械與奶油」（Guns and butter）是一組在政治用語中常見的對比性隱喻，槍械往往喻指一國的軍事開銷，而奶油指人民的生活供應，一般出現在與政府資金分配策略有關的語境，表示在關鍵時刻，一國政府究竟是選擇將資金投入到軍事或戰爭（槍械）還是人民的福祉（奶油）中。文中口號的這一句似乎是諷刺邱吉爾爲了英國自身的利益而犧牲他國（班加西）。

一暴行的原因。第一次襲擊定於四月十六日星期三進行。

邱吉爾很惱火。

大約兩週前，他向史達林發出了一個隱晦的警告，暗示希特勒的入侵計畫。非常隱晦，因為他不想顯露出自己如此詳細知曉巴巴羅薩行動，是因為有布萊切利公園的消息來源。他將訊息發送給駐俄羅斯大使斯塔福．克里普斯爵士（Sir S. Cripps），並指示他親自傳達這則消息。

現在，在復活節後的那一週，邱吉爾得知克里普斯從未轉達消息。邱吉爾對這種明顯的不服從行為感到憤怒，他寫信給這位大使的上司，外交大臣安東尼．伊登。「我特別強調了要將我的個人訊息轉達給史達林。」他寫道：「我不明白他為什麼拒絕配合。大使並不知道那些事實有多大的軍事意義。請求你幫我個忙。」

任何曾與邱吉爾共事的人都很清楚，他所有以「請求」開頭的要求，都是直接且毫無商量餘地的命令。

克里普斯終於發出了邱吉爾的警告。史達林沒有回應。

第86章

多切斯特驚魂夜

That Night at the Dorchester

埃夫里爾．哈里曼於四月十六日星期三提早離開辦公室去理髮。理髮店傍晚六點半關門。那晚，他將在多切斯特飯店參加一場紀念佛雷．亞斯坦（F. Astaire）的妹妹艾黛爾（Adele）的正式晚宴。這對哈里曼使團來說是重要的一天：羅斯福在華盛頓簽署了依租借法案進行的第一次食品轉讓，包括一萬一千噸起司、一萬一千噸雞蛋和十萬箱淡奶。

哈里曼提早離開辦公室，讓他的祕書勞勃．麥克強難得有一次機會提前吃晚餐。那是個很美好又晴朗的夜晚。

九點鐘，日落後的一小時，整個倫敦的空襲警報都響了起來。起初，它們並未引起太大的注意。警笛聲現在已經是家常便飯了。這次警報與幾天前的警報唯一區別是，它響起的時間比平常早了一個小時。

閃耀的火光開始在布魯姆斯伯里落下，街道上滿是耀眼的亮光。前一年出版了小說《權力與榮耀》（*The Power and the Glory*）的作家葛拉罕．葛林（G. Greene）才剛與他的情婦作家朵洛西．格洛弗（D. Glover）吃完晚餐。兩人都即將返回工作崗位，他是個空襲監督員，而她是火警守望員。葛林陪她到她被分配的展望台。「站在某個車庫的屋頂上，我們看見旺火緩緩飄落，滴著火焰。」葛林在日記中寫道：「它們飄著，像大黃牡丹一樣。」

被月色染紅的天空布滿了數百架戰機的輪廓。現在炸彈落了下來，各種大小應有盡有，包括巨大的降落傘水雷，以及教授發明的空雷的巨大仿製品。當時一片混亂，到處都是煙塵、火焰、碎玻璃。一枚空雷落在了馬萊特街（Malet Street）的維多利亞俱樂部（Victoria Club），俱樂部裡有三百五十名加拿大士兵正在睡覺。葛林到達後，發現現場一片混亂：「士兵們穿著血跡斑斑的灰色睡衣，不斷從裡頭跑出來，人行道上到處都是玻璃，有些人還光著腳。」這棟建築原本佇立的地方，現在化作一座二十英尺高、仿佛延伸到地基深處的鋸齒狀斷崖。上頭的轟炸機不斷嗡嗡作響。「人們真的認為這就是末日了，」葛林寫道，「但這還不是最可怕的——人們已經不再相信有可能在那個夜晚活下來了。」

各地發生的意外持續積累。一枚炸彈摧毀了一個猶太女性俱樂部，造成三十人死亡。一枚降落傘水雷摧毀了海德公園的一個防空哨所。一名牧師在某家酒吧的廢墟裡，爬到撞球桌下，聽困在殘骸下的老闆及他的家人告解。

儘管空襲仍在持續，約翰．科維爾仍離開了唐寧街十號，爬上邱吉爾的裝甲車，它載著他穿過剛被轟炸、正在燃燒的街道，前往格羅夫納廣場上的美國大使館。他會見了美國大使溫南特，討論邱吉爾計劃發給羅斯福的電報。凌晨一點四十五分，他離開大使館，返回唐寧街十號，這一次是步行回去。他寫道，炸彈「冰雹般」落在他周圍。

他輕描淡寫地補充道：「我這一路走得不是很愉快。」

吃完晚飯，哈里曼的祕書勞勃．麥克強和其他使館工作人員一起來到美國大使館的屋頂。他爬到最高處，三百六十度全方位地眺望這座城市。自從他抵達倫敦以來，現在是他第一次聽到炸彈落下的呼嘯聲。

他不喜歡這個聲響。

「它比實際爆炸還可怕。」他在日記中寫道。他補充：「我跟很多人一起做了幾次翻滾的動作，以躲避幾個街區外落下的炸彈。」

可能是由降落傘水雷造成的巨大爆炸，在他們的視線內發生，撼動了大地。「看起來好像整個房子都要騰空了一樣。」他寫道。溫南特大使一度和他的妻子一起出現在屋頂，但並未逗留。他們把床墊從大使館五樓的公寓房裡搬了出來，抬到一樓。

麥克強看到遠處有一枚炸彈在巴特西區的發電站引爆。炸彈點燃了一個大型儲氣槽，那個儲氣槽「爆出了一個直升數英里的火柱」。

他回到自己的公寓房，嘗試睡覺，但一個小時後便放棄了。附近的爆炸導致建築物顫抖不已，彈片不斷砸在他的窗戶上。他爬上屋頂：「在那裡看到了我一生中見過最驚人的景象。整座城市的金融區以北都化作一片火海，火焰躍向空中數百丈。那是個萬里無雲的夜晚，但濃煙掩蓋了半邊天，被下方的火染得紅彤彤的。」不時有炸彈落入已經起火的建築物中，激起「頻繁的間歇泉狀火焰」。

在他周圍的人中，他只看到了一種好奇的平靜，這讓他感到震撼。「他們的表現，」他寫道，「就好像這場轟炸不過是一場大雷雨。」

附近的克拉里奇飯店裡，美國陸軍武官李將軍下樓到美國大使館外交人員赫歇爾·強生（H. Johnson）位於一樓的房間裡。就在炸彈落下、大火延燒的同時，他們討論了文學，主要是湯瑪斯·沃爾夫（T. Wolfe）的作品，以及維克多·雨果（V. Hugo）的小說《悲慘世界》（*Les Misérables*）。話題轉到中國藝術，赫歇爾拿出了一系列精美的瓷器。

「整個過程中，」李寫道，「我都有一種作嘔的感覺，在距我幾乎是一箭之遙的地方，數百人正被最野蠻的方式殺害，而我對此無能為力。」

在九個街區外的多切斯特飯店，哈里曼和佛雷·亞斯坦晚宴上的其他賓客，在飯店八樓看著這場空襲。其中還包括一個月前剛滿二十一歲的帕梅拉·邱吉爾。她沿著長廊走向晚宴時，思索著自己新獲的自由感和自信，她回憶當時想著：「你知道，我真的孤身一人了，我的生活現在將完全改變。」

她以前曾在契喀爾見過哈里曼，現在自己就坐在他旁邊。他們聊了很久，主要是關於麥克斯·比弗布魯克。哈里曼視比弗布魯克為邱吉爾之外，他最需要交好的人。帕梅拉嘗試向他描繪比弗布魯克的性格。在某一刻，哈里曼對她說：「嗯，我想，妳何不跟我一起回我的公寓，我們可以更輕鬆地交談，妳可以告訴我更多關於這些人的資訊。」

他們下樓到他的公寓去。空襲開始時，她正在陳述她對於比弗布魯克的各種見解。火光點亮了外頭的城市，哈里曼後來在寫給妻子瑪麗的信中，描述它看起來「就像百老匯和第四十二街一樣」。

炸彈落下、衣物褪去。據一位朋友後來向帕梅拉的傳記作者薩莉．比德．史密斯（S. B. Smith）所說的：「一場大規模的空襲，是跟別人上床的好辦法。」

這場空襲對生命安全和城市景觀都造成了巨大的損失。它造成一千一百八十人死亡、更多的人受傷，成為迄今為止最嚴重的襲擊。炸彈擊中了皮卡迪利圓環、切爾西區（Chelsea）、帕摩爾大道（Pall Mall）、牛津街（Oxford Street）、蘭貝斯區（Lambeth）和白廳。其中一次爆炸將海軍部大樓炸出一道巨大的裂口。大火燒毀了佳士得拍賣行（Christie's）。在伊頓廣場（Eaton Square）的聖彼得教堂（St Peter's Church）裡，一枚炸彈抹去了牧師奧斯汀．湯普森（A. Thompson）的存在，當時他正站在教堂的台階上，召喚人們入內以保安全。

第二天早上，也就是四月十七日星期四，在唐寧街十號吃完早餐後，約翰．科維爾和艾瑞克．席爾步行到騎兵衛隊閱兵場，檢視毀壞情況。「倫敦看起來雙眼模糊、面目全非。」科維爾當天在日記中寫道。

他還指出，他「發現帕梅拉．邱吉爾和阿弗雷爾．哈里曼也在觀察這片廢墟」。他沒有進一步評論。

哈里曼寫信告訴妻子這場空襲。「不用說，我睡得斷斷續續的。砲聲響個不停，戰機從頭頂飛過。」

第87章

白崖

The White Cliffs

在週四上午十一點三十分的內閣會議上，空襲當晚大部分時間都在工作的邱吉爾十分精闢地指出，海軍部大樓的損壞，讓他更容易看見特拉法加廣場上的納爾遜紀念柱了。

然而令他不安的是，這一次轟炸機又在幾乎沒受到英國皇家空軍的阻攔下到來。夜色仍是德國空軍最好的防禦。

也許是為了提供令人鼓舞的消息，教授那天向邱吉爾提交了一份最新的防空地雷測試報告，這些報告提及了一種新版空雷，這種空雷是很小的微型炸彈，附在小型降落傘上，從戰機上扔下。英國皇家空軍已經出動了二十一次「孵蛋器」、設置了六次雷幕。教授聲稱，這些雷幕至少摧毀了一架德國轟炸機，但也有可能多達五架。

對此，教授表現出一種很不像他的態度：過分樂觀。轟炸機被摧毀的唯一證據，就是它們雷達回波的消失。那次消失是在海上發生的，沒有證人目擊核實、沒有找到戰機殘骸。他承認，「我們這次顯然無法像在陸上一樣取得證據」。

然而，這一切都無法阻止他認為這五架德國轟炸機都是他成功擊落的。

四月二十四日星期四，瑪麗結束在艾爾斯伯里村的志願工作後，趕回契喀爾與友人費歐娜·福布斯（F. Forbes）喝茶。然後，她和費歐娜帶著成堆的行李匆匆出門，趕上去倫敦的晚班火車。

瑪麗期待在為今晚出門享樂而梳妝打扮前，去附樓泡個澡放鬆，但朋友們的電報和電話攔住了她。接著她又停下來和爸爸聊了聊。她終於在七點四十分泡了個澡，不過並沒有她原本希望的那麼悠閒就是了。她和費歐娜打算參加一場八點十五分開始的派對，但計劃先在多切斯特飯店與艾瑞克·鄧坎儂等其他朋友，以及瑪麗的姐姐莎拉和她的丈夫維克共進晚餐。

她頗為她的約會對象神魂顛倒。她在日記中寫道：「吼，*tais-toi mon coeur*（『閉嘴，我的心』）。」

他們前往一家俱樂部參加派對，一直跳舞到凌晨四點樂團停止演奏為止。瑪麗和費歐娜在黎明時分回到了附樓，瑪麗在日記中回憶道：「這真的是一場非常完美的派對。」

她在朋友位於多塞特郡的鄉間別墅中，度過隔日的星期六。她悠閒地在床上「『躺』得又久又爽」、休養生息，還閱讀了一首愛麗絲·杜爾·米勒（A. D. Miller）的長詩《白崖》（*The White Cliffs*），內容敘述一個美國女人愛上了一個英國男人，他卻在一戰中死於法國。這首由女主角記述自己的戀情、指責美國沒能立即參戰的詩，來得真是巧。這首詩是這樣收尾的：

我乃美國之子，
在此遇到許多討厭的、許多需要原諒的事物，
而在英格蘭行將就木的凡塵，
我生無可戀。

瑪麗哭了。

那個星期五，約翰．科維爾在倫敦接受了英國皇家空軍的醫療面談。他接受了兩個多小時的醫學檢測，除視力以外，他通過了所有項目，被評估在「合格邊緣」。然而有人告訴他，如果戴上隱形眼鏡，他或許還是可以飛行。他需要自費購買，而且即使如此也不能保證他就會成功。

但留在唐寧街十號看來不再合適。他越想加入英國皇家空軍，就對現狀越不滿意、越需要離開。他現在就像追求蓋伊．馬格森一樣追著這個想法，是種混合了渴望和絕望的徒勞。「戰爭爆發以來，我第一次感到了不滿和不安，我遇到的大多數人，不僅令我生厭，也缺乏想法，」他對日記傾訴道，「我絕對需要改變人生方向，在英國皇家空軍裡積極、實際地生活，就是真正的解決方案。我並不是急於在戰神的祭壇上自焚，而是已經到了認為什麼都不重要的地步。」

第88章 柏林

Berlin

總的來說，約瑟夫．戈培爾對戰爭的進展情況感到滿意。據他所知，英格蘭的士氣正在下滑。據報導，一場對普利茅斯的大規模空襲引起了徹底的恐慌。「效果驚人，」戈培爾的日記中寫道，「來自倫敦的祕報指出了士氣的低落，主要是由我們發動的空襲引起的。」在希臘，他寫道：「英國人逃得可快了。」

最棒的是，邱吉爾本人似乎越來越悲觀了。「據說他處於非常沮喪的狀態，整天抽煙喝酒，」戈培爾寫道，「這就是我們需要的敵人。」

他的日記嘰嘰喳喳地寫滿了對戰爭和生活的熱情。「外頭的春日多麼美好！」他寫道，「這世界可以是那麼地美好！而我們卻無暇享受。人類就是這麼愚蠢。生命如此短暫，他們卻自己把它搞得這麼艱難。」

第89章 陰鬱幽谷

This Scowling Valley

四月二十四日至二十五日，有一萬七千名英軍逃離了希臘。隔天晚上，又有一萬九千人撤離。隆美爾的坦克在埃及繼續推進。英格蘭境內，人們越來越擔心英國可能無法邊採取攻勢、邊控制取得的領土。這是邱吉爾成為首相以來的第三次大規模撤軍——先是挪威，然後是敦克爾克，現在是希臘。「我們不就擅長這件事而已嗎！」亞歷山大．卡多根在他的日記中抨擊道。

感覺到最近的軍事挫折可能造成民眾和美國的不安，四月二十七日星期日晚上，邱吉爾在契喀爾進行了廣播。他把他最近前往遭到轟炸破壞的城市的行程，描述為專為視察國民情緒而進行的訪視。他說：「回來後，我不僅放下心來，還重新燃起了希望。」他描述，民眾的士氣很高。「確實，」他說，「我感到被人們精神的昇華所包圍，這似乎將全人類及我們的苦難，從塵世俗務的層面，提升到了我們以為只屬於更高境界的歡樂寧靜中。」

這裡，他講得有些過於煽情了。「他說，被轟炸得最嚴重的地區，士氣最高，這令人有點難以接受。」一位「世論調查」的日記作者在醫院的病床上寫道。他聽見另一個病患說：「你——騙子！」

邱吉爾告訴他的聽眾，他感覺有深重的責任，要將他們安全地「領出這個漫長、嚴峻、陰鬱的幽谷」，並提出了抱持樂觀的理由。他說：「那些惡劣的野蠻人只有不到七千萬人，其中部分有教化的可能，其他則死不足惜。」而且：「大英帝國和美國，單是在我們本土和英屬自治領地，就有近兩億的人民。比起那些野蠻人，我們擁有更多的財富、更多的技術資源，我們生產的鋼鐵比世界其他地方的總和還要多。」他叮嚀聽眾不要失去「對雙方差距的掌握，從而喪氣或驚慌起來」。

邱吉爾雖然對演講感到滿意，但也明白他經不起更多的挫折了，尤其是在曾經閃現過勝利之光的中東地區。在他於四月二十八日星期一向他的戰事內閣下達的「最高機密」指令中，他要求每一級官員都認知到，「英國的存亡和榮辱，都取決於埃及能否防禦成功」。所有考慮撤離埃及或擊毀蘇伊士運河的預防計畫，必須立即停止交辦、封存，並嚴格控管這些檔案的觸及管道。「不允許對此類計畫的任何議論，」他寫道，「也不容許任何官兵考慮投降，除非相關單位或部隊承受了至少百分之五十的傷亡。」任何發現自己將被敵人俘虜的將軍或參謀人員，都必須用自己的手槍自盡。「為國捐軀者的榮譽都會受到保障，」他寫道，「任何殺死野蠻人甚或是義大利人的，都是在為國效力。」

與往常一樣，他最關心的其中一個問題，便是羅斯福會怎麼看待更多的潰敗。「倘若無法贏得埃及戰役，那將是英國的頭號災難。」四月三十日星期三，邱吉爾在給巴戈·伊斯梅、比弗布魯克勳爵和海軍部高階官員的紀要內寫道：「這很可能左右土耳其、西班牙和維希的決定。這可能給美國留下不好的印象，可能讓他們認為我們很爛。」

但美國並不是他唯一的問題。他的廣播並未平息他的對手們持續醞釀的不滿情緒，為首的勞合喬治很快便找到了機會表達這種反對態度。四月二十九日星期二，議會的工黨代理主席海斯廷斯·李斯－史密斯（H. Lees-Smith）援引議會的「私預告質詢」[141]條款，當著邱吉爾的面，直接提出了一項質疑，詢問「針對戰爭局勢的辯論何時才會進行」。

邱吉爾回答，他不僅會安排一場辯論，還將邀請下議院對一項決議案進行投票：「眾議院同意英國政府向希臘派遣援助的政策，並宣布相信我們在中東及其他所有戰區的行動，政府都將以最大的努力執行。」

當然，這形同對邱吉爾本人的公投。這個時間點在某些人看來具有象徵意義，甚至有些不祥，因為這場辯論剛好將在使前首相張伯倫下台、邱吉爾掌權的那次不信任投票後的一週年進行。

柏林那一邊廂，約瑟夫·戈培爾思考著邱吉爾廣播背後的動機及它的潛在影響。他密切關注美國和英國之間不斷演變的關係，估量自己的政宣人員能如何最大程度地影響結果。「關於要不要干預戰爭的爭論，仍在美國持續熱議。」他在四月二十八日星期一，也就是廣播隔天的日記中寫道。結果很難預料。「我們盡可能地活躍，但面對震耳欲聾的猶太人遊說團，我們幾乎無法製造太大的聲量。倫敦的人把他們最後的希望

141｜譯注：私預告質詢（private notice question）是英國議會的一種質詢制度，英國議會進行質詢時，議員須依例提前兩日提交書面通知給祕書處預告通報，但發生國家緊急事故時，議員可在獲得主席許可的前提下，未經公告就在議會上進行緊急質詢。

寄託在美國身上。如果某些事件不在近期內發生，那麼倫敦就將面臨毀滅。」戈培爾感覺到一股逐漸攀升的焦慮，「他們最大的恐懼，是在接下來的幾週和幾個月內被一舉殲滅。我們會盡最大努力，來讓這些恐慌變得有憑有據。」

他指導操作人員，怎樣才能極致地利用邱吉爾的廣播來抹黑他自己。他們要嘲笑他所謂的參觀了轟炸區後，回到倫敦時「不僅放下心來，還重新燃起了希望」。他們尤其要抓住邱吉爾是怎麼描述他把部隊從埃及調到希臘以對抗德軍入侵的。邱吉爾曾說過：「最適合這項任務又可以調度的軍隊，碰巧來自紐西蘭和澳洲，參加這次危險遠征的部隊中，只有大約一半來自母國。」戈培爾高興地跳了起來。「確實，就是這麼碰巧！英國人總是『碰巧』躲在後頭。他們總是碰巧在撤退。英國人碰巧無人涉及傷亡。在西部進攻中，法國人、比利時人和荷蘭人碰巧犧牲最大。挪威人碰巧必須掩護逃離挪威的英國人。」

他命令政宣人員強調，邱吉爾還擇做公開廣播，其實避免了下議院的質詢。「在那裡，他可能會在演講後受到挑戰，可能會被問到尷尬的問題。」戈培爾在日記中寫道，「他害怕議會。」

儘管面臨戰爭和政治的壓力，邱吉爾還是抽空寫了一封弔唁信給流亡的比利時首相于貝爾・皮埃洛 (H. Pierlot)。

縱使在戰時，也會發生與子彈和炸彈無關的悲劇，而這些悲劇往往在日常的嚴峻事件中為人遺忘。兩天前，大約下午三點三十分左右，從國王十字到紐卡索（Newcastle）的特快列車司機注意到，他的引擎牽引力略微受阻，顯示列車某處啟動了緊急煞車。他繼續往前開，打算在附近的一個信號箱旁停下，以防萬一他需要打電話尋求協助。在拉下第二根緊急電纜後，他將火車完全停下來，根據火車當時的速度以及它已經降速了一段時間來計算，這大約需要三分鐘。

共十一節車廂中的最後三節車廂，佔滿了一百名要返回安普爾福斯學院（Ampleforth College）的男孩，那是一所位於約克郡（Yorkshire）一座美麗山谷中的天主教寄宿學校。火車以每小時五十多英里的速度行駛，往安普爾福斯還有一半距離時，有些顯然感到無聊的男孩，開始向對方彈去點燃的火柴。一根火柴落在了座位和牆壁之間。座椅是合板木材製成的，坐墊裡塞滿了馬毛；車廂則是固定在鋼製底盤上的木造外殼。座位和牆壁之間開始起火，而且持續燃燒了一段時間都沒有被發現。火勢愈演愈烈，很快地，在敞開的通風口吹入的微風煽點下，火勢開始爬升到牆面上。沒多久，大火便將車廂吞沒，填滿濃煙。

這場火災造成六名男孩死亡、七人受傷。其中兩名死者正是比利時首相的兒子。

「我親愛的閣下，」邱吉爾在四月三十日星期三寫道，「您肩上的公務重擔的確沉重。我的來信是想告訴您，我對您被迫面對這份新的個人損失和悲痛，深表同情。」

那一天，在慕尼黑郊外的梅塞施密特機坪，魯道夫．赫斯已經準備好再試一次。

他的副官平奇跑到他的飛機旁時，他已經在機上，引擎發動好了，等待著起飛許可。平奇給他帶來希特勒的一個訊息，希特勒命令赫斯，隔天的五月一日勞動節代替他出席一場在梅塞施密特工廠舉行的儀式，向包括威利・梅塞施密特（W. Messerschimitt）本人在內的幾位男士致敬，授予他們「勞動先鋒」的榮譽。

赫斯當然答應了希特勒的要求。元首對他來說就是一切。在後來給希特勒的一封信中，赫斯寫道：「過去的二十年裡，您充實了我的生活。」他視希特勒為德國的救世主。「在一九一八年的崩潰後，是您讓我覺得活著有意義，」他寫道，「為了您也為了德國，我重生了，能夠重振旗鼓。為您這樣的人服務、遵循您的想法而取得如此成就，對我和您其他下屬來說，都是一種難得的特權。」

他從駕駛艙爬了下來，回到慕尼黑準備演講。

第90章 陰霾 Gloom

同樣是在星期三，比弗布魯克勳爵又向邱吉爾提交了另一份辭呈。「我已經決定退出政府，」他寫道，「而我將提供的唯一理由，就是健康不佳。」

他藉著向他們長久的友誼致意，來緩和這個說辭。他寫道：「我是抱著忠誠和友愛，來結束我和政府的合作的。」

他補充：「但還是讓我們保持私人關係吧。」

邱吉爾終於同意了。作為戰機生產部部長，比弗布魯克取得了出乎任何人意料的成功，卻也同時無可挽回地傷害了戰機生產部與空軍部之間的關係。比弗布魯克離開崗位的時機確實到了，但邱吉爾可還不願讓他的朋友徹底退出，而比弗布魯克如往常一樣，也還不願意。

五月一日星期四，邱吉爾任命他為「國務部部長」（Minister of State），而比弗布魯克在進一步提出「你就放我走吧」的抗議後，接下了這份工作，儘管他意識到這個頭銜和它的基本任務一樣籠統，也就是監督管理英國所有負責生產供應部門的委員會。「我也準備好成為教會的牧師[142]了。」他打趣道。

據《紐約客》作家莫莉・潘特－唐斯表示，儘管他這個新職位無疑讓白廳內部許多人惶恐不已，卻在民間廣受認同。她寫道，人們「急於看到英國快速贏得戰爭，希望近

142｜譯注：在英語裡，「牧師」和「部長」是同一個詞（minister），所以這裡比佛布魯克勳爵玩了一個雙關哏，戲謔地表示這個新官位包山包海。

期重啟的國務部部長一職能握有一個廣泛的職權，在任何地方遇到作業效率低下或部門拖沓時，都能給予嚴厲打擊。人們以歡呼喜迎這項任命」。

當晚吃過晚飯，邱吉爾和克萊門汀搭乘夜班火車，再次出發前往飽受摧殘的城市，這次去的是普利茅斯，英格蘭西南部的一個重要海軍港口，它剛在九天內接連經歷了五次激烈的夜間襲擊。國家情報局直言：「目前，普利茅斯已經不再是富庶鄉間的商務和貿易中心了。」

這次訪視震撼了邱吉爾，他巡視其他被轟炸城市時從未有這種感覺，讓他感觸很深。共五晚的轟炸所造成的巨大破壞，讓他以往所見的一切都黯然失色。有些社區被整個夷為平地。這座城市的波特蘭廣場（Portland Square）區裡，有個防空洞被直接擊中，瞬間造成七十六人死亡。邱吉爾探視了市內的海軍基地，那裡有許多水手都受傷或死了。其中四十名傷者躺在體育館的折疊床上，而房間另一頭的矮簾後方，有人在裝著他們不幸弟兄的棺材蓋上槌釘子。「對傷患們來說，那些槌擊聲一定很可怕，」陪同邱吉爾的約翰·科維爾寫道：「但這座城市的破壞已經嚴重到，沒有其他地方可以做這件事了。」

邱吉爾的汽車駛過「英國百代」（British Pathé）新聞片攝製組的鏡頭時，他凝視著鏡頭，眼神中似乎混合著驚詫和悲傷。

他在午夜時回到契喀爾，為所見所聞感到筋疲力盡又悲痛，迎接他的卻是一連串新的壞消息：一艘珍貴的皇家海軍驅逐艦在馬爾他（Malta）被擊沉，目前堵住了馬爾他大港（Grand Harbor）的入口；引擎故障導致運載坦克前往中東的運輸中斷；英國在伊拉克的進攻遭到了伊拉克軍隊出乎意料的強烈抵抗。最令人沮喪的是，他收到了一封來自羅斯福的電報，內容又長又令人洩氣，總統似乎不在乎保衛中東的重要性。「我個人並不會因為德國領土的擴張而感到沮喪。」羅斯福寫道：「這所有的領地加起來，也產不出多少原物料，不夠維持或彌補龐大駐軍的開支。」

羅斯福補充道：「繼續加油啊。」

羅斯福冷淡的回應讓邱吉爾很是震驚。背後的潛台詞似乎很清楚：羅斯福只願意提供能讓美國維持安全、免受德國侵襲的協助，並不關心中東淪陷與否。邱吉爾在給安東尼．伊登的信中寫道：「在我看來，大西洋的彼端似乎大大地退縮了，我們在不知不覺中被放由天命了。」

科維爾指出，那晚的一堆壞消息讓邱吉爾「陷入我從未見過的陰霾中」。

邱吉爾口授給羅斯福的答覆中，試著從美國自身長期利益的角度，構出中東的重要性。「我們不能太篤定地認為，失去埃及和中東不會有多嚴重的後果，」他告訴羅斯福，「這將嚴重增加在大西洋和太平洋的危險，它將帶來的所有苦難和軍事危險，也幾乎一定會使得戰爭延長。」

邱吉爾越來越厭煩於羅斯福不願讓美國參戰的態度。他曾經期望，到了現在，美國應該會與英國並肩作戰了，但羅斯福的行動總是無法達到邱吉爾的需要和期望。驅逐艦確實是一個具重要象徵意義的禮物，租借法案和哈里曼對法案內容的高效執行也讓英國有如神助。但邱吉爾現在很清楚，這些根本還不夠，只有美國參戰，才能保證英國能在任何合理的時限內取得勝利。不過，邱吉爾長期追著羅斯福的一個結果就是，現在這位首相覺得能夠比從前更坦率直接地表達他的擔憂和願望，不必擔心把美國完全嚇跑。

「總統先生，」邱吉爾寫道，「我相信，即使我對你直言不諱，你也不會誤解我。我眼下看見唯一能平衡在土耳其、近東和西班牙日益增長的悲觀情緒的關鍵，就是美國立即作為參戰國加入，與我們並肩作戰。」

睡前，邱吉爾召集了哈里曼、巴戈．伊斯梅和科維爾，在爐火旁進行了深夜談話，那是一個地緣政治鬼故事，據科維爾回憶，邱吉爾描述了一個「希特勒統治整個歐亞非，讓美國和我們別無選擇，只能心不甘情不願地談和的世界」。邱吉爾告訴他們，倘若蘇伊士淪陷，「我們將失去中東，而希特勒宛如機器人般的新世界秩序，將獲得鼓舞，獲得真實生命」。

邱吉爾說，戰爭已經到了關鍵節點——不是決定最終勝利的關鍵，而是決定戰爭是短是長的關鍵。如若希特勒拿下伊拉克的石油和烏克蘭的小麥，「那即便是『我們普利茅斯弟兄』的堅毅，也難以減少接下來的磨難了」。

科維爾將邱吉爾的陰鬱歸因於他在普利茅斯的感受。整個晚上，邱吉爾每隔一段時間都會重複一遍：「我從未見過如此慘況。」

第91章

艾瑞克

Eric

週六早晨，艷陽耀眼，卻帶著一股深深的寒意。五月的第一週異常寒冷，不時帶有晨霜的印記。「這股寒意令人難以置信，」哈羅德・尼克森在他的日記中寫道，「就像二月似的。」哈里曼的祕書麥克強只好在他公寓的浴缸裡裝滿熱水，好讓蒸汽飄進他的客廳。「心理效果挺不錯的，」他說，「別的就不說了。」（德國也很冷。「外頭的鄉村被厚厚的積雪覆蓋，」約瑟夫・戈培爾抱怨道，「而且夏天本應快到了！」）契喀爾的許多樹木剛開始袒露幾乎半透明的嫩葉，為整體景觀帶來了點彩畫般的效果，就像這塊土地被保羅・希涅克（Paul Signac）[143]的畫筆塗抹過一樣。附近的兩座山丘，燈塔山與庫姆山，都是一派柔和的綠。「一切都來得很遲，」約翰・科維爾寫道，「但樹總算開始發芽了。」

邱吉爾異常暴躁。「過少的睡眠讓首相整個早上都很暴躁。」科維爾寫道。午餐時，他「鬱鬱寡歡」。直接的原因與戰爭或羅斯福無關，而是他發現克萊門汀為了讓大黃變甜這樣瑣碎的目的，而用了他從澳洲昆士蘭州得來的寶貝蜂蜜。

那天下午，瑪麗・邱吉爾的追求者艾瑞克・鄧坎儂在他的妹妹莫伊拉・龐森比的陪同下抵達，莫伊拉正是和科維爾一起在斯坦斯特德公園檢視被擊落的德國轟炸機的年輕女子。鄧坎儂的到來令包括瑪麗在內的所有人都感到意外，他們並不全然歡迎他

143｜譯注：保羅・希涅克是法國點彩畫派的代表人物，與秀拉齊名。

來：他只獲邀在隔天也就是週日來吃午飯，但他現在卻假裝他整個週末都受邀了。

他的出現讓這一整天增添了新的緊繃氛圍。艾瑞克顯然在追求瑪麗，而且看來很可能在那個週末向她求婚。瑪麗雖然樂意，卻對她家人的冷淡感到不滿。她的母親很反對，她的姐姐莎拉則公開嘲弄他倆結婚的這個想法。瑪麗就是太年輕了。

午後，邱吉爾在花園裡安坐下來，開始寫各種備忘錄和會議記要。普利茅斯所受的摧殘在他的腦海中記憶猶新。令他惱火的是，德軍在那五個晚上中都成功襲擊了那座城市，而英國皇家空軍卻束手無策。他仍然對教授的空雷充滿信心，儘管其他人似乎都對它嗤之以鼻。顯然很沮喪的邱吉爾向首席空軍元帥查爾斯·波特和新任戰機生產部部長約翰·摩爾－布拉巴松（J. Moore-Brabazon）口述了一份說明，詢問為什麼負責配置空雷的英國皇家空軍中隊，還沒有讓隊上共十八架戰機都配上空雷。

「既然它們從來不被允許升空作戰，那為什麼只有七架能使用？為什麼像普利茅斯這樣的城鎮，會連續幾個晚上，或者說幾乎連續幾晚內，受到五次空襲，而這種裝置卻從未派上用場？」他問道，為什麼沒有在引導轟炸機到達目的地的德軍無線電波束路徑上，放置空雷？「我感受到，這個設備還沒有擺脫多年來妨害它臻於完美的阻礙。」他寫道：「皇家空軍最近對付夜襲者的行動令人遺憾，現在有一種使用了很多次、成功率很高的辦法，你們不能再繼續忽視這個辦法了。」

他在這裡指的成功具體是哪些，並不清楚。這些空雷從未被頻繁部署過。空軍部研究人員，更集中於改造空對空雷達，以協助戰鬥機在夜間鎖定目標，在R. V. 瓊斯博士的領導下，也致力於讓能夠發現並操弄德軍導航波束的技術更加完善。這方面，他們持續有所斬獲，根據審訊報告，德軍的飛行員已經開始不信任這些波束。英國皇家空軍已經擅於改變波束的方向，並利用海星（Starfish）誘敵火堆使德軍飛行員確信自己找到了正確的目標。這些手段能否足夠精確地展開，以擾亂像普利茅斯那種等級的攻擊，很大程度還是憑運氣，但他們正在取得明顯的進展。

事實證明，空雷除了造成問題外，仍一無是處，除了邱吉爾和教授，似乎沒有其他人認為它們值得投入心力。只有邱吉爾的一頭熱和他的「繼電器」在持續推動它們的開發。

當晚，邱吉爾的情緒有所好轉。一場激烈的戰鬥正在托布魯克上演，沒有什麼比熱烈的戰事和發揚軍威的希望，更讓他興奮的了。科維爾寫道，他精神抖擻地熬夜到三點三十分，「開懷大笑、打趣，不斷穿梭於公事和交談之間」。他的官僚賓客，包括安東尼．伊登在內，一個接一個撐不住上床睡覺了。邱吉爾則繼續醒著，陪伴他的觀眾逐漸減少，最後只剩科維爾和瑪麗的潛在追求者，艾瑞克。

此時，知道隔天可能改變她的一生的瑪麗，已經回監禁室休息了。

在柏林同一時間，希特勒和政宣部部長約瑟夫．戈培爾正開著玩笑，說邱吉爾新出版的傳記揭露了他的許多癖好，包括他愛穿粉色絲質內衣、喜歡在浴缸裡工作和整天喝酒的嗜好。「他在浴缸裡或只穿著內褲口述訊息，真是個驚人的畫面，元首覺得極為逗趣，」戈培爾週六在日記中寫道，「他認為大英帝國正在慢慢土崩瓦解。沒剩多少可以挽救了。」

週日早上，契喀爾的克倫威爾地帶瀰漫著一股淡淡的焦慮情緒。今天看來將是艾瑞克．鄧坎儂向瑪麗求婚的日子，除了瑪麗外，沒有人對此感到高興。就連她，對這個想法也並不完全放心。她才十八歲，從來沒有談過戀愛，更談不上被認真追求了。訂婚的可能性讓她情緒翻騰，不過也確實為這，整天增添了一絲生氣。

契喀爾又來了些客人：莎拉．邱吉爾、教授，還有邱吉爾二十歲的姪女克拉麗莎．史賓賽－邱吉爾。「看起來挺漂亮的。」科維爾說。陪同她的是艾倫．希爾加斯（A. Hillgarth）上尉，一位英俊不羈的小說家，自詡為冒險家，現在在馬德里擔任海軍武官，負責情報工作。這些工作其中有部分是在他的下屬伊恩．佛萊明（I. Fleming）中尉幫助下策劃的，後者後來稱希爾加斯上尉是創造詹姆斯．龐德（James Bond）[144]形象的靈感來源之一。

「很顯然地，」科維爾寫道，「人們預料艾瑞克會採取行動向瑪麗求婚，瑪麗以緊張喜悅的心情看待即將發生的事，莫伊拉對此事贊同，克夫人[145]不太高興，克拉麗莎則覺得很有趣。」邱吉爾沒顯露出太多的關心。

午飯後，瑪麗等人走進玫瑰園，科維爾正給邱吉爾看有關伊拉克局勢的電報。那天陽光明媚又溫暖，很好地換去了近來延長的寒冷。讓科維爾感到困惑的是，艾瑞克

144｜譯注：詹姆斯．龐德，伊恩．佛萊明筆下的小說人物，英國軍情六處的間諜，代號〇〇七。

145｜譯注：科維爾這裡指的應該是克萊門汀。

和克拉麗莎單獨去園地裡走了很長一段路，把瑪麗拋在後頭。「他的動機，」科維爾寫道，「要麼是因為克拉麗莎的魅力，對於這點她從未保持低調；不然就是相信引起瑪麗的嫉妒是個好對策。」散了步，在克拉麗莎和希爾加斯上尉離開後，艾瑞克小睡了一會兒，顯然打算（在科維爾看來）稍後在邱吉爾家族和包括伊登、哈里曼等賓客們聚在一起喝下午茶的長廳，來個「戲劇性的進場」。科維爾寫道：「我認為這一切不過是一陣騷動，滿足了艾瑞克做戲般的情感、激盪了瑪麗年輕人特有的情緒，但不會產生什麼重大的結果。」

邱吉爾坐在花園裡，把握白天的溫暖工作了一下午，瀏覽了黃色匣子裡的最高機密文件。科維爾坐在附近。

邱吉爾不時會用懷疑的眼光瞥他一眼，「懷疑我試圖偷看他特別的黃匣子裡的內容物」。

艾瑞克把瑪麗帶到了白色前廳。

「今晚艾瑞克向我求婚了，」瑪麗在日記中寫道，「我愣住了，我想我說了『好』，但親愛的上帝啊，我什麼都不記得了。」

邱吉爾工作到深夜。科維爾和蒼白、安靜、幽靈般冒出的教授到邱吉爾的房間加入工作，邱吉爾爬上床，開始整理一天積累下來的報告和會議紀要。教授坐在附近，科維爾則站在床腳收揀邱吉爾看過的文件，一直持續到凌晨兩點以後。

隔天，五月五日星期一，科維爾「以筋疲力盡的狀態」返回倫敦。

第92章 心聲

Le Coeur Dit

瑪麗，五月五日星期一：

「我一整天內心都忐忑不已。

「媽咪又回來了，姆姆來過了。

「我必須保持冷靜。在花園裡走了很長一段路，終於流下了眼淚——但卻是開心的。」

第93章

坦克與娘炮

Of Panzers and Pansies

關於邱吉爾應對戰爭的國會大辯論，於五月六日星期二展開，開場是外交大臣安東尼．伊登平淡無聊的演講，他首先說：「我有很多話想說，但我一時無法說清。」然後他開始越說越少，還說得不好。「他在一片靜默中坐了下來，」伊登的國會私人祕書奇普斯．錢農寫道：「我從未聽過發表得這麼糟的重要演講。」隨後是一連串由來自國內各處的議員發表的簡短演講。貫穿所有演講的主題，是所有人對於眾議院要求的明明只是一場關於戰爭的辯論，邱吉爾卻把它上升成不信任投票一事的失望。「為什麼我尊敬的同僚[146]、首相先生，要以這項動議來挑戰我們？」一位議員說，「他認為批評上不了檯面嗎？」

來自格拉斯哥的社會主義者約翰．麥戈文（J. McGovern）發動了當天最尖銳的攻擊，甚至批評了邱吉爾訪視受轟炸城市的做法。他說：「首相竟然得在全國每一個遭轟炸的地區遊街，坐在馬車的後座，像『小丑嘟鐸』[147]在馬戲團裡一樣，用一根棍子揮舞他的帽子。當我們到了這個地步的時候，嗯，當政府的代表都這麼不了解民意的時候，情況就非常可悲了。」麥戈文表示，他對戰爭和政府都沒有信心：「另外，我雖然非常欽佩首相把黑說成白的演說能力，但我一點都不相信他能成功為全人類帶來持久的助益。」

146｜譯注：尊敬的同僚（my Right Honorable Friend），英國下議院議員稱呼彼此時慣用的敬稱。
147｜譯注：小丑嘟鐸是一九一五年至一九四四年間風靡全球的英國馬戲小丑，出生於格拉斯哥，以高禮帽和矮胖的身材爲大衆熟知。

不過，大多數發言的人都小心翼翼地用對首相的恭維來填充他們的批評，有時流於空泛。「在我有生之年，」其中一位說，「我不記得有哪位首長像我們現任首相這樣，能夠激起這般的信心與熱情。」另一位議員莫里斯．佩瑟里克少校（Major M. Petherick），聲明他要的不過是讓政府「更強大一點」，他在辯論中說了一句令人難忘的陳述：「我們要的是坦克（panzers），不是一個娘炮（pansy）政府。」

在為期兩天的辯論中，主要的批評是政府明顯未能有效地打這場戰。「你若是無法掌控你所征服的事物，那麼擁有再強大的力量也都只是一時之用。」曾任張伯倫戰事辦公室負責人的萊斯利．霍爾－貝利沙（L. Hore-Belisha）說。他還批評了邱吉爾對美國日益增加的依賴。「我們是要靠自己的努力來贏得這場戰爭，」他問道，「還是因為相信美國會供應一些破銅爛鐵，就推遲所有我們可以做的事？若是如此，我們可就誤判情勢了。我們確實該每天感謝上帝讓羅斯福總統來幫我們，但誇大他的能力所及，對他和他的國家都是不公平的。」

儘管不信任投票是邱吉爾自找的，但被迫聽取一段段挑剔他的政府種種缺失的演講，令他惱火。他厚臉皮，但只到一定程度。就連埃夫里爾．哈里曼的女兒凱西，後來在契喀爾度了一個週末後，也意識到了這一點。「他討厭被批評，」她寫道，「那就像一個孩子被母親不公正地打了屁股一樣地傷害了他。」某次，他對好朋友薇洛．邦漢．卡特說：「人們攻擊我的時候，我會變得非常刻薄又充滿惡意。」

然而，最傷人的演說，一直到過後才出現。

瑪麗，五月六日，星期二：

「我覺得今天比較冷靜了——

「我真的無法寫下我所有的想法和感受。

「我只知道我正在極度認真、深入地從各個方面思考這件事。

「問題是我可用以判斷的資訊太少了。

「但我確實愛艾瑞克，我知道我是愛他的。

「家裡的人都挺棒的。大家都是這麼地樂意協助和體諒我。

「我真希望我能詳細地寫下發生的所有事，但不知怎麼的，這一切似乎都太不真實又奇怪了。這件事太重要、太壓抑了，我無法平靜地寫下來。」

最傷人的攻擊不是來自別人，竟是出自大衛．勞合喬治，一年前曾在幫助邱吉爾成為首相這件事上發揮了重要作用的人。勞合喬治說，這場戰爭已經進入「危急存亡之秋」。他說，這一點本身並不令人意外，在戰場上受挫是兵家常事。「但我們已經經歷了第三、四次的慘敗和撤退。我們現在在伊拉克和利比亞都遇到了麻煩。德國還佔領了部分島嶼。」也就是海峽群島，其中根西島（Guernsey）和澤西島（Jersey）是最大的。「我們的船運遭受了巨大的破壞，不僅是物資損失而已，關於船艦的損失，我們還計算得不夠周詳。」他呼籲「結束這讓我們名譽掃地、削弱我們力量的巨大錯誤吧」。

他挑出了在他看來政府未能針對有關事件提供足夠資訊的例子。「我們不是一個稚嫩的國家，」他說，「沒有必要為了不嚇到我們，就隱瞞不愉快的事實。」他指責邱吉爾未能建立一個有力的戰事內閣。「毫無疑問，他擁有各種優秀的特質，」勞合喬治說，「但也正因為如此，恕我直言，他的內閣需要更多正常人。」勞合喬治講了一個小時，「有時力度很弱」，奇普斯．錢農寫道，「有時則狡猾而精明，而且在抨擊政府時，常常透著一股報復心」。錢農寫道，邱吉爾「顯然深受震撼，因為他顫抖了、抽搐了，他的雙手從沒靜下來過」。

時間剛過四點，現在輪到他說話了。他散發出活力和自信，以及一股好辯的雀躍。哈羅德．尼克森在他的日記中寫道，他「才剛開口」就擄獲了整個議院：「非常有趣……直言不諱。」

他同時也很無情。他將開頭的砲火瞄準勞合喬治。「如果有一場演講讓我覺得不是特別令人振奮，」他說，「那就是我代表卡納芬自治市鎮（Carnarvon Boroughs）148的、尊敬的同僚的演說。」邱吉爾譴責勞合喬治，在這個他本人也描述為令人沮喪和灰心的時期，他的演說並沒有幫助。「作為一個總能拋下消沉與恐慌、不受壓制地朝著最終目標邁進的昔日偉大戰爭領袖，這不是人們期望從你口中聽見的那種演講。」邱吉爾說：「我想，這很可能是傑出可敬的貝當元帥，為了給他所取代的雷諾先生內閣的最後幾個工作日增添活力時，會說出的那種演講吧。」

他為自己要求進行不信任投票的決定進行了辯護。「因為在我們在戰場上的逆轉和

148｜譯注：勞合喬治以威爾斯的卡納芬自治市鎮代表身分取得議員席次。

失望之後，英國政府有權知道他們與下議院的立場，以及下議院與國家的立場是否一致。」他在明確提到美國時說：「這份認知對於外國又更加地重要，尤其是目前正在平衡政策，並且不應對我們堅決而頑強的政府是否穩定有一絲懷疑的那些國家。」

接近尾聲時，他複誦了一年前他首次作為首相在下議院發表的演講。「議長先生，我請您見證，我承諾或付出過的不是任何事物而是鮮血、淚水、辛勞和汗水，在這之上，我要再加入我們為數不少的錯誤、缺點和造成的失望，並承認這可能會繼續下去很長一段時間。但我堅信，儘管這既非承諾也非保證，而只是信念的闡白：在這段時間的盡頭處，將有完全、絕對和最終的勝利。」

他指出自他擔任首相以來，已經「幾乎恰好」過去了一年，他邀請聽眾思考這段期間發生的所有事情。「當我回顧已經克服的危難、這艘勇船駛過的巨浪，當我回想起一切的不順遂，也回想起所有好轉的情況時，我確信我們沒有必要畏懼這陣狂風暴雨。任它去呼嘯、讓它去狂嚎吧。我們會挺過去的。」

邱吉爾離開時，下議院爆出了歡呼聲，一路綿延到議事廳外的議員大廳。

接著便要投票了。

那天，哈里曼給羅斯福寫了一封信，表達了他對邱吉爾和英國的戰爭承受能力的一些印象。對於邱吉爾為何如此親近自己，還帶著他造訪這麼多被轟炸的城市，哈里曼並不抱任何不切實際的幻想。哈里曼對羅斯福說：「他認為有個美國人在身邊，對於提高人民的士氣很有用。」但哈里曼明白這只不過是次要考量。「他還想讓我時不時向您匯報。」

事到如今，邱吉爾早就清楚的事實，哈里曼也看清了，那就是沒有美國的直接干預，英國就沒有贏得戰爭的希望。哈里曼明白，他的角色是作為羅斯福穿透審查和宣傳一窺英國戰爭體質核心的鏡頭。他知道戰機的總數、生產率、糧食儲備、軍艦的配置，並且由於多次造訪被轟炸過的城市，他知曉了燃燒彈和腐爛屍體的氣味。同樣重要的是，他了解了邱吉爾周圍人物的相互關係。

例如，他知道邱吉爾新任命的國務部部長麥克斯・比弗布魯克現在負責把他擔任戰機生產部部長時為戰鬥機所做的工作，如法炮製在坦克上。英國忽視了坦克問題，在中東付出了代價。哈里曼寫道：「利比亞的雙邊戰役對許多人來說都是猛然一擊，英國和美國都將面臨增產的巨大壓力。」要想讓陸軍有能力抵抗希特勒裝甲部隊的侵犯，英格蘭還需要更多更好的坦克來防禦。「負責坦克的人告訴我，比弗布魯克現在來幫助他們還挺諷刺的，因為他曾經是偷走他們所需品最大的犯人。」他的意思是造坦克的材料和工具。「比弗布魯克作為個人並不受愛戴，但人們知道他是唯一能夠真正打破繁瑣規則的人。作為盟友，他是備受歡迎的。」

然而現在，比弗布魯克的健康成了一大問題。「他狀況不太好，患有氣喘和眼疾。」哈里曼告訴羅斯福。但哈里曼預測比弗布魯克會繼續留任並取得成功：「我從我與首相和比弗布魯克的談話中得知，他最終將成為障礙的頭號排除者。」

對於哈里曼來說，邱吉爾顯然非常希望美國干預戰爭，但他和政府中的其他人都小心翼翼，不敢太緊迫逼人。「他們希望美國進入參戰狀態這件事，是很自然的，」他告訴羅斯福，「但令我驚訝的是，大家面對國內情況的心態和局勢居然這麼能夠同理。」

瑪麗，五月七日，星期三：

「我已經下定決心了。」

「艾瑞克下午打了電話來。」

* * *

仍然決意逃離唐寧街十號的約翰．科維爾，試圖藉由再次請求邱吉爾的白手套布倫丹．布萊肯代他說情，進一步提高他的勝算，但布萊肯又一次失敗了。邱吉爾是不會讓他走的。

似乎沒有人願意支持他。由於邱吉爾的首席私人祕書艾瑞克．席爾被派往美國執行一項特殊任務，祕書處空了一個必須填補的缺，因此外交部更加堅決反對了。即使是大衛和菲利普，科維爾兩個軍職在身的哥哥，也沒有給他任何鼓勵。身為海軍的大衛對這個想法似乎特別不認同。「他強烈反對我加入英國皇家空軍，」科維爾在日記中寫道，「他的理由很多都很冒犯人（比如他和菲利普都錯誤地堅信，我在實際作戰上很無能），但我並不介意，因為我知道他們這麼說實際上只是出於親情，出於我可能會死的恐懼。」

科維爾越挫越勇。他現在的目標是成為一名戰鬥機飛行員，「如果物理上能辦到的話」。第一步就是開始配戴隱形眼鏡，這是一項艱鉅的任務。鏡片雖是塑膠製的，但仍是覆蓋了眼球大部分的「鞏膜」鏡片，是出了名地不舒服。整個過程，從配戴、無止境地捏塑再重塑鏡片，到適應不舒服和刺激感的緩慢過程，都需要耐力。科維爾認為這是值得的。

現在他踏出了進入英國皇家空軍具體的一步，自己陷入了這一切的美好想像之中，好像他已經確定獲得軍職了一樣。他在日記中寫道：「我的腦海裡充滿了在英國皇家空軍展開新生活的計畫，當然還有關於這個主題的，不太可能發生的白日夢。」從他第一次配戴隱形眼鏡，到他終於可以完整地戴上鏡片，將需要兩個月的時間。

下議院裡，議員們在大廳裡排起了隊。計票員各就各位。只有三名成員投了反對票，就連勞合喬治也支持邱吉爾自述中的決心。最終的計票結果是四百四十七比三。

「挺不錯的呀。」哈羅德．尼克森打趣道。

據科維爾的說法，那天晚上，邱吉爾「興高采烈地」上床睡覺。

第94章

心再發聲

Le Coeur Encore

五月八日星期四：

「我趕去了倫敦。

「跟艾瑞克去吃晚飯，覺得非常高興。

「媽咪急於將婚禮推遲六個月，顯然艾瑞克並未贏得她歡心。

「我上床睡覺時，感到困惑、猶疑、疲憊。」

五月九日星期五：

「我覺得很痛苦、很不確定。

「我做了頭髮。

「艾瑞克來了，我們在聖詹姆斯公園散步了一圈，真是美好的一天。『甜蜜的戀人熱愛春天』！不知怎的，一旦和他在一起，所有的恐懼和懷疑似乎都消失了。回家吃午餐時，我既高興又自信，且堅定。

「我和貝斯伯勒勳爵和夫人共進午餐……

「兩家一起討論……

「訂婚將在下週三宣布。我感到喜悅……」

第95章

月升

Moonrise

在柏林，約瑟夫．戈培爾駁斥了邱吉爾在下議院的演講，說它充滿了「藉口」，資訊空泛。「但沒有任何示弱的跡象，」他在五月九日星期五的日記中流露這一認知，並補充，「英格蘭的抵抗意志仍然完好無損。因此，我們將被迫繼續攻擊並蠶食她的氣力。」

戈培爾在日記中承認，他對邱吉爾有了一份新的敬意。「這個人真是英雄主義和狡詐的奇怪混合體，」他寫道，「如果他在一九三三年就上台，局勢就不會是今天的樣子了。而且我相信他會給我們帶來更多的麻煩。但我們可以、也將會解決它們。只不過我們不能再像平常對待他那樣，掉以輕心了。」

對戈培爾來說，這是漫長而艱難的一週，他把心安定下來，靠寫日記來審度局勢。有一些人事問題需要處理。他的一個重要下屬想離職參軍。「每個人都想去前線，」戈培爾寫道，「但誰來做這裡的工作？」

對英國船運的襲擊進展得很順利，隆美爾在北非的戰役也是，而蘇聯似乎沒有意識到德軍的入侵就在眼前。不過兩天前，英國皇家空軍才對漢堡(Hamburg)、不來梅(Bremen)等城市發動了一連串的猛烈空襲，光是漢堡就有一百人死亡。「我們將全力處理這件事。」他寫道。他預期德國空軍會發動懲罰性的報復行動。

他也注意到英國報紙發表了對邱吉爾的「強烈」批判，但他懷疑這是否能造成任何實質影響。據他所知，邱吉爾仍然將權柄握得牢牢的。

「今天終於讓艱難的一週劃下句點，真是太好了，」戈培爾寫道：「我好累，厭倦了戰鬥。

「人總沒辦法擺脫這一切的吵嚷。

「同時，天氣也變得非常好。

「滿月來了！

「理想的空襲環境。」

五月九日星期五的倫敦，約翰．科維爾在日記中寫道，艾瑞克．鄧坎儂和他的父母貝斯伯勒夫婦來到附樓，與瑪麗和邱吉爾一家共進午餐。之後，瑪麗向科維爾宣布她訂婚了。

他寫道：「能夠簡單地祝她幸福，我鬆了一口氣。我本來還怕她可能會問我對他的看法呢。」

當晚，瑪麗和艾瑞克搭乘火車，前往倫敦西南方約二十英里處的萊瑟黑德村(Leatherhead)，參觀加拿大駐英部隊指揮官A. G. L.麥克諾頓將軍(Gen. A. G. L. McNaughton)的總部。艾瑞克是麥克諾頓的參謀之一。瑪麗的朋友、艾瑞克的妹妹莫伊拉也在場，瑪麗很高興在她的日記中記錄道，莫伊拉似乎為這場婚約感到高興。

瑪麗的信心大增。

滿月即將到來，邱吉爾啟程前往迪奇利，以及這個將讓他擔任首相的第一個完整年分，迎來一個熾烈、奇妙句點的週末。

第七部

任期週年
One Year to the Day

一九四一年五月十日

第96章

名為安東的波束

A Beam Named Anton

五月九日星期五深夜，一群納粹高階官員和希特勒最核心圈子裡的小人物們，聚集在巴伐利亞阿爾卑斯山的貝格霍夫行館（Berghof）。希特勒無法入睡。當時他受失眠困擾已久。只要他睡不著，就沒有人會入睡。希特勒的侍者兼親衛隊（Schutzstaffel）隊員為他上了茶和咖啡，菸和酒是被禁止的。壁爐裡的火熊熊燃燒著。希特勒的狗布朗迪（Blondi）是隻阿爾薩斯狼狗（後來廣稱為德國牧羊犬），正沐浴在暖意和希特勒的愛撫中。

希特勒一如往常地唱著獨角戲，話題從素食主義，跨到要怎樣訓練狗最好。時間慢慢地過去。他的客人，包括伊娃．布朗（Eva Braun）[149]，都習慣服從地聽著，在暖意和閃爍的火光中幾無知覺，任憑他們被迫涉過的、春汛般的話語從身邊流過。希特勒最高階的下屬都不在場，尤其是魯道夫．赫斯、海因里希．希姆萊、戈林和戈培爾。但他野心勃勃的私人祕書馬丁．博曼（Martin Bormann）在場，享受著元首對他日益增長的信任，並意識到當晚可能出現推動他進一步取代赫斯成為希特勒副手的機會。在接下來的一天內，博曼將在這方面得到一個非常好的消息，儘管對希特勒和他權力結構裡的其他人來說，是最壞的消息。

淩晨兩點左右，博曼提起了英國皇家空軍最近對德國的空襲，並煞費苦心地指出，

149｜譯注：伊娃．布朗，希特勒的地下情人，貝格霍夫行館的固定成員之一。在二戰最後階段，爲表忠心而與希特勒匆匆結婚，不到四十小時後兩人便一同在柏林總統府的地下堡壘中自盡。

戈林寶貝的德國空軍幾乎沒有採取任何反抗，這是一場單方面的空襲。他說，德國必須以武力作出回應。另一位賓客，希特勒的私人飛行員漢斯．鮑爾（H. Baur）附和這個想法。希特勒很抗拒：他希望把所有資源都集中於即將對付的俄羅斯。但博曼和鮑爾很了解他們的首領，表示德國有對倫敦進行大規模空襲以挽回面子的必要。何況，藉由表現德國對征服英格蘭的鍥而不捨，空襲將有助於掩飾德軍入侵俄羅斯的企圖。黎明時，希特勒已經怒髮衝冠了。星期六早上八點，他打電話給德國空軍的參謀長漢斯．耶匈尼克（H. Jeschonnek），下令出動所有可用的戰機，對倫敦進行報復性空襲。

克萊門汀確實不滿意瑪麗與艾瑞克．鄧坎儂的婚約。週六，她在迪奇利寫了一封信給麥克斯．比弗布魯克，坦白了她的疑慮。有鑒於她是多麼不喜歡和不信任他，居然會寫信給他，更何況還是關於這麼私人的問題，就說明她的焦慮有多深了。

「這一切都以驚人的速度發生，」克萊門汀寫道，「婚約將於下週三公布；但我想讓你事先知道，因為你喜愛瑪麗……

「我已經說服溫斯頓要堅定，說他們必須等六個月。

「她才十八歲，還很年輕，沒遇過多少人，我想她只是興奮到神魂顛倒。他們根本不了解彼此。」

她最後收尾：「請對我的懷疑和恐懼保密。」

那天，瑪麗在一條鄉間小路上，偶然遇到了騎著馬的比弗布魯克。他自己的莊園，切克利院，距離麥克諾頓將軍的加拿大駐軍總部只有一英里半遠。「他似乎不太高興。」瑪麗在她的日記中寫道。然而，他後來打了電話給她，在電話裡他「非常貼心」，這是一個很少人用來形容比弗布魯克的措詞。

然後，在切克利院過週末的帕梅拉和她年幼的兒子，帶著作為賀禮的兩枚胸針和建議來了。

「她看起來很嚴肅。」瑪麗指出。

瑪麗並不特別想聽任何建議，但帕梅拉還是說了：「別因為有人想娶妳就嫁給對方，除非是因為妳想要嫁給他。」

瑪麗不理會這個忠告。「當下我並沒有太在意，」她在日記中寫道，「但它揮之不去，我一直想著它。」

麥克諾頓將軍和他的妻子為瑪麗和艾瑞克舉辦了一個小小的午後派對，賓客們舉杯祝賀他們健康。現在這個時間點，讓瑪麗覺得她的婚約、這場聚會和祝酒的時機，都被賦予了更宏大的意義，因為客人們紛紛對她父親上任一週年致意，也為他的持續健康敬了酒。「一年前的今天，他成為了首相。多麼驚濤駭浪的一年哪，感覺好漫長，」她的日記中寫道，「和周圍的每個人一起站在那裡，我想起了去年我在查特韋爾莊園時，聽著張伯倫的聲音告訴全世界爸爸是首相的情景。我還記得查特韋爾莊園的果園，在靜謐的暮色中曖曖閃著光的蓓蕾和水仙花，以及我是如何在那片寧靜中落淚並祈禱的。」

她獨自與艾瑞克進行了長談，到那一天的尾聲時，她感覺自己的信心開始動搖了。

當天下午，英國皇家空軍中，負責追蹤德國如何使用導航波束並發展反制措施的第八十聯隊，偵測到德國啟動了波束發信器，顯示當晚可能會發生突襲。操作員繪製向量，然後通知英國皇家空軍的當地「篩選室」，後者負責分析、排定來襲戰機通報的先後處理順序，再傳遞給戰鬥機司令部和其他任何可能需要這些重要資訊的單位。英國皇家空軍宣布今晚是「戰鬥機之夜」，這意味著它將指派單引擎戰鬥機在倫敦上空巡邏，同時限制高射砲的射擊以避免擊落友軍戰機。只有在月光明亮、天空晴朗的夜晚才能進行這樣的安排。看似矛盾的是，在這樣的夜晚，英國皇家空軍通常會命令雙引擎夜間戰鬥機與指定的巡邏區保持至少十英里的距離，因為它們與德國轟炸機太相似了。

下午五點十五分，篩選室的一名警官打了通電話給倫敦消防局（London Fire Service）總部。

「午安，先生，」這位警官對消防局副局長說，「光束指向倫敦。」

這道波束的發信器位於法國海岸的瑟堡，代號為「安東」。

兩分鐘後，副局長要求內政部批准在倫敦集結一千輛消防車。

第97章

程咬金

Interloper

五月十日星期六的天候似乎很理想。北海一千六百英尺處的空中有雲，但格拉斯哥萬里無雲。當晚的月亮距滿月只差一點，將在晚上八點四十五分升起，十點鐘日落。月光能讓他清楚看見他從蘇格蘭地圖上背起來的地標。

但是，讓這個時機看來有利的不僅僅是天候而已。一月時，一名經常為赫斯排出運勢星盤的職員預測，五月十日將發生行星的「大合相」，且當天是滿月。他還提供了一項星座運勢預測，顯示赫斯若有任何想追求的個人目標，五月初是理想的時期。這一趟飛行的計畫是在夢中找上赫斯的。他相信自己現在有「超自然力量」的助力，這個想法被他的精神導師卡爾・豪斯霍弗進一步證實了，後者告訴他，自己做了個夢，夢中赫斯優哉游哉地在一座英國宮殿的廳堂裡漫步。

赫斯為這趟旅程打包了行李。眾所周知，他是疑病症[150]患者，容易沉迷於各種順勢療法[151]，還會將磁鐵掛在床頂。他收集了一系列他最喜歡的、稱為「藥物型安慰」的療法，包括：

——一個裝有八安瓿名為「可待因」（Spasmalgin）和「潘托邦」（Pantopon）[152]的腸痙攣和焦慮緩解藥物的錫匣；

150 | 譯注：疑病症（hypochondriac），一種擔心自己身患重症的精神疾病，不論身體狀況健康與否、生理疾病症狀輕微或嚴重，患者都會對自己的健康產生不必要的警覺，甚至恐慌。

151 | 譯注：順勢療法（homeopathy），一種主張「若某個物質在健康者身上引發某種不適症狀，這個物質就可用於治療產生此種不適感的疾病」的療法，運用以同治同的觀念，普遍被視爲僞科學。

152 | 譯注：可待因及潘托邦均屬於鴉片類藥物。

——一個裝有皮下注射器和四個針頭的金屬盒；
——十二塊葡萄糖藥片，商品名叫「得力素」（Dextro Energen）；
——兩個裝有三十五個藥片的錫盒，大小和顏色各異，從白色到帶棕斑的都有，含有咖啡因、氧化鎂、阿司匹靈等成分；
——一個標著「拜耳」（Bayer）[153]的玻璃瓶，裡面裝有一種由碳酸氫鈉、磷酸鈉、硫酸鈉和檸檬酸製成，可作瀉藥用的白色粉末；
——一個含有十片濃度溫和的阿托品（atropine）的藥管，治療絞痛和緩解暈車很有效；
——七瓶以滴為單位的芳香棕色液體滴；
——一個裝有氯化鈉和酒精溶液的小燒瓶；
——二十八片「拍飛丁」（Pervitin）[154]，是一種用於保持清醒的安非他命（德國士兵的標準配給藥）；
——兩瓶消毒液；
——一個裝有六十個含有各種順勢療法物質的白色小藥丸瓶子；
——四個每盒裝有二十個藥片的小盒子，分別標著「毛地黃素」（Digitalis）、「苦西瓜素」（Colocynthis）和「硫化銻」（Antimonium Crudum）[155]；
——十個順勢療法藥片，白色的七個，棕色的三個；
——一個標有「阿司匹靈」的盒子，但裡面裝的是鴉片類藥物、暈車藥和安眠藥；

153｜譯注：拜耳，德國百年知名大藥廠，有阿斯匹靈、海洛因等許多重大的發明。

154｜譯注：拍飛丁，即當今的「冰毒」，一種能降低飢餓感、消除疲勞的亢奮劑，二戰時被德國視爲「國民神藥」（Volksdroge），除了據說希特勒本人曾一日內注射九針含有冰毒的藥物外，亦被加入巧克力或酒中服用，其容易取得的程度猶同今日的止痛藥。

155｜譯注：此三者均是順勢療法藥物。

——一個標有「糖果」的小包。

他還帶了一個小手電筒、一個安全刮鬍刀片和製作耳塞的材料。

他告別了妻子和兒子，在副官平奇的陪同下，驅車前往位於奧格斯堡的機坪。他在駕駛艙裡放了一個小背包，裡面裝著他的藥物、仙丹以及一台萊卡（Leica）相機。他告訴機坪的官員他要飛往挪威，但他真正的目的地是蘇格蘭，更精確地說，是格拉斯哥以南十八英里處的飛機著陸跑道，距奧格斯堡八百二十五英里遠。他又一次給了副官平奇一個密封的信，並嚴令他在四個小時後才能打開信封。這一次，正如平奇不久發現的，信封裡有四封信，須各別傳遞給赫斯的妻子伊爾瑟（Ilse）、一位被他借走飛行工具包的飛行員同僚、威利．梅塞施密特和阿道夫．希特勒本人。

德國時間下午六點左右，赫斯從奧格斯堡的梅塞施密特工廠機坪起飛，先轉了個大彎以確保飛機正常運作，才向西北方往波昂市（Bonn）飛去。接著，他看見了一個重要的鐵路樞紐，這說明他飛在正確的航線上；然後他看到了右邊的達姆城（Darmstadt），很快又看見了威斯巴登（Wiesbaden）附近，萊茵河（Rhine）和美因河（Main）的交會點。他稍微修正了航線。又稱七嶺山的西本山（Siebengebirge）在波昂的南方映入眼簾。萊茵河對面是巴德戈德斯貝格（Bad Godesberg），這讓赫斯想起了他的童年，以及與希特勒共度的美好時光。「上次去那裡時，法國淪陷在即。」

不知怎的，赫爾曼．戈林得知了赫斯的離去，擔心起最糟的情況。那天晚上九點剛過，當赫斯的副官平奇打電話給柏林的空軍總部，要求他們沿著一條從奧格斯堡到格拉斯哥南方的鄧加維爾大院（Dungavel House）的線路發射導航波束時，他可能就已經有所警覺了。他們告知平奇，他要波束可以，但得等到晚上十點才行，因為當晚所有的波束都得用來支援對倫敦進行的大規模空襲。

那天晚上，負責整個戰鬥機聯隊的戰鬥機王牌阿道夫．加蘭德，接到了戈林本人打來的電話。這位第三帝國元帥顯然很是苦惱。他命令加蘭德立即讓他的整個戰鬥機聯隊，也就是他的飛行中隊（Geschwader）升空。「你的整個飛行中隊喔，懂嗎？」戈林重申道。

加蘭德很困惑。「首先，天已經黑了，」他事後寫道，「而且又沒有任何通報顯示有敵機飛來。」他如實告知戈林。

「飛來？」戈林說，「你說的『飛來』是什麼意思？你是要去阻止一架戰機飛走的！副元首瘋了，正駕著一架梅塞施密特一一〇號飛往英格蘭。他必須被攔下來。還有，加蘭德，你回來的時候親自打通電話給我。」

加蘭德詢問了詳情：赫斯是什麼時候起飛的，他可能沿著什麼航線飛？加蘭德進退兩難。大約十分鐘後天就黑了，因此幾乎不可能找到一架已出發了這麼久的戰機。更糟的是，當下可能已經有許多梅塞施密特一一〇號飛到空中了。「我們怎麼知道魯道夫．赫斯駕駛的是哪一架？」加蘭德記得他如此自問。

他決定遵守戈林的命令，但只遵守一部分。「我下令起飛，做個樣子。每個中隊長都要派出一兩架戰機。我沒有告訴他們為什麼。他們一定以為我瘋了。」

加蘭德查閱了一張地圖。從奧格斯堡到英國的距離很遠。即便有額外的燃料，赫斯也不太可能到達他的目的地。更要命的是，這趟航程中很大一部分的時間，他都將處於英軍戰鬥機部隊的射程範圍內。「如果赫斯真的成功從奧格斯堡飛抵不列顛群島，」加蘭德告訴自己，「噴火戰鬥機隊也遲早會逮到他。」

隔了一段差不多的時間後，加蘭德打電話給戈林，告訴他戰鬥機沒能找到赫斯。他鄭重告知戈林，副元首不太可能在這趟航程中倖存。

當魯道夫．赫斯接近英格蘭東北海岸時，他拋下了多餘的油箱，它們現在已經空了，造成不必要的阻力。這些油箱掉進了林迪斯法恩島(Lindisfarne)附近的海裡。

那個星期六晚上十點十分，英國的鏈向雷達網路在北海探測到了一架獨行的戰機，在約一萬兩千英尺的高度，往英格蘭的諾森伯蘭(Northumberland)海岸高速飛去。他們給這架戰機一個標識代碼「四十二號突襲」。那之後不久，達勒姆市(Durham)的皇家觀測隊(Royal Observation Corps)一名成員監聽到了這架戰機，並將這個聲音標記在英格蘭沿海城鎮阿因維克(Alnwick)東北方約七英里，靠近蘇格蘭邊境處。戰機開始急速下降。片刻之後，在若干英里外的查頓村(Chatton)，一名觀測員瞥見這架戰機，以距地面僅五十英尺的高度呼嘯而過。觀測員在月光的映照下清晰地看見它的輪廓，辨出是一架梅塞施密特一一〇號，並如實回報。

在達勒姆值勤的飛航管制員認為這「極度不可能」。他從未在這麼遠的北方看到過這款戰機，它也不可能會有足夠的燃料返回德國。

然而，觀測員堅持他的辨識是正確的。

這架飛機隨後又被傑德堡（Jedburgh）和阿什科克（Ashkirk）兩個前哨站的觀測員目擊，他們報告它正於大約五千英尺的高度飛行。他們也將這架戰機判別為梅塞施密特一一〇號，並通知了他們的上級。他們的報告被轉給戰鬥機司令部的第十三大隊，第十三大隊認為這些報告很可笑。觀測員一定弄錯了，他們可能是目擊了一架同樣有兩個引擎和兩個尾翼、能夠進行這種長距航行的道尼爾轟炸機（Dornier bomber）。

但現在格拉斯哥的觀測員標記出了這架戰機的速度，發現它每小時的飛行速度超過三百英里，遠遠超過多尼爾轟炸機的最高速度。更要緊的是，一架被派去攔截這個入侵者的英國皇家空軍夜間戰鬥機——一架雙人的無畏戰鬥機（Defiant），竟然追不上它。觀測團裡一名大隊助理軍官格雷厄姆．唐納德少校（Maj Graham Donald）下令，向戰鬥機司令部傳送表明這架戰機不可能是道尼爾的訊息。它肯定是一架梅塞施密特一一〇號。英國皇家空軍的軍官們收到這則訊息時「嗤之以鼻」。

與此同時，這架戰機飛越了蘇格蘭，從克萊德灣（Firth of Clyde）上空離開了英國的西海岸。然後它掉了頭，飛回英國本島上空。在沿海西基爾布萊德村莊（West

Kilbride）的一名觀測員，清楚地看到這架戰機在二十五英尺處擦過樹梢，低空飛掠而過。

英國皇家空軍仍然不接受觀測員的鑒別。有兩架噴火戰鬥機與那架無畏戰鬥機一起，加入追擊入侵者的行列。與此同時，南方雷達站的操作員觀察到了更加不祥的情況。看來似乎有數百架戰機在法國海岸上空聚集。

第98章

最殘忍的空襲

The Cruelest Raid

第一批轟炸機在晚上十一點前不久飛入英國上空。第一步出擊由精銳的一百號戰隊點火小組二十架轟炸機進行，儘管那晚明亮的月光和晴朗的天空，讓作為路標的火堆幾乎成為不必要的附加物。數百架轟炸機緊隨在後。按照官方的說辭，德軍這次出擊如同過去的空襲一樣，目標都是重要的軍事地點，包括這次受突襲的維多莉亞和西印度碼頭（Victoria and West India docks）以及巴特西區的大型發電站，但正如每個飛行員都明白的，這些目標被攻擊時，炸彈肯定會落在倫敦各處的平民區。無論是不是有意為之，破壞路徑顯示，德國空軍在這次空襲中似乎打算摧毀倫敦最具歷史意義的文物，並消滅邱吉爾和政府。

在接下來的六個小時裡，五百零五架轟炸機帶著七千枚燃燒彈和七百一十八噸大小不同的強力炸彈，蜂湧入倫敦上空。數以千計的炸彈落下並猛烈轟炸這座城市的每個角落，在白廳和西敏寺造成了尤為嚴重的破壞。炸彈擊中了西敏寺大教堂、倫敦塔（Tower of London）和法院大樓（Law Courts）。有枚炸彈還射穿了大笨鐘所在的塔樓。幾分鐘後的凌晨兩點鐘，它響亮的鐘聲響了起來，令每個人都鬆了一口氣。火勢吞沒了西敏寺大廳（Westminster Hall）著名穹頂的很大一部分，這座大堂是十一世紀時，威廉·魯弗斯國王（King William Rufus，威廉二世）建造的。大火在布盧姆斯伯里區的大英博物館裡燒竄，燒毀了約二十五萬本書，吞噬了羅馬不列顛展廳（Roman Britain Room）、希臘青銅展廳（Greek Bronze Room）和史前展廳（Prehistoric Room）。幸運的是，作為預防措施，這些廳內的展品早已被移走妥善保管。一枚炸彈擊中了皮克·福林餅乾工廠（Peek Frean，他們現在也生產坦克零件）。有兩枚降落傘水雷炸毀了一座墓園，導致舊時的骸骨和墓碑碎片四散在地，還把一面棺材蓋投到附近房屋的臥室裡。當時正和妻子躺在被窩裡的憤怒屋主，把棺材蓋抬出屋子，扛到一群救援人員面前。「這該死的東西從窗戶衝進來時，我和我的太太正在被窩裡，」他說，「我要拿它怎麼辦？」

攝政公園附近的約克露台街（York Terrace）四十三號裡，加州邪教組織「捨己和事奉組織」（Group for Sacrifice and Service）英國分會的九十九名成員，聚在一棟顯然已廢棄的房子裡，參加滿月敬拜儀式。屋頂是玻璃做的。房子的中央大廳裡已經安排好了全套自助晚餐。凌晨一點四十五分，一枚炸彈襲來，炸死了許多信徒。救援人員發現了身著白色長袍的受害者，似乎是牧師的聖衣。在白色的布料上，血跡變黑了。這個組織的大主教、神祕學信徒伯莎·奧頓（B. Orton）也死了，脖子上還掛著一個鑲滿鑽石的金十字架。

快到晚上十一點了。魯道夫·赫斯駕駛的梅塞施密特一一〇號快要沒有燃料了。對於自己身在何處，他只有一個模糊的概念。飛過蘇格蘭西海岸後轉向，他再次下降到極低的高度，以便好好地觀察地貌。飛行員們稱此為「超低空地貌飛行」（contour flying）。燃料越來越少的同時，他一下往左飛、一下往右飛，顯然在尋找一個可識別的地標。現在天已經黑了，不過下方的風景仍沐浴在月光下。

赫斯意識到他永遠無法找到在鄧加維爾大院的著陸跑道了，決定棄機。他提高了飛行高度。在飛到可以安全跳機的高度後，他關閉引擎、打開了駕駛艙。不斷流動的風力將他牢牢釘在座位上。

赫斯記得一位德軍戰鬥機指揮官的建議，為了快速逃離戰機，飛行員應該將戰機翻過來、讓重力來幫忙。我們並不知道赫斯是否照做了。戰機陡然向上攀升，此時赫斯失去了意識。他清醒過來，掉出了駕駛艙，在月光下墜落時，一隻腳打到了戰機的雙尾翼。

那個星期六，哈里曼的祕書勞勃．麥克強整天都在工作。哈里曼下午一點三十分離開，返回多切斯特飯店。「這是我們唯一可以真正把事情辦完的地方。」麥克強在日記中寫道。麥克強最後在他的辦公桌前吃午飯，又工作到下午五點，儘管他並不樂意。之後，他去威爾斯親王劇院（Prince of Wales Theater）看了場名為「一九姣一」（*Nineteen-Naughty-One*）的「女孩秀」。他本期待看到一些下流、情色的東西，卻只得到了一場從六點三十分演到九點的乏味歌舞雜技秀，之後他回到辦公室，看看哈里曼那天早上傳到美國的電報是否收到了回音。大約十一點左右，麥克強正在回家的路上時，空襲警報響了起來。他聽到了砲聲，但除此之外，那個夜晚很寧靜，這座城市在滿月下熠熠生輝。他安全抵達公寓。

「突然間，大約午夜時，（我）聽見有東西淅瀝嘩啦地打在屋頂上和建築外面，透過拉起的窗簾看見明亮閃爍的藍色光點。」他在日記中寫道：「我往外一看，看見幾十枚燃燒彈在街道和樓下的小公園裡四處飛濺，發出電火般藍藍的光，這是我第一次近距離看見燃燒彈。」觀看時，他聽到大廳裡有聲音，發現他的鄰居們正朝大樓地下室的防空洞移動。一位外派的飛行員曾告訴過他們，炸彈總是跟隨燃燒彈而來。

「我接受了建議。」麥克強寫道。他穿上他寶貝的皮毛大衣（「我可不想讓它被炸毀」），然後下樓，展開他有史以來第一個在防空洞度過的夜晚。

很快地，強力炸彈落了下來。凌晨時分，一枚炸彈恰恰落在這棟建築一角不遠處，點燃了煤氣總管，將夜色點得極亮，麥克強甚至相信自己可以藉它的光來讀報紙。「這在那些知道原因的人之間，引起了相當大的騷動，」麥克強寫道，「因為幾乎可以肯定，轟炸機會以火勢為目標，集中攻擊我們。」

更多的燃燒彈落下了。「然後有好一段時間，炸彈開始以三發、六發的『連擊』形式快速降下，聽起來就像槍砲齊射。」鄰近建築物的高樓層著火了。爆炸震動了整棟建築。在轟炸稍止期間，麥克強和三名美國軍官數度走出建築，檢查逐漸增加的破壞，小心避免走到一個街區外的地方。

晚上十一點剛過，距西海岸約二十五英里處的內陸，一名位於蘇格蘭伊格爾舍姆（Eaglesham）的觀測員報告，有架飛機墜毀起火。他還提到，飛行員已經跳機，並且似乎已安全著陸。現在時間是十一點零九分。在南方，數百架德國轟炸機正穿越英國海岸線而來。

這位神祕飛行員飄到邦尼頓摩爾路（Bonnyton Moor）上靠近弗洛斯農場（Floors Farm）的陸地，一位農夫在那裡發現了他，將他帶到自己的小屋去。農夫請他喝茶。這名飛行員拒絕了。時間已經太晚，不適合喝茶了。他反而要了水。

警察趕來，將這名男子帶到了位於吉夫諾（Giffnock）的警察局，距格拉斯哥市中心約五英里遠。他們把他鎖在牢房裡，這冒犯了他。他期望得到更好的待遇，就像德國給英國高階俘虜的待遇那樣。

在聽說墜機現場離格拉斯哥有多近後，格拉斯哥的大隊助理軍官唐納德少校開著他的佛賀汽車（Vauxhall）出發去尋找機體殘骸，並通知他的上級傳訊息給英國皇家空軍：「如果他們不能用無畏戰鬥機追上一架梅塞施密特一一〇號的話，我現在要用一輛佛賀來收拾殘局了。」

他發現戰機的部件四散在一塊一英畝半的範圍內。現場火勢不大，顯示戰機墜毀時幾乎沒有燃料了。這架戰機確實是一架梅塞施密特一一〇號，更驚人的是，它看起來是全新的，好像已經去掉了所有多餘的重量。「沒有配槍、炸彈架，而且令（當時的）

我驚訝的是，機上找不到固定的偵察攝影機。」唐納德少校報告指出。他找到了戰鬥機機翼的一部分，上頭有一個黑色的十字。他把它放進車裡。

他開車到吉夫諾克警察局，看見那位德國飛行員被警察、國民軍成員和一名翻譯包圍。「一直到那個時候，他們看起來都還沒什麼頭緒。」他寫道。

飛行員自稱是阿爾弗雷德．霍恩統帥（Hauptmann A. Horn），統帥相當於德軍的上尉。「他只說了他沒有被擊中、沒有遇上麻煩，並且是故意降落的，給漢密爾頓公爵帶來了重要的祕信。」唐納德少校的報告畫上了這行底線。

這位少校會說基本的德語，於是開始向這名俘虜提問。「霍恩上尉」四十二歲，來自慕尼黑，那是唐納德少校曾造訪過的城市。他說希望自己降落在漢密爾頓公爵家附近，拿出了一張地圖，上面清楚地標明了鄧加維爾大院的位置。這位飛行員降落的地點已經很近了：距離鄧加維爾只有十英里遠。

唐納德少校向霍恩上尉指出，即使有額外的油箱，這架戰機也不可能返回德國。這位階下囚說他本就不打算回去，並重申他正在執行一項特殊任務。唐納德少校在他的報告中寫道，這個人的舉止文雅。「如果可以用這個詞來形容納粹的話，他確實是位紳士。」

他們說話的時候，唐納德細細打量這個人。對方神情中有什麼觸動了他的心弦。半晌後，唐納德意識到了這個人是誰，儘管他的結論過於驚人，彷彿不可能是真的。「我不期望大家會立刻相信我，但我們的階下囚其實在納粹統治集團階級中名列第三，」

唐納德少校寫道，「這人也可能是他的『職業替身』之一。但我個人認為不是。他的名字也許是阿爾弗雷德·霍恩，但這張臉確是魯道夫·赫斯的臉。」

唐納德少校建議警方對這名俘虜進行「極特殊照顧」，然後便開車返回了格拉斯哥，打電話給英國皇家空軍中由漢密爾頓公爵指揮的部門總部，告訴值班的飛航管制員，這名被拘留的人正是魯道夫·赫斯。「這項資訊自然受到了懷疑，」英國皇家空軍隨後的一份報告指出：「不過唐納德少校盡了他最大的努力，讓那名管制員相信他是認真的，並且應該儘早通知公爵。」

隔天一早十點左右，公爵在軍醫院的一個病房裡，也就是這名階下囚被轉移到的地方，會見了他。

「我不知道你認不認識我，」這名德國人對公爵說，「我是魯道夫·赫斯。」

那場倫敦大空襲持續了整個晚上，直到這座城市的地平線似乎從這一端到另一端都燃燒了起來。「大約凌晨五點左右，我最後一次環顧四周，」哈里曼的祕書麥克強寫道：「看到滿月在映著下方大火焰光的煙雲中散發紅光——好一個景象啊。」

那天早上，他借著外頭還燃燒著的煤氣總管火光，刮了鬍子。他的公寓位於街道上方的八樓。

最後一顆炸彈於凌晨五點三十七分落下。

第99章 給希特勒的驚喜

A Surprise for Hitler

科維爾星期天早上躺在床上時，無緣無故想起了他讀過的一本奇幻小說，情節圍繞在希特勒本人乘著降落傘突然造訪英國。那本書的作者是伊恩·弗萊明的哥哥，彼得·弗萊明(P. Fleming)。科維爾在日記中記下了這一刻：「我醒著，莫名其妙地想起彼得·弗萊明的書《天外到訪》(*Flying Visit*)，幻想著要是傳聞中戈林的某一次倫敦飛行中，我們俘虜了他，會發生什麼事。」有傳言說，戈林曾在一次或多次空襲中，飛過這座城市上空。

科維爾八點從唐寧街十號出發，步行前往西敏寺大教堂，計劃在那裡參加一早的教堂禮拜。迎接他的是個令人驚嘆的春日，陽光明媚、天空蔚藍，但他很快便碰上了濃煙。他寫道：「被炸毀的造紙廠裡燒焦的紙張，如多風的秋日樹葉般飄落。」白廳擠滿了人，其中有許多只是去看看毀壞情況的，另一些灰頭土臉的人，顯示他們整晚都在救火和營救傷員。湊熱鬧的人當中，一名少年指著西敏寺的方向問道：「那是太陽嗎？」但那亮光卻是泰晤士河南邊仍在燃燒的大火所散發的。

科維爾抵達大教堂時，發現去路被警察和消防車擋住了。科維爾走近入口處，卻被門口的一名警察攔住。「今天大教堂不會有任何禮拜的，先生。」那名員警說。科維爾被他司空見慣的語氣給震驚了，「就像它因為春季大掃除而關閉似的」。

西敏寺大廳的屋頂仍燃燒著肉眼可見的烈火，後方某處竄起陣陣濃煙。科維爾與其中一名消防員攀談，後者指著大笨鐘，帶著欣慰告訴科維爾，有炸彈射穿了塔樓。雖然有明顯的損壞跡象，大笨鐘確實仍然指向英國雙重夏令時間，不過據事後研判，這顆炸彈讓整個大英帝國慢了半秒的時間。

科維爾走到橫跨泰晤士河、直抵大笨鐘鐘樓的西敏寺橋上。就在東南方，聖湯瑪士醫院（St. Thomas' Hospital）正處於火海之中。火勢燒毀了整個維多利亞堤岸。很顯然地，前一晚的空襲造成了這座城市未曾經歷過的、深刻而永久的破壞。「過去從沒見過倫敦在空襲後的隔天如此傷痕累累。」科維爾寫道。

回到唐寧街十號後，他吃過早餐，打電話去迪奇利，告知邱吉爾破壞的情況。「他很傷心，」科維爾注意到，「威廉．魯弗斯建的西敏寺大廳穹頂肯定已經毀了。」

科維爾走到外交部，去找擔任安東尼．伊登第二任私人祕書的友人攀談。他一進辦公室，他的朋友就對著電話說：「等等，我想這就是你要找的人。」

星期天早上，瑪麗和艾瑞克出發前往迪奇利，與克萊門汀和溫斯頓等人一起度過這一天。那天晚上的轟炸害得火車站關閉，迫使這對戀人繞了遠路，還意外轉了車，讓這一趟原本很快結束的旅程，變得艱鉅而乏味，期間瑪麗的疑慮變得越發明確。「我開始產生一些非常明確的疑慮。」她寫道。

帕梅拉的忠告一直在她腦海中縈繞：「別因為有人想娶妳就嫁給對方。」

她告訴艾瑞克她的擔憂。他既體諒又溫柔，盡他所能地減緩她的焦慮。他們抵達時，發現迪奇利滿是賓客，埃夫里爾．哈里曼也在其中。

克萊門汀立刻把瑪麗拉進了她的臥室。

在倫敦的外交部，安東尼．伊登的私人祕書把手放在話筒上，告訴科維爾，來電者自稱是漢密爾頓公爵，聲稱有一則必須親自傳達給邱吉爾的消息。這位公爵（如果來電者真的是一位公爵的話）打算親自飛往倫敦外圍的英國皇家空軍諾索爾特（Northolt）空軍基地，希望在那裡會見邱吉爾的一名手下，也就是當天在唐寧街十號值勤的科維爾。公爵也希望伊登的副部長亞歷山大．卡多根跟著去。

科維爾接過話筒。公爵拒絕提供細節，但表示他這則消息宛如一部奇幻小說的內容，有一架德國飛機在蘇格蘭墜毀。

「那一刻，」科維爾寫道，「我清楚地記起一大早醒來時想到彼得．弗萊明的書，我確信是希特勒或戈林來了。」

科維爾再次打電話給邱吉爾。

「所以呢，到底是誰來了？」邱吉爾問道，很是惱怒。

「我不知道，他不肯說。」

「總不可能是希特勒吧？」

「我想是不可能的。」科維爾說。

「好，那就別想了，叫公爵——如果對方真是公爵的話，直接從諾索爾特到這裡來。」

邱吉爾指示科維爾，首先要確保這位公爵確實是漢密爾頓公爵。

五月十一日星期日上午，希特勒的建築師阿爾伯特・施佩爾來到伯格霍夫行館，要向希特勒展示一些建築草圖。在希特勒辦公室的前廳裡，他看見兩個緊張兮兮的人：卡爾－海因茨・平奇和阿爾弗雷德・萊特根（A. Leitgen）。兩人都是魯道夫・赫斯的副官。他們問施佩爾是否能讓他們先見希特勒，施佩爾同意了。

他們把信交給希特勒，他立刻讀了信。「我的元首，」信是這樣開頭的：「當您收到這封信時，我應該在英國了。您可想而知，跨出這一步對我來說並不是容易的決定，因為一個四十歲男人生命中的牽絆遠遠不同於一個二十歲的男孩。」他解釋了他的動機：試圖與英國達成和平協議。「我的元首，倘若這個成功機會極低的計畫以失敗告終、決定了我的命運，這對你和德國都不會造成不利的結果。你永遠可以否定所有的責任。只要說我瘋了就行了。」

施佩爾寫道，當他在翻看自己的畫作時，「我突然聽到一種模糊不清的、幾乎像是動物般的嘶吼」。

這是希特勒手下最害怕的，鬧脾氣或者說使性子的開端。一位助手回憶道，「就像有顆炸彈擊中了伯格霍夫似的」。

「博曼，立刻過來！」希特勒喊道，「博曼人呢？」

希特勒叫博曼立刻召來戈林、里賓特洛甫、戈培爾和希姆萊。希特勒問副官平奇是否早就知道這封信的內容。在證實平奇知情後，希特勒下令逮捕他和他的副官同僚萊特根，將他們送去集中營。阿爾伯特·豪斯霍弗也被捕，送往位於柏林的蓋世太保總部監獄接受審訊。他後來獲釋了。

其他領導人都到了。戈林帶來了他的首席技術官，後者向希特勒保證，赫斯極不可能到達他的目的地。導航是赫斯最大的障礙，大風可還能會將他吹離航線。赫斯可能完全無法抵達不列顛群島。

這一可能性給了希特勒希望。「要是他淹死在北海就好了！」希特勒說道（據阿爾伯特·施佩爾所述），「那他就消失得無影無蹤了，我們還有餘裕想出一個無傷大雅的說辭。」希特勒最擔心的是邱吉爾會對赫斯失蹤的消息做出什麼行動。

在迪奇利，瑪麗在克萊門汀的臥室裡，第一次意識到她母親對她與艾瑞克的婚約有多麼深的憂慮。克萊門汀告訴瑪麗，她和溫斯頓都非常擔憂，她也很遺憾在沒表達他們的疑慮和擔心的情況下，任憑這段戀情發展至此。

這只有一半是真的：事實上，邱吉爾專注於戰爭事務，對這段婚約幾無掛慮，並且放心地讓克萊門汀處理這個情況。那個週末直到此刻，他關心的主要是前一晚的大轟炸（看來是這場大戰中最嚴重的一次）和一項將大量坦克運往中東的任務，「老虎行動」（Operation Tiger）。

克萊門汀要求瑪麗將婚約推遲六個月。

「**晴天霹靂**。」瑪麗在日記中寫道。

瑪麗哭了。但誠如她在日記中所承認的，她知道她母親是對的：「……在我的淚水中，我很清楚地意識到她的智慧，以及所有的懷疑，我在過去幾天數度經歷的憂慮和恐懼，似乎變得具體了起來。」

克萊門汀問瑪麗，她是否確定要嫁給艾瑞克。「老實說，」瑪麗寫道，「我還真的無法說我確定。」

無法取得丈夫注意的克萊門汀託哈里曼與瑪麗談談，然後直接去找艾瑞克，告訴他瑪麗決定推遲婚約。

哈里曼帶瑪麗到迪奇利景觀樹籬花園，兩人走了一圈又一圈，瑪麗「既心碎又痛苦，淚流滿面」，哈里曼試圖安慰她並提供意見。

「他說了所有我早該告訴自己的事情。」她寫道。

「『妳的一生正攤在妳面前。

「『妳不該接受第一個冒出來的人。

「『妳交往過的人還不多。

「『愚昧地處置自己的人生是一種罪過。』」

隨著他們繼續邊走邊聊，她越來越確信她母親實際上是對的，但同時她也「越發意識到自己的愚蠢行為。我的弱點——我品行上的怯懦」。

她也感到如釋重負。「要是媽咪沒有干預，會發生什麼事？……感謝上帝，賜予我媽咪理智、諒解和愛。」

艾瑞克對瑪麗很體貼，也很諒解她，但他對克萊門汀很生氣。通知艾瑞克父母等人訂婚被推遲了的電報發出去了。

瑪麗喝了些加了香料的蘋果酒，感覺好多了。她寫信寫到深夜。「我心碎地上床，感到難堪，但相當平靜。」

但在那之前，她和其他人全都在迪奇利的家庭劇院裡坐下來，看了齣電影。瑪麗坐在哈里曼旁邊。非常應景地，這部電影就叫作《戰火紛飛》（*World in Flames*）。

第100章

血水、汗水與淚水

Blood, Sweat and Tears

那個週日夜裡，當瑪麗在迪奇利安寧的環境中鑽進被窩時，倫敦的消防人員正在努力控制剩下的火勢，救援隊正在瓦礫中挖掘倖存者、修復支離破碎的屍體。也許是刻意設計的，也許是意外，許多炸彈都沒有爆炸，使得消防員和救援人員無法在技術人員設法拆除彈之前靠近。

若論損失的財物、造成的破壞與死傷而言，這次空襲是這場大戰中最嚴重的一次。它一夜之內造成一千四百三十六名倫敦市民死亡、創下最高的紀錄，並導致一千七百九十二人重傷。它讓小說家蘿絲·麥考利在內的一萬兩千人無家可歸，週日早上她回到公寓時，發現公寓連同她畢生積累的一切都已被大火燒毀，包括她身患絕症的情人的來信、創作中的小說、所有的衣物，以及所有的書。失去了那些書是最讓她傷心的。

「我不斷憶起一件又一件我喜愛的物品，每次想起都是一陣錐心。」她在給朋友的信中寫道：「我多希望我可以逃出國、留在那裡，那樣我應該就不會這麼想念我的東西了，但那不可能。我非常喜歡我的書，永遠無法替換它們。」她損失的書中，有一個十七世紀出版的系列——「我的奧布里（Aubrey）[156]、我的普林尼（Pliny）[157]、我的托普塞爾（Topsell）[158]、席維斯特（Sylvester）[159]、德雷頓（Drayton）[160]，所有的詩

156｜譯注：奧布里·托馬斯·德維爾（Aubrey Thomas de Vere），愛爾蘭詩人。

157｜譯注：普林尼（Pliny the Elder），古羅馬作家，著有《自然史》。人稱「老普林尼」以便將他和其外甥「小普林尼」區隔。

158｜譯注：愛德華·托普賽爾（Edward Topsell），英國牧師，他創作的一系列寓言故事流傳至今。

159｜譯注：約書亞·席維斯特（Josuah Sylvester），英國詩人。

160｜譯注：麥可·德雷頓（Michael Drayton），文藝復興時期的英國詩人，曾創作過十四行詩、田園詩等各種體裁的詩作。

人，還有很多可愛怪異的、不知名的奇怪作家。」她還失去了她珍稀的《貝德克爾》(Baedeker)[161]藏書(「不管怎樣，旅行泡湯了，我的書和其他人類文明的產物也是。」)，但讓她最為悲痛的，是她失去了《牛津英語詞典》。搜索她家的斷垣殘壁時，她找到了燒焦的H部頁面。她還挖出了山繆・皮普斯(Samuel Pepys)十七世紀寫的著名日記裡的一頁。她列了一張書單，至少是列出了她能想起的那些書。這是「最悲傷的書單」，她在後來的一篇文章中寫道：「也許我根本不該列出來的。」一個個被她忽略的書名不時浮現在她的腦海裡，猶如逝去親人的熟悉姿態。「我一直想起自己曾經擁有過的一些奇怪小書。」她寫道：「族繁不及備載，現在它們既已灰飛煙滅，最好還是忘了它們吧。」

五月十日的空襲中，最具象徵意義也最令人憤怒的破壞，正是直接擊中、摧毀了下議院議事堂的一枚炸彈，四天前邱吉爾剛在此的不信任投票中取得勝利。「我們的老下議院已被炸成了碎片，」邱吉爾寫信給蘭道夫，「你不可能看過這樣的景象。除了幾面外牆，議事堂一丁點碎片都沒留下。那幫野蠻人很貼心地選了沒人在那裡的時候摧毀它。」

週日也帶來了一股奇異卻令人喜聞樂見的平靜。「世論調查」的二十八歲日記作者，一位有兩個孩子、住在攝政公園西邊的麥達維爾區(Maida Vale)的富裕寡婦，據她的記錄，她並沒有看到東南方三英里處的西敏寺仍在延燒中的火勢。「在明媚可愛的陽光和完美和平的一天裡，我拉開了窗簾，」她寫道，「園子裡的蘋果樹，在層層疊疊、

161 ｜譯注：《貝德克爾》，德國同名出版社所出版的旅遊指南書，亦是經典的歐洲旅遊書，二戰時德軍對英國進行空襲，即參考了這一指南書來決定襲擊的目標城市。

嬌豔欲滴的白色梨花背景下，點綴著斑斕的粉色；天空是暖暖的藍，鳥兒在枝頭啁啾婉轉，一切都籠罩在週日早晨的一股寧靜之中。很難相信昨晚從同一扇窗望出去時，一切都被火光和煙霧染成一片兇猛的紅，火海中的噪音震耳欲聾。」

週日晚上，這座城市防備著另一次攻擊的來臨，那晚的月亮極圓，卻沒有轟炸機來襲。隔天晚上也沒有，後天晚上也沒有。平靜得令人費解。「可能他們正在東方的前線集結，作為威嚇俄羅斯的手段之一。」哈羅德·尼克森在六月十七日的日記中寫道：「也許他們的空軍全員都要用來對我們在埃及的前線進行大規模攻擊。又或許是他們正在為機器裝配一些新設備，比如剪線器之類的。」他指的是用來切斷防空氣球的電纜。「無論如何，」他寫道，「這都是不祥之兆。」

變化顯現在國土安全部每月記錄的死者人數上。五月，英國全境內，德軍空襲共造成五千六百一十二名平民死亡（其中七百九十一名是兒童）。六月，死亡總數暴跌至四百一十人，下降了百分之九十三；八月又增至一百六十二人；十二月則是三十七人。

奇怪的是，這波新的平靜竟出現在戰鬥機司令部自認終於掌握了夜間防禦的時候。到現在，無線電反制部隊第八十聯隊對於干擾和轉移德國的波束，已經很熟練了，而戰鬥機司令部學習在黑暗中作戰的努力似乎終於得到了回報。許多雙引擎夜間戰鬥機現在都配有空對空雷達。在「戰鬥機之夜」飛行的單引擎戰鬥機飛行員們，似乎也終於掌握了竅門。那個星期六晚上，明亮的月光下，在外圍防空砲台的幫助下，一支由八十架颶風和無畏戰鬥機組成的聯合部隊，擊落了至少七架轟炸機、嚴重破壞了一架一百號戰隊的探路機，這是迄今為止最好的成果。一月到五月之間，英國皇家空軍單引擎戰鬥機攔截德軍戰機的比例增加了四倍。

陸地上，人民也有了不一樣的心態，與英格蘭表現出他們可以毫無疑問挺住希特勒攻擊的整體情緒相一致。現在是以牙還牙的時候了。一位曾擔任旅行業務的「世論調查」日記作者在日記中寫道：「人們的態度似乎正在從被動轉向主動，比起畏縮在庇護所中，他們寧願起身幹活。燃燒彈被當作煙花般處置，而在建築物頂層的房間用馬鐙式水泵對付火勢，也不過是每晚例行事務的一部分。一位領導人告訴我，他主要的煩惱是要防止人們以身犯險。每個人都想『捕獲一顆炸彈』。」

然後呢，是赫斯。

五月十三日星期二，約瑟夫．戈培爾在早上的政宣會議上談到了這件事。「歷史上有很多類似的例子，人們在最後一刻驚慌失措，然後做了一些也許出於極度好意的事，但卻對他們的國家造成了傷害。」他說。他向政宣人員們保證，此一事件終將隱沒在歷史的背景中，成為第三帝國漫長光輝故事中的一個插曲：「儘管目前這自然並不是件值得開心的事。但是，我們沒有理由以任何方式垂下翅膀，或者認為我們該囿於這一時的挫敗。」

但戈培爾顯然被這個插曲惹惱了。「就在第三帝國即將取勝的關頭，這種狀況必然是要發生的。」他在五月十五日星期四的一場會議上說：「這是對我們品格與持久力最後的艱難考驗，我們完全樂意接受命運給我們的這種試煉。」他指示副手們重新使用他們戰前的政宣路線，操弄塑造希特勒為神祕存在的神話。「我們相信元首的預測能力。我們知道，現在看來對我們不利的所有事情，最終都將成為至幸之事。」

戈培爾當然知道，大眾注意力很快就會發生嚴重的轉向。「眼下我們先忽略這件事，」他說，「此外，軍事領域上很快就會出現一些進展，能讓我們把民眾注意力從有關赫斯的問題，轉移到其他事情上了。」他指的是希特勒對俄羅斯即將進行的入侵。

在一份官方聲明中，德國將赫斯描繪成一個受「催眠師和占星師」影響的病號。隨後的評論還稱赫斯為「這個沒完沒了的理想主義者和病態男子」。他的占星師被逮捕並送往集中營。

戈林召喚威利．梅塞施密特來開會，為赫斯的事而責備他。他質問梅塞施密特，怎麼可以讓赫斯這樣明顯瘋了的人取得一架飛機。梅塞施密特對此做出了回應：「我怎麼會想到，一個瘋子可以在第三帝國擔任這麼高的職位？」

戈林笑著說：「你沒救了，梅塞施密特！」

倫敦市內，邱吉爾下令給予赫斯有尊嚴的對待，但也提醒道：「如同其他納粹領導人，這個人是個潛在的戰犯，戰爭結束之時，他和他的同夥很可能被宣判為不法之徒。」邱吉爾同意了戰事辦公室的建言，在為赫斯搭建永久住所之前，暫時將他安置在倫敦塔。

這個插曲顯然讓羅斯福很高興。「在我們外人看來，」他在五月十四日給邱吉爾發了電報，「我可以向你保證，赫斯的那趟飛行已經抓住了美國人的想像力，要盡可能地讓這個故事多流傳幾天，甚至幾週。」

邱吉爾在兩天後的回覆中，傳達了他對這個事件所知的一切，包括赫斯主張即使希特勒願意談和，他也不會與邱吉爾協商。邱吉爾寫道，赫斯「並未表現出一般精神錯亂的跡象」。他告誡羅斯福對他的信保密。「我們這裡認為，最好讓媒體好好運作一番，讓德國人猜測一會兒。」

在這一點上，邱吉爾政府成功了。疑問四起。有家報紙打趣道：「你關於赫斯的猜測也沒比我的好到哪裡去。」有人猜測，這個赫斯並不是真正的赫斯，而是一個狡黠的替身；有些人甚至擔心他可能是名刺客，真正的任務是接近邱吉爾，近到能用毒戒指刺殺他。當一位新聞片的播音員說，現在就算下一個來的是赫爾曼．戈林本人，英格蘭也不會感到驚訝時，倫敦影廳裡的觀眾爆發一陣哄堂大笑。

這一切似乎太不可思議了。美國觀察家雷蒙．李將軍在他的日記中寫道：「真是這整個有趣事件中的戲劇化插曲啊！」李發現，赫斯的到來儼然成了懷特俱樂部的熱門話題，赫斯的名字在那裡不斷被提起，帶來了一種奇怪的效果，俱樂部的酒吧、會客廳和餐廳裡滿是反覆發出他名字尾音的「噝噝聲」。

「聽起來，」李說，「就像一籃子的蛇。」

就這樣，邱吉爾首相生涯的第一年，隨著家庭動盪、受創的人民與從天而降的希特勒副手，落下了帷幕。儘管困難重重，英國仍然屹立不搖，她的人民畏縮不再、愈發勇敢。不知是怎麼辦到的，邱吉爾在這一切混亂中，設法教會了他們無所畏懼的藝術。

「無論是誰來領導他們，人們都有可能挺身而起，但這只是推測，」伊恩・雅各（I. Jacob）寫道，他是邱吉爾戰事內閣的軍事助理祕書，後來成了中將，「我們知道的是，首相提供了如此出色的領導能力，以至於人們幾乎陶醉於危險處境中，以獨自挺立為榮。」戰事內閣祕書愛德華・布里奇斯寫道：「只有他，擁有讓這個國家相信自己可以獲勝的能力。」一位擔任中央電報局經理的倫敦市民內莉・卜弗（Nellie Carver）說得最好：「溫斯頓的演講讓我心神澎湃、血液沸騰不已，我都覺得自己能夠對付最凶狠的野蠻人了！」

邱吉爾在迪奇利的某個滿月週末，情報部部長達夫・庫珀的妻子戴安娜・庫珀告訴邱吉爾，他做得最好的事，便是給了人們勇氣。

他並不同意。「我從沒給過他們勇氣，」他說，「我只是把他們的勇氣集結了起來。」

* * *

最終，儘管傷勢慘重，倫敦還是撐了下來。從一九四〇年九月七日倫敦市中心發生第一次大規模襲擊，到一九四一年五月十一日星期日早上大轟炸結束，有近兩萬九千名市民喪生、二萬八千五百五十六人重傷。

沒有其他英國城市經歷過這樣的損失，但全英國（包括倫敦在內）在一九四〇年和一九四一年的平民死亡總數，達到了四萬四千六百五十二人，另有五萬兩千三百七十人受傷。

死者中，有五千六百二十六名是兒童。

第101章 契喀爾的週末

A Weekend at Chequers

那是一九四一年十二月的一個星期天晚上，聖誕節前幾週。幾張熟悉的面孔如常來到契喀爾用餐並過夜，或只是過來用餐。來賓包括哈里曼和帕梅拉，還有一張新面孔：哈里曼那天剛滿二十四歲的女兒凱西。晚飯後，邱吉爾的近侍管家索耶斯搬來了一台收音機，讓在場所有的人收聽BBC固定放送的新聞。屋裡氣氛低落。儘管目前戰爭實際上進展得相當順利，但邱吉爾看起來悶悶不樂。克萊門汀感冒了，待在樓上的房間裡。

這台收音機是攜帶式的廉價款，是哈利．霍普金斯送給邱吉爾的禮物。邱吉爾掀開蓋子打開了它。廣播已經開始了。播音員說了一些關於夏威夷的事，然後提到托布魯克和俄羅斯前線。希特勒於六月侵襲俄羅斯，當時多數觀察員都認為，這波大規模的攻擊將在幾個月甚至幾週內摧毀蘇聯軍隊。但超乎任何人預料的是，蘇聯軍隊有力而堅毅，在邁入十二月的現在，他們的入侵者正在對抗俄羅斯兩大亙古的武器——廣袤的國土與寒冬的天候。

然而大家仍預料希特勒會獲勝，邱吉爾意識到在結束這次征戰後，他就會將全副心神轉向英格蘭。邱吉爾在夏天某一次演講中預測，在俄羅斯的戰役「不過是企圖入侵不列顛群島的前奏」。

BBC播音員的聲音變了。「剛剛收到消息，」他說，「日軍戰機襲擊了美國在夏威夷的海軍基地，珍珠港。羅斯福總統在一份簡短的聲明中公告了這場襲擊。夏威夷主要島嶼歐胡島(Oahu)上的海軍和軍事目標，也遭到了襲擊。目前尚無進一步的細節。」

起初，大家有些困惑。

「我完全被嚇傻了，」哈里曼說，「我重複了一次，『日本人襲擊了珍珠港。』」

「不，不，」邱吉爾的左右手湯米．湯普森糾正道，「他說的是珍珠河(Pearl River)。」

同樣在場的美國大使約翰．溫南特看向邱吉爾。「我們難以置信地看著對方。」溫南特寫道。

邱吉爾砰的一聲把收音機的頂蓋闔上，跳起身來，鬱悶一下子煙消雲散。當值的私人祕書約翰．馬丁走進他的房裡，說海軍部打了電話過來。邱吉爾走向門口時，他說：「我們要對日本宣戰。」

溫南特心煩意亂地跟在後面。「老天喔，」他說，「您不能在廣播裡宣戰啦。」（溫南特事後寫道：「邱吉爾的字典裡沒有隨便或消極——他動起來時就更沒有了。」）

邱吉爾停了下來。他聲音細小地說：「我該怎麼辦？」

溫南特打電話給羅斯福了解情勢。

「我也要和他談談。」邱吉爾說。

羅斯福一接起電話，溫南特就告訴他，他有個朋友也想說說話。「你一聽到他的聲音，就會知道是誰了。」

邱吉爾接過話筒。「總統先生，」他說，「日本到底怎麼回事？」

「這是真的，」羅斯福說，「他們在珍珠港襲擊了我們。我們現在都在同一條船上了。」

羅斯福告訴邱吉爾，他隔天將對日本宣戰；邱吉爾答應在他實行後立即跟進。

那天深夜一點三十五分，哈里曼和邱吉爾向哈利．霍普金斯發了一則「最緊急」的電報：「我們在這個歷史性的時刻想起了你，溫斯頓、埃夫里爾上。」

他們的意思，大家都心知肚明。「無法避免的事情終於到來了，」哈里曼說，「我們都知道這代表了嚴峻的未來，但至少現在我們有未來可言了。」準備啟程前往莫斯科的安東尼．伊登從邱吉爾當晚的來電中，得知了這場襲擊事件。「我無法掩飾我有多如釋重負，也沒必要試圖掩飾，」他寫道，「我覺得現在無論發生什麼，都只是早晚的問題而已。」

當晚，邱吉爾最後回到了他的房間。「滿滿的激動和興奮，」他寫道：「我帶著得救和感激的心情上床睡了一覺。」

邱吉爾曾有一小段時間擔心羅斯福只會專注對付日軍，但十二月十一日，希特勒向美國宣戰，美國也還以顏色。

邱吉爾和羅斯福現在真的在同一條船上了。「這條船可能會被風暴重創，」巴戈．

伊斯梅寫道：「但它不會傾覆。結局已經非常明確了。」

不久後，邱吉爾、比弗布魯克勳爵和哈里曼搭上一艘嶄新的戰艦——約克公爵號（*Duke of York*），動身前往華盛頓特區，冒著巨大的風險，在嚴格保密下，與羅斯福會面協調戰略。邱吉爾的醫生查爾斯．威爾遜爵士，以及其他五十多人都跟著去了，包括近侍管家和英國的最高軍官陸軍元帥迪爾、第一海軍大臣龐德和空軍參謀長波特。比弗布魯克勳爵一人就帶來了三個祕書、一個近侍管家和一個搬運工。羅斯福擔心有風險而嘗試勸阻邱吉爾，的確，這艘船要是被擊沉，失去這些高層的英國政府將群龍無首，但邱吉爾對這位總統的擔憂置之不理。

查爾斯．威爾遜對邱吉爾的變化驚嘆不已。「美國參戰以來，他就變了一個人，」這位醫生寫道，「我在倫敦認識的溫斯頓嚇壞了我……我看得出來，當時他肩負著世界給予的壓力，我想著他這樣能持續多久、我能為他做些什麼呢。而現在，好像就在一夜之間，他搖身一變，成了一個年輕人。」威爾遜發現，戰爭再次給邱吉爾帶來了樂趣：「突然之間，我們在這場戰爭中幾乎是勝券在握，英格蘭也安全了。能在這樣的情況下擔任英國首相，指揮內閣、陸軍、海軍、空軍、下議院，甚至英格蘭本身，是他做夢也想不到的。他愛極了能夠這麼做的每一分每一秒。」

即便以北大西洋的標準來衡量，這趟航程的前幾天也異常艱苦，迫使他們的船艦以低至六節[162]的速度航行，推翻了搭乘這艘能以近五倍高速移動的船艦帶來安全效果

162｜譯注：節（knot），飛機或船艦的航速計算單位，約每小時一海里。

的期待。巨浪不斷席捲艦身低矮的船體，所有旅客都被命令不得登上甲板。比弗布魯克打趣說，他「從來沒搭過這麼大的潛水艇呢」。邱吉爾在給克萊門汀的信中寫道：「在這樣的天氣下待在船上，就像置身監獄一樣，附加淹死的可能。」他吃「母息憂」來對抗暈船，也給了他的祕書們一些，無視開任何藥都很謹慎的威爾遜醫生抗議。

「首相非常健康又愉悅，」哈里曼寫道，「吃飯時，話說個不停。」有一次，邱吉爾提到暈船，話說得很長、很久。「關於驅逐艦橋上的水桶等等，」哈里曼寫道，「直到尚未完全從暈船症狀中恢復的迪爾臉色發青、差點離開餐桌為止。」

戰艦在馬里蘭州（Maryland）附近的乞沙比克灣（Chesapeake Bay）靠岸。邱吉爾一行人在飛機上完成到華盛頓最後的路程。「當時是晚上，」湯普森探長寫道，「機上的人欣喜若狂地從窗戶俯瞰，看見整座城市亮晃晃的壯觀景色。華盛頓代表了某種極其珍貴的東西。自由、希望、力量。我們已經有兩年沒看過燈火通明的城市了。我的心滿足了。」

邱吉爾、祕書馬丁和其他幾位祕書留宿白宮，他們因而得以觀察羅斯福的祕密圈子。相應地，羅斯福也能很近地觀察邱吉爾。邱吉爾一行人在白宮度過的第一個晚上，同為白宮貴賓之一的湯普森探長正和邱吉爾在房裡，偵察各個存在危險的角落時，有人敲響了邱吉爾的房門。在邱吉爾的指示下，湯普森應門，發現門外是獨自在長廊上，坐著輪椅的總統。湯普森把門打開，然後看到望著他身後房間的總統臉上，露出奇怪的表情。「我轉過身，」湯普森寫道，「溫斯頓．邱吉爾一絲不掛，一隻手拿著酒，另一隻手拿著雪茄。」

總統準備推著輪椅離開。

「進來嘛，富蘭克林，」邱吉爾說，「我們可缺伴了。」

總統做出湯普森所謂的「奇怪的聳肩」，然後轉動輪椅進了房裡。「看吧，總統先生，」邱吉爾說，「我沒什麼可隱瞞的。」

邱吉爾接著掛了條毛巾在肩上，隨後的一個小時裡，赤身裸體地在房間裡走來走去，邊與羅斯福交談，邊啜飲他的酒，不時為總統續杯。「他就像是個在參議院辯論成功後，跑到浴場裡放鬆的羅馬人，」湯普森探長寫道，「就算羅斯福夫人也進來了，我也不覺得邱吉爾先生會眨一下眼睛。」

聖誕夜，邱吉爾站在戴著腿部護具的羅斯福身旁，在白宮南騎樓(South Portico)向聚集在外頭等著觀賞國家聖誕樹(National Community Christmas Tree)點燈活動的三萬多人發表演說，那棵東方雲杉樹此時已經移植到了南草坪(South Lawn)。黃昏時分，在男女童子軍的禱告和演說後，羅斯福按下按鈕，點亮了燈。他簡短說了幾句，便將講台讓給了邱吉爾。邱吉爾告訴聽眾他在華盛頓感到非常自在。他談起了這個「奇怪的聖誕夜」，以及將聖誕節視作一座風暴中的孤島去守護，是多麼重要。「讓孩子們度過這個充滿歡樂與歡笑的夜晚吧，」邱吉爾說，「讓他們為聖誕老人的禮物高興地玩樂吧；讓我們這些成年人盡情享受毫無保留的快樂吧——」突然，他壓低了聲音，發出一陣低沉而令人生畏的咆哮：「在我們重新投入面前的嚴苛任務和這艱難的一年之前。要有決心！在我們的犧牲和勇敢之下，留給這群孩子的遺產將不會被剝奪；他們生活在一個自由、美好世界中的權利，將不會被否決。」

「因此，」他最後說，把手揮向天空，「因此，藉著上帝的仁慈，我祝各位聖誕快樂。」

人們開始高唱三首頌歌，以「齊來崇拜」(Oh Come All Ye Faithful) 為始，以三段「平安夜」(Silent Night) 作結，成千上萬美國人在面對一場新戰爭的此刻，莊嚴地齊聲歌唱著。

隔天，就在湯普森探長正要與羅斯福的密勤局 (secret service) 特遣隊一起去吃聖誕晚餐之前，一位女僕將來自羅斯福夫人的聖誕禮物遞給了他。湯普森探長深受感動。他拆開禮物，發現裡頭有一條領帶和一個裝有聖誕賀卡的白色小信封。「致沃特．亨利．湯普森探長，一九四一年聖誕節，來自總統和羅斯福夫人的聖誕祝福。」

就在女僕入神地看著卡片時，湯普森的下巴掉了下來。他寫道：「我簡直不敢相信一國的總統，在他的同胞正準備發動他們歷史上最大的戰爭時，竟然還會想到要在聖誕節送領帶給一個警察。」

當然，接下來還有四年的戰爭等在前頭，有一段時間，那黑暗似乎濃得無法穿透。

英國在遠東的大本營新加坡淪陷，邱吉爾政府遭威脅要被推翻。德軍將英軍趕出克里特島（Crete），重新奪回了托布魯克。克萊門汀給哈利．霍普金斯的一封信中寫道：「我們實際上在穿越恥辱的幽谷。」局勢一變再變，但到了一九四二年底，戰爭的勢頭開始轉而有利於盟國。英國軍隊在一連串統稱為阿拉曼戰役（Battle of El Alamein）的沙漠戰中，擊敗了隆美爾。美國海軍在中途島（Midway）擊敗了日本。希特勒對俄羅斯的戰爭在泥濘、冰雪與鮮血中戛然而止。到了一九四四年，戰爭的結果在盟軍入侵義大利和法國之後，看來已經明確。希特勒的「復仇」兵器，V-1 飛彈和 V-2 火箭[163]於一九四四年出現，有可能短暫地讓德軍對英國的空戰死灰復燃，這給倫敦帶來了一陣新的恐慌，但它只是德國在不可避免的失敗之前，為了多造成一些死亡和破壞而發動的最後攻擊。

一九四一年新年前夕，邱吉爾和他的團隊，當然還有湯普森探長，在造訪加拿大後，搭上一班返回華盛頓的火車。邱吉爾給同行的所有人發了訊息，要他們和他一起前往餐車車廂。酒水上罷，午夜降臨，他敬酒道：「敬一整年的辛勞、一整年的奮鬥與危難，以及我們往勝利邁出的這一大步！」在這劃破黑暗、駛向那座光明之城的火車上，所有人手拉著手，邱吉爾拉起了一名英國皇家空軍中士和空軍參謀長查爾斯．波特的手，唱起了〈友誼地久天長〉。

163｜譯注：復仇兵器（V-weapons）是德軍在二戰末期啟用的一系列武器，均以德語中的「報應、復仇」（Vergeltung）首字母 V 搭配數字進行編碼。

尾聲

Epilogue

時光飛逝

As Time Went By

瑪麗

鄉間小鼠瑪麗成了海德公園重砲連的高射砲手。這讓她的母親極為焦慮，尤其是在一名十八歲的南安普頓砲兵連的隊員死於一九四二年四月十七日的空襲之後，這是戰爭中這類死亡案件的第一宗。「我第一個痛苦的想法是，那可能會是瑪麗。」克萊門汀在一封信中告訴她。但她也坦承自己對於「心愛的妳選擇了這項困難、單調、危險卻又最是必要的工作，我竊竊感到自豪。我經常想起妳，我親愛的小老鼠」。約翰．科維爾回憶起某個晚上，空襲警報響起時，「首相衝上車，開去海德公園看瑪麗的砲兵連工作」。

一九四四年，也就是在戰爭的倒數第二年，瑪麗獲得了晉升，統率兩百三十名女性志工。「以二十一歲來說，算是很不錯嘛！」她的父親在給蘭道夫的信中自豪地寫道。

小溫斯頓對此更是欽佩。他雖然明白祖父是個大人物，但他崇拜的卻是他的瑪麗阿姨。「對於一個三歲的孩子來說，擁有一個擔任首相、管控整個戰爭運行的祖父，是一個難以理解的概念。」他在回憶錄中寫道：「但有一個自己擁有四門大砲的阿姨，那可真了不起！」

＊＊＊

艾瑞克．鄧坎儂為他失敗的求婚深深哀慟著。一九四一年九月六日星期六，他和約翰．科維爾以及一群朋友去斯坦斯特德園射擊時，這一點表現得很明顯。

科維爾寫道：「艾瑞克告訴我他依然只想著瑪麗．邱吉爾，那是我見過他最為單純、最有魅力的時刻。」

科維爾

邱吉爾終究讓步了。一九四一年七月八日星期二，在一波氣溫高達三十幾度的熱浪中，約翰．科維爾在邱吉爾小睡前，走到了他的辦公室。

「我聽說你正在密謀拋棄我，」邱吉爾說，「你知道，我是可以阻止你的。我無法違背你的意願把你留在我身邊，但我可以把你調去別的地方。」

科維爾說，他明白了，但希望邱吉爾不要那麼做。他給邱吉爾看了他仍在塑形中的其中一副隱形眼鏡。

邱吉爾告訴科維爾他可以走了。

終於能夠戴上隱形眼鏡的科維爾，現身在英國皇家空軍的另一場醫療面談中，這一次他通過了：「噢，狂喜！」不久後，他便宣誓成為英國皇家空軍志願預備隊的新成員，這是他成為飛行員最終旅程的第一站。然而英國皇家空軍卻堅持，他得先補好兩顆牙，當初是牙醫告訴他不必擔心牙沒補的。這花了一個小時。

終於，科維爾離開唐寧街十號，開始受訓成為一名戰鬥機飛行員的時候到了。他只能戴著隱形眼鏡大約兩個小時，值得高興的是，這讓他失去了在轟炸機機組服役的資格。邱吉爾「認為戰鬥機飛行員短時間、急速的戰鬥方式，比轟炸機機組人員在找到目標前必須經過漫長等待好得多」。然而，當他得知科維爾並非以軍官的身分，而是等同於一名英國皇家空軍的士兵、一名二等飛機士的身分進行訓練時，他感到十分震驚。「你不能那樣，」邱吉爾告訴他，「這樣你要怎麼帶上你的隨從呢。」

科維爾寫道：「他沒有想到，一位年收入三百五十英鎊的初階私人祕書，可能沒有自己的近侍管家。」

九月三十日，科維爾收拾好東西後，私下在首相辦公室裡與邱吉爾道別。邱吉爾表現得和藹又優雅。「他說，我只能說『再會』、不能道別，因為他希望我經常回來看他。」他告訴科維爾，自己實在不該讓他離開的，而安東尼．伊登對於必須讓他離開感到很惱火。但他承認，科維爾做的是「一件非常英勇的事」。

他們的見面接近尾聲時，邱吉爾告訴他：「我對你抱有最深的感情；我們全都是，尤其是克萊米和我。再見，願上帝保佑你。」

科維爾就這樣離開了，感到非常難過。「我哽咽著走出了房間，已經很多年沒有這種感覺了。」

駕駛的戰機被一架梅塞施密特一〇九號擊成碎片後，科維爾並沒有死在燒成一團的戰機殘骸中。他再次接受了飛行訓練，被分配到一個駕駛美國製造的野馬戰鬥機的偵察中隊，基地位於斯坦斯特德園附近的芬廷頓（Funtington），他在那裡感染了膿痂疹。艾瑞克・鄧坎儂的母親貝斯伯勒夫人邀請他住進斯坦斯特德大宅療養。幾週後，他接收到了邱吉爾的召喚。

「是你回來這裡的時候了。」邱吉爾告訴他。

「但我只進行過一次軍事飛行。」

「好啊，你可以去飛個六次。然後就回來工作。」

完成六次出擊後，他回到唐寧街十號，繼續擔任私人祕書的職務。隨著諾曼底登陸日（D-Day）臨近，他被召回中隊，儘管教授提出抗議，如果他被擄獲並被認出，將會成為德國情報部門寶貴的資產。邱吉爾不情不願地讓他走了。「你似乎把這場戰爭當作你的個人消遣，」他告訴科維爾，「不過，我在你這個年紀，應該也會有同樣的感覺，所以你可以放兩個月的戰鬥假。但今年不准再放假了。」

這根本不是一個假期。科維爾在法國海岸上空飛行了四十次，進行攝影偵察。「我們越過英吉利海峽，朝下望著各式船隻在一片沸騰的海面上往要登陸的海灘駛去，那真是令人興奮。」他在日記中寫道：「作為一支龐大空中艦隊的一員，與所有的轟炸機和戰鬥機一起，如雞啼時分的大批椋鳥般集體南飛，這也很令人興奮。」他有三次差點被擊落。寫給邱吉爾的一封長信中，他描述了一個事件，有枚防空砲彈在他的戰機某處機翼上射穿了一個大洞。邱吉爾愛極了這個故事。

科維爾再次回到唐寧街十號。根據帕梅拉・邱吉爾的說法，在他到英國皇家空軍任職前，科維爾在唐寧街十號雖然頗受歡迎，卻從未被衷心喜愛，但在退伍回歸後，他的聲望上升了。「除了克萊米，本來我們沒人真心喜歡喬克。」多年後，帕梅拉說道，「但他隨後離開並加入了空軍，我覺得這是非常聰明的一步，因為他再次回來時，你知道的，每個人看到他回歸都很高興。」他不再像瑪麗一九四〇年春天評價他的那樣「濕濕的」。「沒有什麼比那個評價更離譜了。」她事後承認道。

一九四七年，科維爾成了即將登基為女王的伊麗莎白公主(Princess Elizabeth)的私人祕書。這個職位來得很出人意料。「接受這項差事是你的責任。」邱吉爾告訴他。在擔任那個職位的兩年間，科維爾認識並愛上了公主的一位女官，瑪格麗特・埃格頓(M. Egerton)。一九四八年十月二十日，他們在西敏寺大教堂附近的聖瑪格麗特教堂(St Margaret's Church)結為連理。

一九八五年，科維爾出版了他編修過的日記，書名是《權力邊緣》(The Fringes of Power)，這讓他的名聲遠遠超越了他任何一位私人祕書同僚。對邱吉爾管理下的唐寧街十號內部運作感興趣的學者而言，這是一本不可繞開的書。他刪去了許多隱私內容，據他在前言中所說，那些都是「沒有多大意義的瑣碎紀錄」，不過任何讀過保存於英國劍橋邱吉爾檔案中心(Churchill Archives Center)的日記原稿的人都能看出，那些瑣碎的紀錄對科維爾本人來說，至關重要。

他將這本書題獻給了瑪麗·邱吉爾：「以對她的關愛，以及針對這本日記中前些部分，提及她時不怎麼讚賞的那些話語的懺悔。」

比弗布魯克

比弗布魯克總共提了辭呈十四次，最後一次是在一九四二年二月擔任物資部部長時。他辭職了，沒有接下軍備生產部部長的新職位。這一次邱吉爾沒有反對，這無疑讓克萊門汀很高興。

比弗布魯克兩週後便離職了。「我的榮名都歸於你。」二月二十六日，他在任的最後一天，寫了一封信告訴邱吉爾。「民眾的信心其實來自於你。我的底氣也是靠你維持的。」他告訴邱吉爾，他是「我們人民的救世主，自由世界反抗的象徵」。

邱吉爾回以同等的讚譽。「我們在可怕的日子裡並肩活了下來、一同作戰，我相信我們的同志情誼和為大眾從事的服務，不會就此中斷。現在我想要你做的，就是恢復你的體力和沉著，以便在我非常需要你的時候能夠來幫助我。」他稱比弗布魯克在一九四〇年秋天的成功是「救了我們的關鍵」。他最後說：「你是我們極少見的奮鬥天才之一。」

就這樣，比弗布魯克終於離開了。「我強烈地感受到失去他的缺憾。」邱吉爾寫道。但到頭來，比弗布魯克已經在他需要成功之處取得了成功，在擔任戰機生產部部長的頭三個月內，便讓戰鬥機的產量翻了一倍；也許同樣重要的是，他在邱吉爾身邊提供了幫助他度過難關的建議和幽默。邱吉爾最珍視的，便是比弗布魯克的陪伴，以及他所提供的消遣。「我很高興有時有他能依靠。」邱吉爾寫道。

一九四二年三月，比弗布魯克覺得有必要向邱吉爾解釋他之前為什麼一再威脅要辭職。他坦承把辭職當作解決延宕和反對聲浪的工具，簡而言之，他揚言辭職是為了讓一切順利，他相信邱吉爾明白這一點。「我一直都覺得，你支持我做事的方法，你是希望我繼續留任、改革、揚言辭職並一再撤回的。」

這兩個人仍然是朋友，儘管他們的友誼的強度有起有落。一九四三年九月，邱吉爾讓他回歸內閣，擔任掌璽大臣 (lord privy seal)[164]，此舉似乎主要是為了將這位朋友兼顧問留在身邊。比弗布魯克後來也辭去了這個職位，不過那時邱吉爾也已經要離任了。在他關於二戰的個人回憶錄其中一卷，邱吉爾給了比弗布魯克極高的評價。「他沒有令我失望，」他寫道，「那是屬於他的時刻。」

教授

教授被證明是正確的。

法官辛格爾頓終於有足夠的信心，對德軍和英國空軍實力的各種數據做出判斷了。「我得出的結論是，」他在一九四一年八月的最終報告中寫道，「截至一九四〇年

164｜譯注：掌璽大臣，在英國政壇中，位列國務重臣的第五位，但並無實際負責的職務，是一個高位閒職。

十一月三十日為止，德國空軍相對於英國皇家空軍的軍力，可能約為四比三。」

這意味著一直以來，當英國皇家空軍認為自己在對抗巨大的強敵時，兩支空軍在軍力方面其實並沒有太大的差異，據辛格爾頓如今得出的結論，主要的差異僅在於遠程轟炸機的數量。當然了，這個令人欣慰的消息來得晚了點，但到頭來，比起自以為遙遙領先而自滿的德軍，也許英國皇家空軍是在認為自己處於四比一的弱勢情況下，才戰鬥得更好、更賣力的。這份報告證明，教授的直覺自始至終都是正確的。

他對空雷的熱忱，就沒帶來那麼有益的結果了。從一九四〇年到一九四一年整個期間，他和邱吉爾遊說、勸誘空軍部官員和比弗布魯克生產並部署了無數空雷，讓它們成了英國防禦性武器庫中的標誌。他成功過幾次、失敗了很多次，最終，面臨越來越多的反對後，空雷被棄置了。

林德曼和邱吉爾在整個戰爭期間一直都是朋友，而林德曼也是唐寧街十號、契喀爾和迪奇利飯桌上的常客——總是吃素食餐的那一位。

帕梅拉與埃夫里爾

帕梅拉．邱吉爾和埃夫里爾．哈里曼之間的戀情一度十分火熱。哈里曼的女兒凱西在抵達倫敦後不久，便發現了他們的關係，她並不介意。自己比她父親的情人還要大上幾歲的事實，似乎也不太困擾她。凱西和自己的繼母瑪麗並不是特別親近，因此也沒什麼被背叛感。

對於凱西這麼快就發現了實情，沒有人感到訝異。這對情侶沒花什麼力氣去掩飾這件事。有一段時間，哈里曼、帕梅拉和凱西合住在美國大使館附近的格羅夫納廣場三號一套三房公寓裡。帕梅拉相信，邱吉爾是知道這樁婚外情的，但表面上他並沒有表現出任何關心。若要說有什麼的話，邱吉爾家族的成員和羅斯福的私人特使之間，能有如此牢固的聯繫，也只會是一大助力。克萊門汀並不認可這件事，卻也沒有進行任何勸說。蘭道夫後來向約翰·科維爾抱怨，他的父母「縱容通姦在他們自家的屋簷下發生」。比弗布魯克知道這件事，也樂於當個知情人，他讓哈里曼和帕梅拉經常去他的鄉間住宅切克利院度過長長的週末假期，小溫斯頓也在那裡繼續接受保姆的照顧。哈利·霍普金斯知道這樁婚外情，羅斯福也知道。

這位總統可被逗樂了。

一九四一年六月，邱吉爾派哈里曼前往開羅，評估美國要怎樣才能更好地支援英國在埃及的軍隊，並要求他的兒子蘭道夫照顧他。當時，蘭道夫已晉升為少校，被派去開羅的英國總部管理媒體關係事務。他自己也在搞婚外情，這次的對象是一位英國將軍的妻子，名叫茉茉·馬里奧特（M. Marriott）的知名女公關。某個在尼羅河上的夜晚，在特地為這位來訪的美國人包下的一艘單桅帆船上，蘭道夫與哈里曼在晚餐時聊天，他向哈里曼吹噓了自己的婚外情。儘管哈里曼睡了他的妻子這件事，在他的朋友圈和倫敦的懷特俱樂部裡已成了八卦材料，他仍渾然不覺。

蘭道夫在一封一九四一年七月所寫，並託哈里曼從開羅返回後轉交給帕梅拉的信中，很明顯地展現了他的無知無覺。這封信對哈里曼讚譽有加。「我覺得他非常迷人，」蘭道夫寫道，「能夠聽說這麼多關於妳和我所有朋友們的消息，真是太好了。他談起妳時很愉快，連我都擔心我有一個情敵了！」

蘭道夫最後在一九四二年初得知這樁婚外情，當時他正在休假。那時他的相貌已然不再俊俏。他們的婚姻早已因他的揮霍和酗酒，以及帕梅拉的冷漠而千瘡百孔，化作一團充斥著爭吵和相互羞辱的瘴氣。唐寧街的附樓裡屢屢爆發激烈的爭執，蘭道夫總會故意與邱吉爾挑起爭端。擔心丈夫可能會中風發作的克萊門汀再次將蘭道夫趕出家門，直到戰爭落幕為止。到了夏天，蘭道夫因在開羅的一場車禍中受傷返回倫敦療養時，所有人都清楚這段婚姻再也無法修復了。蘭道夫在懷特俱樂部的好友之一，伊夫林．沃寫道：「她對他厭惡得無法與他同處一室。」一九四二年十一月，蘭道夫離開了她。

哈里曼讓她搬進了自己的公寓，每年付給她三千英鎊（約今日的十六萬八千美元）的零用金。為了掩飾他在這當中扮演的角色，他引入了一位中間人：麥克斯．比弗布魯克。始終熱愛人類情愛糾葛的他，非常樂意擔任這個角色，還研擬了一套計畫來掩蓋資金是哈里曼提供的事實。

但這也不是什麼祕密。「不同於有一個巨大黑市的巴黎，倫敦的每個人都以嚴格遵守配給份額為豪，」約翰．科維爾說，「但如果你和帕梅拉一起吃飯，你就能吃上一頓多達五六道菜、有八到十位客人的晚餐，還有你平常很難看見的食材。我猜圍在桌子旁的所有人都在笑著說，埃夫里爾把他的女朋友照顧得可好了。」

一九四三年十月，羅斯福選擇哈里曼擔任他的駐莫斯科大使，這樁婚外情於是不可避免地開始降溫。距離讓他們倆都從這段關係中解脫出來。哈里曼和其他女人睡過、帕梅拉也和其他男人睡過，某段時期還包括了廣播員愛德華．默羅。「我的意思是，還很年輕的時候，你對事情的看法確實會非常不同。」帕梅拉後來對一位採訪記者說道。

隨著戰爭接近尾聲，對於接下來會發生什麼事，帕梅拉感到越來越焦慮。一九四五年四月一日，她寫信給人在莫斯科的哈里曼。「假設戰爭在未來的四、五週內結束。這個想法讓我有點害怕。這是一件人們期待了那麼久的事，我知道當它真的發生時，我會感到害怕。你懂我的意思嗎？我成年後的生活充滿了戰爭，我知道要怎麼應對這一切。但我怕我不知道該怎麼面對和平的日子。這嚇壞了我。很愚蠢，對吧？」

多年過去。哈里曼成了哈利．杜魯門（H. Truman）總統手下的美國商務部部長（Secretary of Commerce），後來當選為紐約州州長；他在甘迺迪和約翰遜（Johnson）政府中擔任過各種高階諮議職位。然而，他懷有更遠大的抱負——當上國務卿，甚或當上總統。但事實證明，這些都超出他能力所及的範圍。儘管他有多次婚外情，但他始終沒和妻子瑪麗離婚，而且他們的婚姻從各方面來看，多年以來變得越來越牢固。瑪麗在一九七〇年九月去世，據瑪麗的女兒南希（Nancy）所述，這讓哈里曼心碎欲絕。「他以前經常坐在她的房間裡哭。」

一九六〇年，帕梅拉與共同製作百老匯原版《真善美》（*The Sound of Music*）音樂劇的製作人兼演藝經紀人利蘭·海沃德（Leland Hayward）結婚。他們的婚姻一直持續到一九七一年三月海沃德去世為止。

帕梅拉和哈里曼保持著疏遠的聯繫。一九七一年八月，他們皆受邀到華盛頓特區參加一場由他們的共同朋友，《華盛頓郵報》（*Washington Post*）出版商凱瑟琳·格雷厄姆（K. Graham）舉辦的晚宴。當時哈里曼七十九歲、帕梅拉五十一歲。他們一整晚都密切地交談著。「很奇怪，」她說，「因為我們開始談話的那一刻起，突然回想起了很多這麼多年來，我們都沒想起過的事情。」

八週後，他們在曼哈頓上東區（Upper East Side）的一座教堂私下舉辦儀式結了婚，只有三名賓客在場。他們希望儀式保密，但也只是暫時的。

當天稍晚，大約一百五十位朋友聚集在哈里曼不遠處的聯排別墅裡，他們僅僅被告知是來參加一場雞尾酒會。

帕梅拉走進來時，她對一位朋友喊道：「我們結婚了！我們結婚了！」這只隔了三十年的時間。「哦，小帕，」另一位朋友不久後寫道，「人生真是奇怪啊！」他們的婚姻又持續了十五年，直到一九八六年七月哈里曼去世。

德軍

在紐倫堡審判(Nuremberg trials)中，赫爾曼．戈林被判犯了戰爭罪和危害人類罪等一系列罪行。一九四六年十月十六日，法院判處他絞刑。

他在證詞中表示，他曾想在敦克爾克戰役之後立即入侵英格蘭，卻被希特勒否決了。他告訴卡爾．斯帕茨(Carl Spaatz)，一位身兼美國空軍將軍的審訊者，他一直都不贊同對俄羅斯發動攻擊。他想繼續轟炸英格蘭並迫使邱吉爾投降。戈林告訴斯帕茨，征伐俄羅斯的時間點是個致命錯誤。「正是德國空軍調往俄羅斯前線一事拯救了英格蘭。」

戈林到最後都沒有悔過。他告訴紐倫堡法庭：「我們當然會重新武裝了。我只遺憾我們沒有重新武裝得更齊全。我視條約[165]如廁紙，這是理所當然的。我想讓德國變得偉大，這也是理所當然的。」

戈林也試圖證明，他有系統地掠奪全歐洲藝術收藏品是一件正當的事。在等待審判期間，他對一位美國精神科醫生說：「我的其中一個弱點，也許就是我喜歡被奢華感包圍，而且我充滿藝術氣質，那些曠世巨作讓我感受到活力，讓我從內而外地容光煥發。」他聲稱，他一直以來都打算在去世後將收藏品捐給國家博物館。「從這個角度來看，我看不出這件事在道德上哪裡錯了。我搜羅這些藝術珍品又不是為了賣掉它們，或為了成為一個有錢人。我愛的是藝術本身，而且如我所說的，我的性格需要我被世間最好的藝術典範包圍啊。」

調查人員對他自開戰以來搜羅的作品進行了編目，統計出「一千三百七十五幅畫

165｜譯注：此指一戰後限制德國軍事能力的《凡爾賽條約》。

作、兩百五十件雕塑作品、一百零八塊掛毯、兩百件古董家具、六十塊波斯和法國地毯、七十五面彩色玻璃窗」，以及其他一百七十五件各式各樣的物品。

他在行刑前的兩小時，用氰化物自殺了。

一九四五年五月一日，蘇聯軍隊逼近時，約瑟夫·戈培爾和妻子瑪格達在希特勒的地堡裡，毒死了他們六個年幼的孩子——赫嘉、希爾德、赫爾慕特、侯戴、赫德和海德。他們先是指示一名醫療副官給每個孩子注射嗎啡，接著希特勒的私人醫生便給了每個孩子一劑口服氰化物。戈培爾和瑪格達隨後自殺，使用的同樣是氰化物。一名親衛隊軍官按照他們的指示，向他倆開了槍，以確保他們真正死亡。

希特勒早在前一天就自殺了。

魯道夫·赫斯也在紐倫堡受審，他在那裡宣誓繼續忠於希特勒。「我對任何事都不後悔。」他說。他因為涉及協助發動戰爭而被判處終身無期徒刑，與其他六名德國官員一起被送進斯潘道監獄（Spandau Prison）[166]。

包括阿爾伯特·施佩爾在內的其他戰犯一個接一個地獲釋了，到了一九六六年九月三十日，赫斯成了這座監獄的唯一囚徒。他於一九八七年八月十七日用延長線上吊自殺，享年九十三歲。

166 | 譯注：斯潘道監獄是位於柏林斯潘道區的監獄，曾用來收押在紐倫堡審判中處刑的二戰戰犯。

儘管有多次瀕死的經歷，阿道夫．加蘭德仍奇蹟般地在戰爭中倖存了下來。有一次，他在一天內被擊落了兩次。他在一九四五年四月二十五日完成了最後一次擊殺，當時他駕駛著德國空軍最先進的噴氣式戰鬥機，擊落了兩架美國轟炸機，他擊落的戰機總數累積到了一百零四次。摧毀第二架戰機後，他便被美軍的一架P－47雷霆式戰鬥機攔截了。受了傷、戰機嚴重受損的他，在受到攻擊時設法回到了機坪，在槍林彈雨中迫降。他倖免於難，只受了腿傷。十天後，美軍逮捕了他。他當時三十三歲。儘管紀錄絕佳，他現在也已經被許多同袍超越了。有兩名飛行員各自累積了超過三百次的擊殺紀錄，另有九十二人追平或超越了加蘭德的紀錄。

加蘭德先是在德國接受審訊，又於一九四五年五月十四日飛往英國接受進一步審問。這是他第一次踏上英國的土地。七月時，他的看守者把他帶到斯坦斯特德園附近的湯密爾大型空軍基地。在那裡，他見到了曾與瑪麗．邱吉爾共舞的無腿王牌道格拉斯．巴德。加蘭德曾經在戰爭中與巴德狹路相逢，當時巴德的戰機被擊落，巴德受到俘虜，是加蘭德堅持讓他受到良好的待遇。

現在換巴德給他雪茄了。

邱吉爾與二戰

這個男人心中的男孩從未離開過。

一九四四年夏季的某個早晨，戰爭仍在如火如荼地進行中，躺在唐寧街附樓床上的克萊門汀，將一位名叫理查·希爾（R. Hill）的青少年士兵召進她房裡，他是邱吉爾的私人祕書希爾夫人的兒子。一套要給帕梅拉的兒子小溫斯頓的玩具火車送到了，克萊門汀想確保所有的零件齊全並能正常運作。她請希爾把火車組裝起來試一試。

這份包裹裡裝有軌道、火車車廂和兩個由發條機提供動力的引擎。希爾跪在地上，開始鋪設軌道。做著做著，他注意到有兩隻印著字母紋飾「W. S. C.」的拖鞋，出現在他面前的地板上。他抬起頭，看見邱吉爾高高站在他身旁，穿著淡藍色的警報裝，抽著一根雪茄，緊緊盯著他的進展。希爾作勢要站起來，但首相阻止了他。「繼續做你手上的事。」邱吉爾說。

希爾完成了軌道的鋪設。

邱吉爾繼續看著。「把其中一個引擎放在軌道上。」他說。

希爾照做了。隨著發條裝置啟動，引擎繞著軌道運行了起來。

「你有兩個引擎嘛，」邱吉爾說，「把另一個也放在軌道上。」

希爾再次照做了。現在兩個引擎都在軌道上行駛，一個追在另一個後頭。

邱吉爾嘴裡叼著雪茄，雙手雙膝都撲到了地上。

帶著一股十分明顯的興奮，他說道：「好，撞車吧！」

歐戰於一九四五年五月八日結束。那一整天，隨著消息傳遍倫敦上下，人群擠滿了這座城市的所有廣場。驕傲的美國大兵揮舞著美國國旗穿過人群，不時高聲唱起歌曲〈在那邊〉(Over There)[167]。德國現在正式投降了。邱吉爾預定將於三點鐘在唐寧街發表一場公開演講，由BBC轉播，並以揚聲器播送，之後他將前往下議院。大笨鐘三點的鐘聲響起時，人群陷入了一片寂靜。邱吉爾說，對德戰爭已經結束了。他總結了這場戰爭的進程，以及在最後的最後，他說：「幾乎全世界都聯合起來對抗現在趴倒在我們跟前的行惡之徒。」他清醒而謹慎地指出日本尚未投降，緩淡了終戰的消息。「我們現在必須傾盡所有的氣力與資源，完成我們在國內與國外的任務。前進吧，不列顛尼亞(Britannia)！願對自由的追求永存！天佑吾皇！」

他走向車子時，唐寧街十號的職員們在後花園夾道歡迎他，為他鼓掌。他很是感動。「非常感謝，」他說，「非常感謝。」

國王和王后出現在白金漢宮的皇家陽台(Royal Balcony)上時，廣場上的大片人群齊聲爆出一陣歡快的尖叫，不斷鼓掌、歡呼、揮舞旗幟，直到這對皇室夫婦退回室內為止。下方的人群仍留在原地，反覆高呼：「我們想見國王、我們想見國王。」國王和王后終於重新出現，接著像要為另一個人騰出空間似的分了開來，然後溫斯頓・邱吉爾便走了出來，臉上掛著大大的笑容。民眾發出了爆炸般的歡呼。

那天晚上，儘管燈火管制仍在進行，倫敦卻處處升起了篝火，在天幕上映出一片熟悉的橙色火光，只不過現在的火焰是慶祝的標誌。探照燈打在特拉法加廣場的納爾

167 | 譯注：〈在那邊〉是兩次世界大戰中，流行於美軍之間的歌曲。這首歌是爲了鼓勵美國年輕男子入伍、對抗敵人而創作的，其中最著名的歌詞是「美國人來啦！」(Here come the Yanks!)。

遜圓柱上，探照燈操作員也將燈投在聖保羅大教堂(St Paul's Cathedral)圓頂十字架的上空，讓它們在那裡，以一種彷彿最動人的姿態，形成一道閃亮交錯的星芒。

僅僅兩個月後，在一個令人驚愕、諷刺的事件中，英國民眾投票讓保守黨下了台，迫使邱吉爾辭職。他也許是掌控戰爭進程的理想人選，但不擅於領導戰後英國的重建。邱吉爾的職位，由獲得三百九十三個席次的工黨領袖克萊曼·艾德禮(C. Attlee)繼任；而保守黨僅獲得了兩百一十三席。

投票的最終結果於七月二十六日見報，那是一個星期四。幾天後，邱吉爾一家和朋友們聚在一起，度過了他們在契喀爾的最後一個週末。一如既往，那座宅子滿是賓客。科維爾、溫南特大使、布倫丹·布萊肯、蘭道夫、瑪麗、莎拉、黛安娜和她的丈夫鄧肯·桑偲來了，教授也來吃午飯。埃爾斯伯勒教堂(邱吉爾很少造訪的地方)的牧師也來道別。

那個星期六晚上，吃過晚飯，看過新聞片和一部叫作《真實榮光》(*The True Glory*)、講述盟軍在歐洲獲勝的紀錄片後，邱吉爾一家人便下樓去了。突然間，邱吉爾顯得有些低落。他告訴瑪麗：「我想念在這裡接收的那些戰報。沒有工作，我無事可做。」

她在日記裡傾注了為父親感到的悲傷。「看著這個擁有全能的頭腦、精神發條上到最緊的人中巨擘，悶悶不樂地來回踱步，無法施展他的巨大能量和無限的天賦，心中懷著我無法真正體會的悲傷和破滅的幻想，真是令人痛苦的陌生經驗。」

她寫道，這是「迄今最為糟糕的時刻」。為了鼓勵他，他的家人播起了唱片，先是吉伯特與沙利文（Gilbert & Sullivan）[168]，它第一次失去了效果；接著播放美國和法國的一些軍隊進行曲，這才有了點幫助。然後是〈跑啊兔子〉（Run Rabbit Run）和邱吉爾要求的〈綠野仙蹤〉（*The Wizard of Oz*），似乎終於奏效了。「他終於在兩點時得到了足夠的撫慰，覺得睏了，想念他的床。我們一起送他上樓。」

瑪麗寫道：「噢，親愛的爸爸——我好愛你、好愛你，我能為你做的少得讓我心碎。我上床睡覺時，感到非常疲倦，心如死灰。」

隔天午飯後，瑪麗和約翰．科維爾最後一次散步到燈塔山上。那是美好而充滿陽光的一天。每個人都聚在草坪上，克萊門汀和鄧肯一起打槌球，鄧肯在車禍中受的傷已經痊愈了大半。他們都在契喀爾的訪客簿上簽了名。「那本令人難忘的訪客名冊，」瑪麗寫道，「你可以根據裡頭出現的名字摸索出對戰爭的布局和計策。」克萊門汀寫了一封信感謝莊園的主人，李氏家族：「我們在契喀爾的最後一個週末很傷心。但是，當我們紛紛在訪客名冊上寫下自己的名字時，我想起了這座古老宅邸在戰爭中所扮演的精彩角色。它接待了多少出類拔萃的賓客、見證了多少意義重大的會議啊，多少重大的決定都在它的屋簷之下產生。」

邱吉爾是最後一個簽名的。

他在自己的名字下面加了一個詞：「完結」。

168｜譯注：吉伯特與沙利文，英國維多利亞時代的歌劇創作組合，由幽默劇作家威廉．吉伯特（W. Gilbert）與作曲家亞瑟．蘇利文（A. Sullivan）組成，兩人合作的作品幽默創新，在全球獲得了成功，他們的作品至今仍常在英語系國家演出，對二十世紀的音樂劇創作影響很大。

謝辭與參考素材

Sources and Acknowledgments

雖然我搬到紐約以及隨之而來對九一一事件的領悟，是我開始寫這本書的主要動力，但另外還有一個因素也發揮了重要的作用：我是一個父親。我的三個女兒都可以向你保證，我是人父焦慮症冠軍，但我對孩子們的焦慮集中在他們的日常生活瑣事上，比如她們的工作和男朋友，以及她們公寓裡的煙霧感測器，而不是強力炸彈和從天而降的燃燒彈。老實說，邱吉爾一家和他們的圈子到底是怎麼應對那一切的啊？

有了這個作為引導的疑問，我開始了一段漫長旅程，穿越邱吉爾學這座廣袤而盤根錯節的森林——這是個充滿長篇巨著、扭曲的資訊和離奇陰謀論的領域——試圖找到屬於我個人理解的邱吉爾。如同我在撰寫以前的著作時所發現的，當你以全新的視角看待過去時，最後總能以不同的方式看待這個世界，即使沿著前人早已走過無數次的道路，也能找到新的素材和見解。

寫邱吉爾的一大危險是，從一開始你就會被資訊淹沒，並可能因為已經在公有領域（public domain）中開放的大量文件而難有進展。為了避免這種情況，我決定先從少量的閱讀開始，包括曼徹斯特（Manchester）和保羅．里德（P. Reid）的《王國的保衛者》（*Defender of the Realm*）、羅伊．詹金斯（Roy Jenkins）的《邱吉爾傳》（*Churchill*

和馬汀・吉爾伯特（M. Gilbert）的《最黑暗的時刻》（*Finest Hour*），然後直接投入資料庫裡，以盡可能純粹的方式去體驗邱吉爾的世界。我視角之特殊，意味著某些文件對我的用處，多於傳統的邱吉爾傳記作者。例如，他的首相度假宅邸契喀爾的家庭支出清單，以及商討如何在不導致下水道系統超載的情況下，將士兵暫時安頓在那座莊園土地上的往返信函，這在當時可是一個重要的問題，但對未來的歷史作家而言卻未必重要。

我的探索讓我造訪了許多檔案館，包括我在這世界上最喜歡的三個地方——位於倫敦市郊邱區（Kew）的英國國家檔案館（National Archives of the United Kingdom）、劍橋大學邱吉爾學院（Churchill College）的邱吉爾檔案中心，以及位於華盛頓的美國國會圖書館（Library of Congress）手稿部（Manuscript Division）。隨著文件一疊疊地累積起來，我開始以所謂的馮內果曲線（Vonnegut Curve）安排故事線，這是寇特・馮內果（K. Vonnegut）在芝加哥大學（University of Chicago）寫的碩士論文中構想出的一種圖象化工具，他聲稱系所之所以否定這個構想，是因為它太簡單，也太有趣了。它提供了一套公式，分析世上每一個無論是虛構還是非虛構的故事。縱軸代表著命運從好到壞的進程，好的在上方、壞的在下方；橫軸則代表著時間的流逝。其中一種馮內果獨立出來分析的故事型式稱為「深淵中的人」（Man in a Hole），在這類故事中，主角先是過得不錯，接著是深深的不幸，然後再崛起、取得更大的成功。令我震驚的是，這很好地概括了邱吉爾擔任首相的第一年。

有了故事線，我便開始尋找那些或許是無暇提及，或因看似不重要而經常被大量的邱吉爾傳記作品遺漏的故事。但往往正是在那些不重要的時刻，邱吉爾展露出了真實的自己；儘管他對所有人都要求極高，但正是那些短暫時刻讓他深受下屬喜愛。我也嘗試將那些經常在重大歷史中被給予次要地位的人物拉到舞台前。每個研究邱吉爾的學者都會引用約翰．科維爾的日記，但我覺得科維爾是希望憑著自己受到注意的，所以我試著回應了他。就我所知，沒有其他作品提及他對蓋伊．馬格森苦樂參半的迷戀，我之所以將它納入書中，有部分原因是它讓我想起了我自己剛成年時，某段異常可悲的時期。你不會在科維爾的日記《權力邊緣》公開出版的版本中看到這個故事，但如果你像我一樣將它與邱吉爾檔案中心的手稿版本逐頁進行比對，你就會發現每一筆浪漫的記載。他把這些描述和其他刪減部分，歸為「沒有多大意義的瑣碎紀錄」。然而，他當初寫下它們時，面對的那些事情卻絕非微不足道。他對蓋伊的追求讓我感到非常有趣的一點是，那是他在倫敦深陷戰火時展開的追求，每天都有炸彈落下，不知怎的，他們倆就是有辦法創造出一些，據他所說「足夠幸福」的時刻。

瑪麗．邱吉爾也站到了舞台前。她非常愛她的父親，但也很愛參加英國皇家空軍的精彩舞會，並為飛行員從樹頂上引起她和朋友注意的「擦邊秀」感到興奮不已。我要特別感謝瑪麗的女兒艾瑪．索姆斯（E. Soames）允許我閱讀她母親的日記。

我也大大地欠了邱吉爾檔案中心的主任艾倫．帕克伍德（A. Packwood）一份人情，他閱讀了這本書的草稿，多次替我補救失誤。他自己的新書《邱吉爾是如何領導戰事的》（*How Churchill Waged War*）是了解邱吉爾研究最新學說的寶貴工具。我還要感謝國際邱吉爾協會（International Churchill Society）的兩位前任理事，李．波拉克（L. Pollack）和麥克．畢雪（M. Bishop），他們也閱讀了這份書稿，並提出各種修改和調整的建議，有些相當細心。這兩位先生在初期就推薦了各種可供查閱的資源，特別是他們協會在華盛頓特區的總部，館藏的一疊唐寧街十號的桌曆卡。我發現一九三九年九月開戰時，那個月的桌曆卡特別引人注意，它上頭有一大塊黑色汙漬，顯然是打翻了墨水罐造成的。

如同以往，我要向我的妻子克莉絲（Chris）致以無盡的謝意以及隆鮑爾（Rombauer）的霞多麗（chardonnay）葡萄酒。感謝她忍受我，沒錯，尤其是她作為書稿第一位讀者時的仔細與投入，總是在書稿邊緣加上旁注，包括笑臉、哭臉和一連串逐漸縮小的瞌睡符號 *zzzzzzzz*。也非常感謝我的編輯亞曼達．庫克（A. Cook），她的旁注更為錐心、要求更高，但總是既聰明又能點出問題。她的助理，柴克．菲利普斯（Z. Phillips），通情達理而充滿熱情地將這本書帶到了最後一道程序，雖然我想像我那雜亂的字跡差點讓他在這過程中失明。我的經紀人大衛．布萊克（D. Black）一直是個暖男，但有時也得充當守衛犬，在漫長的旅程中激勵我，偶爾硬要拿紅酒和好吃的食物餵我。我出色的專業事實核查員茱莉．泰特（J. Tate），總像用放大鏡檢視般閱讀我的書稿，揪出錯誤的拼寫、日期、時序和引文，這個過程大大地改善了我的睡眠。還要感謝我的朋友，皇冠集團（Crown）的王牌公關佩妮．賽門（P. Simon），她閱讀了我初期的草稿，我永遠無法回報她的慷慨，她對此十分清楚，也不放過每一個表明這點的機會。我的老朋友和前同事，《華爾街日報》（*The Wall Street Journal*）的頭版編輯凱莉．多蘭（C. Dolan）也讀了草稿，部分閱讀是在她做最喜歡的事情時：乘坐飛機飛越海面。其實，她比我更討厭飛行，但她說她喜歡這本書。

蘭登書屋（Random House）和皇冠集團下一個充滿智謀、創意與活力的靈魂團隊，賦予了這本書生命，並隆重地將它推出：皇冠集團發行人大衛．德雷克（David Drake）、主編吉連．柏萊克（Gilliam Blake）、副主編安斯蕾．羅斯納（Annsley Rosner）、執行宣傳戴安娜．梅西納（Dyana Messina）和行銷總監朱莉．克卜勒（Julie Cepler）。特別感謝瑞秋．奧德里奇（Rachel Aldrich），他在新媒體以及用嶄新手法吸引分散的讀者方面做得非常優秀。邦尼．湯普森（Bonnie Thompson）嚴謹地完成了書稿最後的審閱；英格麗．斯坦納（Ingrid Sterner）修訂了附注；盧克．艾普林（Luke Epplin）將我糟糕的手寫字轉化成檔案中的校樣；馬克．伯奇（Mark Birkey）監管一切流程，並出版這本書。克里斯．布蘭德（Chris Brand）設計了軍裝外套，芭芭拉．巴赫曼（Barbara Bachman）讓這本書的內頁變得漂亮起來。

我要特別感謝我的三個女兒，幫助我在日常生活考驗中保持洞察力。但相比起邱吉爾和他生活圈裡的人們每天必須處理的可怕事情，這就相形失色了。

有一個原版文件的來源特別值得注意：已故的邱吉爾學歷史大師馬丁．吉爾伯特所彙整出版的《邱吉爾戰時文件》（The Churchill War Papers），可以視作他為這位首相撰寫的多冊傳記的大型附錄。我大量使用了第二卷和第三卷中的電報、信件、演講和個人紀要，共計三千零三十二頁。另一個寶貴的資料來源便是科維爾的《權力邊緣》，除了戀愛之外，我還採用了其他內容，主要取材自第一卷，它勾勒出戰爭期間唐寧街十號的精彩生活。我也找到許多很棒的二手資料。我最喜歡的是：安德魯．羅伯茨（A. Roberts）的哈利法克斯勳爵傳記《聖狐》（*Holy Fox*）、約翰．盧卡奇（J. Lukacs）的《改變二戰進程的五個日夜，一九四〇年五月》（*Five Days in London, May 1940*）、琳恩．歐森（L. Olson）的《惹麻煩的年輕人》（*Troublesome Young Men*）、理查．托伊（R. Toye）的《狂獅怒吼》（*The Roar of the Lion*）、拉芮．菲格（L. Feigel）的《炸彈的愛情魔咒》（*The Love-Charm of Bombs*），以及大衛．洛夫（D. Lough）的邱吉爾財務傳記《告別香檳》（*No More Champagne*），這是過去十年來邱吉爾學術圈出現過最創新的作品之一。

在以下的注明中，我主要舉出我所引用的原始文件或二手素材；我還引用了一些可能會讓讀者覺得很新奇或有爭議的東西。但我並沒有注明所有的素材來源。那些眾所周知且在他處已有完整紀錄的情節和細節，以及某些來源顯而易見的素材，例如載明了日期的日記紀錄等，我選擇不注明來源，以免附錄過長。但即使如此，我還是用一些沒能納入完稿、但基於某些原因而值得重述的小故事，給這份注記加了點料。

Reid, *Defender of the Realm*, 104.
"The atmosphere is something more" : Nicolson, *War Years*, 77, 84, 91.

第一部：危機四起

第一章 驗屍官掛冠

"I drove behind" : Thompson, *Assignment*, 164.

"I suppose you don' t know" : Wheeler-Bennett, *King George VI*, 444n. For more on the king' s feelings toward Churchill, see ibid., 445-46.

"You have sat too long" : Olson, *Troublesome Young Men*, 294; Andrew Roberts, "*Holy Fox*," 196. (Three exclamation points appear in Olson; Roberts includes only one, at the end of the sentence. It does, however, seem to have been an exclamatory moment.)

"a dirty old piece of chewing gum" : Olson, *Troublesome Young Men*, 306.

"rogue elephant" : Roberts, "*Holy Fox*," 209.

"I accepted his resignation" : Wheeler-Bennett, *King George VI*, 443-44. Wheeler-Bennett makes a tiny adjustment to the king' s phrasing. The actual entry is rendered thus: "unfai[r]."

He made this duly clear: Andrew Roberts, "*Holy Fox*," 208.

"I sent for Winston" : Wheeler-Bennett, *King George VI*, 444.

"You know why" : Thompson, *Assignment*, 164-65.

"In my long political experience" : Winston Churchill, *Their Finest Hour*, 15.

"At last I had the authority" : Pawle, *War and Colonel Warden*, 39.

"It sets up an almost" : Thompson, *Assignment*, 183.

Once, while walking: Hickman, *Churchill's Bodyguard*, 116-117.

希望渺茫

The first of these occurred: Overy, *Bombing War*, 20.

One immense German bomb: "Examples of Large German Bombs," Dec. 7, 1940, HO 199/327, UKARCH. Also, "Types of German Bombs and Mines," Jan. 3, 1941, HO 199/327, UKARCH. The precise weight of a Satan bomb before rounding was 3,970 pounds.

"I think it is well" : Fort, Prof, 130; Overy, *Bombing War*, 14-15.

Britain's civil defense experts: Süss, *Death from the Skies*, 407.

"It was widely believed" : Colville, *Fringes of Power*, 1:20; Harrisson, *Living Through the Blitz*, 24, 39.
"London for several days" : Ryan, Bertrand Russell, 146; Field, "Nights Underground in Darkest London," 13.

The Home Office estimated: Harrisson, *Living Through the Blitz*, 24.

bury people in shrouds: "Mortuary Services," Department of Health, Scotland, March 1940, HO 186/993, UKARCH.

"For mass burial" : Ibid.; Süss, Death from the Skies, 409.

Special training was to be provided: "Civilian Deaths Due to War Operations," Department of Health, Scotland, Feb. 28, 1939, HO 186/1225, UKARCH.

The code name for signaling: Stansky, *First Day of the Blitz*, 101, 102.

Towns and villages took down street signs: "World War II Diary," 49, Meiklejohn Papers; Bell, "Landscapes of Fear," 157.

The government issued: Basil Collier, Defense of the United Kingdom, 69; Longmate, Air Raid, 78.

London' s mailboxes received: Ziegler, *London at War*, 73; Ogden, *Life of the Party*, 77.

Strict blackout rules: "World War II Diary," 15, Meiklejohn Papers.

The full moon: Longmate, Air Raid, 74; Manchester and

"There seems to be" : Manuscript Diary, May 11, 1940, Colville Papers. Colville' s original entry differs greatly from that published in *Fringes of Power*, pages 143-44. This reference is omitted.

"I am filled with amazement" : Dokter and Toye, "Who Commanded History?" , 416.

"I cannot yet think" : Wheeler-Bennett, *King George VI*, 446.

"I hope Winston" : Lukacs, *Five Days in London*, 67.

"I have seldom met" : Ibid.

"W. C. is really the counterpart" : Olson, *Troublesome Young Men*, 328.

"If I had to spend" : Lukacs, Five Days in London, 81.

"My wish is realized" : Gilbert, War Papers, 2:2-3.

The second letter: Ibid, 3.

第三章 倫敦與華盛頓

"Sit down, dear boy" : Gilbert, *War Papers*, 2:70-71.

"Apparently," Ickes said: Lukacs, *Five Days in London*, 72n.

"When I was shown into his office" : Sumner Welles, Memorandum, March 12, 1940, FDR/Safe. Clearly Welles was exaggerating when he called it a twenty-four-inch cigar. At least, one hopes so.

At one point Kennedy repeated: Maier, *When Lions Roar*, 213. Chamberlain phrased it differently: "his judgment has never proven to be good."

"I could have killed him" : Roberts, "*Holy Fox*," 268.

第四章 發電

"Heaven help us" : Gilbert, *War Papers*, 2:13.

"It was as though" : Wheeler-Bennett, *Action This Day*, 220.

To Colville' s astonishment: Ibid., 50.

In the course of transcribing: Nel, *Mr. Churchill's Secretary*,

第二章 夜訪薩伏依大飯店

"a succession of wild shrieks" : Soames, *Clementine Churchill*, 264.

"very effervescent" : "World War II Diary," 342. Meiklejohn Papers.

"She' s a very intelligent girl" : Kathleen Harriman to Mary Harriman Fisk, July 7, 1941, Correspondence, W. Averell Harriman Papers.

"Mary the mouse" : Purnell, *Clementine*, 152.

"England' s greatest security risk" : *Daily Mail*, Sept. 4, 2019.

"No hell could be so bad" : Ibid. The *Daily Mail* uses "this bad," but a number of other published sources agree it was "so bad."

"London social life" : Soames, *Daughter's Tale*, 143.

"Emerging from streets" : Ibid., 145-46.

"rather fancied" : Ibid., 153. Decades later, Major Howard' s ancestral home, Castle Howard, in Yorkshire, would be the setting for a popular public television adaptation of Evelyn Waugh's *Brideshead Revisited*.

"Danced almost exclusively" : Diary, May 9, 1940, Mary Churchill Papers.

"While Mark & I were dancing" : Ibid., May 10, 1940.

"A cloud of uncertainty" : Ibid.

"The Happy Zoo" : Soames, *Daughter's Tale*, 111-12.

"I suspected him–rightly" : Ibid., 153.

"I thought the Churchill girl" : Colville, *Fringes of Power*, 1:140.

Colville had been schooled: For details about Colville's upbringing, see his *Footprints in Time*.

"One of Hitler' s cleverest moves" : Colville, *Fringes of Power*, 1-129.

"He may, of course" : Ibid., 141.

Upon their engagement: Wrigley, *Winston Churchill*, 113.

"finished, flawless beauty" : Carter, *Winston Churchill*, 171.

She and Churchill kept: Purnell, *Clementine*, 48.

It was to Bonham Carter: Carter, *Winston Churchill*, 173.

"flayed him verbally" : Soames, *Daughter's Tale*, 156.

"Clemmie dropped on him" : Purnell, *Clementine*, 177.

"I was most ashamed" : Soames, *Daughter's Tale*, 156.

"You ought to have cried" : Colville, *Fringes of Power*, 1:157.

"Whatever Winston's shortcomings" : Ibid.

"I speak to you" : Gilbert, War Papers, 2:83-89. See also Toye, *Roar of the Lion*, 45-47. Toye's book provides the often-surprising backstory to Churchill' s greatest speeches.

"Of 150 house-to-house" : Toye, *Roar of the Lion*, 47.

"It was terrible flying weather" : Diary, May 22, 1940. Mary Churchill Papers.

"I have become his doctor" : Moran, *Churchill*, 5

"dressed in the most brilliant" : Colville, *Fringes of Power*, 1:162.

He was about to take: Purnell, *Clementine*, 162.

"the inevitable, egregious Sawyers" : Colville, *Fringes of Power*, 2:216.

"so pneumatic as to suggest" : Thompson, *Assignment*, 173.

"The one firm rock" : Andrew Roberts, "*Holy Fox*," 211.

第五章 月光恐懼

"The object of this paper" : "British Strategy in a Certain Eventuality," May 25, 1940, War Cabinet Papers, CAB/66/7, UKARCH.

"the greatest target" : Clapson, *Blitz Companion*, 27. 37.

"There' s always that cigar" : Ibid., 29.

"It is slothful" : Ismay, Memoirs, 169. Churchill paid particular attention to the code names chosen for secret operations, according to Ismay. The names could not be glib or frivolous. "How would a mother feel if she were to hear that her son had been killed in an enterprise called BUNNY HUG?" Ismay wrote. Ibid., 187.

"Anything that was not" : Wheeler-Bennett, *Action This Day*, 24-25.

The effect, Brooke observed: Ibid., 22.

"The eyes, wrinkling nose" : Colville, *Winston Churchill and His Inner Circle*, 161.

"Poor people, poor people" : Ismay, *Memoirs*, 116.

"bleed and burn" : Wheeler-Bennett, *Action This Day*, 198.

The raid killed four people: Overy, *Bombing War*, 239.

"I have nothing to offer" : Gilbert, *War Papers*, 2:22.

"a brilliant little speech" : Colville, *Fringes of Power*, 150.

"if possible today" : Gilbert, *War Papers*, 2:30-31.

First would come: Shirer, *Berlin Diary*, 274.

"We have been defeated" : Winston Churchill, *Their Finest Hour*, 42.

"if necessary, we shall continue" : Churchill to Roosevelt, cable, May 15, 1940, FDR/Subject.

"I am not certain" : Gilbert, *War Papers*, 2:69.

"The best of luck to you" : Kennedy, *American People in World War II*, 21.

"none of us could believe it" : Gilbert, *War Papers*, 2:54.

"It would not be good" : Churchill, *Their Finest Hour*, 50. Also in Gilbert, *War Papers*, 2:62.

"This means denuding" : Colville, *Fringes of Power*, 1:154.

From time to time: Thompson, Assignment, 129. It is perhaps worth noting that Thompson in 1943 shot himself in the leg accidentally, after his pistol snagged a piece of upholstery. He recovered, and Churchill accepted him back. "I have no doubts about you whatever, Thompson," Churchill said, by Thompson's account. "You are a most careful person. Carry on as before." Ibid., 214-15.

he embedded a capsule: Manchester and Reid, *Defender of the Realm*, 124.

"You will have to get the Buick" : Nicolson, *War Years*, 88.

"unstained heaven of that perfect summer" : Ziegler, *London at War*, 82.

"In the case of air raids" : Hinton, *Mass Observers*, 191.

第六章 戈林

27,074 soldiers dead: Boelcke, *Secret Conferences of Dr. Goebbels*, 59.

"fatal error" : Kesselring, *Memoirs*, 60. See also head of Army High Command General Franz Halder' s incredulous diary entry, which concludes, "Finishing off the encircled enemy army is to be left to air force!!" Halder, *War Diary*, 165.

"The task of the Air Force:" Trevor-Roper, *Blitzkrieg to Defeat*, 27-29.

"When I talk with Göring:" Speer, *Inside the Third Reich*, 211.

"In his childhood games" : Air Ministry Weekly Intelligence Summary, No. 51, Aug. 23, 1940, AIR 22/72, UKARCH.

On the side, Göring ran: "The Göring Collection," Confidential Interrogation Report No. 2, Sept. 15, 1945, Office of Strategic Services and Looting Investigative Unit. T 209/29. UKARCH. This is an impressive and detailed account of Göring' s personal looting campaign. The breadth of the operation, and the depth of his corruption, is breathtaking. Material cited in this paragraph can be found on page 7, 14, 15, 16, 18, 19, 25, 28, 35.

Paintings hung from the walls: Speer, *Inside the Third Reich*, 214.

"Take a good look" : Dalton, *Fateful Years*, 329.

As one American visitor put it: Memorandum, May 6, 1943, Writings File, Memoirs, W. Averell Harriman Papers.

"Beaverbrook enjoyed being provocative" : Cowles, *Looking for Trouble*, 112.

"a violent, passionate, malicious" : Lee, *London Observer*, 79. Lee also, on page 54, refers to Beaverbrook as looking "dwarfish and prickly." After meeting him in the spring of 1941, Kathleen Harriman likened him to a caricature from the satirical magazine *Punch:* "Small, baldish, big stomach and from there he tapers down to two very shiny yellow shoes. His idea of sport is to surround himself with intelligent men, then egg them on to argue and fight among themselves." Kathleen Harriman to Mary Harriman Fisk, May 30, 1941. Correspondence. W. Averell Harriman Papers.

"the Toad" : Andrew Roberts, "*Holy Fox*," 265.

"the Beaver" : I came across this nickname in numerous sources, for example, in Chisholm and Davie, Beaverbrook, 339, 356, 357, 371, and Colville, *Fringes of Power*, 2:83.

"My darling" : Smith, *Reflected Glory*, 66.

"Max never seems" : Moran, *Churchill*, 7.

"He's like a man" : A.J.P. Taylor, *Beaverbrook*, 411.

"Some take drugs" : Purnell, *Clementine*, 194.

"believe in the Devil" : Maier, *When Lions Roar*, 211.

"It was as dark a picture" : Farrer, *Sky's the Limit*, 11.

"They are all captains" : Ibid., 33.

"Tell Thomson that Hitler" : A.J.P. Taylor, *Beaverbrook*, 424.

"For god' s sake, hurry up" : Farrer, G–*for God Almighty*, 53.

"But there is one thing" : Minute, Churchill to Beaverbrook, [date barely legible, but appears to be July 8, 1940], Prime Minister Files, BBK/D, Beaverbrook Papers.

Minister," MEPO 2/9851, UKARCH.

"How wonderful it would be" : Colville, *Fringes of Power*, 1:171.

"were treated with respect" : Wheeler-Bennett, *Action This Day*, 144.

"Wars are not won" : Gilbert, *War Papers*, 2:243.

As the house roared: Halle, *Irrepressible Churchill*, 137; Maier, When Lions Roar, 256. Maier's version reads, "And if they do come, we shall hit them on the head with beer bottles, for that is all we shall have to fight them with!"

"It was now that my love" : Soames, *Daughter's Tale*, 157.

One young navy man: Toye, *Roar of the Lion*, 70.

"I feel so much" : Nicolson, *War Years*, 94.

He instructed her: Ibid., 89-90.

Clementine noted: Pottle, *Champion Redoubtable*, 224-25.

David Lloyd George: Toye, *Roar of the Lion*, 53

The next day: Ibid., 54-55.

"Churchill's speech yesterday" : Ibid., 55.

第九章 鏡像

"It brings me to the fact" ; Lukacs, *Five Days in London*, 192-93n.

第十章 鬼影幢幢

"People who go to Italy": Colville, *Fringes of Power*, 1:177.

"He was in a very bad temper" : Ibid.

"He would turn on" : Thompson, *Assignment*, 217.

"He has been accused" : A.J.P. Taylor, *Beaverbrook*, 657.

"Pitch dark" : Cadogan, *Diaries*, 296.

"The black heavy clouds" : Cockett, *Love and War in London*, 93, 95.

"on and on and on" : Spears, *Fall of France*, 150. In a letter dated May 30, 1940, America' s ambassador to

Every year his underlings: Ibid., 385.

One German general: Cholitz von Interrogation, Aug. 25, 1944. WO 208/4463, UKARCH.

"despite rumors to the contrary" : "Hermann Göring." Interrogation Report, Military Intelligence Service, U.S. Ninth Air Force, June 1, 1945, Spaatz Papers.

"Where Hitler is distant" : Shirer, *Berlin Diary*, 468.

"We swore by the Führer" : Baumbach, *Life and Death of the Luftwaffe*, 55.

"small clique of sycophants" : "The Birth, Life, and Death of the German Day Fighter Arm (Related by Adolf Galland)," Interrogation Report, 28, Spaatz Papers.

"Göring was a man" : Ibid.

"Beppo Schmid," Galland said: Transcript. Conversation between Galland and Field Marshal Erhard Milch, June 6, 1945, Spaatz Papers.

第七章 小確幸

He was in love: John Colville' s often despairing entries about Gay Margesson can be found in his original handwritten diary in the Colville Papers at the Churchill Archives Centre, but the saga, save for a few glancing references, is omitted from the published version, *The Fringes of Power*.

"She did so with an ill-grace" : Manuscript Diary, May 22, 1940, Colville Papers.

The sun emerged: Ibid., May 26, 1940.

"Only a few fishing boats" : Lukacs, *Five Days in London*, 140.

第八章 第一批炸彈

Minister Files, BBK/D. Beaverbrook Papers.

"I am convinced" : Dalton, *Fateful Years*, 335-36. See a slightly different, and less graphic, version in Andrew Roberts, "*Holy Fox*" , 225.

John Martin: Wheeler-Bennett, *Action This Day*, 154, 156.

Inspector Thompson recalled: "Private Life of a Prime

"extremely stern and concentrated" : Spears, *Fall of France*, 199. See ibid., 198-220, for Spears' richly detailed account of that fateful meeting in Tours, France.

By way of further preparation: See Jones, *Most Secret War*, 135-50.

"Tell me," he said: Ibid., 137.

"He was as obstinate" : Ismay, *Memoirs*, 173.

"Stop that dripping" : Fort, *Prof*, 216.

"There seems some reason" : Lindemann to Churchill, note, June 13, 1940, F107/17, Lindemann Papers.

"This seems most intriguing" : Jones, *Most Secret War*, 137.

"It was looking cool" : Pottle, *Champion Redoubtable*, 224.

There was much to arrange: "No. 10 Downing Street: Expenditure, 1935-1936," Ministry of Works Report, WORK 12/245, UKARCH.

"The Chamberlains have left" : Diary, June 15, 1940, Mary Churchill Papers.

"Mummie has given me" : Ibid., June 18, 1940.

"To watch him compose": Colville, *Fringes of Power*, 1:337.

"I understand all your difficulties" : Gilbert, *War Papers*, 2:337-38.

"If words counted" : Colville, *Fringes of Power*, 1:183.

第十二章 無聊人的鬼魂

"One would sit" : Nel, *Mr. Churchill's Secretary*, 60-61.

"A police officer" : Thompson, *Assignment*, 3.

"Apart from these" : Elletson, *Chequers and the Prime Minister*, 49-50.

"Happy Prime Ministers" : J. Gilbert Jenkins, *Chequers*, 7.

"Ye houres doe flie" : Ibid., 130.

Rembrandt's *The Mathematician*: When Lee bought it, the France, William Bullitt, told President Roosevelt, "In case I should get blown up before I see you again, I want you to know that it has been marvelous to work for you and that I thank you from the bottom of my heart for your friendship." Goodwin, *No Ordinary Time*, 62.

"an angry Japanese genie" : Spears, *Fall of France*, 161.

000 The empire' s preparedness: Joseph Kennedy to Hull, cable, June 12, 1940, FDR/Safe.

第二部：不測將臨

第十一章 天鵝堡之謎

"was to unite against" : Fort, *Prof*, 232.

"I think he was probably" : Ibid., 329.

"d-dirty l-little Jew" : Birkenhead, *Prof in Two Worlds*, 68.

"His memory was not" : Colville, *Winston Churchill and His Inner Circle*, 48.

"Peach at luncheon" : Fort, *Prof*, 12.

"The fact that she knew" : Birkenhead, *Prof in Two Worlds*, 16.

"His foreign connections" : Fort, *Prof*, 208.

"beautiful brain" : Colville, *Winston Churchill and His Inner Circle*, 46.

"Does this mean anything to you?" : Jones, Most Secret War, 135. See 135-50 for Jones' s engaging account of his detective work.

The town had a famous castle: Anne was queen for all of six months, until the marriage was annulled for lack of consummation. "As you know, I liked her before not well," Henry confided to Thomas Cromwell, "but now I like her much worse." This romantic episode can be found in Robert Hutchinson's *Thomas Cromwell* (New York: St. Martin's Press, 2007), 253.

"I have never met" : Harrod, *Prof*, 2.

"I do hate it when he goes" : Diary, June 13, 1940. Mary Churchill Papers.

smoke at all." See Thompson, *Assignment*, 251; Nel, *Mr. Churchill's Secretary*, 45; Wheeler-Bennett, *Action This Day*, 182.

"a flood of eloquence": Colville, *Fringes of Power*, 1:184-85.

"It was at once:" Ibid., 183.

第十三章 黥刺

"looking just like" : Colville, *Fringes of Power*, 1:185.

"provided, but only provided": Gilbert, *War Papers*, 2:346.

"What a change" : Jones, *Most Secret War*, 138.

"some rather nebulous" : Ibid.

"I may be wrong" : Ibid., 139.

"that such investigation" : Fort, *Prof*, 261.

"Let this be done without fail" : Ibid., 262.

"He was doubtless considering" : Colville, *Fringes of Power*, 1:189.

"I wish to repeat" : Gilbert, *War Papers*, 2:359

Home intelligence reported: Addison and Crang, *Listening to Britain*, 123.

"Poor France!" : Cockett, *Love and War in London*, 100.

"Personally," the king wrote: Wheeler-Bennett, *King George VI*, 460.

"I don' t mind telling you" : Cadogan, *Diaries*, 299.

"The newspapers have got quit" : Churchill, *Their Finest Hour*, 194.

"The withholding of the news" : Addison and Crang, *Listening to Britain*, 271.

"In the pursuit of anything" : Ismay, *Memoirs*, 180.

"Today," he began: Beaverbrook to Churchill, June 16, 1940, BBK/D, Beaverbrook Papers.
"Yesterday, after an early morning raid" : Ibid.

painting was thought to have been done by Rembrandt himself. Later research determined that it was painted by one of his students, Gerbrand van den Eeckhout. Major, Chequers, 128.

"God made them as stubble" : Elletson, *Chequers and the Prime Minister*, 25-26.

"full of the ghosts of dull people" : Ibid., 59, 61-62.

"Here I am" : Soames, *Clementine Churchill*, 256. Churchill used the abbreviation "wd" in his letter, instead of "would."

"My mother took" : Fort, *Prof*, 164-65.

"I always rather dreaded" : Ibid., 165.

Colville took the news: Colville, *Fringes of Power*, 1:184.

"silent, grumpy and remote": Andrew Roberts, *"HolyFox"*, 186.

"Always remember, Clemmie" : J. Gilbert Jenkins, *Chequers*, 122.

"The war is bound" : Colville, *Fringes of Power*, 1:184.

"It was light" : Ibid.

"Tell them...that" : Ibid.

As the coal ends of cigars: It is unclear just how many cigars Churchill smoked per day, and how many he actually smoked to the end. "He will light a cigar immediately after breakfast," Inspector Thompson observed, "but by lunchtime the same cigar may be only half finished, having been relighted innumerable times and quite as often abandoned soon after. He chews cigars, he doesn' t smoke them." The relighting process involved a good deal of smoke and fire. "One of the permanent mental pictures I have of Mr. Churchill is of the relighting of his cigar," wrote secretary Elizabeth Layton (later Mrs. Nel). She described the sequence: "A pause in whatever he was doing: the flame from a very large match jumping up and down, while clouds of blue smoke issued from his mouth: then a hasty shake of the match to extinguish it, and on with the job." Expended cigars, or those Churchill deemed substandard, wound up tossed into the nearest hearth. The near-constant dormancy of his cigars prompted General Ian Jacob, assistant secretary to the War Cabinet, to observe, "As a matter of fact he didn't really

First, Bufton reported: Jones, *Most Secret War*, 148-149.

第十五章 倫敦與柏林

"A wrathful & gloomy" : Diary, June 23, 1940, Mary Churchill Papers.

With France quelled: Boelcke, *Secret Conferences of Dr. Goebbels*, 60.

"Well, this week" : Ibid.

第十六章 紅色警報

"the awful problem" : Cadogan, *Diaries*, 306.

"The German Government" : Battle Summary No. 1: Operations Against the French Fleet at Mers-el-Kebir (Oran), July 3-6, 1940," Appendix A, ADM 234/317, UKARCH.

The clause as later published: Ibid.

"Ask half a dozen" : Gilbert, *War Papers*, 2:415.

"The night is very still" : Cockett, *Love and War in London*, 109.

"Many people did not" : Addison and Crang, *Listening to Britain*, 154.

"an intention to land" : Gilbert, *War Papers*, 2:433n3.

"this should be done" : Ibid., 452-53; Lindemann to Churchill, minute, June 30, 1940, F108/21, Lindemann Papers.

"Supposing lodgments were effected" : Gilbert, *War Papers*, 2:444-45.

"Much thought," he wrote: Note. "Home Defense," June 28, 1940, War Cabinet Papers, CAB 66/9, UKARCH.

She reported that a member: Clementine to Winston, June 27, 1940, CSCT 1/24, Clementine Churchill Papers.

第十七章「托夫雷克戰役！」

After one weekend: Gilbert, *War Papers*, 3:555.

"But, no!" he wrote: Elletson, *Chequers and the Prime Minister*, 108-09.

第十四章「這場詭異而致命的遊戲」

Churchill spoke of parachute troops: Gilbert, *War Papers*, 2:360-68.

"Some suggested he was drunk" : Toye, *Roar of the Lion*, 59.

"Whether he was drunk" : Ibid.

"Experience of the campaign" : "Urgent Measures to Meet Attack," Report by the Chiefs of Staff, June 19, 1940, CAB 66/8, UKARCH.

When he got to his office: Jones, *Most Secret War*, 144.

"holding out his hand" : Nel, *Mr. Churchill's Secretary*, 30.

"Any chortling by officials" : Fort, Prof, 227; Ismay, Memoirs, 172; Gilbert, *War Papers*, 2:402.

"Make one million" : Fort, *Prof*, 227.

"bellowing at him" : Ibid., 242.

"Love me, love my dog" : Ibid., 242.

Jones sensed tension: Jones, *Most Secret War*, 145.

"Would it help" : Ibid.

"one of the blackest moments" : Jones, *Most Secret War*, 153.

"there was a general air" : Churchill, *Their Finest Hour*, 385.

"the load was once again lifted" : Jones, *Most Secret War*,153.

"All I get from the Air Ministry" : Ibid.

"the principles of" : Churchill, *Their Finest Hour*, 386-87.

"Had I, after all" : Jones, *Most Secret War*, 148.

But that Friday: Lough, *No More Champagne*, 288-89. David Lough's No More Champagne is an excellent account of how Churchill struggled financially through much of his career.

第十八章 一號辭呈

The letter began: Beaverbrook to Churchill, June 30, 1940, BBK/D. Beaverbrook Papers.

John Colville guessed: Colville, *Fringes of Power,* 1:214.

"Dear Minister" : Gilbert, *War Papers*, 2:454.

"I will certainly not neglect" : Young, *Churchill and Beaverbrook*, 150.

第十九章 H 部隊

The Royal Navy was poised: All references to the Mers el-Kébir episode are drawn from "Battle Summary No. 1: Operations Against the French Fleet at Mers-el-Kebir (Oran), July 3-6, 1940," ADM 234/317, UKARCH. It' s a literate and dispassionate recounting, full of excerpts from original documents, and thus wholly chilling. For some reason–possibly convenience–most secondary sources use the name Oran when referring to the incident, but in fact the main action was at Mers el-Kébir.

He called the matter: Manchester and Reid, *Defender of the Realm*, 107; Martin, *Downing Street*, 14. Martin omits the words "and painful."

"The Germans will force" : Young, *Churchill and Beaverbrook*, 153.

"The war in the west" : Koch, "Hitler's 'Programme' and the Genesis of Operation 'Barbarossa'" , 896.

"Britains position is hopeless" : Halder, *War Diary*, 230.

"the plan to invade England" : Trevor-Roper, *Blitzkrieg to Defeat*, 33.

"There was nothing for it" : Ismay, *Memoirs*,149.

"The action was sudden" : Winston Churchill, *Their Finest Hour,* 233-34.

Churchill paced his office: Colville, *Fringes of Power*, 1:215.

"It is so terrible" : Diary, July 3, 1940, Mary Churchill Papers.
"I leave the judgment" : Gilbert, *War Papers*, 2:474.

"Fortified" : Nicolson, *War Years*, 100.

"I thought Randolph" : Colville, *Fringes of Power*, 1:207.

"His coughing is like" : Smith, *Reflected Glory*, 57.

"was anything but kind": Colville, *Fringes of Power*, 1:207.

"Pam was terribly" : Ogden, *Life of the Party*, 69.

"She's a wonderful girl" : Kathleen Harriman to Mary Harriman Fisk, May 30, 1941, Correspondence, W. Averell Harriman Papers.

"She passed everything" : Ogden, *Life of the Party*, 123.

"I expect that he" : Ibid., 86.

"All you need" : Ibid., 85.

"One of the secrets" : Sarah Churchill, *Keep on Dancing*, 18.

"One to reproduce" : Wheeler-Bennett, *Action This Day*, 264.

"Combative," according to one: Purnell, *Clementine*, 139.

He once pushed: Readers will find all three incidents in ibid., 88, 115.

When he was nine: Ibid., 182.

"Your idle & lazy life" : Winston Churchill to Randolph Churchill, Dec. 29, 1929, RDCH 1/3/3/, Randolph Churchill Papers

Churchill loved him: Colville, *Winston Churchill and His Inner Circle*, 36.

"as his personality developed" : Soames, *Clementine Churchill*, 315.

"It was indeed generous" : Gilbert, *War Papers*, 2:231.

"You must get" : Ogden, *Life of the Party*, 69.

"Are you listening?" : Winston S. Churchill, *Memories and Adventures*, 6.

The three found themselves: Colville, *Fringes of Power*, 1:208-9.

"It is a curious feeling" : Ibid., 209-10.

"In the intervals" : Manuscript Diary, July 10, 1940, Colville Papers. This is one of what Colville called his "trivial" entries, which he omitted in the published version of his diary.

第二十二章 我們真已沉淪至此了嗎？

"exactly the color of blood" : Panter-Downes, *London War Notes*, 62.

"Yes," she said, "I shall not go down" : Nicolson, *War Years*, 100.

A government pamphlet: Panter-Downes, *London War Notes*, 71.

By now the Foreign Office: Numerous such telegrams can be found in Roosevelt's papers, in the President's Secretary' s Files, FDR/Diplo. For example, July 13 and July 14, 1940.

"very jolly and noisy" : Soames, *Daughter's Tale*, 169.

On one occasion: Diary, Aug. 5, 1940, Mary Churchill Papers.

"Have we really sunk" : Cockett, *Love and War in London*, 124.

"It shouldn' t be allowed" : Ibid., 119.

"callous Oxford accent" : Addison and Crang, *Listening to Britain*, 229.

"a considerable majority" : Ibid., 231.

"The majority of decent citizens" : Panter-Downes, *London War Notes*, 79.

"the bringing down" : Addison and Crang, *Listening to Britain*, 231.

"After all," he told an interviewer: Gilbert, *War Papers*, 2:533.

"The naming of a whole squadron" : Farrer, *Sky's the Limit*, 78.

By May of 1941: Ibid, 79.

"The people appeared" : Beaverbrook to Churchill, minute, Jan. 31, 1941, BBK/D, Beaverbrook Papers.

"This is heartbreaking" : Colville, *Fringes of Power*, 1:216.

The Home Intelligence survey: Addison and Crang, *Listening to Britain*, 189.

"an act of sheer treachery" : Manchester and Reid, *Defender of the Realm*, 110.

"I am sure it cut him" : Ismay, *Memoirs*, 150.

"To this," Pamela recalled: "My Memory of the Lunch in the Downstairs Flat…," Undated. Churchill Family and Mary Soames File, Pamela Harriman Papers.

Clementine glared at Churchill: Inspector Thompson dreaded this look and was all too familiar with it. He knew his own constant presence could be annoying, "far more trying and importunate than protective, at least to her," and he respected how she kept this displeasure to herself. "She did, however, have an icy way she could look at a man when things went to the snapping point of endurance, and on these occasions I always wished I could disappear till she could recover." Thompson, Assignment, 15.

第二十章 柏林

In July, Hitler met: Stafford, *Flight from Reality*, 14, 156-57.

"What more can I do?" : Ibid., 14.

"Britain has really revealed" : Boelcke, *Secret Conferences of Dr. Goebbels*, 63.

Anticipating his remarks: Ibid., 65.

On July 3, a report: "Evacuation of Civil Population from East, South-East and South Coast Towns," July 3, 1940, War Cabinet Memoranda, CAB 66/8. UKARCH.

"Information from a most reliable" : "Imminence of a German Invasion of Great Britain," Report by the Joint Intelligence Sub-committee, July 4, 1940, Appendix A, War Cabinet Memoranda, CAB 66/9, UKARCH.

"I have the impression" : Colville, *Fringes of Power*, 1:218.

"a bad look-out" : Ibid., 216.

第二十一章 香檳與嘉寶

"Mistrust must be sown" : Boelcke, *Secret Conferences of Dr. Goebbels*, 70.

"At the right moment" : Ibid., 74.

第二十五章 教授的驚喜

Churchill was in high spirits: Gilbert, *War Papers*, 2:580.

第二十六章 黎明的白手套

"the effect of which" : Churchill, *Their Finest Hour*, 406.

"Nothing must now be said" : Gilbert, *War Papers*, 2:667.

"The next six months" : Churchill, *Their Finest Hour*, 398.

In May, a military maneuver: Goodwin, *No Ordinary Time*, 49.

"Against Europe' s total war" : Ibid., 52.

"this minor and easily remediable factor" : Churchill to Roosevelt, cable, July 31, 1940, FDR/Map.

"no chance of passing" : Goodwin, *No Ordinary Time*, 142.

"I was driven all through the day" : Taylor, *Beaverbrook*, 446.

The first night began: For a full account of the episode, see Interview Transcripts, July 1991, Biographies File, Pamela Harriman Papers. Also, Ogden, *Life of the Party*, 95-97.

第二十七章 第十七號指令

"The German Air Force" : Boelcke, *Secret Conferences of Dr. Goebbels*, 37-38.

"For the first time" : Otto Bechtle, "German Air Force Operations Against Great Britain, Tactics and Lessons Learnt, 1940-1941" (lecture, Feb. 2, 1944), AIR 40/2444, UKARCH.

He expected little resistance: Indeed, at the end of 1942 a captured Luftwaffe officer would tell his interrogators that if German intelligence reports were correct, the RAF and Allied air forces possessed "minus 500 aircraft." See "Intelligence from Interrogation: Intelligence from Prisoners of War," 42, AIR 40/1177, UKARCH.

"It will do the players" : Farrer, *Sky's the Limit*, 81.

"On Preparations for a Landing" : Trevor-Roper, *Blitzkrieg to Defeat*, 34.

第二十三章 玫瑰易名，不改其香

A small but pressing crisis: Ogden, *Life of the Party*, 100; Smith, *Reflected Glory*, 71.

第二十四章 暴君的呼籲

"like a happy child" : Shirer, *Berlin Diary*, 363. Shirer calls Göring's retreat "Karin Hall;" for the sake of consistency, I've changed it to Carinhall.

"The Minister emphasizes" : Boelcke, *Secret Conferences of Dr. Goebbels*, 67

"So wonderful an actor" : Shirer, *Berlin Diary*, 362.

First Hitler ran through: See transcript of the speech in *Vital Speeches of the Day*, 6:617-25, on http://www.ibiblio.org/pha/policy/1940/1940-07-19b.html

"Throughout Hitler's speech" : Shirer, *Berlin Diary*,363-64.

"One bomb on the Kroll Opera House" : Galland, *The First and the Last*, 8.

Galland's journey to this moment: Details of Galland's upbringing and career can be found in his autobiography, *The First and the Last*, and in materials relating to his postwar interrogations by U.S. Air Force officials. See especially the May 18, 1945, transcript of one interrogation, and the more comprehensive report, "The Birth, Life, and Death of the German Day Fighter Arm (Related by Adolf Galland)," Spaatz Papers.

the Messerchmitt Me 109: The fighter is often referred to as the Bf 109, after its original manufacturer, Bayerische Flugzeugwerke. Overy, *Battle of Britain*, 56.

"Let me tell you what" : Manchester and Reid, *Defender of the Realm*, 129-30.

The various officials present: Shirer, *Berlin Diary*, 362.

"I do not propose to say": Colville, *Fringes of Power*, 1:234

"We shall not stop fighting" : Roberts, "*Holy Fox*," 250.

210," Appendix to Interrogation Report 273/1940, AIR 40/2398, UKARCH.

第三十二章 牧野上的轟炸機

"Don' t speak to me" : Ismay, *Memoirs*, 180.

"RAF exploits continue to arouse" : Addison and Crang, *Listening to Britain*, 331.

"This was to be the day" : Cadogan, *Diaries*, 321.

"While our eyes are" : Gilbert, *War Papers*, 2:679.

A British intelligence report: Air Ministry Weekly Intelligence Summary, No. 51, Aug 23, 1940, AIR 22/72, UKARCH.

"The setting was majestic" : Cowles, *Looking for Trouble*, 423-424.

One Luftwaffe bomber pilot" : Collier, *Battle of Britain*, 88-89.

"So, you see," she scolded: Nicolson, *War Years*, 111. William Shirer, in his diary, described the sound of shrapnel from exploded anti-aircraft shells: "It was like hail falling on a tin roof. You could hear it dropping through the trees and on the roofs of the sheds" (389).

"one thinks every noise" : Cockett, *Love and War in London*, 148.

"With this gorgeous moon" : Ibid., 143.

When Colville arrived: Colville, *Fringes of Power*, 1:264-65.

As it happened, the plane: Air Interrogation Reports, 237/1940 and 243/1940, AIR 40/2398, UKARCH. Report 237 notes the bomber' s markings: "Blue Shield with a White Starfish in the Centre, Yellow patch in centre of Starfish. Upper wing dark green, under wing grey."

In the course of the war: Bessborugh, *Enchanted Forest*, 118. Lord Bessborough's son and his co-author, Clive Aslet, published an engaging portrait of Stansted House and of English country life, titled *Enchanted Forest: The Story of Stansted in Sussex*. Here one can learn a multitude of things, among them the fact that one of the stained-glass lights in the east windows of the house is a depiction of the Ark of the Covenant, a nifty detail if ever there was

"Göring refused to listen" : "The Birth, Life, and Death of the German Day Fighter Arm (Related by Adolf Galland)," Interrogation Report, 15, Spaatz Papers.

第二十八章「噢、明月啊，美麗的明月」

"To do our work" : Gilbert, *War Papers*, 2:636.

Anti-tank mines: Colville, *Fringes of Power*, 1:251.

"The First Sea Lord fell" : Ibid., 252.

Saturday morning brought: Ibid., 253-54.

"Oh, Moon, lovely Moon" : Ibid., 254.

"Today they painted them" : Shirer, *Berlin Diary*, 373.

第三部：恐懼

第二十九章 鷹日

At dawn on Tuesday: Baker, *Adolf Galland*, 109-11; Basil Collier, *Battle of Britain*, 70-71; Basil Collier, *Defense of the United Kingdom*, 184-88; Bekker, *Luftwaffe Diaries*, 151; Overy, *Battle of Britain*, 62-63.

"Everything beyond was practically" : Galland, The First and the Last, 18.

"At Luftwaffe HQ however" : Ibid., 24.

第三十章 當局者迷

"The question everyone is asking" : Colville, *Fringes of Power*, 1:261.

"Our view is that we are two friends:" Winston Churchill, *Their Finest Hour*, 409-10.

"The transfer to Great Britain:" Ibid., 404.

Galland dove headlong: Baker, *Adolf Galland*, 110.

第三十一章 戈林

"There's more than a hundred" : Baker, *Adolf Galland*, 157.

"I have known him" : "War Diary of *Kampfgruppe*

第三十五章 柏林

"The collapse of England" : Overy, *Battle of Britain*, 87.

"a piece of carelessness" : Basil Collier, *Battle of Britain*, 95.

第三十六章 下午茶時間

His enemies made him out: Fort, *Prof*, 233; Birkenhead, Prof in Two Worlds, 167, 272-73; Note, "Mrs. Beard: An old woman…," June 4, 1959, A113/F1, Lindemann Papers. See the rest of the long saga of the former nurse–and her increasing fiscal demandsat F2–F15. For other examples of the Prof' s charitable deeds, see files A114-18.

The one universal balm: For various references to tea, see: Overy, *Battle of Britain*, 45-46; Stansky, First Day of the Blitz, 138; Harrisson, *Living Through the Blitz*, 78; Wheeler-Bennett, *Action This Day*,182-83.

"The wisdom of a 2 ounce tea ration" : Fort, *Prof*, 217.

第三十七章 迷航的轟炸機

On the night of: Bekker, *Luftwaffe Diaries*, 172; Basil Collier, Battle of Britain, 95; Colville, *Fringes of Power*, 1:270.

"This," he said, his voice deep: I found Murrow' s broadcast at www.poynter.org/reporting-editing/2014/today-in-media-history edward-r-murrow-describes-the-bombing-of-london-in 1940/. I' ve punctuated these excerpts to reflect how I heard it, though transcripts available elsewhere may vary.

"It is to be reported" : Bekker, *Luftwaffe Diaries*, 172.

"I suppressed a horrid fantasy" : Cockett, *Love and War in London*, 159.

第三十八章 柏林

"The Berliners are stunned" : Shirer, *Berlin Diary*, 388.

One rumor making the rounds: Ibid., 397.

"Unofficial measures are to be" : Boelcke, *Secret Conferences of Dr. Goebbels*, 82.

第三十九章 啊，青春哪！

one (80). Also, one learns about the early tactic of making a "Resurrection Pie" to create the illusion that a host had prepared more foods for a meal than was actually the case–"a homely dish composed of promiscuous fragments, which was intended merely to swell the number of dishes on the board, but otherwise to be ignored" (73).

第三十三章 柏林

"The important thing now" : Boelcke, *Secret Conferences of Dr. Goebbels*, 78-79. Goebbels came up with a particularly cunning way to further generate unease within England, by amplifying already widespread fears that fifth columnists were hard at work paving the way for invasion. He commanded his director of external broadcasting to achieve this by inserting "mysterious-sounding but well thought-out messages" into regular programming, these crafted to sound like what one might imagine the secret communications of spies would sound like, "thereby keeping alive the suspicion that we are getting in touch with members of the Fifth Column in Britain." One can only imagine a British family listening to such a broadcast on a Sunday evening. "How so very odd–why did that news reader just say porridge for the sixth time?" Ibid., 79.

第三十四章 老人河

"It is curious," Colville wrote: Colville, *Fringes of Power*, 1:266.

"We feel that the material loss" : Upward to Winston Churchill, Aug. 20, 1940; Beaverbrook to John Martin, Aug. 26, 1940, Correspondence, BBK/D, Beaverbrook Papers.

"We have already many interruptions" : Beaverbrook to Churchill, Aug. 27, 1940, BBK/D, Beaverbrook Papers.

"Undoubtedly," he said: Gilbert, *War Papers*, 2:697.

"On the whole" : Colville, *Fringes of Power*, 1:267.

Their mother, Edith Starr Miller: Miller, *Occult Theocracy*, 8. Miller also wrote a kind of cookbook, published in 1918, called *Common Sense in the Kitchen*, to show how best to reduce food waste at home, tailoring her advice for a "household of 12 servants and 3 masters." See Edith Starr Miller, *Common Sense in the Kitchen: Normal Rations in Normal Times* (New York: Brentano's, 1918), 3.

"very attractive and refreshing" : Colville, *Fringes of Power*, 1:99n.

Townshend Bickers, *The Battle of Britain: The Greatest Battle in the History of Air Warfare* (London: Batsford, 2015). Also, see online "Plan of Attack," doc. 43, Battle of Britain Historical Society, www.battleofbritain1940.net/document-43.html.

Göring told Goebbels: Overy, *Bombing War*, 88.

German scientists had developed: Wakefield, *Pfadfinder*, 7-12.

The group's zone of operations: Ibid., 45.

第四十二章 不祥之兆

"PM warmed up" : Alanbrooke, *War Diaries*, 105.

第四十三章 白鼻角

"There were no limits" : "The Göring Collection," Confidential Interrogation Report No. 2, Sept. 15, 1945, pp. 3, 4, 9, and, in attachments, "Objects Acquired by Goering." Office of Strategic Services and Looting Investigative Unit. T 209/29. UKARCH.

"This moment is a historical one" : Bekker, *Luftwaffe Diaries*,
172; Feigel, *Love-Charm of Bombs*, 13. Remarks quoted in Garry Campion, *The Battle of Britain, 1945-1965: The Air Ministry and the Few* (Basingstoke, U.K.: Palgrave Macmillan, 2019). For a ready resource, see Battle of Britain Historical Society, https://www.battleofbritain1940.net/0036.html.

第四部：血與塵

第四十四章 寂寥憂鬱的一天

"It was so lovely" : Diary, Sept. 7, 1940, Mary Churchill Papers.

"At first we couldn' t see" : Cowles, *Looking for Trouble*, 434-435.
"I' d never seen so many" : Stansky, *First Day of the Blitz*, 31-32.

"It was the most amazing" : Ziegler, *London at War*, 113.

"We all became conscious" : Stansky, *First Day of the Blitz*, 33-34.

"Now that they have begun" : Colville, *Fringes of Power*, 1:270.

"I stood in the garden" : Ibid., 271.

"I would not be anywhere" : "Home Opinion as Shewn in the Mails to U.S.A. and Eire," Sept. 5, 1940, War Cabinet Papers, CAB 66, UKARCH.

"Ah 'la jeunesse'" : Diary, Aug. 26, 1940, Mary Churchill Papers.

She read them the works: Soames, *Daughter's Tale*, 167.

"I am indulging" : Ibid., 171.

"It makes me glad" : Ibid., 172.

"It was thrilling" : Diary, Aug. 28, 1940, Mary Churchill Papers.

"I always thought my daffodils" : Andrew Roberts, "*Holy Fox*," 268; Maier, *When Lions Roar*, 251.

"unkind but deserved" : Andrew Roberts, "*Holy Fox*," 268.

"Nobody knows the trouble" : Beaverbrook to Churchill, Sept. 2, 1940, Correspondence, BBK/D, Beaverbrook Papers.

第四十章 柏林與華盛頓

Hess and Haushofer spoke: Stafford, *Flight from Reality*, 82.

"As you know" : Ibid., 82.

"We haven' t had a better" : Goodwin, *No Ordinary Time*, 149.

As one American officer put it: Goodhart, *Fifty Ships That Saved the Saved the World*, 194.

第四十一章 他就要來了

"Mr. Churchill," he said: Manchester and Reid, *Defender of the Realm*, 152.

"When they declare" : Shirer, *Berlin Diary*, 396.

At Carinhall in the peaceful: Reproduced in Richard

"It was high-handed" : Farrer, *Sky's the Limit*, 61.

"I had the opportunity" : Stafford, *Flight from Reality*, 83.

"Buz! Take notice" : Ibid., 141.

"I think of you all" : Diary, Sept. 8, 1940, Mary Churchill Papers.

"The 'ordering' of my life" : Soames, *Daughter's Tale*, 173.

"He gave me such" : Diary, Sept. 11, 1940, Mary Churchill Papers.

"We cannot tell," he said: Gilbert, *War Papers*, 2:801-3.

"largely wild and uncontrolled" : "Air Defense of Great Britain," Vol. 3, "Night Air Defense, June, 1940-December 1941," 56, 66, AIR 41/17, UKARCH.

"a momentous sound" : Feigel, *Love-Charm of Bombs*, 15.

"Tails are up" : Martin, *Downing Street*, 25.

"The dominating topic" : Addison and Crang, *Listening to Britain*, 414.

"the severest bombing yet" : Shirer, *Berlin Diary*, 401.

第四十六章 徹夜難眠

"to smash as much glass" : " Gilbert, *War Papers*, 2:834.

"People living near guns" : Addison and Crang, *Listening to Britain*, 418.

"It' s not the bombs" : Harrisson, *Living Through the Blitz*, 102.

A survey found: Ibid., 105.

"Conversation was devoted" : Cowles, *Looking for Trouble*, 440.
On the night of Sept. 27: Harrisson, *Living Through the Blitz*, 112. Field, "Night Underground in Darkest London," 44n17, notes that in November 1940 only about 4 percent of Londoners sheltered in the tube "and equivalent large shelters." In October, 1940, Home Intelligence quoted a Mass-Observation study that found about 4 percent of Londoners used public shelters. One major reason people gave for not using tube stations as shelters was "fear of being buried." Home Intelligence

Harold Nicolson, in his diary: Nicolson, *War Years*, 121.

"What struck one" : Stansky, *First Day of the Blitz*, 53.

"the purgatorial throng" : Feigel, *Love-Charm of Bombs*, 129.

"Thick clouds of smoke" : Cowles, *Looking for Trouble*, 435.

When dropping their biggest: "More About Big Bombs," Interrogation Report 592/1940, Sept. 22, 1940, AIR 40/2400, UKARCH.

"A blazing girdle" : Overy, *Bombing War*, 87.

"an appalling shriek" : Cockett, *Love and War in London*, 165.

"the deep roar" : Cowles, *Looking for Trouble*, 439.

"an acute irritation" : Feigel, *Love-Charm of Bombs*, 53.

"The bombs are lovely" : Wyndham, *Love Lessons*, 113-16.

"I recognized one head" : Stansky, *First Day of the Blitz*, 72.

"The day," he said: Adolf Galland Interrogation, May 18, 1945, Spaatz Papers.

"let himself be carried away" : Kesselring, *Memoirs*, 76.

"It was, I think, inconceivable" : Farrer, *G-for God Almighty*, 62.

第四十五章 難以預測的魔力

"The destruction was" : Ismay, *Memoirs*,183.

"Morale rose immediately": Gilbert, *War Papers*, 2:788-89.

he was in one of his most: Ismay, *Memoirs*, 184.
"Apparently indiscriminate bombing" : "Diary of Brigadier General Carl Spaatz On Tour of Duty in England," Sept. 8, 1940, Spaatz Papers.

"anybody who imagined" : Ismay, *Memoirs*, 184.

"dangerously exposed to enemy" : Young, *Churchill and Beaverbrook*, 152.

"a vulgar little man" : Air Ministry Weekly Intelligence Summary, No. 51. Aug. 23, 1940, 7, AIR 22/72, UKARCH.

"to ascertain" : Boelcke, *Secret Conferences of Dr. Goebbels*, 91.

第四十九章 恐懼

"This is the twentieth century" : Diary, Sept. 21, 1940. Mary Churchill Papers.

Her father ordered: " Gilbert, *War Papers*, 2:862.

"My darling, you must realize" : Interview Transcripts, July 1991, Biographies File, Pamela Harriman Papers.

"The night," he wrote, "was cloudless" : Colville, *Fringes of Power*, 1:292-293.

第五十章 赫斯

The letter was a curious one: Stafford, *Flight from Reality*, 21, 88-89, 160-63. A copy of the letter is in "The Capture of Rudolf Hess: Reports and Minutes," WO 199/328, UKARCH.

第五十一章 庇護

"proclaims the enemy's entire abandonment" : Gilbert, *War Papers*, 2:839.

"Alive" : Kathleen Harriman to Mary Harriman Fisk, June n.d., 1941, Correspondence, W. Averell Harriman Papers.

Audiences edged toward tears: Panter-Downes, London War Notes, 26. The pianist' s trick with the orange is mentioned in Fort, Prof, 49.

"Walked out into the light" : Cockett, *Love and War in London*, 188.
"I lay there" : Harrisson, *Living Through the Blitz*, 81.

"Finding we can take it" : Cockett, *Love and War in London*,195.

"I am getting a burying-phobia" : Ibid., 175.

"Siren Stomach" : Wyndham, *Love Lessons*, 121.

"If you would also" : Elements of this saga reside in the Weekly Report for Sept. 30-Oct. 9, 1940, INF 1/292, UKARCH.

"A very formidable discontent" : Overy, *Bombing War*, 147.

Many more Londoners: Harrisson, *Living Through the Blitz*, 112. The estimate of 71 percent, derived from a Mass-Observation study, appears in the Home Intelligence Weekly Report for Sept. 30-Oct. 9, 1940, INF 1/292, UKARCH.

"We looked at each other" : Wheeler-Bennett, *King George VI*, 468.

"It was a ghastly experience" : Ibid., 469.

"I' m glad we' ve been bombed" : Ibid., 470.

"Everything looks like an invasion" : Alanbrooke, *War Diaries*, 107.

"We must expect" : Gilbert, *War Papers*, 2:810.

第四十七章 軟禁的交換條件

The room was imbued: J. Gilbert Jenkins, *Chequers*, 26-30,120-21; Soames, *Daughter's Tale*, 176-77.

the match as "monstruoos" : J. Gilbert Jenkins, *Chequers*, 28.

"Mummie had ordered" : Diary, Sept. 15, 1940, Mary Churchill Papers.

"The last day" : Ibid., Sept. 14, 1940.

"the weather on this day" : Churchill, *Their Finest Hour*, 332.

The family took seats: Ibid., 333-337.

"What losses should we not suffer" : Ibid., 336.
"It was repellent" : Ibid., 336-37.

"How sweet everyone is" : Diary, Sept. 15, 1940, Mary Churchill Papers.

第四十八章 柏林

"We lost our nerve" : Interrogation of General A. D. Milch, Transcript, May 23, 1945, Spaatz Papers.

1940," Turbulent London, https://turbulentlondon.com/2017/09/14/on-this-day-occupation-of-the-savoy-14th-september-1940/ .

After one raid set: Ziegler, *London at War*, 122-23.

Early in the war, the zoo: Nicolson, War Years, 120; "Animals in the Zoo Don' t Mind the Raids," *The War Illustrated 3*, No. 4 (Nov. 15, 1940). See also, "London Zoo During World War Two," Zoological Society of London, Sept. 1, 2013, https://www.zsl.org/blogs/artefact-of-the-month/zsl-london-zoo-during-world-war-two.

"Among the heaps of brick" : Harrisson, *Living Through the Blitz*, 82.

"No one wanted to be alone" : Cowles, *Looking for Trouble*, 441.

"Every night next week" : Kathleen Harriman to Mary Harriman Fisk, June n.d., 1941, Correspondence, W. Averell Harriman Papers.

"For the young it was" : Stansky, First Day of the Blitz, 170-71.

"The normal barriers" : Ogden, Life of the Party, 122.

"only one complete for me" : Cockett, Love and War in London, 186.

"I have never in all my life" : Ziegler, London at War, 91.

He had come close: Fort, Prof, 161-63.

"Now come on" : Ibid., 163.

第五十二章 柏林

In the first three months: Over, *Bombing War*, 97.

"The Fat One promised" : Galland, *The First and the Last*, 37.

Night bombing, the airman said: Shirer, Berlin Diary, 411-13. British intelligence made it a point to take cooperative prisoners on tours of London, even to the theater, to show them how much of the city had survived the bombing. "Prisoners saw for themselves that London was not lying in ruins as they had been led to believe," states an intelligence report on the process. Seeing this shook their confidence in what their leaders had been telling them and

Churchill Archives Centre, at CHAR 1/357, Winston Churchill Papers.

The Chequers Trust: For the cost overrun, see "Chequers Household Account," June-Dec. 1940, and C. F. Penruddock to Kathleen Hill, March 25, 1941; Hill to Penruddock, March 22, 1941, CHAR 1/365, Winston Churchill Papers. The file contains numerous other accountings, for other periods. To come up with the $20,208 figure, I used the equivalence and escalation formulas presented by David Lough in his No More Champagne, whereby £1 in the period 1939-41 is equivalent to $4, which when multiplied by a factor of 16 comes to an approximation of today' s value. Churchill' s overrun in 1940 pounds was £317; in dollars, $1,268. Multiply this by 16 and you get $20,288. Regarding the chauffeurs, see Elletson, *Chequers and the Prime Ministers*, 107.

One Chequers order: See "Wines Installed in Cellar at Chequers, 23rd October, 1941," and related correspondence, CHAR 1/365. Winston Churchill Papers.

At least one brand: Andrew Roberts, "*Holy Fox*," 292.

"Greetings to our nightly companions" : Süss, *Death from the Skies*, 314; *Swiss Cottager*, Bulletin Nos. 1-3, digital collection, University of Warwick. https://mrc-catalogue.warwick.ac.uk/records/ABT/6/2/6.

"From its high windows" : Cooper, *Trumpets from the Steep*, 44.

"Experts agree," the brochure proclaimed: Ziegler, *London at War*, 135.

"reminiscent of a transatlantic crossing" : Andrew Roberts, "*Holy Fox*," 248.

"Edward only takes three minutes" : Ibid., 247.

"Between 6 and 6:30" : Cooper, *Trumpets from the Steep*, 68.

"They wandered about" : Cowles, *Looking for Trouble*, 441.

"Everyone talked to everyone else" : Ibid., 442.

"We decided that" : Field, "Night Underground in Darkest London," 17;Overy, *Bombing War*, 146; "On this Day: Occupation of the Savoy, 14th September

Cuba," Oct. 14, 1941, CHAR 2/434.

"Gentlemen," he said: Gilbert, *War Papers*, 3:1238.

The Prof, he told Churchill: Ibid., 1238n.

"The Professor thought" : Colville to Churchill, June 18, 1941, CHAR 2/434. Winston Churchill Papers.

"The sirens, it must be admitted" : Farrer, *Sky's the Limit*, 63.

"The decision might" : Beaverbrook to Churchill, June 26, 1940, BBK/D. Beaverbrook Papers.

"It was the appearance" : Farrer, *Sky's the Limit*, 65.

"Beaverbrook is a man" : Ibid., 63.

In one memorandum: Lindemann to Churchill, minute, Aug. 14, 1940, F113/19, Lindemann Papers.

"In my view burning oil" : Lindemann to Churchill. Aug. 20, 1940, F114/12, Lindemann Papers.

"Another victory for evacuation" : Home Intelligence Weekly Report for Sept. 30-Oct. 9, 1940, INF 1/292, UKARCH.

"I don't see how" : Diary, Sept. 26 and 27, 1940, Mary Churchill Papers.

"All today seemed overcast" : Ibid., Sept. 27, 1940.

"I cannot feel" : Gilbert, *War Papers*, 2:902.

The dinner was in full sway: Diary, Oct. 8, 1940, Mary Churchill Papers; Soames, *Daughter's Tale*, 179-80.

"I've told you five times" : Interview Transcript, July 1991, Biographies File, Pamela Harriman Papers.

"Winston Churchill Junior arrived" : Diary, Oct. 10, 1940, Mary Churchill Papers.

Pamela's husband, Randolph: Interview Transcript, July 1991, Biographies File, Pamela Harriman Papers; Ogden, *Life of the Party*, 100; Smith, *Reflected Glory*, 72.
"Will they do us any damage" : Colville, *Fringes of Power*, 1:307.

"Certainly there is a danger" : Ibid., 309.

often made them more cooperative. "Intelligence from Interrogation: Intelligence from Prisoners of War," 10, AIR 40/1177, UKARCH.
Another intelligence report presents an excerpt of a conversation between two prisoners recorded by British interrogators eavesdropping through microphones, in which one prisoner says, "I still can' t understand that London still exists!"
"Yes," the other says, "it is inexplicable, though I was driven all round the outer districts, but···more must have been smashed up!" Special Extract No. 57, WO 208/3506, UKARCH. (Interestingly, this file was kept secret until 1992.)

"An airplane carrying Hitler" : Shirer, *Berlin Diary*, 448.

"an unmistakable wave of optimism" : Boelcke, *Secret Conferences of Dr. Goebbels*, 97.

"must expect to find himself" : Ibid., 98.

第五十三章 目標邱吉爾

"striding along the middle" : Wheeler-Bennett, *Action This Day*, 118.

"One thing worries me" : Gilbert, *War Papers*, 2:818-19.

"It may be fun for you" : Pottle, *Champion Redoubtable*, 228.

"When I was at Chequers" : Lee to Neville Chamberlain, April 4, 1940, PREM 14/19, UKARCH.

"I don' t know how to fire a gun:" Ogden, *Life of the Party*, 95; Winston S. Churchill, *Memories and Adventures*, 10; Pamela C. Harriman, "Churchill's Dream," *American Heritage*, Oct/Nov. 1983.

Compounding Ismay's worries: Ismay to P. Allen, Aug. 29, 1940, PREM 14/33, UKARCH.

Sewage could be a problem: Ismay to General Sir Walter K. Venning, Aug. 8, 1940, "Protection of Chequers," Pt. 3, WO 199/303, UKARCH.

"These would provide" : J. B. Watney to GHQ Home Forces. Sept. 22, 1940, and "Note for War Diary," Sept. 14, 1940, "Protection of Chequers," pt. 3, UKARCH.

One detailed assay: "Report on Cigars Presented to the Prime Minister by the National Tobacco Commission of

Power, 1:318.

"I believe that I can do it" : Ismay, *Memoirs*, 175; Elletson, *Chequers and the Prime Ministers*, 110.

第五十五章 華盛頓與柏林

"When your boy" : Sherwood, *Roosevelt and Hopkins*, 198.

"I have said this before" : Ibid., 191.

"a very difficult time for Germany" : Kershaw, *Nemesis*, 336.

"The decisive thing" : Overy, *Battle of Britain*, 98.

"For the first time" : "Air Defense of Great Britain," vol. 3, Night Air Defense, June, 1940-December, 1941," 82, AIR 41/17, UKARCH. The report uses the phrase "small propositions," surely an an unintended substitute for "proportions."

第五十六章 蛙鳴演講

The ministry sent: Gilbert, *War Papers*, 2:979.

"frog speech" : Toye, *Roar of the Lion*, 80.

"He relished the flavor" : Ibid., 81.

"On my knees" : Ibid.

"Frenchmen!" : Gilbert, *War Papers*, 2:980-82.

"Tonight Papa spoke" : Diary, Oct. 21, 1940, Mary Churchill Papers.

"heavy sentences for radio offenders" : Boelcke, *Secret Conferences of Dr. Goebbels*, 108.

"in the long run" : "Intelligence from Interrogation: Intelligence from Prisoners of War," 42. AIR 40/1177, UKARCH.

第五十七章 排卵管

"It looks all right" : Goodwin, *No Ordinary Time*, 189.

"It is the best thing" : Nicolson, *War Years*, 126.

"Glory hallelujah!!" : Diary, Nov. 6, 1940. Mary Churchill

"Probably, they don't think" : Ibid.

"It's quite a business" : Nicolson, *War Years*, 128-29.

"I have always been" : Roy Jenkins, *Churchill*, 640.

"Max knows how" : Chisholm and Davie, *Beaverbrook*, 445.

第五十四章 敗家子

"Yes," Pamela assured him: Interview Transcript, July 1991, Biographies File, Pamela Harriman Papers.

One day after a shopping trip: Ibid.; Ogden, *Life of the Party*, 92.

"Instead of this" : Winston Churchill to Randolph Churchill, Oct. 18, 1931, RDCH 1/3/3, Randolph Churchill Papers.

"as I really cannot run the risk" : Winston Churchill to Randolph Churchill, Feb. 14, 1938, RDCH 1/3/3, Randolph Churchill Papers.

"She was wonderfully comforting" : Interview Transcript, July 1991, Biographies File, Pamela Harriman Papers.

.

"What a shock it was" : Ogden, Life of the Party, 102-3.

"Oh! Randy everything would be so nice" : Winston S. Churchill, *Memories and Adventures*, 14.

"It is a very good thing" : Pamela Churchill to Randolph Churchill, Sept. 17 and 18, 1940, RDCH 1/3/5 File no. 1, Randolph Churchill Papers.

"Please darling pay" : Pamela Churchill to Randolph Churchill, Sept. 9, 1940, RDCH 1/3/5 File no. 1, Randolph Churchill Papers.

"I know it is difficult" : Pamela Churchill to Randolph Churchill, [u.d., but likely late Oct. 1940]. RDCH 1/3/5 File no. 2, Randolph Churchill Papers.

"We have no gas" : Pottle, *Champion Redpubtable*, 230.

"They heard the bomb" : Nicolson, *War Years*, 121.

"Where is Nelson" : J. Gilbert Jenkins, *Chequers*, 146.

In London that following Saturday: Colville, *Fringes of*

"After a time" : Ibid., 102.

Her seven-year-old said: Ibid., 109.

"The complication with bomb lacerations" : Ibid., 105.

"During the course of my training" : Ibid., 106.

"The whole interior" : Ibid., 95.

"When we went out" : Donnelly, *Mrs. Milburn's Diaries*, 66.

Now came scenes of horror: Süss, Death from the Skies, 412; Longmate, *Air Raid*, 156.

"It is greatly regretted" : Longmate, *Air Raid*, 223.

"The roots of the Air Force" : A.J.P. Taylor, *Beaverbrook*, 454.

"He' d asked Coventry' s workers" : Longmate, *Air Raid*, 196.

"since the night was so clear" : "Note on German Operation 'Moonlight Sonata," and Counter-plan 'Cold Water,'" 2, AIR 2/5238, UKARCH.

"Oh dear!" she cried: Longmate, *Air Raid*, 202.

A team of Mass-Observation researchers: Harrisson, *Living Through the Blitz*, 135.

"The strangest sight of all" : Ibid., 134.

"No means of defense" : Longmate, *Air Raid*, 212.

"exceptional success" : Boelcke, *Secret Conferences of Dr. Goebbels*, 109.

"The reports from Coventry" : Taylor, *Goebbels Diaries*, 177.

"The unpredictable consequences" : Kesselring, *Memoirs*, 81.

"The usual cheers" : Bekker, *Luftwaffe Diaries*, 180.

第六十章 分神

"Mounted on two" : Diary, Nov. 17, 1940. Colville Papers.

"This does not mean" : Gilbert, *War Papers*, 2:1053-54.

"Would you kindly find out" : Ibid., 1147.

"I trust this unlikely accident" : Lindemann to Churchill, Nov. 1, 1940, F121/1, Lindemann Papers.

"Professor Lindemann implies" : Portal to Churchill, Nov. 5, 1940, PREM 3/22/4b, UKARCH.

A navy salvage squad: Wakefield, *Pfadfinder*, 67.

"It is a very great pity" : Lindemann to Churchill, Nov. 13, 1940, PREM 3/22/4b, UKARCH.

"Pray make proposals" : Churchill to Ismay, Nov. 18, 1940, PREM 3/22/4b, UKARCH.

The airplane had been lost: Ismay to Churchill, Nov. 21, 1940, PREM 3/22/4b, UKARCH.

Lost in this acerbic exchange: See Wakefield, *Pfadfinder*, 64-67, for a detailed account of the pilot Hans Lehmann's very bad night.

第五十八章 我們的特殊情報來源

All the official intelligence reports and memoranda that I used to tell the story of the Coventry attack in this chapter and the one following, may be found in the file "German Operations 'Moonlight Sonata' (Bombing of Coventry) and Counter-plan 'Cold Water,'" AIR 2/5238, in the National Archives of the United Kingdom. Ever since the attack, conspiracy minded souls have sought to prove that Churchill knew all about it but did nothing, in order to avoid revealing the secret of Bletchley Park. However, the documentary record, declassified in 1971, makes it clear that Churchill on that night had no idea Coventry was the target.
"apolaustically" : Colville, *Winston Churchill*, 85.

Growing impatient:" As Inspector Thompson put it, "He could no more stay out of a raid than he could sit still in a debate in Parliament." Thompson, *Assignment*, 126.

第五十九章 送別考文垂

"We could almost have read" : Longmate, *Air Raid*, 73.

"The air was filed" : Ibid., 79.

182.

第六十三章 那可笑、陳腐的錢幣符號

"I don' t think there is" : Sherwood, *Roosevelt and Hopkins*, 225.

"ploughing under every fourth" : Ibid., 229.

第六十四章 守門的蟾蜍

"There was nothing" : A.J.P. Taylor, *Beaverbrook*, 58.

"He returned to Churchill" : Andrew Roberts, "*Holy Fox*," 275.

"the shock effect" : Hylton, *Their Darkest Hour*, 107.

"to say that their mental health" : James R. Wilkinson to Walter H. McKinney, Dec. 27, 1940, FDR/Diplo.

The blackout invariably: Harrisson, *Living Through the Blitz*, 313.

"Blinds must be kept" : Cockett, *Love and War in London*, 149.

"Used to smoke occasionally" : Ibid., 140.

What Clementine found: Clementine Churchill to Winston Churchill, Jan. 3, 1941; "The 3-Tier Bunk;" "Sanitation in Shelter;" "Shelters Visited in Bermondsey on Thursday December 19th 1940," all in PREM 3/27, UKARCH.
Along these lines, here is a nice breakfast story: Earlier in the fall, journalist Kingsley Martin visited the massive Tilbury shelter in the East End, a margarine warehouse that nightly drew up to fourteen thousand people. He then wrote a graphic essay about the experience, titled "The War in East London." The shelter's inhabitants– "Whites, Jews and Gentiles, Chinese, Indians and Negroes" – paid little attention to sanitation, he wrote. "They urinate and defecate in every part of the building. The process is helped by the convenience of the margarine in cardboard cases which can be piled up into useful mounds behind which people can dig themselves in and sleep and defecate and urinate in comfort." He did not know whether this margarine had then been distributed to food markets in the city, but wrote that "the dangers of thousands of people sleeping on London' s margarine is obvious enough."
More toast anyone? PREM 3/27. UKARCH.

"I enclose a sketch" : Pamela Churchill to Randolph Churchill, Nov. 19, 1940. RDCH 1/3/5 File no. 2, Randolph Churchill Papers.

"Having no false dignity" : Colville, *Fringes of Power*, 1:379.

The child was round: Gilbert, *War Papers*, 2:1002.

"As it was my birthday" : Elletson, *Chequers and the Prime Ministers*, 107.

"I have never forgotten" : Cowles, *Winston Churchill*, 327.

"I am not now the man" : Beaverbrook to Churchill, Dec. 2, 1940, BBK/D, Beaverbrook Papers.

"As I told you" : Churchill to Beaverbrook, Dec. 3, 1940, BBK/D, Beaverbrook Papers.

第六十一章 特別來信

"The Prime Minister said" : Gilbert, *War Papers*, 2:1169.

"I have not been able" : Churchill to Sinclair, et al. Dec. 9, 1940, G 26/1, Lindemann Papers.

"Surely there is" : Churchill to Sinclair, et al. Jan. 12, 1941, G 35/30, Lindemann Papers.

"It' s horrible" : Gilbert, *War Papers*, 2:1204.

"As we reach the end" : Churchill to Roosevelt, Dec. 7, 1940, FDR/Diplo. Also in FDR/Map.

"Another victim for Christian Science" : Andrew Roberts, "*Holy Fox*," 272.

"Orangeade and Christian Science" : Cooper, *Trumplets from the Steep*, 69.

"Papa in very bad mood" : Diary, Dec. 12, 1940, Mary Churchill Papers.

"Since we aimed" : Gilbert, *War Papers*, 2:1217.

"I didn't know for quite awhile" : Sherwood, *Roosevelt and Hopkins*, 224.

第六十二章 指令

"How do I feel" : Cockett, *Love and War in London*, 181-

"I know what your wife" : Colville, *Winston Churchill*, 110.

"the great gloomy hall" : Soames, *Daughter's*, 185.

"For once the shorthand writer" : Martin, *Downing Street*, 37.

"This was one of the happiest" : Diary, Dec. 25, 1940. Mary Churchill Papers.

"The gloomiest" : Nicolson, *War Years*, 131.

"the pubs were all full" : Wyndham, *Love Lessons*, 166.

第六十八章 孵蛋器

No balloons rose: Collier, *Defense*, 274.

第六十九章〈友誼地久天長〉

"I believe that the Axis" : Sherwood, *Roosevelt and Hopkins*, 228.

"Roosevelt," he wrote: Taylor, *Goebbels*, 222.

"This may help us" : Cadogan, *Diaries*, 344.

"Remember, Mr. President" : Gilbert, *War Papers*, 2:1309.

"Sometimes I hate the big city" : Fred Taylor, *Goebbels Diaries*, 223.

In the Central War Room: Martin, *Downign Street*, 37; Colville, *Fringes of Power*, 386.

第五部：美國人

第七十章 祕密

"What a nice wintry morning" : Lee, *London Observer*, 208.

"Nothing can exceed" : Churchill to Beaverbrook, Jan. 2, 1941, BBK/D, Beaverbrook Papers.

"I am not a committee man" : Beaverbrook to Churchill, Jan. 3, 1941, BBK/D, Beaverbrook Papers.

"My dear Max" : Churchill to Beaverbrook, Jan. 3, 1941,

"Now is the time" : Churchill to Home Secretary, et al., March 29, 1941, PREM 3/27, UKARCH.

"Furious," he wrote: Cadogan, *Diaries*, 342.

"I looked up and saw" : Ibid., 343.

"He was very unhappy" : Wheeler-Bennett, *King*, 520.

第六十五章 魏納赫滕

"What will that creature" : Taylor, *Goebbels*, 179-180.

"It seems that" : Ibid, 208.

"The German Armed Forces" : Trevor-Roper, *Blitzkrieg to Defeat*, 49.

"No strip dancers" : Boelcke, *Secret Conferences of Dr. Goebbels*, 112.

He warned his lieutenants: Ibid., 110.

"A lot of work" : For this succession of dairy entries, see Taylor, *Goebbels Diaries*, 201, 204, 215, 217, 209.

An idea came to Hess: Stafford, *Flight from Reality*, 126, 127.

第六十六章 謠言

As Christmas neared: For these rumors, and many others, see: Home Intelligence Weekly Reports for Oct. 7-Oct. 14, 1940; Feb. 12-Feb. 19, 1941; Sept. 30-Oct. 9, 1940; Jan. 15-Jan. 22, 1941, all in INF 1/292. UKARCH. Regarding the Wimbledon rumor, see: "Extract from Minute by Mr. Chappell to Mr. Parker, Sept. 23, 1940." HO 199/462. UKARCH.

第六十七章 聖誕節

He gave the king: Colville, *Fringes of Power*, 1:383.

"There may not be" : Lee, *London Observer*, 187.

"Apparently," wrote John Martin: Martin, *Downing Street*, 37.

"A busy Christmas" : Colville, *Fringes of Power*, 1:383.

"But it gave me a pang" : Diary, Dec. 24, 1940. Colville Papers.

Churchill, 385-86.

"Dinner at Ditchley" : Colville, *Fringes of Power*, 1:395.

"We seek no treasure" : Gilbert, *War Papers*, 3:68-69; Colville, *Fringes of Power*, 1:396.

"Heavens alive" : Gilbert, *War Papers*, 3:69.

"which with all its salutes" : Colville, *Fringes of Power*, 1:397.

"The people here are amazing" : Sherwood, *Roosevelt and Hopkins*, 243.

第七十二章 朝斯卡帕灣前去

"When?" Wilson asked: Moran, *Churchill*, 6.

The train carried: Nel, *Mr. Churchill's Secretary*, 78.

"We both felt Beaverbrook" : Andrew Roberts, "*Holy Fox*," 280.

"Lord and Lady Halifax" : Lee, *London Observer*, 224.

"He looked miserable" : Ismay, *Memoirs*, 214.

"We really had a pleasant time" : Lee, *London Observer*, 225.

"came beaming into the breakfast car" : Gilbert, *War Papers*, 3:86.

"The smile faded" : Ibid., 86-87.

第七十三章「你往哪裡去」

"There was much discussion" : Martin, *Downing Street*, 42.
"The land is bleak" : Lee, *London Observer*, 226.

"I wanted Harry to see" : Ismay, *Memoirs*, 214.

"Excuse me, sir" : Sherwood, *Roosevelt and Hopkins*, 246.

"There was no noise" : Lee, *London Observer*, 227.

"One of the projectiles" : Martin, Downing Street, 40; Sherwood, *Roosevelt and Hopkins*, 250.

"I was careful to avoid" : Ismay, *Memoirs*, 215.

BBK/D, Beaverbrook Papers.

"Mademoiselle Curie" : Gilbert, *War Papers*, 3:2-3.

"With the beginning" : Ibid., 4-6.

"The P.M. has circulated": Colville, *Fringes of Power*, 1:387.

"sank up to his ankles" : Ibid.

"At one time" : Singleton to Churchill, Jan. 3, 1941. F125/12. Lindemann Papers.

"I did not want to join": Beaverbrook to Churchill, Jan. 6, 1941, BBK/D, Beaverbrook Papers.

"I have not the slightest" : Gilbert, *War Papers*, 3:35.

"You must not forget" : Churchill to Beaverbrook, Jan. 7, 1941, BBK/D, Beaverbrook Papers.

"The truth is that they both" : A.J.P. Taylor, *Beaverbrook*, 465.

"Who?" : Sherwood, *Roosevelt and Hopkins*, 234.

Brendan Bracken called: Colville, *Fringes of Power*, 1:393.

"as he snuggled" : Ibid., 392.

"Oh! I wish you were here" ; Pamela Churchill to Randolph Churchill, Jan. 1, 1941, RDCH 1/3/5 File no. 3, Randolph Churchill Papers.

第七十一章 十一點三十分的專車

"He was as unlike" : Ismay, *Memoirs*, 213-214.

"His was a soul" : Gilbert, *War Papers*, 3:58.

"A rotund–smiling–red-faced" : Ibid., 59.

"I tried to be reasonably aloof" : Diary, Jan. 10, 1941, Colville Papers.

"It is so dreadfully dark" : Donnelley, *Mrs. Milburn's Diaries*, 72.

"feeling strange——country-cousinish" : Diary, Jan. 11, 1941, Mary Churchill Papers.

"embarrassed officials would often" : Soames, *Clementine*

"Well, it is hell" : Interview Transcripts, July 1991, Biographies File, Pamela Harriman Papers.

第七十六章 倫敦、華盛頓與柏林

"This bill has to pass" : Conant, *My Several Lives*, 253-55.

"It is impossible" : "Memorandum for the Chief of Staff," War Department, March 3, 1941, Spaatz Papers.

On March 5 he issued: Trevor-Roper, *Blitzkrieg to Defeat*, 58-59.

第七十七章 週六夜

"Slim grey beautiful" : Wyndham, *Love Lessons*, 160.

"the least melancholy" : Graves, *Champagne and Chandeliers*, 112.

"I don' t know why" : Ibid., 115.

"He has established" : Fred Taylor, *Goebbels Diaries*, 260.

"One important factor" : Goodwin, *No Ordinary Time*, 213.

第七十八章 那位面帶微笑的高個男子

"An extraordinary meal" : Averell Harriman, Memorandum to self, March 11, 1941, "Harriman Mission," Chronological File, W. Averell Harriman papers.

The U.S. Navy had no plans: Ibid.

"No one has given me" : Ibid.

"cheap old bastard" : Smith, *Reflected Glory*, 259.
Just two days earlier: Gilbert, *War Papers*, 3:320-24.

第七十九章 蛇臀

Charles Graves' *Champagne and Chandeliers*, a biography of the café, provides a vivid and detailed account of the bombing on pages 112-25. The National Archives of the United Kingdom holds a map made by investigators that shows the layout of the club and the locations of injured guests and bodies, and includes this notation: "Six persons were found dead still sitting at table. They had no superficial injuries." HO 193/68, UKARCH.

"I do find London shops" : Diary, March 8, 1941, Mary

"But there was no escape" : Ibid., 216.

"I suppose you wish" : Ibid.; Moran, *Churchill*, 6.

"He knew what it meant" : Moran, *Churchill*, 6.

"I found her charming" : Diary, Jan. 18, 1941, Colville Papers.

"Oh yes," Hopkins told one valet: Sherwood, *Roosevelt and Hopkins*, 255.

"He gets on like" : Gilbert, *War Papers*, 3:165.

第七十四章 第二十三號指令

On Thursday, February 6: Trevor-Roper, *Blitzkrieg to Defeat*, 56-58.

"The decision to attack" : "Hermann Göring." Interrogation Report. Military Intelligence Service, U.S. Ninth Air Force, June 1, 1945, Spaatz Papers.

"We' ve got England" : Interrogation Report, Generals Attig, Schimpf, et al., May 20, 1945, Spaatz Papers.

"Nothing leaked out" : Kesselring, *Memoirs*, 85.

第七十五章 山雨欲來

"My dear Prime Minister" : Gilbert, *War Papers*, 3:191.

"made some people' s flesh creep" : Home Intelligence Weekly Report for Feb. 5-12, 1941, INF 1/292, UKARCH.
Churchill opened by offering: Gilbert, *War Papers*, 3:192-200.

called it "insolent" : Fred Taylor, *Goebbels Diaries*, 229.

"I could not have a better" : Wheeler-Bennett, *King George VI*, 447, 849.

"How many bombs" : Gilbert, *War Papers*, 3:224.

"We must begin persuading" : Ibid., 225.

"The need for sustained" : Telegrams, Jan. 21 and Jan. 23, 1941, BBK/D, Beaverbrook Papers.

"Sunny day like spring" : Wyndham, *Love Lessons*, 171.

"Not as glamorous" : Clarissa Eden, *Clarissa Eden*, 58.

"She combined a canny eye" : Ibid., 59.

"because I couldn' t really tell Clemmie" : Interview Transcripts, July 1991, Biographies File, Pamela Harriman Papers.

第八十二章 給克萊門汀的小零嘴

The list was like something: "Atlantic Clipper Passenger List," New York-Lisbon, March 10-12, 1941, "Harriman Mission," Chronological File, W. Averell Harriman Papers; Harriman, Special Envoy to Churchill and Stalin, 19.

Anyone who peeked: "World War II Diary," 2, Meiklejohn Papers.

"Mr. Harriman in a rash moment" : Meiklejohn to Samuel H. Wiley, April 16, 1941, "Family Papers," W. Averell Harriman Papers.

"We were prepared" : Martin, *Downing Street*, 42.

"Our fliers are talking of" : Fred Taylor, *Goebbels Diaries*, 268.

"I was surprised to see" : Harriman, *Special Envoy to Churchill and Stalin*, 21.

"You shall be informed" : Ibid., 22.

"The weekend was thrilling" : Diary, "Monday & Tuesday," March 17-18, 1941, Mary Churchill Papers.
"Will have to move out" : "World War II Diary," 10, Meiklejohn Papers.
"Most impressive thing" : Ibid., 12.

"Mr. Harriman achieves" : Meiklejohn to Knight Woolley, May 21, 1941, Public Service, Chronological File, W. Averell Harriman Papers. Harriman also was subject to episodes of dyspepsia, an arcane term for heartburn and indigestion.

"Young man," Churchill said: Niven, *Moon's Balloon*, 242.

"a meal and a laugh" : Niven to Harriman, March 16, 1941, "Harriman Mission," Chronological File, W. Averell Harriman Papers.

"Mr. Harriman was too cagey" : Christiansen to Harriman, March 19, 1941, "Harriman Mission," Churchill Papers.

He set off at a run: Graves, *Champagne and Chandeliers*, 116.

"The men, almost all in uniform" : Ziegler, *London At War*, 148.

"It is my sister' s birthday" : Graves, *Champagne and Chandeliers*,121.

"It seemed so easy to forget" : Diary, March 8, 1941, Mary Churchill Papers.

"Wilkins and I tried to lift" : Graves, *Champagne and Chandeliers*, 118-119.

"Oh it was so gay" : Diary, March 8, 1941, Mary Churchill Papers.

"Recalling it now" : Soames, *Daughter's Tale*, 191.

第八十章 步槍方陣舞

"a draught of life" : Gilbert, *War Papers*, 3:331.

"Our blessings from the whole" : Ibid., 332.

"Papa not at all well" : Diary, March 9, 1941, Mary Churchill Papers.

"The evening remains" : Alanbrooke, *War Diaries*, 145.

"To bed at the record hour" : Colville, *Fringes of Power*, 1:433.

"Luckily PM decided:" Alanbrooke, *War Diaries*, 144-45.

"There will be worse" : Taylor, *Goebbels Diaries*, 262.

第八十一章 賭徒

"There was very high gambling" : *Waugh*, 493.

"Poor Pamela will have to" : Smith, *Reflected Glory*, 75.

"Anyway, I leave it up to you" : Interview Transcripts, July 1991, Biographies File, Pamela Harriman Papers.

"I mean, that was my first" : Ibid.

"I won' t advance Randolph" : Ibid.

"has spent much of the weekend pacing" : Colville, *Fringes of Power*, 1:440.

"All day we felt jubilant" : Diary, March 30, 1941, Mary Churchill Papers.

第六部：戰火真情

第八十四章 噩耗

"Snow–sleet–cold" : These various diary entries can be found at the indicated dates in Mary's diary. Mary Churchill Papers.

"a place to be held" : Gilbert, *Finest Hour*, 1055.

"Let me have meanwhile" : Gilbert, *War Papers*, 3: 460.

"I am told" : Ibid.

In a gloomy speech: Ibid., 470. For the speech, see ibid., 461-70.

"The House is sad" : Nicolson, *War Years*, 162.

"the extent to which" : Harriman to Roosevelt, April 10, 1941, "Harriman Mission," Chronological File, W. Averell Harriman papers.

"If one could really completely" : Diary, April 9, 1941, Mary Churchill Papers.

"You know Duncan" : Winston Churchill to Randolph Churchill, June 8, 1941, CHAR 1/362, Winston Churchill Papers.

"The devastation in parts of the town" : Diary, April 11, 1941, Mary Churchill Papers.

"The firing of the rockets" : Colville, *Fringes of Power*, 1:443.

"Rather strained pale faces" : Diary, April 12, 1941, Mary Churchill Papers; Soames, Daughter' s Tale, 193.

"Yes, sir!" the desk manager said: Thompson, *Assignment*, 215-16.

"He has the root" : Diary, April 12, 1941, Mary Churchill Papers.

Chronological File, W. Averell Harriman Papers.

"Of course," Owen wrote: Owen to Harriman, March 19, 1941, "Harriman Mission," Chronological File, W. Averell Harriman Papers.

"For g. sake tell your father" : Kathleen Harriman to Marie Harriman, March 19 [n. d., but likely 1942], Correspondence, W. Averell Harriman Papers.

第八十三章 男人們

"the stride which" : Anthony Biddle to Franklin Roosevelt, April 26, 1941. FDR/Diplo.

"A fantastic climb" : Gilbert, *War Papers*, 3:369.

"the mortuary men" : "Air Raid Casualties," April 3, 1941, Metropolitan Police Report, MEPO 2/6580.

"Dearest," she wrote: "'Dearest, I Feel Certain I Am Going Mad Again' : The suicide note of Virginia Woolf," *Advances in Psychiatric Treatment* 16, no. 4 (July 2020), https://www.cambridge.org/core/journals/advances-in-psychiatric-treatment/article/dearest-i-feel-certain-i-am-going-mad-again-the-suicide-note-of-virginia-woolf/8E400FB1AB0EEA2C2A61946475CB7FA3.

While flying over Chequers: C. R. Thompson to Hastings Ismay, March 26, 1941, Protection of Chequers, pt. 3, WO 199/303, UKARCH.

"A sleeping bag" : "Your Anderson Shelter This Winter," PREM 3/27, UKARCH.

"If we can' t be safe" : Memorandum. "Yesterday evening···" May 1, 1941. Ibid.

"good looking in rather" : Diary, March 28, 1941, Mary Churchill Papers.

"He's marvelous" : Ibid.

The secretary brought: "World War II Diary," 15, Meiklejohn Papers.

"I saw the best-looking man" : Interview Transcripts, July 1991, Biographies File, Pamela Harriman Papers.

"Minister of Midnight" : Channon, "Chips," 385.

"Yesterday was a grand day" : Gilbert, *Finest Hour*, 1048.

"More scary than actual explosions" : "World War II Diary," 23, Meiklejohn Papers.

"All this time" : Lee, *London Observer*, 244.

Nine blocks away: In *Life of the Party*, Christopher Ogden relies on, and amplifies, Pamela' s own recollections to place this dinner in the Dorchester apartment of Lady Emerald Cunard, a celebrated London hostess (118-20). During this period, however, Lady Cunard was not in England. Sally Bedell Smith, in *Reflected Glory*, offers a more convincing account (84-85). See also Anne Chisholm's *Nancy Cunard*, which puts Cunard on an island in the Caribbean at the time the dinner party took place. (159, 261). It should be noted, however, that the end result was the same.

"Well, would you" : Interview Transcripts, July 1991, Biographies File, Pamela Harriman Papers.

"A big bombing raid" : Smith, *Reflected Glory*, 85.

"London looks bleary-eyed" : Colville, *Fringes of Power*, 1:445.

"Needless to say" : Smith, *Reflected Glory*, 85.

第八十七章 白崖

The RAF "Egglayers" : Lindemann to Churchill, April 17, 1941, F113/24, Lindemann Papers

He was told, however: Colville, *Fringes of Power*, 1:449.

"For the first time since war" : Ibid., 472.

第八十八章 柏林

"The effect is devastating" : Taylor, *Goebbels Diaries*, 332.

"He is said to be" : Ibid., 331.

"What a glorious spring day" : Ibid., 335.

第八十九章 陰鬱幽谷

"That's all we're really good at" : *Cadogan, Diaries*, 374.

"I have come back" : Gilbert, *War Papers*, 3:548.

"His statement that morale" : Toye, *Roar of the Lion*, 95.

"What did you say?" : "War Reminiscences," 12, Oct. 13, 1953, Memoirs, Harriman Recollections, W. Averell Harriman Papers.

"It was quite extraordinary" : Soames, *Daughter's Tale*, 193.

"Many of those here today" : Gilbert, *War Papers*, 3:480.

"They have such confidence" : "War Reminiscences," 12, Oct. 13, 1953, Memoirs, Harriman Recollections, W. Averell Harriman Papers.

"will favorably affect" : Gilbert, *War Papers*, 3:486n1.

"Deeply grateful for" : Ibid., 486.

"That' s what I hope" : Colville, *Fringes of Power*, 1:444.

"whatever happens we do" : Clementine Churchill to Harriman, April 15, 1941, "Harriman Mission," Chronological File, W. Averell Harriman Papers.

"Thrilled," he telegraphed: Averell Harriman to Kathleen Harriman, April 15, 1941, W. Averell Harriman Papers.

"We're all dying to know" : Smith, *Reflected Glory*, 90.

Gloom settled over meetings: As Alexander Cadogan noted in a series of diary entries, beginning April 7, 1941: "V. gloomy." "Altogether gloomy." "Rather gloomy." Cadogan, Diaries, 370.

第八十五章 蔑視

"Churchill should be pilloried" : Boelcke, *Secret Conferences of Dr. Goebbels*, 143.

"Hitler was outraged" : Below, At Hitler's Side, 93; Fred Taylor, *Goebbels Diaries*, 311.

"I set special importance" : Gilbert, *War Papers*, 3:502.

第八十六章 多切斯特驚魂夜

eleven thousand tons of cheese: Roosevelt to Cordell Hull, April 16, 1941, FDR/Conf.

"Standing on the roof" : Greene, *Ways of Escape*, 112.

"I had quite a disagreeable walk" : Colville, *Fringes of Power*, 1:445.

Sea. The ship's captain and 116 members of the crew were lost; 7 survived.

For the best account of all this, see Philip Goodhart's *Fifty Ships that Saved the World*. The title is hyperbolic, but the story is a good one.

"Mr. President," Churchill wrote: Gilbert, *War Papers*, 3:600.

"a world in which Hitler dominated" : Colville, *Fringes of Power*, 1:453.

第九十一章 艾瑞克

"The cold is incredible" : Nicolson, *War Years*, 165.

"It has a good psychological effect" : "World War II Diary," 56, Meiklejohn Papers.

"Everything is late" : Colville, *Fringes of Power*, 1:454.

"How is it that" : Gilbert, *War Papers*, 3:596.

"He dictates messages" : Fred Taylor, *Goebbels Diaries*, 346.

"It was obvious" : Colville, *Fringes of Power*, 1:454.

第九十三章 坦克與娘炮

"there is much that I would like" : *Hansard*, House of Commons Debate, May 6 and 7, 1941, Vol. 371, cols. 704, 867-950.

"He sat down" : Channon, "*Chips*," 303.

"He hates criticism" : Kathleen Harriman to Mary Harriman Fisk, Feb. 10, 1942, Correspondence, W. Averell Harriman Papers.

"I feel very biteful" : Pottle, *Champion Redoubtable*, 236.

"from the very first moment" : Nicolson, *War Years*, 164.

"It was the sort of speech" : Hansard, House of Commons Debate, May 6 and 7, 1941, vol. 371, cols.704, 867-950.

"He thinks it of value" : Harriman to Roosevelt, May 7, 1941, Public Service, Chronological File, W. Averell Harriman Papers.

"He is violently opposed": Colville, *Fringes of Power*, 1:483.

In a "Most Secret" directive: Gilbert, *War Papers*, 3:556.
"The failure to win" : Ibid., 577.

"The battle over intervention" : Fred Taylor, *Goebbels Diaries*, 337.

"Their great fear" : Ibid., 340.

"My dear Excellency" : Gilbert, *War Papers*, 3:577.

"In a later letter to Hitler" : Quoted in Stafford, Flight from Reality, 142; "Studies in Broadcast Propaganda, No. 29. Rudolf Hess, BBC," INF 1/912, UKARCH.

第九十章 陰霾

"I have taken the decision" : Beaverbrook to Churchill, April 30, 1941, BBK/D, Beaverbrook Papers.

"anxious to see the war" : Panter-Downes, *London War Notes*, 147.

"The hammering must" : Colville, *Fringes of Power*, 1:452.

"Personally I am not downcast" : Kimball, *Churchill and Roosevelt*, 180.

"It seems to me" : Gilbert, *War Papers*, 3:592.

"We must not be too sure" : Ibid., 600.

It was true that the destroyer: In the end, the record of the fifty destroyers that Roosevelt gave to Britain was a mixed one. At least twelve collided with Allied ships, five of them American. The Royal Canadian Navy received two of the destroyers and in April 1944 tried to give them back. The U.S. Navy declined.

But the ships did their part. Their crews rescued a thousand sailors. One, the Churchill, named for an ancestor of the prime minister, provided escort service for fourteen convoys in 1941 alone. The destroyers brought down aircraft, sank at least six submarines, and helped capture one U-boat intact, which the Royal Navy then commissioned into its own fleet.

As the war progressed, the American destroyers fell out of service. A dozen served as targets to train pilots in maritime warfare. Eight, including the Churchill, were transferred to the Russians, along with a ninth, to be scavenged for spare parts.

On January 16, 1945, the *Churchill*, rechristened *Dejatelnyj*–in English, *Active*–was torpedoed and sunk by a U-boat while escorting a convoy through Russia's White

Hess," AIR 19/564.
● "Studies in Broadcast Propaganda, No. 29. Rudolf Hess, BBC," INF 1/912.

"supernatural forces" : Speer, *Inside the Third Reich*, 211; Stafford, *Flight from Reality*, 168.

Hess packed for his trip: "Report on the Collection of Drugs, etc., Belonging to German Airman Prisoner, Captain Horn," FO 1093/10, UKARCH. Horn was the code name temporarily assigned to Hess.

"With your whole *Geschwader*" : Toliver and Constable, Fighter General, 148-49; Galland, The First and the Last, 56; Stafford, *Flight from Reality*,135.

At 10:10 p.m. that Saturday: Report, "Rudolf Hess, Flight on May 10, 1941, Raid 42.J," May 18, 1941, AIR 16/1266, UKARCH.

The plane was next spotted: Ibid.; Note, "Raid 42J," Scottish Area Commandant to Commandant Royal Observer Corps, Bentley Priory, May 13, 1941, AIR 16/1266, UKARCH.

"hoots of derision" : "Prologue: May 10, 1941," Extract, AIR 16/1266. UKARCH. This is a lucid, detailed, dispassionate account by the author Derek Wood; a copy is lodged in the Air Ministry' s files.

第九十八章 最殘忍的空襲

"I was in bed" : Richard Collier, *City That Would Not Die*, 157.

In Regent' s Park: Ibid., 159-60; Ziegler, *London At War*, 161.

Hess remembered the advice: Stafford, *Flight from Reality*, 133.

"All of a sudden" : "World War II Diary," 33, Meiklejohn Papers.

Just after eleven p.m.: Report, "Rudolf Hess, Flight on May 10, 1941, Raid 42.J," May 18, 1941, AIR 16/1266, UKARCH. In the same file, see "Raid 42J—10/5/1941," No. 34 Group Centre Observer Corps to Royal Observer Corps, Bentley Priory, May 13, 1941; and "Prologue: May 10, 1941," Extract. See also "The Capture of Rudolf Hess: Reports and Minutes," WO 199/328, UKARCH.

"My head is full of plans" : Ibid., 465.

"Pretty good" : Nicolson, *War Years*, 164.

第九十五章 月升

"But no sign of weakness" : Fred Taylor, *Goebbels Diaries*, 355.

"How good that a difficult week" : Ibid., 358.

"I was relieved" : Colville, *Fringes of Power*, 1:457. In his published diary, Colville omits the last two words of the sentence: "of him." A minor thing, but interesting all the same.

第七部：任期週年

第九十六章 名爲安東的波東

Late on Friday night: Richard Collier, *City That Would Not Die*, 24-25, 26, 28.

"It has all happened" : Soames, *Daughter's Tale*, 194.

"In a seeming paradox" : Basil Collier, *Defense of the United Kingdom*, 271.

"Good afternoon, sir" : Richard Collier, *City That Would Not Die*, 44.

第九十七章 程咬金

The National Archives of the United Kingdom, one of the most civilized places on the planet, possesses vast holdings on the Hess saga, some opened to researchers only quite recently. These contain all the detail anyone could wish for, but here too, as with the Coventry story, the files will disappoint the conspiracy-minded among us. There was no conspiracy: Hess flew to England on a mad whim, without the intercession of British intelligence. I derived my account from the following:
● FO 1093/10.
● "The Capture of Rudolf Hess: Reports and Minutes," WO 199/328.
● WO 199/3288B. (Opened in 2016.)
● AIR 16/1266. (Originally ordered closed until 2019, but opened sooner, by "Accelerated Opening.")
● "Duke of Hamilton: Allegations Concerning Rudolf

undersecretary, Alexander Cadogan, had a different view: "I don't care about that. I wish it had got most of the Members." Cadogan, *Diaries*, 377.

"I drew back the curtains" : Harrisson, *Living Through the Blitz*, 275.

"It may be that they" : Nicolson, *War Years*, 172.

The change was immediately evident: "Statement of Civilian Deaths in the United Kingdom," July 31, 1945, HO 191/11. UKARCH.

"The spirit of the people" : Harrisson, *Living Through the Blitz*, 274.

"History knows a great many" : Boelcke, *Secret Conferences of Dr. Goebbels*, 162.

"How am I supposed to believe" : Stafford, *Flight from Reality*, 131.

"From this distance" : Roosevelt to Churchill, [likely date is May 14, 1941]. FDR/Map.

"Your Hess guess" : Panter-Downes, *London War Notes*, 148.

"What a dramatic episode" : Lee, *London Observer*, 276.

"It is possible that the people" : Wheeler-Bennett, *Action This Day*, 174-75.

"Only he had the power" : Ibid., 236.

"Winston' s speeches send" : Toye, *Roar of the Lion*, 8.

"I never gave them courage" : Cooper, *Trumplets from the Steep*, 73.

第一百零一章 契喀爾的週末

"The news," he said: Harriman, *Special Envoy to Churchill and Stalin*, 111-12.

"We looked at one another" : Winant, *Letter from Grosvenor Square*, 198.

"It's quite true" : Harriman, *Special Envoy to Churchill and Stalin*, 112. Roosevelt repeated the sentiment in a telegram dated December 8, 1941, in which he tells Churchill, "Today all of us are in the same boat with you

"If they cannot catch" : "Prologue: May 10, 1941," Extract. AIR 16/1266.

"No guns, bomb-racks" : Report, Major Graham Donald to Scottish Area Commandant, Royal Observer Corps, May 11, 1941, AIR 16/1266, UKARCH. Also, "Prologue: May 10, 1941," Extract, AIR 16/1266.

"He simply stated" : Report, Major Graham Donald to Scottish Area Commandant, Royal Observer Corps, May 11, 1941, AIR 16/1266, UKARCH.

"I do not know if you recognize" : Stafford, *Flight from Reality*, 90.

"About five AM I took" : "World War II Diary," 35, Meiklejohn Papers.

第九十九章 來自希特勒的驚喜

"Awoke thinking unaccountably" : Colville, *Fringes of Power*, 1:457; Fox, "Propaganda and the Flight of Rudolf Hess," 78.

"Hold on a minute" : Colville, *Fringes of Power*, 1:459.

"I became aware" : Diary, May 11, 1941, Mary Churchill Papers.

"At that moment" : Colville, *Fringes of Power*, 1:459.

"Well, who has arrived?" : Colville, *Footprints in Time*, 112.

The gave Hitler Hess' s letter: Speer, *Inside the Third Reich*, 209.

"My Führer," it began: Douglas-Hamilton, *Motive for a Mission*, 193, 194.

"I suddenly heard" : Speer, *Inside the Third Reich*, 209, 210.

"BOMBSHELL," Mary wrote: Diary, May 11, 1941. Mary Churchill Papers.

第一百章 血水、汗水與淚水

"I keep thinking" : Feigel, *Love-Charm of Bombs*, 151-57.

"Our old House of Commons" : Winston S. Churchill, *Memories and Adventures*, 19. The Foreign Office

時光飛逝

"My first agonizing thought" : Soames, *Daughter's Tale*, 232-33.

"the P.M. dashed off" : Colville, *Fringes of Power*, 2:99.

"Not so bad at 21!" : Winston S. Churchill, *Memories and Adventures*, 32.

"To a three-year-old" : Ibid., 26-27.

"Eric, who was at his simplest" : Colville, *Fringes of Power*, 1:523.

"I hear you are plotting" : Ibid., 490.

"It had not crossed his mind" : Wheeler-Bennett, *Action This Day*, 60.

"I went out of the room": Colville, *Fringes of Power*, 1:533.

"It's time you came back": Colville, *Fringes of Power*, 2:71.

"You seem to think" : Ibid., 84.

"It was thrilling" : Ibid., 116.

"None of us except Clemmie" : Interview Transcript, July 1991, Biographies File, Pamela Harriman Papers.

In all Beaverbrook offered: A.J.P. Taylor, *Beaverbrook*, 440.

"I owe my reputation" : Young, *Churchill and Beaverbrook*, 230.

"We have lived & fought" : Ibid., 231.

"I felt his loss" : Ibid, 231.

"I was glad" : Ibid., 325.

"I was always under" : Ibid., 235.

"The conclusion at which" : Singleton to Churchill, [ca. Aug. 1941], G 36/4, Lindemann Papers.

Randolph later complained: Smith, *Reflected Glory*, 106.

One night, while talking: Winston S. Churchill, *Memories and Adventures*, 247.

and the people of the Empire and it is a ship which will not and cannot be sunk." Roosevelt to Churchill, Dec. 8, 1941, FDR/Map.

"Thinking of you much" : Gilbert, *War Papers*, 3:1580.

"The inevitable had finally" : Harriman, *Special Envoy to Churchill and Stalin*, 112.

"I could not conceal" : Anthony Eden, *Reckoning*, 331.

"Being saturated and satiated" : Gilbert, *War Papers*, 3:1580.

"It might be badly knocked" : Ismay, *Memoirs*, 242.

"He is a different man" : Moran, *Churchill*, 9-10.

"never travelled in such" : Martin, *Downing Street*, 69.

"Being in a ship" : Winston Churchill to Clementine Churchill, December n.d., 1941, CSCT 1/24, Clementine Churchill Papers.

"The PM is very fit" : Harriman, Memorandum to self, "Trip to U.S. with 'P.M.,' December 1941," W. Averell Harriman Papers.

"It was night time" : Thompson, *Assignment*, 246.

"I turned," Thompson wrote: This story is told by different figures in different ways, but all have the same denouement. Ibid., 248; Sherwood, Roosevelt and Hopkins, 442; Halle, Irrepressible Churchill, 165.

"Let the children" : For background details, see Hindley, "Christmas at the White House with Winston Churchill." I watched a British Pathé newsreel of the speech, which I found on YouTube at https://www.youtube.com/watch?v=dZTRbNThHnk.

"I simply could not believe" : Thompson, *Assignment*, 249.

"We are indeed walking" : Hastings, *Winston's War*, 205.

"Here's to a year of toil" : Thompson, *Assignment*, 257.

尾聲

360-61.

"Our last weekend" : Elletson, *Chequers and the Prime Ministers*, 145.

"Finis" : Soames, *Daughter's Tale*, 361.

"I found him absolutely charming" : Ibid., 20.

"She hates hims so much" : Waugh, *Diaries*, 525.

"Unlike Paris" : Smith, *Reflected Glory*, 111.

"I mean, when you are very young" : Interview Transcript, July 1991, Biographies File, Pamela Harriman Papers.

"Supposing the war ends" : Ibid.

"He used to sit" : Smith, *Reflected Glory*, 260.

"It was very strange" : Note, "William Averell Harriman," Biographies and Proposed Biographies, Background Topics, Pamela Harriman Papers.

"We did it!" : Smith, *Reflected Glory*, 265.

"Oh Pam" : "Barbie" [Mrs. Herbert Agar] to Pamela Digby Harriman, Sept. 19, 1971, Personal and Family Papers, Marriages, Pamela Harriman Papers.

"Only the diversion" : "Interrogation of Reich Marshal Hermann Goering," May 10, 1945, Spaatz Papers.

"Of course we rearmed" : Overy, *Goering*, 229.

"Perhaps one of my weaknesses" : Goldensohn, *Nuremberg Interviews*, 129.

Investigators catalogued the works: "The Göring Collection," Confidential Interrogation Report No. 2, Sept. 15, 1945, 174, Office of Strategic Services and Looting Investigative Unit, T 209/29, UKARCH.

Josef Goebbels and his wife" : Kershaw, Nemesis, 832-33.

"I do not regret" : Douglas-Hamilton, Motif for a Mission, 246.

He achieved his final kills: Baker, Adolf Galland, 287-88; 290-92.

The package contained: Winston S. Churchill, *Memories and Adventures*, 31.

"Thank you so much" : Hastings, Winston's War, 460.

Searchlights played: Nicolson, *War Years*, 459.

"This is where I miss the news" : Soames, *Daughter's Tale*,

文獻目錄

Bibliography

Archives and Document Collections

Beaverbrook, Lord (Max Aitken). Papers. Parliamentary Archives, London.

Burgis, Lawrence. Papers. Churchill Archives Center, Churchill College, Cambridge, U.K.

Churchill, Clementine (Baroness Spencer-Churchill). Papers. Churchill Archives Center, Churchill College, Cambridge, U.K.

Churchill, Mary (Mary Churchill Soames). Papers. Churchill Archives Center, Churchill College, Cambridge, U.K.

Churchill, Randolph. Papers. Churchill Archives Center, Churchill College, Cambridge, U.K.

Churchill, Winston. Papers. Churchill Archives Center, Churchill College, Cambridge, U.K.

Colville, John R. Papers. Churchill Archives Center, Churchill College, Cambridge, U.K.

Eade, Charles. Papers. Churchill Archives Center, Churchill College, Cambridge, U.K.

Gallup Polls. ibiblio.org. University of North Carolina, Chapel Hill.

Gilbert, Martin. *The Churchill War Papers. Vol. 2, Never Surrender, May 1940-December 1940*. New York: Norton, 1995.

———. *The Churchill War Papers. Vol. 3, The Ever-Widening War, 1941*. New York: Norton, 2000.

Hansard. Proceedings in the House of Commons. London.

Harriman, Pamela Digby. Papers. Library of Congress, Manuscript Division, Washington, D.C.

Harriman, W. Averell. Library of Congress, Manuscript Division, Washington, D.C.

Ismay, General Hastings Lionel. Liddell Hart Center for Military Archives. King' s College London.

Lindemann, Frederick A. (Viscount Cherwell). Papers. Nuffield College, Oxford.

Meiklejohn, Robert P. Papers. Library of Congress, Manuscript Division, Washington, D.C.

National Archives of the United Kingdom, Kew, England (UKARCH).

National Meteorological Library and Archive, Exeter, U.K. Digital archive: https://www.metoffice.gov.uk/research/library-and-archive/archive-hidden-treasures/monthly-weather-reports.

Roosevelt, Franklin D. Papers as President: Map Room Papers, 1941-1945 (FDR/Map).

Roosevelt, Franklin D. Papers as President: The President' s Secretary' s File, 1933-1945. Franklin D. Roosevelt Presidential Library & Museum. Digital collection: http://www.fdrlibrary.marist.edu/archives/collections/franklin/?p=collections/findingaid&id=502.

———. Confidential File (FDR/Conf).

———. Diplomatic (FDR/Diplo).

———. Safe File (FDR/Safe).

———. Subject File (FDR/Subject).

Spaatz, Carl. Papers. Library of Congress, Manuscript Division, Washington, D.C.

Books and Periodicals

Addison, Paul. *Churchill on the Home Front, 1900-1955*. London: Pimlico, 1993.

Addison, Paul and Jeremy A. Crang, eds. *Listening to Britain: Home Intelligence Reports on Britain's Finest Hour, May to September 1940*. London: Vintage, 2011.

Adey, Peter, David J. Cox, and Barry Godfrey. *Crime, Regulation, and Control During the Blitz: Protecting the Population of Bombed Cities*. London: Bloomsbury, 2016.

Alanbrooke, Lord. War Diaries, 1939-1945. London: Weidenfeld & Nicolson, 2001.

Allingham, Margery. *The Oaken Heart: The Story of an English Village at War*. 1941. Pleshey, U.K.: Golden Duck, 2011.

"The Animals in the Zoo Don't Mind the Raids." *War Illustrated*, Nov. 15, 1940.

Awcock, Hannah. "On This Day: Occupation of the Savoy, 14th September 1940." *Turbulent London*. https://turbulentlondon.com/2017/09/14/on-this-day-occupation-of-the-savoy-14th-september-1940/.

Baker, David. *Adolf Galland: The Authorized Biography*. London: Windrow & Greene, 1996.

Baumbach, Werner. *The Life and Death of the Luftwaffe*. New York: Ballantine, 1949.

Beaton, Cecil. *History Under Fire: 52 Photographs of Air Raid Damage to London Buildings, 1940-41*. London: Batsford, 1941.

Bekker, Cajus. *The Luftwaffe Diaries*. London: Macdonald, 1964.

Bell, Amy. "Landscapes of Fear: Wartime London, 1939-1945." *Journal of British Studies 48*, no. 1 (Jan.,

Clapson, Mark. *The Blitz Companion.* London: University of Westminster Press, 2019.
Cockett, Olivia. *Love & War in London: The Mass Observation Wartime Diary of Olivia Cockett.* Edited by Robert Malcolmson. Stroud, U.K.: History Press, 2009.
Collier, Basil. *The Battle of Britain.* London: Collins, 1962.
———. The Defense of the United Kingdom. London: Imperial War Museum; Nashville: Battery Press, 1995.
Collier, Richard. *The City That Would Not die: The Bombing of London, May 10-11, 1941.* New York: Dutton, 1960.
Colville, John. *Footprints in Time: Memories.* London: Collins, 1976.
———. *The Fringes of Power: Downing Street Diaries 1939-1955. Vol. 1, September 1939-September, 1941.* London: Hodder and Stoughton, 1985.
———. *The Fringes of Power. Vol. 2, October 1941-1955.* London: Hodder and Stoughton, 1987.
———. *Winston Churchill and His Inner Circle.* New York: Wyndham, 1981. Originally published in Britain, under the title The Churchillians.
Conant, James B. *My Several Lives: Memoirs of a Social Inventor.* New York: Harper & Row, 1970.
Cooper, Diana. *Trumpets from the Steep.* London: Century, 1984.
Costigliola, Frank. "Pamela Churchill, Wartime London, and the Making of the Special Relationship." *Diplomatic History* 36, no. 4 (Sept. 2012).
Cowles, Virginia. *Looking for Trouble.* 1941. London: Faber and Faber, 2010.
———. *Winston Churchill: The Era and the Man.* New York: Harper & Brothers, 1953.
Dalton, Hugh. *The Fateful Years: Memoirs 1931-1945.* London: Frederick Muller, 1957.
Danchev, Alex. "'Dilly-Dally,' or Having the Last Word: Field Marshal Sir John Dill and Prime Minister Winston Churchill." *Journal of Contemporary History* 22, no. 1 (Jan. 1987).
Davis, Jeffrey. "Atfero: The Atlantic Ferry Organization." *Journal of Contemporary History* 20, no. 1 (Jan. 1985).
Dockter, Warren, and Richard Toye. "Who Commanded History? Sir John Colville, Churchillian Networks, and the 'Castlerosse Affair.'" *Journal of Contemporary History*, vol. 54, no. 2 (2019).
Donnelly, Peter, ed. *Mrs. Milburn's Diaries: An Englishwoman's Day-to-Day Reflections, 1939-1945.* London: Abacus, 1995.
Douglas-Hamilton, James. *Motive for a Mission: The Story Behind Hess' Flight to Britain.* London: Macmillan, 2009).
Below, Nicolaus von. *At Hitler's Side: The Memoirs of Hitler's Luftwaffe Adjutant, 1937-1945.* London: Greenhill, 2001.
Berlin, Isaiah. *Personal Impressions.* 1949. New York: Viking, 1980.
Berrington, Hugh. "When Does Personality Make a Difference? Lord Cherwell and the Area Bombing of Germany." *International Political Science Review 10*, no. 1 (Jan. 1989).
Bessborough, Lord. *Enchanted Forest: The Story of Stansted in Sussex.* With Clive Aslet. London: Weidenfeld & Nicolson, 1984.
Birkenhead, Earl of. *The Prof in Two Worlds: The Official Life of Professor F. A. Lindemann, Viscount Cherwell.* London: Collins, 1961.
Boelcke, Willi A., ed. *The Secret Conferences of Dr. Goebbels: The Nazi Propaganda War, 1939-43.* New York: Dutton, 1970.
Booth, Nicholas. *Lucifer Rising: British Intelligence and the Occult in the Second World War.* Cheltenham, U.K.: History Press, 2016.
Borden, Mary. *Journey Down a Blind Alley.* New York: Harper, 1946.
Bullock, Alan. *Hitler: A Study in Tyranny.* New York: Harper, 1971.
Cadogan, Alexander. *The Diaries of Alexander Cadogan, O.M., 1938-1945.* Edited by David Dilks. New York: Putnam, 1972.
Carter, Violet Bonham. *Winston Churchill: An Intimate Portrait.* New York: Harcourt, 1965.
Channon, Henry. *"Chips": The Diaries of Sir Henry Channon.* Edited by Robert Rhodes James. London: Phoenix, 1996.
Charmley, John. "Churchill and the American Alliance." *Transactions of the Royal Historical Society* 11 (2001).
Chisholm, Anne. *Nancy Cunard.* London: Sidgwick & Jackson, 1979.
Chisholm, Anne, and Michael Davie. *Beaverbrook: A Life.* London: Pimlico, 1993.
Churchill, Sarah. Keep on Dancing: *An Autobiography.* Edited by Paul Medlicott. London: Weidenfeld and Nicolson, 1981.

Churchill, Winston. *The Grand Alliance.* Boston: Houghton Mifflin, 1951.
———. *Great Contemporaries.* London: Odhams Press, 1947.
———. *Their Finest Hour.* Boston: Houghton Mifflin, 1949.
Churchill, Winston S. *Memories and Adventures.* New York: Weidenfeld & Nicolson, 1989.

by Charles Burdick and Hans-Adolf Jacobsen. London: Greenhill Books, 1988.

Halle, Kay. *The Irrepressible Churchill: Stories, Sayings, and Impressions of Sir Winston Churchill.* London: Facts on File, 1966.

———. *Randolph Churchill: The Young Unpretender.* London: Heinemann, 1971.

Harriman, W. Averell. *Special Envoy to Churchill and Stalin, 1941-1946.* New York: Random House, 1975.

Harrisson, Tom. *Living Through the Blitz.* New York: Shocken Books, 1976.

Harrod, Roy. *The Prof: A Personal Memoir of Lord Cherwell.* London: Macmillan, 1959.

Hastings, Max. *Winston's War: Churchill, 1940-45.* New York: Knopf, 2010.

Hickman, Tom. *Churchill's Bodyguard.* London: Headline, 2005.

Hindley, Meredith. "Christmas at the White House with Winston Churchill." *Humanities* 37, no. 4 (Fall 2016).

Hinton, James. *The Mass Observers: A History, 1937-1949.* Oxford: Oxford University Press, 2013.

Hitler, Adolf. *Hitler's Table Talk, 1941-1944.* Translated by Norman Cameron and R. H. Stevens. London: Weidenfeld & Nicholson, 1953.

Hylton, Stuart. *Their Darkest Hour: The Hidden History of the Home Front, 1939-1945.* Stroud, U.K.: Sutton, 2001.

Ismay, Lord. *The Memoirs of General the Lord Ismay.* London: Heinemann, 1960.

Jenkins, J. Gilbert. *Chequers: A History of the Prime Minister's Buckinghamshire Home.* London: Pergamon, 1967.

Jenkins, Roy. *Churchill.* London: Macmillan, 2002.

Jones, R. V. *Most Secret War: British Scientific Intelligence 1939-1945.* London: Hodder and Stoughton, 1978.

Kendall, David, and Kenneth Post. "The British 3-Inch Anti-aircraft Rocket. Part One: Dive-Bombers." *Notes and Records of the Royal Society of London* 50, no. 2 (July 1996).

Kennedy, David M. *The American People in World War II: Freedom from Fear.* Oxford: Oxford University Press, 1999.

Kershaw, Ian. *Hitler: 1936-1945 Nemesis.* New York: Norton, 2000.

Kesselring, Albrecht. *The Memoirs of Field-Marshal Kesselring.* Novato, Calif.: Presidio Press, 1989.

Kimball, Warren F. *Churchill and Roosevelt: The Complete Correspondence.* Vol. 1. Princeton, N.J.: Princeton University Press, 2015.

Klingaman, William K. *1941: Our Lives in a World on the* 1971.

Ebert, Hans. J., Johann B. Kaiser, and Klaus Peters. *Willy Messerschmitt: Pioneer of Aviation Design.* Atglen, Pa.: Schiffer, 1999.

Eden, Anthony. *The Reckoning: The Memoirs of Anthony Eden, Earl of Avon.* Boston: Houghton Mifflin, 1965.

Eden, Clarissa. *Clarissa Eden: A Memoir, from Churchill to Eden.* Edited by Cate Haste. London: Weidenfeld & Nicolson, 2007.

Elletson, D. H. *Chequers and the Prime Ministers.* London: Robert Hale, 1970.

Farrer, David. *G–For God Almighty: A Personal Memoir of Lord Beaverbrook.* London: Weidenfeld and Nicolson, 1969.

———. *The Sky's the Limit: The Story of Beaverbrook at M.A.P.* London: Hutchinson, 1943.

Feigel, Lara. *The Love-Charm of Bombs: Restless Lives in the Second World War.* New York: Bloomsbury, 2013.

Field, Geoffrey. "Nights Underground in Darkest London: The Blitz, 1940-41." *International Labor and Working-Class History*, no. 62 (Fall 2002).

Fort, Adrian. *Prof: The Life of Frederick Lindemann.* London: Pimlico, 2003.

Fox, Jo. "Propaganda and the Flight of Rudolf Hess, 1941-45." *Journal of Modern History* 83, no.1 (March 2011).

Fry, Plantagenet Somerset. *Chequers. The Country Home of Britain's Prime Ministers.* London: Her Majesty's Stationery Office, 1977.

Galland, Adolf. *The First and the Last: The Rise and Fall of the German Fighter Forces, 1938-1945.* New York: Ballantine, 1954

Gilbert, Martin. *Finest Hour: Winston S. Churchill 1939-41.* London: Heinemann, 1989.

Goldensohn, Leon. *The Nuremberg Interviews: An American Psychiatrist's Conversations with the Defendants and Witnesses.* Edited by Robert Gellately. New York: Knopf, 2004.

Goodhart, Philip. *Fifty Ships That Saved the World: The Foundation of the Anglo-American Alliance.* London: Heinemann, 1965.

Goodwin, Doris Kearns. N*o Ordinary Time: Franklin and Eleanor Roosevelt: The Home Front in World War II.* New York: Simon & Schuster, 1994.

Graves, Charles. *Champagne and Chandeliers: The Story of the Café de Paris. London: Odhams Press, 1958.*

Greene, Graham. Ways of Escape. New York: Simon & Schuster, 1980.

Gullan, Harold I. "Expectations of Infamy: Roosevelt and Marshall Prepare for War, 1938-41." *Presidential Studies Quarterly* 28, no. 3 (Summer 1998).

Halder, Franz. *The Halder War Diary*, 1939-1942. Edited

Blitz. London: Scolar Press, 1980.

Ogden, Christopher. *Life of the Party: The Biography of Pamela Digby Churchill Hayward Harriman.* London: Little, Brown, 1994.

Olson, Lynne. *Troublesome Young Men.* New York: Farrar, Straus and Giroux, 2007.

Overy, Richard. *The Battle of Britain: The Myth and the Reality.* New York: Norton, 2001.

———. *The Bombing War: Europe, 1939-1945.* London: Penguin, 2014.

———. *Goering: Hitler's Iron Knight.* London: I. B. Tauris, 1984.

Packwood, Allen. *How Churchill Waged War: The Most Challenging Decisions of the Second World War.* Yorkshire, U.K.: Frontline Books, 2018.

Panter-Downes, Mollie. *London War Notes, 1939-1945.* New York: Farrar, Straus and Giroux, 1971.

Pawle, Gerald. *The War and Colonel Warden.* New York: Knopf, 1963.

Phillips, Paul C. "Decision and Dissension–Birth of the RAF." *Aerospace Historian* 18, no. 1 (Spring 1971).

Pottle, Mark, ed. *Champion Redoubtable: The Diaries and Letters of Violet Bonham Carter, 1914-1945.* London: Weidenfeld & Nicolson, 1998.

Purnell, Sonia. *Clementine: The Life of Mrs. Winston Churchill.* New York: Penguin, 2015.

Roberts, Andrew. *"The Holy Fox": The Life of Lord Halifax.* London: Orion, 1997.

———. *Masters and Commanders: How Four Titans Won the War in the West, 1941-1945.* New York: Harper, 2009.

Roberts, Brian. *Randolph: A Study of Churchill's Son.* London: Hamish Hamilton, 1984.

Ryan, Alan. *Bertrand Russell: A Political Life.* New York: Hill & Wang, 1988.

Sherwood, Robert E. *Roosevelt and Hopkins: An Intimate History.* New York: Harper, 1948.

———. *The White House Papers of Harry L. Hopkins.* Vol. 1. London: Eyre & Spottiswoode, 1949.

Shirer, William L. *Berlin Diary: The Journal of a Foreign Correspondent, 1934-1941. 1941.* New York: Tess Press, 2004.

Showell, Jak Mallmann, ed. *Führer Conferences on Naval Affairs, 1939-1945.* Stroud, U.K.: History Press, 2015.

Smith, Sally Bedell. *Reflected Glory: The life of Pamela Churchill Harriman.* New York: Simon & Schuster, 1996.

Soames, Mary. *Clementine Churchill: The Biography of a Marriage.* Boston: Houghton Mifflin, 1979.

———. *A Daughter's Tale: The Memoir of Winston and Clementine Churchill's Youngest Child.* London: *Edge.* New York: Harper & Row, 1988.

Koch, H. W. "Hitler's 'Programme' and the Genesis of Operation 'Barbarossa.'" *The Historical Journal* 26, no. 4 (Dec. 1983).

———. "The Strategic Air Offensive Against Germany: The Early Phase, May-September 1940." *Historical Journal* 34, no. 1 (March 1991).

Landemare, Georgina. *Recipes from No. 10.* London: Collins, 1958.

Le, Anita. *Cousin Randolph: The Life of Randolph Churchill.* London: Hutchinson, 1985.

Leutze, James. "The Secret of the Churchill-Roosevelt Correspondence: September 1939-May 1940." *Journal of Contemporary History* 10, no. 3 (July 1975).

Lewin, Ronald. *Churchill as Warlord.* New York: Stein and Day, 1973.

Longmate, Norman. *Air Raid: The Bombing of Coventry, 1940.* New York: David McKay, 1978.

Lough, David. *No More Champagne.* New York: Picador, 2015.

Lukacs, John. *Five Days in London: May 1940.* New Haven, Conn.: Yale, 1999.

Mackay, Robert. *The Test of War: Inside Britain, 1939-1945.* London: University College of London Press, 1999.

Maier, Thomas. *When Lions Roar: The Churchills and the Kennedys.* New York: Crown, 2014.

Major, Norma. *Chequers: The Prime Minister's Country House and Its History.* London: HarperCollins, 1996.

Manchester, William, and Paul Reid. *Defender of the Realm, 1940-1965.* Vol. 3 of *The Last Lion: Winston Spencer Churchill.* New York: Bantam, 2013.

Martin, John. *Downing Street: The War Years.* London: Bloomsbury, 1991.

Matless, David. *Landscape and Englishness.* London: Reaktion Books, 1998.

Miller, Edith Starr. *Occult Theocracy.* Abbeville, France: F. Paillart, 1933.

Moran, Lord. *Churchill, Taken from the Diaries of Lord Moran: The Struggle for Survival, 1940-1965.* Boston: Houghton Mifflin, 1966.

Murray, Williamson. *Strategy for Defeat: The Luftwaffe 1933-1945.* Royston, U.K.: Quantum, 2000.

Nel, Elizabeth. *Mr. Churchill's Secretary.* London: Hodder and Stoughton, 1958.

Nicolson, Harold, and Nigel Nicolson. *The War Years, 1939-1945: Diaries and Letters.* Edited by Nigel Nicolson. Vol. 2. New York: Atheneum, 1967.

Niven, David. *The Moon's a Balloon.* New York: Dell, 1972.

Nixon, Barbara. *Raiders Overhead: A Diary of the London*

Over Britain, 1940-44. Charleston, S.C.: Tempus, 1999.

Wakelam, Randall T. "The Roaring Lions of the Air: Air Substitution and the Royal Air Force' s Struggle for Independence After the First World War." *Air Power History* 43, no. 3 (Fall 1996).

Waugh, Evelyn. *The Diaries of Evelyn Waugh. Edited by Michael Davie.* London: Phoenix, 1976.

Wheeler-Bennett, John, ed. *Action this Day: Working with Churchill.* London: Macmillan, 1968.

———. *King George VI: His Life and Reign.* London: Macmillan, 1958.

Wilson, Thomas. *Churchill and the Prof.* London: Cassell, 1995.

Winant, John G. *A Letter from Grosvenor Square: An Account of a Stewardship.* London: Hodder & Stoughton, 1948.

Wrigley, Chris. *Winston Churchill: A Biographical Companion.* Santa Barbara, Calif.: ABC-CLIO, 2002.

Wyndham, Joan. *Love Lessons: A Wartime Diary.* Boston: Little, Brown, 1985.

Young, Kenneth. *Churchill and Beaverbrook: A Study in Friendship and Politics.* London: Eyre & Spottiswoode, 1966.

Ziegler, Philip. *London at War, 1939-1945.* London: Sinclair-Stevenson, 1995.

Transworld, 2011.

———. *Speaking for Themselves: The Personal Letters of Winston and Clementine Churchill.* Toronto: Stoddart, 1998.

Spears, Edward. *The Fall of France, June 1940.* Vol. 2 of *Assignment to Catastrophe.* New York: A. A. Wyn, 1955.

Speer, Albert. *Inside the Third Reich.* New York: Macmillan, 1970.

Stafford, David, ed. *Flight from Reality: Rudolf Hess and His Mission to Scotland, 1941.* London: Pimlico, 2002.

Stansky, Peter. *The First Day of the Blitz: September 7, 1940.* New Haven, Conn.: Yale University Press, 2007.

Stelzer, Cita. *Dinner with Churchill: Policy-Making at the Dinner Table.* New York: Pegasus, 2012.

———. *Working with Churchill.* London: Head of Zeus, 2019.

Strobl, Gerwin. *The Germanic Isle: Nazi Perceptions of Britain.* Cambridge, U.K. : Cambridge University Press, 2000.

Süss, Dietmar. *Death from the Skies: How the British and Germans Survived Bombing in World War II.* Oxford: Oxford University Press, 2014.

Taylor, A. J. P. *Beaverbrook.* New York: Simon & Schuster, 1972.

Taylor, Fred, ed. and trans. *The Goebbels Diaries, 1939-1941.* New York: Putnam, 1983.

Thomas, Martin. "After Mers-el-Kébir: The Armed Neutrality of the Vichy French Navy, 1940-43." *English Historical Review* 112, no. 447 (June 1997).

Thomas, Ronan. "10 Downing Street." *West End at War.* www.westendatwar.org.uk/page/10_downing_street.

Thompson, Walter. *Assignment: Churchill.* New York: Farrar, Straus and Young, 1955.

Toliver, Raymond F. and Trevor J. Constable. *Fighter General: The Life of Adolf Galland.* Zephyr Cove, Nev.: AmPress, 1990.

Toye, Richard. *The Roar of the Lion: The Untold Story of Churchill's World War II Speeches.* Oxford: Oxford University Press, 2013.

Treasure, Tom, and Carol Tan. "Miss, Mister, Doctor: How We are Titled Is of Little Consequence." *Journal of the Royal Society of Medicine* 99, no. 4 (April 2006).

Trevor-Roper, H. R., ed. *Blitzkrieg to Defeat: Hitler's War Directives, 1939-1945.* New York: Holt, Rinehart, 1965.

Tute, Warren. *The Deadly Stroke.* New York: Coward, McCann & Geoghegan, 1973.

Wakefield, Ken. *Pfadfinder: Luftwaffe Pathfinder Operations*

NEW BLACK 0018

輝煌與邪惡——
閃電戰期間的邱吉爾家族與抗戰傳奇

The Splendid and the Vile: A Saga of Churchill, Family, and Defiance During the Blitz

作者｜艾瑞克・拉森（Erik Larson）　　譯者｜Sun

堡壘文化有限公司
總編輯｜簡欣彥　副總編輯｜簡伯儒　責任編輯｜郭彤恩　行銷企劃｜許凱棣、游佳霓
封面設計｜朱疋　內頁排版｜IAT-HUÂN TIUNN

讀書共和國出版集團
社長｜郭重興　發行人｜曾大福　業務平臺總經理｜李雪麗　業務平臺副總經理｜李復民
版權部｜黃知涵　印務部｜江域平、黃禮賢、李孟儒

出版｜堡壘文化有限公司　發行｜遠足文化事業股份有限公司
地址｜231 新北市新店區民權路 108-2 號 9 樓　電話｜02-22181417　傳真｜02-22188057
Email｜service@bookrep.com.tw　郵撥帳號｜19504465 遠足文化事業股份有限公司
客服專線｜0800-221-029　網址｜http://www.bookrep.com.tw
法律顧問｜華洋法律事務所　蘇文生律師
印製｜呈靖彩藝有限公司　初版 1 刷｜2023 年 4 月　定價｜750 元
ISBN｜978-626-7240-33-5／9786267240359 (EPUB)／9786267240342（PDF）

輝煌與邪惡 : 閃電戰期間的邱吉爾家族與抗戰傳奇 / 艾瑞克 . 拉森 (Erik Larson) 著 ;
Sun 譯 . -- 初版 . -- 新北市 : 堡壘文化有限公司出版 : 遠足文化事業股份有限公司發行 , 2023.04
面 ; 公分 . -- (New black ; 18)
譯自 : The splendid and the vile : a saga of Churchill, family, and defiance during the Blitz
ISBN 978-626-7240-33-5(平裝)

1.CST: 邱吉爾 (Churchill, Winston, 1874-1965.) 2.CST: 傳記 3.CST: 第二次世界大戰 4.CST: 英國史
784.18　112002479